랠프 월도 에머슨(1803~1882)

▲에머슨의 집
미국 매사추세츠 주 콩코드에 있는 저택 겸 기념관. 주요 전시물은 가구와 소품이다.

에머슨의 저서와 연구 자료들은 2011년부터 같은 지역에 있는 콩코드박물관과 하버드대학교 휴턴도서관에 나뉘어 보관·전시되고 있다.

◀서재
이곳은 루이자 메이 올컷(《작은 아씨들》의 저자)이 어린 시절 책을 가까이할 수 있는 둘도 없는 안식처였다.

콩코드박물관

하버드대학교 휴턴도서관

▲하버드 대학교 메인 캠퍼스 전경 (항공사진)
1817년(14세) 에머슨은 이 대학에 입학하여 일기를 쓰기 시작한다.

◀하버드대학교 하버드신학교의 앤도버 홀(Andover Hall)
1838년 에머슨은 이곳에서 〈신학부 강연〉 연설을 한다. 그리스도교 전통에 반한 이 강연으로 하버드대학에서 배척받게 되지만 한편으로는 초절주의(초월주의) 대표자로 인정받는다.

에머슨 기념상  신시내티미술관(Cincinnati Art Museum)

**앙투안 로랑 드 쥐시외**(1748~1836)  프랑스의 식물학자. 1832년 유럽여행을 떠난 에머슨은 파리에서 진화된 순서대로 배열해 놓은 쥐시외의 자연물 표본을 보고, 인간과 자연의 영적 교류가 있다는 자신의 신념을 확고히 한다.

**새뮤얼 테일러 콜리지**(1772~1834)  영국의 시인·비평가. 사우디·워즈워스와 함께 '호반시인'의 한 사람. 1932년, 영국을 방문한 에머슨은 콜리지를 비롯 윌리엄 워즈워스·토머스 칼라일 등과 중요한 만남을 가진다.

헨리 데이비드 소로(1817~1862)　미국의 사상가·문학자·자연학자. 에머슨의 제자, 초절주의 모임 기관지 〈다이얼〉 창
간. 그의 저서 《월든—숲속의 생활》은 에머슨의 《자연》과 함께 현대 자연보호 사상의 위대한 연원이 된다.

**나폴레옹 1세**(1769~1821, 재위 1804~1815)  프랑스의 군인·정치가. 역사상 가장 위대한 지도자 중의 한 사람. 에머슨 은《영웅이란 무엇인가》(1849)에서 나폴레옹을 비롯 괴테·셰익스피어·스베덴보리·플라톤 등 다섯 위인을 다뤘다.

**요한 볼프강 괴테**(1749~1832)　독일의 시인·작가. 에머슨은 나폴레옹이 민중의 외면적인 생활을 대표하는 위인이라면, 괴테는 내면적인 생활을 대표하는 위인이라고 했다.

**윌리엄 셰익스피어**(1564~1616)  영국의 시인·극작가. '그는 미와 환희와 쾌활함을 전 우주를 향해 소리높이 노래했다.'

에마누엘 스베덴보리(1688~1772)　스웨덴의 신비주의자·자연과학자. '그는 결코 자신의 욕망을 위해 체험한 것이 아니고, 숭고한 목적의식을 지니고 선악의 판단을 내렸다.'

플라톤(BC 428?~347?)   그리스의 철학자. 아테네 학당 앞에 있는 대리석상. '깊은 존경심으로 보지 않으면 위대한 것은 보이지 않는다.'

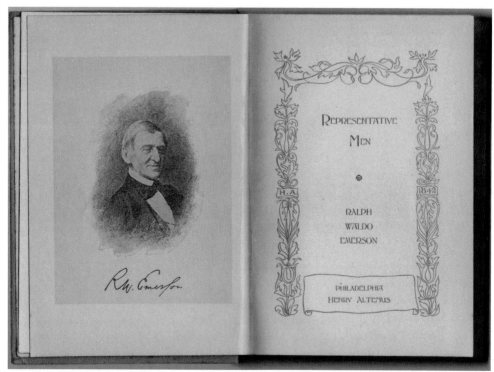

《영웅이란 무엇인가》(1849) 권두화·속표지

에머슨 무덤　메사추세츠주 콩코드. 가운데가 에머슨, 오른쪽이 첫째 부인. 왼쪽이 둘째 부인.

《자연》(초판 1836) 표지

Ralph Waldo Emerson

# SELF-RELIANCE
## and Other Essays

《자기신뢰 철학—기타 에세이》(1841) 표지

World Book 127

Ralph Waldo Emerson

SELF–RELIANCE, ESSAYS/REPRESENTATIVE MEN

# 자기신뢰 철학/영웅이란 무엇인가

R.W. 에머슨/정광섭 옮김

동서문화사

디자인 : 동서랑 미술팀

# 자기신뢰 철학/영웅이란 무엇인가
## 차례

Self--Reliance, Essays

# 자기신뢰 철학

# 자신감을 살려라

인간은 자기 자신의 별이다.
정직하고 완전한 인간을 만들 수 있는 영혼은
모든 빛과 힘과 모든 운명을 지배한다.
그에게는 어떤 일도 너무 빠르거나
너무 늦게 일어나지 않는다.
우리의 행위는 곧 우리의 천사, 선이든 악이든,
조용히 우리와 함께 걷는 운명의 그림자다.

　　　　　　보몬트와 플레처 「정직한 자의 운명(The Honest Man's Fortune)」

어린아이를 바위에 버려라
그 아이에게 늑대의 젖을 물리고
매와 여우와 함께 겨울을 나게 하라.
그러면 그는 강하고 행동이 뛰어날 것이다.

어느 이름난 화가가 쓴 시를 읽는다. 짜여진 틀에 구애되지 않은 독창적인 시다. 시의 주제가 어떻든 이러한 시구에서 느끼는 감정은 매우 가치 있다.

이와 같은 시구는 늘 내 영혼에게 다음과 같이 충고한다.

"당신 자신의 생각을 믿는 것, 당신 자신의 마음속에서 진실이라고 믿는 것은 곧, 다른 모든 사람에게도 진실이 된다. 이것이 재능이다."

마음속에 숨겨진 확신을 드러내어 세상을 향해 이야기하라. 그러면 내 안에서만 머물던 그 확신은 머지않은 날에 세상의 보편된 견해가 될 것이다. 왜냐하면 깊숙이 지녔던 나의 생각은 때가 되면 세상에서도 모습이 드러날 것이고, 나의 처음 생각이 세상에 모습을 드러내면, 그 영광은 승리의 나팔 소리와 함께 나에게 되돌아올 것이기 때문이다.

모세와 플라톤 그리고 밀턴 같은 선지자들을 보라! 그들이 세상에서 칭송받을 수 있었던 것은, 그들은 책과 전통을 무시하고 세상 사람들이 생각하는 것이 아닌 오직 자기 자신의 생각을 이야기했기 때문이다.

우리는 시인과 철학자들이 제시하는 참된 지침을 따르기 전에 우리 자신의 마음에 번개처럼 스치는 섬광을 발견하고 관찰하는 법을 먼저 배워야 한다. 그러나 우리는 얼마나 자주 섬광처럼 찾아오는 그 직관을 미처 주목해 보지도 않고, 습관처럼 지워 버렸던가!

가끔 우리는 천재들의 작품 속에서 자신이 내버린 생각들을 알아보게 된다. 그러나 그것들은 이미 낯선 위엄으로 무장한 채 우리에게 되돌아와 있는 것이다. 그때 이 가르침을 들어라!

"반대편에서 어떤 시끄러운 외침이 들리더라도 따사롭고도 과감하게 자신의 자발적인 신념과 직관을 따르라. 그렇지 않으면 내일은 어떤 낯선 이가 다가와 따져 물을 것이다. 그대는 늘 무엇을 생각해 왔고, 무엇을 느껴 왔는가?"

나에게 번개처럼 스치는 섬광을 발견하고 관찰하지 않은 이유 때문에 한없이 초라해 보이는 자신을 부끄러워해서야 되겠는가?


모든 인간에게는 교육이 필요한 때가 있다. '질투는 어리석음이고 모방은 멸망'이라는 사실을 알기 위해서, 좋을 때나 나쁠 때나 자신의 몫을 받아들여야 한다는 사실을 알기 위해서, 그리고 드넓은 우주는 좋은 것들로 가득하지만 자기 몫으로 주어진 땅에서 직접 밭을 가는 수고를 하지 않고는 옥수수 낟알 하나도 절대 얻을 수 없다는 확신에 이를 때가 바로 그때이다.

우리 안에 존재하는 힘은 완전히 새로운 것이며, 우리가 무엇을 할 수 있는지는 다른 누구도 아닌 오직 자기 자신밖에 모른다. 또한 자기 자신도 스스로 도전해 보기 전까지는 그 어떤 것도 알 수 없다.

우리가 다양한 얼굴, 성격, 사실 가운데에서도 저마다 하나의 얼굴, 하나의 성격, 하나의 사실에 깊은 인상을 받게 되는 데는 그만한 이유가 있다. 이러한 기억의 모양은 예정조화 때문이다.

우리의 눈은 마땅히 눈길이 가야 할 곳으로 향하고, 또한 그 이유를 증명해야 한다.

그러나 우리는 자신에 대해서조차 제대로 나타내지 못하고, 자신의 신성한 생각을 부끄럽게 여긴다. 예정조화에 순응하는 태도를 신중하다거나 알맞은 태도로 여기는 이들도 있을 것이다. 그러나 신은 겁쟁이를 통해서는 결코 그 어떤 일도 시도하지 않는다.

사람은 자신의 일에 온 마음을 쏟고 최선을 다했을 때 마음을 놓고 즐거워한다. 그렇지 못하면 스스로 말하고 행한 것들이 자신에게 평화를 가져다주지 못한다. 구원은 누가 가져다주는 것이 아니다. 내가 나의 재능을 내버려 두는 한 우리 곁에는 그 어떤 영감도, 창조도, 바람도 없다.

자신을 믿어라, 우리의 마음은 강철과 같은 진리에 진동한다. 신의 섭리가 당신에게 마련해 준 자리를, 당신과 그 시대 사회를, 모든 일의 연결 고리를 받아들여라.

위대한 사람들은 언제나 그렇게 해 왔다. 그들은 자신의 절대적인 믿음을 남모르게 드러내고 책임을 다해 일하며 자기 자신을 다스렸고, 자신을 어린아이처럼 시대 정신에 착실하게 안착시켰다. 우리는 인간이기에 가장 훌륭한 마음으로 초월적인 운명을 받아들여야 한다. 안전한 구석에 숨은 여린 사람들, 힘없는 사람들, 혁명 직전에 달아나는 겁쟁이가 아닌 길잡이와 구원자, 그리고 그 후원자들만이 혼돈과 어둠을 헤치고 나아간다.

젖먹이들, 그리고 아이들, 하물며 동물들의 얼굴과 행동에도 드러나는 자연의 가르침은 얼마나 아름다운가! 그들의 마음은 깨끗하고 그들의 눈은 어디에도 더럽혀지지 않았으니, 그들의 얼굴을 바라보며 우리는 부끄러움을 느낀다.

아이는 누구의 말도 따르지 않는다. 오히려 모든 것이 그 아이에게 맞춰진다. 한 명의 아기가 네댓 명의 어른들을 옹알거리게 만들기도 한다.

이처럼 우주는 아이들과 청소년, 어른들을 그 나이에 걸맞은 매력으로 무장시킨다. 부러움을 사게 하고, 품위를 지니게 하며, 그들의 요구를 무시할 수 없게 만든다.

어린아이가 말을 할 수 없다고 해서 힘이 없다고 생각하지 말라, 들어보라! 옆방에서 들리는 아이의 목소리는 과감하고 또렷하다. 마치 같은 시대 사람들에게 어떻게 말을 거는지 아는 듯이.

아이들은 수줍게 또는 대담하게—갈라지고 반대되는 마음, 나의 목적에 반대되는 힘과 방법에 대해서는 철저하게 계산함으로써 생긴 불신의 감정으로 말미암아 우주의 소리를 들을 수 없게 된—우리 어른들을 아주 쓸모없는 존재처럼 만들어 버릴 것이다.

때가 되면 곧바로 저녁 먹을 것을 의심치 않는 아이의 순수한 태도, 그리고 어르고 달래려는 어른의 말과 행동을 모른 체하는 아이의 행동은 인간 본성의 건강한 면을 보여준다.

아이는 마치 극장의 일등석을 차지한 것처럼 거실에 앉아 있다. 독립적이고 무엇에도 책임을 느끼지 않는 아이는 지나가는 사람이나 사실들을 지켜본다. 그것이 좋은지 나쁜지, 재미있는지 시시한지, 짜임새가 있는지 엉성한지, 그 자리에서 자신의 방식대로 그들의 장점을 시험하고 판단한다.

아이는 어떤 일에 관심을 기울이고 그 결과가 나올 때까지 절대로 남에게 방해받지 않으며, 독립적이고 참된 판결을 내린다.

그대는 아이의 비위를 맞춰야 할 테지만, 아이는 결코 그대의 비위를 맞추려 하지 않는다. 그러다가 자신의 행동이나 말이 화려한 칭찬을 받기 시작하면 아이들은 제약을 받게 된다. 그때부터 아이들은 칭찬을 들을 때도, 꾸지람을 들을 때도 늘 어른들의 애정을 따져보아야 한다.

이런 사람들의 자의식은 아이들을 감옥에 가두어 넣는다. 한번 자의식에 물든 아이들에게 이를 잊게 하는 망각의 강은 없다.

아, 다시 중립 상태로 되돌아갈 수만 있다면!

모든 약속에서 자유롭고, 감정에 치우침 없이 공평하며, 매수되지 않고, 두려움 없는 순수함으로 관찰해 왔으며, 또 앞으로도 그렇게 관찰할 수 있는 사람! 자신을 스치는 모든 일에 대해 사사롭지 않은 필요한 의견을 말할 수 있는 사람!

그런 사람은 언제나 강하다. 그런 사람의 목소리는 듣는 사람들의 귀에 화살처럼 꽂혀 그들을 두려움으로 몰아넣을 것이다.

이것이 우리가 외로움 속에서 듣는 목소리이다. 그러나 그러한 목소리는 우리가 세상 속으로 들어갈수록 점점 아득해져 들리지 않게 된다.

사회는 구성원 하나하나의 인간성에 어긋나는 음모의 굴레이다. 사회는 하나의 주식회사와 같다. 그 안에서 구성원들은 저마다의 몫을 안전하게 지키기 위해 자유와 문화를 포기하는 데 동의한다. 여기에서 가장 요구되는 덕목은 순응이며, 독립은 반목일 뿐이다. 사회는 현실과 창조자들을 싫어하지 않으며, 이름과 관습을 사랑한다.

그러나 인간이고자 한다면, 순응하지 않는 자가 되어야 한다. 불멸의 야자 열매(승리)를 얻고자 하는 사람은 선(善)의 이름 앞에 흔들려서는 안 되며, 먼저 그것이 참된 선인지 따져보아야 한다.

우리의 정직한 마음만큼 신성한 것은 없다. 따라서 스스로 자신을 용서할 수 있다면 세계의 동의를 얻게 될 것이다.

내가 아주 어렸을 때, 습관처럼 교회의 케케묵은 교리로 나를 괴롭히던 충고자가 있었다.

나는 그에게 물었다.

"만일 내가 온전히 전통을 존중하며 살고 있다면, 그 전통의 신성함이 뭐가 그리 중요한 문제인가?"

나의 물음에 그 친구는 대꾸했다.

"그렇지만 그런 충동적인 생각은 천상이 아닌, 저 아래 천한 데서 오는 것일 수도 있어."

그 말에 나는 이렇게 대답했다.

"내가 보기엔 그런 것 같지도 않은데? 내 생각이 천한 데서 왔다면, 그래서 내가 악마의 아들이라면 나는 악마처럼 살겠군?"

어떤 법도 나의 본성보다 신성하지는 않다. 선함과 악함은 아주 쉽게 서로 뒤바뀔 수 있는 이름에 지나지 않는다. 유일하게 옳은 것은 나의 마음이 본성의 성전에 세운 법률에 따른 것이며, 유일하게 그릇된 것은 그에 어긋나는 것이다. 마치 자신을 제외한 모든 것이 명목뿐이고 덧없는 것이라도 되는 듯, 우리는 어떤 반대의 목소리에도 자기 자신을 짊어지고 가야 한다.

우리가 계급장과 이름, 큰 집단과 허울뿐인 기관에 얼마나 쉽게 굴복하는지를 생각하면 부끄러워진다. 품위 있고 말 잘하는 사람들은 지나치게 나를 헤집어 흔들어 놓는다.

그렇다! 이때 나는 흔들리지 말고 강직하고 씩씩하게 나서서 거리낌 없이 진실을 말해야 한다.

악의와 허영이 자선의 외투를 뒤집어쓴다 한들 그것이 통하겠는가? 만일 어떤 흥분한 자선가가 바베이도스(Barbados)의 최신 뉴스를 들고 와서 노예 폐지론의 크나큰 이유를 마치 혼자만 안다는 듯이 떠들어댄다면, 내가 그에 게 이렇게 말하지 못할 이유가 있을까?

"가서 당신의 아이나 사랑하시오. 당신의 나무꾼을 사랑하시오. 착한 마음 과 겸손함을 지니시오. 품위를 갖추시오. 그리고 절대로 당신의 사납고 매몰 찬 야심을 천 마일이나 떨어진 곳에 있는 흑인에 대한 대단한 애정으로 포장 하지 마시오. 먼 곳에 있어 이룰 수 없는 그 사랑이 집에서는 원망이 될 것이 오."

이러한 대답은 분명히 거칠고 품위 없는 태도일 것이다. 그러나 진실은 가장 된 애정보다 아름답다. 당신의 선함에는 분명히 날카로움도 있을 것이다. 그렇 지 않다면 선함이 아니다.

사랑의 교리가 시름에 잠기고 한탄할 때는 그에 대한 반작용으로 미움의 교리가 설교되어야 한다. 나에게 어떤 아이디어가 번득일 때, 섬광과 같은 영 감이 떠오를 때, 나는 아버지와 어머니, 아내와 형제도 멀리할 것이다. 나는 문설주에 '생각 중'이라고 써 붙여 놓을 것이다. 그리고 그 섬광 같은 영감이 일시적인 생각으로 끝나지 않도록, 좀 더 나은 무엇으로 발전시키기 위해 온 힘을 기울일 것이다.

나에게 떠오른 영감에 대해 이렇다 저렇다 온종일 설명만 늘어놓고 앉아 있 을 수는 없는 일이다.

내가 왜 어떤 친구는 가까이하고 어떤 친구는 멀리하는지 이유를 묻지 말 라. 또한 모든 가난한 사람을 돕는 것이 나의 의무라고 말하지 말라. 그들이 모두 나의 가난한 사람들인가?

나는 어리석은 자선가들에게 말할 것이다. 나는 그들에게 지폐 한 장, 동전 한 닢 주는 것도 아까워할 것이라고. 그들은 나에게 속하지 않고, 나 또한 그 들에게 속하지 않기 때문이다. 그 가운데에는 나와 소중한 정신적인 유대가 있어 나를 사고팔 수도 있는 부류가 있다. 그들을 위해서라면 나는 기꺼이 감 옥에라도 갈 것이다.

그러나 그대들의 통속적인 자선행위, 바보로 가득 찬 대학교육, 헛된 목적을 위한 공회당 건설, 주정뱅이들에 대한 선행, 그리고 몇 천 개에 이르는 구호단체들을 위한 일이라면 나는 외면할 것이다.

부끄러운 고백을 하자면, 사실은 나도 때로는 이들에게 굴복하고 돈을 내어준 적이 있다. 그것은 도덕성에 어긋난 돈이었다. 그러나 이제 나의 본성은 그러한 행위를 막는다.

대중이 생각하는 덕이란 규칙이라기보다는 예외이다. 세상에는 사람이 있으며, 또한 사람의 덕이 존재한다. 그리고 사람은 약간의 용기를 발휘하거나 자선을 베푸는 따위의 선행이라고 불리는 일을 한다. 이는 열병식에 참석하지 않은 것에 속죄하는 뜻으로 벌금을 내는 것과 마찬가지이다. 다시 말하면, 세상을 살아가면서 사과나 변명이 될 만한 일을 함으로써 그들의 할 일은 끝난 것이다.

이는 마치 병약자나 정신이상자가 더 비싼 진료비를 내는 것과 같은 이치이다. 그들의 미덕은 참회에 있다.

그러나 나는 속죄하지 않고 살기를 원한다. 나의 삶은 오직 그 자체를 위한 것이지 남들에게 보이기 위한 것이 결코 아니다. 나는 화려하고 불안정한 삶보다는 긴장이 덜한 삶이 더 좋다. 더 진실하고 평화롭기 때문이다.

나의 삶이 건강하고 감미롭기를 원하며, 식이요법을 해야 하거나 피 흘리는 일이 없기를 바란다.

나는 당신에게 '당신이 인간이라는 증거를 대보시오'라고 요구할 테지만, 당신의 행동에 동참하라는 요구는 거절할 것이다. 많은 사람에게 훌륭하다고 평가받는 행동들을 하든 안 하든 나에게는 큰 차이가 없다는 것을 나 스스로잘 알고 있기 때문이다.

나는 내가 본디 가지고 있는 권리에 상응하는 대가를 치르는 것에는 동의할 수 없다. 그리고 나의 능력이 비록 작고 평범할지라도, 그에 상응하는 나자신의 보증이나 제삼자의 증언이 필요하지는 않다.

나는 내가 반드시 해야 하는 일들만 생각할 뿐, 남들이 어떻게 생각하는지는 신경 쓰지 않는다. 이러한 규칙은 실생활과 지적인 삶에서 똑같이 어려운 일이지만, 위대함과 평범함을 나누는 잣대가 되기도 한다. 이러한 분별은 당신의 의무가 무엇인지 당신보다 더 잘 안다고 생각하는 사람들이 꼭 있기 때문에 더욱 어렵다.

세상 속에서 세상의 의견에 순응하며 살아가는 것은 쉬운 일이다. 또한 홀로 존재한다면 자신의 의견을 따라 사는 것도 쉬운 일이 될 것이다. 그러나 위대한 사람은 군중 속에서도 완벽한 따사로움을 유지하며 고독하게 홀로 서는 사람이 아니겠는가!

이미 소용없는 관습에 따르기를 거부하는 것은 그것이 나의 힘을 분산시키기 때문이다. 밝은 관습에 따르는 것을 반대하는 이유는 시간 낭비일 뿐만 아니라 개성으로 충만한 우리의 인성을 흐리게 하기 때문이다.

하느님의 사랑이 없는, 세속화된 교회나 성서협회에 기부하는 일, 정부에 찬성하든 반대하든 오로지 당파심으로 투표하는 일, 언행이 상스러운 가정부가 식탁을 차리듯 자선행사를 펼치는 일 따위.

이 모든 장막 아래에서는 당신이 정확히 어떤 사람인지 알아차리기가 어렵다. 아울러 올바른 삶에 써야 할 많은 에너지도 없어지게 된다.

자신의 일을 하라! 그러면 나는 당신이 어떤 사람인지 알 수 있다.

자신의 일을 하라! 그러면 당신 자신을 더욱 강화하게 될 것이다.

우리는 이 순응의 게임이 술래잡기와 다를 바 없다는 사실을 알아야 한다. 당신의 정치성향을 알면 당신의 주장을 미리 짐작할 수 있다. 예를 들어 한 열혈 추종자가 그의 당파와 기관의 장점에 대한 연설 주제를 미리 알린다고 치자.

그가 새롭고 자발적인 말은 하지 않으리라는 걸 내가 모를 것 같은가? 그 기관의 좋은 점들을 자랑하며 검증하는 척하더라도 실제로는 그렇지 않으리라는 걸 내가 정말 모르겠는가? 그가 오로지 한쪽 면, 다시 말해서 한 인간으로서가 아닌 한 사람의 당직자로서 그에게 허가된 부분만 소리치게 되어 있다는 것을 내가 모를까?

그는 고용된 대리인이며, 청중의 분위기는 헛된 허식일 뿐이다. 눈을 가리고 쫓아다니는 술래잡기처럼 사람들은 대부분 하나의 손수건으로 눈을 가리고, 들어야 할 일부 의견에만 귀를 기울인다. 이러한 순응하는 듯한 태도는 그 저 몇몇 사실을 잘못 이해하고 약간의 거짓말을 하게 할 뿐만 아니라 더 나아 가 모든 사실을 그릇되게 만들어 버린다.

그들의 모든 진실은 사실상 진실이 아니다. 그들의 둘은 진정한 둘이 아니 며, 그들의 넷은 진정한 넷이 아니다. 그래서 그들이 말하는 모든 단어에 우리 는 실망하게 되고, 이를 바로잡으려면 도대체 어디에서부터 시작해야 할지 모 르는 것이다. 그러는 사이 시간은 재빨리 우리가 믿는 단체의 죄수복으로 우 리를 갈아입힌다. 우리는 결국 하나의 얼굴과 모습만 입게 되고, 차츰 가장 부 드러우면서도 어리석은 표정을 짓게 될 것이다.

그 중에서도 일상사에서 반드시 마주치게 되는 굴욕스러운 경험이 있다. 바 로 '바보 같은 칭찬의 얼굴'이다.

'바보 같은 칭찬의 얼굴'이란, 사람들과 함께 있을 때 별로 관심 없는 대화 에 대꾸를 하려니 불편해서 짓게 되는 억지 미소 같은 것이다. 이때 우리의 얼 굴 근육은 자발적으로 움직이는 것이 아니라 인위적으로 움직이므로 딱딱하 고 매우 불쾌한 느낌의 표정이 된다.

순응하지 않는 사람에 대해 세상은 못마땅해 하고 채찍을 휘두를 것이다. 따라서 당신은 그 못마땅한 표정을 어떻게 받아들여야 하는지를 알아야 한 다. 구경꾼 같은 대중은 거리에서도, 심지어는 당신의 거실까지 기웃거리며 순 응하지 않는 당신을 곁눈질하며 탐탁지 않게 생각한다.

만일 당신이 이 거부감의 원인을 인정한다면 당신은 우울해하며 집 안 깊 숙이 처박혀 침묵해야 하리라. 그러나 명심하라! 대중의 못마땅한 표정에는 뜻 없이 짓는 상냥한 미소와 마찬가지로 깊은 뜻이 없다. 마치 바람이나 신문 기사처럼 오락가락하는 것이다.

하지만 대중의 불만은 의회나 대학의 불만보다 훨씬 더 위력이 있다. 세상 을 안다고 자부하는 당당한 사람이 교양 있는 계층의 분노를 참아내는 것은 쉬운 일이다. 그들은 주의깊고 상처도 잘 입기 때문에 분노도 예의 바르고 신 중하다.

그러나 세상을 안다고 자부하는 당당한 사람들의 나약한 분노에 군중이 일으키는 분노가 더해지면, 어리석은 자와 가난한 자들이 들고일어난다면, 사 회 밑바닥에 깔려 있는 이성과는 거리가 멀고 잔인한 힘이 으르렁거리며 들썩이기 시작한다면, 이를 마치 아무 일도 아닌 듯 당당하게 다루기 위해서는 진실과 믿음의 힘이 필요할 것이다.

세상을 안다고 자부하는 사람의 또 다른 골칫거리는 바로 일관성이다. 그 일관성은 바로 과거에 자신이 행한 말이나 행동을 숭배하는 것이다. 우리가 과거를 소중히 여기는 까닭은 남들의 눈에는 그것 말고는 우리의 발자취를 판단할 다른 자료가 없고, 또 우리는 그들을 실망시키기 싫기 때문이다.

그런데 당신은 왜 자꾸 뒤를 돌아다보는가? 왜 공적인 자리에서 여기에서 한 말과 저기에서 한 말이 다르지는 않을까 걱정하며 기억이라는 시체들을 질질 끌고 다니는가? 만일 당신이 과거에 했던 언행과 모순되는 말이나 행동을 했다고 한들 어떻단 말인가?

자기 자신의 기억에만 기대지 말라. 그리고 드문 일이기는 하지만 아주 순수한 기억이라 할지라도 오직 거기에만 기대지는 말라. 그 대신 당신의 과거를 바로 오늘, 몇 천의 눈앞에 가져와 판단받도록 하라.

그리고 완전히 새로운 날을 살도록 하라.

자신만의 형이상학 안에서 당신은 신과 같은 인격을 거부해 왔다. 그러나 영혼의 진실한 움직임이 찾아왔을 때는 신이 어떤 모습을 하고 왔더라도 마음과 참을 거기에 맡기도록 하라. 요셉이 매춘부의 손에 그의 외투를 맡긴 것처럼 자신의 어리석은 일관성, 다시 말해서 평소에 자신이 한결같이 굳게 믿고 있는 '자기만의 논리'를 버리고 달아나라.

어리석은 일관성은 옹졸한 마음의 장난이다. 보잘것없는 의원 나리와 철학자, 성직자들만이 이를 떠받든다. 일관성은 위대한 영혼과 어떤 연관도 없다.

벽에 비친 나의 그림자를 보며 자신을 걱정할 필요는 없다. 지금 생각하는 바를 오늘 과감한 어조로 말하라! 그리고 내일은 내일 생각하는 바를 확실하게 말하라! 비록 그것이 오늘 당신이 이야기한 모든 것과 모순된다고 할지라도.

그러면 누군가는 말할 것이다.

"아, 그렇다면 당신은 오해받을 것이 뻔하군요."

오해받는 일이 그토록 나쁜 일인가? 피타고라스도 오해받았다. 소크라테스도, 예수도, 루터도, 그리고 코페르니쿠스와 갈릴레오도, 뉴턴도……

실체화되었던 순수하고 현명한 영혼들은 모두 오해를 받았다. 위대한 것은 오해받게 되어 있다.

그 누구도 자신의 본성을 거스를 수 없다.

안데스와 히말라야의 굴곡진 산봉우리들도 지구의 곡선 안에서 보잘것없이 아주 작듯이, 솟구친 인간의 모든 의지는 그의 존재 법칙에 의해 하나로 모아질 뿐, 당신이 그를 이리 재어보고 저리 시험해 본들 아무 소용없다.

하나의 인격은 마치 아크로스틱(acrostic)*¹이나 알렉산드리아의 운율과도 같다. 앞으로 읽으나 거꾸로 읽으나 중간으로 읽으나 여전히 같은 글자인 것이다.

신이 나에게 허락한 이 나무 인형에 하루하루 나의 정직한 생각들을 기록하라, 미래를 내다보거나 과거를 떠올리는 일 없이. 그것은 확실히 내가 의도하지 않았고 보지도 못했지만 서로 대칭을 이룰 것이다.

나의 책에서는 솔향기가 나고 풀벌레가 윙윙대는 소리가 들릴 것이다. 내 창가에서 지저귀는 제비는 무명실이나 지푸라기를 물고 와 나의 집까지 지어줄 것이다.

우리는 우리 자신을 위해 나아가며, 본성은 우리의 의지보다 높은 곳에서 우리를 가르친다. 우리는 오직 겉으로 드러나는 행위에 의해서만 덕이나 죄가 드러난다고 생각하지만, 순간마다 선과 악을 호흡하고 있다는 사실은 미처 알지 못한다.

어떤 다른 행동을 하더라도 그 행동이 진실하고 자연스럽다면, 거기에는 분명히 들어맞는 점이 있을 것이다. 비록 겉으로는 그렇게 보이지 않더라도 모든 행동은 오직 하나의 의지에 따라 조화를 이룬다. 조금 멀리, 그리고 높은 곳에서 내려다보면 서로 다른 종류들은 보이지 않게 된다. 하나의 경향이 그 모두를 아우르기 때문이다.

---

*1 이합체(離合體) 시. 각 행의 첫 글자나 끝 글자를 이으면 말이 되는 유희시.

홀륭한 배는 바람에 따라 이리저리 뱃길을 바꾸며 나아간다. 그러나 충분히 거리를 두고 보면, 그 중간으로 뱃길이 일직선을 이루는 것을 보게 된다. 이처럼 당신의 진실한 행동은 그 자체로 설명될 것이며, 다른 진실한 행동들까지 더불어 설명해 줄 것이다. 반대로 당신의 순응은 아무것도 설명해 주지 않는다.

홀로 행동하라! 지금껏 이미 홀로 해 왔던 일들이 오늘의 당신을 정당화해 줄 것이다.

위대함은 미래에 하소연한다. 오늘 내가 남들의 눈길을 무시하고 과감히 올바른 행동을 할 수 있는 것은, 지금의 나를 지키기 위해 이미 오래전부터 옳은 일들을 많이 행한 덕분이다.

지금 바로 행하라! 그러면 모든 일은 마땅히 나아가야 할 곳으로 흘러간다.

겉모습을 무시하라! 인격의 힘은 모여서 쌓이는 것이다. 모든 지나간 날의 미덕이 인격의 건강을 좌우한다.

우리의 상상을 자극하는 영웅들의 위엄은 어디에서 오는가? 그것은 꼬리를 물고 우리 안에 자리잡고 있는 위대한 날과 승리의 기억에서 온다. 그 기억들은 앞으로 나아가는 행위자에게 통일된 빛을 비춘다. 바로 그 빛이 채텀*²의 목소리에 천둥을, 워싱턴의 기지에 위엄을, 애덤스*³의 눈에 미국을 부여한 것이다.

명예는 곧 스러져 버리는 것이 아니기에 우러러볼 만하다. 명예는 오래된 덕목이다. 오늘날 우리가 그것을 숭배하는 까닭은 그것이 현재의 것이 아니기 때문이다. 또한 우리가 명예를 사랑하고 경의를 나타내는 까닭은 그것이 우리의 사랑과 경의를 얽어매지는 않기 때문이다. 그것은 스스로에게서 비롯된 독립된 것이며, 또한 오래된 순결한 혈통을 지닌다.

---

*2 채텀 백작 1세. 실질적인 총리 역할을 한 영국의 정치인. 뛰어난 웅변가로 그가 연설을 하면 의사당 밖에서도 들릴 정도였다고 함.
*3 미국의 독립전쟁 지도자. 영국으로부터 독립한 뒤 매사추세츠 주지사를 지냄.

이제 순응과 일관성에 대해서는 더 이상 듣지 않기를 바란다. 이제는 두려움 없이 말하고 남들이 놀리든 말든 신경쓰지 마라. 저녁식사를 알리는 벨 대신 피리 소리를 듣게 하라.

더 이상 머리를 조아리고 사과하지 말라. 위대한 사람이 나와 함께 식사하기 위해 내 집에 온다고 해도 나는 그의 비위를 맞추려고 애쓰지 않을 것이다. 대신 그가 나를 기쁘게 해 주기를 바란다.

나는 인정을 베풀기 위해 서 있다. 그 인정은 물론 친절하고 진실한 것이다.

우리 시대의 겉만 번지르르한 평범함과 비열한 만족을 꾸짖고 나무라라. 또한 관습, 거래, 관직의 면전에 모든 역사의 결과라고 할 만한 다음과 같은 사실을 보여주도록 하라. 즉, 우리가 일하는 곳이라면 어디든 책임 있는 위대한 사상가와 행동가가 함께 일하고 있으며, 진정한 인간은 그 어떤 다른 시대, 다른 장소에 속하는 것이 아니라 늘 만물의 한가운데에 있다는 사실을 말이다.

내가 있는 곳이 우주의 중심이다. 변하지 않는 우주의 법칙이 당신과 모든 인간을, 모든 사건을 평가할 것이다. 대부분의 개인은 보통 다른 어떤 것이나 어떤 사람을 함께 떠올리게 한다. 반면에 우주의 한가운데에 선 사람은 다른 어떤 것도 연상되게 하지 않으며, 모든 창조가 그의 것이다. 그러한 사람은 너무나 대단해서 주변의 환경조차 눈에 들어오지 않게 만든다.

모든 참된 인간은 하나의 목적이며, 하나의 국가이며, 하나의 시대이다.

그들이 자신의 디자인을 완전하게 이루려면 무한한 공간과 시간이 필요하다. 그리고 그에 예속된 후손들은 그의 발자취를 따라가는 듯하다.

과거에 카이사르라는 사람이 탄생했고, 그리고 시간이 흘러 우리는 로마제국을 가지게 되었다. 또 과거에 예수가 태어났고, 그 뒤 수백만의 마음이 자라 인간의 미덕과 모든 가능성의 상징으로서 그의 정신을 따르게 되었다.

나의 제도는 한 사람의 그림자가 길어진 것이다. 은자(隱者) 안토니*⁴의 군

---

*4 레랭의 안토니라고도 일컫는 기독교 성인. 스무 살 이후 은자로 지냈으며, 레랭 수도원에서 선종.

주제, 루터의 종교개혁, 폭스*5의 퀘이커교, 웨슬리*6의 감리교, 클락슨*7의 노예제폐지론처럼 말이다. 밀턴은 스키피오를 가리켜 '로마의 극치'라고 했다. 모든 역사는 결국 몇몇 용감하고 열렬한 사람들의 일대기로 귀결된다.

우리는 자신의 가치를 알고 사물을 지배해야 한다. 세계는 우리를 위해 존재하므로 엿보거나 훔치지 말아야 한다. 또는 사기꾼, 침입자들처럼 요리조리 피하지 말아야 한다. 그런데 보통의 인간은 거리에 세워진 탑이나 대리석으로 조각된 영웅들을 볼 때면 자신의 가치에 회의를 느끼고 초라함을 느낀다.

화려한 궁전, 위엄 있는 동상, 값비싼 책은 보통의 인간에게는 마치 비싼 자동차처럼 낯설고 금지된 것처럼 느껴진다. 또 심지어는 그것들이 인간에게 "선생, 당신은 대체 뭐요?"라고 묻는 것 같다.

그러나 그것들은 모두 본디 당신의 것이며, 당신의 관심을 간절히 바라는 것들이다. 언젠가는 당신의 재능이 드러나 그것들을 가지게 될 것이다.

아무리 훌륭한 그림이라도 그 그림은 나의 평가를 기다린다. 그것은 나에게 명령할 수 없으며, 그 가치를 결정하는 것은 '나'이다.

유명한 주정뱅이에 관한 우화가 있다.

길거리에 만취해서 쓰러져 있는 주정뱅이를 어느 귀족이 자기의 집으로 데려가 씻기고 옷을 입혀 귀족의 침대에 눕혔다. 나중에 그가 깨어나자 모두 그에게 아첨하며 마치 귀족을 대하듯 그를 대했다. 그러자 그 주정뱅이는 자신은 잠시 정신이 나갔을 뿐, 본디는 귀족이었다고 굳게 믿게 됐다는 이야기이다.

이 이야기가 그토록 인기 있는 것은 주정뱅이의 상태로 세상에 있던 한 인간이 언젠가는 깨어나서 자신의 존재 이유를 탐구하고, 진정한 군주로서 자신을 발견하게 되는 과정을 너무나 상징적으로 잘 나타냈기 때문이다.

우리는 책을 읽을 때 마치 구걸하는 것처럼 책 내용에 아첨한다. 역사를 읽

---

*5 영국 선교사. 개인적인 신앙 체험을 바탕으로 퀘이커 교를 창설했다.
*6 감리교 운동을 주도한 영국 신학자.
*7 노예무역과 식민지 노예제도에 반대한 영국의 노예해방 운동가.

는 우리의 상상은 우리를 속인다. 왕국과 통치자, 권력과 재산……, 이러한 것들은 작은 집에 살며 대수롭지 않은 일을 하는 평범한 존과 에드워드보다 좀 더 번지르르한 명칭일 뿐이다. 삶의 내용은 양쪽이 다를 바 없으며, 각자의 총량(總量)은 서로 같다.

그렇다면 알프레드*8와 스칸데르베그,*9 구스타부스*10에게는 왜 모두 경의를 표하는가?

당신의 몫이 오늘 당신의 행동에 따라 결정되는 것처럼 대중에 영합하는 그들의 명성도 자연스럽게 따라온 것이다. 평범한 사람이 자신만의 관점으로 행동한다면 영광의 광채는 왕에게서 그에게로 옮겨갈 것이다.

이 세상을 가르치는 것은 대중의 눈을 사로잡은 위인들이다. 이 거대한 표상들이 사람에게서 사람으로 향하는 상호 존경을 가르쳐 왔다.

대중은 그들이 가르쳐준 법칙을 기쁘게 받아들이고, 그들의 법칙에 충성한다. 그리고 그 충성심은 정치가, 또는 경영자들이 사람들 사이로 걸어 들어가도록 도와주고, 때로는 사람과 사물을 평가하는 자신만의 저울로 세상의 평가를 뒤집도록 하며, 은혜는 돈이 아닌 명예로 갚도록 가르친다. 그리고 그의 됨됨이로써 자신만의 법칙을 드러내는 과정들을 견디게 해준다.

법칙은 상형 문자와도 같아서 뜻을 헤아리기가 어렵지만, 사람들은 이를 기준으로 자신의 권리와 정당함에 대해, 그리고 모든 사람의 권리에 대해 어렴풋이 깨닫게 된다.

모든 독창성을 띤 행위가 드러내는 매력은 우리가 자기 자신을 굳게 믿고 의지하는 이유를 생각해 보면 알 수 있다.

우리가 믿고 의지하는 이는 누구인가? 우주적인 믿음의 근거가 되는 본디의 '자신'은 누구인가? 과학으로도 이해할 수 없는 저 별의 본질과 힘은 무엇인가? 시차(視差)도 없고 계산할 수도 없는, 아주 조금이라도 자립의 낌새가

---

*8 잉글랜드 왕. 스웨덴, 덴마크 등에 살던 데인족을 크리스트교로 개종시켰다.
*9 오스만 제국의 군대를 격퇴시킨 알바니아의 민족영웅.
*10 스웨덴 왕. 스웨덴이 유럽 강국으로 발전할 수 있는 기틀을 마련했다.

있으면 보잘것없고 불순한 행위에까지 아름다움의 빛을 쏘아 대는 저 별의 정체는 무엇인가?

이러한 물음은 우리를 삶의 근원이자 동시에 재능의 본질로 이끌어 간다. 그것은 우리가 '자발성' 또는 '본능'이라고 부르는 것이다. 우리는 이 으뜸가는 지혜를 직감이라고 표현한다. 그리고 나중에 가르쳐진 모든 것을 교육이라고 부른다.

'자발성' 또는 '본능'이라는 깊고 오묘한 힘 안에서, 분석할 수 없는 궁극의 사실 안에서 만물은 공통된 기원을 찾게 된다. 조용한 시간에, 영혼 안에서 떠오르는 존재에 대한 지각은 사물, 공간, 빛, 시간, 인간이 서로 다르지 않으며 그들과 하나이다. 그 하나의 원천에서 그들의 생명과 존재는 분화해 나아간다.

우리는 처음에는 존재하는 모든 것과 생명을 공유한다. 그러다 나중에는 자연현상의 겉모습만을 보고 우리가 근원을 공유한다는 사실을 어느덧 잊어버리게 된다. 행동과 생각의 원천이 '여기'에 있다. 또 인간에게 지혜를 주는 영감의 원천도 '여기'에 있다. 이 근원은 불경하거나 믿음이 없는 사람이 아닌 이상 부정할 수 없는 것이다.

우리는 거대한 지적 존재의 무릎 위에 놓여 있고, 그 지성은 우리를 진실의 수혜자이자 활동의 도구로 삼는다.

우리가 정의나 진실을 분별할 수 있는 것은 우리 자신이 한 것이 아니고 단지 빛이 우리를 통과하도록 허락한 것이다. 만약 그 빛이 어디에서 오느냐고 묻는다면, 또 만물의 근원인 그 영혼을 들추어 내고자 애쓴다면, 모든 철학은 길을 잃은 것이다. 왜냐하면 영혼의 현존(presence), 또는 부재(absence)는 모두 우리가 느낄 수 있는 것들이기 때문이다.

모든 인간은 의도된 행위와 무의식 속에서의 지각을 가릴 줄 안다. 그리고 무의식 속에서의 지각이야말로 완벽하게 신뢰할 수 있다는 것을 안다. 우리는 말로는 잘 나타낼 수 없을지 몰라도 그러한 지각들이 마치 낮과 밤처럼 뚜렷하다는 것을 안다.

나의 의도된 행동과 그로 말미암아 얻은 것들은 곧 나를 떠나갈 것이다. 즉, 의도된 것과 그로 말미암아 얻은 것들은 변하기 쉽다.

가장 게으른 몽상, 가장 어렴풋한 자연스러운 감정이야말로 나의 호기심과 존경을 지배한다. 그런데 경솔한 사람들은 견해뿐만 아니라 직관도 쉽게 부인해 버린다. 그들은 직관과 개념을 구분하지 못하기 때문이다. 그러므로 그들은 내가 '선택'을 해서 아무렇게나 본다고 멋대로 생각한다.

그러나 직관은 변덕스럽지 않으며 운명의 지배를 받는다. 내가 어떤 특징을 보았다면 나의 아이들도 나를 따라서 그것을 볼 것이다. 그리고 언젠가는 모든 인류가 그것을 보게 될 것이다. 그것에 대한 나의 직관은 하늘의 태양만큼이나 확실한 사실이기 때문이다.

신과 영혼의 관계는 너무도 순수하므로 그 둘 사이를 이을 다른 무언가를 찾는다는 것은 무례한 일이다. 신은 이야기하고자 할 때는 한 가지가 아닌 모든 것에게 이야기한다. 그렇게 온 세상을 그의 목소리로 채운다. 그 순간 생각의 중심에서 나온 빛이 자연과 시간, 영혼을 밝히면 새날이 밝고 새로움이 창조된다. 우리의 마음이 단순해질 때마다 우리는 성스러운 지혜를 받아들이고, 그때 과거의 일들은 지나가 버린다. 수단과 방법, 선생들, 경전과 교당이 무너져 내린다.

우리의 마음은 현재에 살고, 과거와 미래도 현재의 시간으로 흡수된다. 모든 것은 이러한 관계들로 말미암아 성스러워진다. 만사는 그 원인에 의해 하나의 중심으로 귀결된다. 그리고 낱낱의 작은 기적들은 공통된 기적 속에서 사라져 버린다.

어떤 사람이 신을 안다고 주장하고 신에 대해 이야기하면서 다른 세계, 다른 나라의 틀에 박힌 어법의 세계로 당신을 데려가려 한다면, 그를 믿어서는 안 될 것이다.

도토리가 완성된 열매이기는 하지만 그렇다고 떡갈나무보다 더 낫다고 할 수 있을 것인가? 부모가 자식에게 자신의 경험을 전수해 주었다고 해서 그 자식보다 더 낫다고 할 수 있을까?

그렇다면 이렇게 과거를 숭배하는 것은 어디에서 비롯되었나?

시간은 영혼의 건전함과 권위에 맞선다. 시간과 공간은 눈이 만들어 낸 물리적 특질일 뿐이다. 그러나 영혼은 빛이다. 이 빛이 있는 곳은 낮이요, 빛이 있었던 곳은 밤이다. 따라서 역사가 만약 유쾌한 교훈담 또는 나의 현재와 미래에 대한 우화, 그 이상의 것이 되려 한다면, 그것은 주제넘고 무례한 일이다.

과거를 숭배하는 인간은 소심하고 사죄하려고만 할 뿐 더 이상 당당하지 못한다. 감히 "내 생각에는!", "나는!"이라고 말하지 못한다. 대신 다른 성인이나 현자의 말을 인용할 뿐이다. 그들은 풀잎 한 포기, 바람에 날리는 한 송이 장미 앞에 서면 부끄러워한다. 그러나 내 창가에 피어 있는 장미는 절대로 예전의 장미나 그 장미보다 더 아름다운 장미를 마음에 두지 않는다. 장미는 있는 그대로 피어 있을 뿐이며, 오늘도 신과 함께 존재한다. 장미에게는 시간이 존재하지 않는다. 단지 장미로 있을 뿐이다.

장미는 존재하는 매 순간 완벽하다. 장미는 온 생애를 꽃봉오리를 피우기 위해 바쁘게 살아간다. 꽃이 활짝 핀 상태에서도, 잎이 없는 뿌리 상태에서도 마찬가지이다. 장미의 본성은 매 순간 충족되고, 자연도 장미의 존재에 만족한다.

그러나 인간은 무언가를 미루거나 기억한다. 그런 인간은 현재에 살지 않으며, 회상에 젖은 눈길로 과거를 떠올리며 애석해 한다. 또는 그를 둘러싼 풍요로움에는 무심한 채 발끝을 세워 미래를 내다보려 한다. 장미처럼 시간을 초월해 지금 이 순간 자연과 더불어 살지 않는 한 그는 행복하거나 강해질 수 없다.

이것은 아주 명백한 사실이다. 강인한 지성들조차도 내가 모르는 다윗과 예레미야와 바울의 어법으로 이야기하지 않는 한, 감히 신의 목소리를 직접 들으려 하지 않는다. 우리는 언제나 소수의 사람들, 소수의 원전만 높이 평가해서는 안 된다.

우리는 마치 할머니나 가정교사들이 하는 말을 기계적으로 되풀이하는 어린아이들 같다. 아이는 나이를 먹고 재능과 인격을 갖춘 사람들을 보면서 그들이 했던 말이 정확히 무엇이었는지 기억해 내려 애쓴다. 그리고 나중에 그러한 말을 했던 사람들의 관점에 도달하게 되면, 마침내 그 말을 이해하고 비로소 그 말을 놓아 버릴 수 있게 된다. 이제 언제든 필요하면 혼자서도 그 말을 잘 사용할 수 있기 때문이다.

우리가 진실하게 산다면 우리는 진실하게 볼 것이다. 강한 사람은 강인한 것이 되기 쉽고, 약한 사람은 약해지기 쉬운 것과 같은 이치이다.

새로운 지각에 눈뜰 때, 우리는 낡은 잡동사니처럼 잔뜩 쌓아둔 보물과 같은 기억들을 기쁘게 내다버릴 것이다. 신과 더불어 살 때, 인간의 목소리는 시냇물의 재잘거림과 옥수수의 바스락거림만큼이나 감미로울 것이다.

드디어 이 주제에 관한 가장 고귀한 진실을 말할 차례가 되었다. 그러나 아마도 말로 하긴 어려울 것이다. 우리가 말하는 모든 것은 직관과는 거리가 먼 기억이기 때문이다. 어쨌든 내가 지금 그러한 '기억'에 기대어 그 본질에 가장 가까이 접근해서 말할 수 있는 내용은 바로 이것이다.

선(善)이 당신 가까이 있을 때, 당신이 자신의 삶을 살 때, 그것은 이미 알려져 있거나 어떤 익숙한 방식에 의한 것이 아니다. 당신은 다른 누구의 발자취도 더듬어보려 하지 않을 것이다. 당신은 타인의 얼굴을 보려 하지 않을 것이며, 어떤 이름도 들으려 하지 않을 것이다. 그런 방식, 생각, 선함……, 이 모든 것이 완전히 낯설고 새로울 것이다. 본보기와 경험도 스스로의 의지로 배제할 것이다.

당신은 인간에게서 어떤 방식을 이어받는 것이지, 다른 누구의 방식을 따라 하는 것은 아니다. 존재했던 모든 인간은 이미 잊힌 대행인일 뿐이다.

두려움과 희망은 그 속을 들여다보면 서로 닮아 있다. 심지어 희망에도 어떤 저열함이 숨어 있다.

그러나 느껴라! 통찰의 시간에는 감사나 온전한 기쁨이라고 불릴 만한 것이 없다. 열정을 초월한 영혼이 영원한 인과 관계와 본질을 꿰뚫어 보며, 진실과 정의가 스스로 존재함을 지각할 것이다. 그러므로 모든 것이 다 잘 될 것을 알기에 스스로 평화를 찾을 것이다.

대서양, 남태평양과 같은 거대한 자연의 공간이나 수백년과 같은 오랜 세월은 그리 중요한 문제가 아니다. 이전 모든 삶의 상태와 조건이 내가 생각하고 느끼는 것들의 토대가 되며, 마찬가지로 내가 생각하고 느끼는 것들은 나의 현재, 삶과 죽음이라 불리는 것의 토대가 된다.

과거는 과거일 뿐, 오직 현재의 삶만이 유용하다. 힘은 쉬는 순간에 멈춰 버린다. 힘은 과거에서 새로운 상태로 옮겨 가는 그 순간에 존재한다. 소용돌이가 용솟음칠 때, 목표물을 향해 화살이 날아갈 때 힘이 생긴다. 세상은 영혼이 변화한다는 이 사실을 싫어한다. 과거의 가치를 끌어내리기 때문이다. 모든 부자를 가난뱅이로 만들고, 모든 명성을 치욕으로 만들며, 성자를 부랑아와 혼동하게 하고, 예수를 유다의 옆자리로 밀어 놓기 때문이다.

영혼이 존재하는 한, 힘은 우리에게 권한을 부여하고 능력과 자격을 허용한다. 그러므로 스스로 가지는 신뢰에 대해 겉으로 떠들어대는 것은 천박한 태도이다. 차라리 신뢰하는 대상에 대해 이야기하는 것이 더 낫다. 나보다 더 영혼의 소리에 충실한 사람이 나를 다스리겠지만, 그는 나를 위해서는 손가락 하나 까딱하지 않을 것이다. 나는 영혼의 중력이 끌어당기는 힘을 따라 자연의 법칙을 중심으로 회전할 것이다.

훌륭한 미덕에 대해 이야기하면서 그것이 단지 수사학의 기교라고 생각할 뿐, 그 미덕이 법칙의 '정점'임을 보지 못하고, 원칙에 쉽사리 반응하고 몰드는 사람들은 자연의 법칙 곧, 신이 모든 국가와 도시 그리고 정치인과 부자와 시인들을 다스린다는 사실을 알지 못할 것이다.

그렇다면, 우리는 자기를 믿는 힘에 대해 왜 그렇게 떠들어대는가? 그것은 모든 문제의 해답으로서, 우리가 영원히 축복받는 '하나'로 정리된다는 것을 깨닫게 되는 궁극적 사실이기 때문이다.

자기 존재는 '최고 원인(the Supreme cause)'의 징후이며, 선함을 재는 잣대가 되기 때문이다.

그 선함의 정도에 따라 인간은 갖가지의 낮은 상태로 떨어질 수도 있다.

실재하는 모든 것은 진정 그들이 담고 있는 덕에 따라 결정된다. 상업, 농업,

사냥, 고래잡이, 전쟁, 웅변, 개인의 됨됨이……, 이 모든 것은 덕의 본보기로서, 또는 그 잘못된 작용의 본보기로서 나의 관심을 끈다.

이러한 법칙은 자연의 보존과 성장을 위해서도 똑같이 작용한다. 자연에 존재하는 힘은 '옳음'을 재는 데 반드시 필요한 도구이다. 자연은 전혀 애쓰지 않아도 저절로 돌아간다. 한 행성의 탄생과 성숙은, 그 별의 평형과 궤도는, 강한 바람에 휘어진 나무가 스스로 제자리로 돌아오는 것은, 또 모든 동식물을 먹여 살리는 자원이 존재한다는 것은 바로, 스스로 충족되기에 자기 자신에게 의존하는 영혼이 시범을 보인 것이다.

모든 것은 하나로 정리된다. 방황하지 말고 하나의 이유를 가지고 집에 머물러 있도록 하라. 신성한 사실을 단순하게 선언함으로써 사람들, 책, 관습처럼 우리를 어지럽히는 무리를 놀래라. 신이 여기 우리 안에 있으니 침입자들에게는 신발을 벗으라고 명하라. 우리의 단순함으로 그들을 심판하라. 자신의 법칙을 따르는 유순한 마음으로, 자연이나 행운과 비교해도 전혀 부족함이 없는 우리의 타고난 풍요를 깨닫도록 하라.

지금 우리는 하나의 어리석은 군중에 지나지 않는다. 사람은 사람을 경외하지 않는다. 또한 그의 본성에게 집에 머물러 있으라고 충고하지 않으며, 자기 안의 별에게 바다와 소통하라고 타이르지도 않는 대신 다른 사람의 물병에 든 물 한 컵을 구걸하기 위해 바다를 건넌다.
그러지 말라! 우리는 반드시 혼자서 가야 한다. 나는 그 어떤 설교보다 예배가 시작되기 전의 고요한 교회를 좋아한다. 그 순간, 각자의 성역에 둘러싸인 채 그들은 얼마나 고고하고 침착하며 얼마나 정숙해 보이는가! 그러므로 언제나 조용히 앉아 있도록 하자.

왜 우리는 친구, 아내, 아버지, 또는 아이의 잘못을 떠맡아야 하는가? 그들이 우리의 난롯가에 함께 둘러앉는 사이라서? 또는 흔히 말하듯이 같은 피를 나눴기 때문에? 모든 인간은 나와 피를 나눴으며, 나 또한 그들과 피를 나눴다. 그러나 그렇다고 해서 그들의 불쾌하고 어리석은 행위까지 떠맡아야 한다는 것은 아니다. 심지어 부끄러움을 느낄 정도까지 떠맡아야 하는 것은 더욱 아니다.

당신의 고립은 물질과 관련된 것이 아니라 정신과 관련된 것이어야 한다. 곧 정신을 북돋워야 한다.

때때로 온 세상이 정말 하찮은 것을 가지고 당신을 성가시게 하는 것처럼 느껴질 것이다. 친구, 고객, 아이들, 질병, 두려움, 결핍, 자선⋯⋯.

이 모든 것이 한꺼번에 당신의 벽장문을 두드리며 '우리에게 오라'고 말할 것이다. 그러나 당신은 홀로 있는 당신의 상태를 유지하라. 그들의 혼돈 속으로 들어가지 말라. 나 이외의 인간이 소유한 힘이 나를 괴롭히면, 나는 그저 약간의 호기심만으로 응대할 것이다. 그 누구도 나의 행동을 거치고 나서야 나에게 가까이 올 수 있다.

"우리는 사랑하는 것을 가진다. 그러나 자기 욕망 때문에 자신에게서 사랑을 빼앗겨 버린다."

만약 우리가 당장 복종과 신념이라는 고결함의 경지에 오를 수 없다면, 적어도 유혹에는 맞서라. 또한 전투태세를 갖추어라. 그리하여 우리의 가슴에 토르(Thor)*11와 오딘(Odin)*12을 일깨우고, 용기와 지조도 일깨워라.

이는 고요한 시간에 진실을 말함으로써 이루어져야 한다.

거짓된 친절과 호의를 차단하라. 우리 주변의 속고 속이는 자들의 기대에 더 이상 부응하지 말라.

그들에게 말하라.

"오, 아버지, 어머니, 아내여, 형제여, 친구여, 나는 지금까지 오직 허상만을 좇아 그대들과 함께 살아 왔다. 앞으로 나는 진실의 편에 설 것이다. 지금부터 나는 영원불변의 법칙 외에는 믿지 않을 것임을 선언한다."

---

*11 북유럽 신화에 나오는 천둥의 신.
*12 북유럽 신화에 나오는 애시르 신족(神族)의 최고신.

"나는 가까운 가족 외에 어떠한 계약에도 구애받지 않을 것이다. 나는 나의 부모를 받들어 모시고 가족을 부양하기 위해, 내 아내의 정숙한 남편이 되기 위해 노력할 것이다. 그러나 전에 없던 새로운 방식으로 이러한 관계를 채워갈 것이다. 나는 당신의 관습에 이의를 제기할 것이다."

"나는 나 자신이 되어야 한다. 나는 더 이상 당신을 위해 나 자신을 또는 당신을 망칠 수 없다. 당신이 있는 그대로의 나를 사랑할 수 있다면 우리는 더 행복해질 것이다. 만약 당신이 그렇게 하지 못할지라도 나는 여전히 그렇게 되도록 애쓸 것이다."

"나는 나의 취향이나 혐오를 숨기려 하지 않을 것이다. 나는 진정 깊이가 있는 것은 신성하다는 걸 믿기에 해와 달 앞에서 진심으로 나를 기쁘게 하는 것, 그리고 마음이 가리키는 것은 무엇이든지 열심히 행할 것이다."

"당신이 고귀하다면 나는 당신을 사랑할 것이다. 하지만 당신이 그렇지 않다면 나는 위선적인 관심으로 당신이나 나 자신에게 상처를 입히는 일은 하지 않을 것이다."

"만약 당신이 진실하다면, 그러나 나와 같은 진실 안에는 있지 않다면, 당신의 벗들 곁에 머물러 있으라. 나는 나의 벗을 찾을 것이다. 나는 나 자신만을 생각하기 때문이 아니라 겸허하게, 그리고 진정으로 이렇게 말하는 것이다."

"당신의 관심과 나의 관심, 그리고 모든 이의 관심은 서로 닮았다. 아무리 오랫동안 거짓 속에서 살아왔다고 해도 결국에는 진실 속으로 돌아와 살고자 하는 마음은 모두 같다. 지금 이 말이 너무 심하게 들리는가? 그러나 당신은 곧 나처럼 당신의 천성이 가리키는 것을 사랑하게 될 것이다. 만약 그 진실을 따른다면, 마침내 우리는 안심하게 될 것이다. 이렇게 하는 것은 당신의 친구들에게 상처를 줄 수도 있지만, 설령 그렇더라도 그들의 감정을 살피느라 나의 힘과 자유를 팔 수는 없는 일이다. 게다가 모든 이에게는 이성에 근거하여 절대 진실의 영역을 탐구하게 되는 순간이 있다. 그때가 되면 그들은 나를 정당한 것으로 생각하고, 나와 똑같은 일을 할 것이다."

당신이 세상의 기준을 거부하면 사람들은, 당신이 모든 기준을 거부한 것으로 여길 것이고, 당신을 단순히 도덕론에 반대하는 사람이라고 생각할 것이다. 뻔뻔한 감각주의자는 당신의 죄를 철학의 이름으로 포장할 것이다.

그러나 자각의 법칙이 어딘가에 살아 있다.

참회에는 두 가지 방법이 있는데, 우리는 그 가운데 하나의 방식으로 고해를 한다. '솔직하게' 또는 '반성하는' 태도로.

그런 방식으로 다 털어냄으로써 당신은 일상의 의무를 다한 것인지도 모른다. 그러나 그렇게 함으로써 부모, 친척, 이웃, 마을의 고양이나 개와의 관계가 만족스러운지, 이들 가운데 누군가가 당신에게 심한 죄책감을 주지는 않는지 생각해 보라.

나는 남들의 기준을 무시하고 스스로 나의 죄를 용서할 수도 있다. 나에게는 나만의 엄격한 주장과 완전한 세계가 있다.

그러한 나의 세계 안에 있는 수많은 의무는 실제로는 의무가 아니다. 그러나 의무라는 그 빚을 모두 갚는다면 나는 세상의 제약으로부터 벗어날 수 있을 것이다.

"그게 뭐 그리 어려운 일이오?"라고 묻는 사람이 있다면, 나는 "단 하루라도 직접 그 규율을 지켜본 다음에 이야기하시오"라고 말하겠다.

인간의 보편적 동기를 버리고 과감하게 자신을 믿고 스스로 엄한 주인이 되고자 하는 사람은 진정으로 그의 내면에 신과 같은 자질을 지녀야 한다. 마음은 고귀해야 하고, 의지는 충실해야 하며, 시야는 밝아야 한다. 그러면 그는 자신에게만큼은 진실로 교리이자 사회이며 법일 것이다. 그에게는 단순한 목적이 남들에게는 강철같은 철칙이 될 것이다. 한 사회가 요구하는 조건들을 고려해 본다면, 누구라도 그러한 윤리가 필요하다는 사실을 알게 될 것이다.

우리는 마치 근육과 마음이 몸 밖으로 빠져나가 버린 듯, 겁 많고 소심한 투정쟁이가 되어 버렸다. 우리는 진실과 행운을 두려워하고 죽음을 두려워하고 서로를 두려워한다. 우리 시대에는 위대하거나 완벽한 인간이 나올 것 같지 않다.

우리는 삶과 이 사회의 상태를 개혁해 줄 남자와 여자를 원한다. 그러나 우리가 마주하는 건 대부분 인성이 파괴된 자들이다. 그들은 자신의 요구를 만족시킬 수 없으며, 실제 능력에서 벗어나는 야망을 품고, 밤낮으로 끊임없이 기대고 구걸한다. 우리의 살림은 구걸과 다름없다. 우리의 기술, 직업, 결혼, 종교는 우리가 스스로 선택한 것이 아니라 사회가 우리를 위해 선택해 준 것이다. 우리는 말뿐인 병사이다. 우리는 힘의 원천인 고된 운명과의 전투를 피하려 한다.

오늘날 젊은이들은 첫 사업에서 실패하면 크게 낙담한다. 어쩌다 젊은 상인이 실패하면 사람들은 이제 그는 망했다고 말한다.

만약 훌륭한 천재가 대학에서 공부를 마치고 1년 안에 대도시에서 직장을 얻지 못하면, 친구들은 물론이고 특히 그 자신이 좌절한 나머지 남은 인생을 불평하며 보내는 것이 당연하다고 여긴다.

그러나 이 젊은이의 경우를 보라! 이른바 지방의 이류대학 출신의 한 건장한 젊은이는 차례대로 모든 일을 시도해 봤다. 소와 돼지를 치고, 농사를 지으며, 도붓장사를 하고, 설교를 하며, 신문을 편집하고, 의회에도 진출하며, 드넓은 땅을 사는 따위의 일을 끊임없이 해 나갔다.

떨어져도 곧 사뿐히 일어서는 고양이처럼 언제나 난관을 헤쳐 나갔던 그는 도시의 선남선녀 수백 명과 맞먹는 가치가 있다.

그는 자신의 나날들과 나란히 보조를 맞추며, '하나의 직업에 몰두'하지 않은 것에 전혀 부끄러움을 느끼지 않았다. 그는 자신의 인생을 미루지 않고 이미 살고 있기 때문이다. 그에겐 단 하나의 기회가 아닌 백 가지 기회가 있다.


스토아 철학자가 와서 인간이 고유하게 가지고 있는 자산을 보여주며, 다음과 같이 말해 주었으면 좋겠다.

"인간은 기울어진 버드나무가 아니라 스스로 설 수 있으며 또 그래야만 한다."

"자신을 믿는 훈련을 통해 새로운 힘이 생길 것이다."

"인간은 신의 말이 육체로 나타난 것이며, 인류의 향상을 위해 태어났다."

"인간은 남에게 동정받는 것을 부끄러워해야 한다."

"법과 책과 우상 숭배와 관습을 창문 밖으로 내던지고 스스로 우러나서 행하라! 그러면 우리는 더 이상 당신을 가여워하지 않고 당신에게 감사하며, 당신을 우러러보게 되리라."

이러한 가르침을 주는 스승이야말로 인간의 삶을 화려하게 되살림으로써 모든 역사에 이름을 남길 것이다.

보다 큰 자기 신뢰가 작용할 때, 모든 직무에서, 모든 인간관계에서, 그 종교, 그 교육, 그 사업, 그 생활양식, 그 교제, 그 재산, 그 사색적 견해에서 반드시 혁명을 일으키리라는 것은 이해하기 쉽다.

# 나의 길

**인간은 어떤 기도에 몰두하는가!**

그들이 신성한 의무라고 부르는 이 행위는 용감하지도, 씩씩하지도 않다. 기도하는 이들은 저 먼 곳을 바라보며 나와 동떨어진 가치를 지니는 타국의 어떤 것을 구한다. 그래서 자연과 초자연, 개입과 기적의 끝없는 미로 속에서 스스로 길을 잃고 마는 것이다.

선이 아닌 어떤 특정한 이익을 간절히 바라며 구하는 모든 기도는 도덕과는 거리가 멀다.

기도란 가장 고귀한 관점에서 인생의 사실들을 고요한 마음으로 비추어 보는 행위이다. 그것은 기쁨에 넘쳐 바라보는 영혼의 독백이며, 선한 업적을 선언하는 신의 정신이다.

개인의 목적을 이루기 위한 도구로서의 기도는 비열한 것이자 도둑질이다. 그러한 기도는 자연과 하나된 의식이 아니라 둘로 나뉜 것임을 전제로 한다.

인간이 신과 하나가 되는 순간, 그는 더 이상 애처롭게 빌지 않을 것이다. 그 순간 그는 모든 행위에서 기도하는 모습을 볼 것이다.

잡초를 뽑기 전에 들판에 무릎을 꿇은 농부의 기도나, 노를 움켜쥐고 무릎을 꿇은 뱃사공의 기도는 값싼 목적을 위한 것이라지만, 자연 곳곳에서 울려 퍼지는 진정한 기도들이다.

플레처는 《본두카》에서 아우다테 신의 의향을 묻는 질문에 등장인물 카라타크의 입을 빌려 이렇게 대답한다.

"신의 숨겨진 뜻은 우리의 노력에 달려 있다. 우리의 용기가 우리의 가장 훌륭한 신이다."

또 다른 종류의 가짜 기도는 바로 애석하게 생각하는 것이다. 불만족은 자기를 믿는 힘이 모자라거나 의지가 허약할 때 생긴다. 탄식함으로써 고통 받는 자들을 도울 수만 있다면 얼마든지 그들의 재난을 슬퍼하라. 그렇지 않다면 자신의 일에 충실해야 한다. 그러면 그 불행에 대한 보상은 이미 시작된 것이다.

우리의 동정심은 순수하지 못하다. 우리는 불행한 그들에게 자극이 될 수 있는 진실과 건강한 정신을 일깨워 주고 그들 자신의 존재 이유를 발견하도록 도와주지 않고, 바보처럼 훌쩍이는 그들 곁에 앉아 그저 함께 울고만 있을 뿐이다.

행운의 비밀은 우리 손안에 있다. 신과 인간에게 언제나 환영받는 것은 바로 스스로 돕는 인간이다. 그를 위해서는 모든 문이 활짝 열려 있다. 모든 혀가 그를 환영하고, 모든 영광이 그에게 왕관을 씌우며, 선망의 눈길이 그를 좇을 것이다.

그는 우리에게 사랑을 요구하지 않았기에 우리는 그를 찾아가 그를 껴안는다. 그가 자신의 방식을 굳게 지키고 우리의 반대를 꾸짖었기에, 우리는 염려하고 미안해하며 그를 돌보고 찬양한다. 사람들이 그를 증오하기에 신들은 그를 사랑한다.

조로아스터는 말했다.

"굴하지 않는 인간에게는 축복받은 불멸의 신이 스쳐갈 것이다."

인간의 기도가 병든 의지이듯이, 인간의 신앙은 병든 지성이다.

그들은 바보스러운 이스라엘 사람처럼 이야기한다.

"신이여, 우리가 죽을지도 모른다고 말하지 마십시오. 우리와 함께 있는 모두에게 틀림없이 말씀해 주십시오. 그러면 우리가 따르오리다."

어디서나 신과의 만남을 훼방 놓는 것은 이런 나의 형제들이다. 왜냐하면 그는 자기 내면에 있는 사원의 문을 걸어 잠그고 오로지 그의 형제의 신, 또는 그의 형제의 형제의 신에 관한 우화만을 암송하기 때문이다.

새로운 마음은 새로운 분류이다.

보라, 새로운 체계의 탄생을!

생각의 깊이에 비례해서, 그가 영향을 미치는 대상, 즉 추종자의 숫자가 많아질수록 그의 자기만족은 커진다.

추종자는 새로운 용어를 대할 때마다 마치 대단한 무엇처럼 떠받들면서 즐거워한다. 식물학을 갓 배운 소녀가 새로운 흙과 새로운 계절을 보며 기뻐하듯이 말이다.

추종자는 스승의 마음을 연구함으로써 한동안 자신에게 지성의 힘이 자라났다고 느낄 것이다. 그러나 균형을 잃은 모든 마음은 그러한 분류를 우상처럼 생각하고 최종 목적으로 생각해 버린다. 곧 사라지는 수단일지도 모르는데 말이다. 그 결과 그들은 먼 지평선에 보이는 체계의 벽을 우주의 벽과 혼동한다.

그들은 천국의 등불이 자신의 스승이 세운 홍예(虹霓)문 위에 매달려 있다고 생각한다.

그들은 당신 같은 이방인이 어떻게 볼 권리를 가지는지, 심지어 어떻게 볼 수 있는지 상상도 할 수 없다고 여긴다.

그들은 '당신들이 우리의 빛을 훔쳐간 게 틀림없어'라고 말한다.

그들은 체계를 따르지도 않고 굴복하지도 않는 그 빛이 어느 집이라도, 심지어 그들 이방인의 오두막까지 들어갈 수 있다는 사실을 깨닫지 못한다.

그들이 재잘대며 자신의 것이라고 우기도록 내버려 두어라.

만약 그들이 정직하고 올바르게 행동한다면, 머지않아 자신들이 말쑥하게 지은 새 움막을 너무 답답하고 천박하게 느낄 것이다. 그들의 울타리는 금이 가고, 기울며, 썩어서 무너져 버릴 것이다. 그때 한없이 어리고 기쁨으로 충만한, 수많은 눈과 빛깔을 지닌 불멸의 빛이 새로운 아침처럼 우주를 비출 것이다.

### 여행에 대한 맹신은 자기 문화의 결핍에서 나온다

모든 교양 있는 자들은 이탈리아, 영국, 이집트에 환상을 품는다. 그들은 상상 속에서 영국, 이탈리아, 또는 그리스를 경외한다.

그러나 영혼은 여행자가 아니다. 현명한 사람은 집에 머문다. 필요와 의무에 따라, 또는 다른 모든 경우가 그를 집 밖이나 이국땅으로 불러낼 때도 그는 여전히 집에 있다. 그리고 그는 지혜와 덕의 사절로서 가는 것이며, 참견자나 시종이 아닌 내 마음의 주인으로서 도시와 사람들을 방문한다는 것을 얼굴에 드러내어 알릴 것이다.

자신이 아는 것보다 위대한 무언가를 찾아 나선 것이 아니라면, 나는 예술과 공부와 관용의 목적을 위해 떠나는 세계 일주여행에 반대할 생각은 없다. 그러나 즐기기 위해, 또는 그가 가지지 못한 무엇을 얻기 위해 멀리 여행하는 사람은 비록 젊더라도 오래된 것들 사이에서 점차 나이를 먹게 된다. 테베와 팔미라에서, 그의 의지와 마음은 마치 그 유적처럼 늙고 황폐해진다. 그는 폐허를 떠돌아다닌다.

여행은 바보의 천국이다. 첫 여행에서 우리는 장소들의 냉담함을 발견한다.

집에 있을 때는 나폴리나 로마에 가면 그 아름다움에 도취되어 나의 슬픔을 잊을 수 있으리라 생각한다. 나는 가방을 꾸리고 친구들과 얼싸안으며 인사를 나눈 뒤 배에 오른다. 그리고 마침내 나폴리에 도착해 꿈에서 깨어난다. 내 곁에는 무정하게도 내가 벗어나고자 했던 것과 똑같은 가혹한 현실과 슬픈 나 자신이 있을 뿐이다.

나는 바티칸과 궁전들을 찾는다. 풍경과 그것들이 보여주는 암시에 취한 척한다. 그러나 나는 취하지 않았다. 내 등 뒤에서는 나의 무거운 현실과 나의 비대한 자아를 걸머진 거인이 내가 가는 곳마다 나를 따라다닌다.

**우리는 모방한다. 그러한 모방이 마음의 여행이 아니고 무엇이겠는가?**

여행에 대한 갈망은 우리의 병이 깊어졌다는 반증이며, 이는 지적인 활동 전체에 영향을 미친다. 지성은 방랑자이며, 우리의 교육 체계는 그 불안감을 더욱 조장한다. 우리 몸이 집에 머물러 있도록 강요받을 때, 우리의 마음은 떠돌아다닌다.

우리는 이국적인 취향으로 집을 짓고 선반에는 외국의 기념품을 진열해 놓는다. 우리의 의견, 취향, 능력은 '과거'와 '먼 곳'에 기대고 따른다.

그러나 예술이 피어나는 곳이라면 영혼은 어디든 예술을 창조한다. 예술가가 찾아 헤매는 그의 모델은 바로 자신의 마음속에 있다. 예술이란 만들어야 할 대상과 관찰해야 할 상황에 자신의 생각을 적용하는 일이다. 그런데도 우리가 도리스와 고딕 양식을 모방해야 할 필요가 있을까?

아름다움, 편리, 웅대한 생각, 독특한 표현은 다른 어떤 것들만큼이나 우리와 가까이 있다. 외국을 한 번도 나가본 적이 없다 하더라도, 만약 어느 예술가가 희망과 애정을 품고 기후와 토양, 낮의 길이, 사람들의 욕구, 정부의 선례와 형태를 고려해 자신이 해야 할 정확한 일을 연구한다면, 그는 이 모든 요소에 들어맞으면서도 자기가 사는 이웃의 취향과 감정마저 충족시키는 그런 집을 지을 것이다.

자신을 고집하라!

결코 모방하지 말라!

그렇게 하면 온 생애를 거쳐 닦아온 축적된 힘으로, 매 순간 당신의 능력을 펼쳐 보일 수 있다.

그러나 남의 재능을 빌린다면 당신은 일시적으로 반쪽만 가질 뿐이다.

각자가 가장 잘할 수 있는 일은 오직 그의 '창조자'만이 가르쳐 줄 수 있다. 그러나 그가 그것을 드러내 보이기 전까지는 누구도 그것이 무엇인지 모르고, 또 할 수도 없다.

셰익스피어를 가르쳤다는 스승이 어디 있는가?

프랭클린이나 워싱턴, 베이컨, 또는 뉴턴을 가르쳤다는 스승은 또 어디에 있는가?

모든 위대한 인간은 저마다 독특하다.

스키피오의 스키피오니즘은 정확히 다른 누구와도 구별되는 부분만을 이르는 것이다. 셰익스피어는 절대로 셰익스피어를 연구한다고 해서 만들어지는 것이 아니다.

너무 많은 것을 바라거나 너무 많은 것에 도전할 수는 없으니, 당신에게 주어진 일을 하라. 당신에게도 마치 피디아스의 훌륭한 끌이나 이집트인들의 흙손 또는 모세나 단테의 펜처럼 용감하고 웅장한, 하지만 이 모든 것과 전혀 다른 표현을 하게 되는 그런 순간이 있다.

영혼이 너무나 풍요롭고 친절해서 천 개로 갈라진 혀가 있다고 해도 황송하게 같은 이야기를 되풀이해 주지는 않을 것이다. 그러나 이 오래된 천 개의 혀를 가진 영혼이 하는 말을 귀기울여 들을 수만 있다면 당신은 분명히 같은 톤의 목소리로 그들에게 대답할 것이다. 귀와 혀는 하나의 본성을 가진 두 개의 기관이기 때문이다.

"당신 인생의 단순하고 고귀한 영역에 머물러 있으면서 자신의 마음에 복종하라. 그러면 당신은 앞선 세상을 다시 창조하게 될 것이다."

**우리의 종교, 교육, 예술이 먼 곳만 내다보듯이 우리 사회의 정신도 마찬가지이다. 모든 인간은 사회의 발전을 자랑하지만 정작 어떤 인간도 발전하지 않는다**

사회는 결코 진보하지 않는다. 다른 한 편에서 하나를 얻으면 그만큼 빨리 무언가는 퇴보한다.

사회는 계속해서 변화한다. 야만스러웠다가, 문명을 좇다가, 종교로 기울었다가, 과학을 중시하는 세상이 된다.

그러나 이러한 변화는 개선(改善)이 아니다. 무언가 얻는 게 있으면 잃는 게 있기 마련이다.

사회는 새로운 기술을 얻는 대신 오래된 본능을 잃는다.

시계와 연필, 수표를 주머니에 챙겨 넣고 잘 차려입으며 읽고 쓰고 생각하는 인종과 재산이라고 해봐야 곤봉과 창, 돗자리, 그리고 몸을 누일 오두막이 고작인 벌거벗은 아프리카인은 얼마나 대조되는가!

그러나 두 사람의 건강을 비교해 보라!

백인은 그의 태생적인 힘을 잃었음을 알 수 있다. 만일 여행객들의 말이 사실이라면, 넓은 도끼로 그 원주민을 후려친다고 해도 그의 살은 마치 솜방망이로 맞은 듯이 하루나 이틀 만에 다시 붙고 저절로 나을 것이다. 그러나 똑같은 도끼로 백인을 내려친다면 그는 곧바로 무덤으로 갈 것이다.

문명에 길들여진 인간은 마차를 만들었지만 대신 발의 용도를 잃었다. 그는 목발에 의지하지만 그를 지탱할 근육은 퇴화해 버렸다. 그는 훌륭한 스위스제 시계를 가지고 있지만, 태양의 위치에 따라 시간을 보는 법은 잊어버렸다. 그는 그리니치 항해력을 가졌기에 원하는 정보를 손쉽게 얻을 수 있겠지만, 거리에 나서면 하늘의 별도 볼 줄 모른다. 그는 동지와 하지도 관찰할 줄 모르고 춘분과 추분도 알지 못한다. 그의 마음속에는 한 해의 절기를 알려줄 훌륭한 달력의 숫자판이 없다.

그의 공책이 그의 기억력을 떨어뜨리고, 그의 도서관이 그의 재치를 억누르며, 보험 회사들이 사고의 숫자를 늘린다. 그러므로 기계가 오히려 방해만 되는 건 아닌지, 우리가 세련되어가면서 점차 기력을 잃는 것은 아닌지, 제도와 형식으로 둘러싸인 종교 때문에 자연 그대로의 미덕이 활력을 잃은 것은 아닌지 질문해 볼 필요가 있다.

모든 스토아 학파는 스토아 철학자였다. 그런데 기독교 세상에서 기독교인은 대체 어디 있는가?

높이나 부피를 재는 기준처럼 도덕적 기준에는 편차가 없다. 오늘날 사람들이 과거보다 더 위대하다고 할 수는 없는 것이다. 먼 옛날과 미래의 위대한 사람들을 비교해 보면 어떤 면에서 같은 점이 관찰될 것이다.

19세기의 모든 과학과 예술, 종교, 철학이 2천 여년 전의 플루타르코스 영웅들보다 위대한 인간들을 길러내는 데 더 쓸모 있다고 자신 있게 말할 수는 없다.

시간이 흐르면서 인류가 진보하는 것도 아니다.

포키온, 소크라테스, 아낙사고라스, 디오게네스……, 이들은 모두 과거의 위대한 사람들이다. 그러나 그들은 어떤 계파도 남기지 않았다.

진정으로 이들과 같은 계파에 속한다고 할 수 있는 이들은 어떤 특정한 계파의 이름으로 불리지 않고, 독자적인 인간이 될 것이다. 그리고 그의 차례가 되면 한 종파의 창시자가 될 것이다.

각 시대의 기술과 발견은 오로지 그 시대의 의상일 뿐 인간을 고무시키지는 않는다.

기계의 발달은 그 이익만큼이나 피해도 있을 것이다. 허드슨과 베링은 그들의 고기잡이배를 가지고 첨단 기술로 무장한 패리와 프랭클린을 놀라게 할 만큼 엄청나게 많은 업적을 이루었다.

갈릴레오는 작은 망원경으로 과거의 누구보다 더 빛나는 천체의 현상들을 발견했다. 콜럼버스는 갑판이 없는 배를 타고 신세계를 찾아냈다.

몇 년 전 또는 수백 년 전에 우레와 같은 환호를 받으며 등장한 기계와 장치들이 쓰이지 않고 폐기 처분되는 걸 보면 이상하다는 생각이 든다.

위대한 재능은 영혼의 소리에 귀기울이는 사람에게 되돌아온다. 우리는 과학의 업적으로 전쟁 기술이 발전했다고 생각한다.

그러나 나폴레옹은 여전히 모든 원조를 거부하고 맨발의 용기에만 기댄 채 노숙을 하며 유럽을 정복했다.

라 카즈에 따르면 나폴레옹은 다음과 같이 말했다고 한다.

"로마의 관습을 따라할 수 있을 때까지 우리의 무기와 탄약고, 병참 기지와 마차를 폐지하지 않고는 완벽한 군대를 만들 수 없다. 병사들은 옥수수를 배급받고 맷돌로 갈아 스스로 자신의 빵을 구울 정도가 되어야 한다."

사회는 파도와 같다. 파도는 앞으로 움직이지만 물결을 이루는 물은 그렇지 않다. 똑같은 분자가 골짜기에서 산꼭대기로 솟아오르지는 않는다. 그렇게 보이는 것은 오로지 현상에 불과하다. 오늘 한 국가를 만든 사람들이 다음해에 죽고 나면 그들의 경험도 함께 묻혀 버리듯이.

따라서 재산에 의지하거나 그 재산을 보호해 주는 정부에 기대는 것은 스스로가 자기를 믿는 힘이 없거나 모자람을 뜻한다.

사람들은 너무나 오랫동안 자신이 아닌 외부로 눈길을 돌려 물질에만 관심을 기울인 나머지 재산을 보호하는 방법으로 종교와 학교, 정부 기관만 추앙하게 되었다.

또한 이 기관을 공격하는 것은 곧 자신들의 재산을 모욕하는 것이라고 생각하기 때문에 그 집단들을 비판하는 것에도 반대한다. 그들은 그 집단이 어떤 존재이냐가 아니라 무엇을 가졌느냐에 따라 서로를 평가한다.

그러나 의식 있는 사람은 자신의 본성을 존중하므로 재산을 부끄러워한다. 특히 그 재물이 어떤 우연에 의해, 즉 상속이나 선물, 또는 범죄에 의해 그의 손에 들어왔다면 그는 가진 것을 더욱 경멸할 것이다. 그는 그것을 자신의 소유가 아니라고 느낄 것이다. 그것들은 그에게 속하지 않으며 그의 소유라는 근거도 없다. 다만 어떤 혁명이나 강도도 그것을 빼앗아 가지 않았으므로 그저 거기에 놓여 있을 뿐이다.

그러나 당신이 언제나 당신의 필요에 따라 획득하고, 그렇게 얻은 것은 살아 있는 재산이다. 그것들은 지배자, 군중, 혁명, 화재, 폭풍, 또는 파산에 구애받지 않으며, 당신이 숨 쉬는 곳이라면 어디에서든 끊임없이 새로워진다.

칼리프 알리는 이렇게 말했다.

"그대의 삶에 할당된 몫이 그대를 몰아간다. 그러므로 자신의 몫을 좇는 짓을 그만두어라."

그러므로 내가 쟁취한 것이 아닌 공공의 상품에 의지하지 말라!

대중의 숫자를 무조건 믿지 말라!

정당들은 수많은 집회를 연다. 커다란 홀에서 "시민 단체에서 온 대표단 여러분!", "지방의 당원동지 여러분!", "당 조직위원 여러분!"이라는 호명과 함께 새로운 환호가 터질 때마다 젊은 애국자는 수많은 새로운 눈과 권력 앞에서 그 어느 때보다 더 강해진 자신을 느낀다. 마찬가지로 개혁자들은 회의를 소집하고 투표에 부치며 다수결로 결정한다.

오, 친구여!

신은 절대 그렇게 당신을 찾아오지 않을 것이다.

신은 정확히 그 반대의 방법을 취할 것이다.

인간은 오직 외부의 도움을 마다하고 홀로 섰을 때, 강해질 수 있고 널리 영향을 미칠 수 있다. 그러나 그의 깃발 아래에 더 많은 당원을 모집할수록 그는 더 약해질 것이다.

한 인간이 한 무리의 시민보다 더 낫지 않은가?

사람들에게 아무것도 요구하지 마라.

끝없는 변화 속에서 유일하게 확고한 기둥은 오로지 '당신 자신'뿐이며, 그 기둥이 곧 당신을 둘러싸고 있는 모든 것을 떠받쳐 줄 것이다.

힘은 타고난 것임을 알고 그동안 자기 아닌 다른 곳에서 선을 찾아왔기에 약해진다는 것을 아는 사람은, 그것을 깨닫는 순간 머뭇거림 없이 자신의 생각에 몸을 내던질 것이다.

즉시 자신을 바로잡을 것이고, 똑바로 서서 자신의 손발에 명령을 내리고 기적을 행할 것이다.

두 발로 서 있는 사람이 머로 서 있는 사람보다 더 강한 것처럼!

그대여!

아직도 행운의 여신과 함께 할 것인가?

그녀와 도박을 벌이며, 그녀가 행운의 바퀴를 굴리는 것에 따라 모두를 얻거나 모두를 잃을 것인가? 그녀에게서 얻는 승리는 이치에 맞지 아니한 것이니 그녀와 이별하라.

그리고 신의 대법관인 '원인과 결과'로 승부하라. 그러한 '의지'에 따라 일하고 얻으면 행운의 바퀴에 철심을 박아놓은 것이나 다름없으니, 당신은 지금부터 그것이 돌아가는 것을 두려움 없이 지켜볼 수 있다.

정치적 승리, 질병의 회복, 재산의 증식, 떠났던 친구가 돌아오는 것, 또는 다른 즐거운 일들로 기분이 좋아지면 당신은 이제 좋은 날들만이 당신을 기다리고 있다고 생각한다.

그러나 그것을 믿지 말라.

당신에게 평화를 가져다줄 수 있는 자는 '오로지 당신'밖에 없다. 또한 당신에게 평화를 가져다줄 수 있는 것은 '원칙의 승리'밖에 없다.

# 나의 사랑

하나의 기쁨이 무르익으면 또 다른 결핍이 생겨나지만 영혼의 모든 약속은 끝없이 채워지며 이어진다.

그처럼 기쁜 일은 우리 삶의 마법처럼 사사롭고 부드러운 너와 나의 관계 속에서 싹튼다. 그것은 마치 성스런 열의와 열정처럼 어느 순간 인간을 사로잡고, 그의 몸과 마음에 혁명을 일으키며, 그의 종족과 일치되게 하고, 가족과 사회관계에 충실하게 하며, 자연에 대해서도 새로운 감동을 느끼게 한다. 또 감각과 지각의 힘을 향상시키고, 상상력을 열리게 하며, 그의 성격에 영웅답고 신성한 특질을 부여한다. 그럼으로써 사랑이 성립되고, 인간 사회에 영속성을 부여한다.

사랑의 감정은 혈기왕성한 한창 때의 젊음과 자연스럽게 연결되곤 한다. 그렇기에 모든 젊은 남녀들이 정말로 심장 뛰는 경험이라고 털어놓을 정도로 선명한 사랑의 감정이 일어나기 위해서는 너무 나이가 들어서는 안 된다는 생각이 널리 퍼져 있다. 나이를 먹고 학식이 쌓여 갈수록 그들의 보라색 꽃은 생기를 잃기 마련이기에 젊음의 특권이라고 할 유쾌한 상상력은 성숙한 철학의 개입을 절대 사절한다.

나는 '사랑의 법정과 의회'를 구성한 사람들이 나의 경직되고 냉정한 자세를 탓하리라는 것을 알고 있다. 그러나 나는 이들에게서 받은 이러한 비판을 똑같이 나의 선배들에게 돌려줄 것이다. 왜냐하면 다음과 같은 사실을 고려해야 하기 때문이다. 즉, 우리가 이야기하고 있는 이 열정은 비록 젊은 나이에 시작된다고 하지만 늙었다고 해서 단념할 수 있는 것이 아니고, 그 열정의 진정한 종복이라면 누구든 차별하지 않을 것이며, 나이 많은 참여자의 열정도 상냥한 처녀 못지않을 것이라는 점이다.

비록 그 열정의 형태가 좀 다르고 더 고귀한 가치를 지니고 있지만 말이다. 왜냐하면 사랑이란 한 개인의 어두운 가슴 한 구석에서 최초로 일어난 불씨가 다른 한 개인의 심장에서 나와 방황하던 불씨에 불꽃을 일으키고, 이 불씨는 점점 더 타오르고 커져서 다수의 남자와 여자를, 더 나아가 모든 이의 보편적인 마음을 비추고 따뜻하게 만들기 때문이다.

그리하여 이 자비로운 불꽃은 온 세계와 온 자연을 밝힌다. 그러므로 우리는 이러한 열정에 대해서 나이에 관계없이 이십 대나 삼십 대에도, 또는 팔십 대에도 논할 수 있는 것이다. 그러한 열정을 초기에 색칠하는 사람은 나이든 자의 열정을 이해하지 못할 것이고, 마지막에 색을 입히는 사람은 처음에 타오르던 열정의 강도가 다소 느슨해졌을 뿐이다. 단지 참을성과 뮤즈의 도움으로 변화된 그러한 법칙을 알아볼 수 있는 내재된 시선을 갖게 되기를 바랄 뿐이다. 그 법칙이 보여주는 진실은 영원히 젊고 아름다우며 너무나 중요해서 그 시선이 어디를 향하든 눈에게 명령을 내릴 것이다.

여기서 필요한 첫 번째 조건은 반드시 우리가 어떠한 사실에 지나치게 가까이 접근해서 미련을 버리지 못하고 집착하는 태도를 버려야 한다는 것이고, 과거의 추억이 아닌 희망 속에 나타나는 감정을 연구해야 한다는 것이다.

왜냐하면 사람들은 실제의 삶이 그렇지 않을 때에도 그 자신의 인생을 쓸모없고 볼썽사납다고 생각하기 때문이다. 사람들은 그 자신의 경험에서는 실수의 얼룩만을 찾아내면서 다른 사람의 경험은 대단하고 이상적이라고 생각한다.

그 누구라도 그의 삶을 아름답게 만들었던, 또는 그에게 가장 충실한 가르침과 양식이 되었던 그 즐거운 관계로 돌아가라! 그러면 그는 곧 머뭇거리며 탄식하게 될 것이다.

아, 슬프다! 왜인지는 몰라도 장년의 삶에서는 끊임 없는 뉘우침이 갓 피기 시작한 기쁨을 쓰라리게 만들고, 모든 사랑받는 것들을 어둠에 싸이게 한다.

지성의 관점에서 보면 모든 것은 참되고 아름답지만 경험의 관점에서 보면 모든 것은 씁쓸하다.

계획은 멋지고 고귀하지만 세세히 살펴보면 우울하다.

실제의 세상, 즉 시간과 공간의 이 고통스런 왕국에는 걱정과 고민과 두려움이 있을 뿐이다.

사라지지 않을 환희, 기쁨의 장미는 생각이나 이상 속에만 있다. 뮤즈의 여신이 그 주위를 돌며 노래한다.

그러나 이름과 개인, 오늘과 어제의 불완전한 관심에는 슬픔이 떠나지 않는다.

이러한 강력한 자연의 경향성은 개인의 관계라는 주제가 우리 일상의 대화에서 차지하는 부분을 살펴보면 뚜렷해진다.

우리는 한 개인의 사생활에 대해서 무엇을 그리 알고 싶어하는 것일까?

그가 이 감정을 어떻게 발전시켜 가는지를 왜 그리 알고 싶어할까?

도서관에서 대출되는 책은 어떤 책들인가? 그 책에 담긴 이야기가 진실과 감정의 불꽃을 지니고 있을 때, 우리는 그 열정의 소설을 읽고 얼마나 큰 기쁨을 느끼는가!

그리고 마치 소설 속 두 사람 사이에 무심코 애정이 드러나는 장면을 묘사한 단락처럼, 사람들 사이의 교제에서 우리의 관심을 붙들어매는 것은 무엇인가? 아마 그들은 전에도 본 적이 없고 다시는 만나지 않을 사람들인지도 모른다.

그러나 우리는 그들이 시선을 교환하거나 깊은 감정을 드러내는 것을 본다. 그 순간부터 그들은 우리에게 더 이상 낯선 사람들이 아니다. 우리는 그들을 이해하고, 그들의 로맨스가 발전하는 것을 가장 따스한 관심을 갖고 지켜본다.

모든 인간은 연인을 사랑한다. 누군가에게 최초로 호의와 정중함을 드러내는 그 순간은 자연의 가장 훌륭한 광경이다. 그것은 거치름과 조악함 속에서 문명과 품위가 움트는 순간이다.

버릇없는 한 마을 소년은 학교 교문 옆에 서서 소녀들을 놀려댄다. 그러나 오늘, 소년은 교실 문을 향해 달려가다가 책가방을 정돈하고 있던 한 아름다운 소녀와 마주친다. 소년은 그녀를 도와주기 위해 대신 책을 들어준다. 순간 소년에게 그녀는 아득히 멀리 있는 존재인 듯이 마치 성역에 있는 듯이 느껴진다. 소녀의 무리들 사이에서 그는 이제껏 제멋대로 뛰어다녔지만, 그 순간부터 오직 한 사람과는 거리감이 생긴다. 반면에 이 두 어린 이웃은 이제 너무나 가까워져서 서로의 인격을 존중하는 법을 배운다.

또는 명주실 한 타래나 종이 한 장을 사기 위해 시골 상점으로 달려가 얼굴 넓적하고 성격 좋은 상점 소년과 30분 동안이나 아무것도 아닌 이야기로 잡담을 나누는, 한편으론 여우같고 한편으론 순박하기만 한 매력 있는 여학생들을 과연 누가 외면할 수 있겠는가.

마을 안에서 그들은 완벽하게 동등하다. 사랑은 그러한 평등을 좋아한다. 어떠한 교태를 부리지 않아도, 행복하고 다정한 여성의 천성이 이 귀여운 수다에서도 흘러넘친다. 그 소녀들은 외모는 그리 예쁘지 않을지 몰라도 그 소년과의 사이에 가장 조화롭고 신뢰감 넘치는 관계를 너무나 쉽게 이룬다. 그들은 장난삼아 또 진심으로 마을의 소년과 소녀에 대해서, 그리고 누가 파티에 초대받았고 누가 무용 학교에서 춤을 췄는지, 또 노래 교실은 언제 시작하는지, 온갖 별것 아닌 이야기들을 재잘댄다.

머지않아 소년은 아내를 원하게 될 것이고, 그는 진실되고 상냥한 짝을 찾을 수 있는 길을 진정으로 곧 알게 될 것이다. 밀턴은 학자와 위대한 사람들에게는 이러한 일이 곁달린 사건이라고 개탄했지만, 그는 그런 위험을 전혀 느끼지 않는다.

대중 강연을 하다 보면 나는 지성만을 존중한 나머지 인간의 사사로운 관계에 대해서는 냉정하다는 말을 가끔 듣는다.

그러나 지금은 그런 비난의 이야기를 떠올릴 때마다 몸이 움츠러들곤 한다.

왜냐하면 각 개인은 사랑의 세계이기 때문이다. 따라서 가장 냉정한 철학자일지라도 먼저 한 말들을 거두어들이지 않는 이상, 여기 자연에서 방황하는 젊은 영혼이 사랑의 힘에게 진 빚을 일일이 늘어놓지는 못할 것이다.

사랑에 무심한 것은 우주를 배신하는 것이며, 사회적 본능을 경멸하는 것이기 때문이다.

비록 천국에서 오는 하늘의 환희는 오직 젊은 나이에만 찾아든다고 해도, 그리고 모든 분석과 비교를 압도하며 우리를 전율하게 만드는 그런 아름다움은 30세를 넘기면 보기 힘들어진다지만, 여전히 이 아름다움을 기억하는 것은 모든 다른 기억들보다도 오래 이어지며 가장 나이 많은 이마 위에도 화관을 씌워준다.

그러나 신기한 것은, 많은 사람들이 그들의 경험을 다시 쓸 때 인생이라는 이 책에서 달콤했던 기억을 담은 구절이 그 어떤 장보다도 아름답다는 점이다. 그 기억의 장에서 사랑은 그 자체의 진실에 깊이 매료되는 것에 그치지 않고 하나의 우연하면서도 사소한 환경에 마법을 부여한다.

과거를 돌이켜 보며 그들은 흐릿한 기억 속에서, 매력이 아니었던 몇 가지 일들이 오히려 매력 그 자체보다 더 큰 현실성을 지닌다는 사실을 깨닫기도 한다. 그러나 우리 경험의 세세한 것들을 그대로 내버려 두어라.

어떤 인간도 그의 마음과 두뇌에 찾아온 그러한 힘을 잊지 못한다. 그 힘은 모든 사물을 새롭게 창조한다.

그것은 음악과 시와 예술을 싹트게 하고, 자연의 얼굴을 보랏빛의 여명으로 빛나게 만들며, 낮과 밤에 다채로운 매력을 부여한다.

그때에는 하나의 음성이 심장을 뛰게 하고, 가장 사소한 주변 환경들도 하나의 인물과 결합하면 기억의 보석이 된다.

한 사람이 나타나면 그의 눈은 온통 그를 쫓다가, 그가 가버리고 나면 모든 것은 추억이 된다. 그때 젊은이는 창가의 관찰자가 되며, 장갑, 머리 쓰개, 도투락 또는 마차의 바퀴를 연구하기 시작한다. 그때가 되면 어떤 장소도 그다지 외롭지 않고, 그 어떤 것도 그다지 적막하지 않다. 왜냐하면 새로운 사상을 가진 그는 이제 어떤 오래된 친구들(그들이 아무리 훌륭하고 순수하다고 하더라도)보다 더 풍요로운 동반자와 더 달콤한 대화를 나누기 때문이다.

사랑하는 상대의 모습과 동작, 말들은 물로 쓴 다른 이미지들과는 다르다. 그것들은 플루타르코스가 말했듯 '불로 구워진' 이미지이며, 한밤중에 골몰하게 될 연구과제가 된다.

"당신은 떠났다고 해서 아주 사라진 것이 아니다. 당신이 어디를 가든, 지켜보는 눈길과 사랑하는 마음을 그에게 남겨 놓았다."

우리 인생의 장년기와 노년기에도 우리는 여전히 행복만으로는 충분히 행복하지 않고, 반드시 고통과 두려움이 가미되어야만 행복에 취할 수 있었던 그런 날들을 추억하며 심장을 두근거린다. 왜냐하면 그는 누군가 말했던 다음과 같은 사랑의 비밀을 건드렸기 때문이다.

"모든 즐거움 가운데에서도, 오직 사랑만이 그에 따르는 고통을 겪을 만한 가치가 있다."

낮 시간만으로도 충분치 않다면 밤에도 열렬하게 애정하는 마음으로 회상해야 할 것이다. 밤새도록 머리는 이 자비로운 행위만 생각하느라 베개 위에서 끓어오를 것이다. 달빛은 즐거운 열정이 되고, 별들은 편지가 되며, 꽃들은 은밀하게 속삭이고, 공기는 노래를 만들어 낸다. 모든 사업이 의미없는 일인 듯 느껴지고, 거리를 오가는 모든 남자와 여자들은 그저 단순한 배경에 지나지 않을 것이다.

열정은 젊은이의 세상을 새롭게 만든다. 그것은 모든 것을 살아 숨쉬듯 중요하게 만들고, 자연에 눈을 뜨게 만든다. 나뭇가지 위에 앉은 모든 새들이 이제는 그의 마음과 영혼을 향해 노래한다. 새들의 노래를 알아들을 수 있을 정도가 된다. 그가 하늘의 구름을 올려다보면 구름에도 표정이 있다. 숲속의 나무들, 너울거리는 풀들, 얼굴을 드러낸 꽃들에도 점점 더 큰 의미가 생긴다. 그리고 그들이 속삭여 주는 듯한 비밀을 믿어도 될까, 그는 두려워한다. 그러나 자연은 우리를 진정시키고 우리에게 감응한다. 그는 초록의 고독 안에서 사람들 사이에서보다는 더욱 친근한 집을 찾는다.

샘이 솟아나는 곳, 길이 없는 작은 숲,
이것은 창백한 열정이 좋아하는 장소들,
달빛이 대지를 비추고,
박쥐와 올빼미를 제외한 모든 새들이
안전하게 집으로 돌아갔을 때,
한밤중의 종소리, 지나가는 신음소리,

이것이 우리가 살아가는 소리들.

저기 숲속의 멋진 미치광이를 보라! 그는 달콤한 소리와 풍경의 궁전이다. 그의 감정은 부풀어오른다. 그의 존재는 두 배로 커진다. 그는 두 손을 허리에 짚고 걷는다. 그는 혼잣말을 한다. 그는 풀과 나무에 다가가 말을 건넨다. 그는 제비꽃과 토끼풀, 백합의 피가 또한 그의 정맥을 타고 흐르고 있음을 느낀다. 그리고 그는 발을 적시는 시냇물과도 대화를 나눈다.

자연의 아름다움에 눈을 뜨게 해준 그 열기는 음악과 시를 사랑하게 만든다. 인간이 다른 어떤 환경보다도 이러한 열정의 영감 아래에서 더 좋은 시를 써왔다는 것은 쉽게 관찰되는 사실이기도 하다.

그러한 에너지는 그의 모든 천성에 열정을 불어넣는다. 그것은 감정을 넓힌다. 그것은 어릿광대를 점잖게 만들고 겁쟁이를 용감하게 만든다. 가장 딱하고 비참한 사람도 오직 사랑하는 대상의 얼굴만 있다면, 세상에 맞설 수 있는 마음과 용기가 생긴다. 다른 사람들에게 그를 내어줌으로써 그 자신은 더욱 많은 것을 얻는다. 그는 이제 새로운 지각과 새롭고 더 훌륭한 목적, 그리고 그의 성격과 목적도 엄숙한 완전히 새로운 사람이다. 그는 더 이상 그의 가족과 사회의 부속물이 아니며, 중요한 무엇이다. 그는 인간이고 영혼이다.

그렇다면 인간의 젊음에 강력한 영향을 미치는 자연에 대해 좀 더 상세히 알아보도록 하자.

아름다움이 인간에게 그 모습을 드러낼 때 우리는 마치 원하는 곳에 빛을 비추는 태양처럼 그 아름다움을 찬미하고 환영한다.

그것은 모든 사람을 기쁘게 하고 그 스스로에게도 기쁨을 주며, 그 자체로 완전해 보인다.

연인이 상상 속에서 그의 애인을 초라하고 고독한 인물로 그릴 수는 없는 일이다. 꽃이 만발한 나무처럼 너무나 부드럽고 갓 피어나기 시작한, 또 유익하기까지 한 사랑스러움은 그 자체가 하나의 사회다.

그리고 그녀는 발걸음을 내딛을 때마다 아름다움을 '사랑과 은혜의 여신들'과 함께 그리는 까닭을 그의 눈이 말해 줄 것이다.

그녀의 존재는 세상을 더욱 풍요롭게 만든다. 그녀는 다른 사람들에 대한 관심도 사라지게 만든다. 그녀에 비하면 다른 사람들은 시시하고 가치 없는 존재로 느껴지기까지 한다. 그렇지만 그녀는 그녀 자신을 다소 개성이 없고, 거대하며, 동시에 세상 풍속에 물든 존재로 보임으로써 그에 대한 보상을 해준다.

따라서 그녀는 모든 선택된 것들과 미덕을 대표하는 것처럼 그 앞에 서 있는 것이다. 그러한 이유 때문에 연인은 자신이 사랑하는 사람이 가족들이나 다른 사람들과 닮았다는 생각을 전혀 하지 못한다.

그의 친구들은 그녀가 그녀의 어머니나 자매들, 또는 아예 남남인 다른 누구와 닮았다고 이야기한다. 그러나 연인은 한여름의 선선한 저녁, 투명한 아침, 또는 무지개나 새들의 노랫소리 말고는 그녀가 다른 어느 누구와도 닮지 않았다고 생각한다.

한 사람에게서 다른 얼굴 또는 다른 인물에게로 향하는 눈빛 속에 담긴 무어라 표현할 수 없는 매력을 과연 누가 분석할 수 있겠는가?

부드럽고 따스한 감정에 우리는 감동한다. 그러나 우리는 이 섬세한 감정이, 이 방황하는 빛이 가리키는 쪽을 알지 못한다. 이것은 우리가 어떤 기존의 질서에 대입해 보려는 순간 파괴되고 만다.

또한 이것은 사회에서 알고 있거나 이야기하는 어떤 우정이나 사랑의 관계를 뜻하지도 않는다.

그 대신 이것은 적어도 내 생각에는 좀처럼 닿기 어려운 어떤 다른 영역, 초월하는 듯한 섬세함과 사랑스러움이 있는 관계, 장미와 제비꽃이 암시하고 예견하는 것을 가리키는 듯하다.

우리는 아름다움에 다가설 수 없다. 그것의 본성은 마치 사라질 듯 깜박거리는 영롱한 진줏빛 등불 같다. 무지개는 소유와 쓰임새를 모색하는 모든 시도를 거부한다. 그런 점에서 사랑의 아름다움은 무지개의 성질을 지닌 가장 뛰어난 모든 것들과 닮았다.

장 파울 리히터가 음악에 대해서, "물러서라! 물러서라! 당신은 지금 내 평생 결코 알아내지 못했고, 또 앞으로도 알아내지 못할 것에 대해 이야기하고 있다"라고 했을 때, 그 밖에 달리 무슨 뜻이 있었겠는가.

 음악뿐만 아니라 모든 조형미술 작품에도 똑같은 표현을 적용할 수 있을 것이다. 그렇다면 조각상이 이해하기 어려워지기 시작할 때, 비평의 영역에서조차 벗어나 더 이상 설명이나 평가의 잣대로 정의할 수 없으나, 그것이 무엇이라고 말하고자 한다면, 실제의 행위 안에서 그 작품과 함께 숨쉬며 활발한 상상력이 필요할 때야말로 아름답다고 할 수 있을 것이다. 그 조각가의 신 또는 영웅은, 언제나 감각이나 지각에 의해 나타낼 수 있는 것으로부터 그렇지 못한 것으로 옮아가는 과정에서 비로소 그 모습을 나타낸다. 그때가 되면 그것은 더 이상 돌조각이 아니다. 똑같은 원리가 그림에도 적용된다.

 시 또한 마찬가지이다. 시가 우리의 마음을 달래고 충족시킨다고 그 시가 성공한 것이 아니라, 도달할 수 없는 것을 추구하는 새로운 노력으로 우리를 놀래고 우리의 마음에 불을 지른다면 그 시는 성공한 것이다. 이에 관해 랜도어는 '시가 감각과 존재의 보다 순수한 상태에 물음을 던졌는지'를 묻는다고 했다.

 예의범절과 마찬가지로 개성 있는 아름다움은 처음에는 매력이 있다. 우리는 그것에도 끝이 있다는 것에 불만을 느낀다. 그 아름다움이 끝이 없는 이야기가 될 때, 세속에서 느끼는 만족이 아닌 빛과 전망을 제시할 때, 보는 이가 스스로를 보잘것없다고 느낄 때, 비록 그가 카이사르라고 할지라도 그것에 대한 자격을 주장하지 못할 것이고, 그것에 대해 하늘과 아름다운 석양에 대한 권리 이상의 권리를 느끼지 못할 것이다.

 이런 말이 떠오른다.

 "만약 내가 당신을 사랑한다면, 그 사랑은 당신에게 무엇인가?"

 우리가 이렇게 말하는 까닭은 우리가 당신을 사랑하는 것은 당신의 의지 때문이 아니라 그 이상의 무엇이 있다고 느끼기 때문이다. 우리가 사랑하는 것은 당신이 아니라 당신의 광채이다. 그것은 당신 자신이 스스로 알 수 있는 것이 아니기에 앞으로도 결코 알지 못할 것이다.

이러한 사랑은 고대의 작가들이 좋아하는 '아름다움'이라는 고도의 철학과도 잘 일치된다. 그들은 이 지구상에서 구체화된 인간의 영혼이 다른 세상을 찾아 여기저기를 돌아다닌다고 말한다. 그러다가 그들은 곧 자연의 태양빛에 감각이 마비되어 버리고, 이 세상의 것들 외에는 다른 어떤 물체도 볼 수 없게 된다. 그들이 보는 것들은 기껏해야 실체의 그림자일 뿐인데도 말이다. 그러므로 신은 영혼에게 젊음의 영광을 내려 보낸다. 그리하여 천국의 미덕과 행운을 얻는 데 아름다운 육체를 이용할 수 있도록 도와준다. 그러한 여성을 발견한 남자는 그녀에게로 딸려가고 그녀의 자태와 움직임, 지성을 생각해 보면서 최상의 기쁨을 발견한다. 왜냐하면 그러한 존재는 진정으로 아름답고 또 아름다움의 근거이기도 한 무언가가 눈앞에 실제로 존재함을 그에게 보여주기 때문이다.

물질적인 대상과 교류를 많이 한 결과 영혼이 상스러워져서 만족을 육체에서 찾으려 한다면, 그 영혼을 기다리는 건 오로지 슬픔뿐이리라, 육체는 아름다움이 제시하는 약속을 충족시킬 수 없다. 그러나 아름다움이 그의 마음에 불러일으킨 전망과 제안의 암시를 받아들일 수 있다면, 영혼은 육체를 뛰어넘어 그 인격을 찬양하기 시작할 것이다.

그리고 연인들은 그들이 나눈 대화와 행위를 곰곰이 생각해 보게 될 것이며, 그때 그들은 진정한 아름다움의 궁전에 이르게 될 것이다. 그들의 사랑은 더욱 타오르고, 이러한 사랑의 불길로써 속된 감정은 사라지게 될 것이다.

마치 태양빛이 화덕에 빛을 비춤으로써 화덕의 불이 꺼지고, 그러므로 그들이 점점 더 순수해지고 신성해지는 것처럼 말이다.

그 자체로서 탁월하고 관대하며 겸손하고 정당한 무엇과의 친한 교류를 통해 연인은 이 고귀하고 따뜻한 사랑에 이르게 되고, 보다 더 빨리 그들을 이해할 수 있게 된다.

그때에 그는 한 부분만 사랑하는 것으로부터 점차 전체를 사랑하는 단계로 옮겨가게 되고, 마찬가지로 아름다운 영혼이라는 그 문을 통해서만 그는 진실하고 순수한 영혼들의 사회로 들어갈 수 있는 것이다.

그의 '짝'이라는 그 특정한 사회 속에서 그는 보다 분명한 관점을 얻게 된다. 그 관점을 가지고 그는 그녀의 아름다움을 위축시켜 온 어떤 오명과 얼룩도 더 잘 볼 수 있게 된다. 또한 그것을 지적할 수 있게 되며, 어떠한 저항도 없이 이제 그들은 서로에게 즐겁게 허점과 장애물을 지적할 수 있다. 그와 동시에 그것을 낫게 하는 과정에서 서로에게 도움과 위안을 준다.

또한 수많은 영혼 안에서 신성한 아름다움의 특징을 알아보고, 저마다의 영혼 안에서 신성한 면과 세상살이에 물든 얼룩을 가려냄으로써 연인은 지고의 미, 사랑, 그리고 신격에 대한 지식의 세계로 올라갈 수 있다. 창조를 지향하는 영혼들이 놓아 준 사다리를 타고서 말이다.

사람들은 누군가 반대편에서 우리 사회에 뿌리박은 결혼에 관한 이야기들, 즉 결혼 생활을 지배하는 숨겨진 신중함을 꾸짖고 좀 더 진실에 가까운 설명을 해주기를 애타게 기다리고 있다. 결혼에 관한 논의는 건전한 척하면서도 한쪽 눈동자의 시선은 늘 지하실을 더듬거리고 있다. 그래서 그 근엄한 논의에서 햄과 절인 고기의 냄새가 배어나오는 것이다.

최악의 경우는 바로 이러한 감각주의가 젊은 처자들의 교육에도 스며들어, 그들에게 결혼이란 그저 가정주부의 근검절약 이상은 아니며 여성의 삶에서 다른 목적이란 있을 수 없다고 가르치면서 인간 본성의 희망과 애정의 싹을 억누르는 경우라고 할 수 있을 것이다.

그러나 이러한 사랑의 꿈은 비록 아름답기는 하지만 인생이라는 연극의 오직 하나의 장면일 뿐이다.

영혼의 진행 과정은 안에서 밖으로, 그 영역을 끝없이 넓혀 간다. 마치 연못에 던져진 조약돌처럼, 또는 하나의 별에서 뻗어나가는 빛처럼 말이다.

영혼의 빛은 처음에는 가장 가까운 물체들을, 모든 주변의 물건과 장난감들을, 그리고 보모와 가정부들을, 집과 앞마당과 지나가는 사람들을, 알고 지내는 친지들을, 더 나아가 정치와 지형과 역사를 비춘다.

그러나 모든 것은 보다 높거나 내재된 법칙에 의해 끊임없이 한데 묶인다. 동네, 크기, 숫자, 관습, 개인과 같은 것들은 점차 우리에 대한 영향력을 잃어 가고, 나중에는 원인과 결과, 진정으로 나와 맞는 사람들, 영혼과 주변 환경의 조화에 대한 갈망, 진보주의, 이상에 근거한 직관들이 힘을 얻게 된다. 이러한 차원 높은 관계에서 낮은 관계로 뒷걸음질칠 수가 없다.

따라서 심지어 개인이 신성한 것으로 생각하는 사랑조차도 날이 갈수록 객관화되어야 한다. 처음에는 이런 예상을 전혀 하지 못한다.

한 청년과 처녀가 붐비는 장소에서 처음으로 의미 있는 눈길을 주고받았을 때, 그들은 이 외부의 새로운 자극이 자라나서 장차 매우 귀한 열매를 맺으리라고는 거의 생각지 않는다.

식물의 성장도 처음에는 잎눈의 반응에서 시작한다. 그들은 서로 시선을 교환하는 것에서 시작해 예의로, 정중함으로, 그러고는 불타는 열정으로, 사랑의 맹세로, 마침내 결혼으로까지 발전시킨다. 열정은 그 대상을 완벽한 개체로 바라본다. 영혼은 완전한 육체를 얻고, 육체는 완전한 영혼을 얻는다.

> 그녀의 순수하고 웅변하는 듯한 피가
> 그녀의 볼에서 드러나고, 그 의미가 너무도 명백하기에,
> 그녀의 몸이 생각을 하는 것만 같구나.

만약 로미오가 죽는다면 그를 작은 별들로 잘개 쪼개 천국을 아름답게 꾸며야 할 것이다. 이들 한 쌍에게는 줄리엣이나 로미오 이상 바라는 것도, 인생의 다른 목적도 없다.

밤과 낮, 공부, 재능, 왕국, 종교, 이 모든 것이 영혼으로 충만한 그 형태 안에, 모든 형태를 지닌 그 영혼 안에 담긴다.

사랑하는 사람들은 애정의 표시와 사랑의 공표를 좋아하고, 서로의 애정을 비교해 보기를 좋아한다. 혼자 있을 때면 그들은 상대의 모습을 떠올리며 스스로를 위로한다.

> 상대도 똑같은 별과
> 부드러운 저 구름을 보고 있을까?
> 똑같은 책을 읽고 지금 내가 느끼는

감동을 똑같이 느낄까?

그들은 각자 상대의 애정을 시험해 보고 재어 본다. 그리고 값비싼 자산과 친구들, 기회, 재산을 모두 합해 보고는, 그렇게도 아름답고 사랑스러운 얼굴의 머리카락 하나라도 다치지 않게 하기 위해서라면 이 모두를 기꺼이 또 즐겁게 내어 줄 수 있다는 사실을 알아내고 기뻐한다.

그러나 이들도 인류의 운명을 피해갈 순 없다. 위험과 슬픔, 고통이 모두에게 그랬듯 이들에게도 닥친다.

사랑은 기도한다.

이 사랑스런 배필을 위하여 '영원한 힘'을 지닌 사랑의 서약을 맹세한다. 이제 이 결합은 효력을 나타내고, 자연의 모든 원자에 새로운 가치를 부여한다. 왜냐하면 이것은 관계의 거미줄을 이루고 있는 모든 실을 황금의 광선으로 바꾸고, 새롭고 더 감미로운 것들로 영혼을 적셔 주기 때문이다.

그러나 이 결합은 여전히 한시적인 상태에 머문다. 꽃과 진주, 시, 선언, 심지어 다른 사람의 안식처조차 진흙에 머무는 이 까다로운 영혼을 늘 만족시킬 수는 없다.

영혼은 마침내 인형처럼 애정의 보살핌을 받던 상태에서 스스로 깨어나 갑옷을 뒤집어쓰고, 더 넓게 트이고 보편된 목표를 열렬히 바란다.

각 개인의 영혼은 완벽한 행복을 간절히 바라기에, 상대의 행동에서 부조화와 결함, 불균형을 알아차린다. 따라서 놀람과 저항, 그리고 고통이 생겨나는 것이다.

그러나 여전히 사랑스러움과 미덕의 신호가 서로를 끌어당긴다. 이러한 미덕은 손상되었다고는 해도 아직 거기에 있다. 그것들은 나타나고 또 나타나고 하면서 끊임없이 매력을 발산한다.

애정은 변하고, 신호는 사라지며, 대신 그 실체에 애착을 갖게 된다. 이것이 상처난 애정을 낫게 한다. 그러는 사이, 삶이 계속 진행됨에 따라 결혼이란 서로가 가진 모든 가능성을 도입하고 또 서로의 강점과 약점을 익히기 위해서,

서로의 모든 가능한 위치를 바꿔보고 조합하는 내기라는 것이 증명된다.

왜냐하면 바로 그것이 자연이고 이 관계의 끝이기 때문이다. 그들은 서로에게 각자의 인류를 대표하는 것이다. 이 세상의 모든 것은, 이미 알려졌든 알려져야 할 일이든 간에, 교묘하게도 남자와 여자의 기질을 향해 움직인다.

"신의 양식인 '만나'와도 같이, 그 안에 모든 맛을 다 담고 있기에 사랑하는 사람은 우리와 맞지 않을 수 없다."

세상은 돌고, 환경은 시시각각 바뀐다. 우리 몸이라는 사원에 거주하는 천사들이 창가에 나타난다면, 작은 도깨비와 악덕들 또한 마찬가지이다. 모든 미덕에 의해서 그들은 하나로 통합된다. 만약 거기에 덕이 있다면, 모든 악덕들 또한 마찬가지로 존재한다. 그들은 자백하고 달아난다. 시간이 흐르면서 한때 불타올랐던 그들의 호의는 서로의 가슴에서 차분히 가라앉고, 격렬함이 줄어드는 대신 범위가 넓어지면서 그것을 철저하고도 훌륭하게 이해한다. 그들은 아무런 불평 없이 때가 되면 저마다 남자와 여자로서 서로 맡기로 되어 있는 훌륭한 의무에 복종한다.

그리고 한때는 상대에게서 눈을 뗄 수 없을 것 같던 열정을 교환한 적도 있었으나, 지금은 서로의 계획에 맞는 쾌활하고도 자유로운 발전을 위해서 열정을 나눈다.

마침내 그들은 최초에 그들을 서로 끌어당겼던 모든 것들, 즉 한때 성스럽게 느껴졌던 생김새, 마법과도 같았던 매력들이 덧없는 낙엽과도 같다는 사실을 알게 된다.

마치 집을 지을 때 임시로 필요한 비계처럼 결국은 필요 없어질 날이 온다는 것을 깨닫게 된 것이다.

그리고 세월이 흐를수록 지성과 마음의 정화야말로 처음부터 미리 짐작되었고 준비된 것이며, 그들이 전혀 느끼지 못하고 있었던 진정한 결혼임을 깨닫게 된다.

서로 너무나 다르면서도 긴밀히 연관된 재능을 지닌 한 남자와 여자가 한 집에 갇혀서 결혼이라는 제도 아래 사오십 년 세월을 보내게 되리라는 것을 생각할 때, 마음에선 이미 처음부터 이러한 위기를 미리 짐작하고 있다는 것은 그리 놀랄 일이 아니다. 그러므로 본능이 신혼집을 꾸미고, 자연과 지성, 예술이 서로 선물을 주고 축가를 불러 주겠다고 겨루는 이러한 풍요로운 아름다움도 어찌 보면 마땅한 일이다.

우리는 성(性)과 사람과 차별을 모르는 사랑, 어디를 가든 덕과 지혜를 추구하는 사랑을 훈련해야 한다. 우리는 본디 관찰자이며 따라서 학습자이다. 우리는 영원한 학생이다.

그러나 가끔 우리는, 우리의 사랑이 잠시 쉬어갈 한 밤의 텐트 이상은 아니라고 느낀다.

천천히 고통스럽게, 우리가 사랑하는 대상은 변하며, 생각의 대상 또한 변한다.

살다보면 분명 사랑이 최고이며, 거기에 열중하다 보면 그의 모든 행복이 한 사람, 또는 여러 사람들에게 달려 있다고 느끼게 되는 순간이 있다.

그러나 마음이 건강하다면 머지않아 무수히 영원한 빛으로 반짝이는 은하수가 있는 둥근 하늘을, 또 그 자신만의 완벽함에 이르기 위해 일시적인 형질을 잃고 신과 함께 섞이는 구름처럼 우리를 휩쓸고 지나가는 따스한 사랑과 두려움을 다시 보게 될 것이다.

우리는 영혼이 나아감에 따라 무언가 잃지는 않을까 두려워할 필요는 없다. 영혼은 결국에는 믿을 만하기 때문이다.

너무나 아름답고 매력 있는 이러한 관계들은 오로지 보다 더 아름다운 것에 의해서만 이어지고 바뀌어야 한다.

그리하여 영원히 지속되어야 한다.

불확실한 세상이 가고 또 오지만
뿌리를 내린 연인은 그 자리에 머문다.
나는 한때 그가 가 버렸다고 생각했다.
그러나 수많은 세월이 흐른 뒤에,

시들지 않는 빛나는 온화함이
날마다 떠오르는 해처럼 거기에 있음을 본다.
나의 조심스러운 마음은 다시 자유로워진다.
오, 그대여, 나의 가슴이 말한다.
오직 그대를 통해서만 하늘은 둥글고,
그대를 통해서만 장미는 붉다.
그대를 통하는 모든 것들은 보다 고귀해지고,
지구 너머의 것을 본다.
우리 운명의 물레방아가 나타나면
그대는 태양의 행로가 된다.
그대의 고귀함이 또한 나를 가르쳐 왔기에,
나의 절망을 다스릴 수 있구나!
나의 숨겨진 삶의 샘은
그대를 통해서 온전해진다.

# 나의 일기

위대한 행동이란 본디 다락방에서 이루어지는 것이 아니라 공공연히 태양 아래에서, 그리고 세계를 위해 수행되는 것이다.

(1822년)

그는 말과 행동을 자유롭게 표현할 수 있으므로 모든 사람이 자유를 존중하고 한없이 누릴 권리가 주어진 나라에 태어난 것을 기뻐한다.

(1822년)

인간의 영혼이 지상을 방문할 때는 천국도 동시에 방문한다. 터키의 천국은 하렘이며, 스칸디나비아의 천국은 사냥터요, 아라비아의 천국은 밀가루 과자와 철철 넘치는 샘물이 있는 곳에 있다. 우리는 부드러운 이해심을 가지고 있으므로 몽테스키외가 말한 대로 전제주의든 민주주의든 새로운 신앙이 늘 본래의 상태대로 있게 되는 것이다.

(1823년)

아, 시(詩)의 가장 거친 환상도 그런 것을 표현한 적이 없다. 이 지상에 넘치는 거대한 '악'의 불균형, 참으로 여기 선한 것이 존재하나 드넓은 바다 가운데 떠 있는 한 작은 빛의 섬에 불과하다.

(1823년)

그러나 애국자들은 이 나라 안에 있는 사막과 숲들을 생각할 때마다 인구가 빠르게 늘어나고 이 나라가 너무 빠르게 성장하다보면 그 미덕과 평화를 지키지 못하게 될 수도 있음을 두려워하게 된다.

(1823년)

나는 '역사'에 이중의 효능, 곧 지식과 관련된 즐거움, 도덕과 관련된 괴로움이 깃드는 과정을 생각해 보았다.

(1823년)

그러나 '역사'라는 조용한 지혜는 60세기(6천 년)를 굽이쳐 오면서도 어떤 놀라움도, 또 어떤 영광도 거의 이야기하지 않는다.

(1823년)

우리는 살아가면서 시를 이야기하거나 늘 슬기롭게 되지는 않는다. 우리는 불완전한 세계의 딱한 주민이다. 폭풍이나 불어닥칠 우리에게 그런 것은 어울리지 않는다.

(1824년)

농업이란 모든 기예(技藝)의 존귀한 '어머니'이다. 목축이나 수렵생활에 비하면 분명히 인간의 편에 있다. 이런 점에서는 농업은 상업에 버금간다. 그러나 사회의 발전 과정에서는 반드시 농업이 상업보다 앞서 있다. 덕망과 양식(良識), 명상하는 행위는 농업에 종사하는 사람들에게는 흔한 특색이다. 도시에서는 '생각하는 자가 노동하는 자를 지배한다.' 그러나 시골에서는 노동하는 자가 생각하며 지배하는 것이다.

(1824년)

더 이상 우리에게 기술을 가르치지 마라. 이미 있는 것을 먼저 배워야 할 것이다.

(1824년)

물질적 아름다움은 결국 사라지거나 시든다. 지식과 관련된 아름다움은 계절과 나이에 따라 감탄이 제한되고 기쁨의 밀물과 썰물이 있다. 그러나 도덕과 관련된 아름다움은 사랑스럽고 사라지지 않으며 완전하다.

(1824년)

오만한 세계여, 안녕히. 나는 집으로 돌아가련다.
그대는 나의 친구가 아니요, 나 또한 그대 친구가 아니니.
소금끼 나는 바다 물거품처럼 나는 오래 팽개쳐 있었나니.
온종일 거친 구름들 속에 헤매이며……
아, 나의 집, 거룩한 집!
'아첨'의 아양떠는 얼굴도 안녕히.
'고결'의 슬기로운 그 찌푸린 얼굴도
벼락부자가 된 '부(富)'의 외면한 눈도
낮거나 높은 온순한 '관리'도
얼어붙은 가슴들 서두르는 발길들도
소란한 '노고(勞苦)'도 '재판정'도 '거리'도
가는 자들도 오는 자들도 모두 안녕히.
오만한 세계여, 안녕히. 나 집으로 돌아가련다.
내 집 난롯가로 돌아가련다.
저 푸른 언덕에 홀로 안겨
아름다운 여름새들 목청 떨며 지저귀는 그곳으로.

(1824년)

 

사람들은 숨은 재산보다 보이는 재산에 의하여, 이해하는 능력보다 행동하는 능력에 의하여 그들의 존경을 달리한다.

(1824년)

 

우리가 아무것도 갖고 있지 않다는 것은 사실이다. 그러나 우리는 더 나은 것을 가지고 있다. 우리에게는 정부가 있고 시나 역사보다 더 나은 국민성이 있다. 그리고 이들은 정부의 조급한 생산과 서로 어긋나지만 조숙하고 성숙하다.

만일 우리가 학문이나 예술, 정치나 경제학에서 우리 스스로 아무것도 이루지 못했다고 정확히 말할 수 있다면, 우리는 게으른 아둔패기라고 스스로를 부끄럽게 여겨야 하리라.

그러나 두 세대의 기간 동안 이 나라는 보통(다른 경우라면 '널리'라고 해야겠지만) 실천보다 훨씬 앞서 있는 현대적 사고(思考)의 과감한 자유를 앞지르기 시작하였다.

(1824년)

나의 잡다한 일기 속에는 왜 농담이 없는가? 나의 일기는 하나의 혼잣말이며, 누구나 혼자 있을 때는 엄숙해지기 때문이다.

(1824년)

나는 어떤 문제에서 다소 쌀쌀맞다라는 것을 고백한다. 온 나라가 소리 높여 '애국심'을 울부짖을 때 나는 그 손의 청결과 가슴의 순결을 찾으려 한다.

나는 가장 진지하고 가장 유익한 국민은 시끄러운 소리를 일으키는 데 가장 쉽게 들이쑤셔지는 그런 사람들은 아니라는 것을 알았다. 비록 그들이 투표소에서 시간을 정확히 지킨다 할지라도.

(1824년)

그러나 달빛 없는 밤에 죽은 자들은 잠들고, 나는 살아 있는 자들과 함께 일한다.

(1825년)

사람들이 구하는 것은 진실이 아니라 빵이다. 그리하여 빵을 얻게 될 때 그들의 기능 운동은 사랑이나 자랑 같은 것에조차 기뻐할 줄 모른다. 그러므로 현명한 사람들이 그들의 이상적인 '공화국'을 이룩하는 인생의 여러 직분 속에 또 다른 동인(動因)들이 들어오게 마련이다.

(1825년)

특수한 기능을 배워 익힌 사람보다 양식(良識) 있는 사람을 책임 있는 자리에 앉히도록 하라. 몸에 익힌 진실에서 나온 방법은 이미 확인된 진리보다 낫기 때문이다. 그대들의 규율로 과학을 가르치기보다 한 소년의 마음을 활달히 움직이게 하라, 그가 결과보다도 방법을 익힐 수 있도록. 인디언들은 활을 만든 칼 대신 차라리 그의 활을 내어 줄 것이다.

(1825년)

죄악이란 무지하다. 도둑은 자신을 훔치는 것이며, 거짓을 저지르는 자는 자신이 행한 거짓에 속아 넘어가게 된다. 누구든지 남에게 빌려 쓰는 사람은 자신의 빚 때문에 망하지만, 다른 사람에게 준 사람은 같은 양의 이익을 스스로 얻게 된다.

(1826년)

민요나 명언, 일화들은 엄숙하고 두툼한 역사책보다 지난 수백 년 동안의 깊은 곳을 파헤칠 수 있는 더 날카로운 통찰력을 우리에게 준다. 셀던*¹은 "하늘에 던져진 지푸라기 하나가 바람이 어느 쪽에서 부는지 보여 준다. 이것은 돌멩이를 던져서 알 수 있는 것은 아니다"라고 말한다.

(1826년)

열매와 씨앗을 맺지 못하는 사상이란 없다. 사상은 물고기처럼 알을 낳는 것이다.

(1826년)

역사 공부에는 철학이 필요하다. 우리가 어지럼증을 느끼지 않고 이 돌아가는 바퀴들을 오래도록 바라보는 것은 쉬운 일이 아닐 뿐더러 위험하기 때문이다.

(1826년)

이 뜻밖의 연설에서 내가 한 말은 이른바 우리가 애국심이라고 부르는 이상한 도덕심에 관해서였다. 그것은 아주 척박한 땅에서도 활짝 필 수 있는 꽃과 같은 것이다.

(1827년)

너무 지나치게 믿는 것은 위험하다. 왜냐하면 그것은 불신에 가깝기 때문이다. 범신론은 무신론과 통한다.

(1827년)

---

*1 1584~1654. 영국 법률가·골동품 수집 연구가.

'고통'의 집을 보지 못한 사람은 우주의 절반만 본 사람이다.

(1827년)


좋은 시와 영원한 시의 차이는 크다.

(1828년)


대중의 무지에 관한 대화나 민중의 마음에 맞는 장황한 웅변이나 글을 써야 한다는 말을 들을 때 나는 늘 불안을 느낀다. 그런 대화야말로 학식이 있음을 자랑하는 무식한 것이기 때문이다. 민중은 우리가 알고 있는 만큼은 알고 있고 우리만큼 잘 판단할 줄 안다. 타고날 때부터 지닌 뛰어난 재능이나 훌륭한 재주를 그들보다 더 빨리 알아차리는 사람은 없다. 흔히 이러한 말투를 가장 많이 쓰는 사람들은 모두 평범한 사람의 이해력을 넘어서지 못한 사람들이다.

(1828년)


헨리 워튼 경*² 은 교육기관에 대하여 이렇게 말한다. "교육기관은 법률보다 더 중요하다. 만약 어린 나무들이 처음에 뿌리가 잘 붙으면 버팀목이나 울타리도 필요 없기 때문이다."

(1828년)


우리가 현명해지는 한 방법은, 작은 지푸라기의 기움과 움직임을 보고 우주의 위대한 흐름과 경향을 미리 짐작하는 것이다.

(1829년)


사람은 그가 읽은 책과 그가 사귀는 친구와, 그의 칭찬의 대상과 옷차림과 취미와, 그가 말하는 이야기와 걸음걸이와 눈의 움직임과, 그의 집이나 방을 보면 알 수 있다. 이 세상에 고독하지 않은 것은 아무것도 없기 때문이다. 그러나 모든 것은 무한한 친화 관계를 맺고 있다.

(1830년)

---

*2 1568~1639. 영국 외교관·시인.

수단과 목적, 선(善)은 선 자체를 위해 찾는 데 있고, 천국은 미덕 이외의 다른 아무것도 아니다. 진리는 보다 멀리 있는 목적을 위해서 찾는 것이 아니라 더할 나위 없는 목적이어야 한다.

(1830년)

우리의 결점은 바로 우리의 미덕의 그림자이다.

(1831년)

나는 죽음을 두려워하지 않는다. 죽음을 두려워하는 자들은 자신의 영혼을 통해서 바라보는 것이 아니라 세속의 견해를 통해서 죽음의 공포감을 빌려 온다. 나의 영혼은 신으로부터 직접 오는 계시이며, 신의 어떤 계시의 뜻도 잘못 전하는 경우는 결코 없다.

(1831년)

'현재'라는 물거품은 '과거'라는 바위 속에 단단히 굳은 모든 순간이 일으키는 것이다.

(1832년)

나를 떠나 살지 않으리라.
남의 눈으로 바라보지 않으리라.
나의 선은 선하고 나의 악 또한 악하다.
나는 자유로워지고 싶다.
남이 갖고 싶어하는 것을 갖는 동안 나는 자유로울 수 없다.
나는 감히 자신의 길을 발 아래에 깔아 두려고 한다.

(1832년)

인생의 목적은 자신을 아는 데 있는 것 같다. 그가 그리는 미래의 삶을 사는 것이 아니라 진정한 현재를 삶으로써 진정한 미래의 삶을 살 수 있다.

(1833년)

다음 세대의 교사는 어려운 교과서를 설명하는 것보다 도덕이라는 관점에서 인간을 구조하는 것을 집중 연구하고 설명해야 할 것이다.

(1833년)

인간이 진실로 혼자인 경우는 드물다. 우리가 사회를 떠나 고독 속에 살듯이 고독을 떠날 필요가 있다. 나는 방 안에서 책을 읽을 때나 글을 쓸 때 비록 방 안에 아무도 없지만 나는 혼자가 아니다. 나에겐 누구나 고독을 제대로 느낄 방법이 있는데, 그것은 창가에 가서 별을 바라보는 것이다. 만약 그들을 보고 놀라지 않거나 하찮은 일들을 잊어버리지 않는다면 어떻게 할 것인가. 그것은 내가 알 바 아니다.

(1834년)

나는 어떤 사람이든지 나를 으르렁거리게 하거나 침묵케 한다고 해서 그를 대단하게 여기지는 않는다. 그런 일은 바보라도 할 수 있다. 만일 그와의 대화가 나를 살찌게 하고 기쁘게 해준다면 나는 그를 현명한 사람으로 여길 것이다.

(1834년)

진실이 손상되는 곳에서는 그를 편들라. 너는 진실을 말하기 위하여 '증인'으로서 진실을 들을 수 있고, 진실의 행동을 볼 수 있는 위치에 서 있어야 한다.

내가 받은 '유산'은 얼마나 길고 넓은가…….

시간은 나의 재산이며

나의 들(들판)은 곧 '시간'이다.

(1834년)

나의 잘못은 전적으로 자신의 처지는 생각하지 않고 남의 의견에 따라 사물을 보는 데 있다. 나는 칼라일*³처럼 순전히 자신만의 사상을 가진 사람의

---

*3 1795~1881. 영국 사상가·평론가·역사가.

글을 읽어 보고, 신처럼 확실하게 자신의 생각을 나타내는 사람이 그것을 들으면 틀림없이 진실이라고 말할 풍부한 지혜를 확인하였다.

(1834년)

자기의 생각을 바르고 완전하게 나타내기 위해서는 너무 일찍 서둘러서는 안 된다는 것을 나는 오랫동안 주의해 왔다. 그대가 쓰려고 하는 것을 이야기하지 않는 것이 좋다. 그것은 마치 용수철을 늘렸다가 너무 빨리 놓아 버리는 경우와 같다. "숨은 보물을 찾는 자는 말을 해서는 안 된다"라고 괴테도 같은 말을 하고 있는 것을 보고 다행으로 생각한다.

(1834년)

문학이란 지적인 희열을 위하여 행동을 사상으로 바꾸는 것이다. 생각 없이 이루어진 행동을 생각으로 바꾸는 것이다. 문학은 완전하다 싶은 진리를 목표로 한다. 그러나 그것은 근삿값에 지나지 않는다. 언어는 사물을 포괄할 수 없다. 그대는 일몰(日沒) 묘사를 기대해서는 안 된다.

(1834년)

소나무 속에서 울던 그 외로운 새는, 마치 혼자 있을 때 아무 말이 없다가 친구들이 와서 대화가 점점 늘어나고 이내 활발히 무르익어서 어떤 주제든 상관없이 기계가 움직이듯이 되풀이해 가며 힘을 돋우어 이야기를 하는, 어떤 사람을 떠오르게 한다.

(1834년)

모든 것은 우리에게 가르침을 준다. 심지어 취미나 도락(道樂)까지도. 도락을 즐기는 사람은 분명히 현미경이나 식물에 관한 전문용어로서 식물학을 배우지 않았다 해도 그는 딜레탕티슴(dilettantisme)이란 어떤 것인지 알고 있다. 그래서 그는 아는 것과 아는 척하는 것을 구별할 줄 안다. 그리하여 어떤 고통을 겪고 스스로를 책망(責望)함으로써 사물 그 자체에 이르는 것이다.

(1834년)

그러나 괴테는 사물을 나타내지 않는 언어를 미워하면서 존재하는 모든 것과 교감(交感)하면서 무엇이든 말해야만 글을 쓰는 시인이었다.

(1834년)

인간의 위대함은 그의 목표에 있는 것이 아니라 한 상태에서 다른 상태로의 변이에 있다. 인간의 행동은 위대하다. 그러나 곧 방종 때문에 초라해지고 만다.

(1834년)

민주주의의 뿌리와 씨앗은 스스로 '판단'하는 그 신념에 있다. 자신을 존중하는 것, 당파를 끊고 각 개인을 하나의 위엄 있는 것으로 만드는 것은 그러한 신념의 피할 수 없는 결과이다(보기 드문 효과지만). 동시에 뛰어난 동지 의식을 진심으로 존중함으로써 죽은 것을 살아 있는 것으로 바꾸어 준다. "만약 왕이라도 정당하지 않으면 어찌 나보다 훌륭하겠는가?"

(1834년)

자연은 그의 식탁을 가득히 채운다. 그러나 그의 다락에는 더 많은 것을 간직하고 있다.

(1834년)

이를테면 교양 있는 두 사람의 착한 마음이 서로 다른 학식을 통해서 상대의 호기심을 자극하고, 잠깐 나누는 대화 속에 서로의 암시를 이해할 줄 아는 그런 닮은 사람끼리의 만남은 큰 즐거움일 것이다. 그들은 서로 자신을 튼튼하게 하고 확신을 갖게 한다. 이런 대화 속에 이야기되지 않은 부분이야말로 더욱 값진 것이다.

(1835년)

나는 과거나 지금도 민주주의의 요소에 관해서 말할 때 신문 기사나 간부 회의에서 내뱉는 토론, 그리고 돈에 팔려 거짓말을 하는 그 쓸모없고 소리 높이 외치는 사악(邪惡)한 것을 말하는 것이 아니라 공공의 선을 사랑하는 정신을 말하는 것이다. 이른바 '민주주의'란 말 속에는 참된 민주주의의 요소란 없다. 순전히 상업성을 띤 것에는 민주주의가 사라지게 마련이다. 아무리 그대의 귀와 호주머니에 고마운 이름이라 할지라도 그대의 영혼이 존중하지 않는 것을 찬양하고 있다는 오해를 나는 받고 싶지 않다.

(1836년)

'타인주의'—나는 멀리 떨어져 있는 타인주의에 속하는 매력을 분명히 알고 있다. "어떤 술을 가장 좋아하시오, 디오게네스*4 님?" 하고 물었을 때 "다른 사람의 술이오." 하고 그 현인은 말했다. 우리는 어떤 사실이나 어떤 생각, 또는 어떤 말을 가장 좋아할까? 다른 사람의 것, 어제 내가 무심코 내보였던 감정을 다음 날 다른 사람이 나에게 들려준다면 나에겐 잊을 수 없는 감동을 주리라. 내가 쓴 책도 다른 사람이 그것을 칭찬해 주면 다시 새로운 눈으로 그 책을 읽게 되리라.

(1836년)

인간이란 한 묶음의 관계이며, 그의 모든 힘은 재산에 있는 것이 아니라 수많은 사람과의 관계에 있다는 것을 그대는 모르는가?

(1836년)

경제란 석탄을 아끼는 데 있는 것이 아니라, 그것이 불타고 있을 동안 시간을 이용하는 데 있다.

(1837년)

용기란 그대의 경쟁자들이 결코 그대보다 더 나은 사람들이 아니라고 굳게 믿는 데 있다. 만약 우리가 근본적으로 같지는 않지만 미지의 무한한 개성 또는 뚜렷한 개인의 존재를 믿는다면 우리는 감히 싸우려고 하지도 않을 것이다.

(1837년)

이 세계의 가장 고귀한 두 가지는 '학문'과 '덕'이다. 후자는 '건강'을 뜻하며,

---

*4 기원전 412?~323. 원시적 자연 생활을 실천한 그리스 철학자.

전자는 '힘'을 뜻한다. 후자가 '상태'라면 전자는 '행동'이다. 그러나 이것들이 영원히 몸을 세워 걷게 하고 어디에도 머무르지 않게 한다.

(1837년)


인간은 자연의 손님으로 행동해야 하며 '게으른' 수벌이 되어서는 안 된다.

(1837년)


우리에게는 자연이 필요하다. 도시는 인간의 오관(五官)에 여유를 주지 않는다. 나는 낮이나 밤이나 밖에 나가 지평선과 하늘을 오랫동안 바라보는데, 그때마다 세숫물이 모자랄 때처럼 이 땅의 넓이가 모자람을 느끼게 된다.

(1837년)


'조화'는 '문화'의 한 위대한 목표임에 틀림없다.

(1837년)


시대의 불신감은 하찮은 것들을 소리 높여 비방함으로써 증명된다.

(1838년)


나는 착한 체하는 자들을 미워한다. 나는 설교를 하는 미덕을 미워한다. 우리에게 설교를 하는 미덕 자체는 아무것도 하는 일이 없다. 한 작은 미덕이라는 전류는 부엌이나 어두운 곳에, 특히 부녀자들 속에 숨어서 이따금 빛을 번뜩이며 아직도 사물이 존재하고 있음을 굳게 믿도록 해준다.

(1837년)


신은 우리가 다다를 수 있는 마지막 보편성에 우리가 부여해 준 이름이다. 그리고 물론 그 의미는 오늘과 내일이 다르다. 그러나 그대의 일반론을 그대의 이웃과 비교하지 마라. 지금은 그에게 그대의 말을 듣게 하여 그의 생각대로 하게 하라. 내일 또는 다음 해 그가 이야기하는 것을 듣기만 하고 그대는 대답하지 마라. 그래서 두 사람 모두 진리를 이야기하게 되고 한마음이 되리라. 그러나 두 사람의 생각을 비교한다든가 경쟁을 위해서 듣겠다고 버틴다면 곧 무분별에 휩싸여 술 취한 자처럼 비틀거리며 더듬게 될 것이다.

(1838년)

아무리 귀를 기울여 들어도 나는 베토벤의 가락 속에 통일성이나 윤곽을 찾아낼 수 없다. 그는 그 가락에서 숨김없는 기쁨을 끌어내고 있는 것이다. 그는 나보다 훨씬 더 사람답다.

(1838년)

오랫동안 서로 만나지 못한 서너 명의 교육받은 사람들을 한데 모아 놓는다면 아마 그들은 억지로 시키지 않고서는 큰 소리로 대화를 나눌 수 없을 것이다. 누구나 상대의 의견을 미리 말해 버리기 때문에 곧 이야기는 따분해지게 마련이다. 모두 상대가 말하려는 것을 알고 있다. 나는 왜 나의 이웃에게 물 한 통을 주려고 쓸데없이 눈에 띄는 친절을 베풀려 하는가?

나와 똑같이 차 있는 그의 우물을 가지고 있지 아니한가. 나는 왜 나와 똑같은 생각을 가질 줄 아는 그의 귀에 나의 생각을 전해 주려고 북을 둥둥 쳐야 하는가?

(1838년)

흑인의 역사는 비극 그 자체이다. 늘 고난을 받고 살아야 할 운명을 타고난 그들은 무슨 저주받을 신성모독을 저질렀단 말인가? 나는 그들이 가난할 때보다 재산이 넉넉할 때 더욱 인정이 많은 것을 알고 있다. 그들은 밖에 나가기만 하면 모욕감을 느낀다. 어제는 한 흑인 가족이 마차를 타고 가는 것을 보았다. 얼마나 애처로웠는지!

(1838년)

나는 진실로 학자가 되려는 사람은 완전한 자유를 갖게 되리라는 것을 굳게 믿는다. 오늘날 젊은이들이나 의식이 깨어난 자들도 사회생활 속에 마주치는 얼굴들을 은근히 미워하고 비난하려고 한다. 분명히 말하거니와 나는 그것을 두려워하지 않는다. 어떤 학자도 그것을 두려워할 필요가 없다.

(1838년)

이렇게 투덜대고 미워하며 욕설을 퍼붓는 자들은 누구인가? 그들은 무지한 자들이며 그러하기 때문에 안정성이 없다.

(1838년)


우리가 서재에서 책을 읽듯이 숲속에서 책을 읽을 줄 알게 되면 새로운 학위를 받을 것이다.

(1838년)


인간이 위대해질수록 책은 보잘것없는 것이 된다. 날이 갈수록 그와 지은이 사이의 거리는 좁혀지고, 마침내 그가 책을 읽을 때 높은 찬사를 보낼 수 있는 지은이의 수도 줄어들게 되리라.

(1838년)


인간이 낚시나 사냥 또는 원예(園藝)를 배우는 것은, 마치 그가 사회에서 버림받을 때 그의 생계를 안전케 하고 친지들을 괴롭히지 않기 위해서인 것 같다.

(1838년)


하지만 지금 나는 교육을 받은 사람들이 언제나 미덕의 이상(가장 완전한 모습)을 향하여 오르거나 진리를 간절히 바란다고는 믿지 않는다. 그들은 안전과 실익(實益)과 예의바르기를 바랄 뿐이다.

(1838년)


의사는 늘 인간을 뒤집어 보려고 한다. 육체를 영혼의 원천으로 보기도 하고 인간이 그의 육체(손발)의 학대를 받고 있다고 생각하려 한다.

(1838년)


문학은 한두 가지의 직관과 사상과 우화를 담은 수많은 동사와 명사의 더미다. 문학은 하나의 꾸민 말이다.

우리는 영문학이라고 부르는 모든 제1급의 작품을 썼을지도 모르지만, 문학은 엿들음(도청)이다.

(1838년)

진실이란 우리가 줄 수 있는 최고의 찬사이다. 존스 베리[5]는 우리 모두를 미워한다고 우리에게 말함으로써 오히려 우리를 매혹시켰다.

(1838년)

위대한 역사상 사실은 네댓 개의 이름으로 정리된다. 호메로스, 피디아스,[6] 예수, 셰익스피어―나는 더 이상 덧붙이지 않겠다. 다만 이 이름들이 무엇을 뜻하는가를 유의해 보라. 모든 문명사회의 역사와 모든 철학은 이들을 설명해 보려는 헛된 노력으로 이루어져 있다.

(1838년)

"대화에는 나이가 없다." 나는 친구와 이야기를 나눌 때 나이를 생각하지 않는다. 만약 젊은이든 처녀이든 나와 함께 이야기할 땐 그들이 나만큼 나이가 들지 않았다는 사실도 잊어버린다.

(1839년)

고립(孤立)은 사회보다 앞서는 것이다. 나는 예배가 시작되기 전의 그 조용한 교회를, 그 어떤 설교보다 더 좋아한다.

(1839년)

그림과 눈의 관계는 춤과 몸의 관계와 같다.

(1839년)

우리가 무엇을 보기 위해 여행을 하든 가정을 떠날 수 없으며 여행의 소득이란 없다. 이를테면 피라미드와 파르테논의 대리석들, 라파엘로[7]와 미켈란

---

*5 1813~1880. 미국 시인. 에머슨이 그의 작품집 《수필과 시》를 편집했음.
*6 기원전 491?~430. 그리스 조각가.
*7 1483~1520. 이탈리아 화가·건축가.

젤로의 그림들, 베니스와 단테, 셰익스피어, 번스[*8]가 살던 집 등. 우리는 신이 밖에 나와 다니는 것을 결코 볼 수 없다. 신은 언제나 집 안에만 머무르고 있다.

(1839년)

적어도 나는 모든 점에서 나와 다른 사람들의 생각을 듣고 싶다. 예술가나 슬기로운 장인(匠人), 또는 농학자나 정치가, 역사가, 사업가, 시인 또는 특수한 분야의 지식이 뛰어난 학자들의 말을 듣고 싶다. 그러나 알록달록한 옷을 입고 나의 일상만 생각케 하는 사람들의 말은 듣고 싶지 않다. 나는 비슷한 천재들을 결합시키는 것보다 그들을 떼어놓는 것이 더 유익하다고 생각한다.

(1839년)

글을 쓸 때 우리의 목표는 반드시 글 속에 햇빛을 반짝이게 하는 데 있을 것이다.

(1839년)

나는 화랑에서보다 그림 하나를 통해서 더 많은 것을 얻을 수 있다고 생각한다. 하나의 그림은 우선 화랑 전체가 주는 색깔—자체가 하나의 음조(강조)라고 할 수 있는—의 자극에서 오는 즐거움이 있다. 다음으로는 여러 가지 형태를 자유롭게 볼 수 있고 즐거운 환상을 누릴 수 있다. 이를테면 그림을 아무 데나 놓고 볼 수 있고 한참 동안 계속해서 즐길 수도 있다. 물론 그 그림은 다른 일들을 제쳐놓게 한다. 그러므로 나는 오랫동안 그날의 감동을 되살릴 수 있다. 나는 화가와 기꺼이 협력하여 그가 그려 놓은 것 이상으로 더 많은 것을 볼 수 있다. 그러나 화랑은 이런 것을 허락해 주지 않는다.

이 그림 저 그림을 힐끗힐끗 바라보며 그림들이 서로 훼방을 놓는다. 각 그림의 진가를 나타내지 못하며, 화가는 구경꾼에 의해 격이 떨어져 버리고 만다. 이것은 올스톤[*9]의 전람회에서 내가 느낀 소감인데, 거의 모든 그림들이 나란히 걸려 있음으로 해서 얻을 수 있는 것은 아무것도 없음을 알았다. 이것

---

*8 1759~1796. 영국 시인.
*9 1779~1843. 미국 화가.

은 인간에게도 마찬가지이다. 인간은 따로 떨어져 있을 때보다 한데 모여 있을 때 그 가치가 떨어진다. 그들이 한 집에 무수히 모여 있음으로 해서 부당한 대접을 받고 왕관을 박탈당하며 영예로운 지위를 잃게 되는 것이다.

(1839년)

예술가는 영혼을 꿰뚫어 명령을 해야 하며, 다만 멀리 떨어져 주변을 에워싸고 있기보다는 나에게 다가와 손을 잡고 어디론가 나를 이끌어 주어야 한다는 것은 결코 불합리하거나 불쾌한 요구는 아닌 것 같다.

(1839년)

자, 이제 한 준엄한 설교사가 일어나 인간의 재능을 밝혀내려고 "인간은 늘어진 버들가지가 아니다……"라고 말하는 것을 들어보기로 하자…….

(1839년)

어린아이들에게 모든 로맨스(꾸며낸 이야기·꿈 이야기)와 인생의 가장 맛있는 것들을 내어주고, 우리가 늙어감에 따라서 산문만이 남겨진다는 것은 유감스러운 일이다. 괴테는 늙어서도 연애를 하였다. 나는 섬세하고 고귀한 감정을 결코 잃어버리고 싶지 않다.

(1839년)

언어란 인간의 모든 행동과 거래, 술책과 유희의 전리품이다.
안식일이란 다른 날들이 그렇지 않기 때문에 고통스럽게 그날을 신에게 바치는 것이다 우리는 하루 종일 죄를 짓기 때문에 아침에 기도를 한다. 비록 큰 소리로 형식에 맞추어 기도를 하지 않더라도, 어쩔 수 없이 다른 사람에게 사과할 수밖에 없다. 오, 예수여, 당신은 말로써 변명하지 않습니다. 당신의 행동이나 절제는 말을 가로막고, 당신의 겉모습과 다른 행동을 거짓되고 지저분하며 더럽게 만드십니다.

(1839년)

이 언어의 시대 다음에는 침묵의 시대가 다가올지도 모른다. 그때 인간은 오직 실제 행위를 통해서만 말을 함으로써 건강을 회복하게 되겠지만, 그러나 우리는 언어 때문에 죽는다. 우리는 사전 때문에 목을 매이고 형장에 끌려가며 갈갈이 찢기기도 한다. 우리는 어둠의 골짜기를 걷고 있다. 지금은 도깨비의 시대이다.

(1839년)

우리는 결코 우리의 젊음을 잃어버려서는 안 된다. 이를테면 농사를 짓고 땅을 파며 통나무를 쪼개고 노를 저으며 물을 끌어들이는 것처럼 자연스럽고 필요한 노동을 할 때는 사람은 늘 젊어 보인다. 즉 아직도 소년이 될 수 있다. 자기의 힘에 부치는 일—자기의 모든 힘과 그 이상의 것을 요구하는 일을 할 때에도 마찬가지이지만, 다소 자기의 능력 범위 안에서 실패함이 없이 그 일을 해낼 수 있을 때 그는 아직도 젊은이이다.

(1839년)

그대는 아이에게 걸음을 가르치지만 그 아이는 스스로 뛰는 것을 배우고 있다.

(1839년)

예술의 목표는 늘 자연보다 다소 나은 것을 겨냥하지만 예술 작품은 늘 자연보다 못하다.

(1840년)

워즈워스는 교화된 사회를 제정신으로 돌아오게 하기 위하여 현존하는 어떤 사람 못지않게 많은 일을 하였다.

(1840년)

교육의 목표는 인간이 그의 환경을 이겨낼 수 있도록 하는 데 있다. 그러나 천재란 다른 사람보다 더 훌륭히 또한 쓸모 있게 노력할 줄을 아는 능력이 있는 사람이다.

(1840년)

나는 삽을 들고 정원에 들어가 땅을 팔 때…… 자신의 손으로 했어야만 하는 것을 나 대신 다른 사람을 시킴으로써 자신을 속여 왔다는 사실을 발견한다…….

(1840년)

나는 펜과 학문을 배운 눈과 예민한 귀를 가지고 있음에도 나의 고용인들 (나무를 자르는 사람과 쟁기질하는 사람, 요리사 등) 앞에 부끄러움을 느낀다. 그들은 어느 의미에서 자급자족을 하고 있기 때문이다. 그들은 나의 도움이 없이도 온종일 그리고 일년 내내 살아갈 수 있다. 그러나 나는 그들에게 기대고 있지 않은가.

(1840년)

위대한 사람은 결코 기회가 없다고 하면서 투덜대지는 않는다.

(1841년)

비록 내가 연약하고 태어날 때부터 그 누구보다도 사랑에 굶주려 있었다 할지라도, 나는 스스로 내켜서 또는 대담하게 사랑을 표시하지 못하고 떠밀리는 듯하면서도 집요하다는 것을 그대는 알게 되리라. 나의 사랑에는 밀물도 썰물도 없다. 그러나 언제나 나의 침묵과 불만과 차고 메마르고 나약한 행동 아래에 눌려 있다.

(1841년)

내가 사람들에게 칭찬을 받았을 때 나는 시간을 낭비하였다. 왜냐하면 나는 즉시 대수롭게 여기지 않았던 일들을 되돌아보았기에 그날은 새로운 일을 아무것도 이룰 수 없었기 때문이다.

(1841년)

어떤 위대한 동기도 그 자체의 득실을 옹호할 수는 없다.

(1841년)

머리와 꼬리는 철학의 말을 빌리자면 '유한'과 '무한'이라고 말할 수 있다. '실제로 있는 것(눈에 보이는 것)'과 '정신 속에 있는 것', '상대성을 띠는 것'과 '절대성을 띠는 것', '짧은 한때의 것'과 '영원한 것' 그 밖에 더 좋은 이름들이 수없이 많으리라.

(1841년)

'희망'. 우리는 여기 어둠 속에 앉아 군말을 지껄여대지만 태양은 다시 비칠 것이고, 우리는 저마다 일터로 나가리라는 것을 모두 알고 있지 아니한가? 신은 모든 의심을 풀어줄 것이며 모든 부피를 가득 채워 줄 것이다.

(1841년)

슬픔은 우리 모두를 다시 어린아이로 만들어 준다. 즉 모든 지성의 차이를 무너뜨리는 것이다. 아무리 현명한 자라도 아무것도 모르는 것이 된다.

(1842년)

학자란 길거리에서는 어느 누구보다도 보잘것없는 사람이다. 피리 소리는 톱질 소리보다 크지 않지만 마치 피리 소리가 어떤 시끄러운 소리보다 더 멀리 들리듯이, 학자의 명예는 은행가의 신용보다 더 멀리 미칠 수 있다.

(1842년)

'진실과 현실'. 집시들이 사도보다 우리에겐 더 매력이 있다고 생각하는 데 대하여 그대는 놀라지 않겠지? 비록 우리가 선을 사랑하고 도둑질을 좋아하지 않는다 할지라도, 우리는 자유를 사랑하고 설교를 좋아하지 않기 때문에.

(1842년)

어떤 사람은 체스를 두고 카드 놀이를 하고 또 어떤 사람은 증권거래소에서 시간을 때우지만 나는 '인과 관계'의 놀이를 더 좋아한다.

(1842년)

위인의 아들은 위대해야 한다. 만일 그들이 보잘것없는 인간이라면 그것은

우연히도 너무 많은 과자를 먹었기 때문이거나 또는 그들의 아버지가 인형과
결혼했기 때문일 것이다.

(1842년)

　　나는 모든 책 가운데서도 가장 평범한 책들—성경과 셰익스피어, 밀턴과
단테, 호메로스만 읽겠다.

(1842년)

　　만약 인생이 놀랍고 신기한 것으로 가득차 있지 않다면 인생은 살 만한 가
치가 없으리라. 나는 아침에 깨어나 창가로 다가가 먼동이 트는 것을 바라보
며, 지난날 나의 모든 생활습관을 뭉개 버리고 새로운 생활로 나를 초대하는
'자연'이라는 새로운 비밀을 발견하는 것이다.

(1842년)

# 런던내기의 나라

영국인은 유머를 이해하는 국민이다. 개인의 권리를 공중질서와 함께 지나칠 정도로 요구하기도 한다. 재산권만 해도 너무나 완벽해서 이것은 이 민족의 타고난 능력처럼 보이기도 하고 다른 나라에는 없는 것처럼 보이기도 한다. 왕이라 할지라도 농민이 팔기를 거절하면 단 한 평의 땅도 밟지 못한다. 어떤 사람이 유언장을 남겨 개나 떼까마귀 한 마리를 물려준다 해도 그의 어리석음을 아무도 막을 수 없다.

모든 사람은 저마다 자기만의 특수한 생활방식이 있으며 그것이 어리석은 것이라 할지라도, 그의 동포가 갖는 결정적인 공감을 통해 법과 근위병들이 그 '와당탕' 씨의 변덕을 보호하게 된다. 어떤 우스꽝스러운 변덕이라도 영국인에게는 돈과 법으로 변하지 않는 것이 되게 할 수 있다.

영국인은 로마인처럼 무엇이든 할 수 있는 국민이다. '런던내기' 씨(Mr. Cockney)는 이 점을 잘 알고 있다. 부유한 사람들은 자유라는 것을 하고 싶은 대로 할 수 있는 권리라 생각하고, 자유를 맛보기 위하여 잘못을 저지르고도 굳게 버팀으로써 떳떳하게 생각한다.

그는 열렬한 애국자이기도 하다. 왜냐하면 그의 나라는 아주 작지만 자기 나라의 국력과 공로를 믿게 되고, 이로 말미암아 다른 나라에서 짜증을 내거나 귀찮게 생각하기 때문이다. 그는 외국인을 싫어한다. 영국에서 오래 살았던 스베덴 보리*¹는 "영국인이 외국인을 싫어한다는 것은 동족끼리는 마음으로 아주 가깝고 친하게 사귀면서도 다른 나라 사람들과 사귀는 경우는 드물다는 관점에서 보면 닮아 있다. 그래서 그들은 외국인을 볼 때 마치 어떤 사람이 궁전 꼭대기에서 성밖에 서성대는 사람들을 망원경으로 바라보듯 한다"고 지적하고 있다.

---

*1 1688~1772. 스웨덴의 종교적 신비철학자.

1500년 즈음인 헨리 7세 시대를 소재로 한《영국이라는 섬에 관한 이야기라기보다는 사실 서술(A Relation or Rather a True Account, of the Island of England)》라는 책을 썼던 훨씬 이전의 여행가인 베니스 사람은 "영국인은 자신을 무척 사랑하는 사람들이며 자기네 것은 무엇이든 좋아한다. 그들은 자기네 이외에는 아무도 없고 영국 외에 다른 세계란 없는 듯이 생각한다. 어쩌다 잘생긴 외국인을 보면 영국인을 닮았다느니 영국인이 아니어서 유감이라느니 한다. 어쩌다 그들이 외국인과 맛난 음식을 함께 먹을 때면 이런 음식이 당신 나라에는 있느냐고 묻는다"라고 말하였다.

영국인이 찬사를 덧붙일 때 쓰는 최고의 칭찬은 "정말 영국인답다"라는 말이다. 그들이 최고의 찬사를 보내고 싶을 때 하는 말이란 상대편과 영국인을 가려낼 수 없다는 것이다. 프랑스는 당연한 대조되는 존재로서 영국인이 자신의 특색을 분필로 그리는 칠판 역할을 한다. 이러한 오만은 흔히 프랑스인을 넌지시 암시함으로써 드러난다. 미국이나 유럽 또는 아시아에 살고 있는 영국계 사람들은 모두 프랑스 태생이 아닌 것을 은근히 기쁘게 생각하는 것 같다.

콜리지 씨[2]는 어떤 강연 끝에 그가 단 한 문장도 프랑스어로 말할 수 없게 하느님이 지켜 주신 것을 감사했다고 한다. 나는 영국인들이 그토록 영국을 신뢰하고 있다는 사실과 모든 훌륭한 사회에서는 보통 외국인과 대화할 때 자신의 일을 뒤로 미루거나 오히려 자신을 낮추는 말들을 통해서 영국인들은 진지하게 그들 민족의 공적에 대한 억누를 수 없는 충성을 바치는 실수를 발견하게 되었다.

그래서 신생국가의 통나무집과 야만스러운 생활의 불편을 겸손하게 한탄하는 뉴욕 사람이나 펜실베이니아 사람들은 영국 밖의 세계를 쓰레기더미로 보는 이들 국민 전체의 즉각적이고 솔직한 공감 앞에 놀라움을 금치 못하는 것이다.

그와 같은 섬나라의 한계성은 외국을 배척하는 것이다. 영국은 자기네 전통과 관습에 집착한 나머지 가엾게도 그의 섬나라의 규례로 인도와 중국, 캐나다와 오스트레일리아 같은 큰 나라의 목을 짓누르고 있다. 뿐만 아니라 비엔나 회의에 '매질'을 가하면서 모든 민족국가들을 그의 가혹한 군화로 짓밟고 있다.

---

*2 1772~1834. 영국 낭만시인이자 비평가.

채텀 경*³은 자유를 지지하면서 선거권 없는 어떤 세금도 반대하고 있다.—그것이 바로 영국 국법이지만 그러나 못 하나까지도 미국에서는 감히 만들 수 없게 하고 영국에서 사서 쓰도록 했다—그것이 바로 영국 국법이다. 그래서 미국이 독립함으로써 영국의 상업이 다시 살아날 것이라는 사실에 그들이 놀랐던 것이다.

간단히 말해서 영국인의 기질은 고약하고 침략을 선호하기 때문에 다른 나라와는 나란히 설 수 없다. 세계는 둘이 될 만큼 넓지는 못하다.

그러나 이 섬나라가 이러한 민족주의를 넘어서 우리들 스칸디나비아의 조상들 사이에서 그 능변과 위풍으로 유명한 고대 노르웨이의 신(神) 브라기를 숭배하고 있다는 사실을 받아들여야 한다. 영국인들은 위대한 기도(企圖)와 인내력이라는 관점에서 노르웨이인에 버금가는 꾸준함과 용기를 가졌다. 그들이 작은 용기를 가짐으로써 영국인은 누구나 자기가 어떤 사람인가를 스스로 과시하고, 그가 할 수 있는 일을 해냄으로써 즐거워한다. 그래서 모든 사교계에서도 그들은 너무 좋은 의견을 내놓고 있어서 다른 사람은 도저히 흉내낼 수 없을 정도이다.

그들은 자기의 모습·얼굴·의복·친척 관계·고향 등에 관한 약점을 결코 숨기려 하지 않는다. 왜냐하면 그들의 모든 처지가 상대에게 호감을 줄 수 있다고 생각하는 것이다. 이를테면 그들 가운데 한 사람이 대머리이거나 또는 빨간 머리나 푸른 머리, 오리 다리, 흉터나 올챙이배, 또한 생쥐 소리나 갈까마귀 소리를 낸다고 해도 조금도 어색하지 않다고 스스로 다짐하거나 자기에겐 그것이 썩 잘 어울린다고 생각한다.

그러나 자연은 무엇이나 헛되이 만들지는 않기 때문에 영국인의 머릿속에 다분히 들어 있는 이러한 자존심은 그들의 권력과 역사에 관한 비밀의 하나가 되고 있다. 그것은 영국인 누구에게나 본래의 자기와 자기의 능력을 맘껏 발휘하게 한다. 그것은 교묘한 속임수나 기피, 또는 종속하는 듯한 태도를 허용치 않으며 솔직하고 남자다운 태도를 권장한다. 그래서 영국인들은 자기 자신을 충분히 이용하며, 진취하고자 하는 기상의 부족으로 기회를 잃는 일이 없다.

---

*3 1708~1778. 영국 총리이자 백작.

어떤 사람의 사사로운 결점이란 정확히 말해서 그 사람 자신에게만 해당되는 중요성을 다른 사람들과 공유하게 되는 법이다. 만일 그가 그러한 결점들을 대수롭게 여기지 않는다면 다른 사람들도 그럴 것이다. 우리는 이들 결점 속에서 성격을 편리하게 계량하는 기구를 찾게 된다. 왜냐하면 소인은 애태우다가 망할 수도 있기 때문이다.

우리 서부의 한 도시에 살고 있는 한 뛰어난 정치가가 나에게 한 말이 생각난다. 그는 "결점 때문에 성공한 정치가들을 많이 알고 있다"고 했다. 또 일리노이 주의 전 지사 한 분은 "만약 어떤 사람이 많은 것을 알고 있는 사람이면 한쪽에 가만히 앉아서 겸손하게 있을 것이지만, 그가 무식한 겉치레꾼이라면 부산을 떨고 왔다 갔다 하고 유별나게 눈에 띌 것이다"라고 말했다.

이러한 자만심 속에는 또한 말하는 사람이 자신도 모르게 자기의 생각을 나타내는 장점이 있기는 하다. 있는 수단을 다해서 그의 비위를 맞추어서 그의 생각을 끌어내어 거기에 집착하게 하자. 그러나 해외 여행을 해본 영국인들의 교양은 이러한 지나친 자기 칭찬도 비웃음거리가 되지 않게 하고 호감을 갖게끔 한다. 그래서 영국인의 능력에 대한 세상의 존경심이 이러한 천성의 기질을 부추기는 것이다.

루이 14세는 그의 걸음걸이나 태도가 위대한 왕으로서 충분히 어울린다고 알려져 있지만, 만일 다른 사람이 그렇게 하면 우습게 보일 것이다. 마찬가지로 영국인의 이름에 주어지는 위신은 어떤 자신만만한 태도에서 정당한 것으로 받아들여진다. 이는 프랑스인이나 벨기에인이 가질 수 있는 것은 아닐 것이다. 어쨌든 영국인의 장점에 관하여 그들은 스스로 아무 거리낌 없이 가장 두드러진 어조로 강조하는 것이다.

라인강 위에서 어떤 독일 사람이 한 영국 부인과 그녀의 일행을 보고 외국인들이라고 말하는 것을 듣고, 그녀는 "아니오, 우리는 외국인이 아니라 영국인이오. 외국인은 바로 당신들이지요"라고 소리쳤다고 한다.

런던에서는 거의 날마다 프랑스인과 영국인이 싸웠다는 이야기를 들을 수 있는데, 그들은 모두 싸우기 싫어했는데도 그들의 친구들이 그렇게 만들었다는 것이다. 마침내 그들은 권총을 가지고 어둠 속에서 단둘이 싸우기로 했다. 그런데 촛불을 끄고 그 영국인은 아무도 다치지 않게 하려고 굴뚝을 쏘았는데 프랑스인이 쓰러졌더라는 이야기이다. 그들은 외국인에 대해서 호기심을 갖지 않는다. 그래서 자진해서 제공해 주는 정보에도 "아, 그래요"라고 대답함으로써 마침내 정보 제공자는 그들이 미처 몰라서 죽게 내버려 두어야겠다고 마음먹게 된다. 이러한 자만심에는 사실 한계가 없다. 비록 그들 가운데 더 지혜로운 자들이 솔직하려고 갖은 노력을 다하는데도 말이다.

이러한 자만심의 습성은 모든 계층 즉 〈타임스〉지(誌)로부터 워즈워스, 칼라일, 밀 그리고 시드니 스미스*⁴를 거쳐서 이튼 학교의 학생들에 이르기까지 두루 퍼져 있다.

가장 진지한 정치 논문에서 또는 철학 에세이에서, 또는 과학 서적에서 굽히지 않는 민족주의의 가장 순진한 개진을 보고 누구나 놀랄 것이다. '옥수수'를 소재로 한 논문에서 매우 온후하고 나무랄 데 없다고 할 어떤 신사가 쓴 것이 바로 이러하다.—"비록 영국이 버클리 주교*⁵의 생각대로 1만 큐빗 높이의 구리벽으로 둘러싸인다 할지라도, 영국은 아직도 지구의 다른 부분을 훨씬 능가할 재산이 있다. 현재 영국이 이러한 부차적인 재능과 보다 중요한 자유와 도덕과 과학의 재능을 다하고 있듯이 말이다."

영국인은 미국의 사회구조를 좋아하지 않는 반면에 무역, 공장, 학교 교육, 국민헌장 운동 등은 영국에서도 그러한 사회 조건을 이룩하기 위해서 그들이 할 수 있는 일을 다하고 있다. 미국은 경제학자들의 낙원이며 몰락의 법칙에 반드시 인용되는 좋은 예외가 되기도 한다. 그러나 그 섬나라 사람(영국인)은 막상 미국인에 대해서 이야기할 때는 그의 철학을 잊어버리고 경멸스러운 일화만 기억하고 있다.

그러나 이러한 유치한 애국심은 모든 편협심에서처럼 뭔가를 희생하고 있는 셈이다. 그들의 식민지에 대한 영국식 통치는 친절이라는 뿌리가 없다. 그들은 기술과 힘으로 지배한다. 그들은 친절보다 오히려 정당성을 찾는다. 그들이 권력의 약화를 느낄 때마다 의지해야 할 애정이라는 것을 끌어들이지 못했다.

이를테면 국가나 출신 주나 도시와 같은 약간의 지방 차별은 실제 차별이 없는 경우엔 쓸모가 있다. 그러나 우리는 이러한 우연한 경향을 주장할 필요는 없다. 개인만의 특성은 언제나 국민 전체의 특성을 훨씬 넘어서는 법이다.

---

*4 1771~1845. 영국 신학자이자 수필가.
*5 1685~1753. 아일랜드 철학자. 성직자로 전도와 사회개혁에 힘씀.

형이상학 분야에서는 그리스, 영국, 스페인의 학문을 가려낼 수 있는 선은 없다. 이솝, 몽테뉴, 세르반테스 그리고 사디*⁶는 세계적인 인물들이다. 그리하여 식탁에서든 대학에서든 우리 자신의 기를 흔드는 것은 불꽃놀이 동호회의 그 떠들썩한 지루함을 점잖은 집단으로 바꿔 놓는 일이다.

자연과 하늘이 늘 우리의 어리석음을 지켜 보고 있다. 자연은 우리가 뽐내며 걸어갈 때 발이 걸려 넘어지게 한다. 이러한 민족 차원의 오만에 대한 흥미 있는 실례들이 역사에는 얼마든지 있다.

길리기아의 에피파나이아에서 태어난 카파도키아의 조지는 군대에 베이컨을 납품해서 많은 이익을 보았던 천한 아첨꾼이었다. 사기꾼이며 밀고자인 그는 부자가 되어 정의를 배반하지 않을 수 없었다. 그는 돈을 아껴 모았으며 아리우스파의 교리를 믿고 장서를 모아 알렉산드리아의 성공회 교회 성직자의 눈에 띄게 되었다.

서기 361년에 율리아누스*⁷가 들어오자 조지는 감옥에 끌려갔는데 폭도들이 그 감옥을 폭파하고 조지는 사형(死刑)을 당할 처지가 되었다. 그런데 이 고귀한 망나니는 어떻게나 운이 좋았는지, 기사도의 수호성자이며 승리와 예의의 상징이며 현세계의 가장 우수한 혈통의 자랑거리가 된 영국의 성 조지가 되었다.

이상하게도 대담하게 진실을 이야기하는 영국인이 협잡꾼의 후예라니! 이상스럽게도 우리 '신세계'는 운이 없어 이 넓은 아메리카가 한 도둑의 이름을 따고 있다니!

세빌리아의 야채조림 장수인 아메리고 베스푸치*⁸가 1499년에 호제다와 함께 부관으로서 바다에 나가 아무도 항해한 적이 없는 원정에 기껏해야 갑판장의 부관이라는 지위로서 이 거짓 세계에 콜럼버스를 대신하여 그 자신의 부정한 손으로 지구의 반쪽에 세례를 주었다. 그러나 아무도 그에게 돌을 던질 수는 없다. 우리에게는 똑같이 궁색한 창설자들이 있다. 거짓 오이지 장수는 거짓 베이컨 장수에 맞먹는 것이 아닌가.

---

*6 1213~1291. 페르시아 시인.
*7 332~363. 로마 황제. 기독교를 탄압함.
*8 1454~1512. 이탈리아 탐험가.

# 에이브러햄 링컨

우리는 지금 모든 시민사회의 선민(善民)들의 마음을 어둡게 짓누르는 비운(悲運)의 슬픔 아래에 모여 있습니다. 별을 가리는 뜻하지 않은 일식의 그림자처럼 두려운 미세기가 바다와 육지 위를 이리저리 오가는 듯합니다. 비록 역사가 오래되고 그 비극이 여러 가지 모양이라 할지라도 이 죽음이 알려진 지금, 또는 미래에도 어떤 죽음이 이보다 더 큰 아픔을 인류에게 가져다주겠습니까? 이는 현대 기술에 의하여 여러 국가들이 그토록 가까운 이웃이 되어 있기 때문이 아니라, 오늘날 미국이라는 이름과 제도에 관련된 신비스런 희망과 공포 때문인 것입니다.

토요일에 이 나라의 모든 사람들은 엄청난 충격을 받았으며 그 두려운 사건을 생각할 때 처음엔 깊고 깊은 바다를 바라보는 듯했습니다. 아마 대통령의 유해가 든 관이 슬픔에 젖은 여러 주를 지나 일리노이 주의 그분의 집으로 긴 행렬을 이어가는 이 시간, 우리는 마땅히 입을 다물고 우리에게 천둥치는 두려운 목소리를 귀담아듣는 괴로움을 겪어야 할 것입니다.

그렇습니다. 그러나 그 처음의 절망은 잠시뿐이었습니다. 그분은 그렇게 슬퍼할 분이 아닙니다. 그분은 누구보다도 활기 있고 희망에 찬 분이었기 때문입니다. 그분의 사업은 아직 사라지지 않았습니다. 그분이 이루어 놓은 일을 칭찬하는 갈채가 승리의 노래 속에 터져 나와 그분의 죽음을 슬퍼하는 눈물마저 흘러내리지를 못합니다.

대통령은 우리 앞에 시민의 한 사람으로 서 있었습니다. 그분은 철저한 미국인으로서, 한 번도 바다를 건너지 않았으며, 영국의 편협심이나 프랑스의 낭비에도 물들지 않았습니다. 참나무에서 따낸 도토리처럼 완전한 토박이 원주민이었습니다. 외국인을 흉내내지도 경솔한 업적도 이루지 않은 켄터키 태생으로 농사를 짓고 너벅선을 타고 블랙 호크 전투의 지휘자, 시골 변호사, 일리노이 주의 지방의회의원 등 그토록 겸손한 기초 위에 그분의 명성이라는 폭넓은 구조물이 서게 된 것입니다.

얼마나 천천히, 그러나 즐거운 마음으로 그는 미리 마련한 계단을 밟아 자신의 위치에 도달했습니까. 우리는 모두 기억합니다—겨우 5, 6년의 역사에 지나지 않지만—시카고에서 열린 공화당 대통령 후보 지명을 위한 전당대회에서 그가 첫 번째로 지명되었을 때 이 나라의 놀라움과 실망을. 그즈음 명성의 결정에 서 있던 수어드 씨*1는 동부에서 출세한 사람이었습니다.

그러나 링컨이라는 거의 알려지지 않은 새로운 이름이 발표되자(대회의 환호성을 알리는 신문 보도가 있었음에도) 우리는 그 결과를 냉담하게 그리고 슬픈 마음으로 들었습니다. 그처럼 걱정스러운 시기에 순전히 지방의 지지에 힘입어 올라온 명성에다 그토록 무거운 신뢰를 부여하다니, 너무나 지각없는 일인 것 같았습니다. 그래서 사람들은 자연히 정치의 운이란 헤아릴 수 없는 것이라고 말했습니다. 그러나 정치는 운이 아니라는 것이 판명되었습니다. 일리노이 주와 서부 사람들이 그분에 대해서 마음에 품어 왔으며, 또 친구들이나 가족의 유권자들에게 전해 준 그 깊고 훌륭한 의견은 비록 그들이 그분의 가치 있는 재산을 알지 못했다 할지라도 경솔한 것은 아니었습니다.

평범한 시민으로서 그에게 특별한 행운이 따른 것입니다. 그분을 처음 대할 때 빛나는 자질이 보이지도 않았고, 우월성 때문에 거슬리는 일도 없었습니다. 그 분의 표정과 태도는 의심을 없애고 신뢰를 북돋아 주며 선의를 확증하게 하였습니다. 그분은 악의가 없는 분이었습니다. 의무감이 강한 사람으로서 그분에게는 복종하는 일이 매우 쉬웠습니다. 그분은 이른바 농부들이 말하는 머리가 긴 사람으로서, 혼자의 힘으로 대세를 예측하고 자신의 문제를 논하거나 공평하고 확고하게 남을 설득시키는 데 뛰어났습니다. 그분은 곧 훌륭한 일꾼이었습니다.

놀라운 수행 능력으로 쉽게 일을 처리했습니다. 훌륭한 일꾼은 매우 드뭅니다. 사람은 누구나 조금씩 무능한 면이 있기 때문입니다. 다 함께 시작하여 다음 시대의 찬란한 지도자가 될 것을 약속했던 수많은 젊은이들이 저마다 시험에 실패합니다. 어떤 자는 건강이 나빠서 어떤 자는 자만심 때문에 또는 쾌락을 사랑하여 또는 무기력이나 사나운 성질 때문에—저마다 출세에 지장

---

*1 1801~1872. 미국 정치가. 국무부장관·뉴욕주 상원의원·뉴욕주 지사를 지냄.

을 주는 어떤 무능한 결점을 갖게 마련입니다. 그러나 이분은 본래 튼튼하고 명랑하며 끈기가 있어 노동에 적합하고 무엇이든 너무 지나치게 좋아하지는 않았던 것입니다.

그분은 매우 온화한 분이었으며 그러한 성격 때문에 관대하고 모든 일에 감동하기 쉽고 공정한 마음으로 탄원에 귀를 기울이며, 수많은 사람들이 찾아오면 대통령에게 지장을 가져온다는 사실도 잊을 만큼 친절한 분이었습니다. 이러한 온후한 성격 덕분에 그는 전쟁이라는 비극과도 같은 그 수많은 사건들 속에서도 고결한 인간성을 잃지 않았던 것을 우리는 모두 기억할 것입니다. 그의 연민이 온 백성에게 향했을 때 그는 얼마나 부드러운 마음으로 대했습니까? 가난한 흑인들은 감동을 받고 이렇게 말했습니다. "링컨은 어디에나 계신다"라고.

그리하여 그의 폭넓은 유머 감각은 그가 늘 즐기던 유쾌하며 뛰어난 농담으로 쉽게 흘렀는데, 이것은 하느님께서 주신 이 현명한 분의 큰 재산이 되었습니다. 그로 말미암아 그의 비밀을 지킬 수 있게 하였고, 또한 사회 각계 각층의 사람들을 만나고 심각한 의견 충돌을 완충하는 역할을 하고, 그 자신의 목적을 감추고 그의 동료의 의중을 엿보게 하며, 그가 이야기하는 모든 사람들의 거절을 육감적으로 붙잡게 해주었습니다.

그리고 무엇보다도 두려움을 불러오며 심신을 지치게 하는 위기 속에서 혹심한 진통을 겪는 사람에게는 자연스런 원기를 회복해 주는 잠과 같이 유익하게, 원한이나 광기로부터 지친 머리를 보호해 주는 역할을 해주었습니다.

그분은 또한 수많은 명언의 저자입니다. 너무나 농담처럼 보이므로 처음엔 익살 이외의 별다른 관심을 끌지 못했던 건 사실이지만, 뒤에 와서야 그 말을 받아들인 수많은 사람들의 입에서 그의 지혜로움이 밝혀졌던 것입니다. 만일 이분이 인쇄 기술이 덜 발달된 시대를 지배했다면 1, 2년도 지나지 않아서 이솝이나 필피*² 또는 일곱 현인 가운데 한 사람으로서 그의 우화와 격언이 그를 신화 속 인물로 만들었을 것입니다.

그러나 그의 편지, 대통령 교서(敎書) 또는 연설 가운데 많은 글들이 지금도 순간순간 적용되고 있으며, 숨겨진 무게와 통찰력으로 앞으로도 널리 명성

*2 중세의 동물 우화 수집가.

을 얻게 될 것입니다.

의미심장한 정의들과 확실한 상식과 예언, 그리고 중대한 시기에 고결하며 국가를 중시한다기보다는 인간을 중시하는 어조가 얼마나 많이 나타나고 있습니까. 그의 게티즈버그 연설은 어떤 기록에서도 이를 쉽게 뛰어넘을 수는 없을 것입니다. 이 연설은 또 하나의 미국인의 연설, 즉 존 브라운*³이 자신을 심리한 법정에서 행한 연설과 코슈트*⁴가 버밍엄에서 행한 연설들만이 서로 비교될 수 있으며 그 이상의 것은 없다 하겠습니다.

그분이 국가의 요직을 차지했던 것은 인류의 양식과 공적인 양심의 승리였습니다. 이 중류계급의 나라는 마침내 중류계급의 대통령을 가지게 되었습니다. 그의 권력은 우세했으므로 권력으로서가 아니라 예의와 동정심이라는 관점에서 그렇다는 것입니다. 이분은 필요에 따라서 성장하였습니다. 그의 마음은 시대의 문제를 지배했으며 문제가 커짐에 따라 그의 이해력도 커진 것입니다.

시대를 지배한 사건에 그토록 알맞은 사람도 드뭅니다. 공포와 질투 속에 논쟁과 파당의 바벨탑 속에서도 이분은 그의 온 힘과 성실을 다하여 끊임없이 일하고, 민중이 원하는 것과 그것을 얻는 방법을 찾아내려 애썼던 것입니다.

그의 가치에 대해서는 과장이 있을 수 없습니다. 만약 인간이 늘 시련을 겪어온 존재라면 바로 이분이 그렇습니다. 반항과 비방, 비웃음이 없을 수 없었습니다. 시대는 어떤 국가 비밀도 허락하지 않았습니다. 이 나라는 소동 속에 흔들려 왔고 수많은 사람들에게 맡겨져야 했으므로 어떤 비밀도 지켜질 수 없었습니다. 어떤 문이든 조금씩은 열려 있어 일어나는 모든 일을 우리는 다 알 수 있습니다.

그런데 전쟁의 회오리 바람이란 얼마나 중대한 사건입니까! 여기서는 휴일을 즐기는 관리도 순풍에 항해하는 선원도 있을 수 없었습니다. 다만 새 조종사는 회오리바람 속에 키를 잡도록 재촉받을 뿐입니다. 4년 동안—4년의 전시(戰時) 동안 그의 인내력과 풍부한 재주, 아량이 다만 시험받을 뿐이었으며 한 번도 부족함이 없었습니다. 바로 그곳에 그의 용기와 정의, 기질과 풍부한

---

*3 1800~1859. 노예 해방 운동 지도자.
*4 1802~1894. 헝가리 정치가·혁명의 영웅. 만년엔 영국과 이탈리아에서 망명 생활을 함.

기도(企圖)와 인간성으로 영웅이 필요한 새 시대의 중심에 영웅다운 모습으로서 있었던 것입니다.

그는 그의 시대에서 미국인의 참 역사입니다. 한 발 한 발 그들 앞에 걸어 나아가 그들이 걸음을 늦추면 자신도 늦추고, 그들의 걸음걸이에 맞추어 자신의 발걸음을 재촉하면서 이 대륙의 참된 대변자요 철저히 공적인 인간으로서, 이 나라의 아버지로서, 그의 가슴에 고동치는 2천만의 맥박, 그들의 마음속에 담긴 생각이 그의 혀로 뚜렷하게 발음되어 나왔던 것입니다.

애덤 스미스*5는, 호우브라켄*6이 그린 영국 국왕이나 명사들의 초상 가운데 단두대에서 처형된 사람들 밑에 새겨진 도끼가 그 그림의 고상한 매력을 더해 준다고 말하고 있습니다. 오늘의 이 비극 속에서도 살육의 공포와 파멸이 아주 빠르게 희생자를 둘러싸는 영광의 빛으로 이미 불타고 있음을 그 누가 볼 수 없다는 말입니까. 떠나주기를 바랄 때까지 살아남아서 자신의 수완이 쇠퇴함을 바라보며, 정치가들의 소문난 배은망덕을 보고, 또한 천한 사람들이 우세해진 세상을 보고 사느니, 차라리 이러한 죽음은 얼마나 복스러운 것입니까.

그분은 지금까지 인간이 그의 동료에게 했던 어떤 약속보다 가장 위대한 약속—실제로는 노예제도의 철폐를 이행할 만큼 오래 살지 않았습니까? 그는 테네시 주와 미주리 주, 메릴랜드 주가 그들의 노예를 해방시키는 것을 이미 보았습니다. 그분은 사바나와 찰스턴과 리치먼드*7가 항복하는 것을 보았습니다. 반란군의 주력군이 무기를 버리는 것도 보았습니다. 그는 캐나다, 영국, 그리고 프랑스의 공식 의견을 이끌어내었습니다. 오직 워싱턴만이 그의 운명과 비교할 수 있는 것이 되었습니다.

설사 한 베틀의 천을 짜내는 일로 그의 임기가 다했다 한들 무슨 상관이겠습니까? 또한 이 영웅다운 구원자가 더 이상 우리에게 봉사할 수 없게 되고 반란의 귀결이 자연스럽게 정해지고 아직도 해야 할 일이 남아서 서약에 얽매이지 않은 새로운 일손들—전쟁의 잿더미 속에서 탄생한 새 정신—을 요구하는 결과를 낳았다 한들 무슨 상관이겠습니까?

---

*5 1723~1790. 영국의 경제학자.
*6 1660~1719. 네덜란드의 화가.
*7 미국 남북전쟁 때 노예제도 폐지를 반대한 아메리카 연합국(CSA)의 주요 도시들.

또한 하늘이 이 세계에 완전한 은인을 보여 주려고 삶을 통해서라기보다 오히려 죽음을 통해서 그의 나라에 봉사할 수 있게 했다 한들 무슨 상관이겠습니까?

국가는 물건처럼 편의나 즐거움 때문에 쓰이는 것이 아닙니다. 왕들이 베푸는 친절은 정의와 힘에 있습니다. 관대한 친절은 '공화국'의 위험한 약점이었습니다. 그래서 적이 그를 침범한 것도 당연하며 우리를 이상하게도 단단하게 만들고 다음 세대의 이 나라의 구원을 보장하게 한 것도 당연했던 것입니다.

고대인들은 한 평화스럽고 아름다운 '천재'가 나라의 일을 다스린다고 믿었습니다.

그리고 천천히, 그러나 엄격한 정의로서 어떤 선택된 집안의 운명을 발전시키고 범죄자나 범죄를 저지르는 가족들을 아주 없애 버리며, 마침내 하늘나라 은총의 굳센 번영을 보장하는 어떤 천재의 존재를 믿었던 것입니다.

그것은 '영원한 네메시스'의 너무나도 좁은 견해인 것입니다. 나라의 운명을 다스리는 조용한 신의 은총이 있기는 합니다. 그것은 시간과 어느 한 세대 또는 한 민족 그리고 재난 따위를 대수롭지 않게 여기고, 이른바 실패나 성공을 똑같이 정복하며, 적이나 방해물을 물리치고 인간답지 못한 것과 마찬가지로 도덕과는 거리가 먼 것들을 부스러뜨리며, 세계의 도덕률을 거부하는 모든 것을 희생시킴으로써 가장 선한 민족이 결국에는 승리하게 해주는 것입니다.

신은 자신의 도구를 만들어 그에 맞는 인간을 창조하고, 그를 궁핍 속에 훈련시켜 그에게 재능을 불어넣어 주며 그의 과업을 수행할 무기를 제공해 줍니다. 신은 모든 민족에게 그 자신의 재능을 부여하고, 만인의 덕을 결합시키는 민족만이 오래 버틸 수 있도록 정해 주었습니다.

# 농사짓기


모든 노동자들 가운데서도 농부에게 영광이 주어지는 것은 그가 맡은 창조의 역할 때문이다. 모든 직업이 그의 원시 활동에 의지하고 있다. 그는 자연 가까이 살면서 땅으로부터 밥과 고기를 얻는다.

농부는 이전에 먹을 수 없던 것도 먹을 수 있는 것으로 만든다. 최초의 인간은 최초의 농부였다. 그리하여 모든 역사가 지니는 고귀함은 인간이 땅을 갖고 이용한 데 있다.

인간은 힘든 일을 좋아하지 않는다. 그러나 누구든지 경작을 특별히 존경하며 이것이야말로 그가 속한 민족의 근원이 되는 직업이다라는 느낌과, 자기 자신은 한동안 그 일을 다른 사람에게 맡길 수밖에 없었던 어떤 사정으로 그 일에서 물러났을 뿐이라고 생각한다.

만일 그가 농부의 호감을 사는 어떤 재능, 이를테면 그 대가로 농부에게서 곡식을 얻을 수 있는 어떤 생산품을 갖지 못할 때 그는 스스로 농부들 속으로 돌아가 알맞은 자리를 찾아야 한다. 그리하여 마치 신(神), 그 최초의 근원에 가장 가까이 서 있듯이 그의 일은 다시 만인의 눈앞에 옛날의 매력을 되찾는다.

그리하여 자연의 아름다움과 고요함, 시골 사람의 순진성과 독립정신, 그리고 그의 즐거운 기능—꿀벌치기, 닭 기르기, 양치기, 소나 젖소 기르기, 건초 재배와 열매 가꾸기, 과수원과 숲 등 이러한 것들이 수고하는 자에게 주는 반응은 마치 자연의 얼굴과 몸짓을 닮은 힘과 소박한 위엄을 가져다주는 것임을 모든 사람들은 인정한다.

사람들은 흔히 역경에 처할 때 가난을 숨길 장소로서, 또한 사회적으로 성공을 거두지 못할 때 혼자만의 장소로서 농장을 미리 준비해 두기도 한다. 사업을 하다가 파산당한 자들, 또는 법정이나 의회에서 치욕스러운 모욕을 당한 변호인들, 그리고 게으름과 쾌락의 희생자들이 얼마나 많은 뉘우침의 시선들을 이곳으로 돌렸던가. 도시 생활과 도시 악에 상처를 입고 나서 그들은 이렇게 말한다.

"그렇다. 나 때문에 속이 상한 내 자식들을 그곳으로 돌려보내자. 나를 길러 준 그 땅에서 회복시켜 주고 상처를 치료해 주자. 이제 그곳이 그들의 병원이 되게 하자"라고.

농부의 임무는 빈틈없고 중요한 것이지만 그렇다고 그를 장밋빛으로 아름답게 그려내려고 하지 말 것이며, 또 그가 섬기는 운명이나 자연의 추세(趨勢)에도 아름다운 찬사를 보내지 말아야 한다. 농부는 필요불가결한 것을 대표한다. 그를 아름답게 만드는 것은 세계의 위대한 절제 속에서 느끼는 아름다움이다. 그는 마치 범선의 돛이 바람을 향하듯이 계절과 기상과 토양과 농작물의 질서에 따른다. 그는 일 년 내내 끊임없이 이어지는 힘든 노동의 대가를 조금밖에 받지 못한다.

그는 도시의 시계가 아닌 자연에 시간을 맞추는 느릿느릿한 사람이다. 그는 계절과 농작물과 화학작용에 보조를 맞춘다.

자연은 결코 서두르는 법이 없다. 아주 조금씩 그리고 서서히 그의 일을 완성시켜 간다. 사람들이 고기잡이나 요트 항해, 사냥이나 작물 재배에서 배우는 교훈은 '자연'의 양식(樣式)이다. 바람과 햇빛의 지연, 또는 뒤늦게 찾아오는 계절, 나쁜 날씨, 물의 과다 또는 부족 등에 대한 인내, 즉 우리의 느린 발걸음, 힘을 아끼려는 우리의 인색함, 우리가 여행해야 할 바다와 육지의 거대함 등에 대한 인내 말이다.

농부는 자신의 시간을 '자연'에 맞추고 자연의 속성인 꾸준한 인내를 익힌다. 느리고 편협한 사람인 농부의 신념은 땅이 그를 먹여 주고 입혀 준다는 것이므로 그는 농작물이 다 자랄 때까지 기다린다는 것이다.

그의 오락이나 자유 그리고 그의 소비는 모두 농부의 분수에 맞아야 하며 상인의 분수를 따라서는 안 된다. 농부가 큰 지출을 하는 것은 마치 국가가 미세한 경제를 운용하는 것만큼이나 그릇된 일이다. 그러나 비록 농부가 이처럼 한편에서는 쪼들림을 받는다 해도 이를 보상할 만한 여러 가지 이점을 가지고 있다. 바위가 영구히 땅에 박혀 있듯이 그도 그의 땅에 영구히 집착할 수 있다.

내가 살고 있는 이 마을에서는 7, 8세대 동안 한 집안이 계속 같은 농장을 경영해 오고 있으며, 대부분의 첫 개척자들(1653년)이 오늘날 그들의 농장에 다시 나타난다면 자신의 혈통과 이름이 아직도 보존되어 있음을 발견할 것이다. 이것은 근처의 다른 마을에서도 같은 현상을 볼 수 있다. 이러한 힘든 일은 언제나 같은 부류의 사람들이 수행할 것이며 교활한 이론가나 군인들, 교수들, 그리고 테니슨*¹의 독자들이 아닌 참을성 있는 사람들—속이 깊고 호흡이 길며 거칠고 느린, 자신 있고 때를 맞출 줄 아는 사람들이 수행할 것이다.

농부는 건강하고 건강에 대한 욕망을 가지며 그의 목적을 위한 수단을 갖는다. 즉 집을 지을 넓은 땅과 큰 불길을 일으키는 나무와 많은 음식 등, 또한 적어도 그가 마시는 우유는 물을 섞지 않았으며 그들은 도시인보다 값싸고 훨씬 더 편안한 잠을 충분히 취한다.

농부에게는 무거운 신뢰가 주어진다. '자연'이라는 거대한 가정에서 농부는 빵 저장실 문 앞에 서서 빵덩어리들의 무게를 단다. 그것은 그가 사람들에게 결혼을 하는 것이 좋은지 나쁜지를 말하고 있는 것이다. 왜냐하면 조혼과 출산의 수는 식량의 풍부함과 밀접한 관계가 있으며, 또는 버크*²가 말했듯이 '인간은 입으로 자라기' 때문이다. 그렇다면 농부는 검역 위원인 셈이다.

농장이 부(富)의 자본이듯이 농부는 건강의 축적된 자본이며 도시의 건강과 힘, 도덕과 지성은 바로 농부에게서 온 것이다. 도시는 언제나 농촌으로부터 보강된다. 에너지의 중심이 되고, 무역과 정치와 실용 기술의 원동력인 도시의 남성들과 미와 재능을 겸비한 여성들도 농부의 아들딸, 손자 손녀들이며, 그들의 조상들이 힘들지만 묵묵히 서리 긴 밭고랑 사이에서 가난과 궁핍과 어둠 속에 쌓아 온 정력을 소비하고 있는 데 지나지 않는 것이다.

농부는 끊임없이 은혜를 베푸는 사람이다. 그는 우물을 파고 돌샘을 만들며, 길가에 나무들을 심고 과수원을 가꾸며 튼튼한 집을 짓고, 늪을 메우거나 길가에 앉을 곳을 돌로 만들기도 하고 땅을 그토록 아름답고 매력 있게 가꾸어 자신은 가져갈 수 없는 먼 훗날, 그의 조국에 쓰일 재산을 이룩한다. 넓게 보면 집에서 일하는 사람이 자선사업에 몸바치는 사람보다 사회에 이바지한다는 것은 더욱 확실하다.

정당의 투표에 의해서가 아니라 영원한 정치경제의 법칙에 의해서 자유국

---

*1 1809~1892. 영국 빅토리아 여왕시대의 계관시인.
*2 1729~1797. 아일랜드 출신의 영국 정치가·웅변가.

가들이 노예국을 둘러쌀 때 가장 빨리 노예들이 해방될 수 있다는 것이 사실이라면, 법이나 헌법에는 관심이 없지만 온종일 들에 가서 땅에 그의 수고를 바치면서 어떤 강제된 노동도 버금갈 수 없는 생산품을 만들어 내는 농부야말로 진정한 노예 폐지론자이다.

우리는 흔히 부자가 진실을 말할 수 있고 정직할 수 있으며, 또한 의견과 행동이라는 관점에서 독립된 존재일 수 있다는 고결한 이론을 내세운다. 그러나 진정한 의미에서 부자란, 수입과 지출이 많은 사람이 아니라 다만 지출이 그의 수입보다 적고, 꾸준히 그렇게 유지되는 사람을 말한다.

영국의 공장에서는 물레바퀴가 실이 끊겨졌음을 알리기 위해 돌기를 멈췄을 때, 그 실을 다시 잇기 위하여 베틀을 지켜 보는 소년을 '베틀지기(minder)'라고 부른다. 그런데 우리의 코페르니쿠스*³의 지구라는 공장에서는 활판을 돌리고 별자리와 시간과 조수를 순환시키며 오늘은 씨뿌리고, 내일은 물을 대고 또 그 다음에는 잡초를 뽑고 추수를 하고 가공하여 갈무리하는 날들을 만드는 농부야말로 '베틀지기'에 해당할 것이다.

그의 기계는 크기가 어마어마하다. 양수기의 지름, 지렛대의 길이, 배터리의 힘은 모든 기계학적인 측정을 벗어나는 크기이며 농부가 그 기계의 부품과 기능을 이해하는 데는 오랜 시간이 걸린다. 이 펌프는 결코 '누수(漏水)'되지도 않고 나사들도 결코 헐거워지지 않는다. 이 기계는 절대로 기어가 풀리지 않으며 큰 통이나 피스톤, 바퀴와 타이어도 결코 닳지 않는다. 그리고 고장이 날 경우에도 저절로 수리된다.

누가 농부의 하인인가? 아일랜드인도 쿨리*⁴도 아닌, 바로 지질학, 화학, 대기의 원천, 시냇물, 구름 속의 번개, 벌레들의 배설물, 제설기 등이 바로 그것이다. 농부가 태어나기 훨씬 이전에 오랜 세월의 태양이 바퀴를 분해하고 그의 땅을 기름지게 했으며 그것을 빛과 열로 적셔 채소의 얇은 껍질로, 그 다음은 숲으로 뒤덮으며, 물이끼를 번식시켜 부패되면 초원의 토탄(土炭)이 되게 하였던 것이다.

과학은 자연이 운행하는 거대한 궤도를 보여 주는데 육상 식물들은 동물이 필요로 하는 산소를 공급하고, 또 동물은 식물이 흡수하는 탄소를 공급하

---

*3 1473~1543. 지동설을 제창한 폴란드 천문학자.
*4 인도, 중국 등지의 품팔이 인부.

듯이 바다 식물이 바다 동물과 서로 균형을 이루는 방식을 보여 준다. 이런 활동은 끊임없이 이어진다. 자연은 '개체를 위한 전체, 전체를 위한 개체'라는 하나의 방법에 따라 움직이고 있다. 어느 한 점에서 생기는 긴장은 모든 활 모양과 그 구조의 기초에까지 미친다. 거기에는 완전한 결속이 있다. 원자를 그 응집 상태에서 분리시키거나 그 원자로부터 전기, 중력, 화학적 친화력, 또는 빛과 열의 관계를 끊어 놓을 수도 없으며 그렇다고 원자를 홀로 떨어져 있게 둘수도 없다.

자연은 세심한 유언을 남기는 자처럼 한 세대에게만 모든 혜택을 베풀지 않고 미리 앞을 내다보는 면밀함과 다음 세대 또 그 다음 세대, 그리고 네 번째 아니 마흔 번째 세대를 똑같이 살펴서 그의 재산을 단단히 묶어 놓아 거기에는 다 써버릴 수 없을 만큼 저장이 되어 있다. 이른바 영구한 바위들은 그들의 산소와 결코 줄지 않는 석회를 과거에 있던 그대로 보존하고 있다. 아주 적은 양의 산소라도 썩거나 닳아 없어지지 않고 첫날 아침과 똑같은 양의 에너지를 지니고 있다. 훌륭한 바위들—이 끈기 있게 기다리는 것들은 농부에게 이렇게 말한다.

"우리는 우리가 처음 받았을 때와 똑같은 신성한 힘을 지니고 있소. 우리는 우리에 대한 신뢰를 잃어버리지 않았으며 지금 이 시간—우리의 무한한 날들 속에 마침내 다가온 이 시간—에 우리가 저장해 온 가스를 빼내어 그것을 물과 뒤섞고 그것이 식물과 동물 안에 자유롭게 자라도록 하여 인간의 뜻에 따르는 것이오"라고.

대지는 농부를 위해 작용한다. 대지는 모든 인간의 지적(知的) 응용에 거의 무상으로 봉사하는 기계이다. 모든 식물은 흙이 생산한 것이다. 식물의 소화기관 속에서 발육은 시작된다. 나무는 모든 공기와 모든 흙을 둥근 기둥 모양의 체관을 통해 빨아들일 수 있다. 식물은 뿌리로는 흙을, 잎으로는 대기(大氣)를 온 힘을 다하여 빨아올리는 관(管)이다.

대기는 농부를 위하여 일한다. 녹이는 힘이 아주 강한 대기는 지구상의 모든 고체의 고갱이와 기운을 마시는데, 말하자면 공기 속에 산더미같이 쌓인 것들을 녹인다.

대기는 열에 가라앉는 물질이다. 바다가 모든 강물의 그릇인 것처럼 대기는 모든 것들이 일어나고 그것들이 다시 돌아가는 그릇이다. 보이지 않게 살며시

다가오는 대기는 형태를 갖고 단단한 덩어리가 된다. 우리의 감각은 의심을 품으며 단지 순간의 인상만을 믿는다. 그리고 거대한 산맥들이 가스와 일렁이는 바람에 의하여 이루어지는 화학적 사실을 믿으려 하지 않는다. 그러나 '자연'은 강한 만큼 또한 섬세하기도 하다. 자연은 그의 자본을 나날이 회전시켜서 죽은 것은 상대하지 않고 살아 있는 것만을 상대한다. 모든 것은 흘러가고 있으며 움직이지 않는 듯 보이는 것조차도 흘러가고 있다.

매우 굳고 단단한 것도 덧없는 연기로 변해 가고 있다. 식물들은 대기나 땅으로부터 그들이 원하는 물질들을 빨아들인다. 그러고 나서 그들은 스스로의 몸을 태우고 증발시켜 대기나 흙 속으로 다시 분해시켜 버린다. 동물도 산화(酸化)하여 그런 끝없는 소모를 되풀이한다. 땅과 산들도 그보다 느리기는 하지만 끊임없이 산화하고 분해되고 있다.

이러한 귀납적 보편성을 자연의 보다 높은 부분으로 차례차례 그 계층을 높여 감각 있는 존재로까지 끌어올릴 수밖에 없다. 민족들도 활동하는 동안 써서 없어지는 사상과 애정의 내면적 불로 스스로를 불태운다.

우리는 더 좋은 산화와 더 좋은 연료를 찾아야 한다. 지성도 일종의 불이다. 즉 경솔하고 몰인정할 때 그 불은 인간이라고 불리는 훌륭한 구조물을 녹여 버린다. 비상한 재능조차도 그것이 최상의 미덕인 반면에 가장 큰 해악이 될 수도 있다. 이 모든 것들이 불태워지는 동안—태양이라는 횃불로부터 점화된 불길 속의 우주—그것은 맹렬한 불길을 끄기 위하여 끊임없이 냉각작용과 냉담함과 수면과 질소의 대기와 물이 흘러넘쳐야 하며, 소비를 막기 위하여 축적이, 또한 원심력과 마찬가지로 구심력이 필요하다. 그리하여 이것은 변함없이 보급되는 것이다.

철도로 흙을 실어 나르는 차들은 훌륭한 굴착 도구이긴 하지만, 이것들은 인간이 운반할 수 없을 만큼 무거운 짐이나 부릴 수 있는, 그래서 도움이 필요할 때는 어디서나 동료 노동자를 구할 줄 아는 지구의 중력과 같은 운반 기구는 아니다. 물은 한데 모여 힘을 발휘하며, 그 억누를 수 없는 어깨를 물레방아나 배에 부추기고 또는 거대한 얼음산을 수천 마일이나 운반한다. 그러나 물의 훨씬 위대한 힘은 그것이 작아져서 아주 작은 구멍이나 미세한 기공(氣孔) 같은 데까지도 들어갈 수 있는 재주에 있다. 모든 식물에게 필요한 요소들이 녹은 상태에서 운반하는 바로 이러한 작용에 의하여 식물계는 존재한다.

그러나 이미 지적한 대로 농부를 아름답게 묘사해서는 안 된다. 이 거대한 에너지들이 그를 위해 움직이며 그의 일을 가능케 하는 동안 그는 습관처럼 작은 경제에 종사하면서 조그마한 것들에 숨어 있는 힘을 배운다. 이를테면 울타리의 힘과 같이 몇 개의 간단한 장치의 힘이라도 그것은 큰 것이다.

대평원에서 100마일을 방황하더라도 나뭇가지나 돌멩이 하나도 발견하기 어렵다. 이따금 아주 드물게 떡갈나무의 작은 숲이 남아 있으나 각 구간의 길이는 매우 멀다. 이는 농부가 먼 곳에서 나무를 가져와 난간 울타리를 치고 씨를 뿌린 것이 곧 싹이 나서 떡갈나무로 자란 것이다. 떡갈나무를 없애는 길은 다만 부드러운 이파리를 가축에게 먹이거나 불태우는 일뿐이었다. 길가에 과일나무를 심는다면 그 과일은 결코 익지 못할 것이다. 그러나 그 주위에 소나무 울타리를 두르면 50년 동안 주인을 위하여 우아한 과일을 성숙시킬 것이다. 밤나무 울타리나 말뚝 박은 소나무 판자 울타리로 둘러싸인 그 속에 수많은 매력이 들어차게 된다.

자연은 모든 경제 방편을 대규모로 제시해 준다. 소나무 하나를 사이에 두고 심으면 첫 해에 죽거나 초라한 한가닥만이 살아남을 것이다. 그러나 자연이 마리포사*5에 솔방울 하나를 떨어뜨리면 그 솔방울은 1500년 동안 살아서 3, 4백 피트나 자라고 지름이 30피트나 되어, 마치 테베의 줄지어 늘어선 기둥처럼 거인의 숲속에서 자란다.

어떻게 해서 그렇게 크게 자랐는가 나무에게 물어 보라. 그 나무는 산마루에서 자란 것이 아니라 깊은 흙과, 소나무에 알맞은 냉기와 건조함이 있는 분지에서 자랐다. 그리고 숲속에서 자랐으므로 태양으로부터 자신을 보호하고 산이라는 장벽으로 바람을 막을 수 있었다. 가장 깊게 뻗어 나간 뿌리와 가장 알맞게 노출된 줄기들이 다른 부분에서 영양분을 섭취하였으며, 마침내 덜 무성한 가지들은 썩어 없어져 보다 강한 가지들을 위해 흙 속에서 거름이 되고 거대한 세쿼이아가 어마어마한 크기로 높이 솟아오른 것이다.

그 나무들을 바라보는 여행자들은 해마다 폭풍 속에서 그의 버림받은 나무들이 고난을 견디는 미덕을 드러내 보이며 쇠락해가던 고향의 과수원을 기억하리라. 9월에 배가 무겁게 익어 태양으로부터 그들의 밝은 빛깔을 섭취할 때

<hr>

*5 미국 캘리포니아 주, 마리포사 카운티.

온 과수원을 뒤흔드는 바람 부는 날이 닥쳐와 가장 무거운 과일들을 떨어뜨리고 멍든 더미로 쌓이게 한다. 농부는 세쿼이아의 암시를 받아 높은 담을 쌓거나 또는 더 좋게 과수원을 자작나무와 늘푸른나무의 종묘원으로 둘러쌌던 것이다. 이렇게 해서 농부는 축소된 산의 분지를 갖게 되었고, 그의 배는 멜론의 크기로 자라고 배나무 밑에 덩굴들이 8분의 1마일이나 뻗어 나갔다. 그러나 이러한 은신처는 새로운 기후를 만든다. 강풍을 막아 주는 벽이 한풍을 막아 주기 때문이다. 땅에 열을 반사하는 높은 벽이 네 배의 햇볕을 주어……

    과수원을 두르고 있는
    죽은 듯이 고여 있는 대기의 연못

그리고 겉으로는 래브라도이지만 그 안에 조그마한 쿠바를 만들고 있다.
    화학자들은 해마다 자연에서 끌어낸 새로운 암시를 밝혀 농부를 도와주려고 오지만 이제는 농부가 점유한 황량한 공간이 그들에게는 필요 없음을 확인한다. 농부는 그의 채마밭을 2, 3로드 제곱의 상자에 집중시켜 그 뿌리들을 그의 실험실로 옮길 것이다. 덩굴과 줄기와 가지들은 상자 밖의 밭으로 마구 뻗어 갈 것이고 그는 통 속의 뿌리를 잘 보살피며 좋은 양분을 가득 채워 줄 것이다. 그의 밭이 작을수록 거기에 양분을 더 잘 제공할 수 있고 따라서 더 좋은 농작물을 얻어 낼 것이다. 추수감사절에 쓸 칠면조에게 빵과 우유를 먹였듯이 그렇게 그는 복숭아와 포도나무에게 가장 좋은 영양분을 실컷 먹일 것이다.
    만일 이들이 수산화칼륨이나 염분, 철 또는 땅에 묻힌 배나 죽은 돼지라도 좋아한다면 그는 그것들을 공급해 줄 것이다. 그러나 그 작품들은 그러한 비밀을 잘 간직하여 당신들의 식탁에서 그들이 어디에서 그러한 붉은 색깔과 미묘한 맛을 얻었는지도 이야기하지 않을 것이다.
    농부가 한 바리의 토관으로 무엇을 이룩했는가를 보라. 그는 물을 막아 끊임없이 증발시킴으로써 땅을 냉각시켜 기후를 변하게 하고 따뜻한 비는 뿌리에게 대기와 지표의 온도를 전해 주게 한다. 그리하여 괴어 있는 물을 내보냄으로써 농작물의 뿌리가 지표 아래 흙까지 파고들게 만들어 흙을 깊게 하고 농작물의 성숙을 촉진시킨다. 콩코드는 이 나라의 가장 오래된 도시의 하나로 이제 3세기째 접어들었다. 도시 행정위원들은 5년마다 한 번씩 그 경계를 답사해 왔는데, 바로 올해에 발견한 큰 면적의 땅을 다른 지방의 한마디 불평도 듣지 않고 이 도시에 배속시켰다.

우리는 배수 방법에 의하여 우리가 몰랐던 밑흙(하층토)에 이르렀고 현재 우리가 가장 질 좋은 농작물을 얻어내고 있는 옛 콩코드의 밑에 또 하나의 콩코드가, 그리고 미들섹스 밑에 또 하나의 미들섹스가 있음을 발견하였다.

또한 훌륭하게도 매사추세츠는 모든 상부 구조보다 더 가치 있으며 따라서 더 좋은 지대(地貸)를 약속해 주는 땅 밑 부분을 가지고 있음을 발견하였다. 그러나 이 토관들은 결합에 의하여 새로운 이익을 획득하였다. 이 토관들은 정치경제학자들이며 맬서스[6]와 리카도[7]의 논박자들이다. 이들은 말하자면 더 좋은 시대—더 많은 빵—를 주창하는 많은 젊은 미국인들이다. 그들은 땅에서 물을 빼내어 기름지고 무르게 만들 것이며 디즈멀 대(大)습지도 그렇게 할 것이다. 그러나 이러한 이익을 넘어서 이들은 인류를 위한 더 좋은 의견과 더 좋은 전조(前兆)의 본보기이다.

영국에는 지주와 섬유공장주 사이의 불화와 악의를 낳은 악몽 같은 시절이 있었으니 바로 인구가 흙의 능력에 비해 너무 빨리 증가한다는 독단적 견해, 즉 식량은 산술적으로 증가하는 데 반하여 인구는 기하급수적으로 증가하므로 우리가 더 번영하면 할수록 이 놀라움은 한계선에 더욱 빨리 접근한다는 주장이다. 아니 오히려 모든 새로운 세대의 곤경은 앞선 세대보다 더 악화되어 간다는 것이다.

왜냐하면 첫 번째 세대가 가장 좋은 땅을 차지하고 그 다음 세대가 두 번째로 좋은 땅을 차지하여 그 다음에 오는 인구의 물결은 더욱 가난에 빠지게 되기 때문이며 따라서 땅은 끊임없이 생산해 내지만 늘어 가는 인구를 충분히 감당해 내지 못한다는 생각이었다. 그러나 필라델피아의 헨리 케어리[8]는 "그렇지 않습니다, 맬서스 씨. 사실은 오히려 그 반대요"라고 대꾸했다.

첫 번째 개척자인 미개인들은 도와주는 사람도 연장도 없이—사람이건 짐승이건 간에 그의 적으로부터 안전을 지키기에 급급하여 보잘것없는 땅을 차

---

*6 1766~1834. 영국 경제학자·인구론자.
*7 1772~1823. 영국 경제학자.
*8 1793~1879. 미국 경제학자.

지하였다. 보다 좋은 땅은 그의 힘으로 벌채하기에는 벅찬 나무들로 가득 차 있고, 그 땅은 그가 시도해 볼 엄두도 나지 않는 배수로가 필요하다. 그는 땅을 갈거나 나무를 베거나 또 기름진 늪의 물을 빼낼 수도 없다. 그는 가련한 처지에 놓여 있다. 그는 뾰족한 막대기로 땅에 구멍을 파거나 동굴이나 또는 오두막에서 살며, 사슴이나 곰들이 다니는 오솔길 말고는 다닐 길도 없다.

그는 사슴이나 곰을 사냥할 수 있는 경우에는 그 고기를 먹고 그렇지 못하는 경우에는 나무 열매와 뿌리를 먹고 산다. 그는 넘어져서 절룩거리기도 하고 기침을 하거나 옆구리에 통증을 느끼기도 한다. 배가 고플 때마다 언제나—전쟁의 운이 돌아와—곰을 죽여서 먹을 수 있는 것은 아니다. 때로는 곰이 그를 잡아먹을 수도 있다. 아주 작은 밭일망정 그가 땅을 파서 곡식을 심기까지는 오랜 시간이 걸린다.

그 후 그는 농작물 재배가 사냥보다 더 낫다는 것을 알게 되고, 그가 혼자서 일하는 것보다 땅이 더 빨리 그를 위해 일한다는 것을—그가 잠들어 있을 때나 비가 올 때나 더워서 일을 못 할 때에도 땅은 그를 위해 일한다는 것을—배운다.

그를 녹초로 만드는 일사병이 그의 곡식을 자라게 한다. 그의 가족이 번창하고 다른 개척민들이 그의 주위로 모여들기 시작함에 따라 비로소 그는 나무를 베어 좋은 땅을 가꾸고, 점차로 더 좋은 기술과 연장과 또 길이 생기게 되면 새로운 세대가 산을 깎아 내려 첫 수확의 100배를 생산케 해 줄 좋은 토양이 펼쳐진 낮은 지대를 개척할 만큼 충분히 강해지는 것이다.

따라서 맨 마지막 땅이 가장 좋은 땅이 된다. 가장 좋은 땅을 가장 좋은 방법으로 경작하기 위해서는 과학과 많은 사람들이 필요하다. 이처럼 진정한 경제란 빈약하지 않고 태양과 하늘의 방식에 인색하지 않은 것이다. 인구는 도덕성에 비례하여 증가하고 종교 또한 도덕성에 비례하여 존재한다.

한편 우리는 농장에서 생기는 일들과 자연력에 관해서, 먼저 이러한 것들이 농부에게 미치는 영향을 돌이켜봄으로써 헤아려 볼 수 있을 것이다. 농부는 마지막 결과에 대한 이러한 누적된 준비 수단을 수행한다.

그는 여러 세대에 걸쳐 순화시켜 온 이 흙의 외피를 문명사회에서 교육받은 사람들에게 식량을 공급하기 위하여 다시 순화시킨다. 그가 상대하는 거대한 자연력은 그에게 영향을 미치지 않거나 그의 임무를 모르는 체할 수 없으며, 그 자연력의 영향은 바로 '자연'이 어린아이에게 미치는 것—그를 가라앉히고, 잠잠하게 만드는 것과 거의 닮았다.

우리는 얼마나 많은 힘과 효용을 그렇게 유순하게 소모시켰는가를 생각할 때 기쁨과 존경심으로 농부를 바라본다. 그는 노동의 모든 비밀을 알고 있으며 또한 풍경의 면모를 변화시킨다. 그를 어떤 새로운 행성에 데려다 놓는다 해도 그는 어디에서부터 시작해야 할 것인지 알고 있다. 그런데도 그의 태도에는 거만함이 없고 완전한 온화함만이 있을 뿐이다. 농부는 세상을 잘 견디어 나간다.

그는 정장 차림을 했을 때라도 태도는 소박하며, 비록 궁전에 산다 할지라도 돋보이지 않을 것이다. 그는 궁전 같은 걸 전혀 알지도 못할 뿐더러 또 들어가도록 허락받지도 못할 것이니, 나서 죽을 때까지 결코 궁전에 대해서는 들어보지도 못할 것이다. 하지만 농부 옆에 서 있는 응접실의 영웅들은 그의 출현에 몸을 움츠릴 것이고 억세고 무표정한 농부 곁에서 그들은 금박(金箔)처럼 보일 것이다. 그러나 그는 아담이 그랬듯이, 또한 현재 인디언들이 그렇듯이, 호메로스에 나오는 영웅들 즉 아가멤논이나 아킬레우스가 그랬듯이 세상을 잘 견디며 살아가고 있다.

농부는 모든 자연인들처럼 이렇게 자연을 대표하므로 어느 나라의 시인이든—이를테면 밀턴,*9 피르다우시*10 또는 세르반테스*11 등—그를 태양과 달, 무지개와 홍수에 비견할 수 있는 옛 '자연'의 진정한 한 작품으로서 평가하려 했다. 우리가 동물이나 어린아이들 속에서 찬미하는 그 때묻지 않은 행동은 농부나 사냥꾼이나 선원—즉 '자연'에 직접 닿아 살고 있는 사람들에게서 발견할 수 있다.

도시는 성장을 강요하고 인간을 말이 많게 하고 유쾌하게 만들지만 그러나 그들을 인위적인 존재로 만들어 버린다. 우리가 관심을 갖는 것은 저마다의 타고난 탁월함이다. 이것은 영원하고 아름다운 경이이다. 우리가 이것을 안다고 해서 조금도 싫증나는 일이 아니다. '자연'과의 대화로 소중히 간직할 수 있는 것은 바로 이것(경이)이다.

---

*9 1608~1674. 영국 시인. 《실낙원》의 저자.

*10 940?~1020. 페르시아 서사시인.

*11 1547~1616. 《돈키호테》를 쓴 스페인 작가.

# 시골생활

이곳의 기후에는 거의 어느 계절이든지 세계가 완성에 이르는 때가 있다. 공기와 천체와 지구가 마치 '자연'이 자기 자식을 기쁘게 해주려는 듯이 하나의 조화를 이룬다. 이때가 되면 지구의 황량한 위쪽에 살고 있는 우리도 지금까지 들어 왔던 가장 살기 좋은 나라를 바랄 필요가 없이 플로리다 주와 쿠바의 햇볕을 맘껏 쬐게 된다.

생명이 있는 모든 것들이 만족을 표시하며 들에 누운 가축들도 위대하고 고요한 사색에 잠기는 듯하다. 이러한 평온한 시절은 우리가 인디언 서머라고 구별해 부르는 순수한 10월의 날씨에서 좀더 뚜렷이 찾아볼 수 있을 것이다.

한없이 긴 대낮이 널따란 언덕과 따뜻하고 넓은 들판 위에 잠들어 있다. 이러한 햇볕 속에 오래 살고 있으면 충분히 장수(長壽)할 것만 같다. 쓸쓸한 장소들도 전혀 쓸쓸해 보이지 않는다. 숲 앞에 서서 놀란 눈을 한 속인(俗人)들은 크고 작은 또는 슬기롭고 어리석은 도회인의 판단을 버리지 않을 수 없다.

이 자연의 경내(境內)에 첫발을 내딛자마자 그들은 습관처럼 등에 짊어진 배낭을 내려놓는다. 여기에는 우리의 모든 종교들을 부끄럽게 만드는 신성함이 있고, 우리의 영웅들을 불신하는 실체(實體)가 숨어 있다. 여기서 '자연'이란 모든 다른 환경들을 작게 보이게 하고 그에게 다가간 인간들을 신처럼 심판하는 것임을 우리는 알게 된다.

우리는 빽빽이 들어찬 혼잡한 집들로부터 기어나와 이 밤과 아침의 세계로 들어온 것이다. 그리하여 얼마나 장엄한 아름다움이 날마다 우리를 그의 품에 감싸 주는가를 본다.

우리는 이 아름다운 것들을 무력하게 만드는 장벽을, 또는 약아빠져서 두 번씩 생각하게 되는 것을 얼마나 피하고 싶었던가. 그리하여 자연에게 매혹당하기를 얼마나 은근히 바랐던가. 숲의 세련된 빛은 영원한 아침과 같고 우리를 흥분케 하며 또한 영웅처럼 느껴지기도 하다.

옛날 이곳에 전해졌던 주문(呪文)들이 우리를 향하여 기어나올 것만 같다. 소나무와 솔송나무와 참나무의 줄기들은 흥분한 눈에는 마치 쇳덩이처럼 반짝인다.

이 말없는 나무들이 무리에게 함께 살자고, 그리하여 엄숙하고 사소한 일들로 가득찬 우리의 생활을 버리라고 설득하기 시작한다. 여기서는 어떤 역사도 어떤 교회도 어떤 국가도 이 거룩한 하늘과 영원한 세월 속에 함부로 말을 끼워 넣지도 못한다.

얼마나 편안히 이 활짝 열린 풍경 속으로 걸어갈 수 있는가. 산뜻한 그림들과 연이어 스쳐가는 생각에 몰두하면서 마침내 집 생각이 점점 마음속에서 밀려나가고 모든 기억들은 현재라는 폭군 앞에 사라져 버린다. 그리하여 우리는 의기양양하게 자연의 안내를 받는다.

이러한 매력들은 의학과 관련된 것이며 이들은 우리를 온건하게 해주고 우리의 상처를 치료해 준다. 이것은 우리에게 주는 다정하고 꾸밈없으며 소박한 즐거움이다. 우리는 우리 자신에게 돌아온 것이며, 실체와도 가까워진 것이다.

그런데 학교들은 거창한 잡설로 놀이를 무시하도록 우리를 설득하고자 했었다. 우리는 결코 이것을 떠날 수 없으며 영혼은 그의 옛집을 사랑한다. 마치 우리의 갈증을 없애 주려고 물이 있듯이 바위나 흙은 곧 우리의 눈과 손발과 같다. 그것은 움직이지 않는 물이요 차가운 불꽃이다.

얼마나 건강하고 친근감을 주는가! 우리가 낯선 사람들과 정답게 잡담을 나누고 있을 때, 아주 가까운 친구나 형제처럼 옛 친구가 이렇게 정직한 얼굴로 우리 앞에 나타나서는 허물없이 굴면서 우리의 허튼소리를 부끄럽게 만든다. 도시는 인간의 지각(知覺)에 충분한 여유를 주지 않는다. 우리는 밤이나 낮이나 지평선 위에 우리의 눈을 채우기 위하여 밖으로 나와서는 마치 목욕을 위해서 물이 필요하듯이 이곳저곳을 찾아다닌다.

'자연'의 이러한 검역의 권능으로부터 우리의 상상력이나 영혼을 위한 친근하고 정중한 봉사에 이르기까지 자연의 영향력은 실로 크다.

샘에서 길어 올리는 한 통의 차가운 물, 추위에 떠는 나그네가 몸을 녹이려고 달려드는 모닥불—그리고 가을 한낮의 숭고한 교훈이 있다. 우리는 자연 속에 둥지를 틀고 그 뿌리와 열매로부터 기생물처럼 우리의 양식을 얻는다. 별들은 우리에게 눈짓을 보내며 우리를 고독의 세계로 불러내거나 먼 미래를 이야기해 준다. 푸른 하늘은 낭만과 실재(實在)가 만나는 지점이다.

만일 우리가 이 모든 것에 황홀하여 넋을 잃고 하늘나라를 꿈꾼다면, 그리하여 가브리엘*1과 우리엘*2과 함께 대화를 나눈다면 드높은 하늘이야말로 우리에게 필요한 전부가 되리라.

우리가 자연의 물상(物象)을 돌아보는 하루야말로 완전히 세속으로부터 벗어난 듯하다. 하나하나의 수정체(水晶體)가 완전한 형태를 유지하며 고요한 하늘로부터 떨어지는 눈송이, 넓은 수면과 들판 위로 흩날리는 진눈깨비, 물결치는 밀밭, 몇 에이커나 되는 흉내쟁이 휴스토니아의 꽃 물결, 우리 눈앞에 펼쳐지는 그 헤아릴 수 없이 많은 희고 작은 꽃들의 잔물결, 거울 같은 호수에 비친 나무와 꽃그림자, 모든 나무들을 풍금으로 만드는 향기롭고 음악 같은 입김을 내뿜는 남쪽바람, 솔송나무와 소나무 장작들이 불꽃 속에 갈라지며 튀는 소리, 안방의 벽과 사람들의 얼굴을 환히 비춰 주는 불꽃—이것들이야말로 아주 오랜 옛 신앙의 음악이며 그림이다.

우리 집은 낮은 곳에 있어서 전망이 가려진 마을 가장자리에 있다. 그러나 나는 친구와 함께 시냇가에 나아가 조약돌을 던지며, 마을의 정치 이야기나 인물평을 한다.—그렇다. 온 마을과 인간세계를 떠나 해넘이와 달빛의 깊고 미묘한 세계로 빠져들어가지만 더럽혀진 인간에게는 너무도 밝아서 수도(修道) 기간이나 시험 기간 없이는 도저히 들어갈 수 없을 것만 같다.

우리는 이 믿을 수 없는 아름다움을 한몸에 지니고 채색된 원소(元素)*3에 우리의 손을 씻으며 이 빛과 형체들 속에 우리의 눈을 적신다. 하나의 축제라고 할 '전원생활'의 호화로운 잔치, 용기와 미와 힘과 멋으로 장식된 가장 자랑스럽고 즐거운 잔치가 이 순간 열린다.

이 해질녘의 구름들과 은밀하게, 뭐라 말로 다할 수 없는 눈짓을 보내며 우아하게 나타나는 별들이 이를 알리고 제안한다. 나는 우리의 생각이 정말 보잘것없고 도시와 궁전들이 정말 추하다는 점을 배우게 된다. 예술과 사치가 이 본디의 아름다움을 증대하고 이에 귀착되어야 함을 일찍이 배운 것이다. 나는

---

*1 사람들에게 위안을 가져다주는 대천사 가운데 하나.
*2 7대 천사 가운데 하나. 남쪽과 땅을 관장.
*3 만물의 본바탕.

나의 귀의(歸依)에 대하여 너무나 많이 배우고 있다.

이제부터 나는 쾌락을 즐기기 어렵게 되리라. 나는 장난감에게 돌아갈 수는 없다. 나는 사치스럽고 까다롭게 성장하였다. 나는 이미 우아함이 없이는 살 수 없다. 그러나 시골에 사는 사람이라면 이들 잔치의 주인공이 되리라. 가장 크고 많은 것을 알고 있는 자, 이 지상에 물과 나무들과 하늘 등 얼마나 많은 아름다움과 미덕이 있는지를 알고 있는 자, 그리고 이러한 매력에게 다가갈 줄 아는 자—이들이야말로 부유하고 고귀한 사람이다.

세계를 지배하는 사람들이 자연 속에 도움을 청하는 한, 그들은 장엄함의 극치에 이를 수 있다. 이것은 곧 꾸며 놓은 정원이나 별장, 전원 주택, 섬, 공원, 양어장 등 그들이 자기의 결점 많은 인격을 이러한 강력한 치렛감으로서 보강코자 하는 것을 말한다. 그러한 토지의 지주들은 이 위험한 보조물들과 함께 국가 안에서는 무적의 존재임을 나는 의심치 않는다. 이들은 왕이나 왕궁 선남선녀들보다는 차라리 은밀한 약속을 잘 이야기해 주는 부드럽고 시에 나올 법한 별들을 꾀어내고 불러들인다.

우리는 그 부자가 하는 말을 듣기도 했고 그의 별장과 숲과 포도주와 사교(社交)에 대하여 알고 있지만, 그러한 초대를 이끈 것은 곧 그를 매혹시킨 별들이었다. 그 별들의 부드러운 눈길 속에 나는 인간들이 베르사유나 파포스 또는 크테시폰에서 실현시키려고 애쓰는 것을 볼 수 있다.

사실 그것은 우리의 모든 예술작품을 보호해 주는 배경으로서의 지평선과 푸른 하늘이라는 매혹하는 빛깔들이다. 그것이 아니었다면 우리의 예술작품은 값싸고 야한 것이 되고 말았을 것이다.

부자가 가난한 자에게 노예근성과 순종을 요구할 때 우리가 자연의 소유자로 일컫는 사람들이 우리의 상상력에 미치는 영향력을 고려해야 한다. 아, 가난한 자가 부자를 꿈꾸듯이 부자도 그런 여유를 갖는다면! 한 소년이 밤에 들에서 연주하는 군악 소리를 들을 수 있는가 하면 그의 눈앞에 왕과 여왕들 그리고 유명한 기사(騎士)들을 뚜렷이 그려 볼 수도 있다.

그는 시골 산속에서 뿔피리의 메아리를 듣기도 한다—산들을 아이올로스\*4의 하프로 변하게 한다는 노치 산맥에서—그리하여 이 자연계를 초월하

---

\*4 바람의 신.

는 힘은 그에게 도리아의 신화와 아폴로*⁵와 디아나,*⁶ 그 밖의 모든 신화에 나오는 남녀 사냥꾼들을 되살아나게 해준다.

하나의 노랫가락이 그토록 고귀하고 도도하게 아름다울 수 있을까! 이 가난한 어린 시인에게는 세상이 이렇게 전설 속에서나 나올 법한 것으로 그려진다. 그는 충실한 소년이며 부자들을 존경한다. 그가 그리는 부자란 그의 상상력의 소산이다.

만일 그들이 부자가 아니라면 그의 환상은 얼마나 보잘것없는 것인가!

그들이 공원이라고 부르는 높은 울타리를 두른 작은 숲을 가지고 있다는 사실과, 그들이 그 소년이 가 본 곳보다 더 크고 화려한 객실에서 살고 있으며, 품위 있는 사람들을 사귀고 호수나 먼 도시로 마차를 타고 다니는 것 등―이런 사실들을 근거로 그는 낭만성으로 가득찬 저택을 묘사하게 된다. 사실 그들의 재산이란 기껏 오막살이집들과 작은 목장이라는 사실에 비한다면 말이다. 뮤즈*⁷ 자신이 그녀의 아들을 속이고 대기와 구름과 길을 둘러싼 숲으로부터 새어 나오는 햇살로써 부(富)와 타고난 아름다움이라는 선물을 더해 준 것이다. 그것은 마치 뛰어난 천재로부터 진짜 귀족에 이르기까지 천성이라는 관점에서 귀족다움을 지니는 어떤 도도한 은총 말이다.

에덴동산과 템피를 그토록 쉽게 만든 도덕적 감성을 언제나 찾을 수 있는 것은 아니겠지만, 물질에 충만한 풍경이란 결코 멀리 떨어져 있지는 않다. 우리는 코모 호(湖)나 마데이라 군도를 가보지 않고도 매혹을 느끼게 하는 이러한 풍경들을 찾아볼 수 있다. 우리는 시골 풍경을 지나칠 만큼 추어올린다.

모든 풍경에서 놀라운 점은 하늘과 땅의 만남인데 그것은 바로 앨러게니 산맥 꼭대기에서처럼 첫 번째 작은 언덕에서도 잘 보이는 그런 풍경이다. 밤에 별들은 로마 부근의 넓은 평원이나 이집트의 대리석 빛깔의 사막 위에 흩뿌리던 모든 영험스러운 장엄함으로 가장 평범한 갈색의 황무지를 굽어본다. 몰려가는 구름들과 아침저녁의 빛깔들은 단풍나무와 오리나무의 생김새를 바꾸어 준 것이다. 풍경과 풍경 사이의 차이는 작지만 그것을 바라보는 사람이 느끼는 차이는 큰 것이다. 특수한 풍경 속에서 우리는 모든 풍경 속에 존재하는 타

---

*5 시와 음악을 주관하며 태양의 신과 동일시됨.
*6 로마 신화에 나오는 달의 여신. 처녀성과 사냥의 수호신.
*7 그리스 신화에 나오는, 시·음악·학예를 주관하는 여신.

고난 아름다움을 발견하고 크게 놀라게 된다. 자연은 평상복을 입고서는 놀라움을 느낄 수 없다. 아름다움이란 어디에나 있다.

그러나 중세 스콜라 학파 신학자들이 '창조된 자연' 또는 수동적인 자연이라 부르는 이런 문제에 대하여 독자의 공감을 앞지르기는 매우 쉽다. 누구나 과장 없이 이를 직접 말할 수는 없을 것이다. 그것은 이른바 '종교문제'를 혼합 집단에서 논하기 쉬운 것과 마찬가지이다.

의심 많은 자는 이런 문제에 빠져드는 데는 도무지 취미가 없고 하잘것없지만 필요한 어떤 핑계를 대는 것이다. 즉 식림지(植林地)나 농작물을 보러 간다든지 먼 산지(産地)로 나무나 광물을 가지러 간다든지 또는 새사냥 용구나 낚싯대를 들고 가는 따위이다. 나는 이것이 유감스러운 일이긴 하지만 그들대로 그만한 이유는 있으리라 생각한다.

자연에 대한 도락(道樂)이란 헛되고 가치없는 것이다. 이 산야의 멋쟁이들이 브로드웨이의 그의 형제보다 더 나을 것도 없다. 인간은 본디 사냥꾼이며 숲에 대한 지식을 캐고 싶어한다. 나무꾼이나 인디언들이 정보를 제공해 주는 관보란 모든 책방의 '화관들'과 '플로라의 화관들'이 있는 가장 화려한 응접실에서 이루어지리라고 나는 생각한다.

그러나 보통 우리는 아주 미묘한 문제에 대해서 너무 거칠든지 또는 어떤 이유에서든 자연에 대하여 글을 쓸 때면 곧 미사여구에 빠지게 된다. 경솔함이야말로 판(Pan, 牧神)에게 가장 어울리지 않는 공물(貢物)이다.

판은 마땅히 여러 신들 가운데서도 절제력 있는 신을 대표한다. 나는 시간의 놀라운 자제력과 신중성 앞에 경솔하지 않을 것이다. 하지만 나는 곧잘 이밝은 화제로 돌아가는 권리를 포기할 수 없다. 수많은 거짓 교회들이 참신앙이라고 말한다.

문학과 시와 과학은 분별 있는 사람이라면 냉담하거나 무관심할 수 없는 이 까닭 모를 비밀에게 머리 숙이는 인간의 경의(敬意)이다. 자연은 우리 안의 가장 선한 것으로부터 사랑을 받는다. 자연은 비록 사람이 살지 않는다 할지라도 아니 사람이 살지 않으므로 신의 도시로서 사랑을 받는다. 해넘이는 지상의 그 어느 것과도 닮지 않았다. 즉 거기에는 인간이란 없다.

그리고 자연의 아름다움은 자기와 꼭 닮은 인간의 모습이 나타나기까지는 언제나 실제로 존재하지 않거나 비웃는 듯이 보인다. 만일 착한 사람들만 있다면 자연 속에는 이러한 황홀이란 결코 있지도 않을 것이다. 만일 왕이 궁전 속에 있다면 아무도 그 궁전의 벽들을 바라보지 않을 것이다. 우리가 여러 그림이나 건축물에 의하여 암시되는 그 위풍 있는 자들에게서 위안을 찾기 위하여 보통 사람들로부터 눈을 돌리는 것은 왕이 가고 없을 때, 그리고 그 집에 궁인들이나 구경꾼들로 가득차 있을 때이다.

자연의 아름다움이 인간의 행위로부터 지나치게 동떨어져 있다고 불평하는 비평가들은 우리가 아름다운 것을 탐색하는 것이 우리가 거짓 사회에 반항하는 것과 불가분의 것이란 점을 고려해야 할 것이다. 인간은 타락했다. 그러나 자연은 똑바로 서서 인간에게 신성한 감정의 유무를 탐지해 주는 특이한 온도계로서 봉사한다.

우리의 무감각과 이기주의라는 약점 때문에 우리는 자연을 우러러보고 있다. 그러나 인간이 회복될 때 자연은 우리를 우러러볼 것이다. 우리는 물거품이는 시냇물을 양심의 가책을 느끼며 바라본다.

그러나 만일 우리 자신의 삶이 올바른 기운으로 흐를 때 우리는 오히려 그 시냇물을 부끄럽게 할 수 있을 것이다. 쉼 없이 흐르는 시냇물은 햇빛과 달빛으로 반사된 빛이 아니라 진짜 불꽃으로 반짝인다. 자연은 인간들 사이의 거래(去來)처럼 자기 본위로 탐구되는 것일지 모른다. 이기주의자에게 천문학은 점성술이 되고, 심리학은 최면술(이를테면, 숟가락이 없어진 장소를 가리켜 주기 위한)이 되며, 해부학과 생리학은 물리학과 수상학(手相學)이 된다.

그러나 이젠 적절한 경고를 받았으므로 이 문제에 대해선 더 거론하지 말고 우리는 '행동하는 자연', 창조자로서의 자연을 존경하는 우리의 마음을 더 이상 게을리하지 말자. 그 재빠른 동기를 앞질러 모든 형체들이 눈보라처럼 휘몰아쳐 간다. 자연은 스스로를 감추고서 자기 앞으로 수없이 떼를 지어 가는 자기의 제작물들을(마치 옛날 사람들이 자연을 프로테우스*8로 나타냈듯이) 형언할 수 없는 여러 모양으로 흩어지게 한다.

자연은 그의 피조물 속에 스스로를 나타낸다. 그리하여 미립자와 침상체(針狀體)에 이르기까지 변태에 변태를 거듭하여 가장 높은 균형미에 도달함으로써 충격이나 껑충 뛰어넘는 것 없이 완전한 결과에 이르게 된다. 작은 열, 그러

---

*8 그리스 신화에서 가지각색으로 모습을 바꾸는 바다의 신.

므로 작은 운동이 단조롭고 눈부시게 흰 지구의 극지(極地)의 그 죽음과 같은 추위와 다산(多産)의 열대지방을 구별해 놓고 있다.

끝없는 공간과 끝없는 시간이라는 이 두 기본 조건으로 하여 모든 변화는 격동 없이 지나간다. 지질학은 우리에게 자연의 세속주의를 전수(傳授)해 주었고, 옛 초등학교의 잣대를 버리고 또한 모세와 프톨레마이오스*⁹의 도안을 자연의 대력(大曆)과 바꾸도록 가르쳐 왔다. 우리는 원근법의 결핍 때문에 크게 내다보지 못하고 무엇이나 바르게 알지 못한다.

우리는 이제 바위가 형성되기 전에 얼마나 많은 참을성 있는 시대가 맴돌았는가를 알게 되었다. 그리하여 바위가 부서지고 그 최초의 이끼가 가장 얇은 외피를 흙 속에 분해시켜 멀리 떨어져 있는 꽃의 여신 플로라와 파우나*¹⁰와 세레스*¹¹와 포모나*¹²에게 문을 열어 주기까지, 또 얼마나 많은 세월이 흘렀던가를 알게 되었다.

그 삼엽충*¹³은 얼마나 멀리 있었을까! 네 발 짐승은 얼마나 멀리, 인간은 또 얼마나 멀리 떨어져 있었을까. 헤아릴 수 없다. 모든 것이 제때에 도착하여 또한 차례차례로 인간이 도착했으리라. 화강암으로부터 굴조개에 이르기까지는 참으로 먼 길이며, 플라톤과 그 영혼 불멸을 주장하는 설교에 이르기까지는 훨씬 더 멀다. 하지만 모든 것은 최초의 원자가 양극을 지니듯이 그렇게 확실히 오고야 마는 것이다.

운동이나 변화 그리고 주체성이나 휴식은 '자연'의 제1, 제2의 비밀 곧 '동(動)과 정(靜)'이다. 자연법칙의 모든 규정은 엄지손톱이나 반지에 새겨진 도장 속에 쓸 수 있을 것이다. 시냇물 표면에 빙빙 도는 물거품은 우리에게 하늘이 하는 역할의 비밀을 알게 해준다.

바닷가의 조개껍데기 하나하나에도 그 열쇠가 숨어 있다. 컵에서 빙빙 도는 작은 물은 보다 단순한 조개껍데기의 형성을 설명해 준다. 해가 거듭함으로써 쌓인 부가물(附加物)이 마침내 가장 복잡한 형태에 이른 것이다.

---

*9 2세기 즈음 알렉산드리아의 천문학자·수학자·지리학자·천동설의 제창자.
*10 로마 신화에 나오는 삼림의 신, 파우누스의 여동생.
*11 로마 신화에 나오는 농업의 여신.
*12 로마 신화에 나오는 과수의 여신.
*13 고생대를 대표하는 동물.

그러나 자연은 그의 온갖 솜씨를 다하여서도 너무나 보잘것없게 우주의 처음과 끝에 이르는 단 하나의 재료만을 소유할 뿐이다—그러나 그것도 가지가지의 꿈 같은 변화를 이루기 위한 두 개의 끝을 지닌 물질이다. 이를테면 별, 모래, 불, 물, 나무, 인간 등 자연이 어떻게 뒤섞이든 그것은 또한 하나의 재료이며 똑같은 속성을 나타낸다.

자연은 비록 자신의 법칙을 위배하는 듯이 보일지라도 언제나 일관되어 있다. 자연은 자신의 법칙을 지키면서 그것을 넘어서는 듯이 보인다. 어떤 동물에게는 이 지상에 그가 살 자리를 마련할 수 있도록 무장시키는가 하면 다른 동물에게는 그것을 파괴하도록 장비를 마련해 준다.

공간은 생물들을 갈라 놓기 위해 존재하며 새의 옆구리를 몇 개의 날개깃으로 덮어 줌으로써 그에게 작지만 전능한 힘을 부여해 주었다. 방향이란 영원히 앞을 향하지만, 예술가는 그의 소재를 찾아 되돌아가서 가장 진보된 단계에서 오히려 최초의 원리부터 다시 시작한다. 그렇지 않고서는 모두가 파멸하고 말 것이기 때문이다. 우리가 만일 예술가의 작품을 들여다본다면 변용(變容)의 체계를 엿볼 수 있을 것 같다.

식물은 이 세계의 젊음이며 건강과 활력이 담긴 그릇이다. 그러나 그들은 스스로 깨달을 수 있을 때까지 언제나 위를 향하여 더듬어 오른다. 나무는 불완전한 인간으로서 땅에 뿌리를 박고 그들의 감금을 슬퍼하는 듯이 보인다.

동물은 보다 진보한 질서의 풋내기 수도사(修道士)이며, 인간은 어리지만 사고(思考)의 잔에서 최초의 방울을 맛본 순간 이미 더럽혀졌다. 단풍나무와 양치류는 아직도 인간보다는 타락하지 않았다고 할 수 있다.

그러나 그들이 의식(意識)을 가질 때 그들도 땀을 흘릴 것은 뻔하다.

꽃들은 너무나도 젊기에 우리 어른들은 그들의 아름다운 세대가 곧 우리에게 관심을 갖지 않는다고 느끼게 되고, 우리는 우리의 전성시대가 이미 지났다고 한탄한다. 이제 아이들에게 그들의 전성기를 갖게 하자. 꽃들은 우리를 저버리고 우리는 우스꽝스러운 친절을 베푸는 늙은 독신자가 되는 것이다.

사물들은 아주 엄밀히 서로 관련이 되어 있으므로 눈의 기능에 따라서 어떤 한 사물로부터 다른 사물의 부분과 속성들을 예견할 수 있다. 만일 우리가 그것을 볼 수 있는 눈이 있다면 도시 성벽의 작은 돌 하나가 인간이 존재해야 하는 필연성을 우리에게 확인해 줄 것이다. 그러한 동일성은 우리 모두를 하나가 되게 하고, 관습과도 같은 우리의 잣대에 의한 위대한 간격들을 무(無)로 돌려버린다. 우리는 마치 인간 활동이 중심이 되는 생활이 인간 본디의 삶이 아니라는 듯이 자연생활로부터의 일탈(逸脫)에 대해 이야기한다.

궁전의 부인 내실에서 가장 사근사근한 곱슬머리 정신(廷臣)은 동물 근성을 지니고 있어서 흰 곰처럼 거칠고 원시성을 띠며, 자신의 목적을 위해서는 무엇이든 할 수 있다. 그리고 그는 향수(香水)와 연애편지 속에 있으면서 히말라야 산맥과 지축(地軸)에 직접 관련되어 있다. 만일 우리가 얼마나 자연스러운가를 생각해 본다면, 그렇게 무섭고 은혜를 베푸는 힘이 마치 우리를 찾지 못하고 도시를 만든 것처럼, 그렇게 도시에 대하여 미신에 사로잡힐 필요는 없다.

석공(石工)을 만든 자연은 곧 집을 만들었다. 우리는 전원(田園)의 영향력에 대해서 곧잘 많은 것을 듣는다. 자연물 가운데 그 시원하고 자유로운 공기는 우리 붉은 얼굴을 하고 성내기 쉬운 인간에겐 부러운 존재가 되고, 우리가 만일 야영생활을 하거나 뿌리를 캐먹는다면 우리도 그들처럼 웅장해지리라. 그러나 우리는 모르모트(기니피그) 대신에 인간이 되자.

그러면 참나무와 느릅나무는 비록 우리가 비단이나 융단 위에 그리고 상아 의자 위에 앉아 있다 할지라도 우리를 기꺼이 대접해 줄 것이다.

이렇게 지도하는 듯한 주체성은 모든 경이와 차이를 통해서 모든 법칙을 특수한 것으로 만든다. 인간은 그의 머릿속에 세계를 지고 다닌다. 곧 온갖 천문학과 화학이 인간의 사고 속에 매달려 있다.

자연의 역사는 인간의 두뇌 속에 새겨져 있으므로 인간은 자연의 비밀을 예언하는 존재이자 발견하는 존재이다.

자연과학에서 알려진 모든 사실은 그것이 실제로 입증되기 전에 누군가의 예감에 의하여 이미 알아차린 것이다. 사람은 누구나 지구의 가장 먼 곳을 연결하는 법칙을 알지 못하고서는 자신의 구두끈을 맬 수 없다. 즉 달과 별과 기체와 수정은 형태를 지니는 기하학이며 산수이다.

상식은 자신뿐만 아니라 화학 실험에서의 사실도 첫눈에 알아낸다. 프랭클린[14]과 돌턴,[15] 데이비[16]와 블랙[17]의 상식은 오늘날 발견된 모든 장치를 만

---

*14 1705~1790. 미국 정치가·과학자.
*15 1766~1844. 영국 화학자·물리학자.
*16 1778~1829. 영국 화학자.

든 바로 그 상식이다.

만일 그러한 동일성이 체계를 갖춘 휴식을 나타내는 것이라면 그 반작용 또한 그 체계 속에 흐르고 있다. 천문학자들은 "우리에게 물질과 작은 운동을 제공해 준다면 우주를 만들어 낼 수 있다. 우리가 물질을 갖는 것으로 충분치 않으며 우리는 하나의 충동, 곧 덩어리를 움직이게 하고 원심력과 구심력을 조화시킬 수 있도록 떠밀어야 한다. 일단 손으로 공을 던질 때 우리는 이 모든 거대한 질서가 발전하는 과정을 보여 줄 수 있다"라고 말했다.

형이상학자들은 "매우 불합리한 가정이며 단순한 문제 회피이다. 던져진 공의 움직임의 연속뿐만 아니라 그 움직임의 발생을 알 수는 없을까?"라고 말하였다.

그 사이에도 자연은 토론을 기다리지 않았다. 그러나 옳든 그르든 충격을 주자 공들은 구르기 시작했다. 그것은 별로 큰일은 아니었다. 단순히 떠민 것에 지나지 않았다. 그러나 천문학자들이 그것을 중대시한 것은 옳았다. 왜냐하면 그 행위의 결과에는 끝이 없기 때문이다. 이미 잘 알려진 최초의 추진은 태양계의 모든 천체들과 각 천체의 온갖 원자들, 그리고 모든 종류의 생물체들과 각 개체의 역사와 실행을 통해서 스스로 번져 가게 된다.

이것들이 진행되는 동안 과장이 생긴다. 자연은 어떤 피조물(생물)도 어떤 인간도 그의 적절한 재능을 조금씩 초과하지 않고서는 내보내지 않는다. 만약 떠돌이별만 있다고 한다면 거기에 충격을 주어야 한다.

그래서 모든 피조물에게 자연은 약간씩 과격한 힘, 곧 계속 진행하듯이 떠밂으로써 순간마다 조금씩 아량을 베풀고 한 방울씩 더해 주는 것이다. 전기가 없다면 대기는 썩어 버리고 말 것이다. 남자와 여자가 서로 향해 가는 이러한 격렬한 힘이 없다면, 그리고 또한 고집쟁이나 광신자로서의 일면이 없다면 흥분이니 효과니 하는 것도 없을 것이다.

우리는 어떤 표적을 맞추기 위해서 표적 바로 위를 겨눈다. 모든 행위는 그 속에 과장된 거짓을 약간씩 지니게 마련이다. 그래서 이따금 슬픔에 잠긴 눈이 예리한 사람이 다가와서 하찮은 놀이를 하는 것을 보고 함께 놀지도 않으면서 훼방을 놓는다면 어떻게 된다는 것인가?

---

*17 1728~1799. 영국 화학자·물리학자.

새를 놓치고 마는가? 아니다. 세심한 '자연'은 저마다 자기 목표를 향해서 조금씩 방향을 넘는 아름답고 더 고상한 어린 새무리들을 보내어, 일상의 방향에서 약간 비뚤어져 가게 함으로써 오랜 세월 동안 새로운 방향으로 돌아가는 놀이를 계속하게 한다.

이를테면 과자와 노리개를 가진 어린이는 아무것도 느낄 수 없는 바보처럼 무엇이든 보는 것, 소리나는 것에 이끌려 자기의 감각을 비교, 분류할 능력도 없이 호루라기나 색칠한 사금파리, 납병정, 또는 생강과자 따위에 정신이 팔려서 무엇이나 개별화할 수는 있지만 일반화(개괄)할 수 없어 늘 새로운 것을 좋아하는데, 이렇게 정신없이 보낸 하루의 피곤에 쓰러져 눕게 된다.

그러나 '자연'은 이 보조개를 짓는 곱슬머리의 미치광이를 통해 그의 목적을 해명한다.

자연은 모든 재능을 혹사하여 이러한 몸가짐과 노력에 의해 균형 잡힌 체격의 성장을 도모해 왔다. 즉 자연보다 완전하지 못한 어떠한 관심에도 의존되지 않은 가장 중요한 자연의 목적이다. 어린이의 눈에는 모든 장난감 위에 빛나는 단백석의 광채가 떠돌아 그의 온 마음을 다하여 유익하게 매혹당하게 된다. 우리는 그러한 숙련을 통하여 활발하게 살아 있게 된다.

금욕주의자가 뭐라고 말하든 우리는 살기 위해서 먹는 것이 아니라 고기가 맛있고 식욕을 돋우어 주기 때문에 먹는다. 식물은 꽃이나 나무에서 단 한 알의 씨앗을 던지는 데 만족하지 않고 풍부한 씨앗으로 하늘과 땅을 채운다. 비록 수천 개 씨앗들이 썩어 없어진다 해도 수천 개가 심어지고 그 가운데에서 수백 개 씨앗이 싹을 트고 그 가운데 수십 개만이 자라나서 마침내 하나가 조상의 대를 잇는다. 만물은 그러한 계산된 낭비를 드러낸다.

동물들이 추워서 몸을 움츠리거나 갑작스런 소음을 들을 때 나타나는 지나친 공포감이 근거 없는 수많은 불안을 통해서 마침내 하나의 진정한 위험으로부터 우리를 보호해 준다.

연인들은 장차 어떤 목적을 미리 생각함이 없이 결혼을 통해 개인이 좇는 행복의 최고 경지를 찾지만 자연은 그들의 행복 속에 자신의 목적, 곧 자손이라든가 종족이 영원히 지속됨을 숨기고 있다.

그러나 세계를 이루는 이러한 기능은 인간의 마음과 인격 속으로 또한 흘러든다. 완전히 온건한 사람은 없으며 누구나 그의 바탕 속에 한가닥의 어리석은 면이 있어서, 자연이 마음에 새겨 둔 어떤 거점에 인간이 꼭 매여 있음을 확인하기 위해서 특정된 혈액을 인간의 머리에 두고 있다.

위대한 동기들은 그들의 공로를 결코 시험삼게 하지 않는다. 그러나 그러한 동기는 파쟁(派爭)의 규모에 따라서 여러 항목으로 축소되어서 사소한 문제에도 가장 치열하게 논쟁하게 한다. 인간은 누구나 그가 해야 하고 말해야 하는 문제의 중요성을 과신하게 된다.

시인이나 예언자는 독자(청중)보다 그가 말하고자 하는 것에 더 많은 가치를 둠으로써 그의 말이 울려 퍼지게 된다. 억세고 혼자 잘난 척하는 루터*18는 실수를 저지르지 말 것을 강조하여 "신 자신도 현명한 인간이 없으면 해낼 수 없다"고 주장한다. 뵈메*19와 폭스*20는 그들의 완고한 논쟁을 실은 논문 속에 그들의 이기주의를 드러낸다. 그리고 네일러*21는 자신이 그리스도로 숭배받는 힘든 일을 겪었다.

예언자마다 곧 자신을 자기의 사상과 일치시키고 자기의 모자와 구두를 신성한 것으로 여기게 되었다. 이것은 그들을 아무리 현명한 사람으로 여기지 않는다 할지라도 그들의 말에 열기와 신랄함과 명성을 줌으로써 그들에게 도움이 된다.

이와 비슷한 체험은 개인의 생활 속에서 드물지 않다. 이를테면 열성이 앞선 젊은이들은 저마다 일기를 쓰는 데 기도와 참회의 시간이 되면 자기의 영혼을 아로새긴다. 이렇게 쓴 여러 일기장들은 그에게는 열렬하고 향기로운 것이다.

한밤중이나 새벽빛에 그것을 무릎 위에 올려놓고 읽어 나갈 때 눈물이 일기장을 적신다. 그것은 거룩한 일이며 세계를 위해서 너무나도 유익한 것이다. 그래서 가장 친한 친구에게도 보여 줄 수 없다. 이것은 영혼을 타고난 어린아이이기 때문이다. 그의 삶은 아직도 갓난아이에서 맴돈다. 아직도 핏줄이 끊기지 않았다. 얼마가 지난 뒤에야 이 신성한 체험에 친구를 끌어들이고 싶어진다. 그래서 주저하면서도 단호히 그의 일기장을 눈앞에 펼친다. 과연 친구의 눈을 불태우게 할 것인가?

---

＊18 1483~1546. 독일 신학자·종교 개혁자.
＊19 1575~1624. 독일 신비가.
＊20 1624~1691. 영국 전도사. 퀘이커교의 창시자로 간소한 생활과 절대 평화주의 제창.
＊21 1618~1660. 퀘이커교도, 그리스도로 숭앙되기도 했음.

그의 친구는 일기장을 냉담하게 넘겨 가며 글을 읽다가도 아주 태연히 대화를 한다. 그 때문에 상대편은 놀라며 애타게 마음 졸인다. 그렇다고 글 자체를 의심할 수는 없다. 밤낮으로 뜨거운 삶이, 빛과 어둠의 천사의 교제가 이 눈물로 얼룩진 일기장 위에 아련한 글씨로 새겨져 있지 않은가.

그는 차라리 친구의 지능이나 감정을 의심한다. 그렇다면 친구가 없어도 된다는 말인가. 그는 아직도 사람이 감동을 주는 체험을 갖긴 하지만 자기 개인의 사실을 문학으로 적는 방법을 모르기 때문이다라고 생각하지 않는다. 그래서 아마 현인들은 우리와 다른 언어와 수단을 지니고 있다는 생각과 비록 우리가 잠자코 있더라도 진리를 이야기할 수 있을 것이라는 생각이 우리의 열망의 불꽃을 격렬히 억제한다.

사람은 본디 자기의 말이 한쪽으로 치우쳐 있다거나 어울리지 않는다고 느끼지 않는 한 말할 수 있다. 그의 말이 한쪽으로 치우쳐 있지만 그가 말을 하고 있는 동안에는 그것이 한쪽으로 치우쳐 있는 것이라고 느끼지 않는다. 그가 본능에 따라 세세한 문제에서 벗어나 그 편파성을 깨닫자마자 혐오감을 느끼고 입을 다문다. 자기의 글이 잠시라도 세계의 역사가 된다고 생각하지 않는 사람은 아무것도 쓸 수 없으며 또는 그의 일이 중요하다고 생각하지 않는 사람은 무슨 일이든 잘할 수가 없기 때문이다.

내가 하고 있는 일이 아무 쓸모없을지 모른다. 그러나 그것이 아무 쓸모없다고 생각해서는 안 된다. 그렇지 않으면 무사히 그 일을 해낼 수가 없을 것이다.

마찬가지로 자연 속에는 무엇인가가 비웃는 듯하면서도 우리를 계속 이끌어 주는 것이 있지만 결국 아무 데도 도착하지도 않고 우리를 믿지도 않는다. 모든 약속은 우리의 실천을 앞지른다. 우리는 서로 비슷한 조직 속에 살고 있다. 모든 끝을 통해서 잠깐이나마 어떤 다른 끝을 미리 짐작한다. 완전히 마무리짓는 성공이란 아무 데도 없다. 우리는 자연 속에 머물러 있는 것이지 가정 속에 머물러 있는 것은 아니다. 우리는 굶주림과 목마름 때문에 먹고 마시지만 빵과 포도주는 우리가 원하는 대로 뒤섞고 요리를 해서 배를 채운 뒤에도 또다시 배고픔과 목마름을 느끼게 한다.

우리의 예술이나 실천도 마찬가지이다. 우리의 음악, 시, 언어 그 자체가 만족이 아니라 암시에 그친다. 재물을 갈망하다보면 이 지구를 하나의 정원으로 축소시켜 이를 열렬히 좇는 자를 비웃는다.

그럼, 목적이 찾는 것은 무엇인가? 다만 어떤 기형(畸形)이나 속악(俗惡)의 침입으로부터 양식과 미의 목적을 보호해야 한다. 그러나 얼마나 어려운 일인가. 한 작은 대화를 얻기 위하여 얼마나 많은 수단을 동원해야 하는가. 이를테면 벽돌이나 돌로 지은 이 지상의 궁전 속에는 하인들, 부엌, 마구간, 말과 마차들, 은행 저당권과 서류들, 또한 전 세계와의 무역, 시골집, 물가의 초가집(별장) 등 모든 것들이 하나의 숭고하고 맑은 정신적인 대화를 위해서라니! 그것은 길가의 거지들에게도 마찬가지가 아닐까? 아니, 이 모든 것들은 인생이라는 차바퀴의 마찰을 제거할 기회를 준 거지들의 끊임없는 노력으로부터 왔을지 모른다.

　대화(또는 교제)와 인격이 인간의 공인된 목적이었다. 재물은 지나친 욕망을 달래거나 그은 굴뚝을 고치고 삐걱대는 문을 소리나지 않게 하고, 친구를 따뜻하고 아늑한 방에 불러들이며, 아이들과 식탁을 다른 방에 두게 하는 데는 유익한 것이었다. 사상이나 도덕, 아름다움도 인간의 목적이었다. 그러나 사상가나 도덕가는 이따금 두통을 앓거나 발이 젖어서 겨울날 따뜻한 방에서도 유익한 시간을 잃어버릴 수도 있다. 불행히도 이러한 불편을 없애기 위해서 필요한 노력을 다할 때 그의 중요한 관심이 바뀌어져 버린다.

　본디의 목적을 잃어버리고 마찰을 없애는 일이 새로운 목적이 되고 말았다. 이것은 부자를 비웃는 것이다. 보스턴, 런던, 비엔나 그리고 오늘날 온 세계의 정부들이 부자의 도시, 부자의 나라가 되었다. 일반 대중은 인간이 아닌 바로 '가난한 자들'이다. 즉 부자가 되고 싶어하는 사람이다.

　그들이 고통과 땀과 격노에 의해서 아무 것도 이루지 못하는 것은 우스운 일이기도 하다. 모든 것을 이룬다 해도 아무 쓸모가 없다. 그들은 마치 연설을 하기 위하여 안손님들의 대화를 방해하고, 말할 것을 잃어버린 사람과 같다. 그러한 자가 나타나면 목적 없는 사회, 목적 없는 국가들은 놀란다. 자연의 목적은 이러한 거대한 희생을 강요할 만큼 위대하고 유력한 것이었던가?

　아마 미리 기다렸을지도 모르지만 인생에서의 거짓과 비슷한, 겉으로 드러난 자연의 얼굴에서 이러한 영향력을 볼 수 있다. 숲과 물 속에는 현재 삶에 만족을 주지 못하는 확실히 꾀는 듯한 미끼와 아첨의 말이 숨어 있다. 이러한 실망은 모든 풍경 속에서 느낄 수 있다.

　나는 부드럽고 아름다운 여름철의 구름들이 마치 높은 하늘을 맘껏 날아다니는 것을 즐기기라도 하듯이 머리 위로 깃털처럼 떠다니는 것을 바라본 적이 있다. 한편 그 구름들은 그때 그 자리를 뒤덮은 휘장이라기보다 멀리 축제가 벌어진 큰 누각이나 정원을 굽어보듯 보였던 것이다. 그것은 이상한 질투심인지 모르지만 시인은 충분히 자기의 대상을 가까이 바라보지 못한다.

그는 눈앞에 보이는 소나무와 강물 또는 꽃언덕을 자연으로 보지 않는다. 자연은 아직 다른 곳에 있다. 여기도 저기도 다만 자연의 변두리에 지나지 않고, 지금 가까운 들이나 숲속에 한창 번뜩이는 빛을 내며 막 지나가 버린 승리의 먼 그림자나 메아리와 같다. 눈앞에 보이는 것은 이제 막 지나간 화려한 행렬(야외극) 뒤에 따르는 이러한 적막감을 안겨 줄 것이다.

해넘이 속에는 멀리 얼마나 화려하고 말로 나타낼 수 없는 아름다운 장관이 숨어 있는가! 그러나 어느 누가 그곳에 갈 수 있으며 손을 놓고 발을 내밀 수 있을 것인가? 그것은 영원히 이 세상 밖으로 사라져 버린다.

남녀의 사이는 마치 말없는 나무들과 같다. 늘 의지하는 존재요, 존재하지 않는 것이요, 존재나 만족이 없다. 아름다움은 결코 붙들 수 없는 것인가? 사람이든 풍경이든 가까이 할 수 없는 것인가? 뜻이 맞아 약혼한 연인은 남자를 받아들임으로써 처녀다운 순수한 매력을 잃고 만다. 그가 별처럼 그녀를 좇을 동안 그녀는 천사와 같다. 그러나 그녀가 그러한 남자에게 굴복하는 한 하늘나라의 여인은 아니다.

우리는 이러한 수많은 선의의 인간들이 어디에서나 보여 주는 아첨과 좌절의 첫 추진력을 무엇이라고 해야 할까?

이 우주 어딘가에 숨어 있는 하나의 작은 배반과 조롱을 상상해 볼 수 없을까? 우리가 이용당했다는 것에 크게 분개해야 하지 않겠는가? 우리는 손에 잡힌 송어이거나 자연의 어릿광대가 아닐는지? 우리는 하늘과 땅의 얼굴을 한 번 쳐다봄으로써 모든 성급함을 억누르고 더 현명한 신념을 달랠 수 있으리라. 머리가 좋은 사람에겐 자연은 거대한 약속으로 바뀌고 경솔하게 설명할 수 있는 것이 되지는 않을 것이다.

자연의 비밀은 헤아릴 수 없다. 수많은 오이디푸스들이 머릿속에 충만한 모든 비밀을 가진다. 아, 그러한 마법이 그들의 재능을 망쳐 놓았고 한마디도 입 밖에 나타내지 못한다. 자연이라는 거대한 궤도는 생생한 무지개처럼 하늘을 뛰어넘는다. 그러나 어떤 대천사의 튼튼한 날개도 그것을 따라가 곡선의 되돌아옴을 이야기할 수 없다. 그러나 우리의 행동은 우리가 꾀했던 것보다 위대한 결론에 도달하고 해결되는 듯이 보이기도 한다.

우리는 신령스러운 작용에 의하여 살아가면서 사방에서 호송을 받는다. 그리하여 은혜로운 목적이 우리를 기다리고 있다. 우리는 '자연'과 말다툼을 하거나 인간처럼 자연을 대할 수도 없다.

만일 우리가 자연의 힘과 우리 개인의 힘을 비교하여 재고자 한다면 우리는 마치 이겨낼 수 없는 운명의 비웃음거리가 된 것을 쉽게 느낄 수 있을 것이다. 그러나 만일 우리가 그와 똑같이 행동하려 하지 않고 그 '숙련공'의 영혼이 우리 속에 흐르고 있음을 느낀다면, 우리는 아침의 평화가 맨 먼저 우리 가슴속에 머물고 바닥 모를 중력과 화학력을 넘어선 생명력이 가장 세련된 형태로 우리 안에 일찍부터 존재하는 것을 느끼게 될 것이다.

일련의 동기 가운데 우리가 무력하다는 생각이 주는 불안감은 자연의 한 조건, 즉 '운동'에 너무 치우침으로써 생긴다. 그러나 제동 장치는 바퀴에서 결코 떨어져 나가지 않는다.

충격이 지나친 곳에 '휴식'이나 '주체성'이 이를 보상하기 위하여 은밀히 스며든다. 온 지구의 넓은 들판 위에 프루넬라,*22 곧 꿀풀이 자란다. 어리석게 보낸 하루가 지나면 우리는 하루의 흥분과 노여움을 잠재운다. 그리하여 비록 우리가 언제나 세세한 일에 몰두하여 그들의 노예가 된다고 할지라도 타고난 우주의 법칙을 실험하게 된다.

이들 법칙은 사상으로서 우리 마음속에 존재할 동안 인간의 광기(狂氣)를 드러내고 치료해 주는 바른 정신으로서 영원한 자연 속에 우리를 둘러싼다.

하찮은 것들에 대한 우리의 조건 없는 복종은 우리에게 수많은 어리석은 기대를 갖게 한다. 우리는 기관차나 기구(풍선)의 발명으로 새 시대를 기대한다. 새로운 에너지가 등장하면서 많은 것이 좌절되었다. 저녁 밥상을 위한 닭찜이 익는 동안 전자기에 의해서 우리의 샐러드가 씨앗으로부터 자란다고 한다. 이것은 물체의 압축과 가속도라는 현대의 목표와 노력을 상징한다.

그러나 아무것도 얻은 것은 없다. 자연은 속일 수 없다. 인간의 생명은 70개의 샐러드만한 길이에 지나지 않으며 그들은 빨리 자라기도 하고 느리게 자라

---

*22 꽃받침이 입술처럼 생긴 여러해살이풀. 꿀풀이라고도 일컬으며, 상처를 낫게 하는 약풀.

기도 한다.

그러나 이러한 억제와 불가능 속에서 우리는 충격 못지않게 우리에게 유리한 점을 발견하게 된다. 우리는 승리가 있는 곳에, 승리하는 쪽에 서자. 그리하여 자연의 중심으로부터 양극에 이르는 존재의 모든 사다리를 가로지르며 모든 가능성에 존망이 달려 있음을 앎으로써 죽음을 숭고한 것으로 만들 수 있다.

철학이나 종교는 그러한 죽음을 영혼불멸의 일반 교리로 설명하기에는 외부의 영향을 많이 받아서 문자 그대로 추구되어 왔다. 실제는 풍설(風說)보다 더 탁월하다. 여기에는 어떤 파멸이나 단절이나 힘이 빠진 탄환도 없다. 신의 순환은 휴식이나 머뭇거림이 없다. 자연은 어떤 사상의 구현이며 마치 얼음이 물과 기체 상태로 바뀌듯이 다시 사상으로 되돌아간다.

세계는 가라앉은 마음이며, 휘발성 본질이 자유로운 사상의 나라로 다시 영원히 달아나고 있다. 그리하여 유기성이 있든 없든 자연물의 마음에 미덕이나 자극이 영향을 미친다.

구속된 인간, 수정화한 인간, 아무것도 하지 않는 인간이 인격을 부여받은 인간에게 이야기한다. 양(量)을 존중하지 않고 전체와 부분을 같은 도량으로 만드는 그러한 힘은 아침에게 그의 미소를 위임하고 모든 빗방울 속에 그의 본질을 증류시킨다.

모든 출간이 교훈을 주며 모든 물체가 우리에게 가르침을 준다. 지혜란 모든 형태 속에 배어들기 때문이다. 그것은 우리에게 혈액처럼 주입되고 고통처럼 우리를 뒤흔들며 어느덧 즐거움이 되었다가 따분하고 슬픈 나날과 즐거운 수고의 나날들로 휩싸이게 한다. 우리는 오랜 뒤에야 비로소 그의 본질을 알게 되었다.

# 보상을 생각해 본다

'시간'의 날개는 희고 검다.
아침과 저녁으로 물들어
높은 산과 깊은 바다,
흔들리는 균형이 바르게 유지된다.
차고 이지러지는 달과 밀려들었다가 나가는 바닷물에
'모자람(缺)'과 '있음(有)'의 싸움은 빛나고,
증감의 잣대는 공중으로
번갯불의 별과 사선(射線)을 그려낸다.
영겁의 집을 달려서 통과하는
수많은 구체(球體)들 중의 외로운 지구,
허공으로 나는 하나의 첨가물,
보충의 유성,
국외중천(局外中天)의 '어둠'을 가로질러 쏘아 나간다.

사람은 느티나무, 부(富)는 담장이
단단히 힘차게 그 덩굴은 감긴다.
연약한 실덩굴이 너를 속일지라도
무엇이 줄기에서 그 덩굴을 떼랴.
그러니 두려워 말라. 너 힘 약한 아이야.
벌레를 해치는 신(神) 없더니라.

월계관은 거기 상당한 가치에 쓰이고,
힘은 힘을 행사한 자에게.
그대의 몫은 없는가. 날개 돋친 발로써,

보라, 그것은 그대 앞으로 달려든다.
'자연'이 그대의 것으로 정한 모든 것이
공중에 뜨고, 바위 속에 갇힌들
산을 헤치고 바다를 헤엄쳐
그림자처럼 그대를 따르리라.

　나는 어릴 때부터 '보상'이라는 것에 대해서 한 편의 글을 쓰고 싶었다. 그것은, 아주 어릴 때 나는 이 문제에선 실생활이 신학보다 앞서고 민중은 설교가의 설교 이상을 알고 있다고 생각했기 때문이다. 그리고 또한 이 교훈을 끄집어낼 수 있는 참고 문서도 한없이 각양각색으로 있어서 내 공상을 매혹했고, 심지어 자고 있는 동안에도 눈앞에 떠오르는 것이었다. 그 문서는 우리 수중의 소도구 바로 그것이고, 우리 바구니 속의 빵 그것이며, 또는 거리에서의 거래·농장·주택·인사·상호관계·빌려주고 빌림·인격의 힘, 모든 사람의 천성과 천부, 바로 그런 것들이기 때문이다.
　그리고 또한 이 보상 속에서 인간은 신령의 섬광과 어떠한 전통의 흔적도 없이 완전무구한 이 세계에 똑똑히 나타난 영(靈)의 활동을 볼 수 있을 것이고, 그로 인하여 인간의 심정은 충만한 영원의 사랑에 젖고, 지금 바로 실제로 존재하므로 과거에도 늘 존재했고 앞으로도, 늘 존재하리라고 생각되는 대령(大靈)과 영검하게 교류할 수 있을 것으로 생각했다. 그뿐만 아니라, 만일 이 교훈을 이러한 진리가 가끔 우리에게 뚜렷이 나타날 때의 그 빛나는 직관에 어느 정도라도 비슷한 말로 서술할 수 있다면, 그것이야말로 우리의 수없이 계속되는 어두운 시간과 곡절 많은 우리의 인생 행로를 비쳐 주는 별일 것이고, 그 덕분에 우리는 길을 헤매는 수난을 면할 것 같이 생각했다.
　나는 최근 교회에서 어떤 설교를 듣고서 이런 염원을 굳혔다. 설교사는 그의 정통파에 충실한 언행으로 존경받는 사람이었는데, 평상시의 태도로 '최후의 심판'의 교리를 설명했다. 그는 심판은 현세에서 이루어지는 것이 아니다, 악인은 번영한다, 선인은 비참하다, 그리고 도리상으로 보나 성서의 교리로 보나 내세의 선악 모두에게 보상해야 한다고 설교하였다. 이 주장에 사람들은 아무런 불쾌감을 갖지 않는 것 같았다. 내가 본 바로는, 그 집회가 끝났을 때 그들은 그 설교에 대하여 가타부타 말이 없이 헤어지는 것이었다.

그런데 도대체 그 설교의 뜻은 무엇이었을까. 설교자가 현세에서 선인은 비참하다고 말한 것은 무슨 뜻일까. 그 말은, 집과 땅과 관직과 술과 말과 의복과 향락 따위는 방약무도(傍若無道)한 인간에게 차례 가고, 한편 성자는 가난하고 천하다는 뜻일까. 그리고 성자에게는 내세의 보상이 행해져서 뒷날 이것과 같은 만족—이를테면 은행주권과 돈과 좋은 술이 주어진다는 뜻일까. 이것이 바로 그가 말하고자 한 보상일 것이다.

그렇지 않으면 무엇이겠는가. 또는 성자는 기도하고 찬미할 특권이 있다는 것인가. 그야 그런 일은 그들이 현재도 할 수 있다. 그렇다면 그 신자들이 끄집어낼 수 있는 정당한 결론은 이러하다—'저 죄인들이 현재 향락하는 것과 같은 그러한 향락을 우리도 미래에는 누린다.' 또는 그것을 극단으로까지 밀고 나간다면—'너희들은 오늘 죄를 짓는다. 우리는 차차 죄를 짓게 될 것이다. 할 수 있으면 지금 하고 싶지만, 잘 안 되므로 우리는 내일 그 앙갚음을 해볼 셈이다'라는 뜻일 것이다.

여기에서 그릇된 생각은 악인이 현재 성공하고 정의가 지금 실현되지 않는다는 엄청난 소극적 태도에 들어 있는 것이다. 그리고 그 설교사의 맹점은, 진리로써 세상에 직면하여 그 악을 꾸짖지 않고, 또는 심령의 존재, 의지의 전능을 설언하여 선과 악, 성공과 허위의 규준을 확립하지 않고서 남성적인 성공이 될 수 있는 것을 시장의 비천한 평가에다 내맡긴 데 있다.

나는 요즘의 흔히 읽히는 종교 관련 서지에서도, 또는 때때로 문학자들이 이에 관련되는 제목을 다룰 때 취하는 같은 설에서도 마찬가지로 천박한 태도를 본다. 나는, 오늘날 보편화된 신학에는, 그것이 대신한 미신보다 겉으로 드러난 형식이라는 관점에서는 나아진 점이 있으나, 내용이라는 관점에서는 조금도 나아진 점이 없다고 생각한다.

그러나 인간은 그가 믿는 신학보다는 뛰어난 것이다. 그들의 일상생활은 신학의 허망함을 드러낸다. 성실하고 큰 뜻을 품는 사람은 모두 그 자신의 경험에서 교리 같은 것을 돌보지 않는다. 그리고 대체로 누구나가 그것을 밝힐 수는 없지만 가끔 그 거짓됨을 느낀다. 그것은 인간이란 본디 저희들이 알고 있는 이상으로 현명하기 때문이다. 학교나 설교단에서는 되씹을 필요도 없이 듣고 마는 것이라도 그것이 일상회화에 오르면 아마 침묵하면서도 의아하게 여길 것이다. 만일 어떤 사람이 잡다하게 모인 자리에서, 신의 섭리라든지 신의 규범 같은 것에 대하여 자기 혼자만의 의견을 말하는 것을 들으면, 듣는 사람은 반드시 침묵으로 대응할 것인데, 그 침묵이란 듣는 이가 불만을 가지고 있지만 나타내지 못하는 것임을 방관자는 충분히 이해할 것이다.

나는 지금부터 이어지는 여러 장에서 '보상'에 관한 법칙의 경로를 보이는 몇 가지 사실을 적어볼까 한다. 만일 내가 이 고리처럼 생긴 큰 원(圓) 가운데 가장 작은, 활등처럼 생긴 굽은 선이라도 정말로 그릴 수 있다면 뜻하지 않은 다행이다.

양극성, 곧 작용과 반작용은 우리가 자연계 곳곳에서 본다. 어둠과 빛에서, 차가움과 뜨거움에서, 바닷물의 미세기에서, 남성과 여성에서, 동식물의 들숨과 날숨에서, 동물체의 수분의 양과 질의 균형에서, 심장의 수축과 이완에서, 유동체나 음향의 파동에서, 원심력과 구심력에서, 전기·전류·화학 따위의 친화력에서 그것을 본다. 바늘 한끝에 자기(磁氣)를 가하여 보라. 반드시 상반되는 자기가 반대편 끝에서 일어난다.

만일 남쪽이 끌면 북쪽이 반발한다. 이쪽을 텅 비게 하자면 저쪽을 응축시켜야 한다. 이원론은 자연 현상을 이등분의 관점으로 보도록 만든다. 따라서 하나하나의 사물은 그것이 절반이고, 그 절반을 완전한 것으로 만드는 또 하나의 절반이 있다는 것을 암시하고 있다. 예를 들면 정신과 물질, 남성과 여성, 홀수와 짝수, 안과 밖, 위와 아래, 운동과 정지, 긍정과 부정 등이다.

세계는 이처럼 이원성을 띠는 동시에 그 부분 부분도 모두 그러하다. 만물의 모든 조직은 그 하나하나의 부분으로 대표된다. 조수의 간만, 낮과 밤, 남성과 여성 등과 얼마쯤 비슷한 것이 솔잎 하나, 곡물 한 알, 각 동물 종족의 각 개체에 들어 있다. 해와 달과 별이 있는 우주 공간에서 보는 커다란 반동은 이러한 미세한 권내에서도 되풀이된다. 예를 들어 생물학자의 관찰에 따르면, 동물계에서는 어떠한 생물도 특별히 후하게 하늘의 혜택을 받는 것은 없고, 일종의 보상이 저마다의 장점과 단점이 조화를 이루도록 한다는 것이다. 같은 생물의 일부에 어떤 나머지가 더해졌으면 다른 부분에서는 그만큼 줄어들고 있다. 만일 머리와 목이 크면 몸통과 손발은 짧게 되어 있다.

기계력의 원리도 그 하나의 예다. 힘에서 얻는 것은 시간에서 잃고, 시간에서 얻는 것은 힘에서 잃는다. 떠돌이별들 사이의 정기적, 곧 보상의 성격을 지닌 오차도 그 예다. 정치사에서 보는 기후와 토지의 영향도 그것이다. 추운 기후는 몸과 마음에 활기를 준다. 메마른 토지에서는 열병도 악어도 호랑이도 전갈도 자라지 않는다.

또한 이러한 이원론은 인간의 본성과 상태의 밑바탕을 이루고 있다. 지나침은 반드시 모자람을 낳고, 모자람은 반드시 지나침의 원인이 된다. 단맛은 반드시 쓴맛을 내포하고 재앙은 반드시 행복을 내포한다. 쾌락의 용기인 관능은 그것이 함부로 쓰일 때 반드시 그에 상당한 징벌이 주어진다. 쾌락을 절제하면 생명이 따른다. 한 낱의 지혜가 있으면 반드시 한 낱의 어리석음이 있다. 잃은 것이 있으면 반드시 달리 얻은 것이 있고, 얻는 것이 있으면 잃는 것이 있다. 부(富)가 늘어나면, 그것을 쓰는 자도 늘어난다.

수확하는 사람이 지나치게 많이 거두어들이면, 자연은 그 사람으로부터 그 곳간에 거두어들인 만큼 빼앗는다. 그 재산을 불리지만 그 소유주를 죽인다. 자연은 독점과 예외를 미워한다. 큰 바다의 파도가 높이 쳐올린 절정으로부터 급속히 평면으로 돌아가고자 하는 것과 같이, 모든 세태의 변천도 스스로 평형을 되찾고자 한다.

세상에는 언제나 그 무엇인가 평형을 꾀하는 사정이 있어서, 교만한 자와 강자와 부자와 행복한 자를 실질적으로 다른 사람들과 같은 지위로 끌어 내리려고 한다. 어떤 사람이 지나치게 강경하고 사나워서 사회에 맞지 않고, 기질과 지위로 보아 불량 시민이라고 하자. 아니, 일종의 해적 비슷한 감이 드는 인상 사나운 악당이라고 하자. 자연은 그에게 한 무리의 어여쁜 아들딸을 점지한다. 그리하여 그들은 시골 학교 여교사의 반(班)에서 즐거운 날을 보내고, 그 아이들에 대한 어버이로서의 사랑과 걱정으로 그의 무뚝뚝하고 찡그린 상(相)은 부드러워지고 친절해진다. 이처럼 자연은 화강암과 장석을 부드럽게 만들기에 힘쓰고, 늑대를 내쫓고 어린 양을 들여서 자연의 평형을 바르게 유지한다.

농부는 권세와 지위를 훌륭한 것이라고 상상한다. 그러나 대통령은 백악관에 들기 위하여 많은 대가를 치러 온 것이다. 그는 통례로, 마음의 평화와 자신의 최고의 남자다운 특성을 희생한 것이다. 세상 사람들 앞에서 잠시 동안 아주 특출한 겉모습을 이어나가기 위하여, 그는 권좌 뒤에 서 있는 실제 주인공들 앞에서 먼지 먹기를 마다하지 않는다. 또는 좀더 견실하면서도 타고난 재능이 뛰어나고 참을성이 있는 장관을 탐낸다고 해보자. 이것 또한 자유로운 것은 아니다. 의지력 또는 상상력으로 크게 성공하여 몇 천 명을 굽어보는 사람은, 또한 그 높은 지위에 따르는 책임이 있다. 빛이 들어올 때마다 새로운 위험이 따른다. 그가 빛을 소유한다면 그는 그 빛을 증명해야 하며, 끊임없이 활동하는 심령의 새로운 계시에 충실하기 위하여 절실한 만족을 주는 동정까지도 버려야 한다. 그는 부모 처자까지도 미워해야 한다.

세상 사람이 사랑하고 존경하며 부러워하는 모든 것을 소유한다면, 그는 세상 사람들의 찬탄을 돌보지 않고 어디까지나 진리에 충실함으로써, 그들을 괴롭히고, 비웃음과 질책의 대상이 되어야 한다.

이 법칙은 도시와 국가의 법칙이 되기도 한다. 이 법칙을 어기고 건설하며 획책하고 단합(團合)한다는 것은 헛된 일이다. 사물은 오랫동안 그릇되게 대접받는 것을 거부한다(Res nolunt diu male administrari). 비록 새로운 해독을 억제하는 힘이 눈에 보이지 않을지라도 그 힘은 존재하는 것이고 반드시 나타난다. 만일 정부가 포학한 정치를 하면 위정자의 생명은 안전하지 않다. 만일 지나친 세금을 매기면 세입(歲入)은 아예 오르지 않을 것이다.

만일 형법을 피비린내 나는 것으로 만들면 배심관은 죄를 보지 못하게 될 것이다. 법이 너무 무르면 사사로운 복수(復讐)가 들어온다. 만일 정부가 무서운 민주정치를 하면 시민은 그 압제에 기운차게 저항함으로써, 삶의 불꽃은 한층 맹렬히 불탈 것이다. 인간의 참된 생활과 만족은 조건이 지나칠 정도로 엄격하거나 행복한 것을 피하고서, 모든 각양각색의 환경 아래에서 충분히 자유롭게 안정을 꾀하는 것이라고 생각된다. 어떠한 정부 아래에서도 인격의 힘은 언제나 변하지 않는다—터키에서도, 뉴잉글랜드에서도 거의 마찬가지이다. 역사의 거리낌 없는 고백에 따르면, 원시시대의 이집트 압제자 밑에서도 인간은 교양이 허락하는 한 자유로웠음이 틀림없다.

이런 현상은, 우주가 그 분자의 하나하나 전부에 표현되어 있다는 사실을 가리킨다. 자연계의 만물은 자연의 모든 힘을 내포하고 있다. 만물은 속에 숨겨진 하나의 원질(原質)로써 만들어졌다. 예를 들면, 생물학자들이 모든 변형을 통하여 하나의 원형을 봄으로써, 말을 달리는 사람으로, 고기를 헤엄치는 사람으로, 새를 나는 사람으로, 수목을 뿌리 돋친 사람으로 보는 것과 같다. 새로운 형체는 저마다 그 원형의 주요한 특성을 되풀이할 뿐만 아니라 부분은 부분끼리 서로 간의 모든 세목(細目)과, 모든 목적과, 촉진과, 장애와, 활력과 온 조직을 되풀이하는 것이다. 어떤 직업이나 교역이나 기술이나 교섭도 모두 온 세계를 작게 줄여서 그린 그림이며 서로 관련되어 있다. 한 사람 한 사람은 모두가 인생의 완전한 전형이고, 인생의 화복, 그 고난, 그 적, 그 행정, 그 목적을 완전히 상징한다. 그러므로 각자는 어떻게든 완전한 인간에 적응하고, 모든 운명을 되풀이해야 하는 것이다.

자연은 한 방울의 이슬에다가도 제 모습을 둥글게 표시한다. 현미경으로 보아도, 아주 작아서 완전치 못한 미생물이란 없다. 눈·귀·미각·후각·동력·저항력·식욕, 그리고 영원을 포착하는 생식기관—이런 모든 것이 그 미생물의 몸속에 넉넉히 존재한다.

그와 마찬가지로, 우리는 어떠한 행위이고, 그 하나하나에 우리의 온 생명을 불어넣는다. 신이 널리 두루 퍼져 있음을 말하는 참된 교리는 신이 한 조각의 선태(蘚苔) 식물에도, 한 가닥의 거미줄에도 그 모든 영역이 완전히 갖추어진 완전한 모습을 드러내는 것을 말한다. 우주의 참된 가치는 한 가지 한 가지의 모든 점에 가치 그 자체를 쏟아넣으려고 한다. 선이 있으면 악이 있고, 친화가 있으면 반발이 있으며, 힘이 있으면 제한이 있다.

이처럼 우주는 살아 있다. 만물엔 모두 도가 있다. 우리 내부에는 하나의 감정에 속하는 저 영혼도, 밖으로 드러내면 율법이 된다. 우리는 안으로 그 영감을 느끼고, 밖으로 역사에서 그 크나큰 위력을 볼 수 있다. '그것은 세상 안에 들어 있고, 세상은 그것으로써 만들어졌다'는 말[1] 그대로다. 정의는 뒷날에 이루어지는 일이 없다. 인생의 모든 부분에 걸쳐 완전한 공평이 균형을 조절한다. '신의 패쪽은 언제나 한쪽이 무겁기 마련이다.'[2] 세상은 구구단표나 방정식과 같아서, 이것을 어떻게 바꾸어 놓든 스스로 균형이 잡힌다.

어떤 숫자를 우리가 끄집어내든 나타나는 값은 남거나 모자람이 없다. 어떠한 비밀도 드러나고, 어떠한 죄악도 처벌되며, 어떠한 덕도 포상받고, 어떠한 과오도 시정된다. 말없이 눈에 뜨이지 않게, 그러나 확실히. 우리가 말하는 응보라는 것은 우주 필연의 법칙이며, 그 법칙으로 부분이 나타나는 곳에는 반드시 전체가 나타난다. 연기가 보이는 곳엔 반드시 불이 있다. 손과 발이 보이

---

*1 요한복음 제1장 제1절~제5절 참조.
*2 고대 그리스 비극시인 소포클레스의 말로서, 신의 패쪽은 언제나 한쪽이 무겁기 때문에 나오는 면이 정해 있다는 뜻.

면 그것이 붙어 있는 몸통이 보이지 않는 부분에 반드시 있다는 것을 안다.

모든 행위는 양면에서 스스로 보상된다. 다시 말하면 스스로 완전해진다. 첫째는 사물 그 자체에서, 곧 그 내용과 관련된 본질에서, 둘째는 경우와 상태, 그러니까 겉으로 드러난 성질에서 그러하다. 사람들은 겉으로 드러난 상태를 응보라고 한다. 참된 인과응보는 사물 그 자체에 내재하고 심령으로 알아본다. 겉으로 드러난 상태에서의 응보는 지식으로 알아본다. 이것도 사물에서 분리될 수는 없지만 다만 흔히 널리 퍼져서 장기간에 걸쳐 이루어지므로 오랜 세월이 지나야만 분명해진다. 어떤 범죄의 특정한 형벌은, 죄를 지은 뒤 시일이 지나야 나타날 수도 있겠지만, 본디 거기에 곁딸린 것이므로 그것을 면할 수는 없다.

죄와 벌은 같은 줄기에서 자란다. 벌은 그것을 숨기고 있는 쾌락이라는 꽃 속에서 알지 못하는 사이에 익은 열매다. 원인과 결과, 수단과 목적, 씨와 열매는 분리할 수가 없다. 그것은 결과는 이미 원인 속에서 꽃피기 시작했고, 목적은 수단 속에, 열매는 씨 속에 존재해 있었기 때문이다.

이렇게 세계는 완전해지고자 하며 분산하기를 거부하는데, 우리는 이치에 맞지 않게 행동하고, 분열하며, 사사로이 혼자서만 쓰고자 한다. 예를 들면, 우리는 오관의 만족을 꾀하여, 인격의 필요한 것들 가운데에서 오관의 쾌락만을 떼내려고 한다. 인간은 재능을 늘 다음 한 가지 문제를 해결하는 데 바쳐 왔다. 관능에 충실한 감미(甘美), 관능에 충실한 힘, 관능에 충실한 아름다움과 정신에 근거한 감미, 정신에 근거한 깊이, 정신에 근거한 아름다움을 따로 떼어내는 문제, 곧 전혀 내면이 없을 정도로 얇게 그 표면을 떼어 내느냐, 한끝이 없이 한끝만을 베어 내느냐 하는 문제이다.

영혼이 '먹어라' 하고 명령만 하면 육체는 당장 맛있게 먹으려고 한다. '남자는 영육이 다 같이 일체여야 한다'고 심령이 명하면, 육체는 다만 육체만의 합체를 원한다. 그러고 심령이 '덕을 목표로 만사를 다스려라'고 하면, 육체는 다만 그 자체의 목적만을 위하여 만물을 지배코자 한다.

영혼은 만물을 통하여 살고 작용하기 위해 온 마음과 온 힘을 기울여 노력한다. 그 자체가 유일한 사실이고자 한다. 만물은 다만 거기에 더해지는 것이다—권력도, 쾌락도, 지식도, 아름다움도. 어떤 사람은 특히 하나의 이름있는 사람이 되고자 하고, 유달리 자기를 과시하고, 사사로운 이익을 위해서는 푼돈을 다투며 이리저리 바쁘게 돌아다닌다. 특히 차를 타기 위해 차를 타고, 옷을 입기 위하여 옷을 입고, 먹기 위하여 먹고, 남에게 보이기 위하여 지배자가 되고자 한다.

인간은 위대한 존재가 되고자 한다. 관직과 부와 권력과 명예를 얻고 싶어 한다. 그들은 위대해지는 것을 자연의 일부를 얻는 것으로 생각한다. 일면의 쓴맛을 제외한 단맛만을 얻으려고 한다.

이러한 분할과 분리는 반작용을 꾸준하게 불러온다. 오늘에 이르기까지, 그것을 해보려고 한 사람으로서 조금이라도 성공을 거둔 사람은 하나도 없다고 말하지 않을 수 없다. 갈라진 물은 손이 지난 뒤엔 다시 합쳐진다. 전체에서 어떤 부분만을 떼어내려고 하면 쾌락은 즐거운 것에서 곧바로 떨어져 나가고, 이익은 이로운 것에서, 힘은 힘센 물건에서 떨어져 나간다.

우리가 사물의 절반만을 취해서, 그 관능에 따라 좋은 것만을, 그것만 소유하고자 하는 것은 겉이 없는 안만을, 또는 그림자 없는 빛만을 얻으려고 하는 것과 같다. '갈퀴로 자연을 긁어내 보라. 자연은 재빨리 제자리로 돌아올 것이다.'[*3]

인생은 어쩔 수 없는 조건을 지니고 있다. 어리석은 사람은 그것을 피하고자 하고, 또 어떤 사람들은 그런 건 알 바 아니다, 나와는 관계없는 일이라고 큰소리친다. 그러나 그의 큰소리는 입술에서 멎지만, 그의 인생 조건은 그의 영혼에서 떠나지 않는다. 사람이 일면에서 그것을 피한다 해도 다른 위험성이 있는 면에서 그것의 습격을 받는다.

만일 형체나 겉으로는 그것을 피했다 하더라도, 실은 자기 생명에 저항하고, 자기 자신으로부터 도망친 것이므로 죽음은 그에 마땅한 대가라고 할 수 있다. 이와 같이 부담과 이익을 분리하고자 하는 모든 노력은 실패하는 것이 확실하므로, 다음과 같은 경우 이외는 해볼 생각도 안들 것이다. —해본다는 것은 미친 짓이므로— 곧 의지에 일단 반역과 분리의 병이 들면 지혜의 힘은 즉시 물들어, 사람들은 하나하나의 사물에서 신의 완전한 모습을 보지 못하고, 사물의 관능에 충실한 유혹은 보여도, 관능에 충실한 해독은 보지를 못한다.

아름다운 인어의 머리는 보여도, 무서운 용의 꼬리는 보이지 않는다. 따라서

---

*3 로마의 시인 호라티우스의 《서간시집(Epistles)》 제1, 10.

자기가 얻고 싶어 하는 것을 자기가 얻고 싶지 않은 것으로부터 떼어낼 수가 있다고 생각하게 된다. '아, 그대 오직 한 분의 유일한 신이여, 욕망이 한없는 자에게, 피곤을 모르는 신의로써 용서 없는 벌을 내리시며, 묵묵히 지고의 천상에 계신 그대의 참으로 신비로우심이여.'*4

인간의 심령은 전설·역사·법률·격언·회담 따위에 묘사된 사실에 어긋남이 없다. 그것은 무의식 중에 문학 속에서 말한다. 그래서 그리스인들은 주피터(Jupiter)*5를 '최고의 영(靈)'이라고 불렀다. 그러나 전설상 여러 가지 비천한 행위를 그의 소행이라고 하는 것을 보면, 그들은 이렇게 나쁜 신의 두 손을 묶고서 부지불식간에 도리에 맞도록 수정한 것이다. 주피터를 영국의 왕처럼 힘없는 존재로 만들었다. 프로메테우스(Prometheus)*6는 조우브*7도 짐작으로밖에 모르는 하나의 비밀을 말하고 있다. 미네르바(Minerva)*8도 또 하나의 비밀을 알고 있다. 조우브는 자기 자신의 우레만 제 마음대로 못한다. 미네르바가 그 열쇠를 쥐고 있다.

> 모든 신들 가운데 나만이 안다,
> 그 단단한 문을 여는 열쇠를.
> 그 암실(岩室)은 최고 신의 우레의 침소.
>
> (아이스킬로스의 〈에우메니데스〉 중에서)

이것은 만유의 그 내부작용과 그 도의상의 목적을 분명히 고백하는 것이다. 인도의 신화도 이러한 윤리로 끝난다. 또한 어떤 우화치고 도의에 충실하지 않은 것을 고찰해서, 다소라도 세상에 유포되리라는 것은 있을 수 없다고 생각될 것이다. 오로라(Aurora)*9는 자기 애인에게 젊음의 혜택이 길이 머물도록 간

---

*4 성 아우구스티누스의 《참회록》 1권에 있는 구절.
*5 그리스 신화에서, 최고의 신인 제우스의 영어식 이름.
*6 그리스 신화에 나오는 거인. 하늘에서 최고의 신 주피터의 제단의 불을 훔쳐서 인간에게 주고, 그 사용법을 가르쳤기 때문에 최고신의 벌을 받음.
*7 주피터(그리스어로는 제우스)를 뜻하는 또 다른 영어식 이름.
*8 로마 신화에서 지식·학예·발명의 여신(그리스 신화의 아테나).
*9 로마 신화에서 새벽의 여신(그리스 신화의 에오스)으로서 태양신 아폴로를 위하여 동쪽 문을 여는 것이 그녀의 직무이다.

청하지 않았으므로 티토노스(Tithonus)*10는 죽음은 면했으나 늙게 된다. 아킬레우스도 완전한 불사신은 아니었다. 그의 어머니 테티스(Thetis)가 처들은 발꿈치만은 스틱스강에 담그지 않았기 때문이다.

니벨룽겐의 노래(Das Nibelungenlied)*11의 주인공 지그프리트(Siegfried)도 완전히 죽지 않는 존재는 아니다. 그가 용의 피로 목욕할 때 잎새 하나가 그의 등에 떨어져, 그 잎에 덮인 부분만은 죽음을 면할 수 없었기 때문이다. 이것은 그렇지 않을 수 없다. 만물에는 반드시 신이 준 흠집이 있다.

이런 다양한 사실은, 인간의 공상이 대담한 환락을 취하고 낡은 율법에서 벗어나고자 하는 분방한 시가(詩歌) 속으로까지, 늘 알지 못하는 사이에 스며든 것이 아닌가 생각한다─이러한 역습과 총포의 반격이야말로 그 율법이 확실한 것, 곧 자연에서는 그저 주어지는 것은 아무것도 없고, 만물은 모두 대가를 받고 팔린다는 것을 입증한다.

여신 네메시스(Nemesis)*12는 자유를 감시하면서, 어떠한 죄를 지어도 벌받도록 한다. 복수의 여신군 퓨리즈(Furies)는 정의의 여신의 시녀들로서, 태양이라도 그 길을 잘못 들어 죄를 지을 때에는, 여신들의 벌을 받는다. 시인들의 이야기에 따르면, 석벽·철검·혁대도 그 소유주들이 받은 재난에 신비스럽게 감응했다는 것이다. 이를테면 아이아스(Aias)*13가 헥토르(Hector)*14에게 준 허리띠는 이 트로이 용사를 아킬레우스의 수레바퀴에 묶어서 전장으로 끌고 다니는 띠가 되었고, 헥토르가 아이아스에게 준 칼은, 그 칼 끝에 아이아스 자신이 쓰러진 칼이 되었다. 그 시인들은 또한 이렇게 기록하였다─곧 타시아인(Thasians)*15이 경기의 승리자 테아게네스(Theagenes)*16를 위하여 입상을 세웠을 때, 그 상대 패배자의 한 사람이, 밤에 몰래 이 상을 찾아가서, 그것을 쓰러

---

*10 트로이왕 라오메돈의 아들인데 오로라 여신의 사랑을 받아 결혼하고, 최고의 신으로부터 죽지 않는 생명을 받았지만 불행히도 여신이 영원히 늙지 않는 젊음을 간청하지 않았기 때문에 노쇠한 채 죽지 않아 매우 고통을 받았다.

*11 12세기 이전에 튜턴 민족 사이에 전해진 중세 독일의 영웅서사시.

*12 선악 두 가지 운명을 사람에게 균등히 분배하는 신. 너무 행복한 자에게는 화를 주고, 악한 자에게 신벌을 내린다.

*13 트로이 전쟁 중 아킬레우스 다음 가는 용사.

*14 트로이 국왕 프리아모스의 아들, 트로이 전쟁 때 트로이 군의 거물.

*15 고대 그리스 다도해의 북방 타소스 섬에 사는 사람들.

*16 기원전 480년 올림피아 제전에서 월계관을 획득한 유명한 장사.

뜨리고자 잇달아 때려서 드디어 상을 받침돌로부터 움직여 낼 수는 있었으나, 그것이 쓰러질 때 자신이 거기에 깔려 죽었다.

우화의 이 목소리에는 무엇인가 거룩한 것이 깃들어 있다. 그것은 작가의 의지보다 높은 사상에서 온 것이다. 그것이 바로 어느 작가든지 그들의 핵심 부분이어서, 거기에는 아무런 사사로운 것이 개입되어 있지 않고, 작가 자신도 모르는 것이며, 작가의 타고난 것에서 자연히 흘러나온 것이지, 결코 무리로 꾸며진 것은 아니다. 그것은 한 사람의 작가를 연구해서는 쉽사리 발견할 수 없고, 많은 작가를 연구해야만 비로소 전체의 정신으로서 추출해 낼 수 있다. 피디아스(Phidias)[17] 그 사람이 아니라, 초대 그리스 세계에서 인간의 작품 그것을 나는 알고자 하는 것이다.

피디아스의 이름과 사적은 그것이 아무리 역사에는 편리할지라도, 최고의 비평 단계에 이르러서는 오히려 방해가 된다. 그 시대에서 인간들이 하고자 한 것, 그러나 그때에 인간 활동을 이어주는 기관이었던 피디아스와 단테, 또는 셰익스피어 등의 간섭하는 듯한 의지작용으로 말미암아 인간들은 그들의 하는 일에 방해를 받았거나, 또는(이렇게 말한다면) 그 일이 변경되지 않을 수 없었던 것, 그것을 우리는 보아야 하는 것이다.

한층 더 현저하게 이 사실이 표현되어 있는 것은 각 국민의 격언이다. 격언은 언제나 이성(理性)의 문학이며, 아무런 수식도 없는 절대 진리의 말이다. 격언은 말하자면 각 국민마다 성전과 같이 직관의 성스러운 곳이다. 외관에만 얽매여 있는 어리석은 세상은 현실론자의 솔직한 발언을 허용치 않지만, 격언을 써서 그것을 말하면 방해하지 않고 내버려 둘 것이다. 그리고 설교단이나 의사당이나 대학에서 공인하지 않는 이 율법 중의 율법은 모든 시장이나 공장에서 격언의 날개를 타고 시시각각 선전되고 있으며, 그 격언의 가르침은 새나 파리의 그것과 마찬가지로 참된 것이고, 미치지 않는 곳이 없다.

모든 것은 모두가 안팎이 있고, 이것과 저것이 상대한다.—오는 말이 있으면 가는 말이 있다. 눈은 눈으로, 이(齒)는 이로, 피는 피로, 자(尺)는 자로, 사랑에는 사랑으로 돌아온다.[18] 주어라, 그러면 너희도 받을 것이다.[19]—남을

---

*17 기원전 500년 무렵에 나서 436년에 죽은 아테네의 유명한 조각가.
*18 출애굽기 제21장 24절 참조.
*19 누가복음 제6장 38절 참조.

적시고자 할진대는 스스로 물에 들어가야 하느니라—신이 말하기를, 너는 무엇을 원하느냐, 먼저 값을 치르고서 그것을 취하라—호랑이 굴에 들어가지 않고서는 호랑이를 잡을 수 없다—네가 한 일에 대해서는 반드시 그만한 보답이 올 것이다, 적지도 많지도 않게—일하지 않은 자 먹지도 말지어다—해를 생각하면 도리어 해를 입는다—저주는 언제나 저주하는 자의 머리 위에 돌아온다—쇠사슬로 노예의 목을 묶으면, 그 한 끝은 반드시 자신의 목에 묶인다—흉계를 가르치면 가르친 자가 거기에 걸린다—악마는 바보다.

이렇게 기록된 것은 결국 인생이 그러하기 때문이다. 우리 행위는 자연 법칙에 따라 우리의 의지 이상으로 제어되고 특색이 더해진다. 우리는 공익에서 완전히 벗어난 보잘것없이 작은 목적을 노리는 수가 있지만, 우리 행위는 어쩔 수 없는 자력에 끌려 스스로 세계의 두 개의 극과 하나의 선에 합치한다.

사람은 그가 하는 말이 곧 자신에 대한 판단이 아닐 수 없다. 자기가 원하든 않든, 그는 말 한마디 한마디로 상대의 안전에 자화상을 그린다. 어떠한 의견이든지, 그 말을 하는 자에게 반응한다. 그것은 말하자면 목표를 향하여 던져진 실꾸리인데, 그 한쪽 끝은 언제나 던진 사람의 주머니 속에 있다. 아니, 오히려 고래에게 던져진 창 같아서, 그것이 던져지자 배 안의 밧줄이 풀리면서 날아간다. 그런데 창이 나쁘거나 던지는 방법이 서투르면 키잡이를 베어 두 쪽으로 내거나 배를 침몰시킬 우려가 있다.

여러분은 스스로 해를 입지 않고서 남에게 해를 입힐 순 없다. '자존심을 가진 자는 반드시 그 칼 끝으로 자기를 상한다'고 버크(Burke)*[20]는 말했다. 사교생활에서 배타성을 띠는 사람은 환락의 독점을 시도함으로써 도리어 자신을 거기에서 멀어지게 한다는 것을 알지 못한다. 종교상의 배타주의자는 다른 사람을 천국에 들어오지 못하게 함으로써 도리어 자신이 들어갈 천국의 문을 닫는다는 것을 알지 못한다. 사람을 장기의 졸이나 나인핀스(ninepins)의 나무 기둥처럼 대접하는 사람은 결국 저도 같은 꼴을 당한다. 여러분이 상대의 마음을 무시하면 여러분의 마음도 무시당한다. 식견 여하에 따라서는 모든 사람을—여자도 아이들도 가난한 사람도—모두 물건으로 만들 수 있다. '지갑에서 얻지 못하면, 그의 살갗에서 얻으리라'라는 속언은 확실히 일리 있는 말

---

* 20 1730~1797. 아일랜드 태생의 정치가·웅변가·저술가.

이다.

우리의 사회 관계에서 사랑과 평등에 어긋나는 행위는 모두 신속히 벌을 받는다. 그 벌은 공포라는 벌이다.

내가 남과 욕심 없고 깨끗한 관계에 있는 동안에는 그를 만나도 결코 불쾌감을 갖지 않는다. 물이 물을 만나듯 두 갈래의 기류가 합치듯, 본질적으로 완전하게 섞이고 어우러짐을 정하여 약속한다. 그런데 일단 단순함에서 벗어나 편파를 꾀할 때엔, 다시 말해 나에게만 좋고 그에게는 불리한 것을 시도할 때면 우리의 이웃은 당장 그 부당함을 직감한다. 이리하여 그가 나를 회피하는 만큼 나도 그를 회피한다. 그의 눈은 더 이상 내 눈을 찾지 않고, 두 사람의 중심에는 싸움이 벌어져 그는 증오를, 나는 공포를 품는다.

일반성을 띤 것이건 특수성을 띤 것이건 사회의 오랜 악습의 일체, 재산이나 권력의 부당한 축적의 일체, 이런 것은 모두 같은 방법의 복수를 받는다. '공포'는 큰 지혜를 가진 교훈자이고 모든 혁명의 사자이다. 그것이 가르치는 한 가지 것, 말하자면 그 모습이 나타나는 곳에 반드시 부패가 있다는 것이다.

그것은 썩은 고기를 먹는 까마귀여서, 그것이 무엇을 찾아 헤매는지를 우리는 모른다 하더라도 반드시 어딘가에 죽음이 있는 것이다. 우리의 재산은 소심함이고, 우리의 법률은 소심함이며, 우리의 지식계급은 소심함이다. 공포는 오랫동안 정부와 재산 위에 모습을 나타내어, 상을 찌푸리고 기분 나쁘게 지껄인다. 이 불길한 새는 괜히 나타나는 것은 아니다. 그것은 반드시 혁신되어야 하는 큰 악폐가 있음을 암시한다.

우리가 자의적 활동을 머뭇거리게 되면 즉시 일어나는 어떤 변화에 대한 기대도 같은 성질을 갖는다. 구름 한 점 없는 한낮의 공포, 폴리크라테스의 취옥,[21] 번성의 공포, 모든 도량 넓은 사람들로 하여금 고귀한 금욕주의와 몸을 바꾸어 희생을 감수하는 덕을 스스로 부과하는 본능, 이런 것들은 인간의 마음과 정신 위에서 정의의 저울대가 흔들리는 표적이다.

세상 일에 경험이 풍부한 사람은 세상을 살아가는 과정에서 거기에 어울리는 부담을 지는 것이 무엇보다 훌륭한 일이고, 자질구레한 검약은 이따금 손

---

*21 Polycrates는 기원전 6세기쯤 사모스의 왕. 그는 자신이 너무 행복하여 신들의 질투를 받을까 두렵다는 이집트 왕의 충고를 받아들여 값비싼 취옥(에메랄드)이 박힌 황금 반지를 바다에 던짐.

해를 본다는 것을 잘 알고 있다. 채무자는 결국 자신에게 채무를 지는 것이다. 백 가지 은혜를 입으면서도 하나도 보답하지 않는 사람은 과연 어떤 득을 보는가. 게으름과 간사한 지혜를 통하여 이웃 사람의 물건·말·돈 따위를 꾸어 쓴 사람은 과연 이득을 본 것인가.

그 행위가 있는 즉시에 한쪽은 은혜를 베풀었다는 생각, 그리고 상대는 은혜를 받았다는 생각을 하게 된다. 말하자면 나은 사람과 못한 사람의 차이가 생긴다. 이 교섭은 그 자신과 그 이웃사람의 기억에 남는다. 그리하여 새로운 교류가 있을 때마다 그 성질 여하에 따라서 그들 서로 간의 관계는 달라진다. 이리하여 사람은 이웃사람의 마차에 타느니보다 자기의 뼈를 분지르는 것이 낫다는 것을 알고, '물건을 얻는 것보다 값이 비싼 것은 없다'는 것을 깨닫게 된다.

현명한 사람은 이 교훈을 인생 모든 일에 확대시킬 것이고, 모든 청구자를 떳떳이 대면하여 여러분의 시간, 여러분의 기능과 심정에 대한 정당한 요구의 대가를 모두 치르는 것이 신중한 길이라고 깨닫게 될 것이다. 언제나 반드시 치르도록 하라. 왜냐하면, 머지않아 여러분은 여러분의 온 빚을 치러야 할 것이기 때문이다. 여러 가지 사람과 사건이 잠시 동안 우리와 정의 사이를 가로막는 수가 있겠지만, 그것은 잠시 잠깐 동안의 기한 연장에 불과하다.

결국 여러분은 자신의 빚을 치러야만 한다. 만일 여러분이 현명하다면 번영은 다만 짐을 더해 주는 것뿐이라고 생각하고서 두려워할 것이다. 은혜는 자연의 목적이다. 그러나 여러분이 받는 모든 은혜에 대하여는 세금이 매겨진다. 가장 많은 은혜를 베푸는 사람은 위대하다. 다른 사람의 은혜를 받으면서 아무것도 주는 것이 없는 사람은 추하다. 이거야말로 이 우주에서 유일하게 추한 일이다. 대자연의 질서로서 우리는 자기가 은혜를 받은 자들에게 그것을 보답할 수 없다 해도 이는 아주 드문 일이다.

그러나 우리가 받는 은혜는 글 한 줄에는 글 한 줄로써, 한 가지 행동에는 한 가지 행동으로써, 한 푼에는 한 푼으로, 반드시 갚아야 한다. 여러분 손안에 지나치게 많은 이득이 남아 있지 않도록 유의하라. 그것은 즉시 썩어서 벌레가 생길 것이다. 어떻게 해서든 그것을 빨리 갚도록 하라.

노동도 마찬가지로 용서 없는 법칙의 감시를 받는다. 생각 있는 사람은 가장 값싼 노력은 가장 값비싼 노력이라고 말한다. 비 한 자루, 깔개 한 장, 차 한

대, 칼 한 자루를 살 때, 우리가 얻는 것은 결국 일상 수요에 적용되는 양식이다. 여러분의 정원에는 숙련된 정원사를 쓰는 것이 좋다. 곧 정원 가꾸기에 적용되는 양식을 얻는 것이 중요하다. 뱃사람에게서는 항해에 적용되는 양식을, 집 안에서는 요리·재봉·봉사에 적용되는 양식을, 지배인에게서는 계산·사무에 적용되는 양식을 얻는 것이 중요하다. 이렇게 함으로써 여러분은 여러분의 존재를 몇 배나 증대시키는 것이고, 여러분의 영지 전체에 자신을 펼치는 것이다. 그러나 사물은 이원 조직으로 되어 있으므로 생활의 과정에서와 마찬가지로 노력의 과정에서 사기는 있을 수 없다. 도둑은 결국 자신에게서 훔치는 것이고, 사기꾼은 결국 자신을 속이는 것이다.

　왜냐하면 노력의 진가는 지혜와 덕이고, 부나 명예는 그것을 겉으로 나타낸 것에 불과하다. 이렇게 겉으로 나타내는 것은 지폐와 같아서 위조할 수도 있고 도둑맞기도 한다. 그러나 이것이 대표하는 것, 이를테면 지혜와 덕은 위조될 수도 없고, 도둑맞을 수도 없다. 이러한 노력의 목적은 마음의 진실한 노력과 순수한 동기에 따름으로써만 도달할 수 있다. 노력하는 사람이 그 성실한 배려와 노력으로써 획득하는 물질, 정신과 관련된 요소의 지식은 사기꾼·위약자·도박꾼이 아무리 애써도 얻을 수 없는 것이다. 자연의 법칙은 이것이다. 다시 말하면 일을 하라, 그러면 힘을 얻을 것이다. 그러나 일을 하지 않는 사람은 힘을 얻지 못한다.

　인간의 노동은 그 모든 형태를 통하여, 이를테면 말뚝 하나를 깎는 것으로부터 도시를 건설하고, 한 편의 서사시를 구성하는 일에 이르기까지, 우주가 제공하는 완전한 보상의 하나의 굉장한 예증이다. 주기(Give)와 받기(Take) 사이의 절대 균형, 만물에는 반드시 그 값이 있다는 설,—만일 그 값을 치르지 않는다면, 그 물건이 아니라 다른 어떤 것이 들어온다는 것, 그리고 값을 치르지 않고서는 아무것도 얻을 수 없다는 것—이것은 가계부의 수지란에서나 국가 예산, 명암 법칙, 자연계의 작용과 반작용, 모든 법칙에서와 마찬가지로 엄연한 사실이다. 사람들이 누구나 잘 알고 있는 세상 사물의 경로에 들어 있는 가장 중요한 법칙, 끝 끝에도 빛나고, 납추와 자로 잴 때에도 나타나며, 한 나라의 역사에도, 가게 앞의 게시대에도 명백히 드러나는 이 엄숙한 윤리—이것이 사람들에게 자기 일을 하도록 권장하고, 비록 말은 하지 않더라도 그들이 자기 일을 고귀한 것으로 여기도록 하는 바로 그것이다.

덕과 자연이 연합하면 만물은 악에 대적하는 전선을 이룬다. 이 세계의 아름다운 법칙과 그 실체는 반역자를 꾸짖어 나무라고 매질한다. 만물은 진리와 행복을 위하여 알맞게 배치되어 있을 뿐, 악인이 숨을 곳은 이 넓은 세상엔 한 군데도 없다는 것을 그는 깨닫는다. 일단 죄를 저질러 보라. 대지는 투명한 유리판이 될 것이다. 일단 죄를 저질러 보라. 눈 쌓인 벌판에서 여우·다람쥐·두더지 등의 하나하나의 발자국이 숲속에 드러나고야 마는 것처럼 당장 지상에 깔린 듯이 보일 것이다. 한번 입 밖에 나간 말은 취소할 수 없고, 한 번 디딘 발자국은 씻어도 지워지지 않는다. 입구도 실마리도 보이지 않도록 사다리를 끌어올려 버릴 수는 없다. 죄의 정황은 반드시 드러나는 법이다. 대자연의 법칙과 실질—물·눈·바람·중력—은 도둑이 받는 형벌이 된다.

반면, 이 법칙은 모든 옳은 행위에도 어김없이 똑같이 적용된다. 사랑하라, 그러면 사랑을 받을 것이다. 모든 사랑은 대수방정식의 두 항과 같이, 완전히 수학처럼 정확하다. 선인(善人)에게는 절대 선이 있어서, 그것은 불처럼 만물을 그 본성으로 환원시키므로 우리는 그에게 아무런 해도 입힐 수가 없다. 나폴레옹 정복에 파견된 왕군이 나폴레옹이 접근하는 것을 보자, 군기(軍旗)를 내팽개치고는, 적이 하루 아침에 아군으로 변했던 것과 같이, 질병·능욕·빈곤 등 모든 재난은 즉시 행복으로 변한다.

> 바람은 불고 파도는 넘실거리며,
> 용기 있는 사람에게 힘과 권력, 신성을 준다.
> 그렇지만 그것들 자체는 아무 것도 아니로구나!
> (워즈워스의 〈도버 근처(Near Dover)〉에서 인용)

선인은 그 약점과 결점에 의해서까지도 도움을 본다. 어떤 사람이든 그가 가진 자만의 태도가 그에게 반드시 해를 끼치듯이, 누구나 그의 결점이 어딘가에서 그에게 반드시 도움이 되기 마련이다. 우화 속에 나오는 수사슴은 제 뿔을 칭찬하고 제 다리를 욕했는데, 사냥개가 왔을 때에는 그 다리 덕분에 살고, 그 뒤에는 도리어 뿔이 가지에 걸려서 죽었다.[22] 누구나 살면서 자기 결점

---

*22 이솝우화 제66화.

에 감사해야 할 때가 있다.

누구나 그가 진리와 씨름을 한 뒤가 아니면 그것을 충분히 이해할 수 없는 것과 마찬가지로, 사람은 자기 단점으로 고생을 하고 나서, 자기에게 없는 장점을 결국 극복하여 얻은 것을 깨달을 때까지는 인간의 장점과 단점을 완전히 파악할 수 없는 것이다. 그에게 사교생활에 어울리지 않은 기질상의 결점이 있을 경우에는 어떠한가. 그는 그 덕분으로 혼자 자신을 즐기고, 스스로 애쓰는 습관을 갖게 된다. 그리하여 상처 입은 굴과 같이 그 껍질을 진주로 수리한다.

우리의 힘은 우리의 약점에서 자란다. 분노는 보이지 않는 힘으로 무장하고서, 우리가 돌격을 당하고, 찔리고 심한 공격을 받을 때가 되면 비로소 눈을 뜬다. 위대한 사람은 언제나 스스로 자기를 낮추려 한다. 안이(安易)와 편리의 방석에 앉아 있노라면 그도 저절로 잠이 든다. 충격을 받고는 고뇌하고, 패배할 때에 그는 비로소 무엇인가 배울 기회를 잡게 된다.

그는 지혜를 얻고, 용기를 얻으며, 사실을 파악하고, 자기의 무지를 깨달으며, 자만의 망상에서 깨어나고, 절제와 진정한 숙달을 얻는다. 현인은 도리어 자기의 적의 손에 몸을 내던진다. 내 약점이 보이는 것은 적의 이익이라기보다는 자기의 이익이다. 적이 가한 상처는 나아서 딱지가 되어 죽은 겉가죽처럼 떨어진다. 그리하여 적이 개가를 올릴 때쯤 되면, 보라, 그는 이제 불사신이 되어 있다. 비난이 칭찬보다 안전하다.

나는 신문지상에서 변호받는 것을 싫어한다. 나에 대한 말이 하나에서 열까지 모두 내게 불리한 동안에는 나는 성공에 대한 어떤 확신을 느낀다. 그러나 일단 꿀같이 달콤한 칭찬의 말이 내게 가해질 때에는, 즉시 나는 아무런 방비 없이 적진에 나선 사람과 같은 느낌을 받는다. 대체로 어떠한 선악도 우리가 거기에 굽히지 않는 한 그 하나 하나는 모두 은인이다. 샌드위치 섬의 원주민들은 자기네가 죽인 적의 힘과 용기가 자기네들에게 옮아오는 것으로 믿는다. 그와 같이 우리는 우리가 저항하는 유혹으로부터 도리어 힘을 얻는다.

우리를 보호하여 재난과 결점과 적의 손안에 빠지지 않게 하는 수호자는 우리의 의지에 따라서, 우리를 이기심과 기만하는 태도에 빠지지 않도록 지켜준다. 빗장과 철책이 우리의 최선의 제도라고 할 수는 없다. 상업상의 약빠르고 간사한 꾀 또한 지혜의 표시는 아니다. 사람은 기만을 당할지도 모른다는 어리석은 미신에 사로잡혀 평생을 고생한다.

그러나 사람은 자신에게나 기만당했으면 당했지 결코 어떤 사람에게도 기만당할 수가 없다. 이것은 마치 어떤 물건이 동시에 존재하고 또 존재하지 않는다는 것이 있을 수 없는 것과 같다. 우리의 모든 인간 교류에는 말 없는 제삼자가 반드시 참여한다. 사물의 본질과 핵심은 모든 계약의 이행을 스스로 맡아 보증한다. 그러므로 정직한 노역은 결코 손실로 끝나는 일이 없다. 여러분이 노력을 바치는 주인에게 고마워할 줄을 모른다면 더욱더 충성을 다하라. 부채는 신에게 맡겨라. 하나하나의 노역이 모두 보상받을 것이다. 지급이 지체되면 될수록 여러분에게는 더욱 좋다. 복리에 복리를 가산하는 것은 신(神)인 이 출납 담당의 이율이고 관습이기 때문이다.

박해의 역사는 자연을 속이고, 물을 거슬러 흐르게 하며, 모래로써 새끼를 꼬고자 노력한 역사이다. 그 연출자가 다수이든 한 사람이든, 이를테면 폭군이든 폭도이든 상관없다. 폭도란 일부러 이성을 버리고, 이성의 작업을 방해하려는 무리들의 한 집단이다.

폭도는 스스로 짐승의 본성으로 타락하는 인간이다. 그들이 활동하기 좋은 때는 밤이다. 그 행동은 그 온 조직과 마찬가지로 정상이 아니다. 폭도는 원리 원칙을 박해하고, 올바른 도리에 매질하며, 이런 것을 소유하는 사람들의 가산과 신체에 불지르고, 폭력을 행사함으로써, 정의에 송진(松津)과 새털의 형벌[23]을 가하는 것이다. 이것은 마치 천체 위에 빛을 쏟는 서광을 꺼보려고 소화기를 가지고, 달음질치는 아이들의 장난과 비슷하다.

불가침의 영은 악을 저지른 자에게 반드시 원한의 화살을 돌린다. 순교자가 능욕을 당하는 일은 없다. 그가 맞은 하나하나의 매는 명예를 외치는 혀가 된다. 감옥은 모두가 한층 더 빛나는 궁궐이 되고, 불에 태운 책이나 집은 모두 세상에 광채를 던지며, 억압되고 말살된 언론은 세계의 구석구석에서 반향해 온다. 정상으로 사물을 숙고하는 시간이 개인에게 오는 것과 마찬가지로 사회에도 온다. 그때가 되면 진리를 인식하고, 순교자는 의(義)에 속한다.

이리하여 모든 것은 주위 상황에 관심을 두지 말 것을 드높인다. 인간은 곧 모든 일이다. 온갖 사물에는 선과 악의 양면이 있다. 모든 편익에는 무거운 부담이 따른다. 나는 이것을 배우고 스스로 만족한다. 그러나 보상 이론이, 이러

---

[23] 이것은 중세부터 행해져 온 사사로운 형벌의 하나로서, 송진을 끓여서 죄인의 몸에 바르고, 그 위에 새털을 밀착케 하여 숨구멍을 막아버리는 형벌이다.

나저러나 별 차이 없다는 이론은 아니다. 소견 없는 사람은 이런 설을 듣고서 말하리라—선행이 무슨 이익이 있느냐. 선악은 결국 매한가지 일이다. 어떤 이로운 일이 있으면, 나는 거기에 대가를 치러야 한다. 어떤 손실을 보면 달리 어떤 이익을 얻는다. 이러니 온갖 행위는 이러나저러나 별 차이가 없다고.

영혼에는 보상보다 한층 더 깊은 사실, 곧 영혼 그 자체가 있다. 영혼은 보상이 아니고 하나의 생명이다. 영혼은 실재한다. 완전한 균형을 이루며, 물이 빠졌다가 다시 차는 이 큰 바다와 같은 현상세계의 파도 밑에, 참된 '존재'라는 근원을 이루는 깊은 못이 가로놓여 있다. '본체 곧 신'은 상대성을 띠는 관계가 아니고, 또한 부분이 아니고 전체이다. '존재'는 부정을 포함하지 않는, 넓고 커서 끝없는 긍정이며, 스스로 균형 잡히고 모든 관계와 부분과 시간을 그 자체에 포함한다.

자연·진리·덕, 모두가 여기에서 흘러나오는 물줄기다. 악은 이 '존재'가 빠져 있고 거기에서 벗어난 것이다. '무(無)'와 '허위'는 큰 '밤'으로서, 곧 살아 있는 우주가 그 모습을 나타내기 위한 배경인 그림자로서 존재하는 수가 있겠지만, 아무런 사실도 거기에서 생겨나지 않고 활동할 수가 없다. 그것은 실재하지 않기 때문이다. 그것은 어떠한 선도 이루지 못하고 어떠한 악도 이루지 못한다. 그것이 해로운 것은, 실재하느니보다 실재하지 않는 것이 한층 더 좋지 않기 때문이다.

죄인은 완강하게 악에 집착하지만, 눈에 보이는 이 세계의 어디에서든 위기에 부닥치거나 심판을 받는 일이 없으므로, 우리는 악행에 당연히 내려야 할 마땅한 보복에 기만당한 느낌을 갖는다. 또한 인간이나 천사 앞에서 그의 부당한 언행을 철저히 논박할 기회도 없다. 그렇다면 악인은 결국 가장 중요한 법을 속여 넘긴 것일까. 그러나 그가 악의와 허위를 몸에 지니는 한, 그만큼 그는 자연에서 벗어나 생명을 잃는 것이다. 무슨 방법으로든지 그 악은 또한 오성 앞에 드러날 것이고, 우리가 그것을 인식하지 못한다 하더라도, 이 악이라는 중대한 손실은 영원의 총결산에서 공제될 것이다.

반면, 정직의 이득은 어떤 손실을 입어야 얻을 수 있다고 말할 수는 없다. 덕(德)에는 아무런 벌이 내려지지 않고, 지혜에도 아무런 벌도 내려지지 않는다. 덕이나 지혜는 실재하는 당연한 부수물이다. 덕이 있는 행위에서 나는 정당하게 실재하고, 덕이 있는 행위에서 나는 세상에다 무엇인가를 보탠다. '혼돈'과

'무(無)'를 정복한 뒤에 남은 사막에, 나는 나무를 심고, 어둠이 서서히 지평선 너머로 물러가는 것을 본다. 사람에는 지나침이 없고, 지식에도 지나침이 없으며, 아름다움에도 지나침이 없다. 이러한 속성이 아주 순수한 의미에서 해석되는 한 지나침이란 있을 수 없다. 심령은 제한을 용서하지 않고 언제나 '낙천주의'를 주장할 뿐 결코 '염세주의'를 말하지 않는다.

인간의 생명은 하나의 진보이다. 머무름이 아니다. 그 본능은 믿음이다. 우리의 본능은 '많이'라든지 '적게'라는 말을 사람에게 적용하여 쓰는데, 그것은 영혼의 실재를 말하는 것이지, 그 부재를 말하는 것은 아니다. 다시 말하면 용감한 사람은 비겁한 사람보다 한층 위대한 것이고, 진실한 사람, 자비로운 사람, 현명한 사람은 어리석은 사람이나 무뢰한보다 한층 더 인간성이 풍부하다는 것이지 야박하다는 것은 아니다. 미덕상의 이득에는 아무런 세금도 매기지 않는다. 그것은 신 자신, 다시 말해 비교를 초월한 절대 존재의 수입이기 때문이다. 물질상의 이득에는 세금을 매긴다. 그것은 아무 공도 노력도 없이 얻어졌다면, 나에겐 아무런 근거가 없는 것이니, 다음에 바람이 불어오면 날아가고 마는 것이다.

그러나 온갖 자연의 이득은 영혼의 이득이다. 자연의 정당한 화폐로써 대가를 치르면, 이를테면 심장과 두뇌가 주는 노력으로써 대가를 치르면, 그것을 소유할 수 있다. 나는 이젠 내가 벌지 않은 이득이 굴러 떨어지기를 바라지는 않는다. 예를 들면, 땅에 묻힌 황금 단지를 얻겠다는 생각은 하지 않는다. 결국에는 새로운 부담이 거기에서 비롯되리라는 것을 알기 때문이다. 나는 이 이상의 외형적 이득을 바라지 않는다―재산도, 명예도, 권력도, 인물도. 이득은 실속 없는 것이고, 세금 매기는 것은 어디까지나 확실하다.

그러나 보상의 이치는 엄연히 존재한다는 지식, 보물을 파내는 것은 바랄 것이 못된다는 지식 등에는 세금을 매기지 않는다. 나는 이런 마음 상태로 청명한 영원의 평화를 즐긴다. 나는 가능한 재해의 영역을 축소한다. 이리하여 나는 성 버나드(St. Bernard)*24의 지혜를 배운다―말하자면 '나 자신 이외의 아무것도 나를 해치지 않는다. 내가 받는 해는 내가 지니고 있는 것이며, 나는 내 자신의 과실에 의해서만 진정한 피해자다'라고 한 말을.

---

*24 1090~1153. 프랑스의 유명한 사제.

영혼의 본질 속에 경우의 불공평에 대한 보상이 있다. 자연의 근본 비극은 '많음(多)' '적음(少)'의 구별, 바로 그것인 것 같다. '적은' 사람이 어찌 고통을 느끼지 않을 수 있겠는가. '많은' 사람에 대해서 어찌 분격이나 악의를 품지 않을 수 있겠는가. 재능이 적은 사람들을 보라. 누구나 언짢은 생각을 하는데, 그렇지만 그 재능을 어떻게 할 것인지를 모른다. 누구나 거의 그의 시선을 피한다. 그들이 신을 원망하지나 않나 두려워한다.

그들은 어떻게 해야 할 것인가. 이것이야말로 대단히 불공평한 것으로 생각한다. 그러나 좀더 사실을 가까이 살펴보면, 이런 엄청난 불공평은 사라진다. 사랑은 태양이 바다의 빙산을 녹이듯이 이런 불공평을 없애버린다. 모든 사람의 심정과 정신은 본디 같으므로, 이러한 '네 것', '내 것'의 비극은 사라진다. 그의 것은 결국 내 것이다. 내가 곧 내 형제이고, 내 형제가 곧 나이다. 만일 내가 위대한 이웃 사람의 그늘에 묻히어, 그에게 뒤졌다는 감을 갖더라도, 나는 사랑할 수 있고, 받아들일 수 있다.

따라서 사랑할 수 있는 사람은 그 사랑하는 위대한 것을 자기 소유로 한다. 이리하여 나는 다음의 사실을 발견한다. 내 형제는 가장 친절한 마음으로써 나를 위하여 일하는 나의 보호자이고, 내가 그처럼 우러러 보고 부러워했던 그 지위는 바로 내 것이라고. 영혼의 본성은 모든 것을 개인의 사사로운 쓰임에 충당하는 데 있다. 예수도 셰익스피어도 이 영혼의 한 조각이어서, 우리는 사랑으로써 그러한 사실을 극복하고, 그것을 자기 의식의 영역 안에 받아들인다. 예수의 덕, 그것이 바로 내 것이 아닌가. 셰익스피어의 지혜, 그것이 내 것으로 될 수 없는 한, 그것은 지혜라 할 수 없다.

자연에서의 재해의 역사 또한 그러하다. 때때로 인간이 번영을 파괴하는 변화는 성장을 법칙으로 하는 자연의 광고이다. 모든 영혼은 그 본질된 필요에 못이겨, 그 사물의 온 조직·그 동료·집·법칙·신앙을 내버리려고 하는 것이다. 마치 조개와 같이 이젠 그 발달에 어울리지 않으므로, 아름다운 그러나 딱딱한 그 껍데기로부터 기어나와 점차 새 집을 이루는 것이다. 그 사람 개인의 기력에 따라서는 이러한 혁명은 빈번하고, 한층 복된 사람의 경우에는 그것이 끊임없이 일어난다.

그리하여 이 세상의 온갖 관계는 거의 그 사람을 속박함이 없이, 말하자면 하나의 유동체의 투명한 엷은 막으로 되기 때문에, 그 살아 있는 모습이 들여다보이고, 결코 대부분의 사람의 경우처럼 많은 세월의 이종잡다한, 어떠한 생물의 특성 없는 조직 속에 유폐되지 않는다. 이리하여 거기에 발전과 확장이 있는 것이며, 오늘의 인간은 어제의 인간을 거의 인식하기 어렵다. 시간의 흐름 속에서 겉으로 드러난 인간의 전기는 마땅히 이러해야 할 것이다. 이를테면 그가 날마다 옷을 갈아입듯이, 하루하루 생명 없는 환경은 벗어 버려야 한다. 그러나 우리는 언제나 머무름의 상태에서, 나아감이 없이 서서 쉬고, 신의 섭리인 발전에 협력하지 않고 도리어 저항하므로 이런 성장은 갑작스럽고 큰 충격으로 되어 닥쳐오는 것이다.

우리는 우리의 친구들과 헤어질 수가 없다. 우리는 우리를 지키는 천사들을 떠나가게 할 수는 없다. 그들이 떠나는 것은 다만 대천사가 내려왔기 때문인 것을 모른다. 우리는 옛것을 우상처럼 숭배한다. 우리는 영혼의 풍부함, 그 본디의 영원한 삶과 널리 퍼져 있음을 믿지 않는다. 우리는 오늘이라는 그 속에, 아름다운 어제와 맞서고 그것을 재현할 만한 힘이 있음을 믿지 않는다. 우리는 일찍이 우리의 먹을 것이 있고, 집이 있으며 기구가 있었던 옛 막사의 폐허에 연연히 머뭇거리고, 영혼이 다시 우리를 먹여 주며, 우리를 가리워 주며, 우리를 북돋아 줄 수 있으리라는 것을 믿지 않는다. 우리는 그렇게 다정하고, 그렇게 유쾌하며, 그렇게 고운 것을 다시는 얻지 못할 것으로 생각한다. 그래서 앉아서 헛되이 눈물만 흘릴 뿐이다. 전능의 신은 말한다 ─ '일어나서, 언제까지나 앞으로 나아가라'고. 우리는 그 폐허에 머무를 수는 없다. 또한 새것에만 의존하려고도 하지 않는다. 그래서 우리는 뒤만 쳐다보는 저 요망하고 간사스런 마귀처럼 언제까지나 눈을 뒤로 돌리고 걸을 뿐이다.

그러나 재난의 보상은 또한 오랜 시일이 지난 뒤엔 인간의 이해력에도 뚜렷이 알려진다. 질병·상해·잔혹한 실망, 재산 손실, 벗의 사별 등이 그때에는 보상되지 않는, 그리고 보상될 수 없는 손실로 생각된다. 그러나 어김없는 세월은, 모든 사실의 밑바닥에 깔린 깊은 구제의 힘을 드러내 보인다. 친한 친구·아내·형제·애인의 죽음은 다만 상실로만 생각되지만, 어느 정도 시간이 지나면, 그것은 자기를 안내하는 존재나 보호하는 신의 모습으로 나타난다.

그것은 이러한 재앙이 흔히 우리의 생활 양상에 혁명으로 작용하고, 바야흐로 끝나려고 하고, 어린 시절 또는 젊은 시절의 한 시기에 마침표를 찍고, 종래의 직업·가정·생활방식 따위를 버리고, 인격의 발전에 한층 편리하면서도 새로운 것을 형성하게 하기 때문이다. 그것은 새로운 지기(知己)를 만들고, 다음에 닥쳐오는 세월에 가장 긴요한 새로운 세력을 받아들이도록 내버려 두거나, 그렇지 않으면 그것을 강요한다. 이리하여 담이 쓰러지고 정원사가 돌보지 않아서 멀리 뿌리를 뻗을 여지도 없고, 머리 위에 지나친 햇볕을 받으며, 그저 햇빛 잘 받는 정원꽃이 될 한 남녀가 도리어 숲속의 보리수나무가 되어 널리 세상 사람에게 그늘과 과일을 제공하게 되는 것이다.

# 자연에 대하여

## 세상을 살며

우리의 시대는 지나간 일을 돌이켜 생각하는 시대이다. 그것은 조상의 묘지를 쌓는다. 그것은 전기(傳記)를, 역사를, 비평을 쓴다. 이전 시대 사람들은 신(神)과 자연을 정면에서 바라보았다. 그러나 우리는 이전 시대 사람들의 눈을 통해서 보고 있다.

왜 우리는 우주와 우리만의 특유한 관계를 누려서는 안 되는가. 왜 우리는 전통 시가(詩歌)나 철학이 아닌 직관의 서가와 철학으로써 이전 시대 사람들의 종교의 역사가 아닌, 우리에게 주어진 계시에 의한 종교를 가져서는 안 되는가.

자연이라는 생명의 물결은 우리를 에워싸고 우리를 꿰뚫고 흘러서, 그것이 준 힘에 의하여 우리를 자연에 순응하도록 행동으로 이끈다. 그러한 자연의 품에 안겨 있으면서, 어째서 우리는 과거의 메마른 뼛속을 찾거나 살아 있는 시대를 빛바랜 옷장에서 꺼낸 가장무도회의 무리 속에 집어넣어야 하는가.

태양은 오늘도 빛나고 있다. 들에는 전보다 더 많은 양털과 아마(亞麻)가 있다. 새로운 땅이 있고, 새로운 인간이 있으며, 새로운 사상이 있다. 우리는 우리 자신의 사업과 율법과 예법을 요구해야 할 것이다. 의심할 바 없이 우리에게는 물어서 대답할 수 없는 의문이란 없다. 우리는 천지창조의 완전함을 어디까지나 믿어야 한다. 다시 말해 만물의 질서가 우리 마음속에 일으킨 호기심은, 그것이 무엇이었든간에, 반드시 만물의 질서를 만족시킬 수 있는 것이라고까지 믿어야 한다. 모든 인간의 경우는, 그가 묻고자 하는 이런 의문에 대한 상형문자로 된 해답이다.

그는 이것을 진리로서 받아들이기 전에, 이것을 생활로서 실행한다. 이와 마찬가지로, 자연은 이미 여러 가지 형태와 경향 속에 자기 의도를 기술하고 있다. 우리는 자기 주변에서 이렇게 평화롭게 빛나고 있는 이 위대한 환상에게 자연은 무슨 목적으로 존재하는가를 물어 보고자 한다.

모든 과학은 하나의 목적을 갖는다. 다시 말해서 자연의 이치를 캐내자는 것이다. 우리는 인종이나 기능 등에 관한 이론을 갖고 있다. 그러나 창조의 관념에 이르기에는 까마득하다. 우리는 지금 진리에 이르는 길에서 아주 멀리 떨어져 있다. 종교가들은 서로 논쟁하고 사무치게 미워하며, 사색가들은 불건전하고 신중하지 못한 지경이다.

그러나 건전한 판단력에서는 가장 추상성을 띤 진리가 가장 현실에 바탕을 둔 진리이다. 참된 이론이 나타날 때 언제나, 그 이론은 그 자체의 증거가 될 것이다. 그 이론이 모든 현상을 설명한다는 것, 그것이 그 이론의 참과 거짓을 따져 보는 시금석이다. 오늘날 많은 사물은 다만 설명되어 있지 않다고 생각될 뿐만 아니라, 설명할 수 없다고 생각된다. 예를 들면 언어·수면(睡眠)·광기(狂氣)·꿈·짐승·성(性) 같은 것이 그것이다.

철학의 관점으로 살펴보면, 우주는 자연과 영(靈)으로써 구성되어 있다. 그러므로 엄밀히 말하면, 우리와 떨어져서 존재하는 모든 것, 철학이 비아(非我)라고 하여 구별하는 모든 것, 곧 자연의 힘과 사람의 힘으로 이루어지는 것 모두, 그리고 다른 사람과 자신의 육체까지도 이 자연이라는 이름 아래에 분류되어야 한다.

자연의 가치를 늘어놓고 그 전부를 계산할 때 나는 이 자연이란 말을 두 가지 의미로, 곧 일반적인 의미와 철학적인 의미로 사용할 것이다. 우리의 당면 문제와 같은 일반적인 문제에서는, 말뜻의 부정확은 중요한 문제가 아니다. 아무런 사상의 혼돈을 일으키지 않을 것이다. 자연이란 일반적인 뜻으로는, 인간에 의하여 변혁되지 않은 본질을 가리킨다. 공간·대기·하천·나뭇잎 따위가 그것이다.

인공이란, 같은 물건에 인간의 의지가 섞인 것을 말할 때 쓰이는 말이다. 이를테면 가옥·운하·조각상·미술품과 같은 것이다. 그러나 인간의 작업 같은 것 전체를 합해서도 아주 보잘것없는 것이어서 조금 깎거나 굽거나, 꿰매거나, 씻거나 하는 것에 지나지 않아 세계가 사람의 마음에 주는 것과 같은 위대한 감명이라는 관점에서는, 도저히 인간의 작업이 그 감명의 결과를 어쩌지는 못한다.

# 자연

고독에 들어가고자 하는 사람은, 사회에서 물러나는 동시에 자기 방에서도 물러나야 한다. 비록 아무도 나와 함께 있는 자가 없어도, 읽고 쓰고 하는 동안은 고독하지 않다.

그러나 만일 누군가 고독에 들어가고자 한다면 그에게 별을 바라보게 하라. 한없는 천체에서 오는 빛은, 그와 그가 맞닿아 있는 세계를 분리시킬 것이다. 사람은 대기(大氣)가 이런 의도로써 투명하게 되었다고 생각해도 좋다. 다시 말해 저 한없는 천체를 빌려 숭고한 아름다움의 영원한 실재를 인간에게 주고자 함이라고. 도시의 거리에 서서 바라볼 때, 천체는 얼마나 위대한가.

만일 별이 하룻밤만 나타난다면, 인간은 얼마나 별을 신앙하고 숭배하였을까. 그리하여 이렇게 나타난 신은 도시의 기억을 몇 대에 걸쳐서 전했을 것이다. 그러나 이러한 아름다움의 사절(使節)은 저녁마다 나타나 무엇인가 설교할 듯한 미소로써 우주를 비추고 있다.

별을 보고 있으면 하나의 경건한 생각을 하게 된다. 그것은 그것이 늘 존재하지만 거기에 이를 수 없기 때문이다. 그러나 자연계의 모든 것은 마음을 열고 그 감화를 받고자 할 때에 비슷한 감명을 준다.

자연은 결코 천한 인상을 보여주는 일이 없다. 가장 현명한 사람도 자연의 깊은 비밀을 빼앗을 수 없고, 자연을 모두 캐낸다 해서 그 호기심을 잃는 일이 없다. 자연이 현자(賢者)의 장난감이 된 일은 한 번도 없다. 꽃이나 동물이나 산이 현자의 어린 시절 천진난만한 마음을 즐겁게 한 것과 마찬가지로, 그의 원숙한 시기의 지혜를 반영하였다.

자연에 대하여 이렇게 말할 때, 우리는 마음속에 하나의 뚜렷한, 그러나 가장 시적인 느낌을 갖는다. 그렇게 말하는 것은, 여러 가지 모양이나 양식의 자연물에서 얻는 인상이 완전하다는 것을 말한다. 이렇게 인상이 완전하기 때문에, 나무꾼의 재목과 시인의 나무 사이에 구별이 생긴다.

내가 오늘 아침에 본 매혹적인 풍경은, 분명히 적잖은 면적의 농지를 바라보면서 느낀 것이었다. 밀러는 이쪽 밭을, 로크는 저쪽 밭을, 매닝은 저 건너 숲을 소유하고 있다.

그러나 그 가운데 누구도 이 풍경을 소유하는 사람은 없다. 지평선 안에는 부분 부분을 결합하여 이것을 전체로서 볼 수 있는 눈을 가진 사람, 곧 시인을 제외하고는 아무도 갖고 있지 않은 재산이 있다. 이것이야말로 이들 세 사람의 농지 가운데에서 가장 좋은 부분이다. 그러나 그들의 소유 증서는 이 재산에 대해서는 아무런 권리도 보장하지 않는다.

정확히 말하면, 어른으로서 자연을 볼 수 있는 사람은 적다. 대부분의 사람은 태양을 보지 않는다. 적어도 그들은 더없이 겉모습으로 본다. 태양은 어른에게는 그 눈을 비추는 정도다. 그러나 어린이에게는 그 눈과 마음에 비쳐 들어간다. 자연을 사랑하는 사람은 그 내부와 외부의 감각이 여전히 진정으로 서로 조화되어 있는 사람이다. 성인이 될 때까지 어린아이의 정신을 지니고 있는 사람이다. 이런 사람에게 하늘과 땅의 교류는 그가 일상으로 섭취하는 음식의 일부처럼 되어 있다. 자연 앞에 나서면 아무리 현실이 슬프더라도 피 끓는 환희의 정이 그의 몸속을 흐른다.

자연은 말한다. "저 사람은 나의 창조물이다. 그러니 아무리 부당한 슬픔이 그에게 있을지라도 그가 나와 함께 있음으로써 즐거울 것이다"라고. 태양이나 여름뿐만 아니라, 모든 시간과 계절이 저마다 기쁨의 선물을 바친다. 왜냐하면 모든 시간과 변화는 숨결조차 없는 대낮에서부터 무시무시한 한밤중에 이르기까지 마음과 관련된 갖가지 상태에 대응하고, 또한 그것을 정당하게 인정하기 때문이다. 자연은 희극에도 비극에도 똑같이 잘 어울리는 배경이다.

건강할 때에, 공기는 믿을 수 없을 정도로 효능 있는 강장제(强壯劑)이다. 황혼빛에 흐린 하늘 아래 눈으로 질퍽거리는 길을 걸어 쓸쓸한 공유지(共有地)를 건넜을 때, 나는 무슨 행운이 일어나리라고 각별히 생각지 않았는데도, 다시없는 기쁨을 느낄 때가 있었다. 나는 거의 오싹할 정도로 기뻐한다. 숲속에 들어가면 뱀이 그 허물을 벗어 버리듯이, 사람은 자기의 나이를 벗어던진다.

그리하여 생애의 어떤 시기에서도 언제나 어린아이가 된다. 숲속엔 영원한 젊음이 있다. 이 신의 식물 속엔 예절과 신성(神聖)이 군림하고, 영원의 축제가 꾸며져 있다. 그러므로 여기를 찾는 손님은 천 년의 세월이 지나도 이것에 싫증을 느끼지 않는다. 숲속에선 우리는 이성(理性)과 믿음으로 돌아간다.

거기에서 나는 평생 내게 일어날 것은 무엇이든—어떠한 치욕도, 어떠한 재난도(내게 두 눈이 있는 한) 자연이 치료하지 못할 것은 없을 것같이 느낀다. 거칠고 아득한 땅 위에 섰을 때—나의 머리가 상쾌한 공기에 맑아지며, 한없는 공간 속에 쳐들고―모든 너절한 자부심은 사라진다.

나는 하나의 투명한 눈알이 된다. 나는 무(無)로 된다. 나는 만물을 본다. 우주적인 존재 흐름이 나를 들고 잇따라 돈다. 나는 신의 일부분 또는 한 조각일 뿐이다. 가장 가까운 친구 이름도 그때엔 아무 상관없는 바람 소리같이 들린다. 형제, 마음이 통하는 벗, 주인, 사내종이라 하는 것이 그때엔 아무런 가치 없는 귀찮은 것이 된다. 나는 끝없는 불멸의 아름다움을 사랑하고 좋아한다.

거친 들판에 있을 때, 나는 거리나 마을에 있을 때보다 한층 친밀한 혈연관계의 어떤 것을 발견한다. 고요한 풍경 속에서, 특히 까마득히 먼 지평선 위에서 사람은 자기 천성과 같은 아름다운 것을 본다.

들이나 숲이 제공하는 가장 큰 즐거움은, 인간과 초목 사이의 신비하고, 불가사의한 관계를 암시하는 것이다. 나는 고독하지도 않고 인정받고 있지 않는 것도 아니다. 초목은 나에게 고개를 끄덕이고, 나는 그것들에게 고개를 끄덕인다. 폭풍에 나뭇가지가 흔들리는 것은 나에게 새로운 일이며, 이미 오래된 일이다. 그것이 나를 놀라게 한다.

그러나 모르는 일은 아니다. 거기에서 받는 감명은 내가 옳게 생각하고 옳게 행하고 있다고 생각할 때에 마음에 떠오르는 한층 고상한 사상, 또는 한층 착하고 어진 정서의 감명과 서로 비슷한 것이다.

그러나 이 즐거움을 만들어 내는 힘은 자연 속에 있는 것이 아니라 인간 속에, 또는 이 둘의 조화 속에 존재하는 것은 분명하다. 이러한 즐거움을 누리려면 큰 절제가 필요하다. 왜냐하면, 자연은 늘 축제일의 차림으로 꾸미고 있는 것은 아니며, 어제는 님프(숲의 요정)들을 위하여 높이 향기를 뿜어내고 빛나던 풍경도, 오늘은 가리어져 있는 수가 있기 때문이다.

재난에 시달리고 있는 사람에게는 자기 집 화롯불도 슬픔을 지닌다. 그리고 다정한 친구를 막 여읜 사람은 풍경을 대수롭지 않게 여기는 경우도 있다. 하늘도, 가치를 느끼지 못하는 사람들의 머리 위를 덮을 때엔 그 대단한 모습이 초라하게 보인다.

# 편하고 이로운 것

　세계의 궁극 목적을 깊이 연구하는 사람은 누구나 여러 가지 효과가 그러한 결과(목적) 속에 부분부분으로 들어와 있는 것을 가려서 알 것이다. 이것들의 효용은 모두 다음에 늘어놓는 부분의 하나에 넣어도 상관없다. 그 부분이란 곧 편하고 이로운 것·아름다움·언어·훈련 등이다.

　편리한 모든 것에 나는 우리의 다섯 감각기관이 자연에 힘입는 온갖 이익을 나열한다. 물론 이것은 한때의 간접 이익이며, 자연이 영혼에 봉사하는 것처럼 가장 나중의 것은 아니다. 그러나 이것은 정도는 덜할지언정 그 종류로선 완전하고, 자연의 효용 가운데 모든 사람들이 이해하는 유일한 효용이다. 인간으로 하여금 천체 사이를 떠돌게 하는 이 푸른 원구(圓球) 위에, 인간을 부양하고 즐겁게 하기 위하여 만들어진 한결같은 풍요의 양식을 찾을 때 인간의 불행 같은 것은 마치 어린이의 신경질 정도로 보인다.

　이러한 화려한 장식품, 이러한 풍부하고 편리한 물품, 머리 위 이 대기의 큰 흐름, 발 아래에 놓인 이 물의 큰바다, 중간에 펼쳐진 이 대지의 하늘은 도대체 어떤 천사들이 발명한 것인가. 이 광명의 황도대(黃道帶), 이 매달린 구름의 천막, 이 줄무늬진 기후의 띠, 이 네 가닥으로 접힌 1년은, 또한 어떤 천사가 발명한 것인가. 짐승류·불·물·돌·곡물은 모두 인간에게 쓰임이 된다. 들은 인간의 마룻바닥인 동시에 그 작업장이고 운동장이며 정원도 된다.

　"인간은 많은 하인들의 섬김을 받으면서도 알아차리지 못한다."
　　　　　　－영국 종교시인 조지 허버트(1593~1633)의 시 '인간'에서－

　자연은 인간에게 봉사할 때 다만 재료일 뿐만 아니라, 과정이고 결과도 된다. 인간에게 이익이 되도록, 자연의 모든 부분이 끊임없이 작용하여 서로 다른 부분의 손이 된다. 바람은 씨를 뿌린다, 태양은 바닷물을 증발시킨다, 바람은 들로 불어 보낸다, 지구의 저쪽에 있는 얼음은 이쪽에다 비를 응결시킨다, 비는 식물을 기른다. 이와 같이 해서 신의 자비는 한없이 순환하며 인간을 길러낸다.

　쓸모 있는 인공이란, 이미 말한 자연의 은혜물을 인간의 지혜로써 다시 생산하거나 새로이 결합시킨 것이다. 인간은 더 이상 슬픔을 기다리지 않는다. 증기를 이용하여 샛바람의 신 에우로스의 포대의 우화를 실현하고, 그 배(船)의 기관 속에 방위(方位)의 바람을 나른다. 마찰을 줄이기 위하여 인간은 길에 철봉을 깔고, 자기 뒤의 차에는 한 배(船)쯤 되는 짐 정도의 사람이나 동물이나 상품을 싣고서 마치 하늘을 나는 배나 제비처럼 이 고을에서 저 고을로 거침없이 나아간다.

이들 방조물(幇助物)의 적재로서, 노아의 시대로부터 나폴레옹 시대에 이르기까지 세계의 표면은 얼마나 바뀌었는가. 이름없는 가난한 사람도 자기를 위하여 세워진 도시를, 선박을, 운하를, 교량을 갖는다. 그가 우체국에 가면 인류가 그의 심부름꾼이 되어 뛴다. 서점에 가면 인류가 그를 위하여 그 동안 일어난 모든 일을 읽고 써 준다. 재판소에 가면 모든 국민이 그가 입은 손해를 보상해 준다. 그가 길가에 집을 세우면 누군가 매일 아침 나와서 눈을 쓸고, 그를 위하여 통로를 열어준다.

그러나 이 부분의 효용에는 하나하나 세목을 늘어놓을 필요는 없다. 그 목록은 한계가 없고, 그 실례는 매우 뚜렷하여, 나는 이런 실례는 독자의 깊은 연구에 맡기기로 하고 다만 개괄하듯이, 이런 실리와도 같은 은혜는 그 이상의 복리(福利)와 관계되는 것이라는 것을 말해 둘 뿐이다. 사람에게 밥을 먹이는 것은, 다만 밥을 먹기 위해서가 아니라 그가 일을 할 수 있게 하기 위해서이다.


## 아름다움


인간의 한층 고상한 욕망이 자연으로써 만족된다. 곧, 아름다움을 사랑하는 마음이 이것이다.

고대 그리스인은 세계를 코스모스, 다시 말해 아름다움이라고 불렀다. 만물의 구성, 또는 인간의 눈이 갖는 조형 능력은 이러하므로, 하늘이나 산이나 수목이나 동물과 같은 원시 물상(物象)은 그것만으로써 우리에게 하나의 기쁨을 준다. 곧 윤곽·색채·운동·집합에서 오는 하나의 쾌감이다. 그것은 일부분 눈(眼) 그 자체에 원인이 있는 듯이 생각된다. 눈은 예술가 중의 예술가다.

그 구조와 광선의 법칙 사이에서 이루어지는 상호작용을 통해서 원근법이 만들어진다. 이 원근법을 통해서 어떤 성질의 물상 집단도 모두 교묘히 채색된 음영 있는 둥근 공으로로 통일된다.

이 때문에 개개의 물건은 보잘것없고 감동을 줄 만한 것이 못 되는 경우에도, 이들 물건이 이루는 풍경은 원만하게 균형을 이루는 것이다. 그리고 눈이 가장 으뜸가는 구성자(構成者)이듯이 광선은 화가 가운데 으뜸가는 화가이다.

아무리 초라한 물상이라도 강렬한 빛을 받으면 아름다워지게 마련이다. 그리고 강렬한 빛이 다섯 감각기관에 주는 자극과, 그것이 공간과 시간만큼이나 갖고 있는 일종의 무한성은 모든 물상을 화려하게 만든다. 시체에조차 그 독자성을 지닌 아름다움이 있는 것이다.

그러나 자연계에 널리 퍼져 있는 이 공통된 아름다움 말고도 또, 거의 모든 형상들은 사람의 눈에 신선한 것이다. 그것은 이들 형상의 어떤 것들, 예를 들면 도토리·포도알·솔방울·보리이삭·달걀, 대부분의 새의 날개와 형태, 사자의 발톱, 뱀·나비·조개·불꽃·구름·이끼·잎새, 야자수와 같은 대부분 수목의 형태를 우리가 끝없이 본뜨는 사실로써 증명되는 것이다.

더 깊이 연구하기 위하여 아름다움의 양상을 세 가지 면으로 나눌 수 있다.

첫째, 단순히 자연의 물상을 알아서 깨닫는 것만도 기쁨이다. 자연계에서 여러 물상과 여러 작용이 주는 감화는 인간에게 아주 필요한 것이어서, 자연이 가장 낮은 기능을 작용할 때에도 그것은 편리와 아름다움의 범위를 벗어나지 않는 것으로 생각된다. 해로운 일이나 사귐 때문에 구속받는 육체와 정신에는 자연이 의약(醫藥) 작용을 해서 몸과 마음의 상태를 회복시켜 준다.

상인이나 변호사는 거리의 시끄러운 소리와 장사에서 벗어나 하늘이나 숲을 바라볼 때 다시 인간이 된다. 하늘이나 숲의 영원한 고요함 속에서 그는 자기 자신을 발견한다. 눈의 건강에는 지평선이 필요한 모양이다. 먼저 저쪽을 바라보고 있는 한 우리는 결코 고달프지 않다.

그러나 다른 시간에는, 자연은 아름다움으로써 우리를 만족시킬 뿐 어떠한 구체화된 형태가 있는 은혜도 따르지 않는다. 나는 나의 집을 향한 언덕 꼭대기에 서서, 새벽부터 해가 뜰 때까지의 아침 경치를 바라보면서 천사가 느낄 듯한 정서를 몸으로 느낀다. 몇 가닥 긴 구름 줄기는 진홍빛 바닷속을 물고기처럼 헤엄친다. 나는 마치 바닷가에서 바라보듯이, 땅 위에서 그 고요한 바닷속을 들여다본다.

나는 자신도 그 신속한 변형에 가담하고 있는 듯이 느낀다. 생기발랄한 마력이 나의 몸에도 미쳐 와, 나는 아침 바람과 더불어 부풀고 아침 바람과 더불어 움직인다. 자연은 몇 안 되는 값싼 원소로써도 우리를 정말 신(神)처럼 만든다. 나에게 건강과 하루를 달라. 그러면 나는 제왕의 영화로움도 무시해 버리리라.

새벽은 나의 아시리아이다. 해넘이와 달뜨기는 나의 파포스*¹이고, 상상도 할 수 없이 신선한 경지이다. 대낮은 나의 지각과 오성의 영국이 되고, 밤은 나의 신비한 철학과 꿈의 독일이 될 것이다.

오후에는 감수성이 떨어지기 때문에 다른 문제이지만, 그러나 간밤에 본 1월의 해넘이 마력은 역시 다른 것에 못지않은 훌륭한 것이었다. 서녘 하늘의 구름은 몇 가닥으로 갈라지고, 다시 그것은 말로 표현할 수 없는 부드러운 색조로 조절된 분홍빛으로 상세하게 나뉘어져 있었다. 그리고 공기는 한껏 생생하고 상쾌하여, 집 안에 들어오는 것이 고통스러울 정도였다.

자연은 도대체 무엇을 말하고자 하였던가. 물방앗간 뒤에 있는 계곡의 생기 있는 고요함에는 아무 의미도 없었던가. 호머나 셰익스피어도 말로써 나에게 다시 나타내 줄 수 없는 어떤 의미가 없었던가. 잎도 없는 나무들은 해질 무렵 푸른 동쪽 하늘을 배경으로 불꽃의 뾰족탑이 되고, 별처럼 생긴 죽은 꽃덩굴, 서리에 덮여 메마른 모든 줄기나 그루터기는 이 소리 없는 음악에 무엇인가를 이바지한다.

도시 주민은, 전원의 풍경이 즐거운 것은 다만 반 년에 불과한 것으로 미루어 생각한다. 나는 겨울 풍경의 아름다움을 즐긴다. 그리고 우리는 여름의 유쾌한 감화에 못지않게 겨울 경치에도 감동된다고 믿는다.

주의 깊은 사람의 눈으로 보면, 1년의 모든 순간이 저마다 특별한 아름다움을 지니고 있다. 그리고 같은 들에서도 어떤 사람은 시간시간마다 이제까지 본 적이 없고, 또한 앞으로 두 번 다시 볼 것 같지 않은 그림을 본다. 하늘은 순간마다 바뀐다. 그리고 그 빛과 그림자를 아래 벌판에 비춘다. 주위에서 자

*1 지중해 사이프러스 섬에 있는 도시.

라고 있는 곡물의 작황은 매주마다 지면의 표정을 변화시킨다.

목장이나 길가에 우거져 있는 자연에서 저절로 자란 초목은 여름의 시간을 알리는 소리 없는 시계가 되어, 예민한 관찰자에게는 하루의 시간시간을 그것으로 알아볼 수 있게 될 것이다. 새나 벌레나 식물과 마찬가지로 그들의 시간을 엄중히 지켜 쉼없이 모습을 드러내고, 1년은 그들 모두를 받아들일 여유를 갖는다.

물의 흐름을 보면 그 변화는 한층 심하다. 7월에는 폰테데리아, 곧 물옥잠(물풀)의 푸른 꽃이 이 상쾌한 강 얕은 부분의 큰 화단에 꽃피고, 노랑나비들이 쉼없이 날아든다. 예술도 이 자줏빛과 금빛의 훌륭한 경치에 맞설 수가 없다. 실로 이 강은 영원의 축제를 이어가며, 다달이 새로운 장식을 뽐낸다.

그러나 이렇게 우리의 눈에 비치고 마음에 느껴지는 자연의 아름다움은 그 가장 작은 부분일 뿐이다. 하루의 가지가지 광경, 이슬진 아침, 무지개 뜬 산, 꽃핀 과수원, 별들과 달빛, 고요한 물에 비친 그림자 따위는, 만일 우리가 열심히 추구해 보면 단순한 환상에 지나지 않으며, 그 비현실성은 우리를 비웃는다.

달을 보러 집 밖을 나가면 달은 다만 한쪽 금박이 장식에 지나지 않는다. 그것은 우리가 볼일이 있어서 가는 길을 비추는 것처럼 우리 마음을 비추지는 않을 것이다. 10월의 노란빛 오후에 반짝반짝 흔들리는 아름다움, 그것을 누가 알아차린 사람이 있는가. 그 아름다움을 찾으러 나가면, 그것은 꺼져서 없어진다. 그것은 단순히 승합마차의 창문에서 바라보는 신기루일 뿐이다.

둘째, 한층 고상한 요소, 곧 영(靈)과 관련된 요소의 존재가 아름다움의 완성에는 꼭 필요하다. 우리가 어떠한 나약한 생각 없이 사랑할 수 있는 고상하고 신성한 아름다움은, 인간 의지와 결합될 때 발견된다. 아름다움은 신이 덕(德)에 붙이는 표딱지이다.

모든 자연스런 행위는 아름답다. 모든 용감한 행동도 고상하고, 그 장소와 방관자에게 빛을 준다. 우리는 위대한 행동을 보면서, 우주는 그 속에 살아가는 모든 개인의 소유임을 알게 된다. 모든 이성 있는 인간은, 지니고 있는 돈과 자산으로써 온 자연을 소유한다. 만일 그가 원한다면 온 자연은 그의 것이다. 그는 이것을 내던질 수도 있다. 또는 대부분의 사람이 하듯이, 그 한 구석에 기어들어 자기의 왕국을 버릴 수도 있다.

그러나 누구든지 세계를 소유할 권리를 타고났다. 그는 자기 사상과 의지의 힘에 따라 적당히 세계를 자기 자신 속에 끌어들인다.

"사람들의 경작·건설 및 항해의 목적이 되는 온갖 것은 모두 덕에 따른다"라고 살루스트*²가 말했다. "바람과 파도는 언제나 가장 뛰어난 항해사의 편이 된다"라고 기번(E. Gibbon)은 말했다.

태양이나 달이나 하늘의 모든 별도 이와 마찬가지이다. 어떤 고상한 행동—어쩌면 위대한 자연미를 갖는 무대에서—이 이루어질 때, 예를 들면 레오니다스와 부하 300명의 순국자가 죽어가면서 하루를 보내고, 시간이 흐르면서 태양이, 그리고 달이 올라와 테르모필레의 험하고 좁은 길에 있는 그들을 보았을 때, 또는 아르놀트 폰 빙켈리트*³가 알프스의 높은 산봉우리, 눈사태의 그늘에서 전우들을 위하여 적의 전선을 무너뜨리고자, 오스트리아 병사의 다발 같은 창끝을 자기 옆구리에 받을 때처럼, 이런 경우엔 이들 용사들은 행위의 아름다움에 장면의 아름다움을 더한 것이라고 할 수 있지 않은가.

콜럼버스의 배가 미국 바닷가에 다가갈 때—전면에는 수숫대의 오두막에서 뛰쳐나온 원주민이 늘어선 바닷가가 있고, 뒤에는 큰 바다가 있으며, 주위에는 서인도 제도(諸島)의 자줏빛 산들이 있다. 이런 때에 우리는 콜럼버스 그 사람과 한 폭의 살아 있는 그림을 떼어낼 수가 있겠는가.

신세계는, 이 야자나무의 숲과 대초원을 어울리는 옷으로 하여 그의 몸을 싸고 있는 것이 아닌가. 자연의 아름다움은 언제나 공기처럼 스며들어 위대한 행동을 감싼다. 젊은 헨리 베인 경*⁴이 영국 법률의 옹호자로서, 사형을 받으러 썰매를 타고 타워힐에 끌려 세워졌을 때, 군중의 한 사람은 그에게 "당신은 지금까지 이런 영광스런 자리에 앉은 일이 없다"고 외쳤다.

찰스 2세는 런던 시민을 위협하려고, 애국자 러셀 경*⁵을 덮개 없는 마차에 태우고서 단두대로 가는 도중 시내의 주요 도로 사이를 끌려 다니게 했다. '그러나'라고 러셀 경의 전기를 쓴 사람은 말했다. "군중은 자유와 덕이 그의 곁

---

*2 BC 86~35. 로마의 정치가·역사가. 카이사르 시대의 인물. 로마식 명칭은 살루스티우스.
*3 1386년 6월 9일 젬파흐 전투에서 용맹을 떨친 스위스 병사.
*4 1613~1662. 영국 내란 시대의 명사. 열렬한 청교도당.
*5 1639~1683. 찰스 2세 시대 유명한 정치가.

에 앉아 있는 것을 보는 것처럼 상상했다." 사람에게 알려지지 않은 장소나 보잘것없는 물건들 사이에선, 진실의 행위 또는 용감한 행동이 곧 하늘을 그 전당으로 끌어들이고, 태양을 그 촛불로 끌어들이는 것처럼 생각된다. 자연은 팔을 뻗쳐 인간을 껴안으려 한다.

다만 그러는 데엔 인간의 사상이 자연과 똑같이 위대한 것이 되어야 한다. 자연은 장미와 오랑캐꽃과 더불어 즐거이 인간의 걸음과 보조를 맞추고, 그 장엄하고 우아한 선을 구부려 그가 사랑하는 아이를 꾸민다. 다만 인간이 그 사상을 자연과 같은 크기로 하면 된다. 그러면 액자는 스스로 그림에 알맞게 들어맞으리라. 덕망이 있는 사람은 자연의 작용과 어우러져 눈에 보이는 세계의 중심인물이 된다.

호머나 핀다로스나 소크라테스나, 포키온*6은 우리 기억 속에서 그리스의 지리와 기후에 알맞게 결합되어 있다. 우리 눈에 보이는 하늘과 땅은 예수에 공감한다. 그리고 일상생활에서도, 품성이 강하고 천부의 재능이 풍부한 인물에 접한 사람은 누구나, 그 사람이 얼마나 쉽게 온갖 사물—인물이나 의견이나 시세(時勢)를 이해하는가를, 또한 자연이 얼마나 쉽게 인간의 종복이 되는가를 보았으리라.

셋째, 세계의 아름다움을 관찰할 때 또 한 면이 있다. 다시 말해 그것이 지식과 관련된 대상이 될 때가 그것이다. 여러 사물에는 덕과 맞대어져 비교되는 관계 말고도 사상과 맞대어져 비교되는 관계가 있다. 지식의 힘은 신의 마음속에 아무런 애정의 색채 없이 존재하는 것과 같은, 사물의 절대 질서를 찾아낸다. 지식의 힘과 활동력은 서로 잇달아 일어나는 듯이 생각된다.

그리고 한 가지 독점 활동은 다른 독점 활동을 낳는다. 이 둘은 서로 친할 수 없는 어떤 것을 가지고 있다. 그러나 그것은 동물에게 영양을 섭취하는 때와 일하는 때가 서로 갈마드는 것과 마찬가지이다. 각자가 서로 준비를 하여 다른 것과 맞바꾼다. 그 때문에 이미 말한 바와 같이 행위에 관련시켰을 때 우리가 찾지 않은 상태에서 오고, 또한 찾지 않았으므로 먼저 아름다움은 지식과 관련된 힘의 이해와 추구를 기다리며, 다음으로 그것은 활동력의 이해와 추구를 기다린다.

---

*6 BC 402~318. 그리스 아테네의 정치가·장군.

신성한 것은 좀처럼 죽어 없어지지 않는다. 온갖 선은 영원토록 재생된다. 자연의 아름다움은 사람의 마음속에 재현된다. 그리고 그것은 이로울 것이 없는 관조(觀照)를 위해서가 아니라 새로운 창조를 위해서이다.

모든 사람은 세계의 얼굴을 통하여 어느 정도 감명을 받는다. 그 가운데에는 기쁨과 즐거움을 느끼는 사람도 있다. 아름다움을 이렇게 사랑하고 좋아하는 마음은 곧 취미이다. 남달리 아름다움을 좋아하는 마음을 너무 심하게 갖게 되면, 다만 그것을 찬탄하는 데 만족하지 않고 그것을 새로운 형식으로 구현코자 하는 사람도 있다. 이 아름다움의 창조가 곧 예술이다.

예술품 제작은 인성(人性)의 신비에 한 줄기 빛을 던진다. 예술품은 세계를 가려 뽑아낸 것이거나 줄인그림이다. 그것은 자연의 성과나 표현을 작게 줄인 것이다. 왜냐하면 자연의 작품은 수없이 많고 천차만별이지만, 이들 자연의 작품 전부의 결과 또는 표현은 비슷하고 단일하기 때문이다.

자연은 근본이라는 관점에서 본다면 서로 닮은, 아니 유일무이한 모든 물상의 큰 바다이다. 하나의 나뭇잎, 한 줄기 햇빛, 한 폭의 풍경, 큰바다, 이런 것은 하나하나 우리 마음에 비슷한 감명을 준다. 이들 물상 전부에게 공통된 것—완전과 조화야말로 곧 아름다움이다. 아름다움의 표준은 자연계의 모든 물상에 두루 미친다—자연의 총체이다.

이탈리아인은 아름다움을 정의하여 '하나에 들어 있는 다수'라고 말함으로써 그것을 표현했다. 어떤 것이든 그 물건만으로 완전한 아름다움이라고 할 수 있는 것은 없다. 전체 속에 포함됨으로써 비로소 아름다워진다. 하나의 물상은 그 보편된 아름다움을 암시할 때 비로소 아름다워진다. 시인·화가·조각가·음악가·건축가는 저마다 세계의 이 아름다운 빛을 한 점에 집중하고자 한다. 그리고 저마다의 작품에서, 그의 제작 의욕을 북돋는 아름다움 좋아하는 마음을 만족시키고자 한다.

이리하여 예술이란 인간이라고 하는 증류기를 통과한 자연을 말한다. 이리하여 예술에서 자연은 최상의 여러 작품의 아름다움으로 채워진 인간의 의지를 통하여 작용한다. 이상 말한 바와 같이 세계는 아름다움을 생각하는 영(靈)의 욕구를 만족시키기 위하여 존재한다.

이 아름다움의 요소를 나는 궁극 목적이라고 부른다. 왜 영이 아름다움을 요구하는지, 그 이유는 물을 수도 없고 대답할 수도 없다. 아름다움은 그 가장 크고 가장 깊은 의미에서 우주를 나타내는 한 가지 표현이다. 신은 완전한 아름다움이다. 진과 선과 미는 똑같은 '전체(全體)'의 다른 얼굴에 지나지 않는다.

그러나 자연의 아름다움은 궁극의 것은 아니다. 그것은 내부의, 영원한 아름다움을 알려주는 것이다. 그것만으로는 견실한 만족의 선은 아니다. 그것은 자연의 궁극 원인의 일부분으로서 존재할 것이지, 아직 그 궁극의 원인의 맨 나중, 또는 최고의 표현으로서 짜맞출 것은 아니다.


## 언어

언어는 자연이 인간에게 도움을 주는 제3의 효용이다. 자연은 사상을 운반한다. 단일로, 이중으로, 삼중으로 말해서 그러하다.

⑴ 언어는 자연적 사실을 나타내는 기호이다.
⑵ 자연과 관련된 특수한 사실은 정신과 관련된 특수한 사실을 상징한다.
⑶ 자연은 정령(精靈)을 상징한다.

1. 언어는 자연적 사실의 기호다. 자연의 역사적 효용은, 초자연의 역사라는 관점에서 우리에게 도움을 준다. 다시 말해서 외적 창조의 효용은, 내적 창조의 존재와 변화를 나타낼 수 있도록 우리에게 언어를 준다. 정신적 또는 지적 사실을 나타내기 위하여 쓰이는 언어는, 그 어원을 더듬으면 어느 것이나 어떤 물질의 겉모습에서 빌려온 것임을 알 수 있다.

예를 들면, right(바른)는 straight(반듯한)를 뜻하고, wrong(부정한)은 twisted(구부러진)를 뜻한다. spirit(정신)은 본디 wind(바람)를 뜻하고, transgression(위반, 범죄)은 line(선)을 넘는 것을 뜻하고, supercilious(오만한)는 raising of the eyebrow(눈썹을 치켜올리는)을 뜻한다. 우리는 정서를 나타내기 위하여 heart(가슴)라 말하고, 사상을 나타내기 위하여 head(머리)라고 한다. 그리고 thought(사상)와 emotion(정서)은 지각할 수 있는 사물에서 빌려 와서, 지금은 정신과 관련된 성질에 적용되는 말이다.

이 변형이 이루어지는 과정의 대부분은 언어가 이루어진 먼 시대에 숨겨져서 우리에겐 알려져 있지 않다. 그러나 그러한 경향은 날마다 아이들에게서 살펴볼 수 있다. 아이들과 야만인은 단순히 명사, 곧 사물의 명사만을 쓴다. 그들은 그것을 동사로 바꾸어 서로 비슷한 마음의 움직임에 적용한다.

2. 그러나 정신적 의미를 전하는 모든 언어가 이런 어원을 갖는 것은—언어사에서 매우 뚜렷한 사실이지만—우리가 자연에 힘입는 가장 작은 부분이다. 기호의 성격을 띠는 것은 다만 언어만이 아니다. 기호의 성격을 띠는 것은 사물 그 자체이다. 자연계의 사실은 어느 것이나 모두 정신과 관련된 사실의 상징이다. 자연계에서 겉모습은 어느 것이나 모두 정신 상태에 대응한다. 그리고 그 정신 상태는 자연계에서 겉모습을 자기 그림으로 나타냄으로써 비로소 기술될 수 있다.

몹시 화난 인간은 사자이고, 교활한 인간은 여우이다. 견고한 인간은 바위이고, 학문 있는 사람은 횃불이다. 어린 양은 천진난만이고, 뱀은 교활한 악의이다. 꽃은 우리에게 미묘한 애정을 표현한다. 광명과 암흑은 지식과 어리석음을 나타내는 우리의 관용어이다. 열은 사랑을 표현한다.

우리의 앞과 뒤에 보이는 거리는 저마다 우리 기억의 영상이며 희망의 영상이다. 명상에 잠겨 강물을 바라보는 사람으로서 만물의 유전(流轉)을 생각하지 않는 자는 없다. 그 강물에 돌 하나를 던져보라. 그러면 사방으로 퍼져가는 잔물결은 모든 감화(感化)의 아름다운 전형일 것이다. 인간은 자기의 개인 생명의 내부 또는 배후에 공통된 영이 존재하는 것을 의식한다. 그 개인 생명 속에는, 마치 창공에서처럼 정의·진리·사랑·자유의 본성이 나타나 빛나리라.

이 공통된 영을 인간은 이성이라 부른다. 이성은 나의 것도, 너의 것도, 그의 것도 아니다. 우리는 그 이성의 것이다. 우리는 이성의 것이며 종복이다. 그리고 보잘것없는 지구를 그 속에 품고 있는 푸른 하늘과, 영원히 고요한 불멸의 천체가 가득차 있는 하늘이야말로 이성의 전형이다.

지식의 관점에서 본다면 우리가 이성이라고 부르는 것을, 자연과의 관계에서 살펴보아 정령이라 부른다. 정령은 조물주이다. 정령은 그 자체 속에 생명을 가지고 있다. 그리고 어느 나라나 시대를 막론하고, 사람은 그 정령을 자기 국어에 구체화된 형태로 나타내어 아버지(father)라고 부른다.

이런 비슷함은 결코 우연이거나 변덕스러운 점이 없다. 오히려 이런 비슷함이 오랫동안 변하지 않고 자연계에 널리 퍼져 있음을 쉽게 알 수 있다. 이런 비슷함은 여기저기 몇몇 시인의 꿈은 아니다.

인간은 본디 유추(類推)하는 존재여서 모든 사물 사이의 관계를 연구한다. 인간이 모든 사물의 중심에 서면, 한 줄기 관계의 빛이 그 이외의 모든 존재에서 비쳐와 그에게 미치는 것이다. 이런 사물이 없으면 인간을 이해할 수 없고, 또한 인간이 없으면 이런 사물을 이해할 수 없다. 자연사(自然史), 곧 박물학에서 모든 사실은 다만 그 사실만으로는 가치가 없다. 마치 남녀의 어느 한쪽처럼 생산을 못한다.

그러나 자연 역사를 인간 역사와 혼합시킬 때 그것은 생명이 가득 차게 된다. 모든 식물법, 린네나 뷔퐁*7의 저서는 무미건조한 사실의 목록이다. 그러나 이런 사실 가운데 가장 보잘것없는 사실, 예를 들면 어떤 식물의 습성이라든지 어떤 벌레의 기관, 그 일, 그 울음소리 따위도 그것이 지성과 관련된 철학상의 어떤 사실을 실례 들어 증명하기 위하여 쓰이든지, 또는 어떤 점에서 인간성과 관련시킬 때 가장 활발하고 상쾌하게 우리에게 감동을 준다.

어떤 식물의 종자—인체를 종자라고 부르는 파울의 목소리에 이르기까지 모든 논의에서, 저 작은 과일이 인간 본성에 관한 감동을 주는 유추에서 얼마나 쓰이고 있는 것인가—는 "육체에서 씨뿌려져서 영체(靈體)로서 길러진다." 지구가 그 지축을 돌고, 태양의 주위를 도는 운동은 날을 낳고 해를 만든다. 이 날과 해는 감각은 없지만 일정한 빛과 열량이다.

그러나 사람의 일생과 1년 사이에는 유추의 의사는 조금도 없는가. 그리고 사계절은 그 유추로부터 아무런 장엄함이나 애틋한 감점을 얻지 못하는 것인가. 개미의 본능은 단순히 개미의 본능으로 깊이 연구하면 아주 보잘것없지만, 관계를 보이는 한 줄기 빛이 개미에서 인간에게 미치는 것이 뚜렷해지고, 또한 이 작지만 힘들고 고된 일을 하는 존재가 경고(警告)하는 존재이며, 위대한 심정을 가진 작은 몸인 것이 밝혀지는 순간에, 최근 관찰된 바에 따르면 개미는 결코 잠을 자지 않는다는 습성까지도 모두 숭고해진다.

눈에 보이는 사물과 인간의 사상 사이에는 이러한 근본적 조응(照應)이 있으므로, 다만 필수품밖에 지니지 않는 야만인들은 물건의 생김새를 써서 이

---

*7 1707~1788. 프랑스 과학자. 저서에 《박물학》 15권.

야기를 주고받는다. 우리가 역사를 거슬러 올라감에 따라서 언어는 더욱 회화성을 띠게 되고, 마침내 아주 초기에 이르면 그것은 모두 시(詩)와 노래이다.

다시 말하면, 정신적 사실은 모두 자연계 상징으로써 표현된다. 같은 상징이 모든 언어의 원시 요소를 이루고 있음을 알 수 있다. 또한 모든 언어의 관용어구는 웅변과 힘을 제대로 나타내는 대목에서 서로 근접한다는 것도 관찰되어 온 사실이다. 그리고 이것은 원시 언어인 동시에 또한 가장 발달된 언어이다.

이렇게 언어가 자연과 직접 인연을 갖는 것, 이렇게 외계 현상이 인생에서 어떤 형식으로 바뀐다고 해서 결코 자연이 우리를 감동시키는 힘을 잃는 것은 아니다. 천성이 강한 농부 또는 개간되지 않은 지역에 사는 사람들의 이야기에 어떤 통쾌한 매력이 들어 있는 것이 바로 이것이다.

사람이 자기 사상을 그것과 알맞은 상징과 결합하여 발표하는 힘은, 그 사람의 성격의 솔직함, 바꾸어 말하면 진리를 좋아하는 그 사람의 마음과, 이것을 잃어버리지 않은 채로 남에게 전달하고자 하는 그의 욕구에 의존한다. 사람이 부패하면 그와 더불어 언어도 부패한다. 성격의 솔직함과 사상의 주권(主權)이, 아류의 욕망—예컨대 부귀·향락·권력·대가와 칭찬 등을 구하는 욕망 같은 것—의 부추김에 침범당할 때, 그리고 이중성을 띤 마음과 허위가 솔직함과 진실로 바뀔 때, 의지의 해석자로서의 자연이 지배하는 힘은 어느 정도 사라진다.

새로운 비유적 서술은 참조되지 않고, 낡은 언어가 실재하지 않는 사물을 드러내 보이기 위하여 잘못 쓰인다. 금고 안에 금덩어리가 없을 때엔 지폐가 두루 쓰인다. 적당한 때가 되면 그 거짓 수단은 폭로되고, 언어는 오성이나 감정을 자극하는 힘을 완전히 잃는다.

자기가 진리를 보고 말하고 있다는 것을, 잠시 동안 자기도 믿고 남에게도 믿게 하면서도, 사실은 자기는 하나의 사상도 그 자연의 의상으로 감쌀 수 없고, 그 나라의 최초 문인들—다시 말해서 최초로 자연을 파악한 사람들—이 창조한 언어에 부지불식간에 길러지고 있는 문인을, 어느 오랜 문명국 국민들 사이에서나 몇 백 명씩 발견할 것이다.

그러나 현자는 이 부패한 용어를 꿰뚫고 언어를 다시 눈에 보이는 사물에 결부시킨다. 그래서 이야기와 같은 언어는, 동시에 이것을 쓴 자가 진리와 신에 서로 맞아 일치된 사람이라는 것을 보이는 유력한 증서다.

우리의 논증이 흔히 있는 사실의 지평선 위에 올라와, 열정의 불꽃에 불타거나 사상으로 고상해질 때 그것은 즉시 비유로 몸을 감싼다. 열심히 대화하는 사람은, 그가 만일 자기의 지적 과정을 주목할 때엔 다소라도 뚜렷한 물질의 형상이 모든 사상과 동시에 마음속에 올라와, 그것이 사상에 옷을 공급하는 것을 알게 될 것이다.

훌륭한 글이나 훌륭한 담론이 영원한 비유로 되어 있는 것은 이 때문이다. 이 비유적 서술은 자발성을 띤다. 그것은 경험과 현재의 정신 활동의 혼합이다. 그것은 정당한 창조이다. 그것은 근원 원인인 신이 그가 이미 만들어 놓은 기재(器材)를 통하여 행하는 작용이다.

이러한 사실은 정신력이 굳센 사람에게는 전원생활이, 인위성이 지배하고 궁색한 도시생활보다 이점이 있다는 것을 암시할지도 모른다. 우리가 자연에서 배우는 것은, 우리가 마음껏 사람에게 전달하는 것보다 많다. 자연의 빛은 끊임없이 우리의 마음속에 흘러들어 온다.

그러나 우리는 그 빛의 존재를 잊고 있다. 숲속에서 자라 아무 계략도 집착도 없이, 해마다 그 감각이 숲의 아름다움과 마음을 부드럽게 하는 변화 속에서 길러지는 시인이나 웅변가는 도시의 소음 속, 정치의 소용돌이 속에 있어서도, 그들이 숲속에서 배운 교훈을 결코 잊어버리는 일이 없다. 뒷날, 국민회의의 소란과 공포 속에 있을 때—혁명 때— 이러한 숭엄한 이미지는, 곧 눈앞의 사건이 불러일으키는 사상을 표현하는 데 알맞은 상징이나 말로 되어 아침 광채를 내면서 다시 나타날 것이다.

고상한 정서가 부르는 소리에 호응하여 다시 숲이 흔들리고, 소나무가 속삭이며, 시냇물이 흐르며 빛나고, 소가 산 위에서 운다. 마치 그가 어릴 때 보고 들은 바와 같다. 그리고 이런 물상과 더불어 그는 남을 설득하는 마력, 곧 힘의 열쇠를 손안에 쥐게 된다.

3. 우리는 이리하여 특수한 뜻을 나타내는 데 자연 속 사물의 도움을 받는다. 그러나 이러한 고추씨 정도의 보도를 전하는 데 얼마나 훌륭한 언어인가. 인간에게 그 도시 말의 사전과 문법을 공급하기 위하여 이렇게 고상한 생물이라는 족속들과 이렇게 많은 물상, 이런 다수의 천체가 필요했겠는가. 우리는 일상생활의 하찮은 일들을 촉진시키기 위하여 이 장대한 기호를 쓰고 있

으면서 지금까지 그것을 써본 일이 없는 듯이, 또는 그것을 쓸 수 없을 듯이 느낀다.

우리는 달걀을 굽기 위하여 화산재를 이용하는 나그네와 너무 닮았다. 우리는 이 크나큰 기호가 우리가 말하고자 하는 것에 옷을 입히고자 늘 준비하고 있는 것을 보면서, 그 기호 문자 자체는 그다지 중요하지 않다는 것을 의심하게 된다. 산이나 파도나 하늘에는, 우리가 그것을 자기 사상의 기호로 쓸 때 의식하여 일부러 부여하는 뜻 말고는 아무런 뜻이 없는 것일까.

세계는 기호이다. 품사는 은유이다. 왜냐하면 자연은 모두 인간 마음의 은유이기 때문이다. 정신과 관련된 자연계 법칙이 물질계 법칙에 서로 일치하게 대응되는 것은 마치 실제 얼굴이 거울 속 얼굴과 서로 대응되는 것과 같다.

"눈에 보이는 세계와 그 각 부분 서로 간의 관계는, 눈에 보이지 않는 세계의 나침반이다." 물리학의 공리(公理)로 윤리학 법칙을 해석한다. 예를 들면 "전체는 부분보다 크다"라든지, "운동과 반동(反動)은 똑같다"라든지, "시간으로써 중량 차이를 보상하면, 최소한 중량으로써 최대 중량을 쳐들 수 있다"라든지, 기타 이와 비슷한 명제로서 물리학의 의의를 동시에 갖는 것이 많이 있다. 이런 명제를 인간 생활에 적용할 때, 전문 용법에 국한된 경우보다 한층 더 넓고 일반적 의의를 갖는다.

이와 마찬가지로 역사상의 기억할 만한 말이나 여러 나라의 속담은, 흔히 도덕적 진리 그림, 또는 우화로서 선택된 자연계 사실로 이루어져 있다. 예를 들면, 구르는 돌엔 이끼가 끼지 않는다든지, 숲속의 두 마리 새보다 손 안의 한 마리가 낫다라든지, 바른 길을 가는 절름발이가 잘못된 길을 가는 경주자를 이긴다든지, 해가 나 있는 동안에 마른풀을 만들어라든지, 물이 가득찬 컵을 가지고 가기는 어렵다든지, 초는 술의 아들이라든지, 맨 마지막의 지푸라기 하나가 낙타의 등을 부러뜨린다든지, 오래 산 나무는 먼저 뿌리를 뻗는다든지 따위가 그것이다.

이것들은 그 본디의 뜻에서 보면 하찮은 사실이지만, 우리가 그것을 거듭해서 입에 올리는 것은 거기에서 유추되는 뜻에 가치가 있기 때문이다. 속담에서 진실한 것은 온갖 우화나 비유에서도 진실하다. 정신과 물질 사이에 존재하는 이 관계는 어떤 시인의 상상에서 나오는 것이 아니고, 신의 의지 속에 존재한다. 그러니까 모든 사람이 자유롭게 그것을 알 수 있다. 이 관계는 사람들의 눈에 보이는 수도 있고, 보이지 않는 수도 있다. 우리는 행복한 때에 이 기적을 생각하는데, 현자는 나머지 모든 경우에 자기가 눈멀고 귀먹은 것이 아닌가 하고 의아해 한다.

> 그러한 것이 여름날 구름같이
> 느닷없이 엄습해 오는데
> 어찌 놀라지 않을 수 있겠소?

《맥베스》 제3막 제4장에서)

왜냐하면 그때에는 우주가 투명해지고, 그 자체의 법칙보다는 한층 높은 법칙의 빛이 그 속을 뚫고 비추기 때문이다. 그 관계는 천지개벽 이래, 달리 말해서 이집트인과 브라만 시대로부터 피타고라스, 플라톤, 베이컨, 라이프니츠, 스베덴보리의 시대에 이르기까지 모든 대천재를 놀라게 하여 그 연구를 촉진시킨 영원히 변하지 않는 문제이다. 스핑크스는 길가에 앉아 있고 여러 시대에 걸쳐 그 곁을 지나는 예언자는 저마다 그 수수께끼를 읽어서 자기 운명을 시험한다.

정령(精靈)에는 반드시 물질의 형체로써 자기를 드러내 보여야 할 까닭이 있는 듯이 생각된다. 낮과 밤, 강과 폭풍, 짐승과 새, 산(酸)과 알칼리는 모두가 이미 신의 마음속에 반드시 존재해야 하는 이념으로서 존재해 있고, 정령 세계에서 앞질러 받는 영향으로써 현재 상태가 되어 있다. 한 개의 사실은 정령의 목적 또는 마지막 결과이다.

눈에 보이는 창조물은 눈에 보이지 않는 세계의 종점, 또는 그 원의 주변, 즉 원둘레이다.

"물질적 사물은 조물주의 본질 사상의 찌꺼기 같은 것이어서, 그것은 자기 최초의 기원과 언제나 정확한 관계를 유지하여야 한다. 달리 말하면, 눈에 보이는 자연은 영적이며, 정신적인 면을 갖고 있어야 한다"라고 프랑스 철학자는 말했다. 이 교리는 깊고 오묘하여 알기 어렵다. 그래서 '의복'이라든지, '찌꺼기'라든지, '거울'이라든지 하는 비유는 사람의 상상력을 자극할지도 모르지만, 우리는 이 교리를 알기 쉽게 하기 위하여 한층 투철하고 한층 활기 있는 설명자의 도움을 청해야 한다.

"모든 경전은 그것을 생산한 정령과 똑같은 정령에 따라 해석해야 한다."

이것이야말로 비평의 근본 법칙이다. 자연과 조화된 삶의 진리를 사랑하고 덕을 사랑하는 마음은 사람의 눈을 정화하여 경전의 문구를 이해시킬 것이다. 점차 우리는 자연계의 영원불멸한 사물의 근본 의미를 알게 될지도 모른다. 그리하여 자연은 우리에게 펼쳐진 한 권의 책이 되고, 모든 물상이 그 숨겨진 생명과 궁극의 원인을 드러내 보일 것이다.

지금 암시된 견해 아래, 두려울 정도로 광범위하고 허다한 사물을 명상할 때, 그러는 동안에 새로운 흥미에 우리는 놀란다. 왜냐하면 '모든 사물은 똑바로 보면 영(靈)의 새로운 능력을 드러내기' 때문이다. 무의식의 진리였던 것이 하나의 사물로서 해석되고 정의가 내려질 경우, 지식 영토의 한 부분—힘이라는 무기고 내의 하나의 새로운 무기가 된다.


## 훈련

자연의 진리를 깊이 연구하면, 우리는 곧 훈련이라는 하나의 새로운 사실에 이른다. 세계의 이러한 효용은 앞에서 말한 여러 효용을 그것의 부분부분으로서 내포한다.

공간·시간·사회·노동·기후·식물·운전·동물·기계력 따위는 날마다 우리에게 한없는 의미를 갖는 가장 진지한 교훈을 준다. 이런 것은 오성(悟性)과 이성을 모두 교육한다. 물질의 특성—견고성 또는 저항성, 관성(慣性), 확장, 형태, 가분성(可分性)—은 오성을 가르치는 학교이다. 오성은 이 가치 있는 무대에서 활동하기 위하여 필요한 영양과 공간을 덧붙이고 분할하고 결합하고 측정하고 발견한다.

한편 이성은 물질과 정신을 혼합시키는 비슷함을 인정함으로써, 이러한 교훈을 모두 자기의 사상세계로 옮기는 것이다.

1. 자연은 지적 진리에 의하여 오성을 훈련한다. 우리가 지각할 수 있는 사물을 다루는 것은 차이나 비슷함이나 질서, 실재 및 겉모습, 점진적 배열, 특수에서 일반으로서의 향상, 같은 목적을 향한 여러 가지 결합 같은 필요한 교훈을 끊임없이 실습하는 것이다.

이루어질 기관(器官)의 중요성에 비례하여, 그 기관의 교육에는 절대적인 주의—어느 경우에나 소홀히 할 수 없는 주의—가 주어진다. 상식을 만들기 위하여 얼마나 지루한 훈련이 날마다, 해마다 끊임없이 계속되는가. 얼마나 번거로움과 불편, 진퇴양난의 상황이 잇달아 생겨나는 것인가. 얼마나 소인배들이 우리의 실패를 좋아할까. 얼마나 가격의 분쟁이 있고, 얼마나 이해타산이 있는 것인가.

그러나 모든 것은 마음의 손을 만들기 위하여 "좋은 사상도 이것을 실행하지 않으면 좋은 꿈에 지나지 않는다"는 것을 우리에게 심어 주기 위해서다. 재산과 여기에서 생기는 대차(貸借)의 조직 또한 똑같이 좋은 임무를 다한다. 빚, 압박하는 빚, 홀어미나 고아나 천재 아이들이 두려워하고 증오하는 낯짝 두꺼운 빚—많은 시간을 헛되이 보내고, 아주 천하게 보이는 배려 때문에 위대한 사람도 불구로 만들고 낙담시키는 빚은, 결코 버릴 수 없는 교훈을 주고, 빚 때문에 가장 고생하는 자에게 가장 필요한 것이다.

그뿐만 아니라 교묘하게도 눈(雪)에 비유되어 온 '오늘은 평평히 내리지만 내일은 휘몰아쳐서 쌓이는 재산이라고 하는 것은, 시계 문자판의 바늘과 같은 내부 기구의 대외 활동이다. 지금은 그것이 오성(悟性)의 훈련이지만, 정령의 선견(先見)에서는 헤아리기 어려울 만큼 깊은 법칙에서 비롯된 경험의 축적이다.

개인의 모든 성격과 운명은 오성을 수련하는 과정에서 비롯된 가장 작은 부동(不同), 예를 들면 사물의 차이를 깨닫는 데서 비롯된 부동에 의하여 좌우된다. 공간이 존재하고 시간이 존재하는 것은, 만물은 한덩어리로 집합되어 있는 것이 아니라 하나하나 나뉘어 있는 것임을 인간에게 알리기 위함이다. 종(鍾)과 쟁기는 저마다 독자 효력을 갖고 있어, 어느 것이고 다른 직무를 해낼 수가 없다. 물은 마시는 데 좋고, 석탄은 때는 데 좋고, 양털은 입는 데 좋다.

그러나 양털을 마시고, 물을 실로 뽑고, 석탄을 마실 수는 없다. 현자는 사물을 나누고 그것에 등급을 붙이는 데서 그의 지혜를 나타낸다. 그리하여 현자가 온갖 창조물을 측정하고 가치를 재는 잣대는 자연 그것만큼이나 크고 넓다.

어리석은 사람은 자신의 잣대에 눈금도 없이, 사람은 모두 다른 사람과 같다고 생각한다. 어리석은 사람은 다만 좋지 않은 것을 가장 나쁜 것이라고 부르며, 다만 싫지 않은 것을 가장 좋은 것이라고 부른다. 이와 마찬가지로, 자연은 얼마나 빈틈없는 주의를 우리에게 기울이는가. 자연은 어떠한 그릇됨도 용서치 않는다. 자연의 찬(贊)은 찬이고 부(否)는 부일 뿐이다.

농학·천문학·동물학 등의 초보—농부나 뱃사람이 경험하는—는, 자연이 던지는 주사위에는 언제나 추가 놓여져 있다는 것, 또한 자연의 먼지 더미나 폐물 속에도 확실히 쓸모 있는 결과가 숨겨져 있다는 것을 가르친다.

사람의 마음은 얼마나 평안하고 명쾌하게, 식물학 법칙을 차례차례 이해해 나가는 것인가. 인간이 창조의 평가나 의논에 참가하여, 생존의 특권을 지식으로써 느낄 때 얼마나 고상한 정서가 그의 마음을 넓혀 주는 것인가. 그는 통찰로써 자신을 우아한 존재로 만든다. 자연의 아름다움이 그 자신의 가슴 속에서 빛난다. 인간은 이것을 볼 수 있으므로 보다 크고 우주는 보다 작다. 왜냐하면 시간과 공간의 관계는, 모든 법칙이 알려지자 사라지기 때문이다.

여기서 다시 우리는, 탐험할 우주의 드넓음에 감명을 받고 다시 위압당한다.

"우리가 알고 있는 것은 우리가 알고 있지 않은 것에 비하면 한 점에 지나지 않는다."

최근의 과학잡지를 펼쳐서 빛이나 열, 전기나 자기(磁氣), 식물학이나 지질 따위에 관하여 제시된 여러 문제를 깊이 연구하고, 자연과학의 흥미가 곧 다하고 말 것인가 아닌가를 판단해 보라.

자연의 훈련에 관한 많은 상세한 조항은 그대로 지나친다 해도, 우리는 두 가지 상세 조항은 빼놓아서는 안 되겠다.

의지 훈련, 곧 힘의 교훈은 모든 사건에서 얻게 된다. 어린아이가 여러 가지 감각을 차례차례로 가지는 무렵부터 "신이여, 당신의 뜻에 맡기리다"라고 말하는 시대에 이르기까지, 그는 개개의 사건뿐만 아니라 여러 가지 큰 사건도, 아니 잇달아 일어나는 일련의 사건을 모두 자기 의지에 복종시키고, 이리하여 온갖 사실을 자기의 성격에 적응시킬 수 있다는 비밀을 배운다.

자연은 철저한 중개자다. 그것은 인간에 봉사하기 위하여 만들어졌다. 그것은 예수 그리스도께서 타신 노새처럼 온순하게 인간의 제어를 받는다. 그것은 자기의 모든 영토를 인간에게 바치고, 그가 쓸모 있는 무언가를 이룰 수 있는 원료가 되게 한다. 인간은 그 원료를 완성하는 데 결코 싫증을 느끼지 않는다.

그는 정묘하고 우아한 공기를 현명하고 음조 고운 말로 다져서, 그것에 날개를 붙여 사람을 설복하고 명령하는 천사로 만든다. 승리를 좇는 그의 사상은 만물을 차례차례 좇아서 그것을 굴복시키면 결국 세계는 다만 실현된 의지, 곧 인간의 분신에 지나지 않게 된다.

그 지각할 수 있는 여러 사물은 이성의 예고를 좇아서 양심을 반영한다. 만물은 도덕성을 지닌다. 그리고 그 한없는 변화에서 계속 영성(靈性)과 의논하고 있다. 따라서 자연은 형태와 색채와 운동에 아름다운 빛을 던진다. 이리하여 가장 먼 천계(天界)의 모든 천체도, 아주 하찮은 결정에서부터 생명 법칙에 이르기까지 화학 원리에 근거한 모든 변화도, 하나의 잎에서 싹이 나타나는 생장의 근본원리로부터 열대 숲이나 대홍수 이전의 탄갱(炭坑)에 이르기까지 모든 식물의 성장 변화도, 해면(海綿)에서 헤르쿨레스에 이르기까지 모든 동물성 기능도, 모두 인간에게 옳고 그름의 여러 법칙을 암시하거나 천둥을 쳐서 저 십계명(十誡命)을 반향할 것이다.

그 때문에 자연은 영원히 종교의 동맹자이고, 자기가 갖는 온갖 화려함과 풍요로움을 종교적 정서에 빌려 준다. 예언자도 승려도, 다윗도 이사야도, 예수도 모두 이 깊은 원천으로부터 끌어내 온 것이다. 이런 윤리적 성격은 매우 깊이 자연의 골수에까지 스며들어, 말하자면 그 성격이야말로 자연이 만든 목적인 듯이 생각된다. 비록 어떤 사사로운 목적이 어떤 국면이나 부분으로서 응해진다 하더라도, 이런 윤리적 성격은 그것의 공적이고 보편적인 기능이어서 결코 생략되지 않는다.

자연계 사물은 무엇이든 최초로 사용하여 다 쓰여서 없어지는 일이 없다. 비록 어떤 사물이 그 목적을 위하여 최대한 구실을 다했다 하더라도, 그 사물은 다른 봉사를 위해서는 완전히 새로운 것이다. 신에게는 모든 목적이 새로운 수단으로 바뀐다. 이리하여 상품의 효용은 그 자체만으로 생각하면 천하고 초라하다.

그러나 그것도 정신에 대비되는 효용의 이치, 다시 말하면 사물은 그것이 어떤 구실을 하는 한에서는 선이며, 여러 부분과 노력이 힘을 합쳐 하나의 목적을 만들어내는 것이 어떠한 존재에서도 매우 중요하다는 효용의 이치를 가르치는 하나의 교육이다. 이 진리가 무엇보다도 크게 나타나 있는 것은 가격과 수요, 곡물과 육류에서 피할 수 없는 혐오스러운 훈련이다.

자연의 모든 과정이 도덕률의 번역인 것은 이미 입증한 바이며, 도덕률은 자연의 중심에서 주위에 빛을 내놓는다. 그것은 모든 물질, 모든 관계, 그리고 모든 과정의 가장 핵심이다. 우리가 접하는 모든 사물은 모두 우리에게 설법을 한다.

농장은 말없는 복음이 아니고 무엇이랴. 겉곡식과 밀, 잡초와 수목, 충해(蟲害)와 비·곤충·태양—이것들은 모두 봄의 최초 모밭으로부터 눈덮인 겨울 들판의 마지막 곡식더미에 이르기까지의 신성한 기록이다.

그러나 뱃사람도 양치기도 광부도 상인도, 있는 곳은 모두 달라도 그들의 경험은 똑같아서 같은 결론에 이른다. 왜냐하면 모든 조직은 그 뿌리가 비슷하기 때문이다. 이리하여 공기를 향기롭게 한다든지, 곡물 속에서 성장한다든지, 세계의 바닷물을 잉태케 한다든지 하는 이런 도덕적 정서가 인간에게 포착되어 그 영혼에 스며드는 것도 의심의 여지가 없다.

자연이 모든 개인에게 주는 도덕적 감화는 바로 자연이 그에게 증명하는 진리의 양(量)이다. 이 진리의 양을 잴 사람이 누구이겠는가. 파도에 시달린 바위는 굳게 참고 견디어 마음이 흔들리지 않음을 어부에게 얼마나 가르쳐 왔는가. 그 더럽혀지지 않은 깊이 위를 바람이 폭풍의 구름떼를 휘몰아도 주름살 하나, 오점 하나 남기지 않는 푸른 하늘에서 얼마만큼 고요함이 인간에게 반영되었는가. 짐승들의 무언극에서부터 근면이나 예비와 애정을 우리는 얼마나 배웠는가. 이런 것들을 추측할 사람이 있겠는가. 건강이라고 하는 변화무쌍한 현상은 자제를 설교하는 엄격한 설교자이다.

곳곳에서 우리가 마주치는 자연의 통일—변화의 통일—이 이런 관점에서 특히 잘 이해된다. 만물의 한없는 변화는 모두 같은 감명을 준다. 크세노파네스*8는 만년에 이르러, 어디를 보나 만물은 모두 통일로 서둘러 돌아간다고 노래하였다. 그는 모든 물상의 지루한 변화 속에 똑같은 실체를 보는 데 싫증을 느꼈다.

프로테우스의 우화에는 간곡한 진리가 들어 있다. 하나의 잎사귀도, 하나

---

*8 BC 570~480. 그리스의 즉흥시인·철학자. 신과 자연의 일치를 노래.

의 물방울도, 한 개의 결정체도, 한 순간도 전체와 관련되며, 전체의 완성에 참여한다. 각 분자는 소우주에서 이 세계를 그대로 충실히 그려내고 있다.

유사성은 예를 들면, 우리가 소러스라는 공룡 화석의 발에서 인간 손의 유형을 발견하는 경우와 같이, 유사성이 뚜렷한 사물에만 존재하는 것은 아니고 표면상 크게 다른 물상 가운데 존재한다. 이리하여 제르멘 드 스탈*9과 괴테는 건축을 '동결된 음악'이라고 불렀다. 비트루비우스*10는 건축가는 음악가여야 한다고 생각했다. 콜리지는 "고딕식 사원은 융통성이 없는 종교이다"라고 말했다. 미켈란젤로는 건축가에게는 해부학 지식이 반드시 필요하다고 주장했다. 하이든의 성악을 들으면 그 곡조는 듣는 이의 상상에 대하여, 예를 들면 뱀이나 사슴이나 코끼리 등의 움직임 뿐만 아니라 푸른 초원의 색채도 제시한다.

조화 있는 음향의 법칙은 조화 있는 색채 속에도 재현한다. 화강암은 그 자체의 법칙으로는 다만 다소의 열에 의해서만 자신을 마멸시키는 강물과 구분된다. 강은 흘러갈 때 그 위를 흐르는 공기와 같고, 공기는 한층 더 희박한 흐름으로써 공기를 꿰뚫는 빛과 비슷하고, 빛은 빛과 더불어 공간을 달리는 열과 비슷하다.

각 창조물은 모두가 다른 창조물의 변형일 뿐이다. 만물 속에 있는 유사점은 그 차이점보다 많다. 만물의 근본 법칙은 한결같다. 한 예술의 규칙, 또는 한 조직의 법칙은 자연 전반에 걸쳐 통용된다. 이 통일은 아주 친밀한 것이므로, 그것이 자연의 가장 내밀한 의상 밑에도 존재하고, 그 원천이 우주의 정령 속에 있음을 보이고 있는 것을 쉽게 알 수 있다.

왜냐하면 이 통일성은 사상에도 침투되어 있기 때문이다. 우리가 언어로써 나타내는 공통된 진리는 다른 모든 진리를 포함하거나 가상한다. "모든 진리는 온갖 다른 진리와 조화를 이룬다." 그것은 마치, 모든 있을 수 있는 원둘레를 포함하는 한 둥근 형체의 원둘레 같은 것이다. 그러나 이 있을 수 있는 모든 원도 똑같이 그려져서 그 큰 원을 포함할 수 있을 것이다. 이런 진리는 모두 한 관점에서 보면 절대성을 띠는 실체이다. 그러나 그것은 수많은 방향성을 갖고 있다.

---

*9 1766~1817. 프랑스 작가. 당시의 유명한 문인들과 교류.
*10 로마 건축기술가. 아우구스투스 때 유명한 《건축론》을 집필.

이 중요한 통일이 행위에서는 한층 뚜렷이 드러난다. 언어는 한없는 정신의 한계가 있는 기관이다. 언어는 진리 속에 들어 있는 것의 여러 차원을 다 아우를 수는 없다. 언어는 진리를 파괴하고, 절단하며, 빈약하게 만든다. 행위는 사상의 완성이며 공개 발표이다. 옳은 행위는 눈을 만족시키고 그것은 또한 온 자연과 관련되어 있는 것처럼 생각된다.

"현자는 한 가지 것을 행하여 온갖 일을 행한다. 또한 현자는 그가 바르게 행하는 한 가지 것에 상대하듯이 바르게 행해지는 온갖 영상을 본다."

언어와 행위는 짐승들 세계의 속성은 아니다. 우리는 언어와 행위로써 비로소 인간의 형체를 갖춘다. 나머지 모든 조직은 인간의 형체가 퇴화한 것으로 생각된다. 이 인간의 형체가 그것을 에워싸는 그 많은 것 사이에 나타날 때에, 정령은 다른 모든 것을 버리고 그것을 택한다. 정령은 말한다.

"인간의 형체 같은 것에서부터 우리는 희열과 지식을 끌어들였다. 인간의 형체 같은 것에서 우리는 자기를 발견하고 자기를 지켜보았다. 우리는 이것에 말을 걸련다. 그것은 다시 말할 수 있다. 그것은 이미 형체를 이룬 살아 있는 사상을 자기에게 줄 수 있다"라고. 사실상 눈은—마음은—언제나 남성의, 그리고 여성의 이러한 형체에 수반된다. 그리고 이런 형체는 여러 사물의 한 복판에 있는 힘과 질서를 유례없이 풍부히 보여준다. 불행히도 이런 형체는 어느 것이나 얼마간 손상된 흔적을 지니고 있다. 곧 훼손되어 겉보기로는 결핍되어 있는 데가 있다.

그럼에도 이런 형체는 그 주위에 있는, 말도 못하고 듣지도 못하는 자연계와는 아주 달라서, 사상과 덕(德)이라는 한없이 깊은 바다 위에 마치 분수대처럼 서 있다.

이들 형체가 우리 교육에 작용하는 바를 상세히 추구하는 것은 유쾌한 연구일 것이다. 그러나 그런 연구에 끝이 있을 것인가. 우리가 청년시절이나 장년시절에 사귄 친구 가운데에는, 마치 하늘과 바다만큼 우리의 사상과 같은 넓이를 갖고, 또한 저마다 심령(心靈)의 감동에 응하여 그 방면의 우리의 욕구를 만족시키는 자가 있다. 우리로선 이런 친구를 우리로부터 적당한 초점거리에 놓고서, 그들을 수정하거나 나아가 분석할 수는 없다.

우리는 그들을 사랑할 수밖에 없다. 한 친구와의 깊은 교제가 우아함과 아름다움의 표준을 우리에게 주고, 우리 이상보다 나은 참된 사람을 이와 같이 보내주시는 신의 힘을 존경하는 우리의 마음을 드높일 때, 그 친구가 사상의 대상이 되어 그 인격에는 모든 의식하지 못하는 감화력을 유지하면서 우리의 마음속에서는 그것이 견실하고 쾌적한 지혜로 바뀔 때, 그것은 그 친구의 임무가 곧 끝난다는 것을 우리에게 무언중에 암시하며, 그는 곧 우리의 시야에서 사라지는 것이 보통이다.


## 관념론

이리하여 말로는 표현하기 어렵지만, 그것을 이해하고 실제로 적용할 수 있는 세계의 의미가, 모든 감각의 대상을 빌려 그 불멸의 제자인 인간에게 전해진다. 이 훈련이라고 하는 하나의 목적을 위하여 자연의 모든 부분이 힘을 합치는 것이다.

이 목적이 우주의 궁극 원인이 아닌가, 그리고 자연이란 과연 겉보기로 존재하는 것인가. 이런 고상한 의문이 끊임없이 우리의 마음에 떠오른다. 신이 인간의 마음을 가르치고, 이리하여 인간의 마음을 조금씩 서로 적응하는 감각, 곧 우리가 태양이나 달, 남자와 여자, 집과 상업이라고 부르는 감각의 수용자가 되게 하는 것만으로써 우리가 세계라고 부르는 이 겉모습을 설명하는 데 충분하다.

나의 오관(五官)의 보고가 확실한지의 여부를 시험하는 것, 다시 말해 나의 감각이 내게 주는 인상이 바깥 세계에 존재하는 사물과 대응하는지의 여부를 완전히 식별할 수 없다면 오리온 별자리가 사실상 하늘에 있든 또는 어떤 신이 그 오리온 별자리의 생김새를 우리 영혼의 창공에 그린 것이든 무슨 차이가 있겠는가.

각 부분간의 관계와 전체의 목적도 언제나 같은 이상, 육지와 바다가 서로 작용하고, 모든 세계가 수없이, 그리고 끝없이 돌고 서로 엇갈린다 하더라도—바다가 바다 밑에 입 벌리고, 무한 공간에 걸쳐서 은하(銀河)가 은하와 평행한다 하더라도—또는 시간과 공간의 관계없이 똑같은 겉모습이 인간의 한결같은 신앙에 새겨져 있다 하더라도 무슨 차이가 있겠는가. 자연이 외부에 실체로서 존재하든, 또는 다만 우리 마음의 묵시 속에 존재하는 것에 불과하든, 자연은 내게 똑같이 쓸모 있고 똑같이 존엄한 것이다.

비록 자연이 어떤 것이든, 내가 나의 감각의 정확성 여부를 시험할 수 없는 한 자연은 내게 관념으로 존재할 뿐이다. 가벼운 자들은 관념물을 웃음거리로 하여 마치 그 결말이 희화(戲畫)인 듯이, 그리고 그것이 자연 안정성을 흔드는 것인 줄로 생각한다. 분명히 그렇지 않다. 신은 절대 우리를 놀리지 않는다. 그리고 자연의 진행에 다소라도 전후 모순을 허용하여 자연의 목적을 위태롭게 하고자 하지 않는다. 다소라도 여러 법칙의 불변성을 의심하면 인간의 온갖 능력은 마비되리라.

온갖 법칙의 불변성은 신성하게 존경받고 있고, 이에 대한 인간의 신앙은 완전하다. 인간의 수레바퀴와 태엽은 모두 자연의 불변이라는 가정에 따라 붙여진 것이다. 우리는 물결에 흔들리는 배처럼 만들어지진 않았다. 지상에서는 가옥처럼 만들어져 있다. 원동력이 반동력보다 뛰어나다는 한에서, 자연은 정령보다 수명이 짧고 변하기 쉽다는 것을 보이는 암시에 분연히 반대하는 것은, 이런 구조를 갖고 있는 이상 당연한 결과다. 중개인도, 수레바퀴 만드는 사람도, 목수도, 통행료 징수인도 이런 암시를 받으면 매우 불쾌하게 느낀다.

그러나 우리가 자연의 여러 법칙설에 전적으로 동의하는 동안에도, 자연이라는 절대적 존재 문제는 여전히 해결되지 않은 채 남아 있다. 열이라든지, 물이라든지, 질소 같은 개개 현상의 안정에 대한 우리의 믿음을 동요하지 않고, 그러나 자연을 하나의 실체로 보지 않고 현상으로 보며, 필연적 존재는 이것을 정령으로 돌리고 자연을 하나의 우연, 하나의 인상으로 보는 것은 교양이 인간 마음에 주는 한결같은 결과이다.

자연이라는 절대 존재를 본능처럼 신앙하는 것은 감각과 아직 고쳐지지 않은 오성이 소유하는 것이다. 이런 감각과 오성의 관점에서는 인간과 자연은 하나로 결합되어 있다. 만물은 모두 궁극성을 지니고, 자기의 영역 밖으로 눈을 돌리지 않는다. 이성이 나타나자마자 이 신앙은 파괴된다. 사상이 보여주는 최초의 노력은 마치 우리가 자연의 일부분인 듯이, 우리를 자연에 결부시키는 감각의 전제를 완화하는 쪽으로 기울어지고, 자연을 우리와 따로 떨어진, 말하자면 떠다니는 것으로 우리에게 보여준다.

이러한 한층 고상한 움직임이 개입되기까지에는, 육안은 뚜렷한 윤곽과 색채 있는 표면을 놀랄 만큼 정확하게 본다. 이성이 눈을 뜨면 윤곽과 표면에는 당장 우아함과 아름다움, 표정이 더해진다. 이 우아함과 아름다움, 표정은 사상과 애정에서 생기며, 물상의 각이 진 명확성을 약간 감축한다. 만일 이성이 한층 진지하게 시력을 자극받을 때, 윤곽과 표면은 투명해지고 이제 더 이상 보이지 않는다. 온갖 원인과 정령이 이런 윤곽과 표면을 통하여 보인다. 인생 최고의 순간은 이 한층 고상한 힘이 신선하게 눈뜨고, 자연이 그 신 앞에서 경건하게 물러갈 때이다. 우리는 나아가 교양의 결과를 제시해야겠다.

1. 관념론 철학에서 우리에게 가장 중요한 기본이 되는 것은 자연 그 자체에서 받는 암시이다. 자연은 정령과 협력하여 우리를 해방하도록 만들어져 있다. 어떤 기계적 변화, 예를 들면, 우리가 있는 위치의 하찮은 변경이 우리에게 이원론(二元論)을 가르친다. 우리는 해안을 달리는 배에서 보고 기구(氣球)에서 보고, 또는 미묘한 하늘의 빛을 통해서 봄으로써 신비로운 감동을 받는다.

우리 관점을 조금만 바꾸어도 온 세계에 그림 같은 풍치를 더하게 된다. 별로 마차를 타지 않는 사람에겐 마차를 타고 자기 고을을 지나가기만 해도 길거리가 인형극으로 바뀐다. 남자도 여자도—지껄이고, 달리며, 사고팔고, 싸우고 있는—열심히 일하는 직공도, 게으름뱅이도, 거지도, 아이도, 개도 곧 실체 없는 것으로 되어 버리거나 또는 적어도 관찰자와의 모든 관계에선 완전히 떨어져서, 실체가 없는 겉보기만의 존재물인 듯이 보인다. 빨리 달리는 기차의 창을 통하여 아주 익숙한 전원의 풍물을 바라볼 때 얼마나 새로운 생각이 떠오르는가.

뿐만 아니라 가장 익숙한 물상도(아주 조금만 관점을 바꾸면) 우리를 매우 즐겁게 해준다. 카메라의 어둠상자를 통하여 보면, 푸줏간의 차나 자기 가족의 모습도 재미있다. 그와 마찬가지로 잘 알고 있는 얼굴의 상(像)도 즐거워진다.

몸을 굽혀 가랑이 사이로 풍경을 거꾸로 보면 그 풍경이 비록 20년 동안이나 보아온 것이라도 얼마나 재미있는가. 이런 경우에서는, 관찰자와 광경 사이의 인간과 자연 사이의 서로 다른 점이 틀에 박힌 방법으로써 암시되어 있다. 거기에서 공경하고 두려워하는 마음이 섞인 쾌감이 일어난다. 이렇게도 말할 수 있다—약간의 숭엄한 감정이 어쩌면 다음 사실에서, 곧 인간은 이처럼 세계가 하나의 광경인 것과 서로 맞대어 비교하여, 자신 속의 어떤 것은 불변인 것을 알게 되는 사실에서 느껴진다고.

2. 어떤 고상한 방법으로 시인은 이와 똑같은 쾌감을 전한다. 그는 약간의 필치로써 마치 공기 위에 그려내듯이 태양·야영·도시·영웅·처녀를 그려낸다. 그러나 그것은 우리가 아는 것과 다르게 그리는 것이 아니라, 다만 이것을 지상에서 추켜올려 우리 눈앞에 떠다니게 하여 그려내는 것이다. 그는 육지와 바다를 해방하며, 이것을 자기의 근본 사상을 중추로 하여 돌리고 그것을 새로이 배치한다.

그 자신이 용맹한 열정에 사로잡혀 있으므로, 그는 물질을 그 열정의 상징으로 사용한다. 감각을 중시하는 사람은 사상을 사물에 꼭 알맞도록 만든다. 시인은 사물을 자신의 사상에 꼭 알맞도록 만든다. 한쪽은 자연을 뿌리박혀 고착된 것으로 보고, 한쪽은 자연을 유동성을 띤 것으로 보아, 자연 위에 자기 존재를 아로새긴다. 시인에게는 늘어놓기 어려운 이 세계도 유순하고 다루기 쉬운 것이 된다.

그는 먼지나 돌도 인간성이라는 옷으로 감싸고 그것을 이성(理性)의 언어가되게 한다. 상상이란 이성이 물질계를 이용하는 것이라고 정의할 수도 있다. 셰익스피어는 어떤 시인 이상으로 표현을 위하여 자연을 복종시키는 힘을 갖고 있다. 그의 제왕다운 시혼(詩魂)은 삼라만상을 마치 장난감처럼 이 손에서 저 손으로 던지고, 그의 마음속 가장 윗부분에 있는 변덕스런 사상을 구현하는 데에도 그것을 이용한다.

절묘한 영적 결합에 의하여 그는 자연의 가장 멀리 떨어진 공간도 방문하고 가장 먼 곳에 흩어진 사물도 끌어모은다. 우리는 물질과 관련된 사물의 크고 작음은 상대성을 띠는 것이어서, 온갖 물상은 이 시인의 열정에 봉사하기 위하여 줄어들고 늘어나는 것임을 알게 된다. 이리하여 셰익스피어는 그의 《소네트 시집》에서 새의 노래와 꽃 향기와 빛깔을 그의 애인의 그림자로 본다. 애인과 그를 갈라놓는 시간은 그의 가슴이고, 애인이 일으킨 의혹은 그녀의 장식이다.

> 아름다움을 장식하는 것은 의심이므로,
> 저 맑은 하늘에 까마귀가 나는 것과 같도다.
>
> (셰익스피어 《소네트집》 70)

그의 열정은 우연히 얻은 성과는 아니다. 그것은 그가 도시나 국가에 말을 걸 때 확대된다.

아니, 나의 사랑은 우연과는 먼 곳에 세워져 우리 시대의 풍습에 따라 웃음을 짓게 하는 화려한 의식이나, 속박에 대한 불만에도 흔들리지 않으리라.
나의 사랑은 짧은 기간에만 효력이 있는 이단자의 책략도 겁내지 않으며, 홀로 지혜롭게 초연히 서서,

(셰익스피어 《소네트집》 124)

영원히 변하지 않는 힘을 가진 그는, 피라미드도 최근에 생긴 잠깐 동안 덧없는 것으로 생각한다. 젊음과 사랑의 청신함은 아침과 비슷한 점에서 그를 눈부시게 한다. 이 시인의 열정에 의하여, 모든 물질적 사상(事象)이 변형하는 것은—그가 이런 힘을 행사하여 크나큰 것도 작고 초라하게 만들고, 자잘한 것도 크게 키우는 것은—그의 극에서 많은 예를 들어 증명할 수 있다. 내 눈 앞에 《폭풍우》가 있으니 다음 몇 행을 인용해 보겠다.

아리엘—바닥이 튼튼한 곳을 흔들어 소나무, 참나무를 뿌리째 뽑아 놓곤 했다.

(셰익스피어 《폭풍우》 제5막 제1장에서. 아래 인용 구절도 같다.<br>아리엘은 프로스페로의 착오)

프로스페로는 미친 듯이 날뛰는 알론소와 그 동료를 위안하기 위하여 음악을 청한다.

어지럽고 혼돈스러운 마음에게는 가장 좋은 위로가 되는 장엄한 음악에 그대의 뇌가 회복되기를 바라노라. 머리뼈 속에서 지금 뇌가 쓸데없이 뒤끓고 있다!
(중략)
주문의 효력이 빠르게 물러가고 있다.

그리고 아침의 살며시 스며들어와 어둠을 녹여버리듯. 이 자들의 감각도 되살아나 명철한 이성을 덮은 어리석고 무지한 연기를 차츰 몰아내고 있다네.

(중략)

다들 조금씩 이성을 되찾아 가는구나. 이대로 가면, 지금은 흐리고 탁한 마음의 둑 위로 이성의 밀물이 곧 가득 차게 되겠지.


여러 사건 사이에 있는 참된 친연(親緣)—달리 말하면, 관념상의 친연, 왜냐하면 이것만이 참되기 때문이다—을 파악했기에, 이 시인은 세계의 가장 당당한 형체와 현상을 자유로이 구사하며 영(靈)의 우월함을 주장할 수 있다.

3. 이와 같이 시인은 자기 자신의 사상으로써 자연을 생기 있게 할 수 있지만, 한편 그는 다만 다음 점에서 철학자와 다르다. 다시 말하면, 전자는 아름다움을 그 주요한 목적으로 제의하고, 후자는 진리를 제의한다. 그러나 철학자라 하더라도, 만물의 외관상의 질서나 관계를 뒤로 미루고 사상의 제국을 앞세우는 점에서 시인보다 나았으면 나았지 못하지는 않다.

플라톤에 따르면, "철학 문제는 조건 아래에 존재하는 만물을 위하여, 조건 없고 절대성을 띤 기초를 발견하는 것이다."

이 말은 하나의 법칙이 만물의 형상을 결정하므로, 그것을 알면 만물의 형상을 미리 알 수 있다는 신념에서 나온 것이다. 그 법칙은, 그것이 사람의 정신 속에서는 하나의 관념이다. 그 아름다움은 한이 없다. 참된 철학자와 참된 시인은 같고, 진리이면서 아름다움인 것과, 아름다움이면서 진리인 것이 그 둘의 목적이다.

플라톤이나 아리스토텔레스의 정의의 한 가지가 매력이 있는 것은, 고대 그리스 소포클레스의 비극 《안티고네》의 매력과 완전히 비슷한 것이 아닌가. 그것은 그 둘의 경우에 영적 생활이 자연에 부여되어 있기 때문이다. 겉으로는 단단하게 보이는 물질의 덩어리가 사상에 스며들어가 녹아 버렸기 때문이다. 이 연약한 인간이 활력 있는 영혼으로써 자연의 광대한 집단 속에 스며들어, 그들 집단의 조화 속에 자신을 발견하였기 때문이다. 다시 말하면, 그들 집단의 법칙을 알아챘기 때문이다.

물리학에서 이것이 성취될 때엔, 기억은 개개 사항의 번잡한 목록을 암기하는 고역을 면하고, 수세기에 걸치는 관찰을 하나의 공식으로서 잘 지켜 나간다.

이와 같이 물리학에서조차, 물질적인 것은 영적인 것 앞에서 그 품격이 낮아진다. 천문학자와 기하학자는 그들 논쟁의 여지없는 분석에 의지하여 관찰의 결과를 무시한다. 스위스 수학자 오일러(1707~83)가 호선(弧線)에 관한 법칙에 대하여 말한 고상한 말, 곧 "이 법칙은 모든 경험과 반대되는 것임을 알게 될 것이다. 그렇지만 이것은 참이다"라고 한 말은 이미 자연을 정신세계 속에 이입하고, 물질을 마치 버린 시체처럼 돌보지 않았음을 뜻하는 것이다.

4. 지식에 근거한 과학은 물질 존재를 의문을 낳는 것으로 생각해 왔다. 튀르고*[11]는 말한다. "물질 존재를 한 번도 의심을 품지 않은 사람은, 형이상학 연구에는 어울리지 않다고 분명히 말할 수 있다."

이것은 사멸하는 일 없는 필연성을 띠는 그리고 창조에 의한 것이 아닌 온갖 자연에, 다시 말해 관념 세계(이데아)에 주의를 결부시킨다. 그리고 이 관념 세계의 존재 앞에서 우리는 외계의 사실을 한바탕 꿈이나 하나의 그림자로 느낀다.

우리가 이 이데아라고 하는 온갖 신의 올림퍼스에 머무르는 동안, 우리는 자연을 영혼의 부속물로 생각한다. 우리는 이 온갖 신의 세계에 올라간다. 그리하여 이들의 이데아야말로 지상에 실제로 존재하는 신의 사상임을 안다.

"이런 것은 영원에서부터, 맨 처음으로부터, 대지가 있기 전부터 만들어진 것이다. 신이 하늘을 만들기 시작할 때 그것은 거기에 있었다. 신이 구름을 위에 놓았을 때, 깊은 못의 샘의 힘을 굳혔을 때 거기에 있었다. 그때 이래, 그것은 마치 신과 더불어 성장한 존재처럼 신의 곁에 있었다. 신은 이들의 이데아를 논의 대상으로 한 것이다."*[12]

이데아가 우리에게 주는 감화력은 비례성을 띤다. 과학 대상으로서 이데아, 그것에 접근할 수 있는 사람은 적다. 그러나 경건심과 열정을 통해서는 누구나 이데아 세계에 오를 수 있다. 그리고 이 이데아의 신성한 본성에 접할 때에는 어떤 사람이든 스스로가 어느 정도 신성한 존재가 되어야 한다. 이러한 신성한 본성은 하나의 새로운 영처럼 육체를 새롭게 한다.

우리 육체가 민첩해지고 경쾌해진다. 우리는 허공을 밟는다. 인생은 더 이상

---

*11 1727~1781. 프랑스 정치가·철학자.
*12 《구약성서》 잠언 제8장 23, 26, 27, 28, 30 등 참조.

귀찮은 것이 아니고, 앞으로도 결코 귀찮은 것이 아닐 것으로 생각된다. 이런 신성한 본성과 맑고 명랑한 영혼과 영혼의 교류를 계속하는 자는 누구나 나이를 두려워하거나, 불행을 두려워하거나 죽음을 두려워하지 않는다.

왜냐하면 그의 몸은 변화의 영역 밖으로 옮겨져 있기 때문이다. 우리가 정의와 진리의 성질을 가린 것 없이 보고 있는 동안, 우리는 절대적인 것과 조건적인 것 또는 상대적인 것 사이의 차이를 안다. 우리는 절대적인 것을 이해한다. 말하자면 비로소 "우리는 존재한다." 우리는 죽지 않는 상태가 된다. 왜냐하면 우리는 시간과 공간은 물질 관계이고, 진리의 지각 또는 덕을 갖춘 의지에 대하여 시간과 공간은 아무런 친연을 갖고 있지 않은 것임을 알기 때문이다.

5. 마지막으로 종교와 윤리(그것은 관념의 실행, 인생에 대한 관념의 도입이라고 부르는 것이 어울리겠지마는) 그것은 자연의 품격을 낮추고, 그것이 정령(精靈)에 의존하고 있는 점에서 모든 천박한 교양과 비슷한 결과를 갖는다.

윤리와 종교는 다음과 같은 점에서 차이가 있다. 전자는 인간으로부터 비롯된 인간의 의무 체계이고, 후자는 신으로부터 비롯된 인간의 의무 체계인 점이다. 종교는 신격(神格)을 포함하지만 윤리는 포함하지 않는다. 이 둘은 우리 현재의 의도에 대해서는 같다. 이 둘이 모두 자연을 발 아래에 놓고 있다. 종교의 처음이자 마지막 교훈은 "눈에 보이는 사물은 잠시 존재하는 것, 눈에 보이지 않는 사물은 영원한 것"이라고 한다.

그것은 자연을 모욕하는 것이다. 종교는 철학이 버클리*<sup>13</sup>나 브야사*<sup>14</sup>에게 하는 일을 무교육자에게 한다. 가장 무식한 종파의 교회에서 들을 수 있는 문구는 이것이다.

"세계의 실체 없는 외관을 경멸하라. 그것은 헛되고, 꿈이고, 그림자며, 실체가 아니다. 종교의 실재를 구하라."

이러한 종파의 신도들은 자연을 경멸한다. 어떤 접신론자(接神論者)들은 마니교도*<sup>15</sup>나 플로티누스*<sup>16</sup>처럼 물질에 하나의 적개심과 분개심을 갖게 되었

*13 1685~1753. 영국 관념론 철학자.
*14 '편찬자'라는 뜻. 고대 인도의 전설상 작가·편찬자. 특히 《베다》의 완성자. 그리고 《라마야나》 등의 편찬자를 가리킨다.
*15 페르시아인 마니가 창시한 이원교. 사람의 육체는 암흑계(惡)에서, 정신은 광명계(善)에서 생기고, 악은 사람을 타락시키고, 선은 사람을 높이 끌어올린다고 함.
*16 BC 204~270. 신플라톤학파 철학가. 이집트 출신. 로마에서 철학을 가르침.

다. 그들은 자기들이 저 이집트의 성대한 잔치를 되돌아보는 일이 있으리라고 믿지 않았다.

플로티누스는 자기 육체를 부끄럽게 생각했다. 요컨대 그들은 모두가 미켈란젤로가 겉으로 드러난 아름다움을 "그것은 신이 이 세상에 불러낸 영혼을 싸는 연약하고 혐오스러운 옷가지이다"라고 말한 것을 물질에도 적용해서 말했는지도 모른다.

운동·시가·자연과학·지적 과학·종교 등은 모두 외계의 실재에 대한 우리의 확신을 흔들고자 하는 경향이 있는 듯이 보인다. 그러나 온갖 교양은, 우리 마음에 관념론을 침투시키려는 경향이 있다는 일반 명제의 세세한 조항을 너무 상세히 펼치는 것은 자연에 대하여 은혜를 모르는 것이라고 생각한다.

나는 자연을 조금도 적으로 대하지 않고, 그것을 어린아이처럼 사랑한다. 나는 따스한 햇볕을 쬐며 옥수수나 멜론처럼 몸을 펴고 산다. 나는 자연을 공정히 말해야겠다. 나는 나의 아름다운 어머니에게 돌을 던지고, 나의 우아한 둥우리를 더럽히고 싶지 않다. 나는 다만 인간에 대한 자연의 진정한 위치를—모든 올바른 교육이 인간을 거기에 놓는 경향이 있는 자연의 진정한 위치, 거기에 이르는 것이 인생의 목적, 다시 말해서 인간과 자연의 결합의 목적인 자리라고 그것을 지시하고자 할 뿐이다.

교양은 자연에 대한 야비한 견해를 널리 알려, 정신이 실재라고 흔히 불러 온 것을 피상이라고 부르고, 환상이라고 흔히 불러온 것을 실재라고 부르게 한다. 과연 아이들은 외면 세계를 믿는다. 외면 세계는 다만 겉으로 드러난 것이라는 생각은 나중에 생기는 사상이다.

그러나 일단 교양이 생기면, 이 신념은, 외면 세계를 실재라고 한 최초의 신념이 생겼을 때와 똑같이 확실하게 마음속에서 일어난다.

관념론이 일반 신념보다 뛰어난 점은, 그것이 우리 정신에게 가장 바람직한 견해로 이 세계를 올바로 제시해 주는 데 있다. 이 견해는 사실상 사변(思辨)과 실천에 근거한 이성, 다시 말하면 철학과 덕이 취하는 견해이다.

왜냐하면, 사상의 빛에 비추어 보았을 때 세계는 언제나 겉으로 드러난 것이고, 덕은 세계를 정신에 복종시키는 것이기 때문이다. 관념론은 세계를 신 안에서 본다. 그것은 인간과 사물, 행위와 사건, 국가와 종교 등의 전원(全圓, 전체의 순환고리)을 볼 때, 늙어서 기어가는 '과거' 속에, 원자(原子)에 원자를 겹치고, 동작에 동작을 더하여 애써 올린 것으로 보지 않고, 영(靈)이라는 정관(靜觀)을 신이 곧바로 영원 위에 그려놓는 한 폭의 그림으로 본다.

그 때문에 영은 이 우주의 액면(額面)을 현미경으로 들여다보듯이 하는 의미 없는 연구를 피한다. 영은 목적을 너무 지나치게 존중하므로 수단에 몰두하게 한다. 영은 기독교에서 교회사(敎會史)에 남은 오점 또는 비평의 정밀하고 상세한 것보다는 더 중요한 어떤 것이 있음을 인정한다.

그리고 인물과 기적에 관해서는 아주 무관심하게, 그리고 역사에 남은 증거가 부족한 것이 있어도 마음을 어지럽히는 일 없이, 영은 이 현상을 신에게서 자기에게 비치는 대로, 곧 이 세계의 순수하고 외경할 만한 형식의 종교로 받아들인다.

영은 영 자신의 행운이나 불운이 나타나도, 다른 사람들이 화합하거나 해도 열을 올리고 멀리하지 않는다. 아무도 영의 적은 아니다. 영은 어떤 일이 일어나도 자기 교훈의 일부분으로서 그것을 받아들인다. 영은 행하는 자라기보다 오히려 지켜보는 자이다. 그리고 영이 행하는 자가 되는 것은 다만 보다 더 잘 지켜보기 위함이다.


## 정령


자연과 인간에 관한 참된 학설에서는 조금이라도 진보된 것을 반드시 포함해야 한다. 다 써버린 또는 써 버릴지도 모르는 효용이나, 다만 서술로 끝나버릴 사실은, 자연이라고 하는 이 화려한 숙소—그 속에서 인간이 보호받고, 그 속에서 인간의 온갖 능력이 적당히, 그리고 한없이 운용되는 이 숙소의 진실을 말하는 전부라고 할 수 없다. 그리고 자연의 모든 효용은 그것을 인간 활동에 끝없는 범위를 주는 효용이라고 간추려서 말할 수 있다.

자연은 그 영역 전체에 걸쳐서, 만물의 주변과 변경에 이르기까지 그 원천이 된 원인에는 충실하다. 자연은 늘 정령에 대하여 말한다. 자연은 절대적인 것을 암시한다. 자연은 영원히 이어지는 결과이다. 자연은 늘 우리 배후에 있는 태양을 가리키는 커다란 그림자이다.

자연의 겉모습은 경건하다. 마치 예수 형상처럼 머리를 수그리고 양손을 가슴 위에 접고 서 있다. 자연에서 예배의 교훈을 배우는 사람은 가장 행복한 사람이다.

우리가 정령이라고 부르는 말로 표현할 수 없는 본질에 대하여 가장 많이 생각하는 사람은 가장 적게 이야기하리라. 우리는 천하고 상스러운 그리고 말하자면 아득한 현상 속에서 신을 예견한다.

그러나 우리가 신 그 자체를 정의하고 서술하고자 할 때는 말도 사상도 모두 우리를 버리고, 우리는 어리석은 사람이나 야만인처럼 어찌할 바를 모르게 된다. 그 본질은 명제로서 기록되기를 거부한다. 그러나 인간이 본질을 지적으로 예배했을 때 자연이 하는 가장 고상한 봉사는, 신의 환상으로서 서 있는 것이다. 자연은 보편된 정령이 그것을 통하여 개인에게 말을 걸어오고, 개인을 정령 자신에게로 데려가고자 노력하는 기관이다.

우리가 정령을 살펴볼 때에, 우리가 이미 말한 견해가 인간의 전체 원둘레를 싸고 있지 않음을 안다. 우리는 이에 관련되는 몇 가지 사상을 덧붙여야겠다.

세 가지 문제가 자연을 통해서 사람의 마음에 제기된다. 다시 말해 물질은 무엇인가, 어디에서 오는가, 그리고 어디로 가는가 하는 관념론은 이 문제들 가운데에서 첫째 문제에 대해서만 대답한다. 관념론은 말한다, 물질은 현상일 뿐 실체가 아니라고. 관념론은 우리들 자신이 실재한다는 증거와 세계가 실재한다는 증거 사이에는 오롯하게 차이가 있음을 우리에게 알린다. 곧 한쪽은 완전하고, 다른 한쪽은 어떤 보증도 할 수 없다. 정신은 만물의 본성의 일부분이고 세계는 신성한 꿈이다.

우리는 곧바로 이 꿈에서 깨어나 대낮의 광명과 확실성에 이를지도 모른다. 관념론은 목수일이나 화학 원리와는 다른 원리로써 자연을 설명코자 하는 가설이다.

그러나 만일 관념론이 단순히 물질의 존재를 부정하는 것뿐이라면, 그것은 정신의 요구를 만족시키지 못한다. 그것은 신을 나에게서 떼낸다. 그것은 나를 나 자신의 지각이라는 화려한 미로에 남겨놓고서 끝없이 방황하게 한다. 그리고 우리의 심정이 관념론에 반항한다.

왜냐하면 관념론은 남녀의 실체 존재를 부정하고 애정의 드러냄을 방해하기 때문이다. 자연 속에는 인간 생활이 널리 스며들어서 자연 전체 속에도,

그리고 각 개체 속에도 어느 정도 인간성이 포함되어 있다. 그러나 이 관념론은 자연을 나와는 인연이 없는 것으로 만들고, 우리가 자연과의 관계 속에서 인정하는 그 혈연관계를 설명하지 않는다.

그러므로 현재 우리의 지식 상태에서는, 관념론은 단순히 영과 세계 사이에 존재하는 영원의 구별을 우리에게 알리는 구실을 하는 쓸모 있는 서론과도 같은 가설이라고 해두자.

그러나 우리가 눈에 보이지 않는 사상의 발자취를 더듬어 물질은 어디에서 왔고, 어디로 가는가를 묻게 되면 많은 진리가 의식의 뒤안에서부터 우리 앞에 나타난다. 우리는 더없이 높은 사람이 인간이 지니는 영의 상대로서 존재하는 것을 알며, 지혜도 아니고 사랑도 아니며, 아름다움도 아니고 힘도 아니며, 그 모든 것의 일체이며, 그 하나하나를 완전히 갖추고 있는 두려운 보편된 본질이 만물이 존재하는 목적을 이루고 또한 만물이 존재하는 원인을 이루는 것임을 알고, 정령이 창조하는 것을 알고, 자연의 배후에나 자연의 내부 어디에나 정령이 존재하는 것을 안다.

그 정령은 단일한 것이지 복합된 것은 아니다. 그것은 외부로부터, 곧 시간과 공간으로써 우리에게 작용해 오는 것이 아니라 영을 통해서, 곧 우리를 통해서 작용한다. 따라서 우리는 그 정령, 다시 말해서 지상의 실재가 자연을 우리 주위에 쌓아 올려 만드는 것이 아니라, 마치 나이가 오래된 나뭇가지와 나뭇잎의 구멍에서 새로운 가지와 잎을 피워내듯이 우리를 통해서 발생시키는 것을 안다. 식물이 지상에 서 있듯이 사람은 신의 가슴 위에 앉아 있다. 그는 마르는 일 없는 샘으로 길러지고, 필요에 따라 끝없는 힘을 빨아올린다. 과연 누가 인간의 가능성을 제한할 수 있겠는가.

절대성을 띠는 정의와 진리의 성질을 보도록 허용되어 일단 상층의 영험한 기운을 호흡하면, 우리는 인간이 조물주의 전지(全知)함에 접근할 수 있고, 그 자신이 이 유한한 세계의 조물주임을 안다. 이 견해는 지혜와 힘의 원천이 어디에 있는가를 나에게 경고하고 또한 마치, 영원이라는 왕궁을 여는 황금 열쇠*17를 가리키는 것처럼 덕을 가리키는 것이며, 그 자체의 면모에 진리의 최고 증명서를 지니고 있다. 왜냐하면 그것은 나에게 용기를 북돋고, 나의 영

---

*17 밀턴 《코머스》 13, 14행.

(靈)을 정화함으로써 나 자신의 세계를 창조하기 때문이다.

세계는 인간 육체의 출처와 똑같은 정령에서 발생한다. 세계는 신의 화신(化身)이지만 인간의 육체보다 한층 인연이 멀고 열등하며, 무의식계에서의 신의 투영이다. 그러나 세계는 한 가지 중요한 점에서 육체와 다르다. 세계는 육체처럼 인간의 의지에 종속되어 있지 않다.

그 맑고 명랑한 질서를 우리가 침범할 수는 없다. 그 때문에 세계는 지금 우리에게 신의 마음을 드러내 보이고 있다. 세계는 우리로 하여금 얼마나 신의 마음에서 떨어져 있는가를 알 수 있게 하는 일정한 점(點)이다. 우리 집인 세계 사이의 대조는 점점 분명해진다. 우리는 신과의 관계 속에서 타국인이 되는 것처럼 자연과의 관계 속에서도 이방인이 된다.

우리는 새들의 노래 곡조를 이해하지 못한다. 여우나 사슴은 우리를 보고 도망치고, 곰이나 호랑이는 우리를 찢는다. 우리는 옥수수나 사과·감자와 포도 같은 몇몇 식물의 효용밖에 모른다. 어디를 보나 웅대한 저 풍경은 신의 면모가 아닌가. 그러나 이 사실은 인간과 자연이 얼마나 조화를 이루기 어려운가를 우리에게 가르쳐 주는 것인지도 모른다.

왜냐하면, 바로 근처 들에서 노동자가 흙을 파고 있으면, 그대들은 고상한 풍경이라도 그것을 마음껏 찬탄할 수 없기 때문이다. 시인은 사람들의 모습이 보이지 않게 될 때까지는 그의 기쁨 속에 무엇인가 우스운 존재가 있음을 알게 된다.


## 전망

세계의 온갖 법칙 및 만물의 조직에 관한 규명이라는 관점에서 최고의 이성(理性)은 언제나 참(眞)이다. 너무 정성스럽게 단련되어 있어서 존재의 가능성이 어렴풋하게만 생각되는데, 그것은 여러 가지 영원의 진리 가운데에서도 그것이 가장 깊숙이 사람의 마음속에 숨어 있기 때문이다.

실험 과학은 사람의 시력을 흐리게 하기 쉽고, 모든 기능과 과정에 관한 지식 때문에 연구자가 전체를 분명하게 주목하지 못하게 하는 경향이 있다. 학자는 시인과는 동떨어진 존재로 된다.

그러나 가장 박식한 박물학자로서 완전히 경건한 주의를 진리에 쏟는 사람은, 그와 세계의 관계에 대하여 배울 바가 많이 남아 있음을 알 것이고, 또한 그것은 이미 알려진 지식 분량을 더하고 빼거나 달리 비교해서 배울 수 있는 것은 아니고, 아무에게서도 배울 수 없는 영(靈)의 돌진을 통해서, 그리고 끊임 없는 자기 부활로써, 그리고 대단히 겸허한 태도로써 비로소 다다를 수 있음을 알 것이다. 그는 학자에게는 정확성이나 착오가 없는 것보다 훨씬 빼어난 특질이 있는 것을 인정할 것이고, 추측이 논쟁의 여지가 없는 단정보다 훨씬 좋은 결과를 가져오는 수가 종종 있음을 인정하며, 또한 몽상이 백 가지 예정된 실험보다 더욱 깊이 자연의 비밀 속으로 우리를 들어가게 하는 수가 있음을 인정할 것이다.

왜냐하면, 해결해야 할 문제는 정확히 생물학자나 박물학자가 진술을 생략하는 문제이기 때문이다. 동물계의 모든 개체를 아는 것은 인간에게는 옳지 않은 일이다. 그것보다는 오히려 끊임없이 사물을 분리하고 분류하여 가장 다양한 사물을 단일체로 환원하고자 하는 인간 본성에 들어 있는 폭력성을 띠는 통일 성향이 대체 어디에서 생겨서 어디로 가는 것인가를 알고자 하는 것이 한층 적당하리라.

내가 아름다운 풍경을 바라볼 때에 지층의 순서와 중첩을 정확히 암기하는 것보다도 어째서 다양한 사상이 모두 몰입되어 고요한 통일의 감성으로 되는가를 아는 편이 한층 내 목적에 알맞다. 사물과 사상 사이의 관계를 설명할 수 있는 도움말이 주어지지 않는 한, 또한 패류학(貝類學)의, 식물학의, 그리고 예술이라는 형이상학에 한줄기 빛이 가해져서, 꽃이나 조개류나 동물이나 건축 등의 형체와 인간의 마음 사이의 관계를 밝히고, 관념 위에 과학이 세워져야만 나는 하나하나의 세부 사실을 크게 존중할 수 있다.

박물 표본실에 들어가면, 우리는 짐승이나 물고기나 곤충류의 가장 다루기 어렵고, 기괴한 형체를 보면 어떤 불가사의한 인식과 공감을 느낀다. 자기 나라에서 외국의 모형을 좇아서 설계된 건축만을 보아온 미국인이, 요크 대성당이나 로마의 산피에트로 대성당 안에 들어가면, 그런 대건축도 모방임을 보고서 다시 말해서, 눈에 안 보이는 원형의 하찮은 모사임을 느끼고서 놀란다.

또한 박물학자가 인간과 세계 사이에 존재하는 관계의 놀랄 만한 조화를 볼 수 있다면 과학은 충분한 인간성을 가지게 된다. 인간은 세계의 주인공이다. 그것은 인간이 가장 섬세하고 묘한 주민이어서가 아니라, 그가 세계의 두뇌이고 심장이어서 모든 크고 작은 사물 속에서, 모든 산들의 지층 속에서, 그리고 관찰이나 분석의 결과 분명한 모든 색채의 새로운 법칙이나, 천문학상의 사실이나, 대기의 영향 같은 것 속에서 어느 정도 자기를 발견하기 때문이다.

17세기 아름다운 찬미가(讚美歌) 작가였던 조지 허버트는 이 신비를 느끼고 시상(詩想)이 고취되었다. 다음 시는 인간을 노래한 그의 짧은 시의 일부이다.

사람의 몸은 완전히 균형을 이루어 조화를 이루고 있다.
팔은 팔과 그리고 전체는 세계의 전체와
각 부분은 가장 멀리 떨어진 것도 동포라고 부를 수 있다.
그것은 머리와 발이 은밀한 친교를 맺고 있고,
그 머리와 발이 달과 조수(潮水)와 친교하기 때문이다.

아무리 멀리 있는 것도
사람이 이것을 잡아 그 먹이를 보존하지 않은 것은 없다.
사람 눈은 가장 높은 별도 끄집어내린다.
사람 몸은 작으나 온 세계이다.
우리 육체 속에 그 지기(知己)를 찾을 수 있기 때문에
풀은 기꺼이 우리 육체를 치료한다.
우리를 위하여 바람은 불고,
대지는 휴식하며, 하늘은 움직이고, 샘은 흐른다.
우리가 보는 것은 무엇이나 모두 우리에게 이롭다.
우리 기쁨으로서, 아니면 우리 보물로서.
온 세계는 우리 찬장이거나
아니면 우리 오락실이다.

별은 우리를 침실로 끌어들이고,
밤은 커튼을 끌어닫으며, 해는 그것을 열어젖힌다.

음악과 빛은 우리 머리를 시중들고,
만물은 그것이 내려와 존재할 때엔
우리 육체에 다정하고,
올라가 원인이 될 때엔 우리 마음에 다정하다.

사람은 많은 하인의 시중을 받으면서 이 많은 시중을 못 느낀다.
사람이 병들어 해쓱하고 야위어 터벅터벅 걸어갈 때엔
어느 길이나 그를 도와준다.
아, 위대한 사랑이여. 사람은 하나의 세계이고
또한 자기를 섬기는 또 하나의 세계를 갖고 있다.

이 정도의 진리를 깨달으면, 사람들은 과학에 매력을 느껴 그것에 접근하고 싶어진다. 그러나 수단에 주의를 기울이는 바람에 목적을 못 보고 만다. 과학의 시력은 이토록 불완전하므로 우리는 "시가(詩歌)는 역사보다 살아 있는 진리에 가깝다"고 말한 플라톤의 말을 진실이라고 받아들인다. 심령(心靈)의 추측과 예언은 모두 어느 정도 존경받을 가치가 있다. 그리고 우리는 잘 정돈되긴 했어도 하나의 귀중한 암시를 담지 않은 학술체제보다는 오히려 진리의 조각이 들어 있는 불완전한 학설이나 문장을 선택해야 할 것을 안다.

현명한 작가는 연구와 창작의 목적이, 사람에게 아직 발견되지 않은 영역이 있음을 알림으로써, 그리고 희망을 통하여 마비된 정령에 새로운 활력을 전함으로써, 가장 잘 이루어진다고 느낀다.

그러므로 나는 인간과 자연에 관한 몇 가지 전설을 들어 이 논의를 마치고자 한다. 이 전설은 어떤 시인이 내게 노래해 준 것인데, 이것은 지금까지 늘 이 세상에 존재해 왔고, 아마 모든 시인의 마음에 재현할 것이므로 역사일 수도 있고, 예언일 수도 있으리라.*18

"인간의 기초는 물질에 있지 않고 정령 속에 있다. 그러나 정령의 요소는 영원하다. 그러므로 영에서 보면 가장 긴 사건의 연속도, 가장 오래된 연대기도 세월이 오래되지 않은 최근의 것이다. 우리가 이미 아는 개개인을 낳게 한 보

---

*18 이 시인이란 미국의 문인·철학자 애머스 브론슨 올코트(1799~1888)를 말함.

편된 인간의 주기(週期)에서 보면, 세기(世紀)는 한 점이고, 온 역사는 다만 똑같은 타락의 시대일 뿐이다."

우리는 우리가 자연과 공감하는 것을 마음속에서 의심하고 부정한다. 우리는 자연에 대한 우리 관계를 시인하거나 부인한다. 우리는 고대 바빌론의 왕 네부카드네자르*[19]처럼, 왕위에서 추방되어 이성(理性)을 잃고 소처럼 풀을 뜯는다. 그러나 누가 정령의 치료할 수 있는 힘을 제한할 수 있으랴.

사람은 몰락한 신이다. 사람이 천진무구할 때엔 생명은 더욱 길고, 우리가 꿈에서 깰 때처럼 조용히 불사(不死)의 경지에 들어가리라. 그러나 이런 분란이 몇백 년 계속되면 세계는 미친 듯이 어지럽게 날뛰리라. 다행히 어린 시절과 죽음이 있어 세계를 억누른다. 어린 시절은 영원한 구세주여서 타락한 사람의 품 안에 들어와 "낙원으로 돌아가라"고 그들을 설득한다.

"인간은 그 자신의 난쟁이다. 일찍이 그는 정령에 의하여 침투되고 용해되었다. 그는 자기의 넘치는 조류(潮流)로써 자연을 가득 차게 했다. 그에게서 해와 달이 나왔다. 남자에게서는 해가, 여자에게서는 달이 나왔다. 그의 마음의 온갖 법칙과 그의 행위의 모든 기간이 형체로 표현되어 밤낮이 되고, 일 년과 사계(四季)가 되었다.

그러나 그 자신을 위하여 이 거대한 조가비를 다 만들자 그 조류는 물러갔다. 그는 더 이상 큰 혈관(血管)도 작은 혈관도 채우지 않는다. 그는 응축하여 한 개의 물방울이 된다. 그는 천지의 구조가 아직 자기에게 어울리나, 그 어울림이 너무 방대함을 본다. 아니 오히려 전에는 그 구조가 그에게 어울렸지만 이제는 멀리서, 그리고 높은 데서 그에게 대응한다고 말할 수 있다. 그는 주저하며 자기 자신의 작품을 숭배한다. 이제 남자는 해의 종자(從者)이고, 여자는 달의 종자이다. 그러나 그는 때로 그의 잠에서 깨어나 자기 몸과 자기 집을 보고 놀라며, 자기 몸과 자기 집 사이의 비슷함을 기이하게 명상한다. 그는 비록 그의 법칙이 아직 최고라 하더라도, 비록 그가 아직 지수화풍(地水火風)의 자연력을 갖는다 하더라도, 비록 그의 언어가 지금도 아직 자연계에서 순수한 것이라 하더라도 그것은 의식된 힘이 아니고, 또한 인간 의지보다 못한 것이 아니고, 보다 뛰어난 것임을 인정한다. 그것은 본능이다."

---

*19 《구약성서》 다니엘서 4장 31~33장 참조.

저 오르페우스와 같은 나의 시인은 이렇게 노래 불렀다.

"현재에는 사람이 그의 힘을 반만 자연에 적용한다. 그는 오성만으로써 세계에 작용한다. 그는 세계에 살면서 한 푼의 지혜로써 그것을 다스린다. 그래서 세계에서 가장 잘 일하는 자는 다만 반인(半人, a half—man)에 지나지 않는다. 그의 양팔은 굳세고, 그의 소화력은 좋으며, 그의 마음은 짐승처럼 잔인하고, 그는 자기만 생각하는 하나의 야만인이 되어 있다.

자연과 그의 관계, 자연에 미치는 그의 힘은 오성(悟性, understanding : 감성·이성과 구별되는 지력(智力))을 통하여 갖는 관계이고, 오성을 통하여 미치는 힘이다. 예를 들면 비료나 불·바람·물, 그리고 항해자의 나침반의 경제적 이용, 증기·석탄·화학을 이용하는 영농 기술, 치과의사나 외과의사가 행하는 치료 등으로써 자연에 대한 관계를 갖고, 자연에 힘을 미친다. 이것은 마치 추방된 국왕이 한꺼번에 그 왕위를 회복하지 않고 조금씩 조금씩 자기 영토를 사들이는 것과 같이, 그 힘을 회복해 가는 것이다. 그러는 동안에 짙은 어둠 속에 훨씬 밝은 광명의 반짝임—인간이 그 전력을 다하여 오성과 이성(理性, 바르게 판단하는 능력)으로써 자연에 작용하는 실례가 때때로 나타나는 것이 없는 것이 아니다.

그 실례를 들면, 모든 국민의 태곳적 기적에 관한 전설, 예수 그리스도의 일대기와 종교혁명 및 정치혁명에서 보는 바와 같은, 그리고 노예매매 폐지와 같은 어떤 주의(主義)의 성취, 스베덴보리나 호헨로헤*20나 셰이커 교인에 대하여 전해 내려오는 것과 같은 광신(狂信)의 기적, 요즘 동물자기(動物磁氣)라는 이름 아래 정리되고 있는 여러 가지 모호하고 논쟁을 낳는 사실, 기도·웅변·자기요법(自己療法), 아동들의 지혜 따위가 그런 것이다. 이런 것은 이성이 잠시나마 권력을 쥔 실례이다. 시간과 공간 속에 존재하지 않는 힘의 행사이다. 흘러들어오는 찰나적인 원인의 작용이다. 인간의 현실에 근거한 힘과 관념에 근거한 힘 사이의 차이를 학자들은 교묘하게 비유하고 있다. 그들은 이렇게 말한다. 인간의 지식은 저녁의 지식(vespertina cognitio)이지만 신의 지식은 아침의 지식(matutina cognitio)이다."

세계에 대하여 그 본디 영원의 아름다움을 회복하는 문제는 영(靈)의 구제

---

*20 1794~1849. 독일 성직자. 1824년 기도의 힘으로 한 여성의 병을 치료해서 유명해짐.

로써 해결된다. 우리가 자연을 바라볼 때 우리 눈에 비치는 황폐함이나 공허함은 우리 자신의 눈에 있다. 시각의 중심축이 만물의 중심축과 일치하지 않음으로써 만물이 투명하지 않게 보인다. 세계가 통일을 이루지 못하고 깨어져 여러 무더기로 쌓여 있는 이유는, 인간이 자기 자신과 분열되어 있기 때문이다.

정령이 일어나는 온갖 요구를 만족시켜야만 인간은 박물학자가 될 수 있다. 사랑은 지각과 마찬가지로 정령이 요구하는 것이다. 확실히 이 사랑과 지각은 어느 것이나 그 어느 한쪽이 결핍되면 완전해질 수 없다. 언어의 더없이 높은 의미에서 사상은 신앙이고, 신앙은 사상이다. 깊이가 깊이를 부른다.

그러나 실생활에서는 사상과 신앙의 결혼식은 거행되지 않는다. 세상에는 조상 전래의 관습에 따라서 신을 예배하는 천진한 사람들이 있다. 그러나 그들의 의무감은 아직도 그들의 모든 능력을 사용하는 데까지는 미치고 있지 않다. 그리고 세상에는 부지런한 박물학자들이 있다.

그러나 그들은 그들의 연구과제를 오성의 찬 빛에 쏘여 얼리고 만다. 기도도 진리의 연구가 아닌가—발견되지 않은 끝없는 세계에 들어가고자 하는 영(靈)의 돌격이 아닌. 사람들은 진정한 마음으로 기도를 드리고서 무엇인가 배우게 마련이다.

그러나 모든 물상을 개인과의 관계에서 떼어내어, 이것을 사상의 빛에 비추어 보고자 맘먹은 충실한 사상가, 그와 동시에 가장 신성한 애정의 불로써 과학을 불태울 때 그때 신이 다시 천지에 나타나리라.

마음에 연구태세가 갖춰져 있으면 새삼스럽게 연구대상을 찾을 필요가 없다. 지혜의 변하지 않는 목표는 평범한 것 속에서 불가사의한 것을 보는 것이다. 하루는 무엇인가, 1년은 무엇인가, 여름은 무엇인가, 여자는 무엇인가, 어린이는 무엇인가, 잠은 무엇인가. 우리의 어두운 눈에는 이런 것들이 아무런 감정을 주지 않는 것으로 생각된다. 우리는 있는 그대로의 사실을 감추기 위하여 우화를 만든다.

그리하여 그 사실을 마음의 한층 높은 법칙에 순응시킨다고 우리는 말한다. 그러나 그 사실을 사상의 빛에 비추어 볼 때엔 그 화려한 우화는 퇴색하고 시들고 만다. 우리는 진정으로 한층 높은 법칙을 본다. 그 때문에 현자의 눈으로 보면, 사실이야말로 참된 시가(詩歌)이고 우화 중의 가장 아름다운 우화이다.

이런 불가사의한 사물들은 우리들 자신의 문턱으로 다가온다. 그대들도 하나의 인간이다. 남녀와 그들의 사회생활, 이를테면 빈곤·노동·수면·공포·운명 어느 것이고 그대가 아는 바이다.

이런 사물은 모두 겉으로 드러난 것과 관련이 있게 마련이고, 저마다의 현상은 그 뿌리를 마음의 능력과 애정에 두고 있음을 알아야 한다.

추상성적인 문제가 그대의 지력(知力)을 지배하고 있는 동안에, 자연은 그대의 손으로 해결하게 하고자 그 문제를 구체화된 물건으로 하여 가져온다. 우리의 일상 경력과 정신 안에서의 관념의 발생과 진전을 한점 한점 비교하는 것은, 특히 생애의 뚜렷한 위기에서 그렇게 하는 것은 사실(私室)에서의 현명한 연구이리라.

이리하여 우리는 새로운 눈으로써 세계를 보게 된다. 세계가 스스로 교화된 의지에 말없이 복종함으로써 "진리는 무엇인가"라고 지성이 제기하는 한없는 질의와, "선이란 무엇인가"라고 하는 애정이 제기하는 한없는 질의에 응답하리라. 그리하여 우리 시인의 말을 다음과 같이 인용한다.

"자연은 고정되어 있지 않고 끊임없이 움직인다. 영(靈)은 자연을 변혁시키고 이룩하며 끝없이 만들어낸다. 자연이 고정되고 또는 정(情)을 갖지 않는 것은 정령이 존재하지 않기 때문이다."

순수한 정령에 대해서는 자연은 끊임없이 움직이고, 경쾌하며 순수하다. 모든 정령은 스스로 하나의 집을 짓고, 자기 집 저쪽에 하나의 세계를 이룩하고, 또 자기의 세계 저쪽에 하나의 천국을 이룩한다. 그러니 세계는 그대를 위하여 존재함을 알라. 그대를 위하여 현상세계는 완전하다.

우리는 대체 무엇인가, 다만 그것만을 우리는 볼 수 있을 뿐이다. 아담이 가졌던 온갖 것. 카이사르가 할 수 있었던 온갖 것은 그대도 갖고 있으며, 또한 할 수 있다. 아담은 자기 집을 세상이라고 불렀다. 카이사르는 자기 집을 로마라고 불렀다. 그대는 아마 그대의 집을 구둣방이라고 부르고, 100에이커의 경작된 토지라고 부르고, 또는 학자의 다락방이라고 부르리라.

그러나 그대의 영토는 아름다운 이름이 없을망정 아담이나 카이사르의 영토만큼 크고, 선과 선이, 점과 점이 조금도 차이가 없는 것이다. 그러니 그대 자신의 세계를 이룩하라. 그대의 생활을 그대 마음속의 순수한 관념에 순응시키면, 곧 그대의 세계는 폭넓게 펼쳐지리라. 정령이 흘러들어오면 그에 호응하는 혁명이 만물 속에 일어나리라.

이리하여 돼지·거미·뱀·흑사병·정신병원·감옥·적(敵) 등 이러한 불쾌한 겉모습은 곧 사라지리라.

그러한 것은 잠깐 동안 존재하는 것이니 이제는 눈에 보이지 않으리라. 자연이 갖는 추하고 더러운 것은 태양이 그것을 말리고 바람이 그것을 불어 헤치리라. 여름이 남쪽에서 오면, 눈 쌓인 둑은 녹고, 땅은 여름 앞에서 푸른색이 될 것이다.

그렇게 진행하는 정령은 그 통로에 잇닿아 장식을 만들고, 자신이 찾는 아름다움과 황홀케 하는 노래를 동반한다. 그것은 여러 아름다운 얼굴, 여러 따스한 심정, 여러 현명한 논의, 여러 용감한 행위를 자기가 가는 길 주위로 끌어들여, 마침내 악은 더 이상 눈에 띄지 않는다.

자연 위에 세워진 인간 왕국, 그 왕국에 들어가 인간은 마치 점차 시력을 회복하는 시각 장애인이 느끼는 경이감과 같은 경이감을 느끼리라. 이 인간의 왕국은 관찰에서 생긴 그런 것이 아니라, 이제 신을 생각하는 인간의 꿈을 뛰어넘는 데 있는 그러한 영토를 말하는 것이다.

인간은 그 왕국으로, 마치 완전히 시력을 회복한 시각 장애인처럼 더는 의구심 없이 들어가리라.

# 역사란 무엇인가

만물을 만드는 영(靈)에게는
사물의 큰 것, 작은 것이 있지 않다.
영이 오는 곳에 만물이 있고,
또한 그것은 곳곳에서 온다.

나는 지구를 소유하고 있다.
그리고 일곱 별과 태양년(太陽年),
카이사르의 손과 플라톤의 두뇌와
주 예수의 마음과 셰익스피어의 운율을.

　모든 개인에게는 공통된 한 마음이 있다. 모든 사람은 이 마음에 그리고 이 마음의 전체에 통하는 입구이다. 이성(理性)의 권리를 갖도록 허용된 사람은, 이 마음이라는 왕국(王國) 전체의 자유민이 된다. 플라톤이 생각한 것을 그도 생각할 수 있으리라. 성인(聖人)들이 느낀 것을 그도 느꼈을 것이고, 언제 누구에게 일어난 것이라도 그는 이해할 수 있으리. 이처럼 한쪽에 치우치지 않은 마음에 드나들 수 있는 사람은 누구든지 이룰 수 있으리. 이루어질 수 있는 모든 것에 참여할 수 있으리. 왜냐하면 이 마음이야말로 유일한 가장 높은 지위에 있는 주권자이기 때문이다.

　이 마음에 남겨진 여러 가지 일의 기록이 역사이다. 그 고갱이는 매일의 연속으로 예증되어 있다. 인간은 그의 역사(歷史) 전체로써 비로소 설명이 된다. 인간 정신은 서두르지 않고 쉬지 않고 태초 이래 걸어오면서, 그것이 갖추고 있는 모든 능력, 모든 사상, 모든 감정을 적당한 사건을 통해서 구현해 온 것이다. 그러나 사상은 반드시 사실에 앞선다. 역사의 모든 사실들은 법칙으로서 마음속에 이미 존재해 있다. 하나하나의 법칙은 차례차례로 그때 그때의 경우에 따라 주요한 세력을 갖게 되지만, 자연의 제한으로 말미암아 한 번에 하나의 법칙만이 힘을 받게 된다.

인간은 사실의 백과사전(百科事典) 전체이다. 천 개의 삼림이 만들어지는 것도 하나의 도토리 속에 있다. 이집트·그리스·로마·골*1·영국·미국 모두가 이미 최초의 사람 속에 들어 있던 것이다. 하나하나의 시대·진영·왕국·제국·공화국·민주정치 그 모든 것이 인간의 다양한 정신을 다양한 세계에 적용한 것에 불과하다.

이 인간의 마음이 역사를 썼다. 따라서 읽기도 그렇게 읽어야 한다. 스핑크스*2는 그 자체의 수수께끼를 풀어야 한다. 만일 역사의 전체가 한 인간에게 들어 있다면, 그것은 모두 개인 차원의 경험에서 설명되어야 한다. 우리 인생에서 순간순간과 시간의 세기 세기 사이에는 일종의 어떤 관계가 있다.

내가 호흡하는 공기가 자연의 큰 저장고에서 나오듯이, 내 책에 쏟아지는 빛이 수억 마일 먼 별에서 오듯이, 나의 신체의 균형이 구심력과 원심력의 형평에 의존하고 있듯이, 이 순간순간은 과거의 시대 시대를 통해 가르침을 받고, 그 시대와 시대는 또한 이 순간순간으로써 설명해야 한다. 개개의 인간은 이 널리 퍼져 있는 마음이 또 다른 일정한 형태와 성질을 갖춘 것이다. 그 특질의 모든 것은 그 속에 존재한다.

개인의 사사로운 경험의 개개의 새로운 사실은 인간의 대집단들이 한 일에 한 줄기 빛을 던진다. 그리하여 개인이 생애 과정에서 겪는 위기는 국가 차원의 위기와 관련된다. 모든 혁명은 그 하나하나가 최초의 한 사람의 마음에서 나온 사상이었다. 그리고 그 사상이 다른 사람에게도 일어날 때 그것은 이 시대를 푸는 열쇠가 된다. 모든 개혁은 한때는 어떤 사람의 의견일 뿐이었다. 그러나 그것이 다시 또 다른 누군가의 사사로운 견해로 될 때 그것은 그 시대의 문제를 해결할 것이다. 그 어떤 이야기되는 사실을 내 마음속의 무엇과 호응

---

*1 오늘날의 프랑스·북부 이탈리아·벨기에·네덜란드·스위스 및 독일 일부를 포함하는 지역을 일컫는다.

*2 신화에 나오는 괴물 여자의 머리에 날개 있는 사자의 몸을 갖고 있다. 유명한 이집트의 스핑크스는 길가 바위 위에 앉아서 행인에게 수수께끼를 던져서 대답하지 못하는 자를 죽인다. 그 수수께끼는 "아침엔 네 발, 점심엔 두 발, 저녁엔 세 발이 된다. 발이 가장 많을 때 가장 약한 것이 무엇이냐"라는 것이다. 이 수수께끼는 영웅 오이디푸스가 풀었다. 그것은 '사람'이라고. 이리하여 스핑크스는 바위에서 몸을 던져 죽었다고 한다.

하는 것이 있어서 비로소 그것이 믿게 되고 이해하게 된다.

역사를 읽을 때 우리는 그리스인으로, 로마인으로, 터키인으로, 승려로, 왕자로, 순교자로, 형집행관이 되어야 한다. 그리고 이러한 이미지를 우리의 어떤 내밀한 경험 속 어떤 현실과 결부시켜야 한다. 그렇지 않으면 아무것도 옳게 배우지 못할 것이다. 하스드루발*³이나, 체사레 보르자*⁴에게 일어난 것은 우리들에게 일어난 것과 마찬가지로 이 마음의 활력과 퇴폐를 예증하는 것이다.

하나하나의 새 법률과 새 정치운동은 모두 그대들에게 의미가 있다. 그 하나하나의 첫말 앞에 서서 이렇게 말하라—"이 가면 밑에서 나의 프로테우스*⁵ 같은 본성이 몸을 감추었었다"라고. 이것은 우리가 지나치게 자신에게 접근하는 결점을 치료한다. 이것은 우리의 행동을 멀리 바라볼 수 있게 해준다. 게나 산양(山羊)이나 전갈이나 저울이나 물병이 표지(表識)로서 하늘의 12궁(十二宮)에 매달리면 그 비속함이 사라지듯이, 나 자신의 악덕도 솔로몬,*⁶ 알키비아데스,*⁷ 카틸리나*⁸와 같은 아득한 옛사람의 몸에서 볼 때, 냉정히 그것을 볼 수 있다.

개개의 인간이나 사물에 가치를 부여하는 것은 보편된 본성이다. 인생은 그것을 포함하므로 신비스러우며 함부로 침범할 수 없다. 그리고 우리는 형벌과 법률로써 이것을 에워싼다. 모든 법률은 여기에서 궁극적 이유를 가져오고, 모든 법률은 이 무한한 본질의 어떤 명령을 다소 분명히 표현한다. 물질 형태의 재산도 영혼에 관여하는 것이고, 정신과 관련된 위대한 사실을 포용한다.

따라서 본능에 따라 우리는 먼저 칼과 법률과 광대하고 복잡한 결합체로써 그것을 굳게 지키는 것이다. 이 사실을 희미하게 의식하는 것은 우리의 매일의

---

*3 유명한 한니발의 동생. 형이 이탈리아 원정을 떠난 동안 스페인을 지키며 로마군과 싸웠고, 다시 형의 군대와 합세하기 위하여 이탈리아에 들어갔으나 로마군에게 패했다(BC 207).

*4 교황 알렉산데르 6세의 넷째아들. 성직자·군인 정치가. 성품이 잔인하고 간교하여 많은 죄악을 저질렀고, 악의 화신으로 알려진 인물. 1507년 죽음.

*5 그리스 신화에 나오는 해신 중의 하나. 예언에 능하여 인간의 운명을 말할 수 있었으나, 그것을 듣고자 하면 곧 변신하여 그 정체를 잡을 수 없었다.

*6 이스라엘의 왕(BC 970~931). 그는 '솔로몬의 지혜'로 유명하다.

*7 옛 그리스의 정치가·장군(BC 450~404). 문벌·외모·재능·부유함을 갖춘 인물이었으나 공명심이 강하여 타국으로 추방되었고, 결국 자객의 손에 죽었다.

*8 로마의 귀족·정치가(BC 108~62). 야심이 강하여 모반을 계획하다 추방당하여 타국에서 로마군에게 공격받아 죽었다.

광명이고, 요구 중의 요구이다. 그것은 교육·정의·박애를 변호하는 것이다. 그것은 우정과 애정의 근원이며 자기 신뢰의 행위에 속하는 장렬과 장엄의 근원이다. 부지불식간에 언제나 우리가 탁월한 존재로서 사물을 읽는 것은 주목할 일이다.

세계사·시인·설화작가는 장대한 묘사에서—성자(聖者)의 전당, 왕의 궁전에서, 의지나 천재의 승리에서—곳곳에서 우리의 귀를 흐리는 일은 없다. 곳곳에서 우리가 버릇없이 지나친다든지, 우리보다 나은 사람을 위하여 쓰였다고 느끼게 하는 일이 없다. 도리어 가장 호화로운 필치에서 가장 편안한 기분을 느끼는 것은 사실이다. 셰익스피어가 왕에 대하여 말하는 모든 것을, 저쪽 구석에서 그것을 읽고 있는 꼬마는 자기 자신의 일처럼 옳다고 느낀다.

우리는 역사의 위대한 순간에서, 위대한 발견에서, 위대한 반항, 인간의 위대한 번창에서 공감한다. 왜냐하면 '우리를 위하여' 법률은 제정되고, 해양은 탐험되며, 대륙은 발견되고, 또는 타격이 더해지는 것이고, 우리 자신이 그 장소에 있었으면 그와 같이 행했거나, 또는 성원했을 것이기 때문이다. 우리는 상황과 성격에 대하여 이처럼 관심을 갖는다. 우리는 부자를 존귀히 여긴다. 그것은 그들이 겉으로 보기에는 인간에게만 있다고 생각되는 자유·권력·우아함과 아름다움을 가지고 있기 때문이다. 마찬가지로 스토아학파, 또는 동양의, 또는 근대의 논자(論者)가 현인에 대해 하는 말은, 어떤 독자에게나 그 자신의 이상을 그린다. 즉 아직 다다르지는 못했지만 언젠가는 다다를 수 있는 자신을 그리고 있는 것이다.

모든 문학은 현인의 성격을 그리고 있다. 책·기념비·미술품·회화는 어느 것이나 그가 형성하고 있는 사람 얼굴의 생김새를 볼 수 있는 초상화이다. 침묵하는 사람이나 웅변가나 모두 그를 찬양하고 그에게 인사한다. 그래서 그는 어디서 움직이든 직접 자기에게 언급된 것 같은 자극을 받는다. 그러므로 참된 향상을 희망하는 자는, 이야기 속에서 자기 개인을 칭찬하는 말을 찾을 필요는 결코 없다. 그는 성격에 관하여 이야기되는 모든 말 속에서, 아니 모든 사실, 모든 상황 속—흐르는 강물, 살랑살랑 흔들리는 곡식—에서 칭찬의 말을 듣는다. 자기 자신을 칭찬하는 것은 아니지만, 자기가 찾는 성격을 칭찬하는 것이므로 한층 유쾌한 칭찬의 말을 듣는다. 침묵의 자연에서부터, 산악에서부터, 푸른 하늘의 빛에서부터 찬사가 드러나 있고, 존경을 소중히 여기고 사랑이 흐른다.

이러한 암시는 말하자면 잠과 밤의 세계에서 떨어져 내린 것처럼 생각되지만, 우리는 그것을 환한 대낮에 활용하자. 학자는 역사를 능동의 관점에서 읽어야지 수동의 관점에서 읽으면 안 된다. 자신의 인생을 곧 본문으로 보고, 책은 그 주석(註釋)으로 보아야 한다. 이렇게 강요당하면 역사의 여신은, 자신을 존중하지 않는 자에게는 결코 내리는 일이 없는 신탁(神託)을 비로소 내릴 것이다. 아득한 시대에 널리 이름을 드날린 사람들이 이루어낸 일들을 자기가 오늘날 하고 있는 것보다 훨씬 깊은 의의가 있다고 생각하는 사람들에게는, 그가 역사를 옳게 읽을 것이라는 기대를 걸 수가 없다.

세계는 각 인간을 교육시키기 위하여 존재한다. 역사의 어떤 시대, 어떤 사회상태, 어떤 활동양식이든 저마다의 생활에 무엇인가 그것과 대응하는 것이 있게 마련이다. 모든 것이 그 자체를 압축하여, 자신의 힘을 저마다에게 주게 되는 것은 놀라울 정도이다. 그는 자기 한몸에 모든 역사를 걸 수 있음을 알아야 한다. 그는 든든히 집에 앉아서, 제왕이나 제국의 위협을 받지 않도록 주의해야 하고, 자기가 세계의 모든 지리나 모든 정부보다 위대하다는 것을 깨달아야 한다.

보통 역사를 읽는 관점을, 방향을 로마·아테네·런던에서부터 자기 자신에게로 돌려야 한다. 그리하여 자기가 법정(法廷)이 되고, 따라서 영국이나 이집트가 자기에게 무엇인가 말하는 것이 있으면 자기는 그 사건을 심판할 것이지만, 아무것도 없다면 그들을 영구히 침묵하게끔 해야 할 것이라는 신념을 꺾어서는 안 된다. 그는, 사실 그 비밀스러운 의의를 제시하고, 시가(詩歌)와 연대기가 같아지게 되는 높은 관점에 이르러 그것을 유지해야만 한다.

마음의 본능, 자연의 목적은 우리가 역사의 주목할 만한 기사를 이용할 때 드러난다. 시간은 사실이라고 하는 여러 각도의 상황들을 찬란하고 신령스러운 기운으로 변하게 한다. 어떠한 닻도, 어떠한 쇠줄도, 어떠한 담장도 사실을 사실로 보존할 힘이 없다. 바빌론*9·트로이·티레*10·팔레스타인,*11 심지어 고대

---

*9 고대 바빌로니아 왕국의 수도. 부와 물질 번영의 극치를 이룬 반면 음탕했던 도시. BC 538
  년 페르시아 왕 키루스에게 멸망당함.
*10 고대 페니키아 남부의 항구도시. 무역으로 번창하여 유명하다.
*11 그리스도교 근원지. 지중해 동남쪽에 있는 성지.

로마까지도 이미 사실성 없는 이야깃거리로 되어 가고 있다.

에덴동산, 기베온*12 위에서 움직이지 않는 태양은 그때 이래 모든 국민에게는 시(詩)일 뿐이다. 그 사실이 무엇이었든 누가 상관하랴. 우리는 이미 그것을 하나의 별자리로 만들어 불후의 상징으로서 하늘에 매달아 두는 것이 아닌가. 런던도 파리도 뉴욕도 같은 길을 걸어야 한다. 나폴레옹이 말했다.

"역사란 무엇인가. 결국 모든 사람이 동의한 하나의 우화(寓話)에 지나지 않는 것이 아닌가"라고.

우리의 인생은 이집트·그리스·갈리아·영국·전쟁·식민·교회·궁정·무역 등으로 빈틈없이 에워싸여 있다. 마치 평범하고 화려한 여러 가지 꽃이나 야생의 장식으로 에워싸여 있듯이. 나는 더 이상 그것을 이야기하지 않으리라. 나는 영원을 믿는다. 나는 내 자신의 마음속에서 그리스·아시아·이탈리아·스페인, 그리고 제도(諸島)*13를—저마다의 시대와 모든 시대의 고갱이와 창조를 지향하는 원동력을 찾을 수 있다. 우리는 언제나 자기의 사사로운 경험에서 역사의 사실을 확인한다. 모든 역사는 주관성을 띠게 된다. 달리 말하면 세상에는 참된 뜻에서의 역사는 없다. 다만 전기(傳記)가 있을 따름이다. 모든 사람은 스스로 모든 교훈을 배워야 한다. 모든 분야를 꼼꼼히 살펴야 한다. 자기가 보지 않은 것, 자기가 체험하지 않은 것은 알 리가 없다.

앞선 시대(時代)가 다루기 편리하게 하기 위하여 공식이나 정칙으로 간편히 축소시켜 놓은 것에서는 그 정칙이라는 장벽이 있으므로, 그것을 제 힘으로 확증하는 이익을 모두 잃은 것이다. 어딘가에서 언젠가, 그것은 제 힘으로 그 일을 수행함으로써 그 손실 보상을 요구하고 또한 그것을 찾아낼 것이다. 퍼거슨*14은 천문학상 이미 알려진 많은 것을 발견했다. 그러나 그것은 그 자신에게 그만큼 더 좋은 것이었다.

역사는 반드시 이러해야 한다. 그렇지 않다면 그것은 아무것도 아니다. 국가가 제정하는 모든 법률은 인간 본성의 한 사실을 지시한다. 그것뿐이다. 우리

*12 고대 팔레스타인의 한 도시로서 예루살렘 등 여러 나라의 침공을 받았을 때, 이스라엘이 기베온을 구원했다. 이때 이스라엘 장군 여호수아는 신에게 기도하여 적이 망할 때까지 태양을 기베온의 위에 머물러 있게 했다고 한다.
*13 여기의 제도는 무엇을 가리키는지 확실치 않으나 15, 6세기 즈음 스페인이 해상에서 웅비하던 때 정복한 남대서양의 제도를 가리키는지도 모른다.
*14 제임스 퍼거슨(1710~1776). 스코틀랜드 출생 천문학자.

는 우리 자신 속에서 필연성을 띠게 되는 모든 사실과 관련된 이유를 찾아야
만 한다―그것이 어떻게 해서 그럴 수가 있었으며, 그렇게 되어야만 했었는가
를 보아야 한다. 그리하여 모든 공사(公私)의 사업 앞에 서라.

버크*[15]의 웅변 앞에, 나폴레옹의 승리 앞에, 토머스 모어 경(卿),*[16] 시드
니,*[17] 마마듀크 로빈슨*[18]의 순교에 따른 죽음 앞에 서라. 프랑스의 공포시
대*[19] 앞에, 세일럼의 마녀교살(魔女絞殺)*[20] 앞에, 광신과도 같은 신앙부흥,
그리고 파리와 프로비던스의 동물자기술(動物磁氣術)*[21] 앞에 서라. 생각건
대 우리는 같은 영향을 받는다면 같은 감화를 받을 것이고, 같은 일을 성취
하리라. 그리하여 우리는 지식의 관점에서는 같은 단계를 숙달하여 우리의
동료, 우리의 대리자가 한 것과 같은 높낮이에 도달하고자 의도할 것이다.

고대에 대한 모든 탐구, 피라미드, 발굴한 도시, 스톤헨지,*[22] 오하이오의 원
형토루(圓形土壘),*[23] 멕시코,*[24] 멤피스*[25]에 관한 모든 호기심은 이 미개하고,
야만적이며, 터무니없는 '그곳'과 '당시'를 치워 버리고, 그 대신 '여기'와 '지금'
을 끌어들이자는 염원이다. 벨조니*[26]는 테베의 미라 구멍이나 피라미드를 발
굴하고 측량한다.

드디어 그는 이 거대한 작품과 자기 자신 사이의 사소한 차이도 없어짐을

---

* 15  1730~1797. 아일랜드 태생 정치가·웅변가·저술가.
* 16  1478~1535. 영국 정치가·문인. 에라스무스의 친구로서 《유토피아》의 저자.
* 17  1622~1683. 영국 정치가·장군·공화주의자. 크롬웰의 동지.
* 18  이것은 에머슨의 착각으로서 마마듀크 스티븐슨과 윌리엄 로빈슨의 두 사람 이름을 혼합
     하고 있다. 두 사람은 모두 퀘이커교도로서, 1659년 보스턴 코뮌에서 교살당하였다.
* 19  프랑스 혁명이 가장 격렬했던 시기(1793~94).
* 20  1691~1692년에 미국 매사추세츠주의 세일럼에서 마녀신앙이 크게 유행하여, 많은 마녀들
     이 마술사라는 죄로 처형당하였다.
* 21  프로비던스는 미국 로드아일랜드의 한 항구. 동물자기는 최면술을 말한다. 파리의 유행이
     이런 곳까지 전해왔다.
* 22  영국 윌트셔의 솔즈베리 평원에 있는 거대한 돌기둥의 환상(고리 모양) 열석 유적.
* 23  오하이오 서클. 콜럼버스시에서 남쪽으로 26마일 떨어진 사이오토 강기슭의 원시 토인의
     토루이다.
* 24  고대 멕시코.
* 25  고대 이집트 수도.
* 26  1778~1823. 이탈리아의 유명한 여행가. 이집트 탐험가. 테베는 나일강 서쪽 기슭에 있는
     고대 이집트 도시.

본다. 그는 이것이 자기와 같은 사람이, 자기와 같은 도구로, 자기와 같은 동기 아래에서, 아마 자기도 그런 목표 아래에서 일을 했을지도 모르는 목적으로 만들어졌을 세부나 전부를 이해했을 때에 문제는 해결된다. 그의 사상은 여러 신전, 스핑크스, 지하 묘지*²⁷의 일련된 전체에 걸쳐서 살고, 이런 모든 것을 만족한 마음으로 통과한다. 이리하여 이것들은 다시 그의 마음 속에 자리잡는다. 즉 '지금'이 되는 것이다.

고딕식 대성당(大聖堂)은 우리가 그것을 만든 것, 동시에 우리가 그것을 만들지 않은 것을 조장한다. 확실히 그것은 인간이 만들었다. 그러나 우리는 그것을 오늘날의 인간에게서는 찾지 못한다. 우리는 그것이 나온 역사에 주력한다. 우리는 숲속 주민들의 일을 돌이켜 본다. 최초의 전당, 최초의 양식에 집착하는 것, 그리고 국민이 부유해짐에 따라서 그것이 장식된 것을 돌이켜 본다.

처음에 조각으로서 목재에 가치가 정해졌는데, 그것이 나아가 대성당의 석재(石材)로 이루어진 산 전체를 조각하는 결과가 됐다. 이 과정을 지난 다음, 거기에 가톨릭교회의 십자가, 음악, 행렬, 성인의 날 및 성상숭배(聖像崇拜)를 더해 보면, 말하자면 우리는 이 성당을 세운 인간이 된다.

우리는 그것이 어떻게 해서 그럴 수 있었으며, 또 그렇게 해야만 했던가를 보아 온 것이다. 우리는 충분한 이유를 파악한 것이다.

인간과 인간의 차이는 연상의 법칙에 있다. 어떤 사람은 색채·대소(大小)·형태·외양의 우연한 특질 같은 것으로써 사물을 분류한다. 다른 사람들은 내재된 유사성이나 원인 결과의 관계로써 분류한다. 인간 지식의 진보는 원인을 보는 것이 더욱 뚜렷해지지만, 표면의 서로 다른 점은 무시해 버린다. 시인에게, 철인에게, 성인(聖人)에게 모든 것은 친밀하고 신성한 것이며, 모든 사건은 유익하고 모든 날들은 거룩하며, 모든 인간은 신과 비슷한 것이다. 왜냐하면 그 눈은 생명에 고정되어 있고 환경을 경시하기 때문이다. 모든 화학 물질, 모든 식물, 성장하고 있는 모든 동물은 어느 것이나 원인의 일치, 외관의 다양성을 가르쳐 준다.

이 만물을 창조하는 자연, 구름 같고 공기 같은 부드럽고 유동하는 자연에

---

*27 로마 시대 유적. 거대한 굴로서 그 양옆이 일종의 봉안당으로 쓰이도록 되어 있다.

떠받치고 에워싸여 있으면서, 우리는 왜 이러한 완고하고 학식을 뽐내는 학자가 되고, 몇 가지 형식을 강조해야만 하는가. 우리는 왜 시간을, 용량을 또는 형체를 중요시해야 하는가. 심령(心靈)은 이런 것을 모른다. 천재는 그 법칙을 좇아, 이런 것을 어떻게 가지고 놀 것인가를 안다. 마치 어린아이가 수염이 허연 노인과 더불어 성당 안에서 놀고 있을 때와 같다.

천재는 인과사상을 추구하여, 멀리 사물의 내부로 돌아가, 하나의 천체에서 갈라져 나온 광선이 떨어지기 전에 가없는 지름을 그리며 퍼져 나가는 것을 본다. 천재는 단자(單子)의 모든 가면을 통하여 그것이 자연계를 윤회하는 모습을 지켜본다. 천재는 파리를 통하여, 애벌레를 통하여, 구더기를 통하여, 알을 통하여 불변의 개체를 찾아낸다. 수많은 개체를 통하여 일정한 종(種)을, 많은 종을 통하여 유(類)를, 모든 유를 통하여 확고부동하게 정해진 형(型)을, 유기성을 띠는 생명의 모든 왕국을 통하여 영원한 통일을 찾아낸다.

자연은 언제나 바뀔 수 있는 구름이다. 그것은 언제나 있지만 결코 똑같지는 않다. 마치 시인이 하나의 교훈으로 스무 개의 이야기를 만드는 것과 같이, 자연은 똑같은 사상을 몇 군(群)의 형식으로 만들어 낸다. 물질의 무감각과 강인(强靭) 속으로 흘러들어가면 정묘한 정신은 모든 물건을 그의 지대에 맞추어 구부린다. 넓고 평평한 금강석도 그 앞에서는 부드러운, 그러나 명확한 형체로 흘러들어간다.

한편 내가 그것을 보고 있는 동안에 그 윤곽과 조직은 다시 변화한다. 어떤 물건이고 형체처럼 그렇게 변화하는 것은 없다. 그리고 그것은 결코 자체를 부정해 버리는 일은 없다. 우리는 인간 속에서, 하등동물의 경우엔 노역(勞役)의 휘장으로 생각되는 모든 것의 유적과 암시를 더듬을 수 있다.

그러나 인간의 경우엔 그것은 인간의 숭고함과 기품을 높인다. 예를 들면 아이스킬로스*28 희곡에서 아이오*29가 암소로 변화했을 때 불쾌한 상상력을 자아낸다. 그녀가 이집트의 아이시스로서 오시리스 신*30을 만날 때 어떻게

---

*28 BC 525~456. 옛 그리스 아테네의 비극작가.

*29 아르고스 최초의 왕 이나코스의 딸. 제우스 신의 총애를 받았으나 헤라 신의 질투로 암소로 변신. 쇠파리에게 괴로움을 당하여 여러 곳을 떠돌아다니다가 이집트에 정착. 오시리스 신을 만나 그의 아내가 되어 아이시스라고 이름 불렀다.

*30 고대 이집트 최고의 신. 로마의 주피터, 그리스의 제우스와 동격.

변화해 있는가. 이마를 장식하는 훌륭한 초승달 모양의 두 개의 활 외엔 아무 것도 변형의 자취가 남아 있지 않은 완연한 미인이 아닌가.

역사의 동일성은 내재된 것이고, 그 다양성 또한 외재된 것이다. 외면에는 사물의 무한한 변화가 있고, 중심에는 통일된 원인이 있다. 한 인간의 행동이 아무리 다양해도 우리는 그것에 같은 성격을 인정하지 않는가! 저 그리스인 천재에 관한 우리 지식의 근원을 고찰해 보라. 우리는 헤로도토스,[31] 투키디데스,[32] 크세노폰[33] 그리고 플루타르크[34]가 제공하는 것과 같은 이 인간의 인문사(人文史)가 있다.

그들이 어떤 종류의 인간들이었던가, 무엇을 했는가에 관한 하나의 충분한 설명이다. 그리고 또한 같은 국민정신이 그들의 문학에서, 즉 서사시·서정시·극시·철학으로 우리에게 표현되어 있다. 아주 완전한 형식이다. 다시 한 번 그것은 그들의 건축에 나타나 있다. 즉, 절제 자체를 나타내는 직선과 네모꼴에 한정된 미—건축된 기하학이라 할 수 있는 것.

또다시 조각에서 그것을 볼 수 있다. '표정의 평형을 말하는 혀'이고, 여러 양식의 수많은 형상이 아주 자유롭게 펼쳐지면서도 이상화된 청정의 상태를 결코 흐트리지는 않는다. 마치 여러 신 앞에서 신자가 어떤 종교춤을 출 때처럼, 비록 경련의 고통이나 필사의 투쟁의 경우에도, 그 춤의 자태와 예절은 결코 깨뜨리는 일이 없는 것과 같다.

이리하여 우리는 한 빼어난 국민의 천재에 대하여 4중의 표현을 갖고 있다. 그러나 감각에 대해서는 핀다로스[35]의 송시(頌詩), 대리석의 반인반마상(半人半馬像), 파르테논[36] 신전의 주랑(柱廊), 포키온[37]의 최후의 행위만큼 다른 것이 또 어디 있겠는가.

누구나 경험한 일이 있겠지만, 사람의 얼굴이나 모습이 이렇다 할 비슷한 특징이 없는데도, 보는 사람이 똑같은 인상을 받는 경우가 있다. 어떤 종류의

---

*31 BC 484~425. 그리스 역사가의 원조.

*32 BC 460~400. 그리스 대역사가. 저서로 《펠로폰네소스 전쟁사》가 있다.

*33 431~354. 그리스 역사가·철학자·장군.

*34 46~119. 《영웅전》으로 유명한 그리스 태생의 역사가·전기작가·철학자.

*35 BC 518~438. 그리스 최대의 서정시인.

*36 그리스 아테네 아크로폴리스 언덕에 있는 신전.

*37 BC 402~318. 그리스 아테네의 정치가·장군.

그림이나 시집(詩集)은 반드시 똑같은 영상을 잇달아서 떠올리게 하진 않지만, 어떤 황량한 산길을 갈 때와 같은 감정을 함께 느끼는 경우가 있다. 말할 것도 없이 이 비슷함은 감각에 뚜렷한 것은 아니지만 비밀이며, 이성의 힘을 아예 초월해 있다. 자연은 아주 소수의 법칙을 한없이 결합시키고 되풀이한다. 자연은 저 오래된 누구나 잘 알고 있는 곡조를 수많은 변화를 통하여 읊조린다.

자연은 그 작품을 통하여 웅대한 혈족으로서의 비슷함으로 가득차 있다. 그리고 가장 예기치 않은 방면에서의 비슷함으로써 우리를 놀래는 것을 좋아한다. 나는 일찍이 삼림 속에서 어떤 늙은 인디언족 우두머리의 머리를 본 일이 있는데, 그것은 곧 어떤 벌거벗은 산의 꼭대기를 연상하게 했고, 그 이마의 주름살은 바위층을 암시하였다. 어떤 사람들의 거동은 파르테논의 조각대나 가장 오래된 그리스 예술의 유물에 나타난 간소하고 숭엄한 조각처럼 타고난 장려함을 지니고 있다.

또한 같은 가락의 문장이 여러 시대의 책에 나타나는 수가 있다. 귀도*³⁸의 아우로라(새벽의 여신)가 아침의 사상일 뿐인 것은, 그 그림 속의 말이 다만 아침의 구름일 뿐인 것과 같다. 만일 어떤 사람이 어떤 기분일 때 자기도 똑같이 하고 싶은 다양한 행동과 결코 하고 싶지 않은 행동을 애써 관찰한다면, 그는 두 가지가 서로 비슷하고 아주 깊게 연관되어 있음을 이해할 것이다.

어떤 화가는 내게 "어떤 사람도 자기가 어느 정도만큼의 나무가 되어야만 나무를 그릴 수 있다. 그리고 다만 그 모양의 테두리만을 연구해서는 어린아이를 그릴 수 없다—다만 잠시 어린아이의 움직임과 놀이를 지켜보는 동안에, 화가는 어린아이의 본성에 파고들어 비로소 어떠한 자세의 아이도 마음대로 그릴 수 있다"고 말하였다. 로스*³⁹가 "양이 지나는 본성의 한복판까지 들어갔었다"고 말하는 것은 바로 그것이다.

내가 아는 한 측량에 종사하는 어느 제도가(製圖家)는, 먼저 그곳 지질학에 근거한 암석의 구성을 자기에게 설명해야만 그 암석의 얼개를 간추려서 그릴

---

*38 1575~1642. 이탈리아 화가. 로스피글리오시 궁전 천장에 그린, 시간(hours)이라는 여인들의 무리에 둘러싸인 금빛 머리의 아폴로가 탄 마차 앞에서 길라잡이를 하는 아우로라를 그린 그림은 그의 걸작이라 한다.

*39 1631~1685. 독일 화가. 산수화(山水畫)와 동물화에 능하다.

수 있다고 말하였다. 사상의 어떤 상태에 아주 잡다한 일의 공통 원인이 있다. 똑같은 것은 그 정신이지 사실이 아니다. 예술가는 애써 여러 가지 숙련된 기교를 습득하는 것을 통해서가 아니라, 한층 깊은 이해를 통해서 다른 사람의 심령을 어떤 주어진 활동을 통해서 깨우쳐 주는 힘을 얻을 수 있다.

"평범한 사람은 그가 하는 것으로써 바치고, 고결한 사람은 직접 그 존재로써 바친다"라는 말이 있다. 그것은 무슨 까닭일까. 왜냐하면 본성이 깊은 사람인 경우에는 그 행동이나 말로써, 또 그 낯빛이나 거동으로써 우리들 속에 화실(畵室) 가득한 조각이나 그림이 호소하는 것과 같은 힘과 아름다움을 일깨워 주기 때문이다.

인문사·자연사 및 예술사·문학사는 어느 것이나 개인의 역사로부터 설명이 되어야 한다. 그렇지 않으면 다만 말로써 남아 있어야 한다. 무엇이든 우리와 관계되지 않는 것은 없다. 무엇이든 우리에게 흥미를 주지 않는 것은 없다—왕국·학교·나무·말·철제 등 만물의 근본은 인간에게 있다. 산타 크로체*⁴⁰도, 산피에트로대성당*⁴¹도 신성한 모형을 본뜬 반쪽짜리 모사(模寫)일 뿐이다. 스트라스부르 대성당은 슈타인바흐의 에르빈*⁴²이란 사람의 마음이 물질의 형태로 반(半)만 드러난 것이다. 참된 시와 노래는 시인의 마음이다. 참된 배는 배를 만드는 사람이다.

만일 우리가 사람을 갈라서 볼 수 있다면, 인간 속에서 우리는 그의 사업의 마지막 광채, 마지막 덩굴가닥까지도 설명할 수 있는 이유를 찾아낼 수 있으리라. 마치 조개껍데기의 모든 돌기와 모든 색조가 이미 이 물고기와 조개의 분비기관 속에 존재하는 것과 마찬가지다. 가보(家譜)의 모든 것, 기사도의 모든 것은 예법 속에 있다. 예절이 훌륭한 사람은 그대의 이름을 부를 때 귀족 칭호가 덧붙일 수 있는 온갖 수식으로써 부를 것이다.

일상의 사소한 경험은, 언제나 우리에게 무엇인가 옛 예언을 입증하여 보여 준다. 그리하여 우리가 별로 주의하지 않고 듣고 보고 한 말이나 암시를 어떤 물건으로 변화시킨다. 나와 함께 차를 타고 숲속을 지나가던 한 부인이 나에

---

＊40 이탈리아 피렌체에 있는 성당. 13세기로부터 15세기에 걸쳐 이루어졌다.
＊41 로마에 있는 가톨릭교의 총본산으로 유명하며, 규모가 웅장한 것이 세계 제일이다.
＊42 1244(?)~1318. 슈타인바흐에서 태어난 독일 건축가. 스트라스부르 대성당의 서쪽 면(面)을 건축한 인물.

게 "나는 숲이 언제나 기다리고 있는 듯하다고 생각한다. 마치 숲에 사는 요정들이 일을 멈추고, 통행인들이 앞으로 지나가는 것을 기다리는 것 같다는 생각이 든다"라고 말했다.

이것은 사람의 발자국 소리가 접근하면 갑자기 멎어 버린다는 저 요정들의 춤으로 시와 노래가 찬미하여 온 사상이다. 한밤중에 달이 구름을 들고 솟아오르는 것을 본 사람은 대천사처럼 빛과 세계가 창조되는 현장에 있는 것이다.

어느 여름날, 들에서 나의 동반자가 큰 구름 하나를 나에게 가리켜 준 것을 기억하고 있다. 그것은 지평선을 따라 4분의 1마일이나 펼쳐진 듯이 생각되었는데, 생김새는 꼭 성당에 그려진 천사 그대로였다—가운데의 둥근 덩어리는 눈과 입을 붙이면 쉽사리 살아 있는 모습으로 보였고, 그 양쪽은 널리 펼쳐진 균형 잡힌 날개로 떠받혀 있었다. 한 번 대기 속에 나타나는 것은 자주 나타날 수 있다. 틀림없이 그것은, 그 성당의 눈에 익은 장식의 원형이었을 것이다.

나는 언젠가 여름에 하늘에서 번개가 연달아 반짝이는 것을 본 적이 있다. 그것을 보고 나는, 그리스인이 제우스 신(神)의 손에 있는 번갯불을 그린 것은 자연에서 배운 것임을 깨달았다. 나는 또 돌담 양옆에 쌓인 눈더미를 본 적이 있다. 보통 건축에서 탑 둘레에 붙이는 소용돌이 모양은 분명히 여기에서 착상한 것이다.

본바탕이 되는 환경으로 우리 주위를 에워쌈으로써, 우리는 건축의 양식과 장식을 새로이 고안한다. 그것은 각 민족들이 어떻게 자기들의 원시 상태의 집을 단순한 장식으로만 그쳤는가를 보면 알 수 있다. 도리아식*43 전당은 도리아인이 살았던 목조와 오두막의 면모를 남기고 있다. 중국의 탑은 분명히 타타르인의 천막이다. 인도와 이집트의 전당 또한 은연중에 그들 선조의 흙무덤과 동굴을 드러내보인다.《에티오피아인의 연구》속에서 헤렌*44은 이렇게 말한다.

"천연의 암석에 집이나 무덤을 만드는 습관이, 누비아 이집트 건축*45의 주된

---

*43 옛 그리스의 한 지방인 도리스에서 시작된 건축 양식.
*44 1760~1842. 독일 역사가. 고대인의 생활에 관한 고고학 연구 업적이 많다.
*45 누비아는 막연히 이집트의 남쪽, 아비시니아의 북쪽, 홍해 근처의 한 지역을 가리킨다. 옛날 이 지방은 에티오피아, 즉 흑인국이라 불렀다.

특징을 결정하고, 그것이 취하는 거대한 형식을 갖게 된 것은 아주 자연스럽다. 자연의 힘으로 이미 만들어진 이러한 암굴에서, 눈은 거대한 모습이나 군상을 보는 데 익숙해졌다. 그리하여 예술이 자연을 돕는 단계에 이르자, 예술은 스스로 본성이 바뀌고 나서야 작은 규모로 작용할 수 있었다. 콜로서스*⁴⁶와 같은 거인이나 되어야 비로소 문지기로 앉아 있거나 안기둥에 기대 서 있는 것이 어울리는 저 거대한 홀에, 보통 크기의 입상(立像)이나 정결한 현관이나 측랑(側廊)이 딸렸더라면 어떤 꼴이 되었을까."

고딕식 사원의 기원은, 축제나 의식 때 회랑(回廊)으로 숲의 나무를 가지와 함께 아무렇게나 적용한 데 있는 것이 분명하다. 홈이 파인 원기둥에 두른 장식 띠는 아직도 그 나무를 묶은 푸른 잔가지를 가리키는 것과 같다. 누구든지 소나무숲 속에 뚫린 길을 걸을 때, 삼림의 건축 양상에 감동하지 않을 수 없다. 특히 겨울에 잎이 다 떨어진 다른 모든 나무들이 색슨인의 활 모양의 낮은 문을 떠올릴 때는 더욱 그러하다.

겨울 오후, 숲속에서 잎이 떨어진 나뭇가지가 엇갈려 있는 속을 통하여 서쪽 하늘의 찬연한 색채를 볼 때, 우리는 고딕 건축의 대성당에 장식되어 있는 색유리창의 기원을 쉽게 알 수 있다. 또한 어떤 자연애호가이든, 옥스퍼드의 옛 건축더미나 영국의 대성당에 들어갈 때에 반드시 삼림의 위엄이 건축가의 마음을 압도하고 있는 것, 그의 끌, 그의 톱, 그의 대패가 아직도 숲의 고사리·꽃술·메뚜기·느릅나무·참나무·전나무 등을 있는 그대로 본떠서 만들고 있음을 느끼지 않을 수 없다.

고딕식 대성당은 인간이 갖는 싫증 모르는 조화의 요구로서 자리잡은 돌에 핀 꽃이다. 화강암 산이, 식물의 아름다움이 갖는 경쾌와 정묘한 완성, 그리고 대기 중의 균형과 배경으로서 영원한 꽃이 되어 피어난다.

마찬가지로 모든 공개된 사실들이 개인과 관계된 것이 될 수 있고, 모든 사사로운 사실들이 일반성을 띠게 될 수 있다. 이리하여 당장 역사는 유동하여 진실해지고, 전기는 깊고 숭엄해진다. 페르시아인은 그 건축의 가느다란 기둥과 기둥머리로써 연꽃과 야자수의 줄기와 꽃을 본떴다. 마찬가지로 페르시아의 궁정은, 그 성대한 시대에도 미개 민족의 유목생활을 완전히 포기한 일이

_____

*46 로도스 항구에 있었던 아폴론의 거상.

없고, 봄을 엑바타나*47에서 보내고 거기에서 여름엔 수사*48에, 겨울엔 바빌론으로 옮겨다녔던 것이다.

아시아와 아프리카의 고대사(古代史)에는, 유목과 농경은 서로 맞서는 것이었다. 아시아와 아프리카는 지리상의 문제로 유목생활을 해야 했다. 그러나 유목민은 토지나 시장의 이점에 끌려서 도시를 세우게 된 모든 사람들에게는 위협이었다. 그 때문에 농경은, 유목생활로부터 국가가 위협을 받게 됨으로써 어떤 종교의 성질을 띠는 명령처럼 되었다.

그리고 영국과 미국 같은 비교적 근대에 개명한 나라들에서는 이 두 가지 경향은 아직도 국가로서, 그리고 개인으로서의 이 오랜 투쟁을 계속하고 있다. 아프리카 유목민은 등에의 내습으로 떠돌이 생활을 할 수밖에 없었다. 등에떼는 소떼를 미치게 하므로 비가 많이 내리는 때에는 모든 종족이 이주하여, 가축을 한층 높은 사막으로 몰아버릴 수밖에 없었다.

아시아 유목민은 목초를 찾아서 다달이 떠돌아다녔다. 아메리카와 유럽에 있어서는 유목생활이 무역과 호기심 때문이었고, 확실히 아스타포라스*49의 등에로부터, 보스턴만(灣)의 영국열(英國熱)·이탈리아열로 진보한 것이다. 일정한 때에 종교상 순례지가 되었던 성도(聖都), 또는 국민 결합을 단단히 하는 것을 목적으로 하는 엄숙한 법률이나 습관은 고대 유랑민들을 견제하는 대책이었다. 그리고 장기간의 경주 과정에서 쌓인 가치가 바로 오늘날의 편력자(遍歷者)들을 제지하는 것이라 할 수 있다.

이 두 가지 경향의 대항은 개인에게도 마찬가지로 작용하고 있다. 그것은 모험을 즐기는 마음과 안일을 즐기는 마음을 번갈아 지배하고자 하기 때문이다. 야성에서 비롯된 건강과 원기 넘치는 사람은 도시의 생활에 신속히 정착할 수 있는 능력을 가지고 있으며 짐마차 속에 기거하고, 칼미크인*50처럼 쉽게 모든 땅을 떠돌아다닌다. 바다에서, 숲에서, 눈 속에서, 그는 자기 집 난로가에 있을 때처럼 따스하게 잠자고, 똑같이 훌륭한 식욕으로 식사하며, 유쾌하게 교제한다.

---

*47 고대 메디아 왕국의 수도. 찬란한 일곱 겹의 성에 에워싸인 장려한 도시.
*48 고대 중동 국가 엘람의 수도. 바그다드 남쪽에 있음.
*49 에티오피아의 강 이름.
*50 몽골계의 첫 유목민족. 러시아의 칼미크 공화국에 속해 있다.

어쩌면 그의 이러한 단순한 재능은 보기보다는 깊이 뿌리박혀 있고, 그의 관찰력의 범위가 늘어나는 것에 뿌리박혀 있는지도 모른다. 이러한 현상은 신기한 사물이 눈에 들어오는 데서는 어디서나 그에게는 흥미로운 것이다.

유목민족은 살아갈 가망이 없을 지경으로 궁핍하고 굶주려 있다. 그러나 지식과 관련된 오늘날의 유목생활은 극단의 경우에, 너무 잡다한 사물에 힘을 분산하므로 마음의 파산을 가져온다. 반대로 집을 지키는 재간은, 자기의 땅에서 인생의 모든 요소를 찾아내어 만족하는 어떤 종류의 자기 조절과 제어 또는 스스로 만족하는 마음이다. 그리고 이것은 또한 외래 문명의 방해를 받지 않는 한, 단조로워지거나 퇴보하게 되는 그 자체의 위험을 안고 있다.

인간이 그 외계에서 보는 모든 것은 그의 마음의 상태와 대응한다. 따라서 모든 물건은 그의 진전하는 사색이 그를 그 사실 또는 사실의 연속이 속해 있는 진리로 다가가도록 만들기 때문에 그는 차례대로 이해할 수 있게 된다.

원시 세계—독일인이 말하는 이른바 전세계—나는 탐구의 손을 뻗쳐서 지하 묘지 속에서, 도서관에서, 황폐한 저택의 깨어진 돋을새김이나 동상에서 그것을 모색할 수 있는 것과 같이, 당장 내 자신 속에서 그것을 찾아 들어갈 수 있다. 위로는 영웅시대 또는 호머시대로부터, 내려와서는 4, 5세기 뒤의 아테네인과 스파르타인의 가정생활에 이르기까지의 모든 시대에 걸치는 그리스의 역사·문학·예술·시가를 접하면서 모든 사람이 느끼는 흥미의 근원은 도대체 무엇인가. 누구나가 몸소 그리스의 한 시기를 거쳐야 하기 때문이라는 이유 말고 또 무엇이 있겠는가.

그리스다운 상황이란 육체에 근거한 본성의 시대, 관능 완성의 시대이다. 정신에 근거한 본성이 육체와 엄밀하게 일치하여 나타난 시대이다. 거기에는 조각가에게 헤라클레스, 피버스,[*51] 제우스라는 모델을 제공한 것과 같은 그러한 인간의 육체가 있었다. 근대 도시의 거리에서 흔히 보이는, 막연히 이목구비가 뒤섞여 있는 그런 얼굴이 아니라 조금도 흐트러지지 않고 윤곽이 또렷하고 균형이 잡힌 용모로 이루어지고, 눈동자만 하더라도 이런 눈으론 곁눈질하거나 이쪽저쪽 흘겨서 볼 수 없도록, 머리 전체를 돌려서 보아야만 되도록 틀이 잡혀 있었다.

---

*51 해의 신(아폴론 신).

이 시기의 몸가짐은 솔직하고 맹렬하다. 그러나 나타난 존경은 인간다운 자질에 대한 것이다. 즉 용기·숙달·자제·공정·힘·민첩, 크고 높은 목소리와 넓은 가슴 등에 대한 것이다. 사치와 우아는 알려져 있지 않다. 인구가 매우 적은데다 재물이 풍부하지도 않았으므로 모든 사람은 다 자신이 시종(侍從)도, 요리사도, 도살자도, 군인도 된다.

그리고 자기 자신의 필요에 스스로 호응하는 습관은 육체를 단련하여 놀랄 만한 예능을 다하게 한다. 호머의 아가멤논*52이나 디오메드*53는 이런 예이다. 크세노폰*54이 《만군후퇴기(萬軍後退記)》 중에서 그 자신과 그의 동포를 상대로 논술한 것도 이것과 양상이 다르지 않다. 그는 말한다.

"모든 군대가 아르메니아의 델레보아스강을 건넌 뒤 큰 눈이 내렸다. 군대는 눈 덮인 땅 위에 비참하게 누웠다. 그러나 크세노폰은 알몸으로 일어나 도끼를 들고 장작을 패기 시작했다. 그러자 다른 병사들도 일어나 함께 일을 했다."

그의 군대 전체에 걸쳐 언론은 무한한 자유이다. 그들은 노획품 때문에 싸움을 한다. 그들은 새로운 명령이 내릴 때마다 장군들과 입씨름을 한다. 크세노폰은 누구 못지않게 혀가 매섭고, 대부분의 사람들보다 더욱 혀가 매섭다. 그래서 맞받아치는 것이 대단하다. 이것이 큰 아이들의 무리이고, 큰 아이들다운 단체 도덕과 관용의 군율을 갖는 무리인 것을 누가 모르겠는가.

고대 비극의 귀중한 매력, 아니 모든 고대문학이 갖는 매력은, 작품 속 인물들이 소박하게 말한다는 점이다 — 깊이 생각하고 반성하는 습관이 아직 마음을 지배하는 습관이 되기 이전, 위대한 양식을 가진 사람들이 그것을 모르고 말하듯이 하는 점에 있다. 우리가 고대 인물을 찬탄하는 것은 다만 옛것을 찬탄하는 것이 아니고, 그 자연스러운 것을 찬탄하는 것이다.

그리스인은 타고난 품성을 거스르지는 않는다. 그러나 관능(官能)이라는 관점에서, 건강이라는 관점에서 완벽하고, 세계에서 육체의 짜임새가 가장 훌륭하다. 어른은 아이들처럼 소박하고 아름답게 행동했다. 그들은 꽃병을 만들고, 비극을 쓰며 조각상을 만들었다. 그것도 건전한 관능으로 만들 수 있는, 즉

*52 옛 그리스의 미케네 왕. 트로이 전쟁 때 그리스군 총사령관.
*53 옛 그리스의 아르고스 왕. 트로이 전쟁 때 용맹을 떨쳤다.
*54 BC 431(?)~354. 그리스 역사가·철인·장군. 그의 저서 《아나바시스》가 곧 《만군후퇴기》다.

좋은 취미의 작품을 만들었다. 이런 것은 어느 시대에나 계속하여 만들어졌고, 건전한 육체가 존재하는 곳에서는 지금도 어디에서나 만들어지고 있다.

그러나 개괄하자면 우수한 체격면에서 그리스인은 모든 다른 민족을 능가했다. 그들은 어른의 활력과 어린이들의 매력 있는 천진함을 겸하고 있었다.

이런 태도가 마음을 끄는 것은, 그것이 본디 인간의 것이고. 누구나 한때는 어린아이였으므로 누구에게나 그것이 알려져 있기 때문이다. 그뿐 아니라 세상에는 이런 특징을 지닌 사람들이 있다. 순진하면서도 타고난 재능과 활력을 가진 사람은 아직도 그리스인인 셈이고, 그는 헬라스*55의 시신(詩神)을 사랑하는 우리의 마음을 되살린다.

나는 저 필록테테스*56 극(劇)에 나타난 자연애(自然愛)를 찬탄한다. 잠과 별과 바위와 산과 파도에 호소하는 글을 읽을 때, 나는 시간이 썰물처럼 지나가 버리는 것을 느낀다.

나는 인간의 영원을 느낀다. 인간 사상의 동일함을 느낀다. 그리스인은 아마 내가 갖는 것과 같은 동포와 반려(伴侶)를 가졌던 것으로 생각된다. 해와 달, 물과 불은 마치 그것이 내 마음에 와 닿듯이 그리스인의 마음에 와 닿았다. 그리스인과 영국인, 고전파와 낭만파 사이의 대담한 구별 같은 것은 사실상 겉으로 드러나 보이고 학문 소양이 있음을 자랑하는 것으로 생각된다.

플라톤의 어떤 사상이 나에게도 한 사상이 될 때에―핀다로스의 심령에 불을 붙인 진리가 나의 심령에 불을 붙일 때 시간은 이미 없어진다. 우리 두 사람이 같은 지각에서 합치는 것을 느끼고, 우리 두 심령이 같은 색채로 물들어, 말하자면 둘이 한몸이 된 듯이 느낄 때 왜 위도의 차이를 헤아려야 하는가. 왜 내가 이집트 달력의 연수(年數)를 계산해야 하는가.

학자는 자기의 기사도 시대로써 기사도 시대를 해석하고, 해양 모험과 세계 일주 항해의 시대도 그 자신의 경험에서 아주 비슷한 작은 규모의 것으로써 해석한다. 세계 종교사에 대해서도 그는 똑같은 실마리를 갖고 있다. 태고의 깊은 연못에서 울려나오는 예언자의 목소리가 오직 그의 어린 시절의 감정, 그의 청년시대의 기도를 반향하게 될 때 그는 비로소 전통의 모든 분류와 관

---

*55 그리스의 또 다른 이름.
*56 트로이 전쟁 때의 유명한 활잡이. 그리스의 비극작가 소포클레스는 그를 주인공으로 하는 비극 《필록테테스》를 썼다.

레의 희롱을 뚫고 진리에 투철한 것이다.

아주 드물게 엉뚱한 정신이 때때로 우리 곁에 찾아와서, 자연의 새로운 사실을 우리에게 계시한다. 나는 신(神)들이 때때로 인간들 사이를 걸으면서 가장 범상한 청중의 마음과 영혼에게 그들의 사명을 깨달아 알도록 하는 일이 있는 것을 안다. 삼각가(三角架)*57·사제(司祭), 신의 영감에 고취되는 무녀(巫女)는 분명히 이런 경우이다.

예수는 육체를 가진 인간들을 놀라게 하고 압도한다. 그들은 예수를 역사에 결부시킬 수 없고, 그들 자신과도 조화시킬 수 없다. 그들이 자기들의 직각(直覺)을 중시하여 청정한 생활을 하고자 바라게 될 때 비로소 그들의 경건심이 모든 사실, 모든 말을 설명한다.

모세, 자라투스트라,*58 마누,*59 소크라테스에 대한 이들의 숭배는 얼마나 쉽게 마음에 친숙해지는가. 나는 이러한 숭배에서 조금도 예스러운 모습을 발견할 수가 없다. 그것은 그들의 것인 동시에 내 것이기도 하다.

나는 몇 개의 바다와 몇 세대를 건너지 않고서도, 초대(初代)의 수도자와 은둔자들을 보고 있다. 몇 번이고 누군가가 나에게 나타나 저 기둥 위의 고행자 세인트 시미언,*60 테바이드 사막*61의 은둔자, 초기 카푸친 수도사*62를 19세기에 살린 것처럼 노동을 무시하고 순수 명상의 관념을 집중케 하고, 우연히 신의 이름을 빌려 자비를 구할 것을 보여 주었다.

종교에 근거한 동서(東西)의 방법, 즉 마기,*63 브라마나,*64 드루이드*65 그리고 잉카*66의 방법은 개인의 사생활로써 설명이 다 된다. 어린아이에 대한 냉혹한 형식가의 속박하는 듯한 위력은 그의 원기와 용기를 억압하고, 이해력

---

*57 옛 그리스 델피의 아폴론 신전의 무녀가 신탁을 내릴 때 앉는 세 다리의 청동 제단.
*58 옛 페르시아의 국교인 자라투스트라교의 교조(BC 1000년 즈음).
*59 인도인을 위하여 유명한 마누법전을 제정한 신화 속 인물 브라마의 아들.
*60 시리아의 고행 수도자로 기둥 위에서 37년 동안 단식 고행하다가 기원 459년 사망.
*61 상부 이집트의 테바이드 지방에 있다. 여기에 은둔 고행한 승려를 테바이스라고 한다.
*62 1528년 마테오 디 파시가 이탈리아에 설립한 프란체스코 회의 탁발 수도사단, 긴 카푸친
　　(두건이 붙은 수도사복)을 입은 데서 이 이름이 생겼다.
*63 고대 페르시아의 도사·학자·수도사.
*64 인도의 최고 계급인 사람들. 브라만교도.
*65 고대 켈트 민족의 수도사·의사·점술사·마술사 등을 겸했다.
*66 고대 페르시아의 족장·왕공(王公).

을 마비시키며, 그러면서 다만 공포와 복종을 일으킬 뿐, 분노의 감정을 일으키지 않고 심지어 압제에 크게 공감하도록 만든다—이것은 일상에서 흔히 보는 사실이다. 그 아이가 어른이 되어, 자기 어린 시절의 억압자 자신도 어떤 이름이나 말이나 형식 때문에 압제받은 어린이였고, 억압자 자신은 다만 이런 것의 위력을 나이 어린 사람에게 전하는 기관일 뿐이었다는 점을 깨달을 때 비로소 그는 이해하는 것이다.

이 사실은 벨로스*⁶⁷가 어떻게 해서 숭앙되었고, 피라미드가 어떻게 해서 세워졌는가를, 모든 그 건축공들의 이름과 벽돌 한 장 한 장의 값을 발견한 샹폴리옹*⁶⁸ 이상으로 그에게 가르친다. 그는 아시리아와 촐룰라*⁶⁹의 토단(土壇)을 자기 집 문간에서 발견한다. 자신이 바로 그 길을 놓았던 것이다.

다시 하나하나 생각 있는 사람들이 자기 시대의 미신에 항의하는 것에는, 고대 개혁자들의 일이 하나하나 되풀이되어 있다. 그리고 진리를 탐구하는 것에는 그들의 경우와 마찬가지로, 덕(德)을 위험에 빠뜨리는 새로운 것이 발견된다. 그는 또한 미신의 띠(帶)를 대치시키는 데 필요한 도의에 근거한 용기를 배운다. 개혁의 끝무렵에는 제멋대로 행동하는 경우가 종종 있다.

세계의 역사상, 루터가 자기 집안에서 벌어지는 신앙심의 쇠퇴를 한탄해야 하는 일이 얼마나 많이 있었던가. 마틴 루터의 아내는 어느 날 남편에게 물었다.

"당신, 저 교황의 지배 아래에서는 우리가 그렇게 자주 그리고 그렇게 열심히 기도했는데, 지금은 될 수 있는 한 냉담하며, 될 수 있는 한 적게 기도하는 것은 어떤 뜻인지요?"

시대에 앞선 사람은 문학 속에—모든 역사 속에서나 마찬가지로 모든 이야기 속에 얼마나 심오한 보물이 들어 있는가를 알게 된다. 그는 시인이 기이하고 불가능한 경지를 묘사한 괴짜는 아니었다는 것, 공통된 정신의 사람이 붓으로써, 한 사람에게나 모든 사람에게나 진실한 고백을 썼다는 것을 알게 된다. 그에게 놀라울 정도로 이해가 가는 시행(詩行) 속에 그 자신의 비밀의

---

*67 고대 아시리아의 전설상의 신.
*68 1790~1832. 프랑스의 유명한 고고학자·동양학자·탐험가. 최초로 이집트 상형문자를 읽는 법을 발견한 사람.
*69 고대 멕시코 인디언이 세운 마을. 토단은 마을의 유적.

전기가, 자기가 태어나기 전에 기록되어 있는 것을 본다. 하나하나, 그는 자기 개인의 모험에서 이솝, 호머, 하피스,*70 아리오스토,*71 초서, 스코트의 모든 이야기와 마주친다. 그리고 자신의 손과 머리로써 그것을 입증한다.

그리스의 아름다운 허구의 이야기들은 상상이 적당하게 창작된 것이지, 공상에서 근거하여 창조된 것은 아니므로 공통된 진실이다. 얼마나 넓은 의의와 영원한 적절함이 저 프로메테우스*72의 이야기에 들어 있는 것인가. 그것은 첫째로, 유럽 역사의 제1장으로서 가치가 있는 외에 (이 신화는 기계 기술의 발명, 식민의 이주라는 진정한 사실에 얇은 장막을 씌운 것이므로) 후세의 신앙을 통해서 다소라도 밀접한 종교사를 말하고 있다.

프로메테우스는 고대 신화의 예수이다. 그는 인간의 친구이다. 영원한 아버지의 불공정한 '정의'와 반드시 운명의 인간 종족 사이에 서서, 그들을 위하여 모든 고뇌를 감수한다. 그러나 이 신화를 칼뱅주의의 기교와는 달리, 프로메테우스를 제우스 신의 도전자로서 나타낸 점에서 신의 존재를 믿는 종교의 교의를 낯설지만 객관화된 형식으로 가르친다면, 당장 드러나는 일종의 심적 상태를 보여 준다. 그것은 이러한 진리가 아닌 것에 인간이 스스로 방어한 것으로 생각된다. 즉, 유일신이 있다고 확신된 사실에 대한 불만, 숭앙의 의미가 귀찮다는 감정을 나타낸다. 만일 가능하면 그것은 조물주의 불을 훔쳐 그에게서 떠나 독립해서 살고 싶었을 것이다.

《사슬에 묶인 프로메테우스》*73는 회의주의의 통속 소설이다. 모든 시대의 진실이다. 아폴로는 아드메토스*74의 양떼를 치고 있었다고 시인들은 말한다. 신들이 인간 사이에 오면 그것이 그렇다고 알려지지 않는다. 예수도 알려지지 않았다. 소크라테스도, 셰익스피어도 알려지지 않았다. 안테우스*75는 헤라클

---

*70 1320~1391. 관능적인 시를 쓴 페르시아 서정시인.
*71 1474~1533. 유명한 이탈리아 시인.
*72 그리스 신화에 나오는 거인. 그는 제우스 신의 명령을 거역하여 하늘에서 불을 훔쳐 인간에게 주고, 인간에게 모든 유용한 기술을 가르쳤다. 그리하여 제우스의 노여움을 사서 코카서스 산 바위에 묶여 매에게 간을 쪼이는 형벌을 받았다 한다.
*73 이 프로메테우스의 고뇌를 제재로 한 아이스킬로스(Aeschylos)의 비극.
*74 그리스 신화에 나오는 용사.
*75 바다의 신 포세이돈과 대지의 여신 가이아의 아들. 모신인 대지에 발을 붙이고 있는 한은 아무도 그를 쓰러뜨릴 수 없었던 거인.

레스에게 멱살이 잡혀 숨이 막혔지만, 그의 어머니인 대지에 닿을 때마다 그의 힘은 새로워졌다.

인간은 파멸한 거인이다. 온통 약해졌지만, 그 몸과 마음이 모두 자연과 대화하는 습관으로 활기를 얻는다. 견실한 자연을 감동시켜 말하자면 그것에 날개를 치게 하는 음악의 힘, 시가의 힘은 오르페우스*<sup>76</sup>의 수수께끼를 푼다. 형상의 한없는 변화를 통하여 철학적으로 만유동일성(萬有同一性)을 지각하는 것은 사람으로 하여금 프로메테우스를 알게 한다. 어제는 웃고 울고 밤사이엔 죽은 듯이 잠들었는데, 오늘 아침엔 일어나 달리고 있는 나는 프로메테우스가 아니고 무엇이랴.

어느 쪽을 보나 프로메테우스*<sup>77</sup> 윤회만 눈에 들어온다. 나는 어떤 생물, 어떤 사실의 이름을 사용해서도 내 사상을 상징처럼 만들 수 있다. 모든 생물은 능동자 아니면 피동자인 인간이기 때문이다. 탄탈로스*<sup>78</sup>란 언제나 영혼 앞에 찬연히 물결치는 사상의 마실 수 없는 것을 뜻한다. 영혼의 윤회는 허구의 이야기가 아니다. 나는 실제 그러했으면 싶다.

그러나 남자나 여자나 다만 반쪽짜리 인간일 뿐이다. 뒷마당, 들판, 숲의 모든 동물, 대지의 땅밑과 물의 모든 동물은 어떻게든 발을 붙여, 곧게 서서 하늘을 향하여 말하는 동물(인간)의 어떤 것에 그 특징, 그 형체의 자취를 남기고자 애쓴다. 아, 동포여, 그대 영혼의 퇴조를 멈추어라—몇 년 동안 그대는 미끄러져 들어가고 있었던 형체*<sup>79</sup>가 있었느니라. 그 형체의 습성으로 타락하여 퇴조해 들어가는 것을 멈추어라.

우리의 인상은 날개돋친 사실, 또는 사건의 한없는 비상이 아니고 무엇이냐. 이러한 변화는 눈부시고 다양한 양상으로 닥쳐와, 모두가 인간의 정신에 물음을 던진다. 이러한 사실이나 그때그때의 물음에 한층 우월한 지혜로 대답

---

*76 아폴론과 시의 여신 칼리오페(뮤즈)의 아들. 그가 하프를 연주하면 숲의 모든 동물들 뿐만 아니라 나무·바위 등 자연계를 감동시킬 수 있었다.

*77 그리스 신화에서 예언의 힘을 가졌던 바다의 신(神). 무리하게 예언을 요구하면 당장 변신하고 말았다 한다. 즉 변신의 힘도 있었다.

*78 고대 그리스의 왕. 제우스신이 밝힌 비밀을 누설한 죄로 지옥에서 벌을 받는다. 눈앞의 물을 마시려고 하면 물이 당장 줄어들고, 머리 위의 과일을 먹고자 하여 손을 내밀면 위로 올라가 버리는 따위의 벌을 받았다.

*79 인간이 오랫동안 동물적과도 같은 습성에 빠져 있었음을 말한다.

할 수 없는 인간은 그 부림을 달게 받아들이는 것이다. 사실은 그들을 방해하고, 그들을 제압하여 보통 인간, 상식에 충실한 인간으로 만든다. 이런 사람은 글자 그대로 사실에 복종하므로 인간이 참으로 인간인 이유가 되는 밝은 희망의 불꽃을 모조리 꺼 버리고 만다.

그러나 만일 이 사람이 한층 우월한 본능이나 감정에 충실하여 높은 종족에서 나온 사람으로서 사실의 지배를 거절한다면, 그리하여 심령을 꽉 쥐고 떠나지 않고 확고히 근본 도리를 인정한다면, 그때엔 사실이 적당히 쓰러져 유순하게 제자리로 돌아갈 것이다. 그것들은 자기네들의 주인을 알고 있다. 그리하여 가장 미천한 것도 주인의 영광을 찬양한다.

보라, 괴테의 〈헬레나〉*80에는 모든 말(言)을 하나의 물건이 되게 하려는 똑같은 염원이 있다. 그리고 케이론,*81 그리핀,*82 포르키데스,*83 헬레네,*84 레다*85 등은 누구나 무엇인가이므로 마음에 어떤 독특한 영향을 준다고 그는 말하고자 한다. 그래서 그 점에서 그들은 영원한 실체이고, 오늘날도 올림피아드*86에서와 똑같은 현실이다.

여러 가지로 그들의 일을 두루 생각하여, 그는 자유롭게 자기의 생각을 쓰고, 그 자신의 상상에 따라서 그들에게 실체를 부여한다. 그리고 이 시는 꿈처럼 막연하고 환상처럼 느껴지지만, 이것은 이 지은이의 보다 평범한 극작품(劇作品)들보다 훨씬 흥미를 끈다. 까닭은 그것이 습관처럼 쓰이고 흔해 빠진 이미지에서 벗어나 읽는 이의 마음에 기이한 인식을 주기 때문이다—이 구상의 분방한 자유로움으로 말미암아, 그리고 생기 있는 놀라움의 충동이 끊임없이

---

*80 괴테의 《파우스트》 제2부 제3막은 독일에서는 〈헬레나〉라고 불린다. 주로 트로이의 헬레나에 관한 것을 다루고 있기 때문이다.

*81 그리스 신화에 나오는, 윗몸을 사람이고 아랫몸은 말인 켄타우로족의 하나. 현명하고 공명정대한 인물로서 유명함.

*82 전설상의 공상 괴물. 머리·앞발·날개는 독수리, 몸통·뒷발은 사자의 모습을 하고 있다.

*83 그리스 신화에서 포르키스와 케토의 세 딸. 《파우스트》 제2부에는 메피스토펠레스가 이 모습으로 나타난다.

*84 스파르타 왕 메넬라오스의 아내로서 동서고금 제1의 미녀. 트로이의 왕자 파리스가 그녀를 납치해 간 데서 트로이 전쟁이 시작되었다.

*85 헬레네의 어머니로서, 제우스 신이 백조의 모습으로 내려와 정을 통했다고 하는 미녀.

*86 옛 그리스 올림피아제는 4년마다 열렸고, 그때마다 큰 규모의 경기가 열렸다. 이 큰 경기에서 다음 큰 경기까지의 4년 동안을 올림피아드라 한다.

계기가 되어서 읽는 이의 창의와 공상을 일깨우기 때문이다.

공통된 본성, 규모가 작은 시인의 본성으로서는 너무 군센 이 본성은 그의 목 위에 앉아 그의 손을 빌려 글을 쓴다. 그러므로 시인이 순전히 기분 내키는 대로 황당한 이야기를 토로하고 있는 듯이 보여질 때에도, 그 성과는 정확한 비유의 이야기를 하고 있는 것이다. 그래서 플라톤은 말했다.

"시인은 자기 자신도 이해할 수 없는 위대하고 현명한 것을 말한다."

중세의 허구와도 같은 이야기는 모두 그 시대의 마음이 너무나 진지하게 성취하고자 노력한 것을, 가면 같은 것을 쓰거나 놀라는 듯한 태도로 나타낸 것이라고 설명할 수 있다. 마법(魔法)과 그것의 작용이라고 하는 모든 것은 과학이 지니는 힘의 예를 깊이 있게 들어 보인 것이다. 저 재빨리 날아가는 구두, 예리한 칼, 4대 요소를 복종시키고 금석(金石)의 내밀한 장점을 이용하며, 새의 울음소리를 이해하는 힘은 모두 마음의 노력이 남이 모르는 사이에 올바른 방향을 가리키고 있음을 보이는 것이다. 초인같은 영웅의 용기, 하늘이 주신 영원한 젊음이라는 힘, 기타 그런 것들은 마찬가지로 '사물의 외면을 마음이 바라는 바에 복종시키고자' 하는 인간 정신의 노력이다.

《페르세포레스트》*[87]와 《갈리아의 아마디스》*[88]에서는 화환과 장미가 정숙한 여성의 머리 위에서 피고, 부정한 여인의 이마에서는 시든다. 〈소년과 외투〉*[89]에서는, 정숙한 독자까지도 온화한 제네랄스*[90]의 승리에 고결한 환희가 빛나는 것을 느끼고 스스로 놀랄 것이다. 그리고 과연 마귀의 기록에 나타난, 정해진 모든 규칙—마귀는 이름을 불리기를 싫어한다든지, 그것들의 재능은 변덕스러워서 믿을 수 없다든지, 보물을 찾는 자는 말을 해서는 안 된다는 것 등등—이것도 그것이 콘월이나 브르타뉴에서는 어떠하든간에 이 콩코드에서는 진실이라고 인정한다.

---

*87 중세 프랑스 때 창작된 역사를 소재로 하는 통속 소설. 그 무대는 아서왕 이전의 브리튼이라고 한다.

*88 14세기 포르투갈 작가 바스코 데 로베이라의 운문체 통속 소설. 구전되어 온 것을 로베이라가 편집하여 정리한 기사 무용담으로, '사자의 기사'라는 별명이 붙은 주인공 아마디스는 기사도를 상징한다.

*89 옛 영국 민요.

*90 민요 〈소년과 외투〉에 나오는 정숙한 여성의 이름. 아서왕의 궁정에 이상한 망토를 가진 소년이 온다. 이 망토는 정숙한 여인에게만 어울리고 부정한 여자에게는 안 맞는다. 왕후에 이어서 모두가 입어 보지만 모두 몸에 맞지 않는다. 제네랄스만이 몸에 맞았다고 한다.

아주 최근의 통속 소설에서는 이것과 다를 것인가. 나는 《래머무어의 신부》*[91]를 읽었다. 윌리엄 애슈턴 경(卿)은 저속한 유혹을 감추는 것이고, 레이븐스우드의 성(城)은 오만한 빈곤을 그럴듯하게 포장한 것이며, 외국에서의 중대한 사명은 정직한 근로를 보는 존 버니언 유(類)의 사람들이 꾸며낸 것일 뿐이다. 부정한 것, 육욕을 우선하는 것을 무찔러 쓰러뜨림으로써 우리는 누구나 좋은 것, 아름다운 것을 괴롭히는 들소를 쏠 수 있다. 루시 애슈턴은 진실에 대한 별명으로서, 그것은 이 세상에서는 언제나 아름다우나 언제나 재앙을 받기 쉽다.

그러나 인간의 인문 및 사상과 관련된 역사와 아울러 여기에 또 하나의 역사가 매일 진행하고 있다―외부 세계의 역사가 그것이다―그리고 이쪽에도 인간은 똑같이 엄밀히 관련되어 있다. 인간은 시간의 줄거리이자 자연에 대응되는 존재이다. 그의 힘은 그 다수의 친화 관계에 있다. 그의 인생이 유기성 및 무기성을 띠는 존재의 온갖 연쇄(連鎖)와 얽혀 있는 사실에 있다.

옛 로마에서는, 포럼*[92]에서 시작되는 국도(國道)는 동서남북으로 뻗어 제국 내 모든 지방의 중심에 이르러 페르시아·스페인·브리튼의 각 소도시(시장이 있는) 어디로나 수도의 군대가 진입할 수 있게 되어 있었다. 마찬가지로 인간의 마음에서도, 말하자면 자연의 모든 사물의 중심까지 큰길이 통해 있어 그것을 인간이 지배하게 된다.

인간은 모든 관계를 한 다발로 한 것, 모든 뿌리를 한 묶음으로 한 것이고, 그것이 꽃피고 열매를 맺은 것이 세계이다. 인간의 모든 능력은 자기 바깥의 자연에 관계하여, 그가 살고자 하는 세계를 미리 짐작하게 한다. 마치 물고기의 지느러미가 물이 있는 것을 미리 짐작하고, 날 때의 독수리의 날개가 공기를 미리 짐작하는 것과 같다. 인간은 하나의 세계를 가져야만 살 수 있다. 나

---

*91 월터 스콧의 소설(1819). 레이븐스우드의 옛 성주의 아들 에드가는 그 적인 지금의 성주 애슈턴의 딸 루시와 사랑에 빠진다. 그러나 루시의 부모는 그녀를 강제로 다른 지주와 혼인시키려고 했으므로, 루시는 결혼 첫날밤에 미쳐서 신랑에게 중상을 입히고 자신은 자살한다는 이야기. 본문에서 외국에서의 중대한 사명 운운하는 말은, 에드가가 나라 밖의 제임스 당원에게 프랑스에서 거사하고자 한 것을 알리고, 들소를 쏜다고 하는 말은 루시가 들에서 들소에게 괴로움을 당하는 것을 보고 에드가가 소를 죽이고 구해 주는 것을 말한다.

*92 고대 로마의 시민 공회장.

폴레옹을 외딴섬의 감옥에 유배시키고서 그의 능력의 영향을 받을 인간을 하나도 없게 해보아라. 올라갈 알프스도, 승부의 목표가 될 상금도 없게 해보아라. 그는 허공을 치는 어리석은 사람이 될 것이다. 그러나 그를 옮겨서 힘센 나라들과 조밀한 인구, 복잡한 이해관계, 서로 맞겨루는 열강 속에 놓아 보라. 그대들은 이러한 옆 모습과 테두리로써 한계지어진 인간 나폴레옹이, 진정한 나폴레옹이 아님을 볼 것이다. 이것은 결국 탤벗*93의 그림자일 뿐이다.

> 나의 실체는 여기에 있지 않습니다.
> 왜냐하면 부인이 보고 있는 것은 인간의 가장 작은 부분,
> 곧 최소한의 부분에 지나지 않으니까요.
> 사실을 말하자면 부인, 내 전체가 여기에 모습을 드러낸다면
> 그것은 너무나 폭이 넓고 키가 커서
> 당신 집 지붕 밑에는 들어갈 수가 없습니다.*94

콜럼버스가 그의 뱃길을 정하기 위해서는 하나의 별이 필요하다. 뉴턴과 라플라스*95는 수천만의 연대와 층층이 별이 깔린 하늘 위라는 분야가 필요하다. 끌어당기는 힘을 갖는 태양계는 이미 뉴턴의 마음의 본성 속에 예언되어 있었다고 말할 수도 있다. 마찬가지로 데이비*96나 게이뤼삭*97의 머리는 어려서부터 분자(分子)의 친화력과 반발력을 연구하고 있었으므로, 유기체 조직의 법칙을 예측하고 있었다고도 할 수 있다. 인간 태아(胎兒)의 눈은 빛이 있는 것을 예언하고 있지 않은가. 헨델*98의 귀는 잘 어우러진 소리의 마술을 예언하고 있지 않은가.

와트, 풀턴,*99 휘트모어,*100 아크라이트*101의 구성력 풍부한 손가락은 녹일

---

*93 셰익스피어의 사극 《헨리 6세》에 나오는 영국 장군. 본문 인용구는 그의 대사.
*94 《헨리 6세》 제1부 제2막 제3장.
*95 1749~1827. 프랑스 천문학자·수학자.
*96 1778~1829. 영국 화학자. 안전등을 발명했다.
*97 1778~1850. 프랑스 화학자·물리학자. '기체 반응의 법칙'을 발견했다.
*98 1685~1759. 독일 작곡가. 〈메시아〉가 그의 걸작.
*99 1765~1815. 미국 기계 기사. 상업용 증기선을 처음 개발했다.
*100 1759~1828. 미국 발명가. 양모를 짜는 기계를 발명했다.

수 있거나 딱딱한, 또는 충분히 단련할 수 있는 금속의 조직, 돌·물·나무의 성질을 예언하고 있지 않은가. 어린 여자아이의 예쁜 특성은 문명사회의 세련된 장식을 예언하고 있지 않은가. 여기에서 또한 인간이 인간에게 저지르는 행위를 떠올리게 된다.

인간의 마음은 몇 세대 동안 생각을 거듭해도, 사랑의 열정이 하루 동안에 가르칠 수 있을 정도의 자각을 얻을 수 없는 경우도 있다. 모욕을 당하고 분노에 떨어보지 않고, 청산유수의 웅변에 가슴 울렁거려보지 않고, 또는 국민들이 흥분하거나 경악하는 순간에 수천만의 사람과 함께 흥분해 보지 않고서 누가 자기 자신을 알겠는가. 아무도 자기가 겪어야 할 때가 올 것을 예정하거나, 새로운 사물이 어떠한 새로운 능력이나 감정을 계시할 것인가를 예측할 수 없다. 이것은 내일 처음으로 만날 사람의 얼굴을 오늘 그릴 수 없는 것과 같다.

나는 지금 여기에서 이렇게 추려서 기록하여 서술한 배후에 들어가 왜 그렇게 대응되는지 탐구하고자 하지는 않는다. 다만 이 두 가지 사실, 즉 마음은 하나이다, 그리고 자연은 마음에 대응되는 것이다, 이러한 사실에 비추어 역사를 읽고 써야 한다는 것만으로도 충분하다.

이리하여 온갖 방법으로써, 영(靈)은 개개의 연구자를 위하여 그 감추어둔 보물에 집중하고 다시 재현한다. 각 연구자 또한 경험의 온갖 과정을 거쳐야만 한다. 그는 자연의 광선을 하나의 초점에 집중시켜야 한다. 역사가 이제 더 이상 재미없는 책이 되어서는 안 된다. 역사는 모든 정당하고 현명한 사람의 모습으로 살아서 걸어나와야 한다.

그대들은 자기가 읽은 책의 목록을 말이나 제목으로 나에게 말해선 안 된다. 오히려 내가 그대들이 어떤 시대에 살았는가를 느낄 수 있도록 해주어야 한다. 사람은 〈영예의 전당〉*102이 되어야 한다. 그는 시인들이 이 영예의 여신을 묘사한 것과 같이, 놀라운 사건과 경험으로써 빈틈없이 그려진 의상을 입고 걸어가야 한다―그 자신의 모습과 용모는 그 지력(知力)이 높아짐에 따라서 다채로운 옷이 될 것이다.

나는 그 속에서 전세계를 보아야 한다. 그의 유년 시대를, 황금 시대를, 지식

<hr>

*101  1732~1792. 영국 발명가. 방적 기계를 발명한 사람.
*102  영국 18세기 시인 알렉산더 포프의 시(1715). '영예'는 영예의 여신을 말한다.

의 열매를, 아르고호의 원정(遠征)*103을, 아브라함의 소명(召命)*104을, 전당의 건립을, 암흑시대를, 문예부흥을, 종교개혁을, 신대륙 발견을, 새로운 과학과 인간세계의 새로운 분야를 개척하고 발견해야 한다. 그는 판(Pan) 신(神)*105의 사제가 되어, 미천한 오두막에도 새벽별의 축복과 천지의 모든 기록된 혜택을 가져 들여와야 한다.

이상의 요구에는 어느 정도 지나친 자부심이 있는 것인가. 만일 그렇다면 나는 지금까지 써온 것을 모두 포기한다. 왜냐하면 우리가 모르는 것을 아는 체해서 무슨 소용이 있겠는가. 그러나 겉으로 다른 사실의 거짓됨을 드러내는 것처럼 보여야만 한 가지 사실을 힘차게 서술할 수 있다는 것은 우리 수사법의 결점이다.

나는 우리의 현재의 지식을 아주 값싸게 평가한다. 벽 속의 쥐소리를 들어라. 담장 위의 도마뱀, 발 아래의 버섯, 통나무의 이끼를 보아라. 이러한 생명의 세계의 어떤 것에 대하여 나는 공감하면서, 그리고 진심으로 무엇을 안단 말인가. 코카서스인*106만큼이나 오래—아니 더 오랠지도 모르지만—이런 생물은 인간의 곁에서 그들의 비밀을 지켜온 것이다. 그들이 한쪽에서 저쪽으로 교신(交信)한 말이나 손짓의 기록은 없다. 책에 기록된 수십 개 화학 원소들과 역사 시대 사이에 어떤 관계가 있다고 보고 있는가. 아니, 역사는 아직 겨우 인간의 사상과 관련된 연대의 기록일 뿐이다. 그것은 우리가 '죽음'이니 '불멸'이니 하는 이름 아래에 감추고 있는 신비에 어느 정도의 빛을 던지고 있는가.

그러나 모든 역사를 우리의 친화 관계의 범위를 통찰하고, 사실을 본보기로 보는 지혜로써 써야 한다. 나는 우리의 역사가 너무나도 상스럽고 흥미롭게 꾸민 이야기일 뿐이라는 사실이 부끄럽다. 얼마나 자주 우리들은 로마라든지, 콘스탄티노플이라든지를 말해야 하는가. 로마는 쥐나 도마뱀에 대하여 무엇을 알겠는가. 올림피아드니, 콘술 정치*107가 우리 이웃의 생존 체계와 무슨 관

---

*103 그리스 신화에 나오는 배 이름이 아르고이며 이 배는 많은 용사를 태우고 콜키스에 들어가 밤낮으로 독을 뿜어내는 용이 지키는 황금 양털을 빼앗아 왔다 한다.

*104 신은 아브라함을 불러 그 백성을 이스라엘 땅에 이주케 했다. 〈창세기〉 12장 이하 참조. 본문의 전당은 이스라엘의 전당.

*105 그리스 신화의 가축과 목동의 보호신. 목신(牧神)이라고 일컫는다.

*106 백색 인종을 말한다.

*107 콘술은 프랑스 제1공화국 시대(1792~1804)의 집정관.

계가 있는가. 아니 그것은 이누이트(에스키모)의 물개 사냥꾼에게, 통나무배를 탄 카나카 토인[108]에게, 어부에게, 부두 일꾼에게, 문지기에게 어떤 먹을 것과 경험과 구원을 주고 있는가.

만일 우리가 지금까지 너무 오랫동안 보아온 이 오랜 아집과 자존의 연대기 대신에 우리들이 중시하는 그리고 넓은 관계를 갖는 본성을 한층 진실하게 표현하고자 한다면, 한층 넓고 한층 깊게—윤리적 혁신에서, 언제나 생기를 불어넣어 주는 양심이 흘러드는 지점에서—우리의 연대기를 써야 한다. 이미 그날은 우리를 위하여 존재하고 있으며 의식하지 못하는 사이에 그 빛을 우리 위에 비추고 있다. 그러나 과학과 문학의 길이 자연으로 들어가는 길은 아니다. 분석자나 고고학자보다는 백치·인디언·어린아이, 교육받지 못한 농가의 소년이 한층 자연의 뜻을 읽어서 이해할 수 있는 밝은 빛에 가까이 서 있는 것이다.

---

* 108 하와이 원주민.

# 하늘과 땅, 그리고 사람으로서의 길*¹

## 인간과 자연

지성의 축제 뿌리로 돌아가는 여행은 언제나 흥미로운 '인간과 자연'이라는 주제들을 떠오르게 합니다. 우리는 오래된 결핍을 떠올릴 수밖에 없습니다. 지성은 여전히 인간이 어떻게 태어날 수 있는지를 묻습니다. 생명의 불꽃은 인류 가슴에서 무기력하게 깜빡거릴 뿐입니다. 우리는 자신에게 없는 완벽성과 보편성을 사람들에게 강요합니다. 위인들은 우리를 결코 만족시키지 못합니다. 위인들을 남들과 다르게 만드는 것은 그들의 힘이 아닌 고독입니다. 위대한 인물들에게는 조금씩 부족하고 지루한 면이 있습니다. 그들은 딱할 정도로 하나의 사고에 얽매여 있습니다. 그들이 예언자라면 자만심이 강합니다. 그들이 예의 바르고 여러 성향을 지녔다면 깊이가 없습니다.

어떤 결과에 이르기까지 인간은 얼마나 더딘지요!

또 그 결과에서 다른 결과로 옮겨가기까지 얼마나 더딘지요!

투명한 공과 같은 인간의 사고는 지구의 지질 구조만큼이나 동심원(同心圓) 성향을 띱니다. 지구의 흙과 온갖 바위가 층층이 같은 중심축 위에 겹쳐져 있듯이, 인간의 생각 또한 모두 수직이 아닌 수평으로만 작동합니다.

한 뛰어난 조사관이 천공기(穿孔機)와 다림줄을 들고 이곳을 찾아옵니다. 우리의 관습과 이론에 구멍을 내고 찬정(鑽井)*²을 뚫어 모든 사물의 핵심까지 꿰뚫고자 합니다. 그런데 그 조사관이 지표면을 살피며 천공기와 다림줄을 바라보는 순간, 철학자는 온갖 저항에도 마치 어떤 강한 바람이 모든 것을 휩쓸어 버린 듯이 수평 방향으로 움직입니다. 그래서 여러분이 다달이 그곳을 찾아와 이 혁신가가 얼마나 진척을 이루었는지 보면, 그는 한 치도 파내

---

*1 저자 에머슨이 강연한 내용들 가운데에서 선별하여 번역, 수록하였습니다.
*2 지하수가 지층의 압력에 의해 지표 이상으로 솟아 나오는 우물. '자분정'이라고도 한다.

려가지 못한 채 여전히 똑같은 암맥과 지표면에서 이곳저곳을 오가면서 말만 새롭게 바꾸고 있음을 알게 됩니다. 그의 새 책에는 "내가 자연의 문을 여는 열쇠를 너희에게 줄 것이다" 적혀 있기에, 우리는 천둥 번개처럼 순식간에 중심으로 나아갈 수 있으리라 기대합니다. 그러나 천둥번개는 지표면 현상이며 조금의 흠집밖에 내지 않습니다.

'현자(賢者)'들도 그와 같습니다. '쐐기'라고 알고 있던 것이 사실은 잔대 뿌리임이 드러납니다. 상식에서 벗어난 지나친 집착은 두어 달 안에 견딜 수 없을 만큼 지루해지기 때문에 사람이 오래 버티지 못합니다. 책은 물론 사람도 그렇습니다. 그런데도 우리는 새로운 책을 집어 들거나 새로운 사람을 만날 때마다 늘 가슴 뛰는 기대감을 품게 됩니다. 그리고 한결 능력 있는 해석자를 만나기를 줄기차게 바랍니다. 그의 등장을 예견했기 때문입니다.

우리는 곁에 사람이 없으면 자연에 기댑니다. 신성한 순서 안에서 지성이 첫째이고 자연은 둘째입니다. 그것이 바로 정신의 기억입니다. 한때 지성 안에서 순수한 법칙으로서 존재하던 것이 이제는 '자연'으로서 모양을 갖추는 겁니다. 그 순수한 법칙은 이미 정신에 깃든 상태로 존재해 있었습니다. 이제 그것은 가라앉았고, 가라앉은 상태로 밝게 빛납니다. 그것이 곧 세계입니다.

자연 안에서 인간은 결코 낯설거나 뒤떨어진 존재일 수 없습니다. 자연은 우리의 살이고 뼈입니다. 하지만 우리는 더 이상 자연을 손에 쥐고 있지 않습니다. 우리는 기적과도 같은 능력을 놓쳐버렸습니다. 우리의 팔은 저 차디찬 서리만큼 강하지 않습니다. 우리 의지도 중력과 자기력에 견줄 수 없을 겁니다. 그럼에도 우리는 자연을 하나의 편리한 기준으로서 우리의 올라감과 내려감을 가늠하는 잣대로서 활용할 수 있습니다. 자연은 증명하는 존재로서 이런 뛰어난 면모를 지녔기에, 그 무엇도 자연의 순수성을 해칠 수 없습니다. 인간이 저주를 퍼부을 때조차도 자연은 진실과 사랑을 증언합니다. 그러므로 자연 속에 깃든 정신은 우리가 마음 놓고 탐구해도 됩니다. 정신 속 자연은 우리가 오래 들여다볼 수 없기 때문입니다. 우리 눈이 햇빛을 감당하지는 못해도 연못에 비친 해의 얼굴은 살펴볼 수 있는 것과 같은 이치입니다.

그래서 저는 우리가 '자연의 섭리'를 깊이 연구하면서 이 시간을 경건하게 기념한다면 적절한 찬가가 되리라 생각합니다. 가능한 한 면밀하게 자연의 섭리를 살펴보고, 그것이 얼마나 깊이 학자의 삶으로 옮겨갈 수 있는지 판단해

봅시다. 배우기 위해서 주위 현실들에 던지는 우리의 진지한 시선들은 모두 신성한 충동에서 시작되며, 그 자체로 진정한 찬양의 노래입니다. 그것이 충고의 형태든, 뜨거운 외침이든, 학문과 관련된 진술이든 무슨 차이가 있을까요? 이것들은 다만 형태일 뿐입니다. 그 형태들을 통해 마침내 우리는 하나님께서 몸소 행하셨다는 사실을 나타낼 뿐입니다.

지나치게 크고 폭넓은 주제를 다룰 때 우리는 직관에 기댈 수밖에 없으며, 설명하기보다는 제안하는 것을 더 큰 목표로 삼아야 합니다. 그렇기 때문에 한결 범위가 좁은 주제들을 다룰 때 확보할 수 있는 정밀성을 바탕으로 말하기가 쉽지 않다는 점을 저는 알고 있습니다. 그래서 저는 인간을 허황되고 감정이 없는, 도저히 있을 수 없는 유령으로 그리고 싶지는 않습니다. 물리적 사실과 인간의 한계를 얼핏 보아 넘긴다면, 저의 두 눈과 귀가 항의할 것입니다.

그럼에도 누군가 자연의 참된 이치를 상상하며 눈에 보이는 것들이 보이지 않는 것들에서 비롯된다는 사실을 이해하고서 그런 생각을 드러내면, 물리 법칙을 공부하는 이들은 언제나 그가 자신들 권리를 부당하게 침해한다고 느낍니다.

소통 수단에는 중요한 결함이 존재합니다. 언어는 곧잘 부풀려집니다. 한계가 없는 것을 이야기하면, 대부분 사람들은 그것이 한계가 있는 것을 부당하게 더럽혀 욕보이는 말이라고 느낍니다.

"내가 신이다!" 말했을 때 엠페도클레스(Empedocles)*³는 틀림없이 자신의 진실한 생각을 밝혔으나, 그 말이 그의 입에서 나오는 순간 사람들 귀에는 거짓말로 들렸습니다. 그래서 세상은 그의 신발에 대한 우스꽝스러운 이야기를 지어냄으로써 그의 오만에 앙갚음을 했습니다. 정신과 관련된 사실들을 밝히고자 할 때 어떻게 제가 엠페도클레스보다 더 나은 운명을 기대할 수 있을까요? 그러나 우리가 그 진리를 받아들이는 만큼 진실한 사람들 모두가 우리 말을 정당하게 여겨주리라고 기대해 봅시다.

---

*3 BC 5세기에 활동한 그리스 철학자. 만물이 4원소(불·물·흙·공기)로 이루어져 있으며, 사랑과 다름의 반복으로써 만물이 변한다고 생각했다. 전설에 따르면 그는 자신이 '신'이라고 주장하며 에트나 화산의 분화구로 몸을 던졌는데, 그 뒤 그가 신은 청동 신발이 밖으로 나왔고, 사람들은 그 신발이 그가 신이 아님을 입증하는 증거라며 그를 조롱했다.

## 자연이 주는 그 황홀한 섭리

자연의 섭리를 누가 감히 분석할 수 있을까요? 그 세찬 흐름은 우리가 지켜볼 수 있게 멈추는 법이 없습니다. 우리는 결코 길모퉁이에 숨어 있다가 자연을 놀라게 할 수 없고, 실의 끄트머리조차 찾아낼 수 없으며, 첫 번째 돌을 어디에 놓아야 하는지 구분하기도 쉽지 않습니다. 새는 알을 낳기 위해 서두르고, 알은 새가 되려고 서두릅니다.

우리가 세상 질서에서 경탄해 마지않는 완전성은 끝없는 분배의 결과입니다. 그 분배의 원활함은 거침없이 쏟아져 내리는 거대한 폭포의 물과 같은 원활함입니다. 그 분배의 영속성은 끊임없는 시작입니다. 자연의 모든 사실이 하나의 뿌리이며, 그것으로부터 비롯된 것 또한 다른 하나의 근원이 됩니다. 모든 근원이 새로운 근원을 낳는 것입니다. 예컨대 움직이지 않고 멈춘 것이 존재하더라도 부딪혀 오는 급류로 말미암아 부서지고 흩어져 버릴 것입니다. 만일 그것이 정신이라면 미치게 될 것입니다. 정신 나간 사람들은 하나의 사고에만 집착해서 자연의 순리에 따라 흘러가지 않는 사람들입니다.

자연은 원인이 아니라 끝없이 새로운 결과이기에, 언제나 위에서 아래로 내려옵니다. 그것이 한 번도 깨진 적 없는 규칙입니다. 이 순수한 목적들의 아름다움은 뿌리와도 같으며, 영원히 변치 않는 샘에서 나와 그 사물들에 흘러드는 것입니다. 모든 동물과 식물에 담긴 사실들을 화학이나 역학(力學)으로는 절대 설명할 수 없습니다. 어떤 신비로운 생명의 원리가 존재하고, 그 유기체 안에 깃들어 있을 뿐만 아니라 심지어 유기체를 만들어 내기도 합니다. 이는 생물학자들도 인정하는 바입니다.

말할 수 없이 조용하고 가늠할 수 없을 만큼 폭넓으며, 모든 것을 받아들일 만큼 여유가 있으면서도 원자(原子) 하나 더 끼어 넣을 자리 없이 우아한 연속성 안에서, 공평한 가득함 안에서, 균형 잡힌 아름다움 속에서 시간의 춤은 영원히 이어집니다. 향기로운 냄새처럼, 음악의 선율처럼, 깊은 잠처럼 시간의 춤은 일정한 모양이 없으며 경계가 없습니다. 그것은 분석할 수도, 설명할 수도, 볼 수도 없을 것입니다. 자연은 우리에게 이렇게 속삭입니다.

"가짜 철학자는 물러가라! 그대는 자연에서 원인을 찾으려는가? 이것이 저것의 원인이 되고, 저것은 그다음 것의 근거가 되며, 그다음 것은 또 그다음 것을 말해 준다. 모든 것이 서로 연관되어 있다. 그대는 마음가짐을 달리하고

서 물어야 한다. 그대는 자연을 느끼고 사랑해야 한다. 그것을 존재하게 하는 것만큼 커다란 영혼 안에서 자연을 바라보아야 한다. 그 전에는 그 법칙을 알 수 없을 것이다. 누구든 그것을 알 수 없지만, 사랑하고 즐겁게 누리리라."

어디에나 동시에 존재하는 모든 생명, 어느 것 하나도 절대 치우침 없이 수많은 결과에 공평하게 작용하며, 그러면서도 모두의 성공을 위해 저마다 끊임없이 쇠퇴의 길을 걷는 그 생명은 인간의 이해력이 작용할 빈틈을 허락하지 않습니다. 자연은 특정 목적이 아니라 보편 목적에 맞게, 모든 목적들 집합에 맞게 존재하는 것으로 이해될 수밖에 없습니다. 목표 방향이 한계가 있는 길이의 직선으로 나타날 수 있듯이, 자연은 황홀감의 작용으로서 하나의 원(圓) 운동으로 나타날 수 있습니다. 저마다의 결과가 다른 모든 결과들에 두루 힘을 보탭니다.

모두가 뜻을 모아 세운 왕국에는 반란이 없습니다. 잎사귀마다 세상의 상징으로 나타나는 가톨릭 기호도 그런 뜻을 담고 있습니다. 시를 짓고 싶은 마음에서 풍경을 바라볼 때, 우리는 낱낱의 것들을 구분하지 않습니다. 자연은 야자나무인지 참나무인지 나누지 않습니다. 숲에서 싹을 틔워 풀과 덩굴의 화환으로 지구를 꾸미는 식물만을 인식할 뿐입니다.

어떤 목적도 하나만 선택할 수는 없으며, 그것을 바탕으로 자연을 판단해야 되는 이유가 여기에 있습니다. 만일 인간이 자신을 자연의 유일한 목적이라 여긴다면, 그리고 세상이 존재하는 첫째 이유가 성스럽고 지혜로우며 아름다운 인간들을 만드는 것이라 가정한다면 우리는 그것이 성공하지 못했음을 깨닫게 됩니다.

천문학 관련 논문과 프랑스의 《궁정 회고록(Mémoires Pour Servir)》*4을 자연사와 문명사 관점에서 번갈아 읽어보세요. 친절한 자연은 초록빛 돌이 산호(珊瑚)가 되는 것만큼이나 빠르게 자신의 드넓은 공유지로서 영혼들을 기꺼이 받아들이는 태양과 행성들 속으로 새로운 하늘을 들여보냅니다. 우리는 자연의 넘치는 환대를 놀라움 속에서 가늠해 봅니다.

그런 다음 시야를 좁혀서 루이 14세의 궁정을 들여다봅니다. 그곳에서는 공작과 왕실 고관들, 성직자들과 귀부인들이 모여 도박을 즐기고 있습니다. 노

---

*4 프랑스 작가 생시몽(Saint-Simon, 1675~1755)이 루이 14세 치하 프랑스 궁정 모습을 기록한 책.

름 탁자에서 저마다 상대를 속이려고 하며, 그 목적은 늘 가발과 보석으로 화려하게 꾸민 근엄한 왕과 함께 어떤 술책을 써서 상대를 파산시키는 것입니다. 우리가 이렇게 두 모습을 번갈아 본다면 이 행성이 과연 그토록 고귀한 천체의 좋은 표본인지, 만일 그렇다면 그 실험이 실패하지는 않았는지, 더 많은 실험을 하여 너무도 형편없는 글로 그 순수한 공간을 가득 채울 만한 가치가 있는지 누구나 묻지 않을 수 없을 것입니다.

어리석은 국가들을 바라보는 대신 훌륭하고 지혜로운 사람들, 널리 알려진 인물들을 골라서 그들의 이력을 자세히 들여다본다 해도 그다지 다르게 느끼지는 않을 것입니다. 때묻고 부족한 그 사람이 끝내 목표를 이룬 것은 어마어마한 자원과 수단들을 끌어모은 결과입니다. 그러나 그가 이룬 성과와 그의 가능성이나 사상을 비교해 볼 때, 그런 자원과 수단의 지출이 옳았다고 평가하지는 못할 것입니다.

이런 종류의 의문들에 자연은 이렇게 말합니다.

"나는 성장한다."

모든 것이 태동기, 유아기에 속해 있습니다. 우리가 자연의 선(線) 길이와 곡선 굴곡을 헤아리느라 끙끙대는 학자의 산술(算術)을 보며 현기증을 느낄 때, 중대한 일이 이루어지고 있으며 모든 것이 이제 막 시작된 듯하고, 머나먼 미래의 목표들이 활발하게 성취되고 있다는 생각에 우리는 마음을 놓습니다. 우리는 그 어디에서도 마지막 것을 손으로 가리킬 수가 없습니다.

이와 달리 변화의 흐름은 어디에서나 나타납니다. 행성, 태양계, 별자리, 자연 전체가 7월 옥수수밭처럼 자라며, 다른 무언가가 되고 있고, 매우 빠른 변화를 겪고 있습니다. 우리가 '성운(星雲)'이라 부르는, 저 멀리 보이는 빛의 덩어리가 하나의 고리, 혜성, 행성, 새로운 별들의 모항성(母恒星)이 되려고 노력하지 않듯이, 태아도 스스로 사람이 되려고 애쓰지는 않습니다. 그럼 왜 베르사유 궁전의 프랑스인들이 머지않아 더 나은 임무를 수행할 수 있는 자신들 능력은 손상하지 않은 채, 잠시 점잔을 빼고 걸으면서 자수(刺繡)와 리본을 구상하면 안 되겠습니까? 그런데 자연은 더 나아가 이렇게 말하는 듯합니다.

"나의 성공만큼이나 아주 중요한 투자와 위험을 무릅쓰고 오직 하나의 창조물에 모두 쏟은 적이 없다. 나는 아직 그 어떤 결말에도 다다르지 않았다. 밭을 가꾸는 사람은 품질 좋은 복숭아나 배 생산을 목표로 삼지만 나의 목표는 뿌리, 가지, 잎, 꽃, 씨, 나무 전체의 건강함이다. 결코 괴물처럼 큰 열매껍질 하나의 배부름을 위해서 다른 모든 기능들을 희생하지는 않는다."

요컨대 자연이 우리에게 주는 영향의 참된 의미와 특성은 다음과 같이 정리할 수 있습니다.

"자연은 어느 것 하나만을 위해서 또는 몇몇 특정한 목적을 위해서 존재하는 것이 아니라, 헤아릴 수 없이 많은 한없는 혜택을 위해 존재한다. 또한 자연 안에는 사사로운 의지도, 반항하는 잎사귀나 가지도 전혀 없다. 전체가 위에서 가하는 단 하나의 지향성으로써 통제되며, 우리가 의식을 지닌 존재들 안에서 '황홀감'이라고 부르는 생명의 넘침 또는 초과에 적응하여 따른다."

### 하늘과 땅을 이어주는 인간

이런 자연의 본성 또는 섭리 개념을 가지고 다시 인간을 살펴봅시다. 인간은 자신을 잘 알고 있는 듯 스스로에게 설명하는 척합니다. 하지만 결국 마음이 어떤 영에 사로잡히지 않는 한, '생명의 원천'이 있다는 사실 말고 도대체 무엇을 설명할 수 있을까요? 인간이 자기 본질에 대해서 '그런 모습으로 존재하게 되었다는 것' 말고 그 어떤 설명을 할 수 있을까요?

우리가 이런저런 형태를 취하면서도 언제나 같은 실체일 수 있는 까닭은 가장 좋은 근거, 하나님의 은총으로만 설명할 수 있지 않을까요? 미덕이 있고, 천성이 있으며, 그에 따르는 결과가 있습니다. 그렇지 않다면 아무것도 존재하지 않습니다. 하나님의 들어오심이나 나가심이 있습니다. 우리가 굳게 믿을 수 있는 것은 그것뿐이며 그 방식도, 이유도 설명할 수 없습니다. 자책, 참회, 절제의 가르침과도 같은 윤리와 죄의 투쟁은 우리의 성향에 따라서 우리가 행동 규범으로 판단하는 사실에서 취할 수밖에 없는 제한된 견해입니다. 그러나 사유(思惟)의 원칙으로 보면 우리에게 남는 것은 찬양과 경탄뿐입니다.

한 인간에게 세상의 경계는 지성의 마무리 성과로 나타납니다. 공통된 실재는 개별 존재 안에 담겨야만 우리의 관심을 끌 수 있습니다. 아직 가보지 못한 가능성이라는 깊은 연못을 그 누가 신경 쓸까요? 바다는 어디에서나 똑같지만 해안이나 선박과 함께 보이지 않는 한 별다른 특징이 없습니다. 위도와 경도의 선들로 경계 지어진 대서양의 바닷물 몇 마일이라도, 그 누가 평가하려고 할까요? 하지만 그 바닷물이 화강암 암초들에 둘러싸이거나, 지혜로운 사람들이 사는 해안으로 밀려오면 그 풍경은 표현으로 가득 채워집니다. 가장 큰 관심을 받는 지점은 육지와 바다가 만나는 곳입니다. 따라서 우리는 인간 안에 있는 모양이 정해지지 않는 형태, 광대함의 응축, 이성(理性)의 집, 기억의 동굴을 높이 평가할 수밖에 없습니다.

"인간의 사고들이 뛰어노는 모습을 보라! 인간 사고들은 얼마나 슬기롭고 위대한 창조물인가! 그 어떤 도마뱀들을, 어떤 원시 포유류 동물들을 이 민첩하게 움직이는 것들과 견주겠는가? 그 옛날 위대한 판(Pan)*⁵은 모든 사물의 아름다운 다양성을 표현하기 위해 표범 가죽으로 옷을 지어 입었고 하늘은 별들의 외투를 걸쳤지만, 그것은 오직 그대를 대신 표현하는 것이었을 뿐, 아 부유하고 변화무쌍한 인간이여! 그대가 눈과 귀로 지은 궁전이여! 아침과 밤과 가늠할 수 없는 은하를 그대의 감각 속으로 받아들이고 '하나님의 도시' 배열을 당신의 머릿속으로 받아들이며, 사랑의 침실과 옳고 그름의 영역들을 그대 가슴속에 받아들인다네."

인간 개개인은 하나의 열매이며, 앞선 시대들을 모두 바쳐야 그 열매가 달리고 성숙해집니다. 창세(創世)의 역사나 지나간 신화는 모든 아이들의 경험 안에서 되풀이됩니다. 아이 또한 특정한 혼돈 속으로 내던져진 영혼이거나 신이며, 그 혼돈 안에서 아이는 늘 무질서에서 질서로 만물을 이끌기 위해 애씁니다.

개개인의 영혼이 그와 같습니다. 자신만의 특별한 언어로 세상을 번역할 수 있는 능력을 갖추고 있기 때문입니다. 그림이나 조각상, 춤으로 번역하지는 않더라도 무역, 기술, 학문, 생활양식, 대화, 인품, 영향력 등으로 세상을 이야기할 수 있는 것입니다. 여러분은 그림을 보며 감탄하지만, 여러분 자신이 올바른 그림을 그리는 것은 잡초가 사과 열매를 맺는 것만큼 불가능한 일입니다. 그러나 천재성이 나타나면, 그것은 손가락들을 만들어 냅니다. 그 천재성은 유연성이며, 길거리에서 일어나는 일을 물감과 색깔들로 바꾸는 능력입니다. 라파엘로(Raffaello)가 태어나야 하고, 살바토르*⁶가 태어나야 합니다.

새로운 인간의 매력만큼 끌리는 것은 없습니다. 잠에 취한 국가들은 자신들의 정치적 게으름에 잠들어 있습니다. 영국, 프랑스, 미국은 '의회의 토론들'을

---

*5 그리스 신화에 나오는 목신(牧神).
*6 살바토르 로사(Salvator Rosa, 1615~1673). 이탈리아 화가, 시인, 음악가. 전쟁, 종교, 역사를 주제로 한 그림을 많이 그렸다.

읽지만, 그 어떤 빼어난 천재도 이제는 활력을 불어넣지 않습니다. 자기 자신의 눈을 믿는 사람이라면 그 누구도 그것들을 읽지 않으며, 오직 널리 알려진 이름들이 밥 먹듯이 되풀이되는 것에 속아 넘어간 사람들만이 그 글들을 읽겠지요. 하지만 나폴레옹이 지도를 펼칠 때 그의 눈은 타고난 힘의 통제를 받습니다. 채텀 백작이 토론을 이끌면 사람들은 마땅히 귀를 기울일 것입니다. 왜냐하면 경청할 수밖에 없기 때문입니다. 한 인간의 존재와 영향력은 단 하나뿐인 위대한 현상입니다. 반드시 이루어야 할 일이 있을 때 자연은 그 일을 실제로 행할 천재를 빚어냅니다. 그 빼어난 인물을 따르세요. 그러면 여러분은 이 시대에 세상이 무엇을 목표로 하는지 깨닫게 될 것입니다. 그것만 한 지혜와 순수한 마음은 없습니다.

그런데 훌륭한 천재성에서 우리가 받는 영향력은 모든 이들이 마땅한 권리로서 나누는 것입니다. 인간은 자신을 꼭 필요한 매개자로 인식해야 합니다. 나누어져 서로를 간절히 바라는 자연의 두 부분 사이를 연결해 줄 것이 필요했습니다. 그래서 그 틈이 크게 벌어진 결핍 위로 인간이 던져져서 둘을 잇는 다리와 같은 존재가 되었습니다. 그렇지 않았다면 결코 부부가 될 수 없었을 두 실존들 사이에서 매개자가 된 것입니다. 인간의 부모는 저마다 조금씩 모자란 부분을 하나씩 가지고 있었는데, 인간 안에서 서로 다른 성향들이 결합함으로써 인류를 모두 모아도 실행하기에 충분하지 못했을 것을 한 인간이 즐겁고도 우아하게 실행할 수 있게 된 것입니다.

매개자가 된 인간은 자신을 빚어낸 요소들을 잘 알고 있으며, 자신의 일에 전념합니다. 그래서 읽거나 생각하거나 바라볼 수 없더라도 이제껏 끊어졌던 가닥들을 연결해서 하나의 완전한 밧줄을 만들어 냅니다. 그가 즐겁게 말로 나타내는 생각들은 그의 안에 영혼이 깃들어 있음을 보여주는 근거입니다. 그런 그가 자신을 하찮고 불필요한 존재라고 여기거나, 또는 출세할 기회를 엿보며 길가를 서성댈까요? 그가 아니면 그 누구도 존재하지 않고, 실행하지 않는 어떤 일이 이루어져야만 하므로 그가 존재하게 된 것이 아닐까요? 그가 보기만 한다면 세상은 충분히 보일 것입니다. 그는 어디에 서야 할지, 어디에 사물들을 놓아야 빛을 잘 받을지 곰곰이 생각할 필요가 없습니다. 빛은 그의 안에 있고, 그에게서 나온 빛으로 모든 사물이 그 한가운데까지 밝아집니다. 그런 그가 어떤 후원자에게 취업과 보상을 부탁하겠습니까?

인간은 이 땅에 태어나 자기 마음속 생각을 우주에서 저 우주로 전하고, 자연이 먼저 행할 수 없었던 그가 실행을 면제받지 못한 의무를 다하고서, 그가 인간의 모습으로 생성되어 나왔던 뿌리인 신성한 침묵과 영원 속으로 다시 사라지는 것입니다. 하나님은 모자람이 없으셔서 한 사람보다 훨씬 더 많은 사람들을 가슴에 품으시고, 그들의 시간과 요구와 모든 것의 아름다움을 받아들이십니다. 모든 인간이 지닌 천재성이나 능력을 설명할 수 있는 근거가 바로 이것이 아닌가요?

"그런데 왜 그대는 보즈웰(Boswell)*⁷처럼 또는 무엇이나 순순히 따르는 숭배자처럼 이 성자(聖者), 저 성자를 찾아다니는가? 그것은 둘도 없는 불경죄이다. 우주가 너무도 오랫동안 생성의 고통을 겪었기에 그대가 이곳에 존재한다. 거스를 수 없는 운명이 그의 찢긴 조각들을 연결해 갈라진 틈을 메우고 양립할 수 없는 것들을 조화롭게 만들고자 그대를 낳았다. 그런데도 그대는 감히 자신을 보잘것없는 존재라 생각하려는가?"

인간을 존재하게 하는 것은 아주 절실한 필요이므로, 인간의 강건함과 온전함은 그것이 필요한 충실성 안에 존재합니다. 그리고 그 믿음과 의리를 바탕으로 인간은 매우 폭넓고 공통된 것으로부터 그의 천재성이 작용할 수 있는 지점으로 영향력을 보냅니다. 결과들은 찰나들이 모양을 드러낸 것들입니다. 결과들은 소모되면서 늘어나는 내재된 생명의 물줄기가 빠져나가는 배출구입니다. 인간의 지혜로움은 모든 결과들이 아주 짧게 존재하는 것이며, 가장 좋은 결과가 그보다 더 나은 것으로써 바뀌어야 한다는 사실을 압니다.

그런데 인간에게는 자신의 생각을 삶으로부터 결과들로 옮기고서, 매개자로서의 역할을 그만두고 자기 활동에 머무르고자 하는 그다지 좋지 않은 성향이 있습니다. 도구가 일꾼의 손에서 달아나듯이 인간은 신성함에서 서서히 멀어집니다. 늘 뒤에서 말하는 목소리를 들으면서도 고개를 돌려 말하는 사람을 바라보지 못하는 것이 인간이라고 저는 생각합니다. 그 목소리를 들은 수많은 사람들 가운데 그의 얼굴을 본 사람은 아무도 없었습니다. 서로의 뒤에서 달리며 앞에 있는 친구의 두 귀를 잡고서 줄곧 자기 앞에서 달리게 만드는 아이들 놀이처럼, 우리의 보이지 않는 길라잡이인 그 영혼도 그렇게 뒤에

---

*7 제임스 보즈웰(James Boswell, 1740~1795). 영국 전기 작가. 자신이 많은 영향을 받은 신학자이자 친구의 전기인 《새뮤얼 존슨전(The Life of Samuel Johnson)》을 쓴 것으로 유명하다.

남습니다. 그 익숙한 목소리는 온갖 언어로 이야기하며 모든 인간들을 다스리지만 그 목소리의 주인공을 잠깐이라도 본 사람은 없습니다.

인간이 어김없이 그 목소리에 복종하려면 그 목소리가 인간을 자식으로 받아들여야 합니다. 그래야 인간이 더는 자기 생각 속에서 그 존재와 자신을 분리하지 않고, 그 존재와 닮아 가며, 마침내 그 존재와 하나가 될 수 있습니다. 끊임없이 간절히 바라는 귀로 듣는다면 그 사람은 좀 더 귀중하고, 한결 더 큰 지혜를 배우게 되며, 그 소리는 점점 커져서 매료시키는 음악이 될 것입니다. 넘치는 물에 휩쓸리듯 자신을 내맡기게 되며, 자신을 위한 음식과 집에 대해서는 무관심하게 될 것입니다. 또한 새로운 생각들에 몰두하면서 천국과도 같은 삶을 누리게 될 것입니다. 그러나 그의 시선이 끊임없이 배워야 하는 진리가 아니라 지금 곧바로 처리해야 할 일들에 묶여 있다면, 그 일들을 실행하는 것만을 목표로 삼는다면 그 목소리는 조금씩 희미해져서 마침내는 그의 귀에 윙윙거리는 소리만 들리게 될 것입니다.

인간의 강건함과 위대함은 하늘이 땅으로 흐르도록 하나의 길이 되는 그의 역할에서 비롯됩니다. 황홀감이라는 상태가 그의 안에서 일어날 만큼 가득해야 강건하고 위대해질 수 있습니다. 예술가가 되고 싶은 마음을 억제함으로써 우리가 흘러넘치는 그 신성한 물로 가득 채워지고, 사물의 모든 것을 알고 흩어짐의 순환으로써 풍성해지는 그릇이 될 수 있음에도 예술가가 되는 것은 참으로 안타까운 일입니다.

하늘의 역사에서 인류를 한 사람 한 사람으로 구분하지 않고 오로지 영향을 받는 존재로만 여겼던 순간들이 없었나요? 하나님께서 어디에나 존재하시며 빠르게 다양한 형태의 은총을 베푸셨던 순간들이 없었나요? 받는 것도 숭고하며, 사랑하는 것도 숭고합니다. 그러나 '우리'에게서 다른 것에 영향을 주고자 하는 간절한 바람, 사랑받고 싶어하는 욕망, 한 사람으로 인정받고자 하는 소망은 한계가 있으며, 차원이 낮은 동기에서 비롯됩니다. 따라서 저는 이렇게 말하겠습니다.

"우리가 영혼의 자연스러운 역사를 뒤쫓을 수 있는 한, 그 영혼의 강건함은 신앙심이나 숭배로 부르는 받아들임의 완전함에서 비롯되었고, 그 받아들임 안에 열정이 갖추어져 있다는 사실에서 비롯되었다."

어떤 예술 작품에서든 그 작품 자체가 쫓고 실현하는 것으로 여기는 그 부분, 그 예술가가 재현할 수 없는 것, 마치 뜨거운 논쟁에서 사람들이 외치는 웅변처럼 그 시간과 계기로부터 자연히 생겨나는 것 등을 제외하면 무엇이 가장 좋다고 할 수 있을까요?

시인의 언어는 절대성과 궁극적 권위를 지닌다는 것이 이제까지 문학의 원칙이었습니다. 시인은 신성한 지혜를 전달하는 입이 되어야 마땅하다고 생각했습니다. 우리는 시인의 재능보다는 그가 처한 상황을 더 부러워했습니다. 우리도 그 자리에 서서 기꺼이 예언할 수 있었을 것입니다. 그래서 우리는 경전들을 인용하고, 그 옛날 그리스인들도 호메로스(Homeros), 테오그니스(Theognis),*8 핀다로스(Pindaros)*9 등을 자신의 글이나 언어로 즐겨 표현했던 것입니다. 오늘날의 문학 비평에서 그 원칙이 사라졌다면 이제껏 우리에게 시인들이 없었기 때문입니다. 시인들이 나타나기만 한다면 언제든 그들은 자신들의 명예를 되찾을 것입니다.

황홀감이라는 상태는 부분이 아니라 전체를, 결과가 아니라 원인을, 행동이 아니라 성향을 더 중시하는 듯합니다. 그것은 재주가 아니라 천재성을, 소유가 아니라 소망을, 역사 그 자체가 아니라 지성에 따른 모든 것들의 예측을, 예술 작품들이 아니라 예술을, 실험이 아니라 시(詩)를, 직무가 아니라 미덕을 존중합니다.

## 자연을 이해하는 마음가짐

인간의 직무와 기능은 예외 없이 모두 이 신성한 섭리에 따라서 정당하게 이루어집니다. 또한 그 섭리의 공통된 관계들에서 나뉠 경우, 인간에게 해롭지 않은 것은 아무것도 없습니다. 자연 또는 세상의 법칙들을 공부하는 것이 이 세상에서 인간이 해야 할 일일까요? 인간은 자기 자신에게서 어떤 목적을 찾을 때 주의해야 합니다. "자연이 쓸모가 있을까?" 이런 질문은 저 큰 바다를 바라보면서 고작 생선 가격만을 기억할 수 있는 사람처럼, 자연의 가치를 떨어뜨리는 자세입니다. "아니면 쾌락을 위한 것일까?" 자연에서 쾌락을 좇으

---

*8 BC 6~5세기에 활동한 그리스 시인. 비가(悲歌)체 연애시, 귀족 사회의 예의범절에 대한 시를 썼다.

*9 고대 그리스 서정시인. 왕후와 귀족들을 찬미하는 시를 지었다. 올림피아의 〈경기 승리자〉와 같은 여러 가지 합창을 위한 시를 지어 그리스 최대 합창가 시인으로 알려졌다.

면 인간은 바보가 됩니다. 숲과 산에는 게으른 자들을 유혹해서 마침내 궁핍과 비참함으로 이끄는, 얼을 빼놓는 어떤 분위기가 있습니다.

만물의 본성 안에는 서로 섞이려 하고, 끼어들려고 하는 어떤 성질이 있습니다. 모든 사물은 저마다 다른 창조물들의 본성을 뚫고 들어가 휘어잡으려고 하며, 모든 방면에서 공간과 영혼을 통틀어 자기 홀로 번성하고 소유하고자 합니다. 하늘의 별들도 하나같이 불만에 차 있고 탐욕스럽습니다. 인력(引力)과 화학 반응도 별들을 만족시킬 수 없습니다.

별들은 세상에 태어난 모든 사람을 매혹시키고 소유해서 그들의 마음속으로 들어가려고 애를 씁니다. 왜냐하면 별들은 자신들이 차지한 세상보다 더 멋진 세상 속에서 스스로를 다시 새롭게 펼쳐 보이고자 간절히 바라기 때문입니다. 인력이 작용하는 하늘 안에서 목성, 화성, 오리온, 북극성으로 존재하는 것으로는 충분하지 않습니다. 뉴턴, 허셜, 라플라스*10 같은 시인들을 갖게 된다면 그 별들은 이성에 충실한 영혼들이 사는 더 훌륭한 세상에 다시 나타나고, 그 영역을 자신들의 명성으로 가득 채울 것입니다.

하찮은 사물들도 모두 마찬가지입니다. 이 아름다운 바실리스크(basilisk)*11는 강렬하고 찬란한 그들의 눈을 모든 아이들의 눈에 고정시킵니다. 할 수만 있다면 그 뱀은 아이들의 호기심 어린 눈으로 자기 본성을 아이들에게 퍼뜨리려고 하며, 모든 것들이 뒤섞이게 됩니다.

따라서 인간은 이 마법의 술잔을 경계해야 하고, 초자연이라는 눈으로 자연을 바라보아야 합니다. 인간은 오직 독실한 믿음으로써 자연의 바탕을 온전히 이해해야만 안전해지고 자연을 통제하게 됩니다. 또한 모든 지식은 지식의 대상을 동화(同化)한 것이므로, 자연의 힘이나 천재성이 황홀감 상태일 때는 자연의 학문이나 자연의 설명 또한 황홀감 상태가 되어야 합니다. 시인은 랩소디스트(rhapsodist)*12가 되어야 합니다. 시인의 영감은 생기 넘치는 즉흥성

---

*10 피에르 시몽 라플라스(Pierre Simon Laplace, 1749~1827). 프랑스 수학자·과학자. 뉴턴의 중력 이론을 태양계에 적용해 행성의 운동성과 궤도를 수학적으로 계산해 냈다.

*11 유럽의 신화와 전설에 등장하는 '뱀의 왕'으로, 노란 눈을 바라보기만 해도 죽게 된다는 괴물로 그려진다.

*12 자신이 노래할 내용을 완전히 기억하고 있어서 언제 어디서나 시를 읊을 수 있는 음유 시인, 서사시 낭송자를 뜻한다. BC 6세기 이후 그리스에서 호메로스의 시를 주로 읊은 시인을 뜻하는 '랍소이도스(rhapsōidos)'에서 비롯된 말이다.

을 띠어야 하며, 그 안에 깃든 그의 의지는 오직 '우주의 힘'에 따르는 의지여야 합니다. 그 우주의 힘은 마주 볼 수 있는 것이 아니라, 받아들이고 공감함으로써 이해되어야 합니다.

놀랍게도 아주 먼 옛날에 기록된 전설과도 같은 조로아스터교 경전에 이 사실에 대한 기록이 남아 있는데 진리를 사랑하고 좇는 사람들이라면 누구나 고개를 끄덕일 것입니다. 조로아스터는 이렇게 말했습니다.

"지성으로써만 알 수 있는 것들을 열정으로 이해하는 것은 어울리지 않는다. 정신을 집중하면 그것을 이해하게 되리라. 지나치게 진지할 필요는 없지만, 순수하고 탐구하는 시각은 필요하다. 어떤 특정한 사물을 이해하려고 할 때처럼 해서는 그것을 결코 깨닫지 못할 것이다. 마음의 정화(精華)로만 가능하다. 육체의 감각으로 사물을 이해하는, 생명이 한계가 있는 인간들은 신성한 것들을 이룰 수 없다. 오직 가볍게 무장한 자들만이 산 꼭대기에 다다르는 법이다."

또한 황홀감이 자연의 법칙이자 밑바탕이기 때문에 여러분은 자연을 지나치게 높고 깊은 의미로 풀이해서는 안 됩니다. 자연은 가장 지혜로운 사람의 가장 좋은 생각을 대변합니다. 노을 진 풍경을 여러분은 '우정'의 궁전으로 느끼시나요? 자줏빛 하늘과 아름다운 물빛, 그 원형극장을 오로지 생각의 나눔과 가장 순수한 영혼들의 사랑을 위해 옷을 입히고 꾸민 듯 느끼시나요? 얕고 가벼운 사람들이 덧붙인 다른 의미들은 모두 억측이며 거짓입니다. 헤라클레이토스(Heracleitos)는 똑같은 강물에서 발을 두 번 담글 수는 없다고 말했는데, 저는 거기에 덧붙여 인간은 똑같은 사물을 두 번 볼 수는 없다고 이야기하겠습니다. 사물은 스스로 더 커지면서 그 모습을 새롭게 달리하기 때문입니다.

### 인간의 길 학자의 길

아주아주 옛날옛날 신화 가운데 이제껏 찾지 못한 지혜가 담겨 있는 것이 있습니다. 그 이야기에 따르면, 태초에 신들은 인간을 여러 부류로 나누어 자신에게 좀 더 도움이 되도록 했다고 합니다. 손가락이 여러 개 있음으로써 좀 더 손을 폭넓게 쓸 수 있는 것과 같은 이치라고 하겠습니다.

이 이야기는 새롭고도 놀라운 원칙을 보여줍니다. 인간은 일부분의 모습으로, 또는 어떤 능력으로써 특정한 사람들로 나뉘며, 하나의 완전한 인간을 찾으려면 사회를 깊고 너른 시선으로 바라봐야 한다는 것입니다. 인간은 그저 농부, 교수, 기술자가 아니라 그 모든 것을 아우릅니다. 인간은 성직자이자 학자, 정치가이자 제조업자, 군인이기도 합니다. 이렇게 나뉜 사회 상태에서 모든 사람은 저마다에게 주어진 기능을 가지고, 자신이 맡은 분야의 일을 수행해 나가게 됩니다.

이 신화에는 개인이 온전한 자아를 이루기 위해서는 때때로 자신이 맡은 일에서 눈을 돌려 다른 모든 일꾼들을 끌어안아야만 한다는 뜻이 깔려 있습니다. 그러나 불행하게도 이 뿌리와 같은 단위, 이 힘의 원천은 헤아릴 수 없이 많은 사람에게 주어졌고, 아주 잘게 나뉜 채 끝없이 퍼져 버렸기 때문에 쏟아져 흩어진 물방울처럼 다시 모을 수는 없습니다. 사회 안에서 구성원들은 몸통에서 잘려나간 채 으스대며 걸어 다니는 괴물들과 다를 바 없습니다. 하나의 빼어난 손가락, 훌륭한 목과 배, 뛰어난 팔꿈치일 수는 있지만, 결코 온전한 한 인간은 될 수 없는 것입니다.

이렇게 인간은 저마다 하나의 사물로 변형되었습니다. 땅을 일구고 곡식을 거두어들이는 농부는 자신의 직분이 갖는 참된 존엄성에 좀처럼 기뻐하지 못합니다. 자신의 망태기와 수레만을 볼 뿐, 그 밖에는 아무것도 보지 못합니다. 참된 인간은 되지 못한 채 그저 농부로 머무르고 맙니다. 자신의 일에서 중요한 가치를 찾으려는 상인도 아주 드뭅니다. 장사하느라 하루하루 바삐 지내다 보면 어느새 영혼은 돈의 노예가 되어 버립니다. 성직자는 한낱 의식 같은 존재가 되고, 변호사는 법령집처럼, 기계공은 기계 부품처럼, 선원은 배의 밧줄처럼 되고 맙니다.

이런 기능의 분배에서, 학자는 지성을 대표합니다. 올바른 상태라면 그는 '사고하는 인간'입니다. 하지만 사회의 희생물이 되어 퇴락한 상태에 빠지면 학자는 단순히 생각하는 사람, 더 나쁘게는 다른 이들의 생각을 흉내 내어 떠드는 앵무새가 되기 쉽습니다.

학자를 사고하는 인간으로 보는 관점에는 그 직분을 설명하는 이론이 바탕을 이루고 있습니다. 자연은 그 모든 현상과 생태계 질서 등으로 학자를 일깨우며, 지나간 날들은 학자에게 가르침을 주고, 다가올 날들은 그를 초대합니다. 사실 모든 이들은 학생이지 않습니까? 모든 것이 배움을 위해 존재하지 않습니까? 결국 참된 학자만이 참된 스승이 아닙니까?

오래전 격언에는 이런 말이 있습니다.

"모든 것에는 손잡이가 둘 달려 있다. 문제가 있는 손잡이를 잡지 않도록 주의하라."

삶의 과정에서 학자가 인류에게 잘못을 저지르고 자신의 특권을 빼앗기는 경우는 아주 흔합니다. 학교에 있는 학자의 모습을 떠올리며 그가 받는 가장 중요한 영향들을 살펴보도록 합시다.

### 자연과 학자

시간 측면에서, 그리고 정신에 미치는 영향의 주요 측면에서 무엇보다 먼저 살펴봐야 할 점은 자연입니다. 날마다 해가 뜨고 지며, 밤이 찾아오고 별이 뜹니다. 언제나 바람이 불고, 풀은 쉼 없이 자라납니다. 날마다 남자들과 여자들은 대화를 나누고 서로 바라봅니다. 세상 모든 사람들 가운데 학자는 이런 놀라운 모습과 가장 가깝게 이어져 있습니다. 학자는 자연의 가치를 마음에 새겨야 합니다.

학자에게 자연이란 무엇일까요? 하나님이 만드신 그물망과 같은 세계라는 이해할 수 없는 연속성에는 시작도 끝도 없습니다. 늘 스스로 돌고 도는 순환의 힘만 존재할 뿐입니다. 이 점은 학자 자신의 영혼과 닮았습니다. 말할 수 없이 완전하고 더없이 무한하므로 그 영혼의 시작과 끝을 절대 찾을 수 없습니다. 또한 눈부시도록 찬란한 자연은 세상 곳곳을 비추는 햇빛처럼, 체계 위에 체계가 겹쳐져 위로도 아래로도 멀리까지 빛나며, 중심도 윤곽도 없이 때로는 덩어리로, 때로는 조각으로 존재하기에 자연의 실체를 이해하려면 오랜 시간과 수많은 노력이 필요합니다.

어린 마음에는 사물이 제각각이며 홀로 존재하는 듯이 보입니다. 그러다가 차츰 두 개의 사물을 잇는 방법을 깨닫고, 그 사물들 안에 존재하는 하나의 자연을 보게 됩니다. 그러다 세 개를 잇고, 삼천 개를 잇대어 놓고, 스스로 통합 본능에 따라 몰입해서 줄곧 사물들을 묶고, 변형과 변칙들을 줄여 나가며, 땅속으로 뻗어나가는 뿌리를 찾아내게 됩니다. 마침내 그 뿌리에서 멀리 떨어진 전혀 다른 모습의 사물들이 하나로 이어지며, 하나의 가지에서 꽃이 피어납니다.

이제 젊은이는 역사가 시작된 뒤로 끊임없이 이런 사실들이 쌓이고 분류되어 왔음을 깨닫게 됩니다. 천문학자는 인간이 생각해 낸 추상 개념인 기하학이 행성 운동의 잣대라는 사실을 발견합니다. 화학자는 물질에서 비율과 함께 이해할 수 있는 배열 체계를 찾아냅니다. 과학은 결국 가장 멀리 떨어진 조각들 사이에서 유사성과 동질성을 찾아내는 것입니다. 곧 젊은이는 기대에 부풀어 본격적으로 저마다의 사실들을 연구하기 시작합니다. 쉽사리 이해할 수 없는 이상한 구조들과 새로운 힘들을 하나하나 줄여 가면서 법칙을 찾아냅니다. 그리하여 마침내 조직의 마지막 성질, 자연의 외곽까지 꿰뚫어볼 수 있는 단계에 이릅니다.

해가 질 무렵 이 젊은이는 자신과 자연이 결국 한 뿌리에서 나온 것임을 깨닫게 됩니다. 하나는 잎이고 하나는 꽃이라는 사실을, 나무의 맥을 타고 곳곳으로 관계와 공감의 물줄기가 휘돌고 있음을 깨닫게 됩니다. 그런데 이 뿌리란 과연 무엇을 뜻할까요? 자기 영혼의 영혼이 아닐까요? 터무니없는 생각이고, 덧없는 상상일지 모릅니다. 그러나 이 영혼과 관련된 빛이 이 땅에 한결 가까운 자연의 법칙을 드러낼 때 영혼을 우러를 줄 알게 되고, 비로소 지금 존재하는 자연의 철학이 오직 영혼의 거대한 손을 처음 만져보는 것에 지나지 않음을 알게 됩니다. 인간은 영원히 확장하는 지식을 기대할 수 있고, 마침내 비로소 창조자가 될 수 있습니다. 자연이 영혼의 반쪽으로서 내 영혼의 물음에 답해 주고 있음을 깨닫게 됩니다.

자연과 영혼 가운데 하나가 도장(圖章)이라면, 다른 하나는 그 도장이 찍힌 무늬입니다. 자연의 아름다움은 곧 인간 정신의 아름다움입니다. 자연의 법칙들은 인간 정신의 법칙들과도 같습니다. 그러면 인간에게 자연은 자신이 이룬 성취를 헤아리는 잣대가 됩니다. 자연을 알지 못하는 만큼 자기 정신에 대해서도 알지 못한다는 걸 우리는 깨달아야 합니다. 따라서 "너 자신을 알라!"는 옛 가르침과 "자연을 공부하라!"는 오늘날 가르침은 결국 같은 의미의 격언이 되는 것입니다.

### 학자는 책을 어떻게 대해야 하는가

학자의 영혼에 자연 다음으로 큰 영향을 미치는 것은 '과거의 정신'입니다. 선조들 정신은 문학, 예술, 제도, 관습 등 모든 형태로 깃들어 있습니다. 지난

날의 영향을 드러내는 대표 양식이 바로 책이며, 아마도 우리는 책의 가치를 헤아리는 순간을 통해서 진실을 마주하고 더 쉽게 배울 수 있습니다.

책이 탄생하는 원리는 숭고합니다. 초기 학자들은 자신을 둘러싼 세상을 가슴으로 받아들였습니다. 새가 알을 품듯이 그 세상을 마음에 품고, 자신만의 생각으로 그 세상을 새롭게 늘어놓아 다시 자신만의 목소리로 드러냈습니다. 세상은 그의 안에 생명으로 깃들었으며, 영원한 진리가 되어 다시 밖으로 나갔습니다. 그에게 왔던 일거리는 그의 품을 벗어날 때 하나의 시(詩)가 되었습니다. 의미 없는 사실에 지나지 않았던 것이 이제는 번뜩이는 사고가 되었습니다. 이제 그것은 일어나서 나아갈 수 있습니다. 홀로 살아남은 새처럼 날갯짓하며 숨을 내쉽니다. 얼마나 깊은 생각을 거쳐서 태어났느냐에 따라 그 작은 새가 얼마나 높이 날아오를지, 또 얼마나 오랫동안 노래할지가 결정됩니다.

또는 삶을 진리로 바꾸는 과정이 얼마나 깊게 진행되었느냐에 따라 결과는 달라질 수도 있습니다. 증류의 완벽성에 따라 산출물의 순도와 불멸성이 그만큼 완벽해진다는 뜻입니다. 그러나 그 어느 것도 아주 완벽할 수는 없습니다. 어떤 공기 흡수기도 절대로 완벽한 진공 상태를 만들 수 없듯이, 그 어떤 문학가도 자신의 책에서 관습처럼 쓰였거나 특정 지역과 시기를 다룬 내용을 모조리 빼버릴 수는 없습니다. 또한 모든 면에서 같은 시대인들과 다음 세대뿐 아니라 먼 미래 세대에까지 전할 만큼 순수한 사고를 담은 글을 쓸 수는 없습니다. 시대마다 그 시대의 책을 쓸 수밖에 없다는 것입니다. 더 정확하게 말하자면 모든 세대마다 그다음 세대를 위해 책을 써야 합니다.

그러므로 창조 행위, 즉 사고 행위에 따라붙는 신성함은 글로 옮겨집니다. 시인을 신성한 사람으로 받아들이고, 그가 읊조리는 시 또한 고결한 작품으로 받아들입니다. 작가는 공정하며 지혜로운 천재였기에, 그가 쓴 책도 완벽한 것이 됩니다. 영웅을 사랑하다 보면 그의 동상을 사랑하게 되는 것과 같은 현상입니다. 바로 그 순간 책은 독이 되고, 안내자는 폭군이 됩니다.

변화에 예민하지 못하고 편견에 사로잡힌 군중의 마음은 갑작스런 이성(理性)의 등장에 선뜻 문을 열어 주지 않습니다. 하지만 먼저 마음을 열고 이 책을 받아들인 다음 그 생각을 굳건히 지키면서도, 만일 가치가 내려가게 될 때는 고함을 지르며 항의하기도 합니다. 대학도 그런 잘못된 마음 위에 세워졌으며, 책도 그런 마음을 바탕으로 생각하는 사람들이 쓰게 됩니다. 그러니까 자신의 통찰로써 원리를 이해하지 못하고 여러 사람이 받아들인 믿음으로 글을 쓰기 시작하는 것입니다. 시작부터 잘못된, 단순히 글재주 있는 사람들이 책을 쓰는 셈입니다.

요즘 그 무엇이나 아무런 비판 없이 받아들이는 젊은이들이 도서관에서 자라나고 있습니다. 바로 그렇기에 우리 곁에 사고하는 인간은 없고 오직 책벌레만 있는 것입니다. 그런 책을 가치 있게 여기며, 자연과 인간의 본질을 책과 연결하지 못한 채 '제3의 자산'을 만들고 있는 책으로만 학식을 쌓은 계층이 존재하는 것입니다.

잘 사용하면 이 세상에 책만큼 좋은 것도 없지만 잘못 쓰면 그만큼 나쁜 것도 없습니다. 그렇다면 책의 올바른 사용이란 무엇일까요?

책은 오로지 영감을 얻기 위한 수단입니다. 책이 이끄는 대로 휘둘려서 자신의 궤도에서 벗어나 떠돌아다닐 바에야 차라리 책을 읽지 않는 게 더 낫습니다. 세상에서 가치 있는 단 한 가지는 '스스로 활발하게 움직이는 영혼'입니다. 누구나 능동성을 띠는 영혼을 가질 자격이 있습니다. 비록 대부분의 사람들이 쉽게 겉으로는 드러내지 못하지만 사실 모두가 활발하게 움직이는 영혼을 가슴에 품고 있습니다.

능동성을 띤 영혼은 절대 진리를 보며, 진리를 나타내거나 만들어 냅니다. 이 행위 안에서 그 영혼은 천재성을 드러냅니다. 그 천재성은 선택받은 자의 변화하기 쉬운 특권이 아니라 모든 사람이 지닌 튼튼한 자산입니다. 본질이라는 관점에서 보자면 활발하게 움직이는 영혼은 꾸준히 발전합니다. 그런데도 책, 대학, 예술학교, 교육기관들은 몇몇 과거 천재들이 표현한 것에 머물러 있습니다. 그들은 말합니다.

"참으로 훌륭합니다. 이걸 따릅시다."

그들은 그렇게 우리를 묶어버립니다. 그들은 뒤를 돌아볼 뿐 앞은 보지 않습니다. 그러나 천재는 앞을 바라봅니다. 천재는 앞으로의 일을 간절히 바라고, 창조해 내고 맙니다. 어떤 재능을 지녔든 창조하지 않는다면 하나님이 허락하신 그 순수한 성정은 그 사람 것이 아닙니다. 불씨와 연기는 있을지라도 아직 불꽃이 타오르지는 않은 것입니다. 우리 주위에는 창조성을 띤 말과 태도, 행동이 있습니다. 즉 말, 태도, 행동은 관습이나 권위를 드러내는 게 아니라 마음속에 품은 선(善)과 아름다움의 감각에서 자연스럽게 솟아나는 것입니다.

하지만 자신의 마음으로 앞을 보지 않고 다른 사람 마음속에서 나온 진리를 고스란히 받아들인다면 어떻게 될까요? 비록 그 진리가 폭포수처럼 쏟아지는 빛 속에 있더라도 혼자만의 시간과 성찰과 자기 극복 과정이 없기 때문에 끝내 크나큰 폐해가 일어날 수밖에 없습니다. 천재는 지나친 영향력으로 언제든 다른 천재의 적이 되곤 합니다. 200년이 지난 요즘도 영국의 시극(詩劇) 작가들은 셰익스피어를 덮어놓고 따릅니다.

분명 올바른 책 읽기 방식이 있으며, 그 방식을 엄격히 지켜야 합니다. 사고하는 인간은 자신의 도구들에 얽매여서는 안 됩니다. 책은 학자가 시간을 보내기 위한 도구입니다.

그러나 말할 수 없이 어두운 시기가 찾아와 해와 별을 가두어 버리면, 우리는 책의 빛살로 불붙인 등불을 찾아들고서 그 빛에 기대어 다시 먼동이 트는 동쪽으로 발걸음을 옮기게 됩니다.

"무화과나무는 다른 무화과나무를 바라보며 열매를 맺는다"는 아라비아의 속담을 알고 있나요?

가장 좋은 책들에서 우리가 얻게 되는 즐거움의 특성은 참으로 놀랍습니다. 그 책들을 통해 우리는 하나의 자연이 쓴 글을 똑같은 자연이 읽는다는 확신을 갖게 됩니다. 우리는 초서,[13] 마블,[14] 드라이든[15] 같은 위대한 영국 시인들의 작품을 커다란 기쁨에 젖어 읽습니다. 그 기쁨은 대부분 그들 시에서 '시간'을 모두 걷어냄으로써 얻을 수 있습니다. 그러므로 200~300년 전에 살았던 이 시인이 내 영혼과 아주 가까이에 있음을 이야기할 때, 내가 그와 비슷하게 생각하고 말해 왔음을 말할 때 우리는 뜻밖의 기쁨과 함께 경외감마저 느끼게 됩니다. 그렇지만 우리는 '모든 정신의 동질성'이라는 철학 신념에 따라 어떤 예정된 조화, 영혼의 선견지명이 반드시 존재한다고 전제해야

---

* 13 제프리 초서(Geoffrey Chaucer, 1342?~1400). 셰익스피어 이전 가장 위대한 영국 작가. 대표작으로 《캔터베리 이야기(The Canterbury Tales)》가 있다.
* 14 앤드루 마블(Andrew Marvell, 1621~1678). 영국 시인, 정치가. 〈정원(The Garden)〉, 〈수줍어하는 연인에게(To His Coy Mistress)〉 등의 시가 널리 알려졌다.
* 15 존 드라이든(John Dryden, 1631~1700). 영국 시인이자 극작가. 많은 서사시, 풍자시, 희곡 작품들을 남겼기에 17세기 후반기를 영국 문학사에서 '드라이든 시대'라 부른다.

합니다. 또한 곤충들이 미래에는 결코 보지 못할 자신의 애벌레들을 위해 죽기 전에 먹이를 쌓아 두듯이, 앞날에 필요한 것들을 책 속에 저장해 놓았다고 가정해야 합니다.

저는 논리에 집착하거나 본능을 부풀림으로써 서둘러 책의 가치를 과소평가하지는 않으려 합니다. 인간의 육체가 풀을 넣고 끓인 수프로도 영양을 얻을 수 있듯이, 인간의 정신도 어떤 지식에서나 양분을 얻을 수 있습니다. 책을 읽지 않고는 그 어떤 정보도 거의 얻지 못했음에도 위대한 영웅들은 늘 존재해 왔습니다. 다만 저는 그 음식을 꾹 참고 먹으려면 강한 두뇌가 필요하다고 말하고자 합니다.

책을 잘 읽으려면 누구든 창의성이 넘치는 사람이 되어야 합니다. "서인도 제도의 보물을 집에 가져오려면 먼저 그 보물을 서인도 제도에서 가지고 나와야만 한다"는 속담처럼요. 그래야 창의적으로 책을 읽을 수 있고 창의성을 띤 글을 쓸 수 있습니다. 노력과 창의성으로 정신이 더 강해질 때 어떤 책을 읽든 그 내용이 온갖 암시로 빛나게 됩니다. 모든 문장이 곱절로 그 뜻이 깊어지고, 글쓴이 의식이 세상만큼 넓어집니다. 그러면 우리는 힘들고 바쁜 나날 속에 성현이 앞을 내다보는 시간이 짧고 드물었던 만큼 그의 기록 또한 그가 지녔던 지식 가운데 아주 작은 부분임을 깨닫게 됩니다. 보는 눈이 있는 사람은 플라톤이나 셰익스피어의 글에서 진심이 담긴 말들을 가려낼 수 있습니다. 아무리 좋은 글이어도 플라톤과 셰익스피어가 한 말이 아니라면 받아들이지 않습니다.

물론 학자가 꼭 읽어야 할 내용들이 있습니다. 역사와 과학은 열심히 읽어서 꼭 익혀야 합니다. 마찬가지로 대학도 기본 학문을 가르칠 책임이 있습니다. 훈련이 아니라 창조를 목표로 삼을 때, 이런저런 천재들 빛을 모아 강의실로 초대하고 학생들 가슴에 그 불을 지필 때 대학은 비로소 우리에게 온전히 봉사할 수 있습니다. 사고와 지식은 어떤 장치나 명분으로 얻을 수 없습니다. 신분과 학벌, 경제력에 근거한 기반이 아무리 엄청나다 할지라도 가장 짧은 문장이나 재치만으로는 대신할 수가 없습니다. 이 진리를 기억하지 못한다면 우리 대학들은 해마다 더욱 부유해지더라도 공공성 면에서는 조금씩 무너져 내리게 될 것입니다.

## 행동형 학자, 창조형 학자

세상에 떠도는 고정관념이 있습니다. 학자는 은둔하는 지식인이며 나약한 사람이기 때문에, 도끼로 하는 일을 주머니칼로 할 수 없듯이 육체노동이나 공공 근로에는 알맞지 않다는 생각입니다. 이른바 '실용성을 중시하는 사람들'은 생각이 많은 이들을 비웃습니다. 생각을 많이 하고 언제나 살피기만 하는 사람들은 어떤 일도 못할 거라고 여기는 듯합니다. 늘 어떤 계층보다 더 자주 그 시대 학자인 성직자들이 여성들로 불리는 걸 저는 들어 왔습니다. 성직자들은 남성들의 거칠고 즉흥성을 띤 대화는 듣지 않고, 오로지 감성이 중시되는 부드러운 말만 듣기 때문이라고 합니다. 성직자들은 세속 권리가 없는 경우가 흔하고, 실제로도 성직자들의 금욕을 편드는 사람들이 있습니다. 그러나 학문을 연구하는 사람 또한 그래야 한다고 생각하는 건 공정하지도 현명하지도 않습니다.

학자는 행동을 중요하게 여기지는 않지만, 행동은 그에 알맞게 꼭 따라와야 합니다. 행동하지 않는다면 학자는 인간이 아닙니다. 행동 없이는 결코 생각이 여물어서 진리의 열매를 맺지 못합니다. 눈앞에서 세상이 아름다운 꽃으로 뒤덮여 있더라도 우리는 그 풍경을 볼 수조차 없습니다. 행동하지 않으면 겁쟁이일 뿐입니다. 대담한 정신이 없다면 절대로 학자가 될 수 없습니다. 사고의 시작점, 즉 생각이 무의식에서 의식으로 나아가는 과정이 바로 행동입니다. 저는 인생을 살아온 만큼만 알고 있습니다. 어떤 이의 말이 삶을 담았는지, 또 어떤 이의 말이 그렇지 않은지는 들으면 바로 압니다.

영혼, 곧 '또 다른 나'의 그림자인 세상은 널리 펼쳐져 있습니다. 이 세상의 매력이야말로 자기 생각의 문을 여는 열쇠이자 나 자신을 알게 해주는 비결입니다. 나는 이 우렁찬 함성 속으로 거침없이 뛰어듭니다. 나는 내 곁에 있는 사람들의 손을 잡고, 원을 그리는 존재 안에서 내 자리를 맡아 함께 견디며 나의 역할을 합니다. 그러면 말이 없는 저 깊은 연못이 소리 내어 말하리라는 것을 본능으로써 배우게 됩니다. 나는 세상의 질서를 뚫고 들어갑니다. 세상을 두려워하는 마음을 떨쳐냅니다. 그 넓어지는 내 삶의 순환 속에서 세상을 활용합니다. 경험으로 알게 되는 범위만큼만 나는 나의 삶 속에서 황무지를 다듬고 씨를 뿌려 왔으며, 나의 존재와 나의 영역을 넓혀 왔던 것입니다.

불안하다는 이유로 졸음이 쏟아지는데도 낮잠을 미루는 사람이 어디에 있을까요? 행동은 자신의 말과 글을 빛내는 진주이며 홍옥입니다. 온갖 어려움, 재난, 분노, 결핍은 웅변과 지혜를 가르치는 스승입니다. 참된 학자는 행동의 기회를 놓칠 때마다 힘을 잃어버린 듯이 안타까워합니다.

지식과 관련된 능력이 남다른 결과물을 만들어 낼 수 있는 것도 '행동'이라는 재료가 있기 때문입니다. 또한 이 신비로운 과정 덕분에 뽕잎이 비단으로 변하듯이 경험이 사고로 바뀝니다. 그 과정은 늘 더 나아질 것입니다.

우리가 어린 시절과 젊은 시절에 겪은 행동과 사건들은 이제 더할 나위 없이 평온한 마음으로 바라보는 대상입니다. 그 행동과 사건들은 저 하늘에 걸린 아름다운 그림들처럼 남아 있습니다. 하지만 우리가 요즈음 한 행동들, 우리가 지금 실행 중인 일은 그렇지 않습니다. 우리는 이런 행동이나 일을 그저 바라볼 수만은 없습니다. 아직 우리의 관심과 염려가 그 행동과 일을 꿰뚫으며 흐르기 때문입니다. 우리가 느끼거나 아는 것은 우리의 발이나 손, 머리로 느끼는 수준을 넘어서지 못합니다. 그 새로운 행위는 아직 삶의 일부분입니다. 우리가 의식하지 못하는 삶 속에 잠시 담겨서 남아 있을 뿐입니다.

언젠가 사색의 시간이 오면 그것은 잘 익은 과일처럼 저절로 삶에서 떨어져 나가 정신의 사고가 됩니다. 그 즉시 그것은 자라고, 형태를 달리해 영원의 옷을 입게 됩니다. 그 기원과 배경이 아무리 보잘것없더라도 이제부터는 아름다움 그 자체입니다.

또한 이 행동을 앞당길 수 없다는 점도 유념해야 합니다. 아직 나비 애벌레는 날지 못하며, 빛이 나지도 않습니다. 그저 꿈틀대며 잎사귀 위를 기어다닐 뿐이지요. 그러나 어느 순간 그 애벌레는 문득 찬란한 날개를 펴고 지혜의 천사가 됩니다. 이처럼 우리 개인 삶에서 언제든 고정된 형태를 버리고 우리 몸에서 빠져나와 가장 높은 하늘 위로 솟구쳐서 우리를 놀라게 하지 않을 사실과 사건들은 없습니다. 요람과 유아기, 학교와 놀이터, 사내아이들과 개와 체벌을 두려워하는 것, 소녀와 딸기를 사랑하는 것, 한때 하늘을 가득 채웠던 많은 사실들은 어느새 지나가 버렸습니다. 이제는 친구와 친척, 직업과 정당, 도시와 시골, 국가와 세계 또한 높이 솟아올라 노래해야 할 때입니다.

적절한 행동에 자신의 힘을 모두 쏟아 부은 사람은 마땅히 가장 풍요로운 지혜로 보상을 받게 됩니다. 저는 이 행동의 세계에서 스스로를 차단하지는 않을 것이며, 참나무를 화분에 옮겨 심어 그곳에서 굶주리고 시들게 하지도 않을 것입니다. 또한 어떤 능력에서 얻을 수 있는 수익만 믿고서 사고의 원천이 바닥나게 만들지도 않을 것입니다. 그것은 사부아*¹⁶ 사람들처럼 어리석음을 저지르는 짓입니다. 이들은 소년 소녀 목동들과 담배 피우는 네덜란드인들의 조각상을 깎아 유럽 전역에 팔아서 생계를 꾸려나갔는데, 어느 날 재료를 구하러 산에 올라갔다가 이미 자신들이 마지막 한 그루까지 소나무를 몽땅 베어 버렸음을 깨달았다고 합니다. 자신이 지닌 글의 원천을 모조리 써버린 작가들도 많고, 그리스나 팔레스타인으로 항해하거나, 사냥꾼을 따라 대초원으로 들어가거나, 알제리 주위를 떠돌면서 상품성 있는 글감을 얻는 작가들도 많습니다.

어휘력을 키우기 위해서라도 학자는 행동을 간절히 바라는 게 마땅합니다. 삶은 우리의 사전입니다. 시골에서 노동을 경험하고, 도시에서 상업과 제조업을 이해하며, 많은 벗들을 만나 허물없이 사귀고, 과학 예술 공부에 애쓴 세월은 우리의 인식을 표현하고 상징하는 언어에 통달하는 목적을 위해서도 가치 있는 시간입니다. 저는 어떤 사람이든 말하는 것만 들으면 그 사람이 쓰는 언어 수준으로 그가 어떻게 살아왔는지를 바로 알 수 있습니다. 삶이 우리를 말해 줍니다. 우리가 살아온 삶은 건축물을 짓기 위해 필요한 타일과 갓돌을 얻는 채석장입니다. 이것이 문법을 배우는 방법입니다. 대학과 책은 농장과 작업장에서 만들어진 언어를 복제해서 쓸 뿐입니다.

그러나 책의 가치에 견줄 수 있는, 아니 그보다 더 나은 행동이 지닌 궁극적 가치는 하나의 '자원'이란 점입니다. 자연에 존재하는 '물결의 움직임'이라는 위대한 원리는 날숨과 들숨, 욕구와 만족, 썰물과 밀물, 낮과 밤, 뜨거움과 차가움의 형태로 드러나지만 모든 형태의 고체와 액체 및 기체 안에 한결 깊숙이 배어 있는 '양극성(兩極性)'의 이름으로 우리에게 알려져 있습니다. 뉴턴*¹⁷이 '자연스러운 투과와 반사의 조화'라고 표현한 이 원리는 성령의 법칙이므로 곧 자연의 법칙입니다.

이제 정신은 생각하고 행동합니다. 생각은 행동을 낳고, 행동은 생각을 낳

---

*16 사부아(Savoie)는 프랑스 남동부 알프스 인근 지명.

*17 아이작 뉴턴(Isaac Newton, 1642~1727). 영국 과학자. 17세기 과학혁명을 이끈 인물로, 운동의 법칙을 설명한 명저 《자연철학의 수학적 원리(Philosophiae Naturalis Principia Mathematica)》를 남겼다.

습니다. 화가는 그림 재료를 남김없이 써버렸을 때, 자기의 상상을 더는 그림 으로 표현할 수 없을 때, 생각을 더는 이해할 수 없을 때, 책이 지겨워질 때 언 제든 활력을 되찾을 수 있는 자원을 갖고 있습니다. 지식과 관련된 능력보다 는 성품이 더 중요합니다. 생각은 기능입니다. 삶은 기능을 실행하고 감독하는 것입니다. 시냇물이 말라도 그 물의 근원은 남아 있습니다. 위대한 영혼은 생 각할 만큼 강하며, 살아갈 만큼 강할 겁니다. 그런 영혼이 자신의 진실을 다 른 사람들에게 전해 줄 표현 수단이나 매개체를 가지고 있지 않을까요? 그는 언제든 이 뿌리와도 같은 동력에 기대어 그 진실들을 실행할 것입니다. 이것이 완전한 행동입니다. 생각만 하는 것은 불완전한 행동입니다.

그 영혼이 하는 일들 속에서 웅장하고도 엄숙한 정당성이 빛나게 해야 합 니다. 아름다운 열정이 그의 낮은 지붕을 응원하게 합시다. 그와 함께 살며 행 동하는 '명예와는 거리가 먼' 사람들은 일상의 행위와 궤적에서 학자가 지닌 힘의 모든 것을 더 잘 느낄 것입니다. 학자는 삶의 어느 한 순간도 놓치지 않 는다는 점을 시간이 가르쳐 줄 것입니다.

시간의 소중함을 깨달으면 학자는 외부 영향으로부터 벗어나 자기 본성의 성스러운 싹을 틔우게 됩니다. 세상의 기준에 맞추려다 잃어버린 것을 활동력 으로써 되찾게 됩니다. 낡은 것을 무너뜨리고 새로움을 만드는 데 이바지할 거인은 교육 기관들이 자산을 투자하는 학생들 가운데 나오지 않습니다. 그 거인은 가공되지 않고 길들여지지 않은 자연에서, 두려움을 느끼게 하는 드 루이드(Druid)*18와 베르세르크(Berserker)*19 가운데 나오며, 결국 앨프레드*20 와 셰익스피어도 그중에서 나오게 됩니다.

모든 시민들에게 노동의 존엄성과 필요성을 설득하기 시작하는 말을 들을 때마다 저는 기쁨을 느낍니다. 곡괭이와 삽에는 배우지 않은 사람들뿐만 아니 라 배운 사람들에게도 쓸모 있는 가치가 아직 남아 있습니다. 또한 노동은 어 디에서든 환영받습니다. 우리는 언제든 일을 하도록 권유받습니다. 더 폭넓은

---

*18 고대 잉글랜드의 켈트족 종교 지도자 계급. 제사와 교육, 재판을 담당.

*19 고대 스칸디나비아 지역의 전사(戰士) 집단. 스칸디나비어로는 '곰 가죽(berserker)'이라는 뜻.

*20 앨프레드 대왕(Alfred the Great, 849~899). 잉글랜드 웨섹스 국왕으로, 데인족의 침입을 막 아냈으며, 학문과 교육을 장려하고 선정을 펼쳐 잉글랜드의 발전을 이끌었다. 샤를마뉴 대제 이후 서유럽에서 가장 뛰어난 군주로 여겨진다.

활동을 위해서 세상의 평판과 행동을 규정한 관습에 자기 생각을 제물로 바쳐서는 안 된다는 전제만 지키면 됩니다.

## 학자로서의 역할과 의무

학자의 의무는 사고하는 인간이 되는 것입니다. 학자의 의무는 모두 자기 믿음 안에서 만들어집니다. 학자의 소임은 겉으로 드러나는 현상들 속에서 진실을 찾아 보여줌으로써 다른 사람들을 격려하고, 성장시키며, 이끄는 것입니다. 학자는 오랜 시간이 걸리고 명예와 대가가 따르지 않는 관찰의 임무를 성실히 수행합니다. 플램스티드[21]와 허셜[22]은 유리 창문이 화려한 천체 관측소에서 별들을 헤아리면서 모든 이들의 칭송을 받았습니다. 그 관찰 결과도 훌륭하고 쓸모 있으며, 그들에게는 명예도 보장되어 있습니다. 그러나 몇몇 학자는 자신만의 허름한 관측소에서 아무도 생각해 본 적 없는 인간 정신의 모호하고도 막연한 별들을 헤아리며, 때로는 몇 날 몇 달 동안 두어 가지 사실을 지켜보거나 늘 이전의 기록만을 바로잡습니다. 그럼에도 결과를 뽐내거나 한순간에 명성을 얻는 기대는 포기해야만 합니다.

오랜 준비 기간 동안 학자는 이따금 대중 작품들 안에 담긴 무지(無知)와 고리타분함을 폭로해야 했으며, 더불어 그를 배척하려고 하는 힘센 자들의 비웃음도 달게 받아들여 왔습니다. 오랫동안 제대로 말하지 못하거나, 때때로 죽은 자들 때문에 살아 있는 자들을 포기해야 되는 경우도 있을 것입니다. 엎친 데 덮쳐서 그는 가난과 고독마저도 끌어안아야 합니다. 사회의 관습과 교육, 종교를 받아들이면서 오래된 길을 걷는 안락함과 즐거움을 누리는 대신 스스로 길을 갈고닦는 부담은 물론 자책감, 의기소침, 자주 찾아오는 의심, 시간 손실까지도 홀로 이겨내야 합니다. 그것들은 자기 신뢰와 주체성을 찾는 길 위에 놓인 쐐기풀이자 엉킨 넝쿨이며 사회, 특히 지식인 사회와 맞설 때 부딪치게 될 어딘가 숨겨진 갈등 상태이기도 합니다.

그럼 이 모든 손실과 멸시를 참은 대가는 무엇일까요? 학자는 인간 본성의

---

*21 존 플램스티드(John Flamsteed, 1646~1719). 영국 최초 왕립 천문학자. 그리니치 천문대 설립을 이끌었으며, 3천여 개의 항성을 관측해 기록했다.

*22 윌리엄 허셜(William Herschel, 1738~1822). 영국 천문학자. 항성 천문학의 기초를 세웠으며, 천왕성을 발견한 것으로 유명하다.

가장 좋은 기능들을 실행하는 것에서 위안을 얻습니다. 자신의 깊은 생각을 바탕으로 스스로 성장하며, 대중성을 띠는 생각들과 널리 알려진 사상들을 모두 호흡하며 먹고사는 자가 바로 학자입니다. 학자는 세상의 눈이자 심장입니다. 학자는 영웅과도 같은 생각들, 위인들의 전기(傳記), 고운 선율의 시와 노래, 역사의 결론들을 지키며 널리 알림으로써 야만 단계로까지 타락하는 천박하고 물질을 앞세우는 번성을 물리칩니다. 위급한 상황에 처할 때마다 인간 정신이 행동의 세계를 해설하는 것으로서 어떤 금언을 말하든 학자는 선뜻 받아들이고 전달할 것입니다. 또한 절대 이성이 거룩한 권좌에 앉아서 오늘날 스쳐 지나가는 사람들과 사건들에 어떤 새로운 판결을 내리든지 간에, 학자는 이를 듣고서 세상에 널리 알릴 것입니다.

이런 역할을 수행하기 때문에 학자가 자기 자신에게 확신을 갖고 대중의 외침에 결코 흔들리지 않는 건 마땅합니다. 오직 그만이 세상을 압니다. 세상의 그 어떤 순간도 그저 현상에 지나지 않습니다. 어떤 대단한 예의범절, 한 인물이나 한 정부에 대한 집착, 한순간의 거래, 전쟁 등도 인류 절반의 아우성으로 올라갔다가 다른 절반의 외침으로 말미암아 가라앉습니다. 이 특정한 올림과 내림에 따라 모든 것이 결정되는 듯 보입니다. 그러나 대부분 그런 문제 자체는 학자가 논쟁을 귀담아듣다가 잃어버리는 가장 부족한 생각보다도 가치가 없습니다.

예컨대 늙고 존경 받는 사람들이 어느 총소리를 마지막 심판을 알리는 천둥소리라고 단언하더라도 흔들려서는 안 됩니다. 철저한 고독 속에서 침묵하며 꾸준하게, 학자는 자신의 생각을 지켜내야 합니다. 홀대와 비난을 참으면서 끊임없이 바라봐야 합니다. 자신에게 주어진 시간을 묵묵히 견뎌내야 합니다. 어느 날 진실로 위대한 무언가를 보게 되어 스스로 만족할 수 있다면 참으로 행복할 것입니다.

성공은 한 단계씩 정해진 순서대로 찾아옵니다. 학자는 본능에 따라 형제에게 자신이 생각하는 바를 이야기하게 됩니다. 그러면 그가 자기 정신의 비밀 속으로 내려가면서, 사실은 모든 인간 정신의 비밀 속으로까지 내려갔음을 알게 되는 것입니다. 자기 생각 속에 담긴 모든 법칙들에 통달함으로써 자기와 같은 언어를 쓰는 모든 이들의 생각, 또 자기 언어로 옮길 수 있는 언어를 사용하는 모든 사람들의 생각까지 통달하게 되었음을 깨닫는 것입니다. 시인은 완전한 고독 속에서 그때그때 떠오르는 생각들을 기록하지만, 마침내 혼잡한 도시에 사는 사람들까지도 진실이라고 깨닫는 생각들을 기록했음을 인정받습니다.

연설가도 처음에는 자신의 연설을 듣는 사람들에게 그다지 아는 것이 없다고 고백하는 편이 바람직합니다. 하지만 결국 자신이 청중의 부족한 면을 채워 주는 존재이며, 그들을 대신해 자기 본성을 찾아주기 때문에 청중이 자신의 말을 귀담아듣는다는 사실을 깨닫게 됩니다. 자신의 가장 비밀스러운 정서와 사고 속으로 더욱 깊이 들어가는 것이야말로 가장 환영받을 수 있는, 가장 친숙하고 보편적인 진리임을 깨닫고서 경탄을 느끼게 됩니다. 사람들은 이러한 진리에서 커다란 기쁨을 얻습니다. 그 사람들 가운데 대부분은 '바로 이것이 나의 음악이며 나 자신'이라고까지 느끼게 됩니다.

## 학자가 지녀야 할 미덕

자기 신념 안에는 모든 덕목(德目)이 포함됩니다. 학자는 자유의 정의(定義)를 '자기 본성으로부터 방해가 전혀 없는 상태'로 규정할 만큼 자유롭고 용감해야 합니다. 학자는 자기 본분에 충실하면 결코 어떤 두려움도 느끼지 않습니다. 두려움은 언제나 무지에서 비롯됩니다. 그러므로 학자는 위험한 때에도 평온함을 느끼는 것입니다.

그러나 한 마리 타조처럼 꽃이 피어 있는 덤불 속으로 머리를 숨기면서 현미경으로 몰래 훔쳐보고, 용기를 잃어버리지 않으려고 휘파람을 부는 아이처럼 노래를 흥얼거리면서 정치나 복잡한 문제들로부터 눈을 돌려 잠시나마 평안을 좇는다면, 그 학자에게는 부끄러운 일입니다. 그렇게 회피하기에 위험은 여전히 남아 있고, 두려움은 더욱 심해집니다.

용기 있게 그 상황에 맞서야 합니다. 두 눈을 부릅뜨고 그 본성을 탐색하며, 그것의 뿌리, 즉 먼 과거 일이 아닌 이 무서운 사자(獅子)의 태생을 꼼꼼히 살펴야 합니다. 그러면 학자는 상황의 본질이 무엇인지, 얼마나 심각한지 스스로 완벽하게 이해하게 됩니다. 또한 상대편으로 두 손을 뻗었으므로 이제부터는 당당히 맞설 수 있고 이겨낼 수 있습니다. 세상의 온갖 거짓을 꿰뚫어 볼 수 있는 자가 세상을 가질 수 있습니다. 막무가내 고집불통, 그저 따르기 바쁜 관습, 지나친 오류는 단지 여러분이 묵인했기에 존재할 뿐입니다. 그것이 거짓임을 알았다면 여러분은 이미 회복될 수 없는 타격을 입힌 셈입니다.

우리는 늘 의기소침하며 믿음을 잃어버렸습니다. 우리 인간이 늦게 창조되어 자연 속으로 보내졌다는 생각, 세상이 오래전에 완성되었다는 생각은 위험하고 낡은 관념입니다. 세상은 하나님의 손안에서 얼마든지 바뀔 수 있고 유연한 상태였기에, 우리가 부여하는 만큼 하나님의 속성에 따라 세상도 맞춰지게 됩니다. 잘못된 관념은 무지와 죄에 불을 붙이는 부싯돌입니다. 무지와 죄는 우리의 허락 아래 잘못된 관념에 자리를 잡는 것입니다. 하지만 사람이 자기 안에 지닌 하나님을 닮은 자질에 비례해서 눈앞에 맑고 푸른 하늘이 흐를 테고, 하나님의 도장과 생김새를 받게 될 것입니다.

물질을 바꿀 수 있는 사람이 위대한 게 아니라, 내 마음 상태를 바꿀 수 있는 사람이 참으로 위대한 것입니다. 자기 생각의 색깔로 모든 자연과 모든 예술을 물들이는 사람, 유쾌하고 조용하게 결과를 보여주면서 자기가 하는 일이 인류가 오랜 세월 간절히 바랐던, 마침내 익어서 여러 나라들을 수확에 초대하는 바로 그 사과라고 모두를 설득하는 사람, 바로 그런 사람들이 세상의 제왕입니다.

위대한 사람이 위대한 것을 만듭니다. "맥도널드가 어디에 앉아 있든지 간에 식탁의 윗자리는 따로 있습니다."[23] 식물학을 매력 넘치는 학문으로 만든 린네[24]는 농부와 약초 파는 여인에게서 지식을 얻었습니다. 데이비[25]와 화학, 퀴비에[26]와 화석학의 관계 또한 마찬가지입니다. 아주 큰 목표를 가지고 조용히 자기 일에 몰두하는 사람이 늘 승리합니다. 대서양의 큰 파도가 달을 따르듯이, 마음이 진실로 가득한 사람에게 점점 더 많은 사람들이 모여들기 마련입니다.

---

[23] 월터 스콧 경(Sir Walter Scott)의 1817년 작품 《로브 로이(Rob Roy)》에 나오는 문장(Wherever MacGregor sits, there is the head of the table)을 바꾼 것이다. 영어 이름 'Macdonald'에는 '왕(king)'의 의미가 담겨 있다. 왕은 어디에나 앉을 수 있지만, 왕의 자리는 왕만이 앉을 수 있다. 즉 위대한 인물은 위대한 일을 하도록 하나님이 자리를 정해 놓았다는 뜻.

[24] 칼 폰 린네(Carl Von Linné, 1707~1778). 스웨덴 식물학자. 식물, 동물, 광물의 분류 체계를 세운 것으로 유명하다.

[25] 험프리 데이비(Humphry Davy, 1778~1829). 영국 화학자. 전기분해법을 고안해 나트륨, 칼륨을 비롯해 여러 원소와 화합물을 발견했다.

[26] 조르주 퀴비에(Georges Cuvier, 1769~1832), 프랑스 동물학자. 화석을 연구해 고생물학의 기초를 세웠다.

자신을 믿으면 이성은 깊이를 가늠하기 힘들 만큼 깊어지고, 이해하기 힘들 만큼 심오해집니다. 제 자신의 믿음을 설명한다고 해도 듣는 이들의 마음이 바뀌지는 않을 것입니다. 그러나 이미 저는 '인간은 하나'라는 신조를 언급하면서 제가 품은 희망의 근거를 여러분에게 보여주었습니다.

저는 인간이 부당한 대우를 받아 왔으며, 스스로 자기 자신을 홀대해 왔다고 믿습니다. 인간은 본디 지녔던 특권적 지위로 다시 이끌어 줄 수 있는 빛을 거의 다 잃어버렸습니다. 인간들은 하찮은 존재가 되어 버렸습니다. 역사 속 사람들, 오늘의 세상을 사는 사람들은 벌레들이고, 미물이 낳은 알들이며, '무리'와 '떼'라는 말로 불립니다. 백년, 천년 동안 참된 인간은 한둘뿐입니다. 그저 한두 명만이 인간으로서 정상에 가깝다는 말입니다. 나머지는 한두 명의 영웅이나 시인을 통해 성숙하지도 않고 순수하지도 않은 자신의 존재를 바라보면서 물러져 버립니다. 뒤떨어진 상태에 만족하면 그 상태에서 더는 자라지 못하는 것입니다.

족장의 영광 안에서 기쁨을 찾는 보잘것없는 부족 구성원들은 자기 본성의 요구에 맞춰서 장엄함으로 가득 찬, 연민 넘치는 증언을 꾸며냅니다. 그런 불쌍하고 모자란 자들은 자신들의 정치, 사회적 지위가 뒤떨어짐을 조용히 인정하기 위해서 상처받은 자신들의 폭넓은 도덕관념에 대한 어떤 보상을 찾게 됩니다.

그들은 위대한 사람이 가는 길에서 낙엽처럼 비로 쓸려 버리는 것에 만족합니다. 그러면서 모든 이들이 가장 간절히 바라는 소망, 즉 자신이 더 커지고 영예로운 존재가 되기를 바라는 공통 본성을 그 위대한 인물이 공정하게 채우리라 기대합니다. 그런 뒤떨어지는 사람들은 위대한 인물의 빛을 쬐며 살아가면서 그 빛이 자기 자신의 일부분이라고 느낍니다. 그들은 억눌린 자아로부터 인간 존엄성을 떼어내서 영웅의 어깨 위에 얹어 놓습니다. 그런 다음 영웅의 위대한 심장이 뛰도록, 그 거대한 힘줄들이 싸우고 정복할 수 있도록 자신의 피 한 방울을 더하며 죽어 사라질 것입니다. 그 영웅은 우리를 대신해서 살며, 우리는 그 영웅 안에서 살아갑니다.

그런 사람들은 아주 자연스럽게 돈이나 권력을 좇습니다. 권력을 추구하는 까닭은 권력이 돈만큼 좋기 때문입니다. 이른바 '관직의 이권(利權)'을 누리고 싶은 것입니다. 세속의 가장 높은 지위를 뜨겁게 바라기 때문에, 그들은 잠에 취해 걸어 다니면서 이것이 최고라고 꿈을 꿉니다. 그들을 깨워야 합니다. 그러면 그들은 가짜 선(善)에서 벗어나 진리로 뛰어오를 테고, 관직은 사무원들과 서기들에게 맡길 것입니다.

이 혁명은 '문화'를 터전으로 삼아 차츰 좋은 방향으로 발전해 나아감으로써 타오를 수 있습니다. 세상의 훌륭하고 중대한 사업은 한 사람이 쌓아 올리는 것입니다. 그 역사(役事)를 가능케 하는 재료들은 이 땅 위에 흩어져 있습니다. 한 사람의 삶은 역사상 그 어떤 왕국보다도 더 찬란히 빛나며 적에게는 더 무섭고 강하게, 친구에게는 한결 친절하고 온화하게 대하는 왕국이 될 수 있습니다.

올바른 눈으로 바라본다면, 한 사람 안에는 모든 인간들의 특정한 본성들이 포함되어 있음을 알 수 있습니다. 철학자, 시인, 배우는 언젠가 내가 스스로 할 수 있는 것을 미리 나를 대신해서 해준 대리인일 뿐입니다. 한때 우리가 눈동자보다 더 소중하게 여겼던 책들은 이제 거의 다 낡아버렸습니다. 공통 정신이 한 작가의 눈을 통해 취한 견해를 우리도 찾아냈으며, 우리도 그 사람이 되어 보았고, 이미 뛰어넘었다는 뜻입니다. 처음에 하나, 그다음에 또 하나, 이렇게 우리는 모든 통 안에 들어 있는 저장물을 써버립니다. 그리고 이 저장물을 남김없이 쓰는 동안 조금씩 자라게 되어 더 좋은, 더 많은 식량을 갈망합니다.

이 땅에 살았던 그 누구도 우리를 영원히 먹여 살리지 못했습니다. 인간의 정신을 한 사람 안에 가둬 둘 수는 없습니다. 누구든지 경계 없는 이 제국의 어느 한쪽에 장벽을 세울 것이기 때문입니다.

인간 정신은 하나의 중요한 불입니다. 지금 에트나 화산의 입술에서 불타오르며 시칠리아의 여러 곳들을 밝게 비추는 불이고, 오늘 베수비오 화산 목구멍에서 뿜어져 나와 나폴리의 탑들과 포도원들을 비추는 불입니다. 천 개의 별들에서 뻗어 나오는 하나의 빛이며 모든 인간을 살아 움직이게 하는 하나의 영혼입니다.

### 학자의 자원

학자의 자원은 지성(知性)의 특성들을 확신하는 것에 비례합니다. 학자의 자원은 자연과 진리와 더불어 넓어져 가지만, 위대한 정신을 지니고서 그 자원이 자신의 것이라 주장해야만 오롯이 그의 것이 될 수 있습니다. 지성의 힘이 지닌 무한성과 보편성을 공경하면서도 두려워하는 마음을 품고서 바라보지 않으면, 그는 그 자원의 실체를 알 수 없습니다. 그 지성과 관련된 능력이 자기 것도 그 누구의 것도 아니며, 그 자체가 세상을 만든 영혼이고, 자신이 그것을 온전히 받아들일 수 있다는 사실을 깨달아야 합니다. 그래야 학자는 비로소 그 영혼의 대리인으로서 자신이 함께 있으며, 관련된 모든 것들을 정당하게 얻을 수 있음을 알게 됩니다.

그러면 자연의 거룩한 순례자로서 그가 내딛는 발걸음마다 세상 만물이 그를 따라갑니다. 그의 머리 위로 별들이 빠르게 흐르고, 시간도 흘러갑니다. 그러나 별들도, 시간도 달(月)과 해(年)로 대부분 나뉘지 않습니다. 학자는 해(年)를 수증기처럼 들이마십니다. 향기로운 한여름의 숨을, 반짝이는 일월(一月)의 하늘을 마십니다. 그러면 역사의 중대한 사건들은 밝게 변하며 그의 정신 속으로 들어와 새로운 질서와 등급을 부여 받습니다. 연대기(年代記)의 시대와 영웅들은 그림처럼 생생한 인상으로 바뀌고, 그 인상 안에서 그의 생각들이 표현됩니다.

인간의 영혼에서 비롯된 어딘가에서 만들어지지 않은 사건이란 없으며, 따라서 인간의 영혼이 풀지 못하는 사건도 전혀 없습니다. 정신의 예감은 모두 하나의 아주 커다란 사실 속에 존재하는 어딘가에서 실행됩니다. 그리스, 로마, 영국, 프랑스, 세인트헬레나가 그런 게 아니겠습니까? 교회들과 문학 작품들, 제국들이 그런 게 아닌가요? 새로운 인간이라면 자신이 새로운 존재이며, 유럽과 아시아, 이집트의 생각과 관습에 사로잡힌 세상에 태어나지 않았다고 느껴야 합니다. '정신의 독립성'이라는 인식은 아름다운 이슬방울과 같습니다. 낡고 딱딱하며 활력을 잃은 대지와 그 대지가 오랫동안 빚어낸 똑같은 산물들이 아침마다 그 윤기로 말미암아 새로워지며, 그 예술가가 매만지는 마지막 손질로 반짝반짝 빛이 납니다.

그릇된 겸손 때문에, 즉 군림하는 학파(學派)들에게, 또는 지나간 시대의 지혜에 순종함으로서 현재 시간을 절대로 소유하는 권한을 빼앗겨서는 안 됩니다. 자유를 사랑하고 자신의 완전성을 지키고자 하는 열망이 부족한 사람이 여러분과 저에게 어떤 영향을 미칠 수 있겠습니까? 그런 학자들에게는 이렇게 이야기하십시오.

"우리는 역사에, 피라미드에, 작가들에게 고마워하듯이 당신에게도 감사합니다. 그러나 이제는 우리의 시대가 왔습니다. 우리는 영원한 침묵을 깨고 다시 태어났습니다. 이제 우리는 우리 자신을 위해서 살아갈 것입니다. 장례식에서 널을 옮기는 사람이 아니라, 우리 시대를 옹호하고 새롭게 만드는 사람으로서 살 것입니다. 고대 그리스나 로마도, 아리스토텔레스의 삼일치 법칙[27]도, 쾰른 대성당[28]에 놓인 세 명의 동방박사들도, 소르본 대학[29]도, 〈에든버러 리뷰(Edinburgh Review)〉[30]도 더는 우리에게 명령하지 못할 것입니다. 이제 우리가 이곳에 있으므로 우리는 세상 만물을 우리 나름대로 풀이할 것이며, 우리가 가진 것들로써 밝혀낼 것입니다. 순종하며 기뻐하는 자는 그렇게 살게 하십시오. 그렇지만 나는 다릅니다. 내가 세상의 기준에 순종하는 것이 아니라, 세상이 나의 기준을 받아들여야 합니다. 나는 전쟁을 좋아하는 왕에게 이렇게 말할 것입니다. '하나님께서 내게 이 왕관을 주셨으므로 세상 그 무엇도 이 왕관을 빼앗아 갈 수 없습니다.'"

역사와 전기(傳記)의 참된 가치는 인간이 무엇이 될 수 있는지, 무엇을 할 수 있는지 실제 사례를 들어 보여줌으로써 나의 자신감을 강화하는 데 있습니다.

우리에게 인간들의 삶과 생각을 소재로 이야기를 전해 주는 플루타르코스(Plutarchos),[31] 커드워스,[32] 테네만[33] 같은 사람들의 역할이 바로 그렇습니다. 철학의 역사 또한 모두 그렇습니다. 철학의 역사는 내가 믿어 왔던 중요한

---

*27 아리스토텔레스는 《시학(Poetics)》에서 '행동, 시간, 장소'를 연극의 '삼일치 법칙'이라고 주장했다.

*28 독일 쾰른 시에 있는 가톨릭교 성당. 13세기 이탈리아에서 가져온 동방박사 3인의 유골함을 안치하기 위해 건축되었다.

*29 1257년 신학자 로베르 드 소르봉이 프랑스 파리에 설립한 대학교.

*30 1802년부터 1929년까지 스코틀랜드에서 발행되던 영국 최초의 평론 잡지. 자유주의에 근거한 관점의 다양한 문학 분야와 평론, 정치 비평 등이 발표되었다.

*31 1세기에 활동한 고대 그리스 역사가·사상가. 고대 그리스 영웅들을 상세히 서술한 《영웅전》과 60여 편의 수필을 담은 《모랄리아》로 유명하다.

*32 랠프 커드워스(Ralph Cudworth, 1617~1688). 영국 신학자·윤리학자. 《영원불멸의 도덕에 대하여》를 통해 자연스러운 선악의 개념, 자발성과 합리성을 지니는 삶을 강조했다.

*33 빌헬름 테네만(Wilhelm Tennemann, 1761~1819). 독일 철학자·역사가. 칸트 철학을 연구하며 11권으로 구성된 《서양 철학사》를 집필했다.

관념들이 쌓아온 문화가 아주 늦게 맺은 열매임을 보여줍니다. 파르메니데스 (Parmenides),[34] 헤라클레이토스(Heracleitos),[35] 크세노파네스(Xenophanes)[36]처럼 가장 초기의 탐구자들이 직관으로써 즉흥으로 주장했던 것들이 얼마 전에야 칸트[37]나 피히테[38]에게 전해졌음을 보여줍니다. 그럼으로써 나의 신념을 더욱 굳게 만듭니다.

이 학자들을 떠올려 보면 영혼이 이렇게 속삭이는 듯합니다.

"다른 이들에게서 배우는 이런 게으른 학습보다 더 나은 방법이 있어. 제발 나를 가만히 내버려 둬. 라이프니츠[39]나 셸링[40]으로 날 가르치려 하지 마. 그러면 내 스스로 모든 것을 알아낼 테니까."

위인전으로 얻을 수 있는 혜택들 가운데 신념의 강화보다 훨씬 더 중요한 것은 희망의 강화입니다. 인성(人性)의 힘을 알고자 한다면 한번 생각해 보세요. 만약 여러분이 밀턴,[41] 셰익스피어, 플라톤, 이 세 사람의 삶을 역사에서 완전히 꺼내어 그들이 존재하지 않게 만들 수 있다면 세상을 얼마나 피폐하게 만들 수 있는지, 인간의 능력이 얼마나 미약해질 수 있는지 모르시겠습니까?

---

*34 BC 6세기에 활동한 그리스 철학자. 소크라테스 이전 그리스의 주요 학파인 엘레나 학파를 세웠으며, 형이상학의 창시자로 평가된다. 존재와 현상의 개념을 다룬 《자연에 대하여》를 남겼다.

*35 BC 6~5세기에 활동한 고대 그리스 철학자. 만물의 근원은 '불'이며, 우주 만물의 변화 과정에 인간의 인성과 비슷한 '로고스(logos)'가 작용한다고 주장했다.

*36 BC 6~5세기에 활동한 고대 그리스 시인·사상가. 전통 그리스 종교관을 비판하면서 만물은 하나의 근원에서 비롯되었으며, 흙과 물로 구성되었다고 주장했다.

*37 임마누엘 칸트(Immanuel Kant, 1724~1804). 독일 철학자, 계몽주의 사상가. 경험론과 합리론을 종합해 독일 관념론의 철학 체계를 세움으로써 철학사에서 새로운 시대를 열었다. 《순수이성비판》, 《실천이성비판》 등 많은 저서를 남겼다.

*38 요한 피히테(Johann Fichte, 1762~1814). 독일 철학자. 칸트 철학을 공부하며 주관적(초월적) 관념론 철학 체계를 세웠다. 나폴레옹 점령하에서 행한 '독일 국민에게 고함'이란 연설로 유명하다.

*39 고트프리트 라이프니츠(Gottfried Leibniz, 1646~1716). 독일 철학자·수학자. 기독교를 기반으로 철학을 연구했으며, 미분과 적분의 기초를 세워 수학 발전에도 이바지했다.

*40 프리드리히 셸링(Friedrich Schelling, 1775~1854). 독일 철학자. 칸트의 영향을 받은 독일 관념론의 대표자로, 피히테와도 교류했다. 대표 철학서로 《선험적 관념론의 체계》가 있다.

*41 존 밀턴(John Milton, 1608~1674). 영국 시인. 르네상스 정신과 기독교 사상을 접목한 서사시 〈실낙원(Paradise Lost)〉으로 유명하다.

저는 제 사고의 빈약함에서 위안을 얻습니다. 위대한 인물들의 수가 그리 많지 않다는 사실에서, 파괴를 지향하는 국가들의 무딘 속성에서 위로를 받습니다. 이 숭고한 회상(回想)들에 의지하고, 다산(多産)의 영혼이 실제 자연 위에 무엇을 낳을 수 있는지 생각하면서 플라톤, 셰익스피어, 밀턴이 부정할 수 없는 세 가지 사실임을 깨달으면서 위안을 얻습니다. 그러다가 저는 감히 이런 생각을 합니다.

'나도 그들처럼 되어 보자.'

가장 신분이 낮은 사람들이라도, 큰 절망에 힘들어하는 사람들이라도 이런 빛나는 진실들을 보면서 이제는 계획을 세우고 희망을 품을 수 있습니다. 시끄럽게 울며 떠드는 안쓰러운 미숙아들이 거리에 넘쳐났고, 게으름과 범죄가 있었으며 군대, 술집, 감옥이 이어져 왔지만, 그럼에도 정신은 눈부시게 아름다운 모습으로 이제껏 존재해 왔습니다. 그래서 저는 존재로서 훈계를 해준 위대한 형제들에게 진심으로 감사하며, 저 또한 공정하고 용감해지고자, 열망하고 표현하고자 노력할 것입니다.

플로티노스(Plotinus)[*42]와 스피노자[*43]를 비롯한 불멸의 철학 시인들이 불굴의 용기로 자세히 기록해 온 내용들이 저를 대담하게 만듭니다. 저는 이제 저의 하늘을 가로지르며 섬광처럼 나타나 반짝이는 환영(幻影)들을 성급하게 떨쳐내지 않을 것입니다. 그것들을 관찰하고, 그것들에 가까이 다가가며, 그것들을 제 안에 받아들여 품을 것입니다. 현재의 시간을 위해 참된 삶을 과거로부터 끌어올 것입니다.

이 삶들의 온전한 가치를 느껴서 희망과 자극의 기회로 삼고자 한다면, 여러분은 이 존경스러운 천재들이 오직 밑바닥에 진주가 깔려 있는 바다에서 성공한 잠수부에 지나지 않음을 깨닫고 그 진주의 층이 모두 여러분 것이라는 점을 깨달아야 합니다. 세상을 피폐하게 만든 지난날의 철학은 개인의 차별성을 중시하며 인간의 공통된 속성은 지나쳐 버렸습니다.

영웅을 존경하는 마음에 흠뻑 취한 젊은이는 자신이 감탄하는 모습이 단

---

[*42] 3세기에 활동한 고대 로마 철학자. 신플라톤주의 철학파의 창시자이다.
[*43] 바뤼흐 스피노자(Baruch Spinoza, 1632~1677). 네덜란드 철학자. '베네딕투스 스피노자'라고도 한다. 데카르트 철학을 연구했으며, 신학을 바탕으로 한 합리주의 철학 체계를 세웠다. 대표 저서로 《기하학적 방식으로 다룬 윤리학》이 있다.

지 자기 영혼의 투영(投影)일 뿐이라는 사실을 깨닫지 못합니다. 그 열정에 휩싸인 젊은이는 외딴 마을에서 홀로 서성대며 한숨을 내쉽니다. 이 잠들어 있는 자연 속에서 그는 열정 넘치는 눈으로 샤를 5세 황제*44의 이야기를 읽고 있었습니다. 그러다가 그의 상상은 밀라노에서 희미하게 우르릉거리며 들려오는 대포 소리와 독일에서 군대가 행진하는 소리를 숲으로 둘러싸인 자신의 집으로 가져옵니다. 젊은이는 샤를 황제가 보낸 하루가 어땠을지 궁금해집니다.

'어떤 일들로 채워졌을까? 빈틈없는 일정들, 단호한 결정들, 다른 나라에서 보내온 공문들, 카스티야*45식 예법(禮法)으로 채워졌겠지?'

그 질문에 영혼이 말합니다.

"그의 하루를 이곳에서 보아라! 이 숲의 한숨에서, 이 잿빛 들판의 침묵에서, 이 북쪽 산줄기에서 노래하는 시원한 산들바람에서, 네가 만나는 일꾼들과 사내아이들과 처녀들에게서, 아침의 희망과 한낮의 권태로움과 오후의 산책에서, 불안하게 만드는 비교(比較)에서, 용기의 부족함에 대한 후회에서, 원대한 생각과 보잘것없는 실천에서 샤를 5세의 하루를 보아라. 또 다른 하루이지만, 그래도 똑같다. 채텀,*46 햄던,*47 바야르,*48 앨프레드, 스키피오,*49 페리클레스*50의 하루를 보아라. 모두 여성의 몸에서 태어난 이들의 하루다. 다른 요소는 오직 옷뿐이다."

저는 똑같은 삶을 맛보고 있습니다. 제가 다른 사람들 삶에서 그토록 감탄

---

*44 1364년부터 1380년까지 재위한 프랑스 왕. 영국과 백년전쟁을 치르면서 영토 수호와 재건을 위해 힘썼다.

*45 중세 카스티야 왕국의 중심부. 현재 스페인 중부의 옛 지명이다.

*46 채텀 백작 윌리엄 피트(William Pitt, 1708~1778). 영국 정치가. 인도와 북아메리카 식민지 확장에 이바지했다. 의회 연설 중 졸도해서 죽었다.

*47 존 햄던(John Hampden, 1594~1643). 영국 의회파 지도자. 국왕 찰스 1세의 선박세 징수에 반대하며 의회의 과세 권한을 주장했는데, 이를 계기로 영국에서 청교도혁명이 발생했다.

*48 피에르 테라유 세뇌르 드 바야르(Pierre Terrail, seigneur de Bayard, 1473~1524). 프랑스 군인. 영국, 스페인과 치른 많은 전투에서 용맹을 떨친 기사로, 당대 가장 유능한 지휘관으로 평가받는다.

*49 스키피오 아프리카누스(Scipio Africanus, BC 236?~183). 로마 군인. BC 202년 자마전투에서 한니발의 카르타고 군대를 무찔러 2차 포에니전쟁을 승리로 이끌었다.

*50 BC 5세기에 활동한 고대 아테네 정치가·군인. 아테네 민주주의 발전과 제국으로의 도약을 이끈 지도자이다.

하는 달콤함과 위대함, 그 고통 모두 저 또한 경험하는 것입니다. 이해할 수도 없고 흔적도 찾기 힘든 과거를 미련하게 묻지 마세요. 바이런,*51 또는 버크*52 라고 불리는 그 시절의 인간에 대한 구체적 내용의 대답을 찾을 수가 없습니다. 여러분을 감싸고 있는 현재를 물으세요. 현재에 잠시 머물다 사라질 아름다움을, 그 놀라운 조각들을, 정신과 관련된 그 목표들을, 그 깜짝 놀랄 만한 통일성을 여러분이 좀 더 지혜롭게 탐구할수록 모든 영웅들 일대기를 훨씬 더 깊이 이해할 수 있습니다. 지혜와 정의로움을 통해 시대의 주인이 되세요. 그러면 여러분은 역사책들을 다시 책장에 꽂을 수 있을 것입니다.

사람들은 누군가 그들의 발전 가능성을 함부로 한계 지을 때 마음에 상처를 입게 되는데, 이때 이 공통된 권리들이 사람들 마음에 무엇보다 절실하게 와닿습니다. 우리는 우리의 앞날에 놓인 어떤 것들을 부정하는 비판을 듣게 되면 늘 불쾌하게 여깁니다. 학자에게 이렇게 말해 보세요.

"당신은 예수의 변형(變形)을 그리는 그림 하나 그릴 수 없고, 증기선 한 척 건조할 수 없으며, 군대의 원수가 될 수도 없습니다."

그래도 그 학자는 자기가 멸시당한다는 느낌을 전혀 받지 않을 것입니다. 그러나 그의 문학과 관련된 소양이나 추상의 관점에서 사고하는 능력을 부정하는 말을 하면 그는 몹시 분개합니다. 비교가 의미를 잃어버리는, 스토아철학에서 말하는 하나의 플레넘(plenum)*53 같은 천재성을 지니고 있다고 인정하면 그는 만족해합니다. 하지만 그의 천재성을 부인하면서 그다지 드물지 않은 재능들을 가지고 있다고 인정해 주면 그는 화를 냅니다. 이것은 무엇을 뜻할까요? 본능과 예감에 의해 영혼은 이미 익힌 특별한 기술들뿐만 아니라, 영혼의 빛이 나아가는 방향에 있는 모든 능력을 확신한다는 뜻입니다.

학자의 자원을 제대로 알고자 한다면 우리는 변변치 않은 성과들을 활용하는 수준에 머물러서는 안 됩니다. 이런저런 업적을 이루었다고 말로 나타내

---

*51 존 바이런(John Byron, 1723~1786). 영국 해군제독. 식민지 개척을 위한 세계 일주 항해에 참여했으며, 서인도 제도 총사령관을 지냈다. 낭만주의 시인으로 유명한 조지 바이런 (George Byron, 1788~1824)이 그의 손자이다.

*52 에드먼드 버크(Edmund Burke, 1729~1797). 영국 정치인. 대표 저서 《프랑스혁명에 관한 성찰》에 반혁명 사상이 잘 나타나 있다. 근대 보수주의 정치인의 원조로 평가받는다.

*53 '가득 차다'를 뜻하는 라틴어에서 비롯된 말. 지식, 영감, 능력 등이 모자람이 없는 상태를 뜻한다.

는 능력에 안주해서도 안 됩니다. 우리는 가장 높고 뛰어난 힘을 섬기고, 변치 않는 사랑과 전망을 유지하면서 할 수 있는 한 그 절대 진리의 이상(理想) 속으로 들어가야 합니다.

지식과 능력의 성장은 누구에게나 예외 없이 비슷한 양상으로 이루어집니다. 지식과 관련된 성장은 더 폭넓은 받아들임입니다. 유능한 사람들은 거의가 성향이 훌륭하며, 공정성을 존중합니다. 왜냐하면 유능한 사람이란 결국 선하고 자유로우며 열정 넘치는 성향을 모두 갖춘 유기체이며, 그 안으로 공통된 정신이 자유롭게 흘러들기 때문에, 그의 축적된 공정성은 아주 클 뿐만 아니라 끝이 없기까지 합니다. 대부분의 사람들은 모두 공정하고 선합니다. 개개인이 공정하거나 선하지 못한 것은 유한하고 개별성을 띤 것들이 공통된 진실을 잠깐이나마 압도하기 때문입니다. 개인과 관계된 자아(自我) 안에 깃든 우리 영혼의 화신은 공통된 존재의 법칙을 물리치기보다는 개인과 관계된 법칙을 좇아 개인의 충동에 따라 행동하는 습성을 가지고 있는 듯합니다.

영웅은 공통된 본성의 힘에 지배됨으로써 더더욱 위대해집니다. 그가 입을 열기만 해도 말이 되어 나오고, 힘에 이끌려 움직이면 행동이 됩니다. 모든 이들이 그의 말을 이해하고 진심으로 그의 행동을 껴안습니다. 그의 말과 행동이 그의 것이면서 동시에 모든 이들의 것이기 때문입니다. 그런데 사람들 안에 있는 '지나친 조직화'라는 질병이 그들을 속여서 영웅의 것과 대등한 성과들을 빼앗아가는 것입니다.

위대함은 그 무엇보다 단순합니다. 단순해지는 것이 위대해지는 것입니다. 머리로 이해하려는 노력이 지나치지 않도록 절제하고, 즉흥성을 띠는 감정에 할 수 있는 특권을 허락해야 천재성이 드러납니다. 생각 안에서 살아 움직이는, 생산성이 있는 모든 것들이 바로 여기에서 비롯됩니다. 사람들은 뻔한 이치라는 방앗간 안에서 끊임없이 방아를 찧습니다. 그러면 방아에 집어넣은 것만 나올 뿐, 다른 것은 나오지 않습니다. 그러나 관습을 버리고 자기 스스로 사고하는 순간에 시, 재치, 희망, 미덕, 학식, 일화 등 모든 것들이 한꺼번에 나와서 그들을 도와줍니다.

즉석 토론에서 벌어지는 현상을 눈여겨보세요. 교양을 갖추었지만 자신을 잘 드러내지 않는 한 남자가 집회에 참석해 조용히 앉아 연설을 듣고 있습니다. 그 남자는 연설자의 자유롭고도 열정적이며 표현력 풍부한 연설을 들으면서 마치 기적을 본 듯 감탄합니다. 그 천성과 능력! 자기와 어쩜 그리 다른지! 곧 그 자신의 감정이 입술까지 올라와 말을 하고 싶은 마음이 굴뚝같습니다. 그 남자도 일어서서 뭔가를 이야기해야만 합니다. 먼저 상황의 낯섦을 극복하면 연설을 하는 것이, 생각들을 담아 생생한 묘사와 설명을 곁들이고 문장들을 조율하면서 이야기하는 편이 가만히 앉아 있을 때만큼이나 쉽고 자연스럽다는 사실을 깨닫게 됩니다. 뭔가를 할 필요가 없이 그저 받아들이기만 하면 되니까요. 그의 안에서 즐겁게 스스로를 나타내는 자유로운 영혼에 자신을 맞추기만 하면 됩니다. 행동은 휴식만큼이나 쉽습니다.

### 학자에게 주어지는 과제
우리는 그 자원의 풍성함을 상상해 본 적이 없는 듯합니다. 우리는 그 자원이 건네는 초대장을 눈여겨본 적이 없습니다. 영국인들만큼 훌륭한 학자가 되고, 그 시대 사람들만큼 학식을 쌓으며, 읽을 만한 책을 썼다는 사실에 우리는 만족합니다. 우리는 모든 생각을 이미 오래전에 책에 충분히 기록했고, 모든 상상들을 시로 나타냈다고 믿습니다. 우리는 우리 말을 덧붙이더라도, 완성되었다고 가정하는 문학의 총체를 확증하는 것일 뿐이라고 생각합니다. 참으로 얕고 가벼운 믿음입니다. 오히려 모든 문학은 아직 쓰이지 않았다고 이야기해야 합니다. 시문학(詩文學)은 첫 번째 노래조차도 아직 완성하지 않았습니다. 자연이 우리에게 전하는 영원한 훈계는 바로 다음과 같습니다.

"세상은 새롭고 겪어 보지 못한 것이다. 과거를 믿지 마라. 내가 오늘 새로이 태어난 세상을 너희에게 보내노니."

우리는 라틴어와 영어 시문학의 영향으로 꽃, 새, 산, 해와 달 같은 자연을 찬미하는 오라토리오(oratorio)*54 안에서 나고 자라났습니다. 그러나 이 시대의 자연학자라면 자신의 시를 모두 읽더라도 자연의 고귀한 것들에 대해 아무것도 모른다는 사실을, 여태껏 자신이 알던 것은 단지 그 모든 것들의 겉모습일 뿐 본질이나 역사를 아무것도 모른다는 사실을 깨닫게 됩니다.

조금만 더 살펴보면 아무도, 심지어 자연을 노래했던 시인들조차도 자신들이 찬양하는 멋진 자연의 참된 모습을 알지 못했다는 사실이 드러날 것입니

---

*54 성경 속 장면을 기초로 만든 일종의 종교 음악. 바흐의 〈마태 수난곡〉, 헨델의 〈메시아〉, 하이든의 〈천지창조〉 등이 대표적이다.

다. 그 시인들은 스쳐 지나가는 새 한 마리의 지저귐에 만족했고, 한두 번 아침을 보았으며, 해 질 녘 하늘을 무심히 바라보았고, 언뜻 눈에 띈 이 몇몇 모습들을 자신들의 시에 그저 대충 되풀이하여 표현했던 것입니다. 하지만 여러분이 숲속으로 들어가 보면 이제껏 그려내지 않은, 처음 보는 온갖 것들을 발견하게 될 것입니다.

밤하늘을 날아가는 기러기들의 새된 울음소리, 추운 겨울날 들려오는 붙임성 좋은 박새의 가냘픈 노랫소리, 하늘 높은 곳에서 싸우다가 빗방울처럼 풀잎과 나뭇잎들 위로 후두두 떨어지는 파리떼 소리, 나무에 둥지를 튼 새들이 화가 난 듯 씩씩대는 소리, 앞으로 다가올 백년의 번성을 위해 꽃가루를 내뿜는 소나무, 그 나무에서 배어나오는 송진, 참으로 그 어떤 식물이든, 어떤 동물이든 그 모든 것이 예외 없이 한 번도 그려낸 적이 없는 것들입니다. 바닷가에 서 있는 사람, 또는 숲속을 거니는 사람은 지금껏 처음으로 그 바닷가에 섰던 또는 숲속에 들어갔던 사람과 다를 바 없기 때문에, 그의 느낌과 그의 세상은 말할 수 없이 고귀하고 낯선 것입니다.

시를 읽는 내내, 저는 아침과 저녁에 대해 새로운 것을 전혀 말할 수 없을 거라 생각합니다. 그러나 동틀 녘의 세상을 볼 때 저는 호메로스(Homeros),[55] 셰익스피어, 밀턴, 초서[56]가 그린 그림들을 떠올리지는 않습니다. 그런 그림들이 아니라 완전히 다른 세상, 아직 인간의 생각으로 정복되지 않은 세상의 고통이 느껴지는 듯합니다. 또는 그 촉촉하고, 따뜻하며, 반짝이고, 새싹처럼 늘 새로우며 아름다운 음악과 같은 시간에서 기운을 얻습니다. 그 시간은 제 영혼의 좁다란 벽을 타고 내려와서 그 생명력과 물결을 저 멀리 지평선까지 넓혀 갑니다. 밝게 빛나는 시간을 맞이하기 위해 이 병약한 몸의 포로 신세에서 벗어나게 하는 것, 그리고 자연만큼 넓어지는 것, 그것이 바로 아침입니다.

한낮에도 어두운 아메리카 숲, 그 깊고 메아리가 울리는 원시 그대로의 숲에서 참나무와 잣나무들은 지난 천년을 살았던 나무들의 잔해를 뚫고 마치 살아 있는 기둥인 듯 우뚝 솟아 있습니다. 그곳에서 쉼 없이 해가 바뀌는 동

---

*55 고대 그리스 시인. 고대 서사시의 걸작 《일리아스》와 《오디세이아》의 저자로 추정된다.

*56 제프리 초서(Geoffrey Chaucer, 1342?~1400). 중세 영국 최대의 시인. '영시의 아버지'라 불린다. 중세 이야기 문학을 집대성한 《캔터베리 이야기》는 중세 유럽 문학의 기념비와도 같은 작품이다.

안 독수리와 까마귀는 어떤 침입자도 보지 못합니다. 소나무들은 야생 이끼를 수염처럼 달고 있지만, 발치에 피어난 제비꽃들 덕분에 우아함이 묻어납니다. 드넓고 추운 낮은 지대에서는 땅 밑 결정체의 고요와 더불어 물안개가 외투를 두르듯 수면으로 피어오릅니다.

그곳에서 여행자는 접근을 허용하지 않는 그 습지의 고유 식물들에 둘러싸인 채 즐거운 두려움을 느끼면서 멀리 떨어진 마을을 생각합니다. 해와 달이, 눈과 비가 다시 새로운 옷을 입고 변화를 주는 이 길들여지지 않은 야생의 아름다움은 이제껏 단 한 번도 예술로 표현되지는 않았지만, 어떤 나그네라도 아무런 동요 없이 지나칠 수는 없는 것입니다.

사실 사람들은 모두 시인입니다. 사람들은 생계를 위해 자연에 순응하지만 때로는 자연의 매력에 압도되기도 합니다. 나이아가라 폭포를 찾아가는 긴 여행들, 코네티컷의 화이트힐스(White Hills)로 떠나는 순례자들은 무엇을 뜻할까요? 사람들은 늘 변화에 맞춰 몸이 환경에 적응한다고 믿습니다. 산에서는 우리의 눈이 산속 환경에 맞추어 변한다고 믿게 되는 것입니다. 의심할 바 없이 지질(地質)의 변화는 우리 집 채마밭에 심은 옥수수와 완두콩이 제대로 싹트는 것과 관련이 있습니다만, 그에 못지않게 구름 사이로 희미하게 보이는 아지오코축(Agiocochook)[57]의 높은 바위 봉우리들과 나의 영혼은 아름다움으로 서로 얽혀 있습니다. 이런 이야기를 하면 모든 이들이 기뻐하며 귀를 기울여 듣지만, 정작 그들 자신이 몸소 자연과 나눈 대화는 여전히 노래로 불리지 않습니다.

문명의 역사는 이와 다를까요? 충분히 오래 산다면 모든 이들이 스스로 역사를 기록할 거란 점은 우리의 경험에서 얻을 수 있는 교훈이 아닌가요? 그게 아니라면, 발췌와 주해를 담은 모든 책들이 귀띔하는 바가 무엇이겠습니까?

제가 받아들이는 그리스 역사와 여러분이 받아들이는 그리스 역사는 서로 다릅니다. 니부어[58]와 볼프[59] 탄생 이후 로마와 그리스의 역사는 새롭게 쓰

---

[57] 미국 뉴햄프셔주에 있는 워싱턴산(Mt. Washington)의 옛 이름이다. 아지오코축은 원주민 말로 '위대한 정신의 집'을 뜻한다.

[58] 바르톨트 니부어(Barthold Niebuhr, 1776~1831). 독일 역사학자. 사료비평 방식으로 역사를 연구해 3권으로 구성된 《로마사》를 집필했다.

[59] 프리드리히 볼프(Friedrich Wolf, 1759~1824). 독일 고전학자. 근대 문헌학의 창시자로, 《호메로스에 붙이는 서문》을 발표했다.

였습니다. 칼라일이 프랑스의 역사를 쓴 그 뒤로 우리가 알고 있는 그 어떤 역사도 확실히 믿을 만한 것은 못 되며, 새로운 분류학자가 나타나 역사를 좀 더 철학에 충실한 눈으로 다시 정리할 거란 사실을 우리는 깨닫게 되었습니다. 투키디데스(Thucydides)*60와 리비우스*61는 자료를 제공하는 역할을 했을 뿐입니다. 천재성을 지닌 어떤 사람이 펠라스기, 아테네, 에트루리아, 로마 사람들의 이름을 언급하는 순간, 우리는 새로운 눈으로 그들의 모습을 보게 됩니다.

시문학과 역사 분야뿐만 아니라 다른 학문에서도 마찬가지입니다. 완전히 통달한 대가(大家)는 아주 드물거나 한 사람도 없습니다. 종교 또한 아직까지도 인간의 가슴속에 단단한 기초를 쌓고 정착하지 못했습니다. 그리고 정치, 철학, 문학, 예술도 마찬가지입니다. 지금까지도 우리는 경향과 암시 말고는 아무것도 가진 게 없습니다.

절대로 깨지지 않는 자연의 법칙으로부터 가장 뛰어난 문학 작품들이 멀어지고 왜곡되는 현상은 무엇보다 철학에서 두드러집니다. 어떤 거짓된 목소리를 내든 그대로 내버려 둔다면 결국 철학은 이런 복잡한 모습으로 흘러갈 겁니다. 프랑스의 절충주의(Eclecticism)*62를 예로 들면 쿠쟁*63은 그것을 틀림없는 진리라고 믿었지만, 사실 그 안에는 착시(錯視)를 일으키는 요소가 있습니다. 대단한 거짓이 있음이 저절로 드러납니다. 온갖 학설들을 다 취하기 때문에 언뜻 그 안에 모든 진리가 담겨 있는 듯 보입니다. 그리고 아무것도 하지 않고 그저 체에 받치고 물로 씻어서 걸러내면 마지막 거르개 안에 금과 다이아몬드가 남게 될 듯이 보입니다.

그러나 진리는 신기루처럼 덧없이 사라지거나 교활한 도망자처럼 언제든 빠져나가며 어디에 옮기거나 담을 수 있는 상품이 아니기에, 진리를 이해하기란

---

*60 BC 5세기에 활동한 아테네의 군인, 역사가. 아테네와 스파르타의 전쟁을 다룬 《펠로폰네소스 전쟁사》를 저술했다.

*61 티투스 리비우스(Titus Livius, BC 59~AD 17). 로마 역사가. 전체 142권으로 구성된 《로마사》를 집필했다.

*62 철학과 신학에서 서로 다른 사상 체계의 학설들을 골라 뽑아서 진리의 완결성을 추구하는 방식.

*63 빅토르 쿠쟁(Victor Cousin, 1792~1867). 프랑스 철학자·교육 개혁가. 체계적 절충주의를 주장하며 철학 체계를 감각론, 관념론, 회의주의, 신비주의 등으로 분류했다.

빛을 붙잡는 것만큼이나 고통스럽고 불가능한 일입니다. 빛을 모조리 방 안에 가둬 두려고 아무리 빨리 문을 닫아도 소용이 없습니다. "멈춰!" 외치기도 전에 사라져 버립니다. 바로 이런 일이 오늘날 철학에서 일어나고 있습니다. 모든 학설들을 번역하고, 대조하며, 바로잡아 보아도 여러분에게 전혀 도움이 되지 않습니다. 진리는 그런 활동력이 떨어지는 방식으로 가질 수 없기 때문입니다.

하지만 여러분의 진실한 본성 작용 안에서 세상을 관찰한다면, 아무리 작은 것이라도 처음 마주하자마자 자연과 인간을 바라보는 새로운 시야가 열릴 겁니다. 그 새로운 관점은 용매(溶媒)처럼 그 안에 담긴 모든 이론들을 녹이고, 그리스와 로마 사상, 스토아철학, 절충주의 등을 오직 분석을 위한 자료와 자양분으로서 받아들이며, 세계를 담은 여러분의 사고 체계를 아주 작은 하나의 독립체로 분류할 것입니다.

뿌리 깊은 사상은 어디에서든지 모든 것들을 분류합니다. 깊고 그윽한 사상은 올림포스산도 들어올릴 것입니다. 철학을 담은 책은 다만 하나의 사실에 지나지 않습니다. 다른 사실들처럼 영감을 주는 하나의 사실일 뿐, 그 이상도 이하도 아닙니다. 지혜로운 사람이라면 결코 그것을 어떤 마지막이자 현실을 넘어서는 것으로 높이 떠받들지는 않을 것입니다. 천재성을 지닌 사람과 대화를 나눠 보세요. 그러면 그가 말하는 첫마디에 여러분이 지닌 이른바 '지식'이라고 하는 것은 모두 모호하고 아직 자기 것이 되지 않았음이 드러납니다. 그런 사실을 깨닫자마자 플라톤, 베이컨, 칸트, 절충주의의 쿠쟁은 몸을 낮추며 평범한 인간, 단순한 사실들이 될 것입니다.

저는 이 철학자들, 또는 오늘날 남아 있는 어떤 사상 체계의 가치를 떨어뜨리기 위해 이런 말을 하는 것은 절대로 아닙니다. 다만 그 어떤 특정한 초상화가 어떤 식으로든 새로운 시도를 물리치거나 방해하는 것은 아니며, 영혼으로서 평가될 때는 일그러지고 쭈그러든다는 점을 밝히는 것입니다. 영혼의 홍수는 급류가 짚더미와 초가집을 덮치듯이 그 앞에 놓여 있는 지성과 기억으로 지은 우리의 초라한 건물을 휩쓸어 버립니다.

지식인들의 작품은 서로 비교될 때만 위대하다고 말할 수 있습니다. 〈캐슬 래드클리프(Castle Radcliffe)〉와 〈포터(Porter)〉 소설들을 〈아이반호(Ivanhoe)〉, 〈웨이벌리(Waverley)〉와 견줄 때 그렇게 평가할 수 있지요. 그러나 절대 이성의 옆에 놓으면 그 어느 것도, 심지어 유명한 호메로스와 밀턴마저도 뛰어나지 않습니다. 절대 이성은 그 모두를 홍수처럼 덮쳐 흔적도 없이 가져가 버립니다. 그 모든 것들은 하룻밤의 잠과 같습니다.

공정함은 그렇게 모든 세대와 개인에게 이루어집니다. 지혜는 인간에게 자신의 선조들을 증오하거나 두려워하거나 흉내 내지 말라고 일러줍니다. 세상이 늙어버린 듯이 사고가 다 써서 없어진 것처럼, 만물의 망령(妄靈) 속에 태어난 것처럼 한탄하지 말라고 가르칩니다. 왜냐하면 신성(神性)의 미덕으로 말미암아 사고는 날마다 지칠 줄 모르고 저절로 새로워지며, 사고가 밝게 비추는 사물은 비록 그것이 먼지와 모래라 하더라도 헤아릴 수 없이 많은 관계들을 맺고 있는 하나의 새로운 주제가 되기 때문입니다.

### 젊은 학자의 신념

여러분, 이제까지 학자의 본분과 희망에 대한 제 생각들을 이야기했습니다. 지금 이 대학교 문턱에 서 있는 여러분 대부분이 그렇듯이, 사회로 나아가 온갖 직무를 수행할 준비를 하는 단계에서는 지식인들의 가장 중요한 임무들에 대해 충고를 들어도 유감스럽게 여기지는 않을 것입니다. 또한 여러분의 새로운 동료들 입을 통해서는 그런 충고를 거의 듣지 못할 것입니다. 그렇기에 제가 이런 말씀을 드렸습니다.

앞으로 여러분은 매일같이 속된 처세에 대한 조언들을 듣게 될 것입니다. 가장 먼저 할 일은 땅을 사고, 돈을 벌며, 지위와 명성을 높이는 것이라는 이야기를 당연하다는 듯이 들을 것입니다. 사람들은 조롱하듯 여러분에게 물을 것입니다.

"당신이 좇는 진리라는 게 뭡니까? 그 아름다움이 대체 뭐죠?"

그러나 누가 뭐라 하든 하나님께서 진리와 아름다움을 좇으라고 여러분에게 명령하신다면, 용감하게 믿음과 확신을 가지고 충실하게 따르세요.

"다른 사람들이 하듯이 나도 해야겠어. 유감스럽지만 이제까지 품었던 이상(理想)은 포기할 거야. 나도 땅의 아름다운 열매를 먹어야 하니까. 배움과 낭만보다 더 알맞은 시기가 올 때까지 잊고 지내야겠어."

여러분이 이렇게 말하는 순간, 여러분 안에 깃든 참된 인간은 죽습니다. 수많은 사람들 안에서 이미 죽어 버린 예술과 시와 과학의 싹들은 여러분 안에서 또 한 번 죽어 없어집니다. 그런 선택을 하는 순간이 바로 여러분 인생의 커다란 위기입니다. 그러므로 반드시 여러분 자신을 지성으로 단단히 묶어 놓아야 합니다. 속물근성에 찌든 세상의 이런 오만한 성격 때문에 학문의 대표자들이 나날이 드물어지는 것입니다.

세상의 평가를 받는 게 아니라 세상을 평가하는 것이 지식인의 의무이며 마땅한 권리입니다. 자연의 모든 사물로부터 여러분에게 흘러들고 있는 설득의 목소리에 귀 기울이고 그 소리를 인간의 마음에 말로 전달하는 혀가 되어, 순간의 아름다움이 어떻게 지혜가 되는지 어리석은 세상에 보여주세요. 지나친 권리 요구가 시대와 국가의 악이라는 사실을 마음에 새기면서, 우리 함께 그림자를 쫓아가며 무관심 속에 내버려진 지혜를 찾아봅시다. 희미한 한 줄기 빛에도 만족한다면 그 빛은 여러분 것이 될 테니까요.

탐구하고, 또 탐구하세요. 끊임없이 진실을 쫓아야 하는 여러분의 본분 때문에 세상 사람들이 비난하거나 또는 아첨하더라도 신경 쓰지 마세요. 독단(獨斷)에 빠져서도 안 되고, 다른 사람의 독단을 받아들여서도 안 됩니다. 땅과 집 같은 성급한 안락함을 좇느라 별빛이 빛나는 진리의 사막을 걸어갈 여러분의 권리를 왜 포기해야 하나요? 진리에도 지붕과 침대와 식탁은 있습니다. 세상에 꼭 필요한 존재가 되세요. 그러면 자연스럽게 인류가 여러분에게 빵을 줄 것입니다. 쌓아 놓을 만큼 많지는 않더라도 결코 모든 인간들의 애정, 예술, 자연, 희망 안에 있는 여러분 몫을 빼앗아가지는 않을 것입니다.

제가 지나치게 가혹한 금욕주의를 강요한다는 생각에 두려워하지 않아도 됩니다. 계획적으로 은거하는 학자가 무슨 소용이 있느냐고 묻지 마세요. 자신이 이룬 업적을 숨기는 자와 기대하고 있는 세상으로부터 자기 생각들을 감추는 자 가운데 누가 학자로서 더 낫느냐고 묻지 마세요. 자기 생각을 감춘다고요! 차라리 해와 달을 가리지요.

사고(思考)는 빛으로 가득하기 때문에 저절로 온 세상에 퍼집니다. 여러분이 제아무리 입을 다물고 있더라도 여러분의 사고는 기적처럼 놀라운 그 자체의 발성 기관으로 이야기를 건넬 것입니다. 여러분의 행동, 태도, 얼굴에서 생각이 흘러나올 것입니다. 여러분의 사고가 벗을 만들어 줄 것입니다. 여러분의 생각이 너그러운 인간들의 사랑과 기대를 걸고서 진실을 지키며, 여러분을 맹세하게 만들 것입니다. 하나뿐인 완벽한 자연의 섭리에 힘입어 그 생각이 영혼 속에 존재하는 진실로 가치 있는 것들을 땅과 하늘의 사랑을 받는 학자에게 모두 내어줄 것입니다.

오늘의 강연을 마치겠습니다.

Representative Men
영웅이란 무엇인가

제1장
# 시대정신을 품고 등장한 슈퍼리더
### 세속의 영웅 나폴레옹

나폴레옹(1769~1821)

　프랑스의 군인·정치가. 코르시카 섬에서 태어나 파리 사관학교에서 배우고 포병연대의 소위로 임관. 혁명운동에 투신해 1799년, 쿠데타를 감행하고 제1통령에 취임. 나폴레옹법전을 제정한다. 1810년, 통령제를 폐지하고 황제가 된다. 러시아를 제외한 유럽의 거의 전역을 점령하는데 1812년 모스크바 원정에 실패하고 엘바 섬에 유배된다. 1815년 탈출해서 100일천하를 이루었으나 워털루 싸움에 패해 세인트헬레나 섬에 유배된다. 부자유스런 생활 속에서 회상록을 남기고 죽는다.

## 대중의 소망을 구현한 나폴레옹

　19세기의 걸출한 사람들 가운데서 나폴레옹은 가장 세상에 널리 알려진 유력한 위인이다. 그가 두드러지게 뛰어난 명성과 지위를 얻고 있는 이유는 그가 오로지 교양도 행동력도 있는 유망한 사람들이 간절히 그리워하는 숭고한 이상과 신앙을 구현하고 있기 때문이다.

　'몸 안의 어느 기관도 같은 분자에 의해서 성립해 있다'는 설을 주장한 것은 스베덴보리인데, 이 이론은 '온갖 것의 전체가 비슷한 부분에 의해서 성립해 있다'고 바꾸어 말해도 좋을 것이다. 곧 '간장은 작은 간장으로, 폐장은 작은 폐장으로 이루어지고 신장도 또 작은 신장으로 이루어져 있다'는 것이다.

　이와 같은 사고방식을 쉽게 말한다면 '수많은 사람들의 능력과 신앙을 한 몸에 모은 나폴레옹은 프랑스 그 자체이고, 유럽 그 자체이다'라는 견해도 가능할 것이다. 그것은 나폴레옹이 이끌고 있는 곳의 사람들이 저마다 하나의 세포='작은 나폴레옹'으로서 활약하고 있기 때문인 것이다.

우리 사회에서는 보수파와 민주파 사이에서, 곧 이미 한 재산을 이룬 사람들과 앞으로 재산을 모으려는 젊은이나 빈곤계급 사람들 사이에서 적대감정이 끊이지 않는다. 이 두 그룹에 있어서는 이익에 관한 입장이 전혀 정반대인 것이다.

그 가운데 한쪽은 일하지 않아도 자동적으로 손에 들어오는 이익, 곧 이미 죽은 선인들이 열심히 일해서 남겨준 저축이나 토지, 건물 따위의 재산에서 불로소득을 손에 넣을 수 있는 자본가들이다. 거기에 비해 또 다른 한쪽은 실제로 땀 흘려 일해서 얻은 수입, 곧 스스로 번 돈을 모으고, 또 토지나 건물을 가지려고 노력하고 있는 사람들이다.

제1의 보수파 그룹 사람들은 겁이 많은데다 이기적이고 융통성이 없어 개혁을 싫어한다. 제2의 민주파 그룹 사람들은 이기적이란 점에서는 같은데 대담하게 다른 사람의 땅을 점령하려 하고 자기신뢰가 강하고 수에 있어서도 전자를 웃돈다. 또 많은 아이가 태어나므로 그 수의 차이는 점점 벌어질 뿐이다.

이 신흥세력, 곧 미국, 영국, 프랑스, 기타 유럽 중의 실업가들로 이루어진 근면하고 직업이 있는 사람들의 그룹은 모든 자유경쟁으로의 길을 열고 더 나아가 그와 같은 길이 많이 만들어질 것을 바라고 있는 것이다.

나폴레옹은 바로 그와 같은 신흥세력의 대표자였다. 온 세계 신흥중산계급의, 활기 있고 용감하고 유능한 사람들은 나폴레옹이야말로 그들 민주파의 이상적인 구현자임을 본능적으로 알아차린 것이다.

나폴레옹의 언행록이나 전기를 읽은 수많은 독자들은 누구나 그 페이지를 설레는 마음으로 넘기고 있었을 것이다. 왜냐하면 그 책 속에 자기 자신의 이상화된 성공담을 읽을 수 있었기 때문이다.

나폴레옹은 골수까지 현대인이고 그 행운의 절정기에 있어서는 현대의 대중정보사회의 도래를 상징하는 '신문정신'의 구현자가 되었다.

나폴레옹은 이른바 성자는 아니었다. 그 자신을 '캡틴 수도승'(프란시스코 수도회의 수도자)는 아니라고 단언하고 있는데 말하자면 고차원의 의미에서 '영웅'은 더욱 아니었다.

도시에 사는 보통 사람들은 나폴레옹 안에 자신과 똑같은 것을 느끼고 자신들의 능력이나 자질과 다를 바가 없는 것을 느꼈을 것이다. 그들은 이렇게 생각했다. '나폴레옹은 나와 똑같이 태어날 때부터 시민이다. 그런데 확실하게 눈에 보이는 공적을 쌓음으로써 이처럼 눈부시게 높은 자리에 오른 것이다. 또 그러므로 보통의 신경을 지닌 자라면 그것을 지니고 있어도 타인 앞에서는 부끄러워서 숨기고 마는 부귀영화에 겁 없이 빠져들 수가 있었던 것이다.'

나폴레옹은 상류계급과 사귀어 비싼 책을 구입하고, 바쁘게 여러 나라를 돌아다녔다. 또 호화로운 옷을 걸치고 성찬을 즐겼으며 수많은 하인의 시중을 받고 위풍당당하게 행동하였다. 생각한 것은 즉시 실행에 옮기고 주위의 모든 사람들에게 성대하게 향응을 베풀었다. 회화와 조각, 음악 등에 취미가 있었고 궁중이나 세간에서 모두가 즐기는 세속적인 즐거움을 다 맛보았다.

다시 말하면 19세기에 사는 사람들이 남몰래 그리워하고 참여하려고 생각한 모든 것을 이 지상의 권력자는 한 몸에 갖추고 있었던 것이다.

나폴레옹처럼 대중 안에 숨겨진 이상이나 소망을 확실하게 알아차리고 그 생각을 구현할 수 있는 사람이라면 단순히 사람들의 대표자가 될 뿐만 아니라 그들의 마음을 뜻대로 움직이는 것쯤은 무척 쉬웠을 것이다.

실제로 나폴레옹과 같은 유형의 사람은 자기만의 언어나 의견 따위는 거의 갖지 않게 되는 것이다. 그는 거대한 수용력을 지닌 그릇이고 시대와 국가가 낳은 온갖 지혜와 기지, 재능을 자기 안에 남김없이 받아들이고 마는 것이다.

그는 연전연승해 나폴레옹법전을 제정하고, 도량형을 정하고, 험준한 알프스산맥의 정지작업을 하고, 공공도로를 설치한다.

또 뛰어난 기사와 학자, 통계가를 뽑아 써 여러 가지 보고와 의견을 올리게 하는 것이다. 그렇게 되자 모든 우수한 두뇌의 가신들이 앞 다투어 후보를 추천하게 되었다. 나폴레옹은 그 가운데서 가장 뛰어난 계책을 채용하고 자신의 것으로 한다. 그뿐만 아니라 타인의 말이나 책에서 얻은 어떤 효과적인 명대사도 완전히 자기의 것으로 하고 마는 것이다.

오늘날 나폴레옹이 한 한 마디 말이, 그 문장의 어느 한 구절이 대단히 귀중한 읽을거리로 남겨져 있는데 그것은 바로 '프랑스언어'의 집대성이기 때문이다.

### '자연아'와 '교양인'

나폴레옹은 보통 사람들의 우상이었다. 그것은 그가 보통 사람들의 자질이나 재능을 더할 나위 없을 정도의 수준으로 한 몸에 갖추고 있었기 때문이다.

정치의 세계도 밑바닥까지 내려가면 어떤 편안함이 나타나게 된다. 그곳에서는 억지로 꾸민 언어나 행동이 전혀 없어지기 때문이다.

그는 자신이 대표로 있는 다수파인 평민계급과 힘을 합쳐서 권력이나 부를 손에 넣기 위해 몹시 노력을 했는데 그 수단에 있어서는 조금도 인정사정이 없었다.

목적을 추구하는 데 있어서는 약간의 감상을 느껴 망설이는 것이 인정인데 그는 그와 같은 진부한 감상 따위는 조금도 갖지 않고 있었던 것이다. 그와 같은 나약한 감정 따위는 '여자애들에게 맡겨두라'는 것이다. 나폴레옹은 불필요한 감상이나 인정을 깨끗이 끊고 자신의 수완과 지혜만을 의지해 자신의 길을 걸어갔다.

그에게 있어서 기적이나 마법 따위는 존재하지 않는 것과 같은 것이다. 그는 오직 한결같이 놋쇠, 철, 목재, 토지, 도로, 건축, 금전, 군대 등 활용할 수 있는 것을 최대한으로 활용하고 자신이 해야 할 일에 철저한 일의 귀신이었다. 그는 결코 관념에 빠져드는 일없이 자연의 영위에도 비길 만한 굳건함과 정확함으로 행동했다. 그는 자연계에 있는 여러 가지를 훌륭하게 다루는 방법을 태어날 때부터 갖추고 있었던 것이다.

적의 입장에서 볼 때 마치 대자연의 위협을 앞에 둔 경우와 마찬가지로 이와 같은 사내를 상대로 하는 것은 정말로 견뎌낼 수 없는 일이었을 것이다.

확실하게 나폴레옹의 이름을 들지 않아도 실제로 손으로 물건을 다루는 데 뛰어난 사람들, 농부, 대장간, 선원, 또는 일반적으로 기술자로 불리는 사람들이 있을 것이다. 그리고 이와 같은 사람들을 학자나 지식인과 같은 서재의 사람 앞에 놓고 보면 그들이 얼마나 현실적이고 확실하게 보이는지 잘 알 수 있다. 다만 대개의 경우 이와 같은 일을 하는 사람들에게는 사물을 도맡아 관리하는 능력이 없는 것이다. 이른바 '머리가 없는 손'과 같은 것이었다.

거기에 대해서 나폴레옹은 이와 같은 동물적인 직감, 야생의 힘에 더해서 지적인 통찰력과 종합력도 갖추고 있었다. 말하자면 그의 안에서는 '자연아'와 '교양인'이 절묘하게 결부되어 있었던 것이다.

따라서 신약성서의 〈요한복음〉에 있는 것처럼 '마치 고향에 돌아온 자처럼 바다의 민초도 산의 민초도 그를 환영'하게 되는 것이다. 그는 바로 시대정신을 짊어지고 역사의 무대에 등장했다고 말해도 좋을 것이다.

지적인 정보처리능력을 갖추고 있었으므로 그는 단순히 기계적으로 행동하는 것만이 아니고 언제나 어떤 수단으로 지금 무엇을 하고 있는지를 정확하게 파악하고 있었다. 금과 철, 차와 배, 군대와 외교의 특성에 통달해 그 특성을 최대한으로 끄집어내 기능시키는 데 성공했다.

그는 타고난 산수의 지식을 충분히 활용해 전쟁을 지휘했다. 그의 말에 따르면 전쟁을 승리로 이끄는 비결은 적국에게 공격을 가하는 지점에서 언제나 적보다도 많은 전력을 배치한다는 것이다.

이렇게 해서 그는 그가 지닌 힘을 모두 쏟아 군을 자유자재로 지휘하고 온갖 수단을 다해 적군의 한쪽으로 쳐들어가 하나하나 그 방어선을 무너뜨린 것이다. 국지전의 현장에서는 약간의 병력이라도 언제나 한 사람의 적에 대해서 두 사람의 우군으로 싸우도록 교묘하고 신속한 작전행동을 전개해 나가면 전력에 있어서 훨씬 웃도는 적까지도 무찌를 수 있는 것은 바로 승리의 철칙이라고 해도 좋을 것이다.

### '나야말로 운명의 점지를 받아들인 자'

살아 있었던 시대, 자신의 자질, 태어나서 자란 환경 따위의 여러 조건이 실로 적절하게 상승효과를 이루어 이와 같은 세상에 보기 드문 평민의 대표를 낳게 되었다. 그는 자신을 낳은 평민계급의 다양한 장점을 갖추고 있었을 뿐만 아니라 그 장점을 구체적으로 나타낼 만한 성격적인 조건에도 부족함이 없었던 것이다.

무언가 하나의 목적을 인정했으면 즉시 그것을 위한 수단을 찾아내는 뛰어난 견식. 다양한 수단을 구사하고, 선택하고, 짜 맞추어 일체화하는 것에 기쁨을 발견하는 실제적인 성격, 일을 끝까지 철저히 수행하는 책임감, 모든 일을 빈틈없이 검토하는 신중함, 분투하는 기백으로 일에 임하는 에너지, 이와 같은 여러 조건이 모아져 현대 민중의 잠재적인 소망을 한몸으로 나타내려는 것과 같은 슈퍼리더가 탄생한 것이다.

누구나 자신의 힘만으로는 성공할 수 없다. 그러기 위해서는 자연의 추세에 기대지 않으면 안 되는 것이다. 나폴레옹도 그 예외는 아니고 우선 시대가 이와 같은 인간을 바라고 그런 뒤에 그 기대에 부응해 그런 인물이 세상에 나타난 것이다.

다시 말하면 이 인물은 강철같은 강인한 육체를 지니고, 16~17시간이나 말 위에서 지내고, 휴식도 식사도 간단하게 마치고, 호랑이처럼 재빠르게 밤낮을 가리지 않고 계속 진군할 수가 있었다.

더욱이 이 뛰어난 인물은 인간다운 망설임에 흔들림이 없이 결심을 했으면 한눈도 팔지 않고, 즉시 행동해 이기적이고, 빈틈없이, 그리고 타인의 가장된 포즈에 흔들리지 않고, 또 열광의 포로가 되는 일도 없었다. '나의 무쇠 같은 손은 팔에 연결되어 있는 것이 아니다. 그것은 나의 머리와 바로 이어져 있는 것이다'라고 그는 호언했다.

자연과 운명의 힘을 존중하고 '내가 남다르게 뛰어난 것이 있다면 그것은 자연과 운명의 힘에 따른 것이다'라고 말했다. 세상 사람이 흔히 하듯이 무턱 대고 아집을 부리거나 천지자연에 대해서 무모한 싸움을 일으키거나 하는 일 은 없었다.

그는 자주 자신의 운세를 별들의 운행에 견주었다. '나야말로 운명이 점지 한 자이다!'라고 단언했을 때 민중의 갈채를 받았을 뿐만 아니라 그 자신 나 쁘지도 않은 생각에 가득 찼을 것이다.

더욱이 그는 이렇게도 말했다.

'사람들은 흔히 나를 큰 죄를 저질렀다고 비난하려든다. 하지만 실제로 큰 죄를 저지르지 않았다. 내가 출세가도를 달려 온 것은 극히 단순명료한 이유 에 따른 것이다.

그것을 무언가 음모나 범죄의 탓으로 하려는 것은 문제의 핵심에서 벗어난 것이다. 그것은 특수한 시대였으므로 내가 조국의 적에 대해서 과감하게 싸 웠기 때문이라고 말해도 좋을 것이다. 나는 언제나 민중의 소리와 세상의 움 직임을 이 등 뒤에 느끼면서 진군해 왔다. 그런 내가 범죄에 손을 더럽힐 필요 가 도대체 어디에 있을까.'

그리고 그는 자신의 아이에 관해서도 말했다.

'아들이 내 뒤를 잇는 일은 없을 것이다. 나 자신만 해도 내 힘으로 이 지위 를 얻은 것은 아니다. 나는 운명이 점지한 자인 것이다.'

## 어떤 장애도 단호하게 물리쳐 의지를 관철한다

그는 용맹, 과감하게 행동했는데 동시에 드물게 사려분별도 아울러 지니고 있었다. 그는 현실주의자이고 말만 그럴듯하게 하고 진실을 바로 보지 못하는 자들에게는 실로 두려운 상대였다.

그는 전국(戰局)의 요충(要衝)을 발견하면 군이 가장 저항이 심한 지점에 거점을 두고 전 병력을 모아 반격을 해 열심히 싸웠다. 일종의 만용이 아니고 사리분별에 따른 진정한 강함을 지니고 있었던 것이다.

결코 그때그때 운에 맡기는 승부로 승리를 얻으려 하지 않고 사전에 치밀하게 작전을 짜 꼭 이길 수 있는 싸움으로 승리를 거두었다. 그 전략전술은 싸우기 전에 모두 그의 머릿속에 완벽하게 짜여 있었다. 다른 사람에게 조언을 구하거나 하는 일은 없었다.

실제로 그는 1796년에 그 무렵 프랑스를 지배하고 있었던 총재정부에 편지를 보내 다음과 같이 말한 적이 있다.

'나는 누구에게도 상의하지 않고 이 원정을 지휘해 왔다. 만일 내가 타인의 생각에 좌우되는 일이라도 있으면 전혀 아무런 성과도 올리지 못했을 것이다. 내가 아군을 훨씬 웃도는 적군에 대해서 최악의 조건하에서 불충분하나마 일정한 전과를 거둘 수 있었던 것도 총재정부가 나에게 전권을 맡겨준 것을 확신할 수 있었으므로 나의 머릿속에 떠오르는 작전을 생각대로 실행할 수 있었기 때문이다.'

역사책을 보면 그곳에는 국왕이나 위정자들의 끊임없는 어리석은 행각이 수없이 씌어져 있다. 그들은 실로 가엾고 어리석은 사람들일 것이다. 스스로 자신이 하고 있는 것을 모르고 있기 때문이다. 직공들이 한 조각의 빵을 찾아 파업이나 폭동을 일으킨다. 그러면 국왕이나 그 신하들은 어떻게 해야 할지를 모르고 총으로 그것을 진압하려고 하는 것이다.

그러나 나폴레옹은 자신의 직분을 잘 알고 있었다. 아무리 위급한 와중에서도 다음에 자신이 취해야 할 방법이 훤하게 꿰뚫고 있었던 것이다.

'다음에 해야 할 일을 알고 있으면 서두르지 않고 침착하게 행동할 수 있다.' 이것은 한 나라의 군주로부터 이름 없는 민중에 이르기까지 들어맞는 인생의 중요한 법칙이다. 사람들은 대부분 '다음의 수단'을 생각함이 없이, 예정도 계획도 없이 그때그때 닥치는 대로 삶을 보내고 있으므로 늘 어찌할 바를 모르고 우왕좌왕하고 만다. 또 이럭저럭 하나의 일을 마친 뒤에는 누군가 다른 사람으로부터 지시가 없으면 다음의 행동으로 나설 수 없는 것이다.

나폴레옹은 만일 그 목적이 순수하게 공적인 것이었다면 세계에서 제1등의 인물이 되었을 것은 틀림이 없다. 그 점에 관해서는 확실히 완벽하다고는 말할 수 없는데 그래도 한결같은 행동의 논리를 세움으로써 많은 사람에게 감화를 주고 자신감과 용기를 북돋워 줄 수가 있었다. 그는 굳게 참으며 흔들리지 않는 의지를 지니고, 자제심이 많고, 자신의 일은 뒤로 돌리고, 금전, 군대, 장군, 그리고 자기자신의 안전 등 온갖 희생을 지불해서라도 해야 할 목적을 위해 매진할 수가 있었다.

또 보통의 모험가처럼 수단에 지나지 않는 것, 지위와 명예, 부와 같은 것에 눈이 어두워 본래의 길을 잃어버리는 일도 없었다.

'나의 정책이 주위의 현실에 의해서 좌우되어서는 안 된다. 오히려 정책에 의해서 현실을 바꿔나가야 하는 것이다'라고 그는 말한다. '무언가 일이 일어날 때마다 우왕좌왕하게 되면 처음부터 정치 따위에 손을 댈 필요도 없을 것이다'라고 말한 것이다.

그는 하나하나의 싸움의 승패에 일희일비하지 않고 그것을 다음 승리로의 발판으로 받아들였다. 그리고 눈부신 전공에 의해서 아무리 일반대중의 박수갈채를 받았다고 해도 그 일로 자만해 자기가 본디 나아가야 할 길을 잃는 일은 한 순간도 없었다. 바로 자기가 무엇을 해야 할 것인지를 깨닫고 있었던 것이고 그 목표를 향해 날듯이 돌진해 간 것이다. 그 목적지에 이르기 위한 거리를 더욱 줄이려는 노력을 아끼지 않았다.

그의 전기를 읽으면 나폴레옹이 그 성공을 거두기 위해 얼마나 많은 희생을 치렀는지는 잠시 눈을 가리고 싶을 정도이다. 그러나 그렇다고 해서 그를 혹독한 인간으로 깎아내려서는 안 된다.

그는 요컨대 자신의 의지를 관철함에 있어서 어떤 장애도 물리치지 않을 수 없는 유형의 인간이었던 것이고 결코 피에 굶주려 있었던 것도, 잔학행위를 즐기고 있었던 것도 아니다. 단지 어떤 인간이나 사물이나, 자기의 진로를 가로막는 것을 절대로 허용할 수 없었던 것이다. 한번 일에 임해서는 아낌없이 피와 땀을 흘리고 인정사정이 있었기에 가열할 정도로 자기 의지를 관철한 것이다.

그에게는 이루어야 할 목표 이외의 것은 눈에 들어오지 않고 장애가 있으면 어떻게든 없애지 않으면 안 되었다. 다음의 공방이 그 좋은 증명이 될 것이다 ; .

'각하, 오스트리아군의 집중포화로 클라크 장군의 군이 주노장군의 군과 합류할 수 없습니다.'

'상관없다. 그 포대를 몽땅 차지하는 것이다.'

'각하, 저 중장비의 포병대를 향해 진군하는 연대는 괴멸상태입니다. 각하. 부디 지시를!'

'그래도 진군하라. 오직 진군하는 것이다!'

포병연대의 대장 세르주가 그 《전쟁회고록》이라는 자신의 저서 가운데서 아우스터리츠 전투에서의 에피소드를 다음과 같이 말하고 있다.

'러시아군이 비참한 패잔병의 모습으로, 그래도 어떻게든 대열은 흩트리지 않고 얼어붙은 호수면을 따라서 철수하고 있을 때 나폴레옹황제는 전속력으로 기마를 몰아 포병대에게 '한 시도 지체해서는 안 된다. 그들에게 집중포화를 퍼붓는 것이다. 지금이라면 보기 좋게 물에 빠져 버리고 말 것이다. 자, 얼음을 깨라!'고 외쳤습니다.

그래서 몇 사람의 장교와 함께 나 자신 언덕의 비탈면에 진을 치고 잇따라 적군에게 포화를 퍼부었습니다. 그런데 그들의 포탄도 나의 포탄도 얼어붙은 호수 면에 미끄러져 구를 뿐, 얼음이 깨지는 기색은 전혀 없습니다.

한 꾀를 생각해 낸 나는 경곡사포의 포구를 위로 들어 올리는 단순한 계책을 시도해 보았습니다. 그러자 무거운 포탄은 거의 수직으로 떨어져 목적한 대로 효과를 거두었습니다. 주위의 포병들도 즉시 내 방법을 받아들여 순식간에 몇 천의 러시아 병사들과 오스트리아 병사들을 물속에 장사 지낸 것입니다.'

## 궁지에서 벗어나는 유일한 수단은 용기와 창의

나폴레옹의 샘솟는 듯한 지모에는 어떤 장애도 문제가 되지 않는 것 같다. '알프스란 장애를 없애 보이겠다'고 단언하고 그는 그 험준하기 이를 데 없는 벼랑 끝에 한 단, 한 단 단차로(段差路)를 만들어 결국에는 파리에서 이탈리아에 이르는 더할 나위없는 훌륭한 교통로를 개척하는 데 성공한 것이다. 그것은 프랑스의 어느 도시의 도로보다도 훌륭한 것이었다.

그는 노고를 아끼지 않고 노력을 해 결국 왕관을 손에 넣기에 이른 것이다. 한 번 해야겠다고 결심했으면 전력을 기울여 무슨 일이 있어도 끝까지 해냈다. 지니고 있는 힘을 모두 짜낸 것이다.

목표에 도달하기 위해서는 온갖 위험을 두려워하지 않았다. 탄약도, 금전도, 군대도, 장군도 그리고 자신의 생명조차 버리길 주저하지 않은 것이다.

비록 젖소라 할지라도, 방울뱀과 같은 하찮은 것일지라도 모든 것이 그 본성에 따라 제각기 그 본분을 다하는 모습을 보는 것은 기분 좋은 것이다.

나폴레옹에 의하면 '전쟁의 대법칙은 밤낮을 불문하고 24시간 어느 때고 적군의 공격에 대비해 군대를 출동시킬 수 있도록 배치하는 것이다'라는 것이 된다.

그는 필요하다면 무기탄약을 아낌없이 투입하고 적의 진영에 대해서는 산탄, 포탄, 포도탄과 같은 온갖 쇠의 일제포격을 퍼부어 적의 포위망을 뿌리째 끊어버리고 만다. 그래도 집요하게 저항을 시도하는 적의 진영에 대해서는 압도적인 수로 위력을 발휘해 잇따라 부대를 집중 투입해 적을 완전히 괴멸시키고 마는 것이다.

예나공방전의 2일 전에 로벤슈타인에 주둔하고 있었던 어느 기병연대를 향해 나폴레옹은 다음과 같이 격려를 했다. '병사 여러분! 그대들은 죽음의 신을 두려워해서는 안 된다. 죽음의 공포를 무릅쓰고 과감하게 맞서 나가면 죽음의 신도 질려서 적에게 붙게 되는 것이다.'

성난 파도와 같은 돌격전의 와중에서도 그는 자기 자신의 생명을 아끼지 않았다. 자신이 지닌 한계까지의 힘을 발휘한 것이다.

이탈리아에서 그는 온갖 것을 시도해 할 수 있는 일은 다 했다. 그는 몇 번이고 절체절명의 궁지에 빠져 하마터면 목숨을 잃을 뻔 했던 것이다. 알코라에서는 늪지로 내몰렸다. 오스트리아군에 의해서 아군과의 거리가 벌어져 위험하기 이를 데 없는 '맨주먹 상태'가 된 적도 있었다. 로나토와 그 밖의 싸움터에서는 포로가 될 뻔했다.

그는 60회 싸움에서 승리를 거두었다. 그렇게 했는데도 그의 투지는 수그러들지 않았다. 하나의 승리를 디딤돌로 해서 새로운 싸움으로 도전해 간 것이다. '지금의 나의 권력은 잇따라 승리를 거둠으로써 성립해 있는 것이다. 언제

나 싸워서 승리를 거두는 일을 중단하면 나는 나 자신일 수 없게 되고 말 것이다.'

세상의 현자의 예에서 벗어나지 않고 나폴레옹도 '승자의 지위를 손에 넣기보다는 그것을 계속 유지해 나가는 것이 훨씬 어렵다'는 것을 잘 알고 있었다.

누구나 사실은 언제나 위험 속에 있고 곤경에 처해 있어 일각이라도 유예가 안 되는 상태에 있음에도 불구하고 그것을 깨닫지 못하고 있는 것뿐인 것이다. 그 궁지에서 벗어나는 유일한 수단이 용기와 창의인 것이다.

## 넘치는 투지에 버팀목이 된 사려분별

나폴레옹의 넘치는 투지는 침착 냉정한 사려와 정확하기 이를 데 없는 분별이 버팀목이 되고 있었다. 그가 공격할 때에는 천둥벼락과 같은 엄청난 박력이 있었는데 한편으로는 또 자기 진영이 수세에 있을 때에도 마음이 흔들리거나 굽힘 없는 용기를 잃지 않았다.

그의 공격 자체도 결코 성급한 마음으로 내몰리는 것이 아니고 연마된 사려분별이 가져오는 행위였다. 그의 견해에 따르면 '최상의 방어는 언제나 공격에 서는 것'이었다. '나는 확실히 대망을 가슴에 품고는 있는데 동시에 언제어느 때라도 냉정함을 잃는 일은 없다'고 그는 말한다.

또 뒤에 역사가인 라스 카즈와의 대화 가운데서 나폴레옹은 다음과 같은 말도 하고 있다.

'용기에 대해서 말하자면 나는 아직 나 이상으로 '오전 2시의 용기'를 갖춘 인간을 본 적이 없다. 무슨 말인가 하면 요컨대 잠이 갑자기 몰려왔을 때에 사람이 발휘해야 할 용기이다. 곧 기습을 당했을 때조차도 벌떡 일어서는 용기를 말하는 것이다. 또는 뜻하지 않은 사태가 발생했을 때에도 당황하지 않고 자유로운 판단이나 결단이 가능한 것이기도 한 것이다.'

그는 자신이 이 '오전 2시의 용기'를 누구보다도 더 지니고 있다는 것을 공언하길 주저하지 않았다.

모든 것이 그의 주도면밀한 계산에 바탕을 둔 당연한 움직임이고 별들의 운행조차도 그의 수학적 계산의 비길 데 없는 정확성에는 미치지 못할 정도였다. 또 그는 어떤 하찮은 일에도 세심한 주의를 게을리 하지 않았다.

'몽테벨로에서 나는 케라만에게 800기의 기병대로 공격하도록 명했다. 그리고 그는 이 적은 병력으로 적의 오스트리아 기병대가 보고 있는 앞에서 보기 좋게 헝가리의 적 병력 6000명을 무찔러주었다. 이 오스트리아의 기병대는 그때 아군으로부터 1마일 반쯤 떨어져 있었고 이 싸움터로 달려오기까지 약 15분쯤 걸리는 거리에 있었다. 나는 이때의 경험을 토대로 전쟁에서 승부를 가리는 것은 언제나 이 '15분'임을 뼈저리게 알게 된 것이다.'

'전쟁을 개시하기 전에 나는 아군이 승리한 경우의 일은 거의 생각하지 않은 채, 한결같이 열세에 선 경우를 상정한 것이다.' 한 가지 일이 만 가지 일, 그의 행동에는 언제나 이와 같이 '최악의 사례를 상정하는' 군세고 치밀함이 있었다.

특히 그가 튈르리 궁전에서 비서에게 내린 지시는 특기할 만할 것이다.

'야간에는 내 방에 절대로 들어오지 않도록 해주기 바란다. 특히 희소식을 전하려고 할 때에는 나를 깨울 필요가 없다. 그와 같은 뉴스는 시급한 것이 아니기 때문이다. 하지만 무언가 나쁜 소식을 가져왔을 때에는 나를 깨우기 바란다. 그런 경우에는 일각이라도 빨리 조치를 취할 필요가 있기 때문이다.'

장군으로서 이탈리아 전선에 종사하고 있는 동안에도 그만이 가능한 '불필요한 일은 가차 없이 버리는 합리정신'을 유감없이 발휘했다.

그동안 잇따라 보내져 오는 알맹이 없는 산더미 같은 보고서에 질리고 만 나폴레옹은 비서인 브리엔에게 '앞으로 3주간, 내 앞으로 오는 편지는 일체 뜯지 말라'고 명했다. 막상 그 기한이 지난 뒤, 편지를 뜯어 그 내용을 검토해 보면 아무것도 아니다. 거기에서 제출되고 있는 여러 문제는 이미 해결이 된 것이어서 일부러 답장을 쓸 필요가 없음을 확인하고 홀로 흐뭇해하는 것이다.

그가 이룬 업적은 엄청난 것이고 일반적으로 생각할 수 있는 인간의 능력한계를 훨씬 뛰어넘고 있었다. 오디세우스에서부터 오렌지공 윌리엄에 이르기까지 역사상, 적극적으로 과감하게 활동한 영웅은 수없이 많은데 나폴레옹이 이룬 업적의 10분의 1조차, 그 일을 잘 행할 수 있었던 자는 단 한 사람도 없을 것이다.

### 중산계급 엘리트들이 그에게서 발견한 것
이 천부적인 재능에 더해서 이름도 없는 가난한 가정에 태어나 자란 것이 나폴레옹에게는 크게 다행이었다.

다만, 그런 나폴레옹도 만년이 되자 왕관이나 화려한 수많은 훈장뿐만 아니라 귀족의 특권까지 손에 넣으려는 보통사람과 다름없는 탐욕스런 약점을 드러내기 시작했다.

그래도 그는 오늘의 자기가 있는 것은 어릴 적에 받은 엄격한 교육의 덕택임을 잘 알고 있었고 타고 난 군주, 또는 그 자신이 부르봉왕가를 향해 퍼부은 욕설 '세습의 바보'들에 대해서는 업신여기는 마음을 굳이 숨기려 하지 않았다. '그들은 국외로 추방되고 있을 때에도 왜 자기들이 그와 같은 꼴을 당해야만 하는지에 대해서 전혀 배우려 하지 않았고 여전히 과거의 영광에 연연하고 있는 것이다'라고 말했다.

나폴레옹은 군의 모든 계급의 단계를 하나씩 밟아 결국 황제의 자리까지 차지하였는데 기본이 평민 출신이고 아무리 높은 지위에 올라도 자신의 출신을 잊은 적이 없었으며 시민정신이 무엇인가를 잘 알고 있었다.

그의 언어구사의 교묘함이나 높은 계산능력은 중산계급 특유의 지식과 합리정신을 구현하고 있다. 그와 직접 교섭을 한 적이 있는 사람은 모두 나폴레옹이 결코 다른 사람에게 끼어들 약점을 보이지 않고, 누구보다도 치밀한 계산능력이 뛰어나고, 머리의 회전이 빠르다는 것을 알게 되었을 것이다.

그것은 그가 세인트헬레나 섬으로 유배된 뒤부터 구술해 집필한 《회고록》의 어느 부분을 읽어도 명확하다. 이를테면 황후의 유흥비, 자신의 저택이나 공무를 보는 궁전에 연관된 비용 등으로 많은 금액의 부채를 안게 되고 말았을 때에 그는 직접 채권자로부터 받은 청구서를 일일이 조사해 부당하게 부풀린 청구나 계산 차이를 지적하고 그 청구액을 상당히 줄인 적도 있다.

강대한 군사력을 손에 넣고 몇 백만의 사람들을 뜻대로 움직일 수 있었던 것은 그가 오로지 민중의 대표자로서 그만큼 많은 인망을 얻고 있었기 때문인 것이다.

우리에게 흥미가 끊이지 않는 것은 그가 프랑스 한 나라뿐만 아니라 유럽 전체를 대표하는 큰 그릇이 되었다는 점이다.

그가 한 국가의 통솔자, 군주로서 있는 힘을 다 발휘할 수 있었던 것은 프랑스혁명에 의해서 역사의 본 무대에 진출한 중산계급의 중심세력들이 모두 그에게서 자신들의 꿈을 짊어지고 이익을 대변해 줄 '대표적인 지도자'를 발견했기 때문이다.

사회적인 권익이란 점에서 말한다면 그는 세상의 중심세력들의 의의와 가치를 충분히 터득하고 있어 자연히 그들의 입장에 서서 행동을 했다.

아래에 내 마음에 꼭 드는 에피소드를 소개하겠다. 그것은 그의 전기작가인 한사람이 세인트헬레나에서의 나폴레옹의 사람 됨됨이를 이야기한 것이다.

'집주인인 바르콤 부인과 함께 나폴레옹이 산책을 하고 있을 때에 무거운 상자를 든 서너 명의 하인이 바로 앞길을 가로지르려고 했다. 부인은 뜻밖에 분노한 어조로 '폐하의 통행에 방해가 되지 않도록 하라'고 그들을 꾸짖었다. 그러자 나폴레옹은 그녀를 제지하고 '부인, 저 무거운 짐을 존중해 줍시다'라고 말한 것이다.'

그리고 황제 자리에 있었던 시기에는 수도의 경제시장 개선과 쇄신에 힘을 쏟았다. '시장이란 서민에게 있어서 루브르 궁전인 것이다'라는 말도 남기고 있다. 또 그가 죽은 뒤에도 계속해서 세상에 도움이 되고 있는 대사업은 크나큰 교통로의 설치이다.

나폴레옹의 이념은 그 군대에 고르게 침투하고 있다. 그 때문에 지휘관과 군대 사이에는 무엇이든 대화를 할 수 있는 자유롭고 활달한 분위기가 조성되고 있었다. 물론 그것은 군대에서만 말할 수 있는 것이고 궁정에서 조정신하들과의 연관에 있어서는 그 무렵의 관례로 볼 때 그것은 결코 허용될 수 없는 것이었다.

그와 같은 분위기 속에 나폴레옹의 눈에 띄는 곳에 있는 한, 병졸들은 다른 군대에서는 도저히 있을 수 없는 대담한 일도 해낸 것이다.

나폴레옹과 군대와의 이와 같은 친밀한 연관을 여실히 말해 주는 자료로서 아우스터리츠 전투 때에 나폴레옹이 군의 부하들에게 '나는 결코 진두에 서지 않겠다'는 약속을 해야만 했다는 기록이 남아 있다. 보통의 군대에서는 전투 전야에 장군이나 군주가 내리는 선언은 이와는 반대일 것이다. 이런 점에서도 나폴레옹이 자신의 부하들로부터 얼마나 헌신적으로 봉사를 받고 있었는지 잘 알 수 있다.

### 유능한 인재를 존경하는 마음

실제의 싸움터에서 나폴레옹과 가신들의 이와 같은 신뢰관계도 물론 지나칠 수 없는 것인데 그 이상으로 나폴레옹을 시대의 영웅이 되게 한 최대의 이유는 많은 민중이 나폴레옹이야말로 자신들의 진정한 소망과 이익을 대변하는 진정한 지도자로 믿어 의심치 않았던 것에 있다.

사람들로부터 보내지는 뜨거운 신뢰는 나폴레옹이 그들의 마음에 좇아서 응하는 정책을 실시했을 때만이 아니고 통치자로서 사람들의 뜻에 맞지 않은 일을 굳이 단행했을 때에도, 또 거듭되는 출전으로 인해서 많은 사람들의 생명을 희생하게 된 뒤에도 전혀 바뀌지 않았다.

그는 프랑스의 어느 자코뱅 당원보다도 자유와 평등이 무엇인가를 설득적으로 이야기하는 방법을 터득하고 있었다. 프랑스 귀족인 앙기앵 공이 나폴레옹에 의한 처형으로 피를 흘리게 되었을 때, 그것은 몇 백 년이나 이어진 유래가 있는 귀한 피라고 말하자 그는 '내 안에 흐르고 있는 피도 하수도의 물 같은 것은 아니다'라고 보기 좋게 받아넘긴 것이다.

일반 민중으로서는 대지와 함께 사는 그들로부터 동떨어진 극히 사치스런 궁정생활에 푹 빠져 구태의연한 기득권에 묻히고 있는 극히 소수의 특권계급에 의해서 왕관이 독점되어 대지로부터의 양분을 다 빨아들이는 시대는 드디어 지났다는 생각이 있었다.

이와 같은 '흡혈귀들'을 대신해 이제 그들 민중의 대표자가 궁전에 거처를 마련해 그들과 똑같은 눈높이에서 그들과 똑같은 생활신조에 따라 그들 자신에 대해서도, 그 자제들에 대해서도 모든 요직에 오를 기회를 부여했다.

젊은이의 미래에 대한 싹을 사전에 도려내고 마는 것과 같은 인습적이고 메마른 정치풍토는 이제 마지막을 고하고 그럴 마음만 있으면 누구라도 발전과 성공의 기회를 얻을 수 있는 꿈과 같은 새로운 시대의 막이 열리게 된 것이다.

모든 인재와 산물을 찾는 시장이 개방되고 젊은 영재들 앞에는 현란한 상품이 제시되어 좋든 싫든 그들의 상승지향을 부채질하는 것이다.

시대에 뒤처진 인습의 사슬에 묶인 봉건국가 프랑스는 이제 활기에 넘치는 오하이오나 뉴욕과 같은 나라가 되어 되살아난 것이다.

그 때문에 새로운 군주가 숨 쉴 틈도 없이 잇따라 내보내는 수많은 시책에 고통을 당하는 사람들도 그와 같은 시련이 이전의 압제자를 몰아내 준 군사체제에는 따르기 마련인 '행복의 대가'로 생각해 어떻게든 견딜 수가 있었다.

그리고 대다수의 민중이 이 새로운 지배자에 의한 징병이나 징세에 비명을 지르면서 '이렇게 되면 전보다 나아졌다고는 말할 수 없지 않을까'라는 의문의 목소리를 낼 때조차도 전국 각지에서 모여든 재능 있는 지사들은 신분이나 가문의 상하를 불문하고 나폴레옹이야말로 '자기들의 비호자'로서 태어난 것이라는 신념을 바꾸지 않고 여전히 그의 편을 든 것이다.

1814년으로 접어들어 위기 상황에 빠졌을 때에 상류계급의 사람들에게 의존하는 것이 어떻겠느냐는 충고를 받았을 때 그는 주위 사람들에게 이렇게 말한 것이다.

'신사 여러분, 지금처럼 영락한 신세로 내가 기댈 수 있는 귀족은 빈민 중의 빈민으로 알려진 포부르가의 사람들뿐인 것이다.'

나폴레옹은 민중의 기대에 크게 부응했다. 우두머리의 지위를 유지하기 위해서는 모든 인재를 따뜻이 대우하고 그들을 신뢰해 중요한 자리에 오르게 할 필요가 있었다.

뛰어난 사람들에게 공통적으로 볼 수 있는 일인데 나폴레옹도 또 쓸 만한 인물이나 자신을 능가할 정도의 영재를 찾았다. 그렇게 해서 자신의 기지를 뛰어난 인재와 겨룸으로써 마음껏 시험해 보고 싶었던 것이다.

하지만 어리석은 자나 어중간한 자에 대해서는 용서를 하지 않았다. 이탈리아에서 그는 인재를 널리 찾았는데 전혀 성과가 오르지 않았다. '어찌 된 일인가. 제대로 된 인물이 이렇게 적으리라고는 생각지 않았다. 이탈리아에는 1800만 명이나 되는 사람이 있는데 함께 대화를 할 만한 인물이 겨우 단드로와 메르티뿐이라니!' 하면서 탄식을 한 것이다.

그 뒤에도 세상에 제대로 된 인재가 적은 것을 탄식하는 마음은 조금도 변하지 않았다. 어느 때 그는 벌레라도 씹은 듯이 옛 친구에게 말했다. '인간의 천박함에는 정나미가 떨어졌네. 내가 어릴 적부터 키운 지조가 굳기로 알려진 공화당원조차 막상 그들의 웃옷에 금몰을 달아주기만 하면 순식간에 땅에 닿도록 고개를 숙이는 몰골인 것이다.'

하지만 인간의 천박함에 대한 이와 같은 강한 멸시는 유능한 인재를 존경하는 마음과 서로 어긋난 것이었다고 말할 수 있다. 뛰어난 인재를 사랑하는 마음, 탁월한 자에 대한 존경심은 그들이 자기편이나 협력자가 되었을 때만이 아니고 자신의 의지에 반한 행동을 취했을 때조차 바뀌지 않았다.

그는 자기에게 아첨하는 신하들보다도 정적이면서도 기골이 크고 튼튼한 포크스, 피트, 카루노, 라파이에트, 그리고 베르나르 쪽을 높이 평가하고 있었다. 또 함께 전쟁터를 누비고 영토를 얻게 해준 역전의 여러 장군에 대해서는 서로 지나치게 가깝게 지낸 탓에 싫어하는 면이 자주 눈에 띄게 된 탓인지 그 업적을 부당하게 깎아내리려 할 때가 있었는데 평소 접촉하지 않고 있는 랭, 뒤로크, 크레벨, 데세, 마세나, 네, 오주로와 같은 무장에 대해서는 찬사를 아끼지 않았다.

'나는 나의 장군들을 시궁창에서 만들어낸 것이다'라고 호언한 것처럼 나폴레옹은 자신을 제장들에게는 수호자이고 그들을 돌봐주고 이끌어준 은인으로 자부하고 있었는데 그래도 그들로부터 자신의 웅대한 구상에 대해 도움과 지지를 얻었을 때에는 굳이 만족스러운 기색을 숨기지는 않았다.

특히 러시아 원정 중에 그는 네 원수의 용기와 지모에 깊이 감명을 받아 '내 금고에는 2억 프랑이 들어있는데 네 원수를 누군가에게 줄 정도라면 이 돈을 몽땅 털어도 아깝지 않다'고 말했을 정도였다.

나폴레옹이 휘하 장군들을 묘사한 인물평에는 실로 날카로운 바가 있다. 그래도 프라이드가 높은 프랑스 사관들의 허영심은 채워지지 않았는데 객관적인 평가로서는 틀림없이 들어맞기 이를 데가 없었다. 사실 나폴레옹의 치세에서는 온갖 재능과 특기가 널리 요구되고 발탁 우대되었다.

'사실 나는 각 장군들의 장점도 한계도 상세하게 확인하고 있는 것이다.' 이는 그가 한 말이다. 그의 궁정에서는 거짓으로 꾸며진 것이 아닌 진정으로 능력을 지닌 사람은 언제나 발탁이 된 것이다.

일개 병졸에서 국왕, 원수, 공작, 장군의 자리까지 오른 사람은 나폴레옹 통치시대에 17명이나 있었고 그 자신이 제정한 레지옹 도네르 십자훈장은 단지 그 인물이 얼마나 전공을 세웠는지에 대해서만 주어지는 것이고 신분이나 가문과 같은 것은 일체 문제가 되지 않았다.

'병사들이 한 번 싸움터에서 죽음을 무릅쓰고 싸우는 단계가 되면 자기 개인의 기지에만 의존하게 되는 것이고 신분의 높고 낮음은 전혀 의미가 없는 것이다.'

**능력의 뛰어 넘어 활약하는 사람을 보면 한없는 용기가 샘솟는다**
태어날 때부터 왕자의 기량을 갖춘 자가 실제로 왕위에 오르는 것을 보면 누구나 환호해 맞이하는 것이다.

포부르 생 탕트와느와 같은 파리의 변두리에 사는 근골이 늠름한 육체노동자나 종군하는 마부나 탄약을 나르는 애송이에 이르기까지 프랑스 대혁명의 여파로 나폴레옹을 자신들 몸의 일부처럼 느끼고 그를 자기들의 꿈과 소망을 이룬 '우리가 낳은 서민의 영웅'으로 간주한 것이다. 이와 같이 드문 큰 그릇을 꽃피우게 하려면 많은 사람의 공감을 유발하는 것이 반드시 어딘가에 있지 않으면 안 된다.

어리석고 둔하거나 부정이 횡행함이 없이 견식이나 용기가 많아지는 것을 볼 때 도리를 분별한 사람이라면 진심으로 공감할 것이고 또 인간의 지력(知力)이 물리적인 한계를 극복하는 것을 볼 때 지성을 지닌 인간이라면 마치 주변의 분위기가 구름 한 점 없이 맑게 개인 것 같은 상쾌함을 느끼는 것이다.

자기 고장만을 사랑하는 편협한 향토애에서 벗어난 시각으로 본다면 세상 사람들은 나폴레옹이 자기들 대신에 싸워주고 있다는 것, 따라서 그의 승리가 시대정신에 걸맞은 정당성을 지니고 있음을 즉시 알 수 있을 것이다.

인간의 보통 능력의 한계를 훨씬 초월해 활약하는 사람을 보면 누구나 '나도 할 수 있다'는 생각으로 자극을 받아 한 없이 용기가 샘솟게 되는 것이다.

한 번에 밀어닥치는 여러 가지 어려운 문제를 지혜를 다 짜내어 잇따라 해결해 나가는 이 엄청난 두뇌. 유럽 전체를 내려다보는 넓은 시야. 눈이 돌 정도의 스피드로 풀어내는 창의(創意)연구. 퍼내도 끊이지 않는 지략…….

그리고 시칠리아의 바다에 지는 석양에 비친 알프스의 정상에 섰을 때, 또는 바야흐로 전투에 나서려는 군대를 이집트의 피라미드 앞에 정렬시켜 '보아라, 저 피라미드의 정상에서 4천년의 역사가 그대들을 굽어보고 있는 것이다!' 라고 외쳤을 때, 또 저 홍해를 넘어 수에즈지역의 만내(灣內)를 건넜을 때, 그 것은 얼마나 가슴 설레는 웅장한 관경이었을까. 얼마나 낭만이 넘치는 전대미문의 웅장한 모습이었을까.

이집트의 프톨레마이오스(현대의 아카) 강변에 섰을 때 그의 가슴속에는 아득히 먼 대구상이 넘쳐나 늠름한 용기를 분발하게 한 것이다.

또 아우스터리츠 전투가 있었던 날은 마침 그가 황제에 취임한 기념일이었으므로 부하들이 뜻을 모아 전승으로 손에 넣은 적의 군기 40개를 축하의 꽃다발 대신으로 그에게 증정했다는 것이다.

나폴레옹은 이와 같이 싸움의 명암을 더욱 돋보이게 하는 것을 기뻐하는 약간은 철없는 면도 있었다. 티르지트, 파리, 에르푸르트에서 승리를 거둔 뒤, 상대방의 왕을 장시간 대기실에서 기다리게 해 자신의 위광을 느끼게 한 것 따위는 그 한 예라고 할 수 있을 것이다.

### 나폴레옹에게서 배우는 최대의 교훈은 '용기'

인간이란 그다지 지혜를 발휘하지 못하고, 우유부단하고, 게으른 자가 보통이므로 나폴레옹처럼 가슴이 후련해지는 신속 과감한 행동가를 눈앞에 보게 되면 아낌없는 축복과 갈채를 보내고 싶게 되는 것이다. 그는 이길 수 있는 기회를 잡으면 결코 놓치지 않고, 누구나 다소는 지니고 있는 작은 덕목, 곧 시간엄수의 정신, 신중함, 용기, 열의 등으로 철저하게 일관함으로써 크게 이룰 수 있다고 우리에게 가르쳐 준 것이다.

'오스트리아인들은 시간의 가치를 모르고 있다'고 그는 말했다. 특히 젊은 날의 나폴레옹은 사려가 깊은 것의 본보기라고 해도 좋을 것이다.

그의 남다른 개성이란 결코 엄청난 완력이나 마호메트와 같은 열광이나, 사람의 마음을 뒤흔드는 설득술에 있었던 것은 아니고 어떤 위급한 사태가 일어나도 그때마다 편협한 규칙이나 관습에 얽매이지 않고 사람으로서 당연히 지녀야 할 기지나 임기응변을 두루 생각할 수 있었다는 점에 있다.

그의 삶의 방식에서 배우는 최대의 교훈이란 '용기' 바로 이 한 마디에 그친다. 아무리 냉엄한 환경에 있어도 누구나 그럴 생각만 있으면 용기를 낼 수는 있다는 것이다.

이 인물의 당당한 삶의 방식을 보면 우리는 변명의 여지가 없게 될 것이다.

나폴레옹이 역사의 무대에 등장했을 때, 군인들은 전쟁 분야에서 종래와 판이하게 다른 방법을 창출하는 일 따위는 도저히 할 수 없다는 생각에 지배되고 있었다.

그것은 마치 현대의 우리가 정치, 교회, 문학, 무역, 농업, 사회풍속이나 관습 분야에서 이제 거의 모든 것은 다 생각해 내 새로운 발상이 나올 여지 따위는 없다고 굳게 믿고 있는 것과 비슷하다.

어느 시대에나 사람은 그 시대의 상식에 푹 빠져 거기에서 좀처럼 헤어나지 못하게 되는 것이다. 그러나 나폴레옹의 현명함은 세상 사람과는 뚜렷한 차이가 있었다. 그리고 그만큼 자부심과 확신으로 지탱되고 있었던 것이다.

누구나 멋대로 '나는 할 수 없다'는 한계를 만들고 있을 뿐이고 사실은 자신이 생각하고 있는 것보다는 훨씬 현명하고 큰 저력을 지니고 있다고 나는 생각한다.

'세상의 제도만 개선되면 우리의 삶은 훨씬 좋아질 것이다'라고 입으로는 말하면서도 '그런 외면의 제도를 개량해도 자신들의 마음 그 자체를 변혁하지 않으면 사실은 아무것도 바뀌지 않는다'는 것을 속으로는 알고 있는 것이다. 알고 있으면서 그와 같은 자기신뢰의 마음을 억누르고 살고 있는 것이 세상 사람의 평소의 모습이 아닐까.

나폴레옹은 자신의 피부로 느낀 것만을 굳게 믿고 '이도저도 아닌' 타인의 생각에 좌우되는 일이 없었다.

세간의 사람은 자기들에게 익숙지 않은 사고방식이 나타나게 되는 것을 싫어하는 것이다. 나폴레옹이 참신한 발상이나 창의를 끄집어냈을 때에도 '그런 일이 될 리가 없다'고 온갖 반론을 제기하거나 무리한 것을 밀어붙이거나 해 그의 생각을 깔아뭉개려고 했다. 그러나 그는 그런 비방, 중상 따위는 아랑곳하지도 않고 끝까지 자기의 신념을 관철한 것이다.

'육군사령관에게 있어서 가장 골치 아픈 것은 각 부서에 균등하게 이익을 분배하지 않으면 안 되는 것이다. 관할하는 각 경리장교의 주장에 일일이 귀를 기울이다가는 무슨 일이건 뜻대로 되지 않아 원정 하나도 못하게 될 것이다'라고 그는 말하고 있다.

나폴레옹 일류의 발상법을 뚜렷하게 보여주고 있는 또 하나의 예는 모든 부하로부터 '실행이 불가능합니다'라는 편지가 쇄도한 겨울철에 알프스를 넘는 것에 관해서 그가 딱 잘라 말한 한 마디이다.

'겨울이 높은 눈 산을 넘는데 부적합한 계절이라곤 말할 수 없다. 눈은 굳어지고 날씨는 안정이 되고 있다. 게다가 알프스를 넘는데 실제로 무서운 것은 눈사태뿐인데 겨울에는 그 우려도 우선 없는 것이다. 특히 이 12월 중에는 알프스의 고봉에 올라가 버리면 대체로 좋은 날씨가 계속되고 공기는 실로 온화하다.'

그리고 전투에서 승리를 거두는 비결에 대해서 말한 다음의 대사는 확신에 차 있다고 말할 수 있을 것이다.

'어느 전투의 경우에도, 용감하기 이를 데 없는 병사들이 있는 군대조차도 많은 노고를 거듭한 뒤라면 문득 겁이나 도망치고 싶어지는 순간이 한 두 번은 있는 것이다. 이와 같은 공포심은 타고난 용기를 믿을 수 없게 되었을 때에 낳게 된다고 말할 수 있다. 그런 때에 자신회복에 특효약이 되는 것은 사소한 계기나 핑계를 대는 것이다. 전투에 승리하기 위한 비결은 실로 이 사소한 계기를 만들고 싸우기 위한 핑계를 주는 데 있다.

알코라의 전쟁터에서 나는 불과 25명의 기병으로 승리를 거두었다. 사기가 느슨해지기 시작한 순간을 포착해 각 병사들에게 진군나팔을 불게 해 사기를 높인 다음, 단 한 줌의 병력으로 승리를 이룬 것이다.

적과 아군으로 갈라져 대치하는 군대끼리는 서로 담력을 시험해 보는 것과 같은 것이다. 먼저 공포에 사로잡힌 쪽이 패배를 맛본다. 그 공포심을 탄력으로 바꾸는 것이다. 이처럼 이길 수 있는 기회를 잘 잡으면 승리를 손에 넣은 거나 마찬가지다. 역전의 경험이 있으면 이 승부를 가르는 순간을 쉽게 분간할 수 있게 된다. 여러 해의 경험과 직감으로 쉽게 알아차리고 마는 것이다.'

### 지적인 토론을 좋아한 나폴레옹

이 19세기를 대표하는 인물은 위에 기술한 여러 가지 재능에 더해 일반적인 화제에 대해서 토론을 하는 지적인 자질도 갖추고 있었다. 그는 세상의 정세론으로 시작해서 문학론, 추상적인 철학논의 등, 대강의 것은 이야깃거리로 다루었다.

그의 이론은 독창적이고 이치에 맞는 것이었다. 이집트로 가는 배 안에서 저녁 식사 후에 하나의 테이블을 둘러싸고 찬성파와 반대파를 각각 3, 4명씩 편을 갈라 토론을 하게 하는 취향에 흥겨워했다.

논제를 제출하는 것은 나폴레옹 자신이다. 종교론, 정체론, 전략론 등 실로 다양한 문제가 논의되었다. '다른 행성에도 생물이 살고 있을까'라는 문제가 제시된 날도 있고 또 '세계가 창조된 다음 어느 정도의 세월이 지났을까'와 같은 문제가 제시되는 날도 있었다. 또는 '이 지구는 대규모의 수해나 화재 따위로 멸망할 가능성이 있는가'를 둘러싸고 생각하게 하는 과제도 있는가 하면 '예언의 적중률은 어느 정도인가'라든가 '꿈의 판단'을 요구할 때도 있었다.

나폴레옹은 종교에 대해서 이야기하길 특히 좋아했다. 1805년에 그는 몽펠리에의 주교 푸르니에와 신학의 여러 문제를 놓고 문답을 주고받았다.

그가 아무래도 풀 수 없는 의문은 2개 정도 있었다. '지옥은 교회가 말하는 것처럼 영원히 고정된 존재인가'라는 것과 '교회의 손을 통하지 않으면 사람은 절대로 구제받을 수 없는 것인가'라는 두 가지 점이었다. 황제는 아내인 조세핀에게 '나는 이 두 가지 점에 대해서 끝까지 물고 늘어졌는데 주교 쪽도 끝까지 굽히지 않았소'라고 말했다는 것이다.

철학자가 자주 논하는 '종교적 진리는 시대를 초월한 영원보편의 것은 아니고 그 시대의 요구에 따라서, 또 그것을 믿는 인간의 잣대에 따라서 바뀌는 것이다'라는 설에 대해서는 재미가 있는 듯 귀를 기울였는데 '신 따위는 존재하지 않는다'는 유물론에 대해서는 전혀 귀를 기울이지 않았다.

어느 맑게 개인 야밤에 배의 갑판에 모인 사람들이 유물론에 대한 토의로 고조되고 있었을 때에 나폴레옹은 하늘의 별을 가리키면서 '여러분, 말도 안 되는 토론을 아무리 계속해도 상관이 없는데 그러면 그대들은 도대체 누가 저 별들을 창조했다고 말하는 것인가'라고 일축한 것이다.

그는 과학자와의 대화를 즐겼는데 수학자인 몽주와 화학자인 베르톨은 특히 마음에 들었다. 한편 문학자는 가볍게 여겼다. 그들 문학자를 '공염불의 날조업자로서 물리친 것이다.

의학도 또 그가 좋아하는 주제이다. 나폴레옹은 자신이 가장 평가하고 있었던 두 사람의 의사—파리에 있을 때에는 코르비살, 세인트헬레나로 유배된 뒤로는 앙톤마르키—와의 대화를 무엇보다도 낙으로 삼았다.

후자의 주치의에 대해서 자못 그다운 생명철학을 한바탕 역설했다.

'나에게 말하라면 그와 같은 치료법은 온갖 해로움이 있을지언정 하나의 이익도 없다는 것이다. 생명 그 자체의 방어기능은 인지로는 헤아릴 수 없는 것이다. 왜 그런 생명에 대해서 새삼 불필요한 장애를 만드는가.

그대의 실험실에 있는 의료기구를 모두 합친다고 해도 자연의 커다란 치유력에는 도저히 미치지 못할 것이다. 그대들이 조제하는 손때 묻은 의약품 따위는 아무런 쓸모도 없을 것이다. 이 점은 코르비살 군도 솔직하게 동의해 주었다. 의학이란 것은 단순히 불확실한 처방을 모은 것에 지나지 않은 것이다.

아무튼 전체로 보면 의료는 인류에게 도움이 되었다기보다는 인류를 망치고 말았다고 말할 수 있을 것이다. 나폴레옹약국에 기록되어 있는 처방은 단

3가지뿐이다. 곧 물과 공기와 청결함만 있으면 그 밖에는 아무것도 필요치 않은 것이다.'

세인트헬레나 섬에서 몽토롱 백작과 구르고 장군을 상대로 구술해 기록한 나폴레옹의 회상록은 약간 감안해서 읽지 않으면 안 되는데 그래도 역시 커다란 가치를 지니고 있다.

나폴레옹은 사실 대단한 힘을 지니고 있었던 것인데 동시에 자신이 남다르게 뛰어난 점을 서슴지 않고 자랑하는 것과 같은 미워할 수 없는 면도 있었다.

그가 전쟁이야기를 할 때, 그 줄리어스 시저처럼 간결하고 요령이 있는 화법은 실로 높은 경지에 이른 것이다. 또 우름제르 원수 등, 적의 장군에 대해서 이야기할 때 경의에 넘치는 말씨나 다양한 주제를 둘러싸고 이야기할 때에 작가 못지않은 당당한 재능에도 감복하고 만다.

가장 호감을 갖게 되는 기술은 이집트원정의 대목이다. 그는 전쟁 중에는 불필요한 언어를 주고받는 것을 극도로 싫어하고 '이기기 위해서는 무엇이 가장 본질적인 문제인가'라는 것을 철저하게 확인하려고 했다. 전지이건, 궁정이건, 문득 시간이 비어있을 때에는 그와 같은 '진리탐구심'이 이번에는 추상적인 문제로 돌려져 이 방면에서도 유감없이 천재성을 발휘하는 것이다.

전쟁에서의 작전 입안 뿐만 아니라 이야기를 창작하고 마음에 든 명언을 끄집어내는 등, 대체로 창의 연구의 여지가 있는 곳에서는 타고난 재능을 발휘해 흥겨워 하는 면이 있었다. 이를테면 일부러 어둑한 조명으로 한 방에서 절묘하기 이를 데 없는 목소리와 연기력을 구사해 무서운 이야기를 들려주어 아내인 조세핀과 시녀들을 공포 속에 몰아넣고는 혼자서 흐뭇해하는 것이다.

### 민중의 미덕도 악덕도 한몸에 갖추고

나폴레옹은 현대의 중산계급이 고른 인물이라고 해도 좋을 것이다. 다시 말해 그는 현재의 시장이나 상점, 회계사무소, 공장, 선박에 밀집해 일확천금을 꿈꾸는 사람들의 대표자인 것이다.

나폴레옹은 열렬한 강연자이고, 인습의 파괴자이고, 내정의 개혁자이고, 자유주의자이면서 급진주의자였다. 또 잇따라 현실적인 타개책을 강구해 해외무역의 문호와 경제시장을 개설해 이권의 독점이나 나쁜 상거래습관을 철폐했다.

당연한 일로 구세력의 부자나 귀족들은 그를 역겹게 생각했다. 부와 자본이 한곳으로 모이는 영국이나 무엇보다도 오랜 전통과 혈연을 중요시하는 로마나 오스트리아도 그를 적으로 여겼다.

구태의연하게 사고를 정지한 보수계급은 기겁을 해 로마교회의 밀실회의에서 '좀처럼 결말이 나지 않는 회의'를 거듭하는 어리석은 노인들은 공포의 나머지 닥치는 대로 무엇이건 매달리려고 해 결국에는 '벌겋게 달아오른 쇠(나폴레옹을 말함)'에게까지 손을 내밀어 크게 화상을 입는 형편이었다.

정치가들은 간살스러운 목소리로 그를 회유하려 했고, 오스트리아황제는 나폴레옹을 매수하려고 했는데 모든 시도가 실패로 끝났다.

또 젊고 정열적인 활동가들은 기회가 있을 때마다 나폴레옹이야말로 자기들 중산계급을 대표하는 거인이라고 성원을 보냈는데 그것이 그의 일대의 영광스러운 역사에 더욱 빛을 더하는 결과가 되었다.

그런데 나폴레옹은 그를 환호와 함께 선출해 준 민중의 미덕도 악덕도 한몸에 갖추고 있었다. 나는 이처럼 빛나는 성공담에도 어두운 그림자가 드리워져 있는 것을 대단히 유감으로 생각한다.

여러 역사가 증명하고 있는 것처럼 부의 추구는 곧잘 사람을 오도하는 것이다. 부를 손에 넣기 위해서는 인간다운 감정을 억제하고 또 버려야만 할 때가 많기 때문이다. 온갖 염려나 망설임을 버리고, 수단을 가리지 않고 빛나는 성공가도를 달려온 인생의 승리자에게도 똑같이 어두운 측면이 있었던 것은 부정할 수 없을 것이다.

나폴레옹에게는 남다르게 너그럽지 못한 면이 있었다. 세계에서 가장 문명화된 문화국가 가운데서 최고의 지위를 차지하고 있으면서 극히 보통의 성실함이나 정직의 덕이 결여되어 있는 것이다.

그는 때때로 부하인 장군들을 부당하게 다루어 독선적으로 행동했다. 이를테면 케렐만이나 베르나도트가 세운 눈부신 무공을 가로채 자신의 것으로 하고 그에게 충실한 주노에 대해서도 너무나 절친한 듯 대하는 것이 새롭게 얻은 왕관의 위엄을 해친다는 이유로 은밀하게 계략을 꾸며 재산을 몰수한 다음 파리에서 멀리 떨어진 벽지로 추방하려고 했다.

그는 또 태연하게 거짓을 말할 때가 있었다. 그의 정부의 어용신문인 〈모니투르〉나 때때로 내보낸 고시는 모두 그가 세상 사람들에게 믿게 하려고 한 편리한 내용뿐이었다. 더욱 질이 나쁜 것은 세인트헬레나에 유배된 뒤에는 아직 그 정도의 연령은 아닌데도 묘하게 노숙해 사실이나 날짜, 등장인물에 태연하게 손을 대 자기에게 유리하도록 역사를 왜곡하는 것이었다.

프랑스인의 통례로서 그도 또 연출효과에 이상할 정도로 집착하는 것이다. 언뜻 보기에 관용처럼 보이는 행동의 밑바탕에는 타산의 독이 듬뿍 숨겨져 있었다.

사람들이 주목하는 표적이 되어 그 이름을 떨치는 것이야말로 그의 소망이 었던 것이다.

'그만큼 큰 명성을 얻었으므로 그 이름이 울려 퍼지는 것이다. 그 울림이 크면 클수록 그 만큼 멀리까지 들릴 것이다. 법률, 제도, 기념비, 민족이란 머지 않아 멸망하는 것이다. 그러나 일단 얻은 명성은 언제까지나 그치지 않고 후세까지 전해질 것이다.'

영혼의 불사에 관한 그의 주장은 결국, 이 불멸의 명성을 말하고 있었던 것이다.

또 사람들을 움직이는 비결을 말하고 있는데 그곳에는 이렇다하게 내세울 새로운 것이 있는 것은 아니다.

'사람을 움직이려면 2개의 포인트가 있다. 다시 말해 이익과 공포이다. 사랑과 같은 것은 한때 몹시 흥분하고 있을 뿐인 것이다. 우정도 단순히 언어에만 그친 것. 나는 아무도 사랑하지 않고 있다. 형제조차 사랑하지 않고 있다.

조제프만은 조금은 사랑하고 있는데 그것도 그가 여러 해 함께 산 친형인 점에서 다소 정이 들고 있을 뿐인 것이다. 그리고 뒤로크도 확실히 사랑하고는 있는데 그것은 굳게 참고 흔들리지 않는 그의 의지가 내 마음에 들었기 때문인 것이다. 다시 말해 그놈은 한 번도 훌쩍거리며 눈물을 흘린 적이 없다.

나도 나에게 마음을 터놓고 지내는 진정한 친구가 없는 것을 알고 있다. 내가 지금의 입장에 있는 한, 겉으로만 친구인 체 하는 사람은 얼마든지 모여들 것이다. 그런 것은 차라리 없는 것이 낫다는 것이다. 감상에 젖는 것은 여자들에게 맡기면 된다. 사내 된 사람은 지조가 견고하고 자신의 의지를 관철해야 하는 것이다. 그렇지 않다면 전쟁이나 정치에 고개를 쳐 박지 않는 것이 좋을 것이다.'

실제로 그는 보통의 동정이나 감상 따위는 털끝만치도 지니고 있지 않았다.

필요하다면 훔치거나, 중상하거나, 암살하거나, 물에 빠지게 하거나, 독살하거나 하는 것도 서슴지 않고 '승리를 위해서는 수단을 가리지 않았던 것'이다.

자기에게 노여움을 산 상대는 조금도 용서하지 않고 분에 맡겨 철저하게 타격을 주었다. 그는 언제나 자기중심으로 사물을 생각해 남의 약점을 캐고, 트럼프를 해도 속임수를 구사해 빈틈없이 승리를 거두는 것이었다.

또 그는 상당히 탐색을 좋아해 타인의 편지를 멋대로 개봉하거나, 악명높은 비밀경찰을 조직하거나 해서 첩보활동에 열중했다. 때로는 그의 측근 남녀들에게서 약간의 '비밀정보'를 듣거나 하면 희색이 만면해져 '그대들의 일은 내가 다 알고 있다'고 자못 자랑스러운 듯이 행동하는 것이다.

그런가하면 여성의 드레스에도 일가견이 있는 듯이 행동하려 하고 은밀하게 거리로 나가 사람들이 그를 찬양하거나 만세삼창을 하는 것을 듣고는 홀로 흐뭇해 하는 어린애 같은 면도 있었다.

그의 매너는 되어 있지 않아 여성에 대한 행동만 해도 시골사람 티가 그대로 드러나 언동으로 '그 사람의 본색이 드러날 때'가 있었다. 기분이 좋아지면 여성의 귀를 잡아당기거나 볼을 비틀거나 사내들에게도 귀나 수염을 잡아당기는 등, 술에 취한 미치광이처럼 행동하는 나쁜 버릇이 있고 이것은 만년이 되어서도 전혀 고쳐지지 않았다.

그렇긴 해도 열쇠구멍으로 남의 이야기를 엿듣거나 하는 천박한 짓은 하지 않았다, 지나친 장난에도 일정한 절도는 지켰다고나 할까.

결국 그의 화려한 영광의 베일을 벗겨 그 생애를 소상하게 검토한다면 그는 이른바 신사는 아니었다는 것이다. 그렇지는 않고 일대의 통쾌하기 이를 데 없는 '망나니장군'이었던 셈이다. 기구하게도 그의 '주피터 스카방(악한인 주피터)'라는 별명이 그의 인품을 여실히 말해 주고 있는 것이다.

## 그의 야망을 꺾어 몰락시킨 것

이 장의 첫머리에서 현대사회를 양분하고 있는 두 그룹을 보수파와 민주파로 나누어서 말했는데 그때 나폴레옹을 민주파의 대표격으로 할당했다. 다시 말해 신흥 실업가를 대표해 수구파인 보수세력과 대립해 있었다고 말했다.

그때 나는 대단히 본질적인 것을 빠뜨리고 있었다. 곧 이 두 파벌의 차이는 단순히 '젊은가, 나이가 많은가'라는 점뿐이고 그 밖의 점에서는 '같은 구멍의

한통속'이었다는 것이다. 민주파란 젊은 보수파이고 보수파란 연로한 민주파에 지나지 않는다.

귀족계급이란 무르익어 땅에 떨어진 민주파의 영락(零落)한 모습이다. 이 둘은 결국 '사유재산에 큰 가치를 둔다'는 점에서 공통적이다. 한쪽은 그것을 앞으로 얻으려 하고 다른 한쪽은 그것을 보수하려는 차이가 있을 뿐이다.

나폴레옹은 이 둘의 모든 역사를 구현하고 있다고 해도 좋을지 모른다. 다시 말해 젊은 민주 시대와 늙은 보수 시대를 함께 한 몸으로 경험하고 있는 것이다. 그리고 그 당연한 대가로서 이 두 파의 영광과 비참을 자기 자신의 운명으로서 떠맡게 되었다. 따라서 한쪽의 극(極)까지 역사의 흔들이가 가고만 이상, 이번에는 또 되돌아오는 계절이 와 사람들은 공적이고 보편적인 이상을 사랑해 구현하는 새로운 대표자를 기다리게 되는 것이다.

바로 그의 전 생애야말로 양심이란 것을 도외시하고 순수하게 합리정신으로 일관한 경우에 어디까지 성공할 수 있는지를 생각할 수 있는 한 최고의 조건 하에 시도한 장대한 '실험'이었던 것이 아닐까.

그처럼 재능이 많고 무력에 뛰어난 지도자는 일찍이 나타난 예가 없다. 또 그 만큼 많은 사람들의 열광적인 지원과 지지와 원조를 끌어들인 지도자도 일찍이 없었다. 그러나 이처럼 엄청난 재능과 권력을 행사해서 얻은 결과는 도대체 어떤 것이었을까. 이토록 막대한 수의 군대, 초토화된 도시, 바닥이 난 국고, 희생이 된 몇 백만의 생명을 소모해 전 유럽을 혼미의 늪으로 내몬 그 '대소동'의 결과는 과연 무엇이었을까.

그것은 그야말로 아무런 결과도 낳지 않았다. 포화의 연기처럼 사라져 흔적도 남기지 않았다. 프랑스는 그가 등장하기 전보다도 그가 퇴진한 후에 도리어 더 약소하고 더 살기 어려운 나라가 되고 만 것이다.

자유를 추구하는 싸움도 또 원점으로 되돌아가고 말았다. 그의 과감한 도전은 결국 '자신들의 목을 죄는' 결과로 끝난 감이 있는 것이다.

프랑스의 민초는 나폴레옹이 그들의 이익을 대표하고 있는 것으로 생각했을 때에는 이 인물에 한 가닥 희망을 걸고 그 생명과 재산을 다 바쳤다.

그러나 아무리 승리를 계속해도 전혀 싸움이 끝날 기미가 없고, 전군을 투입한 뒤에도 더욱 징병이 이루어지고, 죽기로 분투 노력을 거듭한 뒤에도 보상의 가망 따위는 없고, 또 모처럼 부를 얻어도 쓸 곳이 없고, 새털 이불을 덮고 휴식을 취하는 것도, 호화로운 저택에서 여유로운 생활을 할 수도 없다는 것을 알았을 때 사람들은 결국 나폴레옹을 버렸다.

나폴레옹이 아무 거리낌없이 함부로 말하는 행동이 끊이질 않자 사람들은 '이대로는 견딜 수 없다'고 생각하게 되었을 것이다.

나폴레옹의 모습은 마치 자기 몸에 손을 대는 것에는 계속해서 전기충격을 주어 마비시키고 저항력을 잃게 한 다음 마지막으로 숨통을 끊는 전기충격을 가해 감전사로 내모는 전기메기를 떠올리게 한다. 이 도가 지나친 자기중심주의자도 자기에게 봉사해 주는 사람들의 능력과 생명력을 막고 약화시켜 착취하고 만 것이다. 1814년에 유럽의 이르는 곳마다 '이제 나폴레옹에게는 질색이다'라는 원망의 목소리가 울려 퍼진 것이다.

그러나 그것은 한 마디로 나폴레옹 개인의 죄라고는 말할 수 없다. 그는 도덕적인 원리를 버리고 한결같이 전력을 다해 살아왔고 그리고 영광스럽게 절정에 오른 것이다.

그런 그의 야망을 꺾고 몰락시킨 것은 결코 사람의 힘은 아니고 천지만물에 일관하는 '인과의 이치'이고 인간의 자의(恣意)를 초월한 영원한 법칙에 다름 아니다. 수에 의존하건, 개인의 힘에 의존하건, 몇 번을 도전해도 이 '보편의 법칙'에 거스르면 그 어느 누구에게도 승산은 없다. 감각적이고 이기적인 목적은 결국 주저앉을 수밖에 없는 것이다.

평화주의자인 푸르니에도, 전쟁 긍정파인 나폴레옹도 모두 충분하지는 않다. 힘없는 정의도, 정의 없는 힘도 모두 언제나 계속 승리하는 길은 아니다.

우리들의 문명세계에서 각자가 '내 것'이라는 소유관념이나 '내가, 내가'라는 배타적인 자아심에서 벗어나지 않는 한 이윽고 목적지가 없는 무상(無常)의 바람에 마음껏 놀림당하는 것이다.

잘못된 방법으로 얻게 된 거만의 부는 도리어 병자를 만들어 웃음이 쓴웃음이 되고 술을 마셔도 고약하게 취하게 될 뿐인 것이다. 역시 마음의 문을 열고 많은 사람과 서로 나누는 선(善)만이 진정으로 마음을 채워주는 미주(美酒)인 것이다.

제2장
# 위대한 자아완성의 초인
## 문학가 괴테

괴테(1749~1832)

독일의 시인·작가. 프랑크푸르트에서 태어나 라이프치히대학에서 법률을 공부하다 병을 얻어 퇴학. 이 시기에 자연과학에도 관심을 갖는다. 그 뒤, 다시 스트라스부르대학에서 배우고 졸업 후에는 법률가로서 개업. 1775년, 바이마르공국으로 가, 정무를 담당한다. 1794년 이후 실러와 교류. 주요 작품으로는 소설《젊은 베르테르의 슬픔》과《빌헬름 마이스터》, 생애의 대작이라고도 할 수 있는 희곡《파우스트》등이 있는데, 독일문학에 절대적인 영향을 주었다.

### '제2의 창조'를 위한 재능

만일 정신세계에 그 기본을 언급한 헌법이 있다면 그곳에는 '작가'에 대한 조항이 있고 틀림없이 이렇게 씌어 있을 것이다.

'작가의 사명은 천지자연이 생성 약동하는 양상, 그 생명의 불가사의, 삼라만상을 생생하게 묘사하는 것이다. 그러므로 일체의 사실을 그대로 받아들여 그 안에서 말할 만한 것만을 취사선택하는 것이 그 책무인 것이다.'

자연은 자체의 것을 누군가에게 이야기해 주길 바라고 있는 것이 아닐까. 온갖 것이 자체의 역사를 전하길 소망하고 있는 것으로 나에게는 생각이 든다.

거대한 혹성에서부터 아주 보잘것없는 작은 돌에 이르기까지 자체의 모습을 그림자로서 비추기 시작해 이른바 '자기표현'을 하고 있는 것이다. 구르는 암석은 산의 표면에 그 존재의 자취를 남기고, 흐르는 강물은 하천 바닥에 그 흔적을 남기고, 동물은 지층 속에 그 뼈를 숨기고, 양치류 등의 식물은 석회 속에 아무런 티도 내지 않고 그 묘비명을 새기고, 빗방울은 모래의 스며들거나 바위를 뚫어 그 모습을 남긴다.

매끄러운 눈 위를 몇 걸음 밟으면 한동안은 지워지지 않는 발자국의 지도가 완성된다. 마찬가지로 인간의 행위도 친한 친구들과의 기억이나, 그 사람 자신의 움직임이나 얼굴표정에 새겨져 간단하게 지워지지 않는다.

공기에는 바람소리가 넘치고, 하늘에는 무언가 말하려는 기색이 넘치고, 대지에도 추억의 실마리나 미래에 대한 징조가 넉넉하게 숨 쉬고 있다. 온갖 것에 저마다 상징적인 의미가 있고 세계의 의미를 암시하고 있는 것이다.

자연계는 이처럼 풍부하게 '자기존재를 증명하는 표시'로 가득 차고 더구나 그 표시는 비길 데 없이 정확해 잘못되는 일이 없다. 그것은 있는 그대로의 진실을 더도 덜도 없이 비치는 거울인 것이다.

그러나 자연은 일정한 모습에 머무는 일 없이 과거에 입장에 서면서도 미래를 향해 끊임없이 자기를 고치려고 한다. 따라서 특히 인간에게 있어서는 과거의 기록, 단순한 기호 이상의 중요한 의미를 지니고 있다.

인간은 일어난 일을 단순히 즉물적(卽物的)으로 복사하는 것만은 아니다. 과거의 사실과 마찬가지로 그와 같은 기억, 기록하는 행위 자체가 하나의 생명활동인 것이다.

인간의 기억이라는 것은 일종의 거울이고 과거의 사실을 받아들임과 동시에 그것에 생명의 입김을 불어넣어 새로운 질서 속에서 재구성한다.

발생한 사건은 단순히 고르게 병렬되고 있는 것만은 아니고 인간의 기억의 체에 걸러냄으로써 돌이 제거되고 옥이 빛을 발해 더욱 등급이 오르게 되는 것이다. 그 결과 현실보다 더 질이 높은 아름다운 그림이 완성된다.

인간은 서로 버팀목이 되어 주고 결부됨으로써 살아간다. 대부분의 사람은 마음에 생각한 것을 그대로 간직할 수 없어 누군가에게 전하고 싶어지게 되는 것이 아닐까.

대화를 하는 기쁨은 모든 사람에게 공통으로 갖추어져 있는 본성과도 같은 것인데 그 안에는 이 '제2의 창조'를 위한 남다르게 뛰어난 재능을 지니고 태어나는 혼이 있다. 곧 작업의 혼이다.

예를 들어 정원사라면 씨앗을 뿌리거나 접목을 하거나 해서 그것을 훌륭한 나무로 키워가는 것이 일이다. 작가의 천직은 그것에 못지않게 작품이라는 나무를 소중하게 키워가는 데 있다.

작가로서 보면 보거나 듣거나 하는 것은 어떤 것이나 창작의 자료가 된다. 일반적인 세간의 사고방식에 따르면 도저히 쓸모가 없는 것으로 생각되는 것이라도 진정한 작가에게 있어서는 재미있는 소재로 될 때가 가끔 있다.

삼라만상이 모두 자기의 펜으로 그려내지 못할 것은 없다고 확신하고 있는 것이다. 눈에 보이지 않는 정령(精靈)조차도 대단히 묘사할 가치가 있는 소재가 된다.

그것이 아무리 큰 것이라도, 아무리 작은 것이라도, 또 아무리 정묘(精妙)한 것일지라도 작가의 펜에 있어서는 아무런 장애도 되지 않는다. 극단적으로 말해 작가에게 있어서 '인간이란 씌어지기 위한 대상이고 이 대우주란 씌어지기 위한 전 소재'가 될 것이다.

어느 독일의 시인은 '신은 곤경에 있을 때조차도 나에게 그것을 작품으로 묘사할 재능을 주셨다'고 말했는데 실제로 작가란 일상의 하찮은 대화일지라도, 견딜 수 없는 고통일지라도 무엇이건 창작의 소재로 하고 마는 것이다.

작가에게 있어서 '실패는 성공의 어머니'이다.

예를 들어 그가 작품의 취재를 위해 조사해서 쓰고 있었던 사실이 실은 사실이 아니고 단순한 소문에 지나지 않았다는 것을 알았다고 해도 의기소침해 펜을 던져 버리고 말까. 아니다. 진정한 작가라면 그런 때야말로 심기일전하여 '이런 상황에서 무언가 진실한 언어를 끄집어 낼 방법이 없을까' 하고 생각을 거듭해 새로운 영감의 빛을 비침으로써 다시 쓰기 시작하는 것이다. 그때 자연의 순풍도 불게 될 것이다.

사람이 생각해 내는 온갖 일 가운데서 쓰기의 소재가 되지 않는 것은 없다. 비록 어느 흥미로운 이야기를 전해 주는 사람이 대단히 어눌해 무엇을 말하고 있는지 모르는 경우에도 작가는 끈질기게 그 진의를 계속 파헤쳐 창의와 연구를 집중함으로써 그 사람이 말하는 것보다도 더욱 부드럽게 훌륭한 이야기로 재현하고 마는 것이다.

이와 같이 일어난 일을 충실하게 재현하려는 노력은 대단히 자연의 이치에 걸맞은 것인데 그것뿐이라면 아직도 기초가 부족한 것이다.

창작에는 더욱 고차원의 단계가 있다. 대부분의 세상 사람들은 주어진 사실밖에 보지 않는 것이 보통인데 그와 같은 단편적인 사실을 높은 차원의 연관 하에 통합하고 질서를 부여해 만물을 밑바닥에서 통합하고 있는 곳의 중심축을 확인하려는 학자나 작가가 있는 것이다.

이와 같은 존귀한 사명을 위해 선택된 사람들은 그것에 걸맞은 훌륭한 재능이 천부적으로 부여되고 있는 것이다. 이와 같은 사색적인 철학가, 학자야말로 대자연이 점지한 자라고 해도 좋을 것이다.

그들은 인류사의 태초부터 예정되어 있었던 것처럼 바로 '태어나야만 했기에 태어난' 존재이다. 그들은 우연히 무언가의 계기로 홀연히 태어난 '거품과 같은 존재'는 아니다. 그들이야말로 유구한 옛날부터 오늘에 이르기까지 장대한 역사를 펼쳐 온 주역이고, 대자연이라는 왕국에서 가장 숭고한 책무를 담당한 정신의 왕족이고 귀족인 것이다.

그들은 내면에서 솟아오르는 힘에 의해서 고무되어 창작해 나간다. 근본인 진리를 깨달은 자는 안에서 뜨거운 정열이 그치지 않고 샘솟는 것이다. 그것은 어둑한 광산의 갱도에 한줄기 선명한 햇빛이 비치는 것과도 같지 않은가.

캄캄한 밤을 비치는 사상의 빛은 결코 그때뿐인 것은 아니고 틀림없이 진정한 위엄과 힘을 지니고 세상에 나타나는 것이다.

## 위대한 행동은 내적인 영성(靈性) 깊이에서 넘쳐 난다

재능에 관해서도 수요와 공급의 균형은 잘 잡혀져 있다. 한편에서 천부적인 재능이 넘쳐나 주체를 못하는 사람이 나타나는가 하면 다른 한편으로 그 재능을 필요로 하는 사람들이 많이 나타나는 것이다. 세상은 묘한 것이어서 파격의 개성이 낳은 창조물을 상식으로 잘 다룰 수 있는 정상적인 사람을 많이 낳음으로써 절묘한 균형을 맞추고 있는 것이다.

물론 이보다도 고급의 실제적인 활동도 많이 있을 것이다. 그렇다고 해서 나는 이와 같은 활동에 비해서 명상적·정신적인 생활이 더 떨어지고 있다고 말할 생각은 추호도 없다. 인간의 행복은 물질적인 풍요로움에 의해서만 가져오게 되는 것은 아니고 내면에 반짝이는 빛과도 깊게 연관이 있으므로 인류 중에 일정한 비율로 이와 같은 은자(隱者)나 승려 등, '사색이나 기도생활로 지새는 사람들'이 존재하는 것은 대단히 의미 깊은 일로 생각한다.

인간은 단지 저돌적으로 행동하는 것만으로는 치우치거나, 완고해지거나, 정신적인 균형을 잃거나 하게 될 것이다.

물론 누구에게나 행동의 자유는 부여되고 있다. 단, 그 결과, 위험한 꼴을 당했다고 해도 그 책임을 지는 것은 자기 이외에는 있을 수 없다. 경솔한 행동에는 무거운 대가가 뒤따르는 것이다. 자신의 무모한 행동 때문에 도리어 자승자박(自繩自縛)이 되어 몸을 움직일 수 없게 된 사람들을 우리는 수없이 보아 왔다.

한 번 무언가를 해 버리면 그 행위가 자신을 묶게 되어 몇 번이고 똑같은 패턴을 되풀이하고 말 때가 흔히 있는 것이다. 가벼운 마음으로 시험 삼아 해 본 일이라도 그 자체가 얽매임이 되어 나중에는 빼도 박도 못하게 되는 일이 대부분일 것이다.

열렬한 개혁자는 이윽고 그 정열을 의식이나 서약서와 같은 형식으로 고정화한다. 순수한 마음으로 시작한 일이라도 이윽고 이 형식을 고집해 당초의 정열이 내용 없는 뼈대만 남을 때가 많은 것이다.

신과의 자유롭고 영적인 교류를 회복하는 것을 지향한 퀘이커교도는 어느 샌가 퀘이커교의 의식에 고집하게 되고, 마찬가지로 퀘이커교도도, 셰이커교의 수도원과 무용의 양식을 만들어 그런 것들에 집착하게 되었다. 그들은 모두 영에 대해서 열변을 토하는데 그곳에 있는 것은 살아 있는 영이 아니고 타성화한 의식에 지나지 않는다. 본래의 영적인 것과는 전혀 별개의 것이 되고 만 것이다.

위대한 행동이란 내적인 영성의 깊이에서 우러나오는 것이다. 행동의 가치를 측정하는 잣대는 그 행동의 동기를 이루는 곳의 내적인 도덕 감정인 것이다. 가장 위대한 행동은 그럴듯한 대의명분보다는 그 사람 개인의 깊은 곳에서 끓어오르는 '어쩔 수 없는 생각'에 바탕을 둘 때가 드물지 않은 것은 그 때문일 것이다.

그리고 어느 분야에 있어서나 뛰어난 사람은 타인의 결점을 일부러 거론하거나 하지는 않는다. 다시 말해서 어느 인물이 부자라든가, 어느 그룹에 속해 있다거나, 어떤 능력을 지니고 있다거나, 특정 정치운동이나 조직에 관여하고 있다거나, 이와 같은 것은 아무래도 상관이 없는 것이고 단지 그 사람이 신뢰할만한 진실한 인물인지, 사람으로서 무언가 뛰어난 캐릭터를 지니고 있는지 같은 것만이 문제인 것이다.

그 사람이 타인에게 어떻게 비치느냐가 아니고 자기 자신의 척도에서 뛰어나 있는 것이 중요하다. 남의 생각이 이렇다 저렇다가 아니고 자기 자신의 시점에서 자신의 인생을 얼마나 훌륭하게 살 것인가가 중요한 것이 아닐까.

## 시대가 선택한 인간

나는 제1장에서 나폴레옹이 19세기 민중의 외면적인 생활을 대표하는 위인이라고 말했다. 거기에 대해서 내면적인 생활을 대표하는 위인이야말로 괴테인 것이다. 그는 이 세기가 점지한 자가 되어 이 시대의 공기를 한 몸에 빨아들이고 그 과실을 다 맛보았다. 그와 같은 공기도 과실도 이 세기가 될 때까지는 도저히 있을 수 없는 것이었다.

괴테와 같은 거인이 나타나지 않으면 이 시대의 지적인 업적은 빈약한 것이라는 비방을 면하지 못했을 것이다. 바로 괴테 한 사람의 존재에 의해서 그와 같은 마이너스의 이미지는 완전히 사라진 것이다.

괴테가 살아서 활약한 것은 세상에 널리 일반교양이 고르게 미쳐 뛰어난 개인의 재능이 무참하게도 평균화되고 만 시대였다. 또 이 시대에는 영웅적인 인물이 나타나지 않게 된 대신에 사회보장이나 공적 원조 등이 널리 보편화하게 된 것이다.

진정한 시인은 전혀 볼 수 없게 되고 그 대신에 잔재주가 있는 직업작가가 구름처럼 나타났다. 콜럼버스와 같은 대선장이 없어진 대신에 자오선 지구의나 기압계 따위에 대한 전문기술을 지닌 부선장이 몇 백이나 나타났다. 데모스테네스나 대(大)피트와 같은 스케일이 큰 웅변가는 사라진지 오래고 의회나 법정에서 빈틈없는 변론을 하는 소(小)변론가들이 세상에 넘쳐 났다.

진정한 예언자나 성자가 없게 되었는데 신학교만 늘어난 것은 어찌 된 일일까. 진정한 학자가 거의 없는데도 학회나 염가출판사, 도서실과 독서서클만 이렇게 유행을 해서 도대체 어쩌겠다는 것인가.

이런 시대에 있어서는 온갖 다양한 가치관이나 문물이 넘쳐 나게 되는 것이다. 세계는 마치 미국무역처럼 파죽지세로 확산되어 간다.

고대 그리스나 로마의 생활, 또 중세의 생활이라면 그래도 심플해서 이해하기 쉬운 것이었다. 그러나 현대의 생활로 접어들자 너무나도 복잡화하고 다양화하고 말았으므로 설사 아무리 우수하다고 해도 도저히 한 인간이 견디어낼 수 없게 되었다.

그러나 괴테야말로 이 다양성시대가 점지한 자인 것이다. 그는 온몸에 100

의 눈을 지닌 그리스신화의 괴수 아르고스와 같은 복안(複眼)으로 이 시대의 눈사람처럼 부풀려지는 다양한 문화사상이나 학문에 한 몸으로 마주 해 자신의 다면적인 재능을 모두 발휘하고 잇따라 일을 처리해 나갈 만한 힘을 갖추고 있었다.

또 그는 생활상 잇따라 덮쳐 오는 인습의 중압에도 태연하게 흔들림이 없이 타고난 절묘한 기지로 이와 같은 오래된 폐단을 깨고 대자연과 일체가 되어 거기에서 생명의 에너지를 이해하는 남성적인 저력도 아울러 지니고 있었다.

그리고 그런 그가 활약한 무대가 패전 독일의 바이마르공국이라는 실로 작은 도시였다는 것은 대단히 불가사의한 느낌이 든다.

이 시대의 독일은 아직 후진국이고 그곳에서 태어나 자란 아이들은 프랑스나 영국, 또는 옛 로마나 아테네의 천재들처럼 자신들이 세계의 문화적인 중심지에 있다는 긍지를 느껴 의기양양하게 가슴을 펴고 활보하는 것이 허용되지 않았던 것이다.

그럼에도 불구하고 이 '현대의 시신(詩神)'에게는 지방적인 편협함이 조금도 느껴지지 않는다. 그는 태어나서 자란 환경에 좌우되는 것과 같은 미약한 혼이 아니고 스스로 자립하는 기개와 천재로 힘차게 앞길을 개척해 나가는 진정한 자유인이었다.

'헬레나', 다시 말해 《파우스트》의 제2부는 시의 형식을 빌어 엮어진 문학과 철학의 일대 서사시라고 해도 좋을 것이다. 이것이야말로 바로 역사와 신화, 철학, 과학, 각국의 문학을 모두 망라한 만능의 천재에 의한 작품인 것이다. 그곳에 펼쳐지는 시적 우주는 마치 세계 각국의 박식한 문화인과 학자들이 문화교류를 하는 것과 같은 대우주박람회와 같은 양상을 나타내고 있다.

그곳에서는 인도나 에트루리아,*¹ 그 밖의 예술, 또 지질학이나 화학, 천문학 등, 온갖 자연철학의 분야에 백과사전적인 탐구의 손이 닿아 각 분야가 크나큰 우주의 일부가 되어 숨 쉬고 있어 실로 심오한 시적이면서 섬세하고 묘한 맛을 자아내고 있는 것이다.

눈앞에 국왕이 혼자만 있는 것이라면 우리는 그 위엄에 아찔해져서 눈이

---

*1 에트루리아 사람이 살며 나라를 세운 고대 이탈리아의 지명. 현재의 토스카나 지방.

보이지 않게 될지도 모르는데 국제회의장처럼 각국의 왕들이 한 곳에 모이게 되면 차분하게 각 국왕의 문화적인 특징을 자세히 관찰해 비교 검토할 수 있는 여유가 생기게 되는 것이다.

이 대걸작에 묘사되는 세계는 일과성인 영감의 분방한 토로 따위는 아니고 시인이 그 80년의 긴 생애에 걸쳐서 직접 하나하나 끈질기게 관찰에 관찰을 거듭해 온 땀과 노고의 집대성인 것이다.

그것은 반성과 음미를 거듭한 예지의 결정이므로 바로 이 시대의 정화(精華)가 되고 있다, 그 시에는 시대 그 자체가 각인되어 있다고 말할 수 있을 것이다.

괴테는 진정한 시인이었다. 그 시대의 어느 시인에게도 뒤지지 않는 최고의 월계관을 쓸 가치가 있는 진정한 시인이었다. 괴테는 마치 현미경과 같은 치밀한 관찰안(觀察眼)의 소유자였는데 동시에 힘찬 필치를 아울러 지니고 있었다. 시인이 써서 울리는 '하프의 현(弦)'은 때로는 힘찬 음색을 연주하는가 하면, 때로는 섬세하고 우아함을 띠고 있었다. 그것이야말로 거칠 것이 없는 경지에 도달해 있었던 것이다.

이 《파우스트》에 담겨진 예지의 깊이와 넓이에는 어느 시대의 종교도, 정치도, 사상도 착각할 정도의 이상적, 전형적인 모습이 되어 새롭게 다시 태어나므로 불가사의하다.

얼마나 새롭고 신선한 신화가 이 천재의 뇌리를 힘차게 내닫고 있었을까! 그리스인은 알렉산더대왕이 세계의 끝, 카오스의 나라까지 원정을 했다고 전하고 있는데 우리가 괴테도 정신계의 끝까지 여행을 해 카오스의 나라를 목격하고 또한 그곳에서 훌륭하게 살아 돌아온 것이다.

## 무엇이든 그대로 받아들이지 않고 스스로 확인한 괴테

그의 자유자재인 사고의 날개는 많은 혼을 북돋운다. 드넓은 지평을 지닌 괴테와 함께 마음의 여행을 떠나면 우리의 일상다반사나 편리한 생활필수품 종류에 이르기까지 마치 신성한 축전에서처럼 시적이고 장엄한 조명이 비쳐지는 것이다.

그는 바로 시대가 점지한 자였다. 이 시대는 박식과 전문분화의 시대이고 증가일로를 걷는 인구를 배경으로 특수지식을 갖춘 전문가조직이 많이 만들어져 각자가 격렬하게 싸움을 벌여 종래형의 학자들로는 도저히 따라붙지 못할 정도의 속도로 수많은 지식과 정보를 축적해 나갔다. 그래도 괴테의 드넓은 정신은 이와 같은 엄청난 지식과 연구성과를 모두 거둬 들일만한 많은 포용력을 갖추고 있었던 것이다.

그는 근대적 지성이 무턱대고 전문분화하고 만 것을 다시 그 자신의 이치에 따라서 통합할 수가 있었다. 그는 이른바 우리의 현대생활을 실로 우아한 시의 베일로 감싸 준 것이다.

그는 아무리 보잘것없고 자질구레한 것 가운데서도 완전한 생명의 수호신을 발견할 수가 있었다. 이 생명의 신 프로테우스는 언제나 우리 곁에 가까이 있어 주는 것이다.

괴테는 공공의 광장이나 큰길, 가로수길이나 호텔로 나아가서는 이 신의 있는 그대로의 모습을 추구했다. 그리고 관습과 상식을 지키면서 사는 견실한 사람들의 세계에도 이 신령의 힘이 깃들어 있는 것을, 또 일상의 정해진 업무 속에서조차 신화나 우화의 실마리가 엮여져 있는 것을 보여 준 것이다.

더 나아가 모든 관습이나 제도, 일상의 도구나 자료 따위의 유래를 더듬어 그것이 일어나게 된 인간의 근본조건을 밝혀 냈다.

또 그는 억측을 하거나 언어로 희롱하거나 하는 것을 극도로 싫어했다.

'나도 억측 따위는 얼마든지 있다. 하지만 적어도 책을 쓰려고 한다면 자신이 정말로 몸으로 겪어 알고 있는 것만을 써야 하는 것이다.'

그는 누구보다도 솔직하게 꾸밈이 없이 썼다. 그가 실제로 쓴 것보다도 굳이 쓰지 않았던 쪽이 훨씬 많고 어떤 사항을 설명하는 경우에도 남거나 모자람이 없는 적절한 언어로 표현할 수가 있었다.

그리고 고대정신과 시대정신, 고대 예술과 현대 예술이 어떻게 다른지를 잘 알고 있었다. 예술의 본질과 범위, 법칙을 적확하게 정의할 수도 있었고 자연에 관해서 괴테만큼 훌륭한 말을 남긴 문인도 달리 없을 것이다.

그는 고대 철학자, 그리스의 7현인처럼 자연연구에 몰두했다. 확실하게 프랑스식의 능숙한 도표나 세밀한 해부이론 따위에는 관여하지 않았다고 해도 그의 자연철학에는 그와 같은 것을 보충하고도 남는 시적, 인간적인 생명력이 넘쳐나 있고 자연을 다루는 수완은 많은 경험으로 뒷받침되어 실로 높은 경지에 이른 것이다.

'그럴 생각만 있으면 인간의 눈은 망원경이나 현미경에도 뒤지지 않는 힘이 있는 것이다'라는 것이 그의 지론이었다. 그에게는 통일과 소박함을 애호하는 타고난 자질이 있고 그 '황금의 열쇠'의 덕택에 자연계의 다양한 신비를 해명할 수 있었던 것이다.

결국 괴테가 어떤 주제로 썼느냐 하는 것은 그다지 큰 문제는 아니다. 그는 온몸의 감각을 총동원해 온갖 것을 있는 그대로 관찰하고, 그리고 진리 그 자체로 확실하게 인도되고 있었던 것이다.

그는 아무리 권위 있는 언어라도 자기 자신의 오감으로 직접 확인하지 않을 수 없었다. 형식적인 설명으로는 납득하지 않고, 몇 백 년 동안 많은 사람이 믿어 온 이야기라고 해서 맹목적으로 그대로 받아들이는 일은 결코 없었다. '만일 그것이 다른 사람에게 있어서 진실한 것이라면 자신에게도 그런 것인지 몸으로 확인해야 한다'는 것이다.

이렇게 해서 그는 진실을 확인한 다음, 가슴을 펴고 틀림없이 이렇게 말할 것이다.

'현재 이곳에 있는 나 자신이 진실을 밝히는 잣대이고 판정기준인 것이다. 어떻게 확인도 하지 않고 이와 같은 것을 그대로 받아들일 수 있을까.'

이와 같은 자세 때문에 종교, 정열, 결혼, 예의, 재산, 지폐, 신앙, 길흉, 행운, 그 밖에 무엇에 대해서 이야기하건, 괴테가 하는 말은 언제나 잊을 수 없는 강렬한 인상을 남기는 것이다.

이와 같이 세상에 보통 쓰이고 있는 언어나 신념을 실제로 자기 몸으로 확인해 보지 않으면 안 된다는 괴테의 특징이 가장 뚜렷하게 표출된 사례를 아래에 열거해 보자. 그것은 그의 '악마'에 관한 견해이다.

어느 시대의 신화에 있어서도 악마는 중요한 역할을 해 왔다.

괴테는 실제로 그것에 대응하는 실재(實在)가 없는 것과 같은 헛된 언어는 전혀 쓰지 않았다. 이와 같은 가치기준은 악마인 경우에도 들어맞는다.

다시 말해 '어떤 종류의 죄이건 그것을 저지를 수 있는 가능성은 자기 자신 안에 잠재하고 있다'는 것을 인정하는 것이 이 경우에 기준이 된다.

이와 같은 구상에 입각해 그는 자신의 '악마'를 조형하는 일에 착수한다. 이 악마는 현실로 있을 수 있는 존재가 아니면 안 된다. 이 악마는 현대적인 풍모를 지닌 유럽인일 것이다. 그리고 신사와 같은 복장을 하고 예의범절을 이해해 도시의 큰 거리를 활보하고 1820년대의 빈이나 하이델베르크의 세태에 정통하고 있을 것이다. 그렇지 않다면 이 악마는 현실로 존재하고 있다고는 말할 수 없기 때문이다.

이와 같은 기준에 바탕을 두고 괴테는 '염소의 뿔을 기르고, 갈라진 발끝을 잡고, 작살모양의 꼬리를 늘어뜨리고, 그 몸에서는 자욱한 유황과 같은 냄새를 풍기고, 수상한 인광(燐光)을 발한다'는 신화에 흔히 묘사되는 고정화된 악마상을 깨 부순 것이다.

그리고 악마의 모델을 고문서나 회화 속에서가 아니고 자기 자신의 내면, 곧 '마음의 어둠' 속에서 찾았다.

다시 말하면 괴테는 옷차림이나 풍모가 어떠했다거나, 군중 속에 섞여 있는지, 홀로 고독 속에 묻혀 있는지와 같은 표면적인 구별이나 외관에 얽매이지 않고 '사람의 마음 깊숙이 둥지를 트는 냉혹함, 이기주의, 불신과 같은 내면의 어둠이야말로 악마가 발생하는 진정한 원인에 다름 아님'을 간파한 것이다.

그렇게 해서 구태의연한 악마상을 버리고 현대적인 이미지를 하나하나 부가함으로써 괴테의 악마는 현대인의 마음에 무서울 정도로까지 현실감으로 다가갈 수 있게 되었다. 그리고 인류가 등장한 이래 사람이 사는 곳에는 언제나 그림자처럼 따라붙는 이 악마의 정체야말로 '자신의 머리가 좋은 것을 자랑삼아 자기만을 중하게 여기고 그 지혜의 힘을, 신을 공경해 타인에게 사랑을 베풀기 위한 것이 아니고 오직 자신의 욕망을 채우기 위해서만 남용해온 인간의 말로'에 지나지 않음을 갈파했다.

이렇게 해서 괴테는 '메피스토펠레스'라는 문학사상, 고금에 없는 유일한 악마상을 창조하는 데 성공한 것이다.

### 《빌헬름 마이스터》는 지혜의 보고

나는 괴테의 방대한 작품들을 모두 분석하려는 바람은 조금도 없다. 그의 작품 목록에는 번역, 비평, 서정시, 그 밖의 온갖 종류의 작품, 문학적인 일기, 저명인의 인물평 등 수많은 장르가 포함된다. 나는 그 가운데서 한 권을 고르라고 한다면 주저 없이 《빌헬름 마이스터》를 고를 것이다.

《빌헬름 마이스터》야말로 모든 점에서 제1급의 소설이다. 이 소설에 심취한 자들의 말을 들어보면 '이것이야말로 현대사회의 축도이고 현대인의 생활의 핵심을 훌륭하게 그려 낸 대걸작'이 된다. 그들은 '이 작품에 비하면 그 무렵 크게 인기를 끌었던 스코트의 역사소설 따위는 현대생활의 의상이나 외견과 같은 표면만을 스친 것에 지나지 않는다'고 말하는 것이다.

이 작품은 현대에도 아직 의문의 베일에 싸여 있다. 높은 지성의 센스가 있는 독자에게는 놀라움과 환희의 보고일 것이다. 또 햄릿보다도 이쪽이 천재적인 작품이라고 해 애호하는 경향도 많을 것이다.

나 자신 19세기를 통해서 그 묘한 아름다움에서 이 작품에 견줄 수 있는 것은 달리 한 권도 없을 것으로 생각한다. 이처럼 참신하고, 가슴을 설레게 하고, 이처럼 견실하고 다양한 사상이 풍부하고, 이처럼 인정의 기미에 통하고 있으면서 동시에 숭고한 천상의 세계까지도 엿보게 해 주고, 그러면서도 조금도 지루하지 않은 소설이 달리 있을까.

지적인 호기심에 넘치는 천재적인 젊은이라면 이 작품에는 흥미가 끊이지 않을 것이다. 단, 그 반면에 누구에게나 만족이 가는 작품이라고 말하기 어려운 면도 있을 것이다. 예를 들어 통속적인 연애드라마를 찾고 가벼운 오락의 읽을거리를 선호하는 독자라면 이 소설에 실망할지도 모른다. 다른 한편 이 작품에 당당한 혼의 성장이야기와 온갖 고초를 다 겪은 끝에 얻게 되는 월계관에 걸맞은 인격완성을 기대하는 독자도 다분히 실망할 것이다.

주인공은 다양한 결점을 지니고 있고, 불순한 면이 있는 데다가 나쁜 동료와의 교제도 있었으므로 진실한 영국의 민중은 이 소설이 번역되었을 때에 눈살을 찌푸리고 혐오감을 나타냈다는 것이다.

그렇지만 이 소설은 얻기 어려운 지혜의 보고이고 세간이나 천지를 꿰뚫는 이치나 법칙과도 통하고 있고 등장인물은 과부족이 없는 훌륭한 필치로 생생하게 묘사되어 있다.

이 소설은 어느 시대에나 다시 읽을 때마다 새로운 발견을 하게 될 것이다. 이 소설의 진가가 발휘되는 것은 바로 이제부터이고 틀림없이 아직도 몇 백만의 독자의 혼을 촉촉하게 적셔 줄 것이므로 무턱대고 트집을 잡지 말고 허심탄회하게 이 작품에서 가능한 한 인생의 양식을 배우려는 자세가 현명하다.

이 소설의 요점이 되고 있는 것은 한 평민이 귀족계급으로 출세해 가는 상승과정이다(나는 이 '귀족'과 '출세'라는 두 언어를 그 본래의 가장 좋은 뜻으로 쓰고 있다).

그리고 이 '상승의 프로세스'는 결코 비밀로 개시되는 것은 아니고 당당하게 정면으로 이루어지는 것이다. 지니고 태어난 천분과 천성의 도움을 받아 훌륭하게 귀족의 자리를 손에 넣은 청년 빌헬름은 명실공히 귀족의 이름에 부끄럽지 않은 견식과 성실함을 아울러 지니기에 이른다.

편견이 없는 젊은이가 읽으면 순식간에 그 소설의 매력에 빠져 떠날 수 없게 될 것이다. 이 작품에서 뭐라 말할 수 없는 지적인 자극을 받아 용기가 샘솟게 될 것이 틀림없다.

### 진정으로 전하고 싶다면 걸맞은 표현방법이 생긴다

재능이 있다고 누구나 작가가 될 수 있는 것은 아니다. 작품의 배후에는 그것을 쓴 인간이 살아 숨 쉬고 있지 않으면 안 되는 것이다.

무언가 사상의 신조를 밝히는 경우에도 그것은 타고난 일관된 개성과 깊게 결부되어 있지 않으면 안 된다. 사물에 대한 견해나 표현방법도 결코 갖다 붙인 것 같은 것은 아니고 '그 표현 이외에는 있을 수 없다'는 거짓 없는 신념에 뒷받침되어 있지 않으면 안 되는 것이다.

설사 오늘은 아직 그것에 걸맞은 언어를 발견하지 못했다고 해도 표현하려는 마음을 지속하고 있으면 이윽고 그것이 발효해 적절한 언어가 되어 나타나게 될 것이다.

다시 말해 어떻게 교묘하게 표현할 것인가가 아니고 심중에 어떻게든 표현하지 않을 수 없는 생각이 있는 것이 제일인 것이다. 타인에게 이해가 되건 말건 진실한 생각을 표현하는 것이 중요하지 않을까. 그와 같은 진실을 발견해 세상에 알게 하는 것이야말로 작자의 본분이고 또 사명인 것이다.

말에 막히거나, 더듬거리거나, 그 목소리가 잠겨 있거나, 불쾌한 것이었거나, 또는 어떻게 교묘하게 말할 것인가와 같은 것은 본디 대단한 것은 아니다. 진심으로 전하고 싶다는 생각이 있으면 자연히 그것에 걸맞은 표현방법이나 비유, 억양이 있는 언어구사나 어조를 낳게 되는 것이다.

설사 언어구사가 잘 안 되는 사람이라도 그 안에 잠재한 진실한 생각은 자연히 전해지는 것이다. 거꾸로 아무리 변설이 교묘하고 미사여구를 늘어놓아도 그곳에 진실한 생각, 신의 언어가 깃들어 있지 않으면 그것은 도대체 어떻게 될까.

문장의 힘은 그 배후에 인간다움이 숨 쉬고 있는지의 여부로 천양지차(天壤之差)와 같이 엄청난 차이가 생기고 만다. 학술지나 유력 신문에서는 개인의 얼굴을 엿볼 수가 없고, 설사 다소나마 그와 같은 것을 볼 수 있다고 해도 그것은 '그 밖의 많은 한 사람'의 무책임한 방언에 지나지 않는다. 대개의 경우, 이권단체의 이익을 대변하거나 그렇지 않으면 그럴듯하게 문장을 구사해 자기를 과시하려는, 이름을 파는 행위에 지나지 않는다.

그러나 정말로 좋은 책이라면 한 행 한 행에서 결연한 저자의 신념이 전해져온다. 어느 한 구에도 박력과 위엄이 넘치고 문장 그 자체가 다이내믹하게 약동해 지역을 초월하고 시대를 초월해 많은 사람들의 혼을 사로잡는 것이다.

### 무엇에나 관심을 보인 '자아완성의 달인'

넘칠 정도의 재주 때문에 도리어 그 지혜가 가려지게 될 때도 많은데 괴테는 사실 대단한 현자이기도 했다. 그 문장이 아무리 현란한 빛을 발하고 있어도 그 자신의 눈길은 더욱 높은 것을 응시하고 있다.

이와 같은 심오함이 있었으므로 괴테라는 사람에게는 흥미가 끊이지 않았을 것이다. 그에게는 자신이 믿는 길을 걸어가는 사람에게 특유한 자율자립의 혼이 있다. 타인의 생각 따위에는 전혀 신경을 쓰지 않고 자신의 신념을 관철하는 강인함이 있는 것이다.

괴테라는 사람의 진면목은 그 작품에만 그치는 것은 아니다. 아무리 위대한 걸작이라도 일단 다 쓰고 나면 더 이상 그 작품에 얽매일 수는 없다. 괴테라는 인물 쪽이 그 작품보다도 훨씬 큰 것이다. 아득한 옛날에 이 세계를 창조하신 창조주는 무엇보다도 이 괴테에게 자신을 닮은 모습을 투영(投影)했을 것이다.

하지만 나는 조금도 괴테가 인류사상 최고의 천재라고 말할 생각은 없다. 그도 역시 다양한 인간적인 결점에서 벗어나지 못했던 것이다.

우선 괴테는 자신의 감각에 의존한 나머지 만물을 통제하는 더없이 높은 존재로 귀의하는 마음에 부족한 면이 있고 자신을 헛되게 하는 일도 그다지 없었다.

괴테가 쓴 수많은 시의 어느 것보다도 더욱 숭고한 시를 쓴 시인도 있다. 괴테만큼 거대한 재능은 지니고 있지 않았을망정 더욱 순수하고 심금을 울리는 주옥같은 소품을 쓰는 작가도 있다.

괴테는 결코 만인에게 친숙해질 수 있는 작가는 아니다. 그는 순수한 진리에 몸을 바치고 있다기보다는 자기수양·인간완성을 위해 진리를 탐구하고 있는 면이 있는 것이다.

그가 지향한 것은 보편적인 자연·보편적인 진리를 탐구해 위대한 자아완성의 사람이 되는 것이었다. 따라서 누구도 그를 이익으로 꾀거나 속임수에 빠뜨리거나 위협을 하거나 할 수는 없었다.

자제심과 극기심이 많아 누구에게나 단지 '당신은 나에게 무엇을 가르칠 수가 있습니까'라는 시점에서만 평가를 내리고 모든 것을 자신을 성장시키는 양식으로서 계속 흡수하는, 끝없는 자아완성의 화신—그것이 괴테라고 해도 좋을 것이다. 따라서 지위도 명예도 건강도 시간도, 더없이 높은 실재조차도 그에게 있어서는 단지 '자아를 완성하기' 위한 소재에 지나지 않는 것이다.

그는 자아완성의 달인이고 모든 예술과 과학, 그 밖에 무엇이건 왕성하게 관심을 나타내는 위대한 아마추어였다. 예술을 사랑했지만 전문적인 예술가가 되지는 못하고, 영적인 센스는 충분히 지니고 있으면서도 엄격한 심령주의자가 되지는 못했다.

삼라만상을 모두 탐구하려고 했으므로 보편적인 천재들이 쓰는 지적인 도구가운데 그가 손대지 않은 재치의 도구는 거의 없다고 해도 좋을 정도이다. 하지만 그는 언제나 무엇을 위해 그 도구가 필요한지를 알고 있었고 도구 그 자체에 휘둘러지는 일은 없었다. 또 그는 모든 문제에 통찰해 자타의 경계를 넘어 자기가 애호하는 존재와 일체가 되었다.

그의 탐구심은 끊이질 않아 지상의 온갖 것을 샅샅이 관찰하고 직접 확인하지 않고 지나치는 일이 없었다. 어둠 속에 숨어 있는 요물도 백일하에 드러내고, 그 요물이 나도는 것을 막으려는 성자의 시선도, 또 형체가 없는 형이상학적인 이념조차도 그의 펜으로는 구체적인 모습으로 생생하게 묘사된 것이다.

그는 예술의 온갖 비밀에 통달하고 있었으므로 마치 조각가가 그 상을 자재로 조각하듯이 사람 마음의 기미(機微)를 이해하고 표현할 수가 있었다. 키케로가 자기를 연모하는 여성들을 이용해 정적들의 음모를 들추어 낸 것처럼 괴테도 또 자신의 연애체험을 최대한으로 활용해 거기에서 많고 큰 창작상의 착상을 얻은 것이다.

그는 적의(敵意) 따위에는 개의치 않았다. 비록 적으로 생각되는 사람에게서도 괴테는 커다란 인생의 지혜를 배울 수가 있었다. 그런 뜻에서 그는 자기의 적조차도 받아들이는 도량이 있었던 것이다.

마찬가지로 그는 누구에게도 증오의 감정을 갖지 않았다. 그의 귀중한 인생에는 그렇지 않아도 해야 할 일이 많이 쌓여 있어 남을 증오하기 위한 헛된 시간 따위는 전혀 없었다는 것이다.

확실히 괴테에게도 성격적으로 뜻이 맞지 않는 사람과의 대립이 없었던 것은 아니다. 그러나 그것은 마치 이미 남아도는 영토를 지닌 황제들이 서로 영지의 분배를 둘러싸고 정색을 하고 다투는 것과도 같고, 그는 그런 때에도 귀족적인 예절이나 품위를 잃는 일은 없었다.

## 발생한 사실에서 어떻게 교훈을 얻을 것인가

그의 자서전 《시와 진실》은 현대에 독일정신을 대표하는 세계적인 고전으로서 널리 친숙해지고 있는데 이 작품이 발표되었을 때에는 영국이나 미국 등의 독자들을 몹시 놀라게 했다.

그 요점을 이루는 사상은 '인간이 살아가는 목적은 그 자기수양·완성을 위한 것이고 외면적이 위업을 이루기보다는 자신의 내면을 충실하게 하는 것이 훨씬 중요하다'는 사고방식이다. 발생한 사실 그 자체보다도 '발생한 사실에서 어떤 영향을 받고, 어떤 교훈을 얻느냐' 하는 것이 훨씬 중요하다는 것이다.

현명한 인간이라면 자신을 제삼자의 눈으로 냉정하게 바라볼 수 있으므로 성공만이 아니고 실패나 좌절, 환멸에서조차도 배울 수 있을 것이다.

괴테는 세속적인 성공을 추구하지 않았던 것은 아닌데 그 이상으로 인류의 역사나 운명을 다 알고 싶다는 소망이 더 강했던 것이다. 다만, 괴테의 명성에 이끌려 모여든 자들은 자신의 욕구에만 눈치가 빠르고 저속한 성공에만 시선이 모아진 것 같은데…….

이와 같은 위대한 인간완성의 사상이야말로 이 《시와 진실》의 에센스이고 발생한 사건을 작품 속에 넣을 것인지 넣지 않을 것인지의 판단도 모두 이 기준에 따라서 이루어졌다. 그때, 사건의 외적인 중요도나 개인의 지위, 수입의 많고 적음과 같은 것은 전혀 문제가 되지 않았다.

물론 이 작품은 이른바 괴테 전기의 소재로 하기에는 너무나도 정보가 부족하다. 확실한 날짜도 그다지 씌어 있지 않고, 서간도 한 통도 없고, 공직과 그 업무에 관한 상세한 것도 일체 씌어 있지 않고, 결혼생활에 관해서도 전혀 밝혀지지 않고 있다. 게다가 가장 공적인 활동이 활발했던 바이마르에 거처를 마련한 뒤부터의 10년간에 관해서는 완전히 침묵을 지키고 있다.

그러면서도 불발에 그친 연애소동에 관해서는 기묘할 정도로 중요시되어 실로 상세하게 묘사되어 있다. 또 변덕스럽게 문득 떠오른 착상, 우주진화론, 자신이 고안한 신종교, 유력한 저명인사와의 교우관계나 사상 상의 위기적인 시대 등과 같은 것은 대서특필하고 있다.

일지, 연대기, 《이탈리아기행》《프랑스종군기》《색채론—역사론》에서도 마찬가지로 괴테의 개인적인 뜨거운 관심을 엿볼 수 있다. 특히 《색채론—역사론》에서는 괴테 자신과 과학사상의 중진이라고도 할 수 있는 사람들과의 연결을 극히 간결하게 보여 주고 있다. 다시 말해 괴테에서 케플러, 괴테에서 베이컨, 괴테에서 뉴턴과 같은 라인을 매우 뚜렷하게 표시함으로써 그때까지 두렵고 골치 아팠던 과학사상의 난문에 대해서 해결의 실마리를 준 것이다.

이와 같은 과학적인 저작은 우리 독자에게 《이피게니에》나 《파우스트》와 같은 문학적인 걸작과는 또 다른 각별한 지적인 즐거움을 준다. 더구나 더 대단한 것은 그가 문학적인 창조 때와 같은 산고를 맛보지 않고 이러한 과학논문을 즐기면서 집필하고 있다는 것이다.

괴테는 예술 전반에 대해서 커다란 공헌을 하고 후세의 예술가에게 수많은 귀중한 지침을 주었는데 특정 장르에서 완결하는 이른바 '프로의 예술가'는 되지 않았다. 그것은 그가 너무나도 많은 분야에 지나치게 넓게 손을 대 그 하나하나의 테마에 실로 미세한 주의를 집중해 임했으므로 전체를 굽어보는 조감적(鳥瞰的) 시야를 잃고 말았기 때문인지도 모른다.

괴테는 다양한 기회에 샘솟는 영감을 바탕으로 단편적인 작품을 하나하나 써 내려가 차츰 대작으로 연결해 나가는 유형의 작가였다. 이렇게 해서 이른바 '백과전서'적으로 온갖 주제에 몰두한 것이다.

자리를 잡고 희곡이나 이야기를 써 내려가는 경우에도 이르는 곳마다 관찰한 소재를 모으고 분류해 가능한 한 전체의 줄거리에 맞도록 나눈다.

그때 많은 부분이 잘 마무리가 안 돼 고육지책으로 서간이나 일기의 일부로서 도입할 때도 있다. 그래도 또 빠뜨리고 마는 소재도 있는 것이다. 그렇게 되면 이제는 편집이나 제본 단계에서 처리하는 것 이외에 방법이 없게 된다.

그의 문학작품 대부분에 이미 이와 같은 '잡다한 수집'과 같은 성격을 엿볼 수 있는 데다가 아직 《쿠세니엔》과 같은 문자 그대로의 아포리즘(경구, 잠언)이 많이 남겨져 있는 것이다. 그러므로 괴테를 '단장적(斷章的) 작가'로 부르는 것은 매우 적절하다고 말할 수 있을 것이다.

괴테가 엮어내는 이야기에 현세적인 색채가 풍부한 것은 그가 어디까지나 자신을 풍성하게 키우고 싶다는 자아완성으로의 길을 첫째로 생각했기 때문이 아닌가 생각한다.

확실히 의식주에 부족함이 있었다고 해도 정신적인 만족감을 얻을 수 있는 청빈한 사람은 있을 것이다. 그러나 모든 사람이 그와 같은 강인함을 지니고 있는 것은 아니다. 정신세계에 사는 현자라고 해도 괴테처럼 도서관이나 화랑, 건축, 실험실, 지적인 서클, 여가 등, 이 세상의 혜택을 감사하는 마음으로 충분히 누리면서 심신이 모두 건전하게 자아형성을 해나가는 길도 또 부정할 수 없는 것이 아닐까.

소크라테스는 아테네를 사랑하고 몽테뉴는 파리를 사랑했다. 또 프랑스의 낭만주의 운동의 개척자로 알려진 스탈부인은 '나의 유일한 약점은 어쩔 도리 없이 파리의 거리를 사랑하고 만 것이다'라고 고백했다.

이와 같이 '속된 것을 선호하는 나약함'은 종래의 '고고한 천재'와 같은 이미지하고는 동떨어진 것일지도 모르는데 나는 천재에게도 이와 같은 세속적인 측면이 있는 것이 반드시 나쁜 일로는 생각지 않는다.

천재란 흔히 결벽증 같은 면이 있고 세간의 가치기준과 타협을 해 많은 사람과 보조를 같이해 나가는 것이 싫은 것이다.

또 선량하고 이 세속적인 야심에 불타고 있는 사람이라도 그 내심에 '세속에 때 묻어 사는'것에 대한 한심함이 문득 떠오르고 때로는 세간의 풍조에 대해서 날카로운 풍자의 한 마디쯤 할 때가 있지 않을까.

이와 같이 사는 것에 이루 말할 수 없는 불안을 안고 필요 이상으로 서투르게 사는 것이 보통 사람의 삶이다.

그러나 이 괴테란 인물은 자신이 산 세기와 세계의 공기를 마치 '자기 집'에 있는 것처럼 즐겁게 숨 쉬고 이상적인 삶을 다할 수가 있었다. 괴테만큼 삶에 적응한 사람은 전혀 없을 것이고 더욱 덧붙이자면 그 만큼 자신의 인생을, 모든 희비를 밑바닥까지 다 맛본 사람은 없을 것으로 생각한다.

단, 인생의 목적은 반드시 그와 같은 자아완성의 길만은 아니라고 나는 생각하는 것이다. 그와 같이 자기의 그릇을 크게 하는 것도 중요한데 그 이상으로 보편적인 영원한 진리에 진심으로 귀의하는 것은 더욱 존귀한 일이 아닐까.

또 때로는 자신을 잊고 시적인 영감에 몸을 다 바치는 것도 그에 못지않게 대단한 길이 아닐까 생각하는 것이다.

그러나 그렇게 말은 해도 영미의 많은 서책이 씌어질 때의 저속한 동기에 비하면 괴테의 '자아를 완성하고 싶다'는 동기는 훨씬 진실함이 있고 사람을 진리로 이끄는 풍부한 영감으로 가득 차 있다.

그런 뜻에서 괴테는 서책에 본래 갖추어야 할 생명력이나 존엄을 되찾아준 은인이라고 해도 좋을 것이다.

### 인류의 지적 유산을 받아들여 혼을 풍요롭게

괴테가 등장한 것은 문명이나 국가의 난숙기(爛熟期)이고 해가 갈수록 증대하는 서적이나 정보, 사상 신조의 홍수와 나날이 다달이 계속해 발전하는 기계기술의 중압에 개인의 독창성이 발휘되지 못하게 된 시대이다.

그 같은 다양화와 혼돈의 시대에서 방대한 정보를 처리해 살리면서 시대의 물결을 타기 위한 비법을 괴테는 사람들에게 가르쳐 준 것이다.

나는 인간의 내적인 자연스런 목소리를 압살(壓殺)하는 형식뿐인 인습이나 권위주의를 타파한 인류의 대표자로서 나폴레옹과 괴테를 나란히 가리키고 싶다. 이 두 사람은 누구 못지않은 철저한 리얼리스트이고 동시대뿐만 아니라 다가올 미래의 사람들을 위해 위선이나 허식이라는 거목의 뿌리를 과감하게 없앤 것이다.

괴테는 자진해서 일하길 원한 쾌활한 활동가이고 타인의 칭찬이나 평가에 연연하지 않고 오직 자기 가슴속 깊이 샘솟는 동기나 계획에 의해서만 거인의 이름에 걸맞은 많은 일을 남겼다.

그리고 80년의 긴 생애에 걸쳐서 끊임없이 청년과도 같은 정열을 잃지 않고 여러 방면에 활동을 계속했다. 그 끊이지 않는 정열과 에너지의 비결은 때때로 일의 종류를 바꿈으로써 능숙하게 기분전환을 꾀해 언제나 신선한 감동을 계속 유지한 데 있지 않은가 생각한다.

최신 현대과학의 성과에 따르면 가장 단순한 아름다움을 지닌 것은 단순하고 적은 요소에 의해서가 아니고 가장 고도이면서 복잡 정묘한 구조로 이루어지고 있다는 것이다. 전 생물 가운데서 가장 복잡한 구조를 지닌 것이 인간이고 그 반대의 극에 있는 것이 바퀴벌레와 같은 미생물이다.

우리 인간은 예부터 전해져 온 수많은 인류의 지적 유산을 받아들여 자신의 혼을 풍요롭게 하지 않으면 안 된다. 괴테는 그것을 위한 용기를 몸으로 보여 주었다.

또 괴테가 가르치는 바에 따르면 언제 어느 시대에 태어나건 사람은 그럴 마음만 있으면 반드시 크게 성공할 수가 있으므로 '시대가 나쁘다'는 것과 같은 불평불만도 마음이 약한 자의 넋두리에 지나지 않게 될 것이다.

아무리 암담한 미망의 시대일지라도 진정한 천재는 찬란한 태양의 빛에 비쳐져 우렁찬 음악소리와 함께 부드럽게 날아오를 수 있는 것이다. 지상의 어떤 멍에로도 인간의 가능성을 구속할 수는 없다.

세계는 아직도 젊은 것이다. 인류사를 장식하는 지난날의 위인들은 우리에게 애정어린 목소리로 이렇게 말할 것이다.

'그대들은 다시 하늘과 땅을 잇는 새로운 성서를 쓸 필요가 있다. 진정한 천재는 거짓이나 겉모양에 현혹되지 않고 혼 깊숙이 알고 있는 진실을 정직하게 모두 실현해 나가는 것이다. 고도로 세련된 현대의 생활에서 예술이나 과학, 서책 따위를 통해 좋은 신앙을 지키고 현실에 입각해 이상을 실현해 나가는 것이다. 그리고 중단함이 없이 시종일관해서 모든 진리를 몸으로 실천해 나가는 것이야말로 진정한 혼을 지닌 위인이 아닐까.'

제3장

# 인류 최고 향연의 사회자

## 시인 셰익스피어

셰익스피어(1564~1616)

영국의 시인·극작가. 중부 잉글랜드의 스트랫퍼드어폰에이번에서 태어나 1582년에 8세 연상인 앤 하사웨와 결혼. 그 뒤, 단신 런던으로 나가 극단에 입단해 배우 겸 극작가가 되었다. 그동안 36편의 희곡과 154편으로 이루어진 소네트(14행시) 시집을 썼다. 극단의 주주로도 성공하고 은퇴 후에는 고향에 마련한 저택에서 여생을 보냈다. 주요 희곡으로 《리처드 3세》《햄릿》《베니스의 상인》 등이 있다.

### 위대한 천재는 시대정신을 구현한다

위인이 위인일 수 있는 이유는 그 독창성 때문이라기보다도 그 그릇의 크기 때문인 것이다. 예를 들어 거미는 스스로 실을 뽑아내 둥지를 만드는 데 그처럼 모든 것을 제로에서부터 창조하는 힘은 어떤 위인이라고 해도 지니지 않고 있다.

또 단순히 타인과 다르다는 것만으로 진정한 독창성이 발휘되는 것도 아닐 것이다. 진정한 영웅은 보통 사람들 가운데 섞여서 다양한 인생경험을 쌓음으로써 대중이 추구하는 것을 알아차려 그들의 소망을 자신의 소망으로 삼아 그 소망을 실현하기 위해 높은 견식과 역량으로 전력을 다하는 것이다.

가장 위대한 천재란 누구보다도 많은 것을 배우고 흡수하는 사람이라고 말할 수 있을 것이다. 예를 들어 시인은 끊임없이 생각나는 대로 수다를 떨고 있어 때로는 자잘한 대사도 말할 수 있을 것으로 상상하는 사람이 있을지도 모르는데 그들은 그런 단세포적인 수다쟁이가 아니다. 일급의 시인이란 시대성이나 나라의 숨결을 온몸으로 호흡하고 그것들을 맥박 치는 고동처럼 생생하게 체감할 수 있는 사람을 가리켜 말하는 것이다.

시인의 창작은 결코 변덕스러움에 근거도 없이 망언을 하고 있는 것이 아니다. 그것은 더 훨씬 감미롭고도 비애로 충만한 것이고 명백한 목적의식으로 일관된 진지한 행위인 것이다. 시인이란 그 시대의 어느 누구보다도, 또 어느 입장의 사람보다도 깊은 신념으로 가득 찬 존재인 것이다.

우리의 인생행로를 지켜보는 수호신은 독선적인 개인주의를 달갑게 여기지 않고 한 사람의 걸출한 위인을 지원하는 경우에도 그 개인의 욕망을 위해서가 아니라 만인의 행복 실현을 위해서만 영감(靈感)을 주는 것이다.

이 수호신(지니어스)의 목소리에 충실하게 사는 사람을 '천재'(지니어스)로 부르는 것이고 그들은 자기의 욕망대로 멋대로 행동하는 인간이 아니다.

일반적으로 위인이라고 하면 어느 갠 날 아침에 잠에서 깨어 '나는 활력에 넘쳐 있다. 자, 대양으로 나가 한 번 남극대륙이라도 발견하자' '온갖 식물을 다 조사해 새로운 식품을 인류에게 제공하자' '새로운 건축의 아이디어가 떠올랐다' '완전히 새로운 기계를 발명했다'고, 생각해 낸 것을 무엇이건 자유자재로 처리할 수 있는 이미지가 있는데 그것은 전혀 다르다.

위인이란 더욱 그 시대 사람들의 사고방식이나 욕구에 바짝 다가가 그 시대의 숨결을 온몸으로 호흡하면서 서서히 뛰어난 일을 해나가는 것이다.

위인의 주위에 모인 군중의 시선은 어느 한 점에 집중되어 있다. 사람들이 흔드는 손은 위인이 나아가야 할 방향을 제시하고 있는 것이다.

교회의 의식이나 축제의 분위기 속에서 자란 위인은 찬미가에 담겨진 메시지를 실현하고 그와 같은 성가나 행렬 기도식에 필요한 대성당을 건립할 것이다. 또는 미친 듯이 날뛰는 전란의 시대에 진군나팔 소리를 듣고 병영의 분위기 속에서 자란 위인은 이윽고 병법 분야에서 두각을 나타내 새로운 체제를 구축해 나갈 것이다. 또는 한편으로 석탄이나 소맥분, 생선 등의 생산지가 있고 다른 한편 그와 같은 원료를 필요로 하는 토지가 있다고 한다면 이 둘 사이에 태어난 위인은 훗날 철도의 발명자가 될지도 모른다.

어떤 대인물이건 그 창조의 소재는 태어나서 자란 환경에서 물려받는 것이고 우선은 그 시대 사람들의 욕구를 깊이 알고 자신에게 부여된 소재를 소중하게 살리는 것에서부터 그 일을 시작하는 것이다. 어떤 위인이건 신이 아닌 이상 무엇이건 스스로 창조할 수는 없다. 주어진 혜택을 순순히 유효하게 살림으로써 한정된 인생에서 위업을 성취할 수 있게 되는 것이 아닐까.

결국 모든 것은 새로운 사업을 개시하기 위한 소재로서 주어져 있다는 것이다. 세상에서 활약해야 할 무대가 이미 준비되어 있기 때문에 위인도 크게 그 수완을 발휘할 수가 있는 것이다. 위인이 역사무대에 등장한 시점에 이미 수많은 뛰어난 선인들이 이 새로운 주역이 대활약을 하기 위한 준비를 해주고 있다. 과거에 활약한 이루 헤아릴 수 없는 사람들의 은혜가 있기 때문에 새로운 시대의 위인은 그 본래의 특성을 발휘할 수가 있는 것이다.

그와 같은 시대의 은혜를 무시하고 사람들의 마음이나 역사로부터 벗어난 곳에서 독선적인 길을 택하려고 한다면 무엇이건 스스로의 힘으로 하지 않을 수 없게 된다. 그렇게 되면 욕심이 지나쳐서 아무것도 얻지 못해 무엇 하나 제대로 완성하지 못하게 될 것이다.

아무리 위대한 천재라도 자기 혼자의 힘으로 이룰 수 있는 것은 아무것도 없다고 해도 좋을 것이다. 오히려 진정한 위인이나 천재이기 때문에 널리 세상으로 눈을 돌려 그 시대의 입김을 한 몸에 빨아들이고 허심탄회하게 대중이 추구하는 시대정신을 구현해나가는 것이다.

### 민중의 마음을 사로잡은 연극이란 엔터테인먼트

셰익스피어의 청년기는 때마침 영국의 민중이 연극이라는 엔터테인먼트를 갈망하기 시작한 시기에 해당하고 있다.

그 무렵의 궁정인들은 연극 중에 정치적인 풍자가 있으면 기를 쓰고 탄압하려고 했다. 특히 신흥세력으로서 활약을 하기 시작한 청교도나 영국국교회의 신자들은 눈에 쌍심지를 켜고 연극의 흥행을 막으려고 했다.

그러나 민중이 연극을 원한 것이다! 여인숙의 안마당이나 시골축제에 급하게 만들어진 울타리 등이 순회 배우들의 흥행장으로 사용되었다.

어느 시대에 있어서나 사람들이 새로운 즐거움을 알게 되면 아무도 막을 수가 없다. 오늘날 어떤 권력으로도 신문의 발행을 막을 수 없는 것처럼 그 무렵에도 이 분출하는 연극열을 억누르는 것은 왕비이건, 고승이건, 신흥 청교도이건. 또 권력자가 일치단결해 보았자 도저히 안 되는 게임이었다.

그들 권력자로서도 이 연극에서 무시할 수 없는 은혜를 입고 있었던 것이다. 더구나 일반 민중에게 있어서 '연극의 흥행'은 단순한 오락을 훨씬 초월하고 있었다. 그 무렵의 연극은 민요, 영웅서사시, 신문, 이발소 정담(政談), 강연회, 대중 가십(gossip) 신문지, 도서관 등, 각종의 다양한 기능을 동시에 겸하고 있어 모든 의미에서 그야말로 전 국민의 큰 이벤트가 되고 있었던 것이다.

그렇지만 그것은 훌륭한 학자와 스승이 일부러 영국사의 한 막을 장식하는 것으로서 대서특필하는 것과 같은 과장된 것은 아니고 대기처럼 더욱 자연스럽게 민중 사이에 확산해갔다. 그것은 빵처럼 값싸고 흔해빠진 것이면서 없어서는 안 되는 것으로서 누구에게나 소중하게 여겨지고 있었던 것이다.

그 무렵의 연극이 최고로 융성했던 것은 무엇보다도 이 시대로 접어들어 둑이 무너진 성난 파도처럼 키드, 매로, 그린, 웹스터, 헤이우드, 미들턴, 필, 포드, 메신저, 보몬트, 프래쳐 등 엄청나게 많은 극작가를 배출한 것에서도 알 수 있을 것이다.

대본작가로서는 사람들이 무대에 열중해주지 않으면 일이 되지 않는다. 그들에게는 무턱대고 사고실험을 해 시간을 낭비하는 일 따위는 있을 수 없다. 언제나 기대에 가슴이 설레는 관객이 있기 때문이다. 특히 셰익스피어에게 있어서 이 관객의 뜨거운 기대에 부응해야 한다는 생각은 남다른 바가 있었다.

그가 고향 스트랫퍼드를 뒤로 하고 런던에 왔을 때에는 온갖 시대의 작가에 의한 연극이 연일처럼 번갈아 무대에서 공연되고 있었다. 예를 들어 유명한 《트로이 이야기》 등은 매주처럼 대박을 터뜨리고 《줄리어스 시저의 죽음》과 같은 《플루타르크 영웅전》에서 취재한 여러 가지 작품도 사람들의 마음을 사로잡고도 남음이 있었다.

플루트왕이나 아더왕의 연대기, 몇 대에 걸친 헨리왕 열전 등, 영국사극의 대본은 서가에 가득 채울 정도로 내용이 다채롭고 더구나 크게 인기를 얻고 있었다. 게다가 심금을 울리는 비극의 연작, 명랑한 이탈리아 희극, 그리고 스페인의 항해기 등, 열거하자면 끝이 없을 정도이고 런던사람이라면 작은 점포의 점원에 이르기까지 그 하나하나 이름을 외우고 있었을 정도이다.

기술적인 수준의 차이는 여러 가지가 있다고 해도 이와 같은 수많은 소재가 온갖 유형의 극작가에 의해서 다루어지고 연일처럼 흥행이 되어 프롬프터의 손에 쥐어진 대본은 이제 모두 손때가 묻어 '너덜너덜해진 상태'이다. 〈누가 최초로 이 소재로 썼느냐〉 등과 같은 것은 이제 전혀 짐작조차 할 수 없다.

그렇기 때문에 이와 같은 연극대본의 대부분은 극장의 소유가 되는 것이다.

아무튼 하나의 소재로 작품이 씌어졌다고 해도 많은 신진 천재작가들이 잇따라 가필수정하여 대사를 늘리거나 새로운 장면을 덧붙이거나 주제가를 삽입하거나 하는 것이므로 이와 같은 공동작업에 의한 작품에 대해서 요즘처럼 특정작가에게 저작권을 갖게 하는 일 따위는 애당초 무리한 상담이었던 것이다.

다행히 현대와 달리 누구도 그런 골치 아픈 문제를 끄집어내는 사람은 없다. 그 무렵에는 저작권을 주장한다는 발상 그 자체가 없었던 것이다. 현대처럼 연극의 대본을 서책으로서 감상하는 사람은 거의 없고 연극은 극장에 가서 실제 연기로서 감상을 하는 것이 당연한 일이었고, 대본은 공연을 위한 것이었다.

### 상상의 날개를 펴고

셰익스피어도 똑같다. 그도 이 시대 극작가의 상례로서 써서 전해져 온 이들 산더미 같은 대본을 자기 생각대로 번안하고 새로운 실험을 시도해도 전혀 상관이 없는 '보다 낫게 하기 위한 본보기'로 생각하고 있었다. 만일 이 시대에 현대의 작가를 지키고 있는 저작권이라는 까다로운 제도가 있었다면 아무리 셰익스피어라 할지라도 전혀 활동을 못했을 것이다.

이와 같이 그 시대의 수많은 연극대본에는 거리의 민요와 마찬가지로 아직 촌스럽고 세련되지 못했을망정 순수한 영국혼의 뜨거운 피가 생생하게 맥을 이어오고 있었다. 이와 같은 풍부한 소재가 많이 있었기 때문에 셰익스피어로서도 정묘하고 장대한 상상력의 날개를 마음껏 펼칠 수 있었던 것이다.

이 천재시인은 작품의 소재로서 많은 민간의 전승을 필요로 한 것인데 그 덕택에 독선에 빠지지 않고 균형이 잡힌 성숙한 작품을 잇따라 완성할 수 있었던 것이다. 또 그 결과로서 그는 민중의 마음과 깊게 결부시켜 확실하게 대지에 뿌리를 내릴 수가 있었고, 그 풍요로운 대지에서 충분히 자양분을 섭취함으로써 자유자재로 그 상상력의 가지를 뻗어나갔다.

한마디로 말해서 시인에게 있어서 민간 전승은 조각가에게 있어서 신전인 것처럼 중요한 무대배경인 것이다. 이집트나 그리스의 조각은 그 신전건축과 하나가 되어 발전해왔다. 본디 조각은 신전의 벽을 장식하는 일이었던 것이다. 처음에는 박공(樽蛋)에 새겨진 투조(透彫)정도의 것이었는데 이윽고 본격적인 조각이 되어 머리나 손을 밀어내게 되었다. 일군의 조각상은 모두 신전과 조화를 이루도록 배치되고 건축 쪽도 또 조각상을 돋보이게 하도록 설계되었다. 그리고 이윽고 조각의 스타일과 수법에 더없이 자유로운 창의가 넘쳐나게 되어도 그 시대에 지배적인 건축양식으로 한정되고 작품은 자연히 일정한 절도와 고요하고 편안함을 유지하고 있었다. 거꾸로 조각이 신전이나 궁전의 속박에서 벗어나 자립하게 되자 도리어 예술로서는 쇠퇴하고 본래의 균형에서 벗어나 취약하고도 요란스러운 것으로 되어 간 것이다.

이와 같이 조각이 건축과의 사이에 균형을 유지함으로써 건전하게 발전해 나간 것과 마찬가지로 시인도 또 그 시대의 민간전승에 따름으로써 위험한 자아도취에 빠지는 것을 모면한 것이다. 이와 같은 전승이야말로 그 무렵에 이름도 없는 민중이 극히 보통으로 친숙해져 있었던 것이다. 그 가운데에는 어떤 걸출한 천재라고 해도 자기 한 사람의 두뇌로는 도저히 낳을 수 없는 시대정신의 견고함 같은 것이 있는 것이다.

사실 셰익스피어는 모든 방면에서 자기작품의 소재를 끄집어냈다. 그리고 자신이 발견한 것은 닥치는 대로 활용할 수가 있었다.

그가 기성의 작품을 어느 정도까지 활용하고 있었는지는 말론이라는 영국 문학의 연구자가 셰익스피어의 처녀작 《헨리 6세》에 관해서 고심을 거듭해 얻은 다음의 결과로도 미루어 알 수 있을 것이다.

그 연구성과에 따르면 '이 작품 전체의 6043행 가운데 1771행이 고스란히 선배작가로부터의 인용이고 2373행이 과거작가의 문장을 바탕으로 해서 그가 손질을 한 문장이어서 완전히 셰익스피어 자신이 하나에서부터 모두 창작한 문장은 불과 1899행에 지나지 않는다'는 것이다.

이렇게 해서 전 작품을 차례로 조사해나가면 '자기 혼자의 힘만으로 하나에서부터 써낸 극작품은 한 작품도 남지 않게 된다'는 것이다. 이와 같은 연구성과에서 셰익스피어의 외면적인 창작사정을 엿볼 수 있을 것이다.

마지막 작품 《헨리 8세》에 있어서는 셰익스피어의 손에 의해서 대단히 연마된 바탕 아래 거친 원문 그 자체를 확실하게 들여다보는 것 같은 생각이 든다. 최초에 이 소재로 극을 쓴 사람은 뛰어나고 사려 깊은 사람이었겠지만 유감스럽게도 귀가 나빴던 것이다. 나는 이 작품 가운데서 최초의 작가가 손을 댄 문장을 구분할 수가 있고 그 운율도 확실하게 구분해 들을 수가 있다.

그 증거로서 극중 우루지라는 인물에 의한 최초의 모놀로그와 그것에 이어지는 호국경(護國卿) 크롬웰의 장면을 들어두자.

일반적으로 셰익스피어 운율의 비밀은 '우선 사고가 있고 그것이 자연스런 리듬을 연주한다'는 것인데 그 결과로서 '깊게 이해하고 읽으면 자연히 문장이 매끄럽게 흘러가게' 된다. 그런데 이 크롬웰의 대목에서는 명백히 그와 같은 생생한 셰익스피어조가 자취를 감추고 있어 시문이 틀에 박힌 음률 위에 짜여져 짜증스런 웅변조의 자취를 남기고 있는 것이다.

그러나 이 작품의 전편에 걸쳐서 확실히 셰익스피어의 직필임이 틀림없는 것으로 생각되는 부분도 발견할 수 있다. 특히 제4막 1장 대관식의 눈에 띄게 빼어난 묘사 등은 아무리 보아도 그의 직필로밖에 생각할 수 없다. 거꾸로 중요한 엘리자베스여왕에 대한 찬가가 개운치 않은 가락으로 씌어져 있는 것은 참으로 기묘한 느낌이 든다.

셰익스피어는 서툰 창작보다는 민중에게 전해져 온 전승 쪽이 훨씬 확실한 줄거리를 지니고 있음을 깨닫고 있었을 것이다.

그 때문에 창작의 노고를 게을리하고 있다는 비방을 들어도 그는 전혀 개의치 않고 기성의 전승이야기에서 창작의 소재를 자유롭게 받아들였다. 그리고 그보다도 이 시대에는 독창성과 같은 근대 특유의 까다로운 문제는 아직 그다지 문제가 되지 않고 있었던 것이다. 밀리언셀러의 문학이란 것도 없고 이른바 독서인구도 형성되지 않고 널리 일반대중에게 개방된 낮은 가격의 출판물도 아직은 없었다. 이와 같은 독서문화 이전에 나타난 위대한 시인은 선인들 작품 가운데서 무언가 반짝 빛을 발하는 것이 있으면 바로 자기작품의 자료로 받아들이고 마는 것이다.

번득이는 지성의 보배, 곱고 아름다운 정감의 꽃을 모아 그것을 사람들에게 제공하는 것이 시인의 임무이다. 물론 시인에게는 창의 연구도 중요한데 동시에 선인의 지적인 유산을 확실하게 마음에 담아두는 기억력도 없어서는 안될 것이다.

자신의 착상이 어디에서 왔는지는 사실 아무래도 좋은 것이었다. 그것이 번역된 외국의 작품에서 온 것인지, 그렇지 않으면 전승 가운데서 얻은 것인지, 그렇지 않으면 머나먼 이국땅에서 여행 중에 보고 들은 것인지, 또는 영감에 의한 것인지, 그와 같은 것을 그 무렵 대부분의 관객은 전혀 신경을 쓰지 않고 연극 그 자체를 즐기고 있었던 것이다.

그뿐만 아니라 시인은 일상의 흔해빠진 거래를 소재로 할 때도 있는 것이다. 개중에는 시인 못지않은 세련된 언어를 구사하는 아마추어도 있다. 그들은 평소에 당치도 않은 말을 내뱉다가도 극히 드물게 정신이 번쩍 드는 대사를 토해 내거나 하는데 스스로는 그 가치를 깨닫지 못하는 것이다. 그와 달리 시인은 언어의 반짝임에서 그 가치를 자각해 작품 속에서 자유자재로 살릴 수가 있다. 그때 그들은 그 주옥과 같은 언어의 출처가 어딘지는 전혀 신경을 쓰지 않는다.

이와 같은 행복한 경지에 도달해 있던 시인으로서 대서사시 《오디세이》를 쓴 고대 그리스의 호메로스가 있고 또 《캔터베리 이야기》로 유명한 영국의 초서나 이슬람의 명시인 사디도 그 가운데 한 사람일 것이다.

그들은 세상에 있는 모든 예지의 언어를 자신의 재산으로 느끼고 있었다. 그들은 시인임과 동시에 과거 문화유산의 편찬자이기도 하고 관리책임자이기도 했던 것이다. 위대한 이야기 작가는 사람들이 전승해온 수많은 설화를 계승해 새롭게 배열해서 정리가 된 장대한 이야기를 엮어나갔다.

### 무진장인 창작력의 비밀

우리의 천재시인은 누구의 눈에도 간파되지 않는 '가면'을 쓰고 그 본래의 위대함을 숨기고 있었다. 어떤 크나큰 산도 가까이에서 보았을 경우, 그 크기는 결코 모르는 것이다. 그의 진가가 세상 사람에게 이해되기까지에는 1세기의 세월이 필요했다. 그리고 그의 사후 2세기가 지난 무렵에 겨우 그의 위대함을 인정하는 제대로 된 비평이 나타나게 되었다. 셰익스피어의 전기가 쓰어지게 된 것은 현대로 접어든 뒤부터의 일이다.

또 셰익스피어는 독일문학의 원조이기도 하다. 극작가이고 미학자이기도 했던 레싱에 의해서 셰익스피어가 독일에 소개되고 빌란트와 슐레겔의 번역에 의한 자극으로 단숨에 독일문학을 활짝 꽃피우게 한 것이다.

그리고 햄릿을 방불케 하는 내성적인 정신이 이르는 곳마다 숨쉬는 19세기로 접어들자 셰익스피어의 비극은 그 진가가 깊게 이해되어 많은 독자를 매료하게 되었다. 현대의 문학이나 철학사상도 셰익스피어의 압도적인 감화 없이는 생각할 수가 없다.

셰익스피어 정신의 지평은 끝없이 펼쳐져 있으므로 현재로서는 누구도 그 전모를 전망할 수 없을 정도이다. 훌륭한 언어의 명가락을 들으면 누구나 '셰익스피어 같다'고 연상할 정도로 우리의 음악적인 어감은 어느 초월적인 언어의 리듬에 의해서 모르는 사이에 갈고 닦아져 온 것이다.

이와 같이 우리가 평소에 막연하게 직감하고 있는 셰익스피에 대한 이미지를 적절한 언어로 정확하게 표현할 수 있게 된 것은 콜리지*1와 괴테 정도라고 해도 좋을 것이다.

그러나 그와 같은 교묘한 언어로 표현할 수는 없어도 조금이라도 문학에 소양이 있는 사람이라면 셰익스피어 언어의 대단한 생명력과 아름다움을 은밀하게 음미할 수는 있을 것이다. 이만큼 많은 영향을 온 세계 사람들에게 준 것은 성서 말고는 생각할 수 없다.

셰익스피어협회는 역사에 묻혀져 있는 사실에 관해서 각 방면에 문의를 하고 현상금을 내걸어 확증이 있는 정보의 제공을 호소한 적이 있었다. 그 결과는 어땠을까. 내가 이미 말한 영국 연극의 역사에 관한 몇 가지 중요사항 외에는 그의 재산과 재산관리에 관한 아주 얼마간의 정보를 입수한데 지나지 않는다.

그 정보에 의하면 아무래도 그는 블랙 플라이어자리라는 그 무렵 연극소극장의 소유 주식을 매년 계속 늘려 이 소극장의 의상, 그 밖의 연극도구도 모두 소유하고 있었던 것 같다. 그리고 작자 겸 주주로서의 수익으로 고향 스트랫퍼드 마을의 부동산을 구입해 마을에서 제일 좋은 집에 살고 있었다는 것이다.

런던에 머물고 있었을 때에는 마을사람들로부터 신용을 얻어 돈을 빌리는 등의 일을 맡을 정도의 명사가 되고 토지를 소유한 어엿한 부농이기도 했다.

또 《맥베드》를 쓰고 있을 때 다양한 기회에 판매한 곡물 대금 35실링 10펜스를 지급하지 않은 건으로 현지의 재판소에서 필립 로저스란 사람을 고소한 적도 있다. 그는 어떤 관점에서 말해도 어엿한 한 가문의 주인으로서 확고한 경제관념을 지니고 있어 바른길에서 벗어난 행동으로 나가 몸을 그르치는 일은 조금도 없었다.

---

*1 영국의 낭만파 시인.

그는 극히 보통의 좋은 사람이고 극단에 흔히 있는 배우이면서 주주이고, 다른 배우나 주주에 비해서도 특출하게 이목을 끌만한 면을 지니고 있었던 것은 아니었다.

물론 나는 이와 같은 자료의 중요성을 인정하는데 주저하는 것은 아니다. 이와 같은 정보를 손에 넣기 위해서는 상당한 노력이 필요했을 것이다.

그러나 이와 같은 탐구에 의해서 아무리 그의 생활상황을 보여주는 단편적인 자료를 수집해도 우리를 끝없이 매료시키는 '눈에 보이지 않는 거대한 자석'과도 같은 그 무진장인 창작력의 비밀은 조금도 밝혀지지 않는 것이다.

역사의 표면에만 마음을 빼앗겨서는 안 된다. 우리는 혈통, 탄생, 출생지, 학력, 교우, 수입, 결혼, 출판, 명성, 죽음과 같은 자잘한 연대기를 죽 써서 늘어놓는데 그와 같은 신변잡기는 아무리 겹쳐 쌓아도 그 '뮤즈(詩神)'가 점지한 아이'를 비추는 빛은 전혀 비쳐오지 않는 것이다.

### 작품 그 자체가 말하는 역사적 진실

나는 일찍이 영국 연극의 자랑으로 여겨졌던 어느 유명한 배우가 공연하는 햄릿을 보았을 때의 일을 상기한다. 그때 내가 강한 인상을 받고 지금도 생생하게 기억하고 있는 유일한 것은 그 배우의 연구에 연구를 거듭한 대사의 구사가 아니고 그것과는 조금도 연관이 없는 다음 언어의 내용이었다.

그것은 햄릿이 부왕의 망령을 향해 묻는 다음의 대사이다.

'이미 싸늘한 시체로 변한 당신께서
다시 온몸에 단단히 무장을 하시고
이렇게 희미한 달빛 아래
이 지상에 모습을 드러내시다니
도대체 어인 일이십니까' (제1막 4장)

셰익스피어의 상상력이 넘치는 펜으로 옮겨지면 보잘것없는 연극소극장도 하나의 드넓은 우주로 변해 온갖 계층의 신분을 지닌 등장인물들이 '무대가 좁다'는 듯이 대활약을 펼치기 시작한다. 그러면 순식간에 우리들 주위의 세계가 '희미한 달빛'처럼 현실감을 잃고 마는 것이다. 셰익스피어의 이와 같은 놀라운 마법에 걸리면 무대 뒤에서 '시대고증은 어떤가, 무대장치는 어떤가' 하고 걱정하고 있었던 일은 전혀 사소한 일이 되고 마는 것이다.

무언가 뛰어난 전기를 읽어보면 《한여름 밤의 꿈》이 유혹하는 그 매혹의 세계에 해명의 빛을 비쳐준다고나 할까. 셰익스피어는 그 섬세하고 묘한 작품의 유래를 고향 스트랫퍼드의 공증인이나 교구의 서기관, 교회법구의 관리인이나 감독대리인 등에게 털어놓기라도 했다는 것일까.

그리고 《마음에 드시는 대로》의 시정이 감도는 '아덴의 숲'이나, 《맥베스》에서의 인파네스성의 맑은 공기, 《베니스의 상인》에서 가련한 여걸 포샤의 별장을 비추는 달빛, 그리고 오셀로가 갇혀 있었던 '굉장한 동굴과 황량한 사막'의 절경 등 여러 가지……

이와 같은 정평이 있는 문학창조상의 비밀을 해명하는 문장이 3번째인 종형제와 조카인 아이가 쓴 것, 대법관이 철한 문서나 서간류를 살펴보면 단 한 줄이라도 발견할 수 있는 것일까.

요컨대 이집트나 인도에서의 위대한 석조건축, 그리스 균형미의 극치라고도 할 수 있는 조각, 웅장하고 화려하기 이를 데 없는 고딕의 대성당, 이탈리아의 회화, 스페인이나 스코틀랜드의 사랑스런 민요, 그 밖에 온갖 뛰어난 예술작품에 발생한 일이 걸출한 희곡에서도 발생할 수 있었다는 말일 것이다.

그 작품을 낳은 시대가 지나가고 새로운 시대로 접어들자 작품의 창조에서 사용된 〈하늘에 이르는 사다리〉가 제거되고 말기 때문에 후세 사람들은 그 위대한 작품을 보고도 그것이 〈어떻게 태어났느냐〉 하는 창작의 비밀은 알 수 없게 되는 것이다.

셰익스피어의 전기를 쓸 수 있는 사람이 있다고 한다면 그것은 셰익스피어 그 사람 말고는 없다. 그리고 설사 그런 일이 가능하다고 해도 우리가 셰익스피어의 혼과 접촉을 해 깊이 이해할 수 있는 최고의 심경에 도달해 있지 않으면 무엇 하나 중요한 것은 전해지지 않을 것이다.

우리도 천상의 소리를 들을 수 있는 제단에 몸을 두고 있지 않으면 이 대작가의 하늘로부터의 메시지를 이해하는 것은 도저히 불가능할 것이다.

치밀한 학자 다이스나 콜리아가 발굴하고, 분석하고, 비교한 고문서를 읽은 뒤에 그 하늘로부터 온 눈부실 정도의 명문을 읽어보기 바란다. 읽으면서 가슴속에서 자신의 운명의 행방을 알리는 목소리가 들려오지 않을까. 이 둘 사이에 어떤 관계가 있다는 것일까.

고문서를 아무리 살펴보아도 셰익스피어의 창작비밀을 엿보는 것은 도저히 불가능하다. 정말로 이 인물의 역사적 진실을 밝힐 수 있는 것은 곰팡이가 긴 역사자료가 아니고 살아 있는 작품 그 자체인 것이다.

### 희곡가의 범위를 뛰어넘은 총합적인 거인

이상 보아온 것처럼 외면적인 역사자료는 두드러지게 부족한데 오브레 나로와 같은 연구자 대신에 셰익스피어 자신을 전기작가로 비유한다면 더 실제적인 지식을 얻을 수 있을 것이다.

이와 같은 지식이야말로 진정으로 산 지식이고 그 사람 됨됨이나 운명을 알려 주는 것이다. 만일 셰익스피어와 직접 만나서 교류하게 되면 바로 이와 같은 본질적인 화제 쪽이 훨씬 중요해질 것이다.

삶과 죽음, 사랑, 빈부의 차, 인생의 목적과 그에 이르는 길, 인간의 성격, 또는 운명을 좌우하는 유형무형의 영향, 또 우리 인생에 좋은 일도 나쁜 일도 가져오는 것과 같은 과학의 힘을 초월한 신비적인 영의 작용 따위는 모든 사람의 혼을 뒤흔들지 않을 수 없는 인생의 근본문제이다. 그런 것에 관해서는 셰익스피어의 작품이야말로 확실한 증언을 많이 이해할 수 있는 것이다.

셰익스피어의 《소네트 시집》을 펼쳐서 직감이 좋은 사람이라면 바로 알 수 있는 비밀스런 시의 양식이고 우정이나 사랑에 관한 비결이나 다감한 정념과 냉정한 이성 사이에서 흔들리는 인간심리의 기미를 살며시 속삭여 주는 것을 깨달을 것이다. 또 여러 가지 희곡 가운데에는 셰익스피어 자신이 간직한 마음의 흔적이 교묘하게 숨겨져 있는 것이 틀림없다.

그가 생생하게 묘사한 신사나 왕후의 활기에 넘치는 모습에서는 마음에 드는 인물상의 겉모습이나 인품의 유형이 떠오르게 될 것이고 그들 등장인물의 행동을 보면 셰익스피어 자신에게 동료들을 많이 모아 허탈하게 행동하는 취향이 있었음을 엿볼 수 있다. 베니스의 상인 안토니오의 고결한 모습을 통해서 셰익스피어의 심리 크기를 이해하는 것도 가능할 것이다.

이렇게 보면 '셰익스피어에 관해서는 거의 아무것도 알려져 있지 않다'는 흔히 말하는 평가가 전혀 빗나간 것임을 잘 알 수 있다. 오히려 근대사를 통해서 그만큼 우리에게 잘 알려진 인물은 달리 없다고 해도 좋을 것이다.

이를테면 도덕, 매너, 경제, 철학, 종교, 취미, 처세술과 같은 우리의 관심이 깊은 여러 가지 주제에 관해서 셰익스피어가 명쾌한 지침을 제시하지 않은 것이 있을까. 한편 셰익스피어는 세상의 신비적인 일에 관해서도 의의 깊은 통찰을 보여 주고 있고 모든 계층의 직업 특징에 대해서도 다 알고 있었다.

일찍이 프랑스의 유명한 비극배우 타르마가 나폴레옹에게 왕자의 위엄 있는 행동거지를 지도했다고 하는데 현실의 국왕으로 셰익스피어가 묘사하는 왕자의 모습에서 배우지 않은 자는 없다고 해도 좋을 것이다.

현실의 소녀들은 그가 묘사하는 세심한 소녀의 마음에 자기들보다 뛰어난 섬세함을 발견해 사랑하는 사람들도 작품 중 연인들의 멋진 사랑에는 감복을 하고 어떤 현자도 셰익스피어만큼 미래를 꿰뚫어보지 못해 아무리 신사라고 해도 천재의 펜 끝에 묘사된 이상적인 신사를 앞에 두고는 자신의 비천한 행동을 부끄럽게 여길 수밖에 없는 것이다.

약간 세련된 실력파 비평가 중에는 '셰익스피어를 논할 바에는 우선 무엇보다도 그 희곡을 문제로 삼는 것이 정도이고 그를 함부로 시인이나 철학자 취급을 하는 것은 잘못 짚은 것이다'라고 말하는 경향이 있을지도 모른다.

나만 해도 그의 희곡을 높이 평가하는 데 결코 인색하지는 않다. 그러나 '희곡만이 그의 본래의 가치를 이루는 것은 아니다'라는 의견은 바꿀 생각이 없다. 그는 단순한 희곡가의 테두리를 훨씬 초월한 종합적인 거인이고 언제나 의미가 있는 강한 메시지를 지니고 있었다. 그 두뇌에서 쏟아져 나오는 상념이나 비전을 구현하는 분출구로서 가장 편한 적합한 형식인 희곡을 채용한 것에 지나지 않는다.

그가 말한 내용은 희곡이라는 틀에는 도저히 거둬들일 수 없을 정도의 보편성과 중요성을 지니고 있다.

이를테면 어느 성자의 전기가 운문이나 산문을 불문하고 전 세계의 모든 국어로 번역되어 노래나 그림이야기로 묘사되고 때로는 속담이 되어 민중 사이에 친숙해지고 있는 경우에 이제는 그 성자전의 내용이 얼마나 보편성을 지니고 있느냐 하는 것만이 문제가 되고 그것이 대화체인가, 기도문인가, 또는 소설의 형식을 취하고 있는가는 2차적인 것이 될 것이다.

그와 똑같은 일이 셰익스피어의 경우에도 들어맞는 것이다. 그는 근대 음악극의 '기조음계(基調音階)'를 연주해 근대생활이나 습관의 전형을 묘사하고 영국인이나 유럽인들뿐만 아니라 우리의 선조인 미국들의 모습까지도 생생하게 묘사했다. 남녀의 기미, 그 성실함, 망설임, 그리고 악덕으로 생각한 것이 미덕이고 또 그 반대일 수도 있는 것과 같은 인간세계의 불가사의한 역설까지 절묘하게 표현했다. 또 아이의 얼굴을 묘사해도 어디가 부친을 닮고 어디가 모친을 닮았는지와 같은 것까지 정확하게 묘사해 냈고 자유와 운명의 미묘한 경계선도 확실하게 그을 수가 있었던 것이다.

그는 대자연의 질서를 유지하는 억제의 감각에 통해 있었고 부침이 만만치 않은 인간 세상의 운명까지도 눈앞에 펼쳐지는 풍경처럼 생생하게 차분한 필치로 묘사할 수가 있었다. 셰익스피어에게 있어서는 이와 같은 인생의 지혜야말로 존귀한 것이고 그것이 씌어지는 형식이 희곡이냐 서사시냐는 2차적인 것이었다. 그것은 마치 국왕의 칙명을 기록한 종이가 어떤 종류인가를 탐색해도 소용이 없는 것과 같다.

### 사물의 본질을 아름다운 운율로 표현하는 '창조주'

셰익스피어가 많은 사람 가운데서 뛰어난 것은 물론인데 이른바 걸출한 작가들의 범위도 훨씬 초월하고 있었다.

대부분의 현자는 아무리 현명하다고 해도 이럭저럭 어림짐작 내에 들 정도인데 셰익스피어의 현명함은 우리가 상상할 수 있는 범위를 훨씬 초과하고 있었다.

이를테면 플라톤은 인류 최고의 철학자 가운데 한 사람인데 열심히 읽으면 그의 사고회로를 뒤쫓는 것은 어떻게든 불가능한 것은 아니다.

그러나 셰익스피어에 이르러서는 완전히 손을 들게 된다, 어떻게 그와 같은 작품이 완성되었을까 하는 것조차 상상을 뛰어넘고 있는 것이다. 그 걸출한 묘사력, 창조력에서 그와 견줄 수 있는 자는 없다. 셰익스피어처럼 쓴다는 것은 생각조차 못하는 것이다. 그는 도저히 인간이 할 수 있는 일이라고는 생각지 못할 정도의 문학적인 세련이 극에 달하고 있다. 그것은 작가적 자질로도 최고봉이라고 해도 좋은데 그의 재능은 좁은 뜻에서의 작가라는 틀을 훨씬 뛰어넘고 있는 것이다.

또 인생에 대한 풍부한 지식뿐만 아니라 멋진 서정적 묘사력도 아울러 지니고 있었다. 그는 자신이 창조한 인물들의 모습이나 희로애락을 마치 '같은 지붕 밑에 사는 가족'과 같은 편안한 마음으로 쉽게 묘사해 낼 수가 있었다. 이와 같은 등장인물의 대사는 박진감이 있고 또 실로 사랑스러운 것이었다. 설사 현실의 인간이라도 그가 묘사한 인물 정도로 생생한 인상을 남기지는 못할 것이다.

그럼에도 불구하고 그는 자신의 재능을 새삼 과시하려고 하거나 하지는 않았다. 그리고 어느 특정의 예능에 얽매이는 일도 없었다. 그는 그 전인적인 성격에 의해서 모든 방면에 재능을 꽃피울 수 있었던 것이다.

재능형 인간에게 이야기를 쓰게 했다면 그 사람의 재능의 치우침은 즉시 나타날 것이다. 그것이 자신에게 관심이 많은 주제라면 관찰안이나 견식, 풍부한 화제를 총동원해 여봐란 듯이 자기의 재능을 틀림없이 과시할 것이다.

그것이 그 자리의 상황에 걸맞은 것인가는 제쳐 두고 단지 자신이 그리기 쉬운 분야라는 것만으로 어느 장면은 미세한 것까지 파고들어 지나친 묘사를 하고 그 이외의 장면은 건성으로 묘사해 얼버무리고 마는 결과가 될 것이다.

셰익스피어에게는 그와 같은 치우침이 조금도 없고 특별히 이것을 그리고 싶다는 주제도 없었다. 모은 등장인물이 걸맞게 묘사되고 기질이나 성격에 있어서도 보편성이 주어진 것이다. 그가 개인적인 취향으로 치닫는 일은 없었다. 셰익스피어는 소 전문의 화가도 아니고, 새를 크게 좋아하는 인간도 아니고 하나의 문학스타일에 얽매이거나 하는 일이 없었다.

그는 강하게 자기 주장을 하는 작가는 아니고 위대한 것은 대범하게, 사소한 것은 세밀하게 제각기 최선을 다해 적확하게 가려서 묘사할 수가 있었다. 자신의 장기를 과시할 필요가 없을 정도로 충분히 보편적인 현자였던 것이다.

이를테면 어느 대자연에 있어서는 수증기를 공중에 떠돌게 하는 것과 똑같은 자연 법칙을 이용해 평지를 들어 올려 산의 비탈면을 만들어 내는 것쯤은 아무런 어려움도 없는 것이다. 자연은 그 어느 일에나 차별 없이 고르게 똑같은 힘을 작용하게 한다.

셰익스피어도 또 그 자연의 조형력에 비할 만한 보편적이고 치우지 않은 창조의 재능이 풍부했다. 그 때문에 희극, 비극, 이야기, 연가, 그런 모든 것에도 고르게 그 두드러진 재능이 발휘되는 것인데 그것이 너무나도 뛰어나므로 우리 독자는 '자기 이외의 독자의 눈에도 이토록 펜의 기적이 재현되고 있을까'

라고 무심코 자기 눈을 의심하고 말 정도이다.

사물의 가장 깊숙한 곳에 있는 아름다운 운율에 의해서 표현할 수 있는 대단한 재능 때문에 셰익스피어는 '시인 중의 시인'이 되었을 뿐만 아니라 새로운 형이상학의 한 분야를 개척하게 되었다.

그리고 그 능력 때문에 셰익스피어의 작품들 그 자체가 이 지구가 낳은 주요한 산물의 하나, 또 새로운 시대의 도래를 알리는 큰 징조로서 이른바 박물학이나 미래학의 연구대상이 되고 인류의 위대한 지적 유산이 된 것이다.

그때에는 투명한 거울로서 온갖 것을 그 모습 그대로 비추기 시작한다. 세밀한 것을 정교하고 치밀하게 묘사하고, 위대한 것의 위대함을 남김없이 묘사하고, 희극적인 것도 비극적인 것도 모두 빠뜨리지 않고, 또 치우치는 일 없이 마음껏 묘사해 낼 수가 있었다.

아무리 미세한 것이라도, 머리털 한 올, 눈썹 한 귀얄, 한 점의 보조개에 이르기까지 결코 소홀히 하지 않고 그 탁월한 묘사력을 다해 그려낸 것이다. 이 '창조주'의 손으로 된 작품은 마치 자연계의 창조물이 그렇듯이 아무리 고성능의 현미경에 의한 자세한 조사에도 견뎌낼 정도로 정교하고 치밀하게 만들어져 있다.

### 서정시인으로서 신선한 자질

요컨대 셰익스피어 급의 재능에 있어서는 어떤 주제라도 그럴 마음만 있으면 거침없이 다 묘사할 수 있었다는 것이다.

사진기술을 고안한 프랑스의 다게르란 사람은 최초로 한 송이 꽃을 감광판에 인화해 현상하는 기술을 배우자 그 뒤로는 어떤 대상이라도 마음대로 잇따라 계속 찍을 수가 있었다. 한 번 이 기술을 발견해 버리자 대상을 선택하는 일이 없어진다.

마찬가지로 셰익스피어도 어떤 대상이건 자유자재로 묘사해 낼 수 있는 완벽한 표현력을 몸에 익힌 것이다. 원한다면 삼라만상의 어떤 것이라도 셰익스피어 앞에 내놓으면 그 펜의 마법에 걸려 즉시 몰라볼 정도로 훌륭한 모습으로 묘사해 낼 것이다. 셰익스피어와 같은 기적의 재능을 다시 이 세상에 나타나게 하는 일은 도저히 불가능하겠지만 그의 출현으로 인해서 지상에 있는 어떤 것도 아름다운 시로 표현할 가능성이 열린 것이다!

그 서정시인으로서의 신선한 자질은 어느 작품에나 살아 숨 쉬고 있다. 그의 14행시(소네트)들은 수많은 희곡작품들이 눈부실 정도로 현란하기 때문에 그 아름다움이 지워져 버린 감이 있는데, 그러나 실제로는 셰익스피어의 시들은 희곡작품들에 뒤지지 않는, 비길 데 없이 아름다운 빛을 발하고 있는 것이다.

그 빛은 한 행 한 행이 아름다운 시문으로 엮여져 있기 때문이라기보다는 작품 전체의 완성도가 매우 높다는 것에서 오고 있다.

그것은 마치 어느 비길 데 없이 큰 인물의 매력이 그 사람의 전인격에서 스며 나오는 것처럼 셰익스피어 시의 어느 한 구절에도 더없이 뛰어난 시인의 핵심에서 넘쳐나는 빛의 언령(言靈)*²인 것이다. 그러므로 시 전체는 말할 것도 없고 어느 한 행을 취해도 현대인에게는 도저히 모방할 수조차 없다.

셰익스피어 극의 명대사는 그 모두가 마음이 황홀해질 정도의 문장이고 누구나 느긋하게 시간을 들여 그 주옥같은 명문을 맛보고 싶다는 유혹에 사로잡히는데 동시에 그 문장에는 논리학자까지도 감탄하게 하는 깊은 뜻이 담겨 있고 시종 훌륭한 논리로 일관되어 있다.

작품의 피날레도 훌륭한데 그곳에 이르기까지의 조리가 또 대단한 것이다. 언뜻 보기에 상호 양립이 안 될 것으로 보이는 모순된 요소를 절묘한 창의로 결부시키는 문장의 묘기 그 자체가 자연스럽게 한 편의 시가 되고 있다.

셰익스피어는 말하자면 문학의 명마를 타고 어디까지라도 달리는 기수와도 같은 것이다. 어디로 가건 아름다운 문예의 꽃을 피울 수 있으므로 말에서 내려 수수한 산문의 대지를 걸을 필요는 전혀 없다.

보통의 시인이 쓴 시라면 가장 세련된 것처럼 보이는 시라도 최초의 계기는 일상의 경험에 있는 것이다. 그 시상은 경험으로 짜이고 서서히 변화를 거쳐 세련되어 가는 것이 보통이다. 그렇게 해서 교양 있는 시인은 운문의 수준을 상당히 높은 곳까지 높일 수가 있는 것이다.

하지만 실제로는 보는 사람이 보면 그 세련된 시문을 통해서 그것을 쓴 사람의 개인적인 생활상이 어느 정도까지는 뻔히 보이는 것이다. 누구건 그 등장인물을 알고 있는 사람이 보면 '아아, 이 인물은 앤드류다, 그 사람은 레이첼

---

*2 말이 지니고 있는 것으로 믿어졌던 신비적인 영력.

이 틀림없다'고 모두 맞힐 수가 있다.

결국 대부분의 시인이 쓴 시는 실제로는 아직 산문적인 차원에 머물러 있다는 것이다. 그것은 모충(毛蟲)에 날개가 자란 정도에 지나지 않는다. 완전히 나비가 되어 우화등선(羽化登仙)*3 하기까지에는 이르지 않고 있는 것이다.

그런데 셰익스피어의 작품에서 현실은 원형을 남기지 않을 정도로 변모해 있고 완전히 새로운 영역으로 승화되어 있다. 이제 경험이란 껍질은 깨끗이 벗어 버려 그 흔적을 남기는 일조차 없다.

따라서 셰익스피어는 보편적인 문학의 정신 그 자체를 구현하고 있고 개인적인 얽매임을 일찌감치 초월하고 있다고 해도 좋을 것이다.

더욱이 이 시인은 시인의 왕에 걸맞은 자질을 몸에 갖추고 있다. 그것은 시인에게 있어서 빼놓을 수 없는 천성의 쾌활함이다. 왜냐하면 시의 목적이 아름다움이기 때문이다.

확실히 그는 덕을 사랑했는데 덕 그 자체를 위해서라기보다는 그 아름다움이나 우아함 때문에 그것을 사랑했다고 해도 좋을 것이다. 그는 이 세상의 생업이나 남녀의 여러 가지 관계를 진정으로 기쁜 일로 묘사했는데 그것은 그와 같은 인간의 삶에서 넘쳐나는 생명의 빛을 생생하게 묘사하고 싶었기 때문이다.

그는 미와 환희와 쾌활함을 전 우주를 향해 소리 높이 노래했다.

일찍이 에피쿠로스는 '시는 그것을 위해 연인이 사랑하는 상대를 잃어도 상관없다고 생각할 정도의 마력을 갖추고 있다'고 말한 적이 있다.

진정한 시인이란 정말로 쾌활한 기질을 지니고 있는 것이다. 호메로스는 눈부시게 내리쬐는 햇빛 아래 누워 있고 초사는 희희낙락 가슴을 펴고 있다. 또 사디에 이르러서는 '세상 사람은 내가 과거를 후회하고 있다는 소문을 퍼뜨리고 있는 모양인데 나는 후회 따위에는 이제까지 무관한 인간이다'라고 단언했다.

그와 같은 역대의 대시인들보다도 더욱 당당하게 가슴을 펴고 언제나 쾌활한 태도를 유지한 사람이야말로 우리의 셰익스피어인 것이다. 그의 이름을 듣기만 해도 무언가 쾌활하게 가슴이 설레는 것은 나뿐만이 아닐 것이다.

---

*3 몸에 날개가 돋쳐 하늘로 올라가 신선이 됨.

셰익스피어가 맨 앞에 나서 진군나팔을 분다면 순식간에 군중은 줄지어 과감하고 용맹하게 진군을 개시할 것이다. 그의 기쁨에 넘친 펜으로 묘사되면 어떤 것이라도 싱싱한 생명력을 띠고 순식간에 뛰쳐나갈 것이다.

## 균형감각이 뛰어난 진정한 '종교시인'을

셰익스피어도, 호메로스도, 단테도, 초서도, 눈에 보이는 세계 깊숙이 아득한 천상의 반짝임을 발견하고 있었다.

그런 눈으로 보면 수목조차도 단순히 사과의 열매를 맺게 하는 이상의 존귀한 역할을 맡게 되고, 곡물도 단순한 식료 이상의 것이 되고, 이 지구라는 천구도 아득히 숭고한 존재가 되는 것을 그들은 알고 있었다.

이와 같은 지상의 온갖 것은 말하자면 더욱 섬세하고 묘한 '수확'을 우리 혼에 베풀어 주는 것이다. 그런 것들은 우리 마음에 깃드는 이념을 상징하는 것이 되고, 천지자연의 다양한 영위는 모두 우리의 '인생의 의미'를 암시하는 '말 없는 비밀문서'와 같은 것이 되는 것이다.

셰익스피어는 이와 같은 대자연에 있는 일체의 것을 자신의 회화를 채색하기 위한 그림물감으로서 자유자재로 구사했다.

다만 그는 그와 같은 현실세계의 현란한 고급의 두루마리에 넋을 잃은 나머지 그만한 대천재라면 당연히 가능했을 중요한 첫걸음을 내딛는 일이 결국 안 되었다. 다시 말해 이와 같은 상징으로서의 자연미 속에 잠재한 커다란 힘의 원천이 되어 있는 덕 그 자체의 의의를 그 이상 탐구하려고 하지 않았던 것이다. 이와 같은 근원적인 통찰이 결여되면 자연계가 말하는 실제의 이야기도 도대체 어느 정도의 뜻을 지니고 있다고 말할 수 있을까.

그는 천지만물을 자기 뜻대로 다룰 수가 있었는데 결국 그것들은 최상의 엔터테인먼트 이상의 것이 되지는 못했다. 약간 짓궂게 표현한다면 그는 '인류 최고 향연의 사회자'로 머물렀다는 것이다.

대자연의 힘과 그것에 공명하는 우리 마음의 힘은 거리 모퉁이에 흐르는 가요곡이나 파이프의 연기처럼 순간 사람의 눈을 끄는 데, 이윽고 자취도 없이 사라지고 마는 '일막의 꿈 이야기'와 같은 덧없는 것일까. 아니다. 그렇지는 않을 것이다.

우리는 여기에서 코란의 경구를 곱씹어 보고 싶은 것이다. '신은 말씀하셨다. "이 대천지와 천지 사이에 있는 일체의 것을 우리가 장난삼아 만들었다고 너희는 생각하는가. 너희는 언젠가 우리에게로 돌아온다는 것을 모르는 가.'"

특별히 인간에게 허용된 천성과 재주란 점에 국한해서 말한다면 셰익스피어에게 맞서 겨룰 수 있을 정도의 사람은 이제까지 나타난 적이 없을지도 모른다. 하지만 진지한 인생론, 생사에 관한 중대사나 그것에 뒤따르는 여러 가지 관련 주제가 문제가 될 경우에 셰익스피어의 문학은 도대체 얼마나 우리를 이끌어 줄까.

셰익스피어는 인생의 의미에 관해서 명확한 지침을 주었을까. 인생이란 《12야》《한여름 밤의 꿈》《겨울 이야기》와 같은 한 때의 몽환극(夢幻劇)과 같은 것에 지나지 않은 것일까. 아니다. 현실의 인생은 그처럼 덧없는 것은 아닐 것이다. 만일 그와 같은 것이라고 한다면 설사 셰익스피어의 인생극이 하나 늘거나 줄었다고 해서 크게 떠들썩할 필요가 있을까.

여기에서 셰익스피어협회가 이집트의 신관(神官)처럼 그를 '이 세상의 즐거움에 들뜬 쾌활한 배우 겸 좌장(座長)'이라고 평가한 '신탁'이 상기된다. 이와 같은 세속적인 이미지에는 장중한 셰익스피어 문학과는 나란히 할 수 없는 것이 있다.

다른 뛰어난 대작가들은 어느 정도는 '자신의 사상과 일치한 생활'을 보내고 있었다. 하지만 이 셰익스피어에 관해서는 '언행일치의 생활을 보냈다'고는 말하기 어려운 것이다.

만일 그가 '이제껏 아무도 도달하지 못한 최고봉'까지는 가지 않고 '일단 베이컨이나 밀턴, 타소, 세르반테스와 같은 쟁쟁한 대작가들 틈에 낄' 정도의 수준이었다면 나로서도 그다지 이와 같은 사실에 구애되지 않고 '인간의 운명에는 우리에게는 꿰뚫어 볼 수 없는 어둠이 있다'고 말해 지나쳐 버렸을 것이다.

하지만 이 '인간 중의 인간', 우리의 정신, 마음의 영역에 일찍이 없는 드넓은 대지의 옥토를 개척하고 '카오스'라는 이름의 미개의 땅에 용감하게 발을 내딛고 인간승리의 금자탑을 세운 인물이 자신으로서는 조금은 부족한, 현명하다고는 말할 수 없는 삶을 산 것에 이해할 수 없다는 생각이 드는 것이다. 이 세계 최고의 시인이 그 남아도는 천성을 사람들의 즐거움을 위해 바치면서 스스로는 남모르게 세속의 향락생활을 만끽하고 있었던 것은 세계의 역사에서도 드문 일로서 특기되어야 할지도 모른다.

셰익스피어와 함께 들떠서 시끄럽게 하는 것만이 아니고, 또 다음에 말하는 스베덴보리와 함께 어두운 묘지 안을 계속 헤매는 것도 아니고, 이 두 천재와 마찬가지로 높은 영감을 몸에 받아 보고나 듣거나 행동을 하면서도 양자가 지닌 좋은 면을 아울러 지니고, 신에게도 시에게도 몸을 바칠 수 있는 균형감각이 뛰어난 진정한 '종교시인'이야말로 앞으로의 세상은 바라고 있는 것이 아닐까.

# 제4장

# 영적 세계 탐구에 몸 바친 최고 천재학자
## 신비학자 스베덴보리

스베덴보리(1688~1772)

스웨덴의 신비주의자·자연과학자. 스톡홀름에서 태어나 웁살라대학에서 배
웠다. 수학·물리학·천문학·화학 등 다양한 학문에 정통하였고 광산기사로도
활동한다. 만년에 신비적인 체험을 거친 뒤, 영적인 세계의 연구에 몰두하고
방대한 영적 탐방기 등을 출판한다. 그리스도 교회로부터 이단시되고 뒷날에
는 영국으로 건너가 생애를 마쳤다. 그의 사후, 신봉자들에 의해서 신예루살
렘 교회가 설립되었다.

### '우리는 어디서 와, 어떻게 살다가, 어디로 가는가?'

걸출한 사람들 가운데 세상의 보통 사람들에게 가장 사랑받고 있는 것은
경제학자가 말하는 생산계급에 속하는 사람들이 아니고, 곡물을 재배한 적도
빵을 만든 적도 없고, 식민지를 개척한 적도 방직기를 발명한 적도 없는, 아무
런 자본도 없는 사람들이다.

대도시를 건설한 사람들, 경제시장에서 활약하는 현대의 엘리트들로부터
자기들보다도 격이 높은 '정신의 왕족'으로 간주되고 있는 것이 시인들이라고
해도 좋을 것이다. 그들 시인들은 예지가 번득이는 사상이나 이미지가 풍부한
상상력을 제공해 세상 사람들을 곡물시장이나 금융시장과 같은 치열한 경쟁
세계에서 구출한다. 그렇게 해서 자기 능력의 부족을 한탄하고 일상적인 단순
노동이나 교통정체로 지친 사람들 마음에 더할 나위 없는 평안과 위안을 가
져다 주는 것이다.

그리고 철학자도 또 없어서는 안 될 '정신의 귀족'이고 그들은 일상의 일에
살을 에는 듯한 생각으로 살고 있는 사람들에게 지성의 혜택을 주고, 고매한

사상으로 채워 주어 '우리는 이런 세속의 잡스러운 일에 묻히기만 하는 존재는 아니다'라고 인간 본래의 이상에 눈뜨게 하는 것이다.

이 세상에서 크게 성공하는 사람들도 있을 것이다. 그러나 철학자는 그들 현대의 성공자에게도 '더욱 성스러운 세계가 있는 것이다'라는 두려워하는 마음을 갖게 하는 것이다.

그리고 또 이런 것과는 다른 세계로 사람들을 이끌어 가는 '정신의 귀족'도 있다. 그 세계란 '인간은 어떻게 살아야 할 것인가'를 가르치는 도덕과 의지의 세계이다. 이 정신의 왕국에는 그 중요성으로 볼 때 다른 영역에는 없는 절대적인 우선권이 주어져 있다. 비록 아무리 흥미가 많은 취미적, 지적인 화제로 고조되어 있을 때에도 정의 따위의 도덕적인 문제가 생겼을 경우에는 그쪽을 최우선시하지 않으면 안 된다는 것이다.

시인은 어떤 대상일지라도 시로 노래할 수가 있다. 하지만 고매한 도덕 감정이야말로 그와 같은 시적인 인스피레이션 그 자체를 불러일으키는 근거가 되므로 더 근원적이고 존귀한 것이다.

나는 자주 생각을 하는데 셰익스피어와 스베덴보리 사이를 잇는 선을 그을 수 있는 사람이 있다면, 그 사람은 현대의 지식인에 대해서 최고의 기여를 한 셈이 될 것이다.

인간 정신은 한쪽에서 합리성을 추구하고 다른 한쪽에서는 신비성을 추구해 언제나 왔다 갔다 하면서 방황하고 있는 것이다. 이 합리성과 신비성 가운데 어느 한쪽이 부족해도 우리의 마음은 채워지지 않는다.

그러나 아직 이 서로를 결부시키는 결정적인 선을 발견한 사람은 없다. 너무나도 엄숙한 성인의 세계에 질렸다면 셰익스피어의 풍요로운 세계가 도피처가 되어 우리의 마음을 풀어 줄 것이다. 또 너무나도 세속의 문학에 물들었다면 때로는 고상한 성인전을 읽어 마음을 정화시키고 싶다는 소망이 우리 인간의 본성인 것이다.

그러나 다른 문제는 제쳐 두고 그와 같은 사상편력을 되풀이하면서 우리가 마음속 깊이 끊임없이 그 답을 추구하고 있는 가장 본질적인 것은 다음과 같은 물음이 아닐까.

'우리는 어디서 와, 어떻게 살고 어디로 가는 것일까?'

이런 것들은 모든 문제에 앞서 탐구되어야 할 궁극의 물음이다.

이와 같은 궁극의 물음에 대한 해답은 서책을 읽어도 좀처럼 발견할 수 없다. 그것은 우리 자신이 전 존재·전 인생을 걸고 탐구해야만 하는 물음인 것이다.

희곡이나 시를 읽어도 참고나 힌트가 되는 것은 씌어 있겠지만, 최종적으로 해답이 주어져 있는 것은 아니다. 그러나 모세나 마누, 예수와 같은 인류의 교사들은 이와 같은 근본문제를 외면하지 않고 정면으로 대처해 나간 것이다.

이와 같은 장엄한 도덕적 감정에 휩싸이게 되면, 그때까지 자신이 소중하게 생각해 온 지상의 온갖 것이 순식간에 잡동사니처럼 무용한 것으로 생각될 것이다.

아무리 현실의 고난에 허덕이는 우리라고 해도 내면의 이성 소리에 귀를 기울인다면 대우주로 통하는 문을 열 수가 있는 것이다.

어느 페르시아의 대시인은 이 인류의 지도자들 혼에 소리 높이 외쳤다. "당당하게 앞으로 나아가 영원한 실재의 세계, 신의 주연을 경축하라. 신에게 부름받은 자들이고, 다른 자들은 그대들의 종자로서 참석이 허용되고 있는 데 지나지 않는다."

이와 같은 정신의 위계에 속하는 사람들의 특권은 경험을 초월한 방법으로 대자연의 불가사의와 구조에 참여하는 것이 허용되고 있는 것이다.

더 알기 쉬운 말로 하자면, 뛰어나게 현명하고 진정으로 진리를 체득한 사람들은 보통 사람이 여러 가지 경험을 통해서 겨우 알 수 있는 것을 경험에 따르지 않고 순간에 직관할 수 있다는 것이다.

아라비아 인들의 구전에 의하면, 신비가인 아블 카인과 철학자인 아브 아리 시나가 만나 대화를 하고 그리고 헤어졌을 때에 철학자는 '저 신비가가 보고 있는 모든 것을 나는 이미 알고 있다'라고 말하고, 신비가는 거꾸로 '저 철학자가 알고 있는 모든 것을 나는 이미 보고 있다'고 말했다는 것이다.

이와 같은 신비적인 직관의 근거에 대해서 해결을 추구하려고 한다면 자연히 플라톤이 '상기'로 이름을 붙이고 인도의 바라문 성자들이 '전생윤회(轉生輪廻)'의 가르침으로 역설한 그 영적인 영역으로 인도될 것이다.

혼은 이승과 저승을 몇 번이나 다시 태어나고 힌두 교도의 말을 빌린다면 '몇천 번이나 다시 태어나 영원한 실재로 샛길을 여행하면서' 이 지상에 있는 것도, 천상에 있는 것도, 지하 세계에 있는 것도 모두 다 보고 만 것이다. 그 때문에 무엇을 보아도 '이것은 이미 본 적이 있다!'는 기시감(旣視感)을 느끼는 것은 전혀 이상하지 않은 것이다.

'자연계에 있는 모든 것은 결부되고, 연관지어져 있고, 혼은 온갖 것을 이미 보아왔으므로 무언가 하찮은 계기를 생각해 내기만 하면 또는 단 하나의 것을 학습하기만 하면 자연히 과거의 모든 기억을 되찾을 수가 있고, 그것에 연관된 모든 것도 되살아나게 할 수 있는 것이다. 단 그와 같은 자신의 과거를 대하려면 용기가 필요하고 크나큰 탐구의 길을 참을성 있게 견디어 나가지 않으면 안 된다. 왜냐하면 모든 탐구와 학습은 요컨대 '상기'에 지나지 않기 때문이다.'

하물며 이 진리의 탐구자가 숭고하고 거룩한 혼의 소유자라면 그 마음의 여로는 더할 나위 없이 대단할 것이다. 왜냐하면 우리의 혼이 그곳에서 낳고 이윽고 그곳으로 돌아가는 궁극의 실재와 일체가 됨으로써 우리 인간의 혼은 삼라만상 속에 자기 자신을 발견하고 그 결과 인간과 만물이 서로 침투해 인간은 자연의 이치와 일체가 되어 살아갈 수 있기 때문이다.

이와 같이 자연과 하나가 된 경지에 도달하려면 험준한 비밀의 길을 지나지 않으면 안 되고, 언제나 공포를 극복해 나가지 않으면 안 된다. 옛 사람은 그 경지를 '엑스터시(법열, 황홀감)'이라든가, '자아망각(自我忘却)'과 같은 언어로 표현했는데, 그것은 요컨대 혼이 육체를 빠져 나가 순수한 사고 기능만으로 된 상태이다.

## 실무가에서 영적인 저작활동으로

현대에서 이와 같은 영적 세계의 탐구에 몸을 바친 대표자를 든다고 한다면, 1688년에 스웨덴의 스톡홀름에 태어난 임마누엘 스베덴보리 말고는 없다. 그 시대 사람들의 눈에는 있지도 않은 망상의 소유자로서 달빛의 정령(精靈)처럼 아무리 생각해도 이상한 모습으로 비치고 있었던 이 사람이야말로 사실은 틀림없이 철저한 리얼리스트였던 것이다.

대부분의 위인이 그런 것처럼 스베덴보리도 실로 다면적인 재능과 능력의 소유자이고, 보통사람이 생애에 이룰 수 있는 일의 몇 배나 되는 위업을 혼자서 이루어 냈다. 그것은 마치 수많은 꽃을 피우게 한 뒤 무르익은 풍성한 과실의 열매를 많이 맺게 하는 큰 나무와도 같을 것이다. 그처럼 남달리 큰 그릇을 지닌 사람이라면, 그 그릇에 걸맞은 미래가 열리게 될 것은 상상하기에 어렵지 않다.

드넓은 하늘을 비추려면 작고 완벽한 컵에 물을 넣기보다는, 설사 약간 금이 가거나 흠이 있다고 해도 크고 둥근 화분에 물을 붓는 것이 훨씬 좋을 것이다. 그와 마찬가지로 파스칼이나 뉴턴처럼 설사 괴팍하고 정상인과 다른 면이 있었다고 해도, 그릇이 큰 위인 쪽이 아무렇지도 않은 평범한 사람보다도 인류에 대해서 훨씬 큰 공헌을 할 수 있는 것이다.

스베덴보리의 어린 시절이나 학업 시절도 또 비범한 것이었다. 여자 뒤를 쫓아다니거나, 댄스에 흥겨워하거나 하는 보통의 소년다운 것에는 한눈도 팔지 않고 광산으로 들어가 광석을 캐거나, 화학이나 광학·생리학·수학·천문학 따위를 잇따라 배우고 타고난 커다란 혼의 스케일에 걸맞은 풍부한 이미지를 확대해 나간 것이다.

스베덴보리는 어릴 적부터 학자의 자질을 지니고 있었다. 학업을 익힌 곳은 웁살라란 곳이다. 28세에 칼 12세의 왕명으로 광산국의 감사관으로 임명되었다.

1716년 이후 4년간, 조국을 떠나 영국·네덜란드·프랑스·영국 등 여러 대학에서 학문을 탐구했다. 1718년 프레데릭스하르트의 포위전 때에는 2척의 갈레선, 5척의 작은 배, 1척의 거대 범선을 육로로 14마일이나 수송해 스웨덴 왕실에 대해서 커다란 공헌을 하는 등 기사로서 여러 방면에서 눈부신 대활약을 했다. 1721년에는 탄광과 용광로를 검사하기 위해 전 유럽을 시찰했다. 1716년에 〈북극의 다이달로스(Daedalus Hyperboreus)〉라는 과학 간행물을 발간하고, 그 뒤 30년에 걸쳐서 자신의 과학적인 업적을 정력적으로 홍보했다.

그와 동시에 신학의 연구에도 그에 못지않게 정력을 쏟은 것이다. 그리고 1743년, 54세로 접어들었을 때 이른바 영적인 계시가 그의 몸에 미쳤다.

그때까지 연구해 온 광물학이나 범선의 수송과 같은 눈부신 업적의 모든 것도 이 영적인 체험, 압도적인 법열(法悅 : 황홀감) 앞에서는 완전히 가려지고 말았다. 그 뒤, 과학적인 저작을 출간하는 일은 중단하고, 실제적인 임무에서도 물러나고, 이와 같은 영적인 체험에 바탕을 둔 신학적인 저작을 잇따라 출판하는 일에 전력을 기울이게 되었다.

그 출판비용은 자비로 충당한 것도 있는가 하면 왕후 귀족 등의 도움을 받은 것도 있다. 그의 심령적(spiritual)인 저작은 드레스덴·라이프치히·런던·암스테르담 등에서 잇따라 발간되었다.

그는 광산국의 감찰관직에서 물러난 뒤에도 여러 해의 공적이 평가되어 그때까지 지급되었던 것과 같은 금액의 연금을 생애에 걸쳐 계속 받을 수가 있었다.

그와 같은 직책을 담당하였기 때문에 칼 12세와 가까운 사이가 될 수 있었고, 이 국왕으로부터는 두터운 신임을 얻어 가끔 상담을 받게 되는 입장이 되었다. 후임의 국왕들로부터도 똑같이 따뜻한 대우를 받았다. 홉킨 백작이 전하는 바에 따르면, 1751년의 회의에서 이 나라에서 가장 확실한 내용의 재정백서는 스베덴보리에 의해서 씌어진 것이라고 한다. 모국 스웨덴에서 그는 이처럼 절대적인 신망을 얻고 있었던 것 같다.

그 아주 드문 학문상의 재능, 실무적인 능력, 더 나아가 영적인 직관력, 비범하기까지 한 종교적인 조예와 재능에 의해서 그의 명성은 높아져 여왕·귀족·성직자·선장 등에게서 크게 인기가 있어 데려가려는 데가 많아졌다. 그를 진심으로 따르는 사람 가운데에는 수많은 항해 때마다 그가 이용한 항구에서 일하는 인부들도 있었다.

스베덴보리의 종교적인 저작의 출판이나 자국으로의 수입에 대해서 난색을 보이는 성직자들이 전혀 없었던 것은 아니다. 그렇지만 그는 세상의 모든 세력가들과 스스럼없이 교제하는 세속의 재능도 아울러 지니고 있었다.

그는 평생 독신으로 지냈다. 그의 행동거지는 신중하고 신사적이었으며, 옷차림도 식사도 검소하고 매일 빵과 우유, 야채만으로 지내고 있었다. 그리고 큰 정원의 한 모퉁이에 있는 집에서 생활하고 있었다.

그는 영국에 여러 번 갔는데, 이 나라에서는 자국의 경우와는 다르게 학자나 저명인들이 전혀 상대를 해 주지 않았다.

1772년 3월 29일에 뇌출혈로 인해 런던에서 객사했다. 향년 84세였다. 런던에 머무르던 중에도 그는 조용히 성직자와 같은 신앙생활을 하며 홍차나 커피를 즐기고 어린이를 좋아하는 호인이었던 것으로 전해지고 있다.

허리에 칼을 차고 빌로드 옷으로 정장을 해 외출할 때에는 언제나 황금의 자루가 달린 지팡이를 지니고 있었다. 스베덴보리라고 하면 고풍스러운 예복에 귀족의 가발을 쓴 초상이 잘 알려져 있는데, 그의 풍모에는 몽상가적이고 종잡을 수 없는 면이 있었다.

## 무한한 가능성을 생각케 하는 지성의 거인

그는 동시대의 과학에 엄청나게 신령스럽고 거룩한 과학을 융합시켜, 시간과 공간의 한계를 초월해 과감하게 미지의 영계(靈界)에 참여해 세계에 스스로 새 종교를 수립하려고 시도하였다. 그런 당대의 천재도 그 학문의 최초의 가르침을 받은 것은 채석장·철광장·용광로·조선소 그리고 해부실에서였다.

그의 너무나도 많은 주제를 다룬 전 저작을 혼자서 평가할 수 있는 사람은 아무도 없을 것이다. 그러나 광산이나 금속에 관한 그의 저작이, 그 방면의 전문가들에게 높이 평가되고 있는 것은 매우 기쁜 일이다.

그는 19세기의 과학까지도 앞서 알고 있었던 것으로 생각된다. 천문학에 있어서는 유감스럽지만, 태양계의 8번째 행성·해왕성까지는 미치지 못했는데 7번째인 천왕성을 발견하고 태양에서 지구 등의 여러 행성이 생겨났다는 현대 천문학의 견해까지도 앞서 알았으며, 자기학에 있어서는 후세 학자들이 행한 중요한 실험과 여러 가지 성과를, 화학에 있어서는 원자론을, 해부학에 있어서도 슈리히텡, 몬로나 윌슨의 발견을 이미 알고 있다. 폐장의 기능을 최초로 발견한 것도 스베덴보리인 것으로 간주되고 있다.

그의 저작집을 영어판으로 훌륭하게 엮어낸 편집자는 이와 같은 과학적인 발견을 왠지 특별히 강조하지는 않고 있다. 실로 대범한 태도라고 해야 하는데, 그것은 스베덴보리의 일이 엄청나게 큰 스케일인 점에서 보면 이와 같이 과학사상 특기해야 할 발견조차도 특별히 독창적이라고 할 만한 것이 아니기 때문이다.

그에게 있어서는 부업에 지나지 않았던 업적조차도 이처럼 중요했다면, 그가 정열을 쏟은 전 업적의 위대함은 도대체 어느 정도일까.

스베덴보리는 거대한 그릇의 소유자이고 자신이 산 시대의 공기를 온몸으로 호흡하면서도 그 시대의 수준을 훨씬 능가하는 엄청난 업적을 올리고 있는 것이고, 그 업적의 전모를 파악하려면 훨씬 긴 초점거리를 취할 필요가 있다.

아리스토텔레스·베이컨·세르단·훔볼트와 같은 철학자나 학자들도 마찬가지인데, 스베덴보리와 같은 지적으로 위대한 사람을 보고 있으면 인간의 무한한 가능성을 생각하지 않을 수 없다. 끝없는 탐구심을 지님으로써 대자연의 구석구석에까지 인간정신의 영향을 미칠 수 있다는 생각이 들게 되는 것이다.

수많은 업적이나 발견보다도 더 대단한 것은, 스베덴보리가 자신의 천성을 깊이 알고 그것을 훌륭하게 실현시키고 있는 것이 아닐까.

한 방울의 바닷물에는 바다 그 자체와 똑같은 성분이 들어 있는데 폭풍우를 불러일으킬 수는 없다. 플루트의 음색은 확실히 아름다운 것인데 합주의 매력에는 미치지 못할 것이다. 한 사람의 영웅적인 전사의 힘은 무시할 수 없는데 대군세의 위력은 역시 엄청난 바가 있다.

현대의 독서인이라면 우선 스베덴보리의 저작에 접했을 때, 그 압도적으로 많은 양에 감탄하지 않을까. 그는 이른바 거대한 지적인 괴물인 것이다. 한 대학의 학자들을 모두 동원해도 스베덴보리 한 사람의 업적에 견줄 수 없다. 그 위풍당당한 모습이 눈앞에 나타나면 대학 교수단의 위엄 따위는 흔적도 없이 날아가 버리고 말 것이다.

현대의 서책은 전문화하고 단편적으로 되어 있어 전체의 진리를 파악하고 있다고는 말할 수 없다. 개중에는 재치 있는 표현도 있겠지만, 자연 그 자체에 즉시 응한 무게 있는 묘사에서는 거리가 멀고, 자연현상에서의 예외적인 측면만을 파악해 사람을 놀라게 해 기뻐하는 것과 같은 유치한 수준에 머물러 있다.

더욱 심한 경우에는 자연의 생생한 질서에서 벗어나 무턱대고 난해한 표현을 하고, 어떻게든 시류에 영합해 헛되게 명성을 좇는 약삭빠른 문장도 있다. 그와 같이 기이함을 자랑하는 현학적(pedantic)인 문장은, 마치 마술사가 자료를 숨겨 사람의 의표를 찌르려는 것과 마찬가지로 처음부터 부자연스런 작위를 느끼게 할 것이다.

거기에 대해서 스베덴보리의 문장은 어느 글에나 풍부한 체계성을 느끼게 하고, 언제나 세계 전체에 주의를 게을리하지 않는다. 태연자약하고 당당한 필치로 씌어져 있다. 하나하나의 논리진행이 실로 정연하고 이치에 걸맞게 되어 있는 것이다. 그것은 마치 천체 운행이 올바른 궤도를 그리고 있는 것과 같고, 정확하고 묵직한 안정감이 있으며 그곳에는 독선적인 거드름 따위는 털끝만치도 없다.

## 만물의 근원은 하나

스베덴보리는 자신의 주요한 학설을 형식론·연속론·단계론·유입론·조응론 (照應論)과 같은 용어로 불렀다. 이와 같은 여러 학설이 실제로 어떤 내용인지 는 해당하는 저작에 대해서 검토해 보는 것이 좋을 것이다. 그의 여러 저작은 결코 누구나 쉽게 읽을 수 있는 것은 아닌데, 그만한 견식을 지닌 분이 읽으면 얻는 바가 실로 클 것이다.

그것을 실감하려면 그의 신학에 관한 저작을 우선 읽는 것이 어떨까. 고독 하고 열의가 있는 연구자에게 있어서 그의 저작은 더 없이 마음의 양식이 되 어 줄 것이고, 《동물왕국》은 전편이 숭고한 어조로 일관되어 있어, 인류사를 장식하는 걸작의 하나라고 해도 지나친 말은 아닐 것이다.

그는 광석이나 금속 따위를 단순히 산만하게 연구한 것은 아니다. 그곳에 크나큰 자연섭리의 일단을 발견하려고 한 것이다.

그의 문장 스타일은 다채롭고 해박한 지식에 뒷받침되어 눈부실 정도로 정 신적인 광채를 발하고, 마치 얼어붙은 겨울 아침에 수정처럼 투명한 대기가 빛을 발하는 모습을 방불케 한다. 주제의 장엄함이 문체까지도 장엄하게 하 고 있는 것이다.

그는 우주론을 논하기에 걸맞은 웅대한 혼을 지니고 있었다. 천부적으로 만물 내에 있는 궁극의 통일을 발견할 수 있었으므로 지상에서 아무리 거대 한 것을 보아도 그것은 전혀 하찮은 것으로 생각되었다. 자기를 띤 쇳조각을 관찰해도 그의 마음은 태양이나 행성의 나선적인 운동을 낳게 하는 것과 똑 같은 근원적인 성질을 발견한 것이다.

그의 생애에 걸친 지론은 하나하나의 자연법칙이 전 우주를 관통하는 보 편적이라는 것이고 플라톤의 이른바 단계론 또는 만물이 영원한 이데아를 그 정도에 따라서 나누어 가지고 있다는 '정도'설에 상당한 것이다. 더 나아가 우 주에 있는 모든 것이 끊임없이 변한다는 법칙 아래에 있고, 전 요소가 서로 조응하고 있다는 설이다.

또 소(小)가 대(大)를 상징하고 대가 소를 반영한다는 오묘한 비밀도 믿고 있었다. 그는 인간의 몸 자체가 하나의 완결한 소우주이고 자연계에서 영양을 얻거나 에너지를 보내거나 하기 위한 통로로 간주하고 있었던 것이다.

그 때문에 스베덴보리는 근대적인 회의주의와는 정반대의 입장에 서서 '사람은 현명해지면 현명해질수록 더욱더 신을 존중하게 된다'고 생각했다.

한 마디로 말해서 그는 '만물의 근원은 하나이다'라는 동일철학의 신봉자였던 것이다.

이와 같은 철학을 베를린이나 보스턴에 많이 있는 심령주의자들처럼 단지 산만하게 흥미삼아 품고 있었던 것은 아니다. 그는 조국 스웨덴이 싸움터인 큰 바다로 내보낸 바이킹 가운데서도 가장 사나운 해적에 비할 만한 결의와 용기를 지니고, 여러 해에 걸쳐 이 동일철학의 이론을 계속 검증한 것이다.

이 이론의 연원은 고대 철학자들에게 거슬러 올라가는데, 동시에 과학자의 최첨단 연구에 의해서도 실증이 되고 있다. 이 이론이란 요컨대 '대자연은 언제나 똑같은 수단으로 생물의 진화를 추진해 간다'는 것이다.

결국 우리는 무한한 것을 지향해 진화 향상의 길을 걷도록 만들어진 것이 아닐까. 우리의 혼은 유한한 것에는 그다지 마음이 끌리지 않도록 되어 있는 것이다. 그리고 자연계에는 이제 끝이라는 것이 없고, 하나의 영위가 끝나면 그것이 더욱 다음의 목적을 위해 살려져, 모든 것은 끝없이 상승해 가 최종적으로는 신령이 사는 천상계로 올라가는 것이다.

그 창조적인 에너지는 마치 음악의 작곡자처럼 간소한 선율과 악상을 계속 되풀이해 여러 가지 높낮음으로, 때로는 솔로로, 때로는 코러스로, 묘한 음색을 반향시키면서 천지에 생명의 찬가를 구석구석까지 울려 퍼지게 하는 것이다.

## 대상에 충실한 리얼리즘의 수법

스베덴보리 생전에 간행된 저작은 두툼한 8절판으로 50권 정도나 된다. 그 가운데 약 반이 과학관계의 저작이라는 것은, 그의 영계 탐구의 이미지를 약간 손상할지도 모르는데 그것은 틀림없는 사실인 것이다.

더구나 아직도 방대한 양의 미편집원고가 왕립스톡홀름도서관에 소중히 간직되어 있는 것 같다. 과학상의 저작 쪽은 최근에야 훌륭한 영역판이 간행되었다.

스베덴보리는 1734년에서 1744년 사이에 이들 과학상의 저작을 발표했는데, 그것들은 그 시대에는 거의 돌아보는 일이 없었다.

그 뒤, 꼭 1세기가 지나서 스베덴보리는 드디어 영국에 가장 좋은 후계자를 얻었다. 그는 윌킨슨이라는 이름의 유명한 철학평론가이고, 르네상스적인 거인 베이컨 경을 상기하게 하는 투철한 지성과 넘치는 감성을 아울러 지닌 대가였다. 이 사람은 스베덴보리의 묻혀진 저작을 현대에 되살아나게 해 준 것이다. 지금은 죽은 언어가 되고 만 라틴 어에서 세계 공용어로서 현대에서 가장 많이 쓰이고 있는 영어로 번역해, 그 압도적인 이점으로 스베덴보리의 이름을 전세계에 알린 것이다.

이 걸출한 후계자의 손에 의해서 스베덴보리가 100여 년의 세월에 걸쳐 훌륭하게 역사의 무대에 재등장한 쾌거야말로 위인전 중의 가장 괄목할 만한 중요한 일이라고 해도 좋을 것이다.

들리는 바에 의하면, 이 세기의 부활극을 실현시킴에 있어서 영국의 목사 크리솔드의 후원과, 번역자 윌킨슨의 문학적인 재능이 큰 역할을 했다고 한다. 실제로 윌킨슨이 이 영역판 전집을 위해 쓴 서문은 그야말로 가장 뛰어난 명문이고, 이에 비하면 현대 영국철학의 위광 따위는 전혀 옛 모습을 찾아볼 수 없을 정도이다. 나 자신, 그 서문의 훌륭함에 다만 할 말을 잃는 수밖에 없었다.

《동물왕국》은 빼어난 명저이다. 이 책은 오랫동안 찢겨져 있었던 과학과 정신을 다시 하나로 융합한다는 훌륭한 목적을 위해 쓰여졌다.

그것은 바로 최고 수준의 시문에 의해서 엮어진 인간의 몸에 관한 해부학의 결정판이다.

자칫하면 한결같이 무미건조하고 딱딱한 기술로 일관하기 쉬운 해부학의 주제에서 이처럼 대담하고 우아한 묘사를 할 수 있는 문장가는 '세계는 넓다'고 해도 스베덴보리 외에는 없을 것이다.

그는 대자연을 '결코 윤활유가 떨어지지 않는 차바퀴로 결코 삐걱거리지 않는 차축의 둘레를 계속 돌아 끝없는 나사 모양의 계단을 계속 오르는 것'으로 보고, '마치 산장의 은신처에서 따뜻하게 지내고 있는 늙은 현자의 주름이 깊게 패인 풍모와 같은 대자연의 심오한 비밀을 언젠가 풀어 보고 싶다'고 틀림없이 계속 절망했을 것이다.

더구나 그가 묘사해 내는 자연의 광경은, 실증적인 해부학 정신에 바탕을 두고, 대상에 충실한 리얼리즘의 수법으로 일관한 것이고 몽상적인 것은 조금도 없다. 특히 주목해야 할 것은 이 세기의 천재가 직관적인 총합의 방법에 그다지 의존하지 않고, 어디까지나 과학적인 분석 방법에 얽매어 시적인 직관이 풍부하게 숨 쉬는 이 명저 속에서조차 경험을 엄격하게 확인하는 과학적 실증정신을 중요하게 여기고 있다는 것이다.

## '가장 작은 것에 가장 큰 것이 깃든다'는 사상

스베덴보리만큼 만물이 끊임없이 변한다는 법칙을 꿰뚫어 본 사람은 없었을 것이다. 또 '바닷물을 다 마셔라'고 생트집을 하는 폭군에게 이집트의 현자 아프 메스가 '당신께서 바다로 흘러드는 강물을 남김없이 막아 주신다면 기꺼이 그렇게 하겠습니다'라고 되받았다는 고대의 일화가 남아 있는데, 이와 같은 인생 지혜의 묘미도 그는 충분히 알고 있었다.

스베덴보리의 사고에 따르면, 우리는 기적을 통해서 신앙의 길로 들어가는 일이 있는데, 그와 마찬가지로 자연을 탐구해 나감으로써 대자연의 정묘한 구조에 감동해 자연히 깊은 신앙심을 갖게 되는 일도 있을 수 있는 것이다.

'자연이 제1원리에서 시작해 거기에서 갈라진 다양한 단계를 거쳐, 이제 할 일은 아무것도 남아 있지 않을 정도로 온갖 가능성을 다 시도해 보는 모습은 장관이다. 자연의 법칙은 바로 모든 것에 스며들고 있는 것이다'라고 그는 기술했다.

'자연은 때로는 눈에 보이는 현상계서부터 눈에 보이지 않는 오묘한 세계로 올라갈 때가 있다. 다시 말해서 자기 안으로 몸을 들여보내고 만다. 그렇게 하면 마치 자연 그 자체가 사라지고 만 것처럼 보이므로 누구나 순간 무슨 일이 일어났는지, 이제까지 보이고 있었던 자연현상은 도대체 어디로 가버렸을까 하고 의아하게 생각하는데, 그런 때야말로 인간의 눈을 초월한 과학의 힘이 위력을 보이게 되는 것이다.'

이와 같이 스베덴보리의 필치는 자연의 궁극목적이라는 이념의 빛에 비추어져 더욱더 생기를 더하고 개성이 풍부하게 숨 쉬게 되는 것이다.

《동물왕국》 중에서는 그의 사상을 특정짓는 사고방식이 소개되어 있다.

'유기체는 모두 다음의 법칙에 따르고 있다. 곧 눈에 보이는 합성체는 작고 단순한 구성요소로 이루어져 있고, 더욱 거슬러 올라가 궁극적으로는 눈에 보이지 않는 아주 작은 요소로 이루어져 있다. 이처럼 아주 작은 요소는 더 큰 합성체와 똑같이 작용하는데, 더 완전하고 보편적인 모습을 취하고 있는 것이다. 곧 가장 작은 것 안에는 온 우주 그 자체를 대표하는 이념이 내포되어 있으므로 그것은 더 안전하고 보편적인 작용을 하는 것이다.'

요컨대 제각기 기관을 성립시키고 있는 구성요소는, 그 자체 또한 '작은 기관'이고 기관 전체와 똑같은 성질을 갖추고 있다는 것이다. 이를테면 혀는 작은 혀에 의해서 구성되고, 위나 심장에 대해서도 똑같이 말할 수 있는 것이다.

이와 같은 '가장 작은 것에 가장 큰 것이 깃든'고 하는 결실이 풍요로운 사상이야말로 삼라만상 안에 잠재한 온갖 의문을 푸는 열쇠일 것이다. 너무나도 작아 눈에 보이지 않는 것은 그 합성체에서 이해하면 되고, 너무나도 커서 파악하기 어려운 것은 그 구성요소를 세분화해 연구하면 된다는 것이다.

스베덴보리는 이 사상을 모든 것에 한없이 적용해 나간다.

'공복은 아주 작은 공복의 집합이고, 전신에 흐르는 가는 혈관 내의 혈액 속의 영양소가 모두 모자라게 되었다는 것이다.'

이 사상은 또 그의 신학, 영계사상을 밝히는 열쇠이기도 할 것이다.

'인간이란 아주 작은 천상계이다. 영의 천상계를 그 몸에 반영시키고 있는 것이다. 인간이 지닌 어떤 사상도, 감정도—그것도 어떤 사소한 감성조차도—그 사람 자신을 반영하는 일단이 되고 있다. 영이란 무엇인가를 알려고 한다면, 그 영을 상징하는 곳의 단 하나의 사상을 알면 되는 것이다. 신이란 크나큰 인간이고 인간이란 신의 일부인 것이다.'

### '만물은 영적인 세계의 상징'이라는 법칙

스베덴보리의 자연연구가 타협을 허용하지 않는 철저한 것이었으므로, 그것은 자연 형태를 연구하는 형태론에까지 도달하지 않으면 아무래도 결말이 나지 않았다.

'자연 형태는 단순하고 낮은 수준에서 서서히 높은 수준으로 단계를 밟아 발전해 간다. 자연계에 있는 형태도 단계적으로 발전해 가고 최종적으로는 거칠 것이 없는 더없이 높은 영적 에너지로 진화해 가는 것이다.'

스베덴보리 정도의 빼어난 천재라면 이와 같은 발전의 최종단계에까지 대담하게 뛰어들어, 모든 과학을 통합하는 더없이 높은 수준의 과학을 밝혀내어 이 세계의 의미 그 자체를 해명하길 바랐다고 해서 이상할 것은 없을 것이다.

실제로 스베덴보리는 《동물왕국》 제1권에서 주목할 만한 주를 덧붙여서 이 궁극적인 과제에 몰두하고 있다.

'우리의 "대표관계"와 "조응관계"의 이론과 학설을 전개하기 위해서는 우선 이와 같은 상징적이고 흔히 있는 비슷한 사례를 논해야만 하는 것이 당연한데, 다음으로는 인간의 몸뿐만 아니라 자연계의 이르는 곳마다 발생하고 있는 놀라운 여러 현상에 언급할 필요가 있을 것이다. 그와 같은 신비적인 자연현상은 바로 이 세상을 아득히 초월한 곳의 영의 존재와 조금도 틀림이 없이 맞서고 있으므로, 이 지상의 자연계 그 자체가 영적인 세계의 상징 이외에 아무것도 아니라고 나는 감히 단언한다.

거기에서 만일 무언가 자연현상의 진리를 뚜렷한 물리적인 용어로 설명하고, 이 자연의 언어를 바꾼다는 그것에 맞서는 곳의 영적인 언어로 치환한다면, 우리는 지상적인 진리나 교훈 대신에 영적인 진리나 신학적인 가르침을 끄집어 낼 수 있을 것이다.

다만 신이 아닌 보통의 인간 입장에서 생각하면, 단순히 언어를 바꾸는 것만으로 그와 같은 영적인 세계에 참여할 수 있다고 갑자기 믿기는 어려울 것이다. 아무튼 상식적으로는 이 지상적인 세계관과 영적인 세계관과의 사이에는 깊은 간격이 있어, 언뜻 보기에 아무런 대응관계도 없는 것처럼 생각되기 때문이다.

그래서 앞으로 나는 자연계의 사물과 천상적인 영의 존재가 실제로 어떻게 연관하고 있는지, 그 대응관계의 사례를 몇 가지 전하려고 한다. 이와 같은 천지를 잇는 상징관계는 이를테면 인간 몸의 이르는 곳마다 어른거리고 있는 것이다.'

이와 같은 상징작용은 모든 시·우화·옛날이야기·문장의 역할이나, 언어의 구조 그 자체 따위에서 확실하게 엿볼 수가 있다.

플라톤도 이와 같은 본질적인 상징작용의 의의를 잘 알고 있었다.

야콥 뵈메(Jakob Bohme, 1575~1624) 등과 같은 신비사상가는, 자못 신비스러우며 언뜻 보기에 의미가 불확실한 언어에서 넌지시 이 상징법칙의 핵심에 언급하고 있다.

시인만 해도 이 상징법칙을 씀으로써 비로소 진정한 시인이 될 수 있었던 것이다. 다만 그들 시인들은 이 상징을 이용해 즐길 수는 있었는데, 그 진정한 과학적인 의의를 알기에는 이르지 못했다. 그것은 마치 자석이 오랫동안 많은 사람에게 있어서 단순한 장난감에 지나지 않았던 것과 같은 것이다.

이 상징법칙을 처음으로 뚜렷하게 과학적인 언어로 파악할 수 있었던 것이 스베덴보리였다. 왜냐하면 그에게 있어서 상징은 언제나 그곳에 있는 것이고, 단 한시도 그곳에서 눈을 떼는 일은 없었기 때문이다.

그러므로 그에게 있어서 이 법칙은, 문학자의 경우처럼 간혹 쓰는 수사는 아니고, '이 지상의 모든 사물이 영적인 세계를 상징한다'는 영원하고도 보편적인 과학법칙이었다. 이미 소개해 온 스베덴보리의 '만물은 하나에서 생겨 형태를 바꾸어 끊임없이 변해 온 것이다'라고 하는 동일과 유전(流轉)의 철학은 바로 이를 말하려고 했던 것이다. 왜냐하면 정신의 발전단계 하나하나는 물질의 발전단계와 정확하게 맞서고 있기 때문이다.

그것을 확신하기 위해서는 천지만물을 통괄하고 있는 곳의 경륜과, 그 경륜이 전개하는 곳의 발전단계를 굽어보는 투철한 인식력이 필요하다. 더욱 말하자면 그와 같은 인식을 가능하게 하기 위해서는, 온 세계를 한 번에 내려다볼 수 있는 궁극의 시점을 갖지 않으면 안 되는 것이다.

이 지상에 인간이 나타난 뒤 기나긴 세월이 흘렀다. 그 동안 인류는 과학과 종교·철학 등 뛰어난 문명·문화를 탄생시켰는데, 세계를 근저에서 결합해 만물의 대응관계를 보여 주는 이 근본법칙을 발견할 수는 없었다.

현대에 이르기까지 '만물은 영적인 세계의 상징이다'라는 것을 과학적으로 명시하는 데 성공한 서책은 한 권도 씌어진 적이 없다.

또는 이렇게 말해도 좋을 것이다. 감각적으로 파악할 수 있는 지상의 서책은—곧 동물이나 바위나 강이나 공기, 끝내는 공간이나 시간까지—모두가 그 자체를 위해서 있는 것은 아니고, 또 물질적인 목적을 위해 있는 것도 아니고, 존재와 의무에 관한 전혀 새로운 이야기를 하기 위한 상징으로서 존재하고 있다는 것이다.

사람들이 약간이라도 이 진실을 깨닫는다면, 다른 모든 학문이나 과학은 후퇴하고 새로운 세계관을 제시하는 진정한 과학만이 사람들의 혼의 양식으로서 번영해 갈 것이다.

그리고 사람들은 온갖 사물의 상징적인 뜻을 물어 '어떻게 우리는 다양한 다른 목소리에서 같은 뜻을 알아들을 수가 있는가'라든가, '이 세계에 나타난

다양한 광경=그림문자를 통해서 말이 안 되는 세계를 어렴풋이 묘사할 수 있는 것은 무엇 때문인가'와 같은 근원적인 물음을 던질 것이다.

그러나 이와 같은 근원적인 사항을 알기 위해서는 단순히 합리적인 지성으로는 무리인 것이다. 몇 세기, 몇 세대에 걸친 노력의 축적이 있음으로써 비로소 그것을 알 수 있는 위대하고도 유례가 드문 그릇을 지닌 혼을 낳게 될 것이다.

## 영적인 실제 체험에 바탕을 둔 리얼리티

아무튼 여러 학자나 분류가는 이와 같은 천지만물의 존재 의미나 궁극의 원인과 같은 것보다는 혜성이나 암층·화석·물고기·네 발 짐승·거미나 균사(菌絲) 그 자체에 흥미와 관심을 가지고 연구하는 것이 보통일 것이다. 그러나 스베덴보리는 세계를 눈에 보이는 표면적인 연구소재로 하는 것만으로는 아무래도 성이 차지 않았던 것이다.

나이가 54세로 접어들자, 그는 이와 같은 세계의 궁극적인 모습에 마음이 빼앗겨 깊은 명상상태로 들어감으로써, 자기 자신을 천사나 영들과 직접 대화를 하는 특권을 지닌 존재로 자각하게 되었다. 이와 같이 '어느 날 갑자기 하늘의 계시를 들을 수 있게 된다'는 것과 같은 사례는 종교 역사에서 헤아릴 수 없이 많다.

그리고 눈에 보이는 감각적인 세계의 배후에 숨겨진 심령적인 윤리가치를 해명하려는 그의 본디 사명에, 이와 같은 영적인 실제 체험에 바탕을 둔 압도적인 리얼리티(황홀경)가 뒤따르게 된 것이다.

본래 그는 대자연의 구조를 탐구하기 위한 섬세하고도 시야가 넓은 과학적인 안목을 지니고 있었을 뿐 아니라, 도덕률에 의거해 세상의 참모습을 폭넓게 고찰하는 실제적인 식견도 아울러 지니고 있었다.

그것만이 아니고 스베덴보리는 선천적으로 구체성을 극단으로 존중하는 자질이 있었으므로, 무언가를 고찰하는 경우에도 단순한 추상론에 그치지 않고 언제나 구체적인 비전의 형태로 탐구하거나, 익숙한 대화체를 쓰거나, 실제의 사례에서 소재를 택하거나 했다. 따라서 추상적인 법칙을 설명할 때에도, 일반인이 이해하는 데 익숙해지도록 반드시 알기 쉬운 비유로 설명하도록 힘썼다.

근대 심리학 영역에서도 스베덴보리와 같은 유별난 정신의 실례는 하나도 볼 수 없다. 그의 경우 영(靈)의 체험을 하고 있는 와중에서도 인간으로서 정상적인 이성능력은 그대로 작용하고 있었다.

그가 작성한 영계의 보고기록은 《영계탐방》이라는 보통 사람의 이해를 훨씬 초월한 현상만 받아들이면 충분히 읽을 만한 유익한 내용으로 가득 차 있다. 상식을 이해하고 있는데 평범한 사람이 쓰는 보고기록에 비하면, 스베덴보리의 보고는 상당히 숭고하고 인류보편의 법칙을 강조하고 있는 것을 누구나 알 수 있다.

그는 자신이 실제로 체험하게 된 이 미지의 영계를 설명하려고 다음과 같이 말하고 있다. '영계에서는 확실히 영육(靈肉)의 분리가 이루어지는데, 그것은 정신에서 지적인 부분만이 분리되는 것이고, 현실적인 결단을 내리는 부분은 변함없이 지상에 머물러 있다'고 말하고 더 나아가 '이 영계에 사는 사람은 마음눈에 의해 그 세계의 사물을 지상계에 있는 것보다도 훨씬 확실하게 볼 수가 있다'고 단언하고 있다.

'구약성서와 신약성서의 여러 편 가운데 있는 것은 틀림없이 영원한 진리를 비유나 풍자 이야기로 표현한 것이거나 또는 천사가 느끼는 것과 같은 황홀감의 와중에 영감에 의해서 엮어진 것이다'라는 확신을 갖게 된 뒤부터 스베덴보리는 성서의 다양한 언어의 표현에서 보편적이고도 영적인 의미를 이끌어내는 데 여생을 바쳤다.

이를테면 스베덴보리는 '현대인보다도 뛰어나 신의 곁에 살고 있었던 아득한 고대 사람들'에 관한 플라톤의 탁월한 비유 이야기를 환골탈태(換骨奪胎)해 '그들 고대인은 이 지상을 천상계의 상징으로서 파악해 지상의 사물을 볼 때에도 그 자체에 얽매이지 않고 그 배후에 숨은 하늘의 뜻을 이해하고 있었던 것이다'라고 말하고 있다.

그 뒤, 그는 지상적인 사물과 영적인 이념 사이의 대응관계를 밝히는 일에 몰두하게 되었다. '유기체의 구조 자체가 그 유기체를 존재하게 하기에 이른 목적과 닮았다'. 인간이란 인류 전체를 보아도, 또 개개인을 보아도 정의나 부정, 감사나 이기주의가 현실적인 형태로 구현화된 것이라고 해도 좋을 것이다.

그는 이와 같은 '대응관계'를 그의 저서 《천계의 신비》에서 다음과 같이 말하고 있다. '왜 천지만물이 영원한 진리를 대표해 상징하고 있느냐 하면 온갖

존재가 대우주의 근본인 창조주로부터 천계를 통해서 이 지상에 흘러왔기 때문이다.'

이와 같은 대응관계를 해명하려는 시도가 만일 적절한 방법으로 행하여졌다면 그것은 틀림없이 세계의 의미를 해명하는 장대한 시편이 되어 인류의 역사와 여러 학문에 깊숙이 스민 하늘의 뜻을 이해하는 지혜의 보고가 되었을 것이다.

그러나 아쉽게도 스베덴보리의 영적인 탐구가 오로지 신학적인 방향으로만 향해져 있었으므로, 그와 같은 모처럼의 대기획도 약간 독선적이고도 불충분한 것이 되고 말았다.

그런 이유로 그의 자연관은 인류 모두에게 들어맞는 보편성을 지니지 못하고 비교적(秘敎的)·히브리적인 경향이 강한 것으로 된 것이다. 그는 자연계의 하나하나를 신학적인 관념에 결부시켜서 생각했다. 이를테면 말은 이 세속적인 이해력, 수목은 감각적인 지각, 달은 신앙을 표시하고, 또 고양이나 당나귀·엉겅퀴는 이런저런 뜻을 지닌 것처럼 모든 사물을 제각기 1대 1로 대응해 답답한 신학적인 뜻으로 결부시키고 마는 것이다.

대자연이라는 변화무쌍한 프로테우스신은 그렇게 쉽게 파악될 수 있는 것이 아니다. 마치 물질을 구성하는 하나하나의 분자가 한 곳에 가만히 있지 않고, 번갈아 모든 조직을 순회하고 있는 것처럼, 대자연에 있어서도 하나하나의 사물이 저마다 끝없는 역할을 수행해 나가는 것이다.

결국 대우주의 근원에 하나인 것이 있는 이상, 어떤 사물이건, 실재하는 것의 온갖 특성과 다양한 뉘앙스를 잇따라 표현하게 되는 것이다. 하늘의 물을 지상으로 끌어내리기 위해서는 온갖 호스를 써서 온갖 급수전에 연결해 나가는 것이 필요한 것이다.

그 물결치는 생명의 입김을 좁아터진 지적 체계 속에 가두어 두려는 괘씸한 자가 있다면, 대자연은 즉각 그 사람에게 뼈아픈 보복을 가하게 될 것이다. 대자연은 융통성이 없는 획일적인 '훈고학자(訓詁學者)'가 아니기 때문이다.

자연에 있어서는 무슨 일에나 허심탄회한 마음으로 대하지 않으면 안 된다. 천지자연의 일체를 올바르게 이해하려고 한다면, 우리의 심경을 최고로 맑은 상태에 두지 않으면 안 되는 것이다.

신학적인 엄격함에 지나치게 얽매였으므로 스베덴보리의 자연관은 어쩔 수 없이 편협하고 답답한 것이 되고 말았다. 그 결과 진실의 상징인 역사책은 아직도 씌어지지 않은 채로 있는 것이다. 그러나 인류가 바라는 '자연의 해석자'가 나타났다고 한다면, 그 사람은 이 큰 문제에 스베덴보리만큼 다가선 선도자는 한 사람도 없었던 것을 깨닫게 될 것이다.

## 만물의 본질적인 기능은 서로 비슷하다

세상에 스베덴보리의 신학적·영적인 저작만큼 정당하게 평가하기 어려운 것은 없다. 그것이 인류에게 이바지한 위대함은 누구도 의심할 수 없는 것인데 한편으로 중대한 문제점도 안고 있는 것이다.

그 연연하게 이어지는 망막하고도 종잡을 수 없는 영계 묘사는, 드넓은 초원이나 사막의 광경을 방불케 하고, 때때로 볼 수 있는 그 비논리적인 전개는 마치 단말마의 인간의 착란을 생각케 한다. 그 영적인 세계의 설명은 자칫 호들갑스럽게 되고, 인간의 어리석음을 한탄하는 어조는 필요 이상으로 엄격해질 때가 있다.

인간의 이해력을 그다지 무시한 것은 아니고, 이와 같은 신비적인 지식에 관해서도 순순히 받아들일 수 있는 사람도 많을 것으로 생각되지만, 스베덴보리는 '이래도 아닌가, 이래도 아닌가' 하고 불신자를 설득하려는 듯한 강한 어조로 다그치는 것을 그치지 않는다. 그것은 그가 전혀 미지인 정신세계의 발견자이고, 어떻게든 사람들에게 이 보이지 않는 세계의 진실을 알려야겠다는 절박한 사명감에 사로잡혀 있었기 때문일 것이다.

결국 그가 목이 쉬도록 전하려고 했던 것의 핵심은 이런 것이 아니었을까. 곧 '마치 가옥이 그것을 건축한 사람의 생각을 반영하고 있는 것처럼, 이 대우주의 모든 것은 궁극적으로 창조주의 이념을 모두 제각기 반영함으로써 서로 통하고 있고 서로 별개의 것은 아닌 것이다'라는 것이다.

곧 스베덴보리는 만물을 보편적인 법 아래 보았다는 것이다. 그것도 표면적인 형태의 유사성은 아니고, 그 본질적인 기능이 서로 비슷하다는 것을 깨달은 것이다.

그리고 영적인 세계의 진실을 사람들에게 전함에 있어서는 흔들림 없는 방법, 조리가 정연한 과정을 중요시했다. 곧 영계 구조를 말할 경우에 언제나 '가장 내적인 것에서 가장 외적인 것으로'라는 착실한 자연의 순서를 존중한 것이다.

스베덴보리의 진리 유포의 스타일은 얼마나 진지하고 묵직한 중후감이 있는 것이었을까. 그의 눈은 언제나 확실한 방향을 응시하고, 조금도 허영심에 사로잡히는 일 없이 자신의 글재주에 자아도취해 우쭐대는 일은 한 번도 없었다.

## 영계에서는 마음 상태가 그대로 현실화한다

스베덴보리는 도덕적 센스가 풍부하고, 길을 잘못 들어선 사람들을 이끌어 인간으로서 살아가야 할 진실한 길을 역설했으므로, 근현대의 저술가에게는 미치지 못할 정도의 명예로운 옥좌, 인류보편 법의 확립자로서의 지위를 차지할 수가 있었다. 이 지위는 사실 오랫동안 비워 둔 채로 있었던 것이다.

스베덴보리의 영향력은 서서히 확실하게 많은 사람들 마음에 스며들어갔다. 그것은 다른 종교적인 천재들과 마찬가지로 세상의 상식적인 규범을 초월해 있었으므로, 그 진가가 정당하게 평가되기까지에는 몇 번이나 부침을 겪지 않으면 안 되었다.

물론 진실로 보편적인 가치가 있는 가르침은, 그 천재에 공명하는 얼마 안 되는 동료의 손 안에 머물러 있지 않고, 이윽고 널리 세상에 받아들여져 인류의 지적인 공유재산이 되어갈 것이다.

세간의 이목이란, 일시적으로 뛰어난 인물을 잘못 보는 일은 있어도 장기적으로는 잘못 보지 않는 것이다. 그것은 일종의 거르는 '체'로서 작용해 세상이 낳은 진정한 천재들의 뛰어난 작품만을 선별해, 비록 아무리 그 시대에 인기가 있었던 '거물'의 손에 의해서 된 것도 보편적인 가치를 지니지 않은 결함품은 가차 없이 걸러내고 마는 것이다.

오비디우스의 우화집에 수록되어 있는 고대 그리스의 신화나 고대 인도의 '환생'이야기 따위에 묘사되는 영혼의 환생윤회는, 어디까지나 타율적인 것이고 본인의 의지를 초월한 힘에 의해서 강제적으로 일으키게 되는 현상으로 되어 있다.

거기에 대해서 스베덴보리가 전개하는 전생윤회설은 훨씬 온당한 내용으로 되어 있다. 그것은 자율적, 주체적인 것이고 자신의 의지에 따라서 영혼은 자유롭게 다시 태어날 수 있다는 것이다.

그리고 이 대우주에 있는 모든 것은 각자의 사랑이 나타나는 수준에 따라서 다르게 드러난다는 것이다. 사람은 그 사랑하는 생각과 사고방식에 따라서 자기 자신이 된다고 해도 좋을 것이다. 인간은 단순히 세계를 관찰하고 이해하는 데 따라서가 아니고, 자신의 의지로 길을 개척해 나감으로써 비로소 진정으로 인간답게 되는 것이 아닐까.

영의 세계에서는 같은 것이라도 인식력인 높은 사람이 보면 다른 것으로 보이게 된다. 이 세상의 결혼제도로 맺어진 남녀는 언젠가 헤어질 때가 오는데, 영계에서는 사람과 사람과의 내면적인 결부가 모든 것이고 생각만 바뀌지 않으면 그 유대는 영원한 것이다.

천사들의 눈에 자기들이 사는 세계는 모두 천상적인 빛으로 반짝여 보인다. 한편으로 지옥의 악마 모습은 자기들 눈에는 보통의 인간으로 보이고, 더욱 속이 검은 사람의 눈에는 허우대가 좋은 신사로 비치는데, 마음이 맑은 사람의 눈에는 역겨운 썩은 고기로밖에 보이지 않는다.

결국 이 영적인 세계는 마음의 상태가 그대로 현실화하고 말기 때문에, 누구도 자신이 생각한 대로의 모습밖에 안 된다는 것이다. 언제나 천사의 마음을 지니고 있으면 천사의 모습이 되고, 악랄한 마음의 소유자는 악마와 같은 모습으로 나타나는 것이다.

그곳에서는 모든 것이 대우주의 근원인 법칙에 따라서 비슷한 자끼리 서로 끌어당기는 것이다. 이와 같이 '인과의 법칙'이 작용해 모든 것이 제각기 걸맞은 처지에 이르게 된다.

곧 영의 세계는 모두 내면의 상념을 구현화한 것이고 이른바 '살아 있는 시의 세계'이다. 모든 것은 '나의 상념의 세계'인 것이다. 주위의 자연환경, 새나 짐승일지라도 객관적으로 그곳에 있는 것은 아니고, 그곳에 있는 사람들의 의지나 소망이 투영되고 있는 것에 지나지 않는다. 이곳에서는 누구나 자신들의 집이나 풍경을 마음대로 만들고 있는 것이다.

개중에는 자신이 죽은 것조차 깨닫지 못하고 단말마의 공포로 계속 고통을 당하는 망령들도 있다. 악의와 허위에 물든 혼은, 타인 모두를 자기를 해치는 적으로 간주하고 두려워할 것이다.

자비의 마음을 잃은 사람은 정처없이 방황하게 된다. 왜냐하면 성실한 선인들의 집단은 그런 사람들이 다가와도 즉시 그들의 정체를 간파하고 멀리하고 말기 때문이다.

탐욕의 덩어리 같은 사람은 좁은 움막에 틀어박혀 그곳에 금은을 쌓아두고 있는데, 그곳에는 쥐가 들끓어 그들의 중요한 보물을 모두 다 갉아 버리고 만다.

또 사랑하는 마음이 없는데 겉으로만 남에게 좋게 보이려고 선행을 쌓은 사람들이 갈 곳은 유감스럽지만 천국이 아니다. 그들은 언제 끝이 날 기약도 없이 헛되게 나무를 베어 버리고 있을 뿐인 것이다. 스베덴보리가 '당신들은 그런 일만 하고 질리지 않는가'라고 묻자, '우리는 천국의 문으로 들어가기 위해 아직 더 선행을 쌓지 않으면 안 됩니다'라고 대답한다는 것이다.

스베덴보리가 말한 여러 가지 가르침 속에는 자칫 단조롭게 되기 쉬운 윤리법칙의 이야기를 절묘한 아름다움으로 표현한 것도 있다.

이를테면 '천국에서 천사들은 그 빛나는 청춘시대를 향해 언제나 회춘하므로, 가장 연륜을 쌓은 천사일수록 아주 젊게 보인다.' '천사들이 많이 모이면 모일수록 더욱더 그들의 주거는 넓어진다.' '인간의 완성된 모습은 순수하게 사랑을 계속 실천하는 모습이다. 그리고 그 완성된 인간들이 만드는 세계를 천국으로 부른다.' '창조신으로부터 생긴 것은 모두 신이다.' '자연이 다양한 것으로 가지를 쳐 하강함에 따라서 커다란 목적은 더욱 숭고한 하나의 것으로 상승해 간다.' 따위와 같은 많은 유명한 말을 남기고 있는 것이다.

또 스베덴보리는 천계의 가장 깊숙한 곳에 숨겨져 있는 신비한 책에 대해서도 진실로 시적인 표현으로 전하고 있다. 이 하늘의 서책은 신령스럽고 기묘한 상념의 문자에 의해서 엮어져 있으므로, 사람이 읽으면 특별히 배우지 않아도 상징적인 이미지가 되어 곧바로 이해할 수 있다는 것이다.

또 스베덴보리는 자기에게는 초자연적인 영시능력(靈視能力)이 있다고 주장하고 있는데, 인간의 심신구조에 관한 그의 빼어난 통찰력을 안다면 그와 같은 일이 있어도 이상할 것은 없다고 생각한다.

'천국에서는 누구나 타인의 배후에 서서 그 머리의 뒤를 보는 것이 허용되지 않는다. 왜냐하면 그와 같은 짓을 하면 그들의 영적인 생명의 근원이고 우주근원에 존재하는 영인 태양의 빛을 차단하는 것이 되기 때문이다.'

천사들은 인간의 목소리에 담겨진 파동에서 그 사람의 사랑의 수준을 알고, 그 언어의 내용에서 그 사람의 지혜의 수준을 알아차리고, 또 그 언어에 숨겨진 함축의 깊이에서 그 사람의 인생관·세계관의 모든 것을 꿰뚫어 볼 수가 있다.

## 도덕과 지성의 밸런스

사상가는 자칫하면 '선이란 무엇인가'라는 도덕적인 문제를 사변적으로 학문적인 입장에서 분석하려는 경향이 있다. 타고난 철저한 자기성찰의 습관에 기인하겠지만, 그와 같은 사상가 특유의 도덕적인 폐단을 스베덴보리는 '그렇게까지 말할 필요가'라고 생각될 정도로 결벽(潔癖)하고 엄격하게 경고를 했다.

'신앙에 대해서 이것저것 캐묻고 따지는 것은 곧 신앙을 의심해 부정하는 것이다'. 그는 지와 행의 차이를 통감하고, 자신의 저술 가운데 이르는 곳마다 이와 같은 차이의 중요성을 언급하고 있다.

따라서 그에게 있어서 철학자는 신앙에 대한 지식의 독사(毒蛇)이고, 문학자는 마술사에 비길 만한 믿을 수 없는 존재였을 것이다. 그러나 잘 생각해 보면 바로 이 점에 그에게 고유한 고뇌의 원인이 있었던 것으로 생각되는 것이다.

그는 말하자면 내향적인 능력을 발휘함으로써 그것에 수반하는 대가를 지불했는지도 모른다.

천재로 일컬어지는 사람은 슬픈 운명을 거치게 되는 것이 보통인데, 그래도 결정적으로 성공 여부를 가르는 것은 일반적으로 심정과 지성이 잘 조화되고 있는지 여부에 따를 것이다. 곧 도덕적인 능력과 지적인 능력이 잘 균형을 이루고 있느냐에 달려 있는데, 실제로는 이 두 능력이 양립할 때가 전혀 없다. 2종류의 기체가 일정한 비율에서만 화합하듯이, 이 2개의 대립하는 능력도 어떤 절묘한 비율로 균형이 이루어졌을 때에 한해서 일종의 '화학반응'이 생기는 것인지도 모른다.

가득 찬 컵의 물을 흘리지 않고 나르는 것은 어려운 일인데, 스베덴보리란 사람은 그 마음과 머리에 철철 넘치게 재능의 물을 담고 있었으므로 젊어서부터 자기능력의 균형을 취하지 못하고 있었다.

앞서 설명한 바와 같이 《동물왕국》에서 그는 전체를 일거에 파악할 수 있는 직관적인 종합력보다는, 치밀한 분석능력 쪽을 중요시하고 있다고 말해 우리를 놀라게 했다. 그런데 50세 고개를 넘을 때쯤 되자, 거꾸로 자신의 지적인 분석력을 역겹게 생각하게 되는 것이다.

그는 이치로는 진리와 선이 별개로 존재하는 것이 아니고, 서로 연관하고 있음을 충분히 알고 있으면서 이 나이가 되자, 맹목적으로 지성을 꺼리고 양심을 내세워 기회가 있을 때마다 지성의 폐해를 비난한 것이다.

그러나 지성을 엄하게 비판하는 논조는 그대로 자기에게 되돌아오고 만다. 그것은 마치 타인을 날카롭게 단죄하는 독설가가, 이윽고 자신까지도 괴롭히게 되는 것과 같은 일일 것이다. 지성적인 진리도 사랑과 미와 함께 하늘의 왕국을 이루고 있는 이상, 그 진리를 단죄하면 사랑도 사랑스러움을 잃고 미도 아름다움을 잃고 마는 것이다.

스베덴보리는 확실히 현인인데 그 현명함을 스스로 소홀히 해 우울해져서 즐기지 않는 면이 있었다. 그가 묘사하는 음산한 세계에는 언제나 깊은 슬픔이 감돌고 한숨소리로 가득 차 있다.

영계의 예언자 스베덴보리는 마치 탐욕스런 흡혈귀와 같은 집요함으로 지옥의 고통으로 신음하는 영의 모습을 묘사한다. 이 영시자(靈視者)는 새가 둥지를 만드는 것보다도 능숙하게, 두더지가 굴을 파는 것보다도 솜씨 좋게, 처참하기 이를 데 없는 지옥도를 펼쳐놓고 새로운 죄인들이 그 나락으로 떨어지는 모습을 그리는 것이다.

그 때, 그는 놋쇠처럼 보이는 원기둥 속을 통해서 그 나락으로 떨어지는 것인데 사실, 이 원기둥은 천사들의 영적인 에너지로 되어 있으므로, 지옥의 망자들 사이를 무사히 통과할 수가 있고, 많은 영혼의 속죄를 위한 탄식을 들을 수가 있었던 것이다.

그는 죄인들을 한 없이 몰아세우는 데몬(악귀)들의 모습도 바로 보았고, 사기꾼들이 떨어지는 지옥, 암살자들의 투쟁지옥(아수라 지옥), 정욕의 포로가 된 자들이 가는 색정지옥(피의 연못 지옥), 도적들을 삶는 초열(焦熱) 지옥(가마솥 지옥), 거짓말만 하고 살아온 자를 채워 두는 통(桶) 지옥, 분뇨 투성이의 지옥, 또 얼굴이 큰 케이크처럼 되어 손만이 차바퀴처럼 빙빙 돌고 있는 복수귀들의 지옥도 목격해 왔다.

《가루간추아 이야기》를 쓴 라블레나 《걸리버 여행기》의 저자 스위프트를 제외하면 스베덴보리 만큼 이와 같은 부패와 타락의 지옥도를 다 묘사한 사람은 없다.

스베덴보리가 제시하는 비전은 신비의 세계로의 인도, 진리로의 입구, 상징이고, 궁극의 진리 그 자체는 아니다. 끝없이 드넓은 영계의 진리는 그렇게 간단히 다 구명할 수는 없는 것이다. 그러므로 스베덴보리의 영계관은 어디까지나 하나의 실마리에 지나지 않는다는 것만 알고 있으면, 그것은 청년의 혼을 해치지 않고 미지로의 안전한 항해로 이끌어 줄 것이다.

### 신학에 대한 고집에서 낳게 된 지옥관

스베덴보리의 문제점은 너무나도 지나치게 신학에 치우친 것에 있는지도 모른다. 인류보편의 예지는 더욱 자유롭고 활달한 것일 텐데, 그는 그것을 교회의 도그마 안에 가두어 두고 만 것처럼 생각되는 것이다.

스베덴보리는 영계의 탐구자란 점에서는 근대 제일이라고 해도 좋을 정도로 뛰어난 천재이면서 본래의 생명력을 잃기 시작한 교회의 가르침을 되살리기 위해, 곧 이미 명운이 다 되어간 옥좌를 되찾는 일에 정력을 지나치게 쏟아 모처럼의 재능을 헛되게 낭비하고 말았다고 말하지 않을 수 없다.

스베덴보리나 야콥 뵈메도 그리스도교의 형식화한 상징에 집착한 나머지 그리스도교 본래의 생명력, 곧 신의 경륜을 역설하고 사람 삶의 방식을 가르치는 도덕적인 힘을 충분히 살릴 수가 없었던 것이다.

그가 역설한 가르침의 대부분도 마찬가지로 신학에 묶여 답답한 것이 되고 있다. 도덕에 대한 그의 기본적인 자세는 '그것이 죄가 되는 것이므로 악을 행해서는 안 된다'는 것이다. 그러나 그처럼 아무런 전제 없이 '악은 안 된다'고 말해도 좀처럼 머리에 와 닿지 않는 사람에게는 선이란 무엇인가, 악이란 무엇인가를 알기 쉽게 들려 줄 필요가 있을 것이다.

물론 그렇게 말했다고 해서 나는 스베덴보리가 순수하게 신의 마음을 사람들에게 전하고 싶다고 생각한 것 자체를 의심하는 것은 아니다. 단지, 그의 가르침에는 현대적인 사상으로서의 융합, 창의연구가 좀 부족한 것이다.

이를테면 단독(연쇄상구균에 의한 급성, 화농성의 전염병)을 두려워하는 사람에게는 그 공포야말로 극복해야 할 악인 것이라고 말해 줄 필요가 있을 것이다. 또 지옥을 두려워해 아무것도 못하고 있는 사람에게는 그 공포심이야말로 도리어 지옥을 만들어 내고 있는 것이라고 깨우쳐 주어야 하는 것이다.

결국, 정말로 선의 의미를 알았다면 남이 말하지 않아도 누구나 솔선해서 선을 행하게 되고, 언제나 천사들의 가슴에 깃들어 경건한 마음을 북돋우고, 지상에 있으면서도 신과 일체가 된 경지에 이를 수 있게 될 것이다.

너무 자신을 죄의식으로 묶지 않는 것이 도리어 죄에서 자유롭게 될지도 모른다. 연중 양심의 가책으로 나와 내 몸을 괴롭히기보다는, 하나라도 세상을 위해 남을 위해 플러스가 되는 일을 하는 것이 훨씬 의의가 있는 것이다.

힌두교의 말에 다음과 같은 것이 있다.

'진정한 의무는 반드시 행동으로 옮겨지는 것이고, 우리를 함부로 묶거나 하지 않는다. 진실한 지(知)도 또 우리를 해방하는 것이다. 그 밖의 단순한 의무를 위한 노예적인 의무는 우리를 지치게 할 뿐이다.'

또 스베덴보리가 편협한 신학에 고집한 나머지 생긴 주장 가운데 그의 지옥관이 있다. 그는 악마를 변화할 여지가 없는 존재로 생각하고 있다.

스베덴보리가 악령들에게 개심할 여지를 전혀 주지 않았던 것은, 지나치게 엄격한 신학주의의 가장 뼈아픈 폐해일 것이다. 그러나 신은 언제 어느 때나 그 활동을 멈추는 일 없이 지옥에 떨어진 여러 영혼에 대해서도 어떻게든 구원의 손길을 뻗으려 하고 있는 것이다.

말라 죽어 가는 초목도 물을 주고 눈부신 햇빛을 받으면 싱싱하게 되살아날 것이다. 마찬가지로 매춘굴이나 감옥에 갇힌 사람이라도, 진리의 빛을 받아 깊이 반성하면 몇 번이고 인생의 재출발을 할 수가 있는 것이다. 그런 뜻에서는 모든 사람이 커다란 선으로 향하는 길위에 있다고 해도 좋을 것이다.

스코틀랜드의 국민 시인 번스는《악마에 대한 인사》가운데서 속이 검은 벤을 향해 '어이, 이제는 한 번 과감하게 마음을 바꾸어 참 인간이 되는 게 어떤가'라고 가볍게 말을 걸고 있는데, 이런 식으로 슬며시 말하는 것이 끝까지 죄를 허용하지 않고 집요하게 마음에 상처를 주는 신학보다는, 커다란 구원이 된다는 것이다.

어떤 것이나 진리와 사랑에서 벗어나 버리면 뿌리가 없는 나무가 되어 말라 버리는 운명이 되고 만다. 작은 선인은 자칫하면 남을 판단하려고 드는데, 정말로 큰 인물이 되면 사람에 대해서 오히려 정이 깊고 관대해지는 것이다.

그런 뜻에서 말한다면 도리어 다음과 같이 말한 인도의 비슈누신 쪽이 각박한 신학자보다도 관대한 마음을 지니고 있다고 말할 수 있을 것이다.

'나는 모든 사람에 대해서 차별하지 않는다. 나 한 사람의 호오(好惡)의 감정으로 사람을 판단하거나 하지는 않는다. 나를 사랑하고 나에게 진심으로 귀의(歸依)하는 자의 마음 안에 나는 깃들고 또 그들은 내 마음 안에 깃드는 것이다. 비록 아무리 죄가 많은 사람이라도 진심으로 죄를 뉘우치고 한결같이 나에게 귀의한다면, 아직 한 번도 죄를 범한 적이 없는 사람과 다름없이 대우를 받는 것이다. 그리고 그 사람도 선행을 쌓음으로써 머지않아 고결한 인격과 영원한 행복을 손에 넣을 수 있게 될 것이다.'

## 선한 마음이야말로 천국·지옥을 가르는 유일한 '인도'

스베덴보리가 아무도 본 적이 없는 저 세상에 관해서 너무나도 확신을 가지고 발언하는 것에 대해서 '무슨 증거로 그렇게 말할 수 있는가'라고 위화감을 느끼는 경향도 있을 것이다. 다만, 그의 성실함이나 천재성이야말로 '대단한 거짓이나 공상으로는 이런 말을 할 수는 없다'는 정도로 신용을 하고 있는 것이다.

그러나 그가 너무나도 세부에까지 파고들어 영계의 묘사를 함으로써, 모처럼의 그와 같은 신용도 약간은 손상이 되어 어쩐지 미심쩍은 인상을 주고 있는지도 모른다. 천계의 진상은 어느 시대에나 비밀의 베일 깊숙이 가려져 있는 것이다.

만일 위대한 예지에 진정으로 귀의하고, 대우주의 법칙을 자신의 사상으로 삼아 지상을 떠난 영의 행방과 처지를 사람들에게 전할 수 있는 사람이 있다면, 우리는 모자를 벗고 고개 숙여 그 사람의 이야기를 귀담아 듣게 될 것이다.

다만, 그 말은 대자연의 조화의 오묘함과도 비슷한 완성도를 자랑하는 것이어야만 한다. 그 언어는 천공에 아로새겨진 별들의 반짝임을 발해, 도덕법칙을 지정한 궁극의 예술가·창조주의 작품에 뛰어날망정 못지않을 것이다. 그 선명하고 강렬함이 무지개처럼 움직이지 않음이 산과 같고, 향기로움이 꽃과 같고, 태연하고 차분함이 가을밤 별들의 운행과도 틀림없이 닮았을 것이다.

바로 이와 같은 기대감으로 충만해 우리는 진실한 영시자가 나타나, 그 영묘한 신비적인 영력을 전해 줄 것을 기대하고 있었던 것이다. 그러나 실제로 그 기다리던 사람이 나타나 말을 할 단계가 되자, 그곳에는 기대된 것과 같은 향기로운 미도 천상적인 색조도 끝내 볼 수 없었다. 기다리고 있었던 것은 천국의 천사가 아니고, 무시무시한 지옥의 《악귀야행(惡鬼夜行)》이었던 것이다.

비탄에 잠긴 이 근대의 여신은 천상의 음계(音階) 대신에 특별히 밤과 죽음과 나락의 선율을 노래했다. 스베덴보리가 전하는 지옥의 양상은 마치 저주받은 칠흑의 세계처럼 생각된다.

그가 그려내는 영계와 역대의 예언자들이 전해 온 기쁜 진리와의 관계는 마치 심야에 꾸는 악몽과, 대낮의 건전한 이상생활과의 관계와 같은 것인지도 모른다.

잇따라 처참한 지옥도를 펼치는 그의 붓은 마치 선량하기는 한데, 화를 잘 내는 신사가 캄캄한 뜰을 개처럼 배회하는 비참한 처지가 된 꿈을 꾸고, 밤마다 신음하게 되는 모습으로도 비유할 수 있을 것이다.

스베덴보리는 확실히 지옥으로 떨어지는 것만이 아니고 천국으로도 올라간다. 그러나 그것을 전하는 그의 어조는 천국이라고는 말하기 어려운 것이다. 자신이 천사들 사이에 섞여서 걸었다고 보고하기보다는 실제로 읽는 사람을 간절하게 타일러 천사의 마음을 갖게 하는 것이 훨씬 중요한 일이 아닐까.

만일 그것이 진정한 대천사라면, 지상을 걷는 사람들보다 뛰어나 위엄이 있으며 우아한 행동을 하지 않을까 생각하는 것이다. 유감스럽게도 스베덴보리가 그려내는 천사들은 수행이 좀 부족하고 품성 교양이 부족하다고 말하지 않을 수 없다.

그들은 모두 소박한 시골목사의 분위기를 자아내고, 그들이 사는 천국은 기껏해야 마을축제거나 교회의 자선장터를 방불케 하는 데 지나지 않는다. '일 잘하고 선행을 쌓은 농부에게는 상을 듬뿍 주는' 것과 같은 프랑스 시골의 '논공행상'의 모습을 연상케 하는 것이다.

마치 식물학자가 식물을 분류하는 것과 같은 쌀쌀하고 위압적인 태도로, 천국의 여러 영의 종류를 분류하고 지질학자가 고대의 백아(白亞)나 각섬석의 지층을 검사하듯이, 음울한 지옥의 여러 모습을 관찰하면서 땅속 깊이 내려가는 것이다.

지옥으로 가는 데 있어서도 그는 이와 같은 장면에 있기 쉬운 인간적인 동정심을 거의 느끼게 하지 않는다. 그 모습은 마치 금지팡이를 들고 가발을 쓴 '현대의 염라대왕'을 닮았고, 지옥계에서 고뇌하고 신음하는 여러 영의 모습을 보고 들으면서 엄격한 심판자와 같은 표정으로 '이 혼은 ○○지옥' '저 혼은 ○○지옥'으로 기계적으로 구분만 하고 있는 것처럼 보인다.

어지러울 정도로 바뀌는 날씨처럼 다양한 격정이나 비탄으로 가득 찬 작열(灼熱) 지옥의 모습도, 스베덴보리에 있어서는 단순히 해독해야 할 상형문자나 비밀결사의 암호와 같은 냉정한 연구대상에 지나지 않은 것일까.

거기에 대해서 같은 신비가라도 다른 한 쪽의 야콥 뵈메의 태도는 전혀 다르다. 그의 감정은 생기에 넘쳐 있고, 극심한 두려움과 깊은 동정의 마음으로 인류의 은사(=신)의 엄숙한 목소리에 귀를 기울여, 그것을 약동감으로 충만한 필치로 후세 사람에게 전하고 있는 것이다. 그리고 '사랑은 신보다도 위대하다'고 말할 때, 그의 끓는 피는 뜨겁게 달아오르고 그 가슴의 고동은 몇 세기를 넘어 울려 퍼지는 것이다.

그러나 그렇다고 해서 자신의 천재와 명성을 모두 바쳐 이제껏 누구도 손대어 본 적 없는 사후 세계를 성실하게 탐구한 스베덴보리의 귀한 공적이 조금도 줄어드는 것은 아니고, 이 점에 관해서는 아무리 칭찬을 해도 지나치지는 않을 것이다.

그는 결코 자신의 욕망을 위해 영적인 세계를 체험한 것은 아니고, 숭고한 목적의식을 지니고 선악의 판단을 내린 것이다. 그는 이 영계라는 미궁에서는 선한 마음이야말로 천국·지옥을 가르는 유일한 '길잡이'임을 알고 있었다.

사물의 중심에 무엇을 두느냐 하는 것에 관해서는 사람에 따라서 의견이 여러 가지로 갈라질 것이다. 배가 가라앉게 되었을 때에 무엇에 매달리느냐로 그 사람이 무엇에 가장 의지하느냐를 알 수 있다. 이를테면 어느 사람은 움직임밧줄에 매달릴 것이다. 큰 나무통을 껴안는 사람이 있는가 하면 마스트를 지탱하는 큰 기둥이나 마스트 그 자체에 달라붙는 사람도 있을 것이다.

행방도 모르는 사후 세계로의 여행에 있어서도 똑같이 말할 수 있을 것이다. 어떤 사람은 빈틈없는 처세의 지혜로, 또 어떤 사람은 이 세속적인 상식에 의존할지도 모른다. 또 예로부터의 관습이나 출세의 수단에 매달리는 사람도 있을 것이다. 그러나 그와 같은 것은 이 신세계에서는 전혀 도움이 되지 않는다.

더욱이 이곳에서는 사람이 부러워하는 행운도, 넘칠 듯한 건강도, 뛰어난 지성도, 우리를 지켜 주지 않는다. 영계의 큰 바다에서 통하는 유일한 항해술은 영원히 오직 마음의 청아함, 거짓이 없는 순수한 마음뿐인 것이다.

## 스베덴보리의 위대한 공헌

스베덴보리는 인류에 대해서 커다란 공헌을 했다. 그것은 현대에 접어들어 겨우 사람들에게 인정이 되고 있다.

첫째로는 실험과 응용과학에서 위대한 족적을 남겼다. 자연을 관찰해 법칙을 발견하고 그리고 세상에 알렸다. 그리고 단 한 차례로 드넓은 자연을 밝히고, 마지막으로는 개개의 자연현상 배후에 있는 궁극의 높이로 향해 나아갔다. 우주의 근본법칙을 밝히면서, 대자연의 압도적인 조화에 위대한 창조주에 대한 경건한 신앙심을 불태우고, 환희와 찬탄의 마음으로 한 몸을 바친 것이다. 그것이 그의 첫째 공적이었다.

그리고 한 순간 엿본 이 근원인 존재의 영광이 얼마나 그의 눈에 눈부신 것이었어도, 또 너무나도 환희의 황홀감이 커 발밑이 위태롭게 되었다고 해도, 그것은 그가 본 광경이 그만큼 대단하고 장엄했다는 것에 다름 아니다. 그를 통해서 영광스러운 궁극의 천계의 위광은 너무나도 장엄해, 이미 말한 예언자 스베덴보리의 여러 가지 약점 따위는 사라지고 마는 것이다.

이것이 그가 인류에 대해서 할 수 있었던 두 번째의 공헌이다. 커다란 실상의 세계에 있어서는 그가 반생을 바친 제일의 위대한 과학적인 업적에 뛰어날 망정 뒤지지 않는 대단한 가치를 지니고 있는 것이다.

영적인 세계를 준엄하게 지배하는 '인과의 법칙'은 스베덴보리 그 사람에게 있어서도 한없이 아름답고 또 틀림없이 영광스럽게 생각되었을 것이다.

# 제5장

# 압도적인 지혜의 총합 프로듀서
## 철학자 플라톤

플라톤(기원전 427~동 347)

그리스의 철학자. 아테네에서 태어나 20세부터 수년간 소크라테스에게 사사. 기원전 399년에 소크라테스가 사형에 처해진 뒤, 여행을 떠난다. 기원전 387년 아테네로 돌아와 연구기관과 교육기관을 겸한 아카데미를 창설. 아리스토텔레스를 비롯해 뛰어난 많은 문인들을 배출한다. 기원전 367년 시칠리아에 건너가 철인정치의 실현을 지향했는데 좌절, 만년에는 저술과 아카데미에서 교육에 힘을 쏟고 80세에 숨을 거두었다. 주요 저작으로 《소크라테스의 변명》《향연》《국가》《파이돈》《티마이오스》 등이 있다.

### 시대를 통째로 이해한 플라톤

플라톤의 문장 가운데에는 여러 민족의 전통이나 교양이 포함되어 있다. 그것은 서양의 여러 학문의 기초를 이루고 또 온갖 문예의 원천이 되고 있는 것이다. 논리학, 산술, 미학, 균형학(symmetry), 시가, 어학, 수사학, 존재론, 도덕, 처세의 지혜에 이르기까지 모든 학문영역이 플라톤사상의 요람에서 탄생되었다.

플라톤이야말로 바로 철학의 대명사이다. 그 이름은 인류의 영광임과 동시에 어느 의미에서는 불명예이기도 하다. 왜냐하면 그 뒤에 나타난 로마인들도 앵글로색슨인(구미인)들도 기본적으로는 플라톤이 개척한 사상의 틀에서 한 발짝도 벗어날 수 없었기 때문이다.

플라톤은 처자가 없었는데 모든 문명국의 사상가들은 모두 그의 영적인 자손이고 그 사상의 유전자를 물려받고 있다고 해도 좋을 것이다. 그렇더라도 대자연은 얼마나 수많은 위인들을 플라톤의 혼을 계승하는 사도로서 신비의 세계로부터 이 지상의 세계에 잇따라 내려 보낸 것일까.

플라톤의 《파이돈》에는 신교인 칼뱅주의(Calvinism)의 싹틈이 있고 그리스도의 가르침 그 자체도 잠재하고 있다. 이슬람교의 《영광스러운 자의 덕》이라는 도덕의 안내서는 그 철학의 성과를 전면적으로 플라톤에 지고 있다. 신비주의의 모든 문헌도 그 연원은 모두 플라톤에서 비롯된 것이다.

이 그리스의 도시국가에서 산 한 시민은 결코 편협한 민족주의자(nationalist)도 향토주의자도 아니고 보편적인 세계시민이었다. 그의 저작을 읽으면 영국인은 '이 사람이야말로 전형적인 영국인이다'라고 말하고 독일인은 '이야말로 순수한 독일인이다'라고 감동하고, 이탈리아인은 '그 사람이야말로 로마인의 귀감이다'라고 찬양하는 것이다.

플라톤도 위인의 예에서 벗어나지 않고 자신이 산 시대를 통째로 이해했다. 그것이 바로 위인의 위인다운 이유인데 왕성한 지적인 소화력으로 모든 예술, 과학, 지식을 자기 안에 흡수해 피와 살로 바꾸고 마는 이 인물이란 도대체 어떤 사람일까.

그는 헛된 것은 아무것도 없다는 듯이 모든 것을 흡수하고 만다. 설사 도덕적으로 문제가 있는 사상일지라도 그의 왕성한 지식 욕구를 자극하지 않는 것은 없다. 무엇이건 자기 자신 안에 흡수해 동화하고 마는 것이다. 그 때문에 동시대의 사상가들 중에는 그에게 표절작가의 누명을 씌우는 자도 있었다.

그러나 진정한 독창가는 누구보다도 모방의 중요함을 알고 있는 것이다. 세상 사람들은 위대한 건조물을 볼 때에 한 건축가의 손발이 되어 일한 수많은 하청 인부의 일은 완전히 잊고 위대한 건축가에게만 모든 감사의 뜻을 표하는 것이다. 우리는 어쩌면 플라톤의 위업을 찬양할 생각으로 그가 인용한 소론이나 소프론, 피로라우스와 같은 사람들의 업적을 찬양하고 있는지도 모른다.

그러나 그래도 상관이 없는 것이다. 모든 양서는 인용으로 가득 차 있다. 어떤 가옥도 숲에서 목재를, 광산에서 금속을, 채석장에서 주춧돌을 인용함으로써 지어져 있다. 한 인간은 신체적으로 선조로부터의 '인용'에 다름 아니다. 바로 이 압도적인 지혜의 종합 프로듀서를 위해 그에게 앞선 여러 민족들은 모두 풍부한 소재를 제공하게 되었다고 해도 좋을 것이다.

플라톤은 그 시대의 학문·지식을 정력적으로 흡수했다. 우선은 피로라우스,

티마이오스, 헤라클레이토스, 파르메니데스, 그리고 누구보다도 스승인 소크라테스로부터 배울 만한 것을 다 배운 것이다.

더구나 그것에만 만족하지 않고 더 나아가 고금 유일의 지의 대종합자가 되려고 했을 것이다. 이탈리아로 가 피타고라스의 정신적 유산을 상세하게 배우고 더욱 이집트에 이르러 고문서를 훑어 보고 끝내 동방세계로까지 발을 뻗은 흔적조차 엿볼 수 있는 것이다. 틀림없이 유럽인이 모르는 동양 특유의 사고방식을 받아들여 서양문명의 정신적인 결함을 메우려고 했을 것이다.

얼마나 무진장의 에너지인가. 바로 이 한없이 큰 스케일 때문에 플라톤은 철학의 대표자로 불리기에 걸맞은 존재가 된 것이다.

그는 대화편 《국가》 가운데서 다음과 같이 말하고 있다. '철학자를 철학자답게 하는 천재가 단지 한 인물 안에 완전한 모습으로 나타나는 것은 드문 일이고 그 천재의 다양한 부분을 많은 사람들이 나누어서 맡는 것이 보통인 것이다.'

무언가 한몫의 일을 하려고 한다면 높은 입장에서 사물을 굽어보지 않으면 안 된다. 철학자도 단순한 철학자이어서는 안 되는 것이다.

플라톤은 대단히 시의 재능이 풍부한 제1급의 시인이기도 했다. 그래도 그를 보통 의미의 시인으로 말할 수 없는 것은 플라톤이 그 넘치는 시의 재능을 더욱 숭고한 목적을 위해 바쳤기 때문이다.

### 진정한 전기는 내면의 역사 속에 있다

위대한 천재의 전기란 흔히 어이가 없을 정도로 짧은 것이다. 친근한 사람들에게 물어보아도 확실한 것은 아무것도 얻지 못할 것이다. 그들의 존재는 그 쓰는 문장 속에만 깃들고 있는 이상 그들의 주변의 일이나 세속의 삶 따위는 전혀 아무래도 상관이 없는 것이다. 만일 어떻게든 천재들의 취미나 사람됨을 알고 싶다면 그의 저작의 열렬한 독자를 만나는 것이 좋을 것이다. 그들은 어느샌가 천재의 감화를 받아 그를 닮은 모습이 되어 있기 때문이다.

특히 플라톤에 관해서는 외면적인 전기가 전혀 없다고 해도 좋을 것이다. 그에게 연인이 있었는데 처자가 있었는지에 대해서는 전혀 알려져 있지 않다.

말하자면 플라톤에게 있어서 그와 같은 친척연고 등은 철학이라는 그림을 창조하기 위한 소재에 지나지 않았다. 철학자란 눈에 보이는 재산의 가치를 모두 바꾸어 지적인 활동의 씨앗으로 삼고 마는 것이다.

플라톤은 기원전 427년, 그리스의 전성기를 장식하는 대정치가인 페리클레스가 죽은 무렵에 탄생했다. 그 시대의 아테네에서는 명문가 출신이었다.

젊어서는 전사가 되어 전장에서 공훈을 세우는 꿈을 꾸었는데 20세 무렵에 소크라테스를 만나 설득을 당해 전사가 되는 것을 포기하고 스승이 죽음에 이르기까지의 10년간을 그 제자로 지냈다.

그 뒤, 그는 메가라로 가 시칠리아의 참왕(僭王) 디오니시우스와 그의 숙부 디온의 초청에 응해 세 번 시칠리아의 궁정에까지 나가고 있었는데 그 땅에서는 제대로 대우를 받지 못했다.

또 이탈리아로 여행을 하고 그곳에서 이집트로 건너 가 상당히 장기간 머물렀다. 이 기간에 관해서는 3년, 또는 13년으로도 알려져 있다. 그리고 멀리 바빌로니아까지 건너갔다는 설도 있는데 이 점은 확실치 않다.

아테네로 돌아오자 자신이 창설한 아카데미에서 그 명성을 흠모해 모여든 후진을 육성했다. 그리고 전해지는 바에 의하면 81세 때 집필을 하고 있는 와중에 죽었다는 것이다.

그러나 플라톤의 진정한 전기는 그의 내면의 역사 속에 있다. 인류의 지적인 역사 속에서 이 인물만이 어떻게 뛰어나게 정상까지 올라갔는지, 어떻게 이렇게도 다양한 사람들이 그 교양이나 지성의 수준에 따라서 그에게서 많은 배움을 얻게 되었는지 그 비밀을 어떻게든 찾아보고 싶은 것이다.

실제로 한 민족에 지나지 않았던 유대민족의 성서가 널리 세상에 고르게 퍼져 구미세계에서는 흔한 일상의 대화나 가정생활에 깊게 뿌리를 내리게 된 것과 마찬가지로 플라톤의 여러 저작도 다양한 학파의 학자들과 거리의 철학자들, 교회의 사람들, 시인들 등, 온갖 사람들의 마음을 사로잡아 이제는 플라톤의 이름을 빼고는 제대로 사물을 생각할 수 없을 정도로 압도적인 감화를 주어 온 것이다.

진리를 추구하는 사람은 플라톤을 피해 지나갈 수는 없다. 또 평소에 무심코 하는 일상의 언어 가운데에도, 사물을 깊이 생각할 때에도 플라톤적인 발상이 뿌리 깊게 침투해 있는 것이다.

플라톤을 읽고 있으면 그 문체나 정신의 두드러진 현대성에 놀라게 될 때가 있다. 그곳에는 유구한 역사를 거쳐 무예나 문물을 발전시켜 온 유럽문명 그 자체의 싹틈이 깃들어 있는 것이다. 후에 유럽을 특징 짓게 되는 모든 요소는 바로 플라톤의 정신 안에서 남보다 먼저 얻을 수가 있고 그 이전에는 전혀 볼 수 없었던 것이다. 그 뒤 수백 년의 세월을 거쳐 이 사상의 싹틈은 크게 발전해나가게 되는데 그 뒤의 사상가들은 모두 이 플라톤이 설치한 궤도에서 한 걸음도 내딛는 일이 없었다고 해도 좋을 것이다.

이와 같은 영원한 새로움, 현대성이야말로 모든 작품의 가치를 측정하는 척도가 아닐까. 왜냐하면 진정한 작가는 한 시대, 한 지방과 같은 좁은 틀에 얽매이지 않고 영원하고 보편적인 것에 의거해 깊이 생각하고 또한 쓰기 때문이다.

플라톤이 어떻게 해서 유럽정신 그 자체가 되고 철학과 문학의 진수 그 자체가 되었는지, 그 비밀을 어떻게든 해명해 보고 싶다고 생각하는 것은 결코 나만은 아닐 것이다.

### '사상의 난립상태'에 마침표를 찍다

이와 같은 일이 가능해지려면 '이상'(정신세계를 다스리는 법칙)과 '운명'(현실세계를 다스리는 법칙)을 함께 존중할 수 있는 건전하고도 성실, 또한 보편적인 혼이 세상에 나타나지 않으면 안 된다.

인간 개인의 경우에도, 민족인 경우에도, 그 역사가 얕은 시기에 있어서는 무턱대고 자신의 난폭한 힘에 의존하는 것이다.

미숙한 아이는 자기 생각대로 되지 않으면 울부짖고 분노해 발버둥을 친다. 그런데 말을 할 수 있게 되고 자신의 욕구를 말로 표현해 그것을 원하는 이유를 설명할 수 있게 되면 순간 조용해지는 것이다.

성인이 된 남녀라도 아직 사물의 도리에 통하지 않고 있을 때에는 자칫 떠들썩하게 언어를 구사해 열정적으로 이야기하거나 갑자기 이유도 없이 침울해지거나, 서로 각을 세우고 부딪거나 하는 것이다. 자신의 재능에 절망했는가 하면 실현될 가망이 없는 큰 꿈을 호언하거나 한다.

그런데 약간 교양을 몸에 익혀 세상의 도리가 보이게 되면 차츰 그와 같은 들뜬 마음은 자취를 감추고 자신이 하고 싶은 말을 조리 있게 차분히 이야기할 수 있게 될 것이다.

만일 이와 같은 확실한 언어능력이 주어져 있지 않다면 인간은 아직도 숲에 사는 야수와 다를 바가 없게 된다. 물론 인간과 야수를 한 묶음으로 해서는 안 될지 모르는데 혈기왕성한 젊은 남녀를 교육하는 경우에도 이와 같은 일종의 '야만상태'를 볼 수 있을 것이다.

'아아, 그대는 나의 일은 전혀 이해해 주지 않는 군. 그뿐만 아니라 나는 아직 나를 알아주는 사람을 만난 적이 없네.'

이렇게 해서 청년들은 탄식하고, 울고, 한 편의 시라도 읊거나 집 밖을 정처도 없이 헤매거나 한다. 요컨대 달랠 길 없는 마음을 주체하지 못하고 있는 것이다.

그런 출구가 없는 갈등을 안고 몸부림치는 번뇌의 나날도 한두 달 이어지면 이윽고 걷잡을 수 없게 될 것이다. 대부분은 수호신의 좋은 인도로 그들의 달랠 길 없는 마음을 이해하고 이끌어 주는 인생의 선배를 만나는 것이다. 그렇게 해서 상담을 받거나, 격려를 받거나, 여러 가지로 시행착오를 거듭해 가는 사이에 언젠가는 그들도 성숙한 성인으로 성장해 가는 것이 보통이 아닐까.

개인차는 있어도 누구나 대부분은 이와 엇비슷한 성장의 패턴을 거치는 것이다. '처음에는 무궤도한 미망상태에서 바둥거려도 다양한 경험을 쌓음으로써 세상의 구조와 도리를 서서히 알게 되어 직업도 얻고 분별을 아는 성인으로 조금씩 성숙해진다'는 것이다.

여러 민족의 역사에서도 '철없는 청년시대에서 벗어나 사물을 볼 수 있을 정도로 성숙해졌는데 아직 문화에 익숙하지 못한' 시대가 있다.

그런 시대에 사람들의 관심은 가장 비속한 것에서부터 초고의 존재로까지 널리 퍼져 간다. 땅에 확실하게 발을 붙이면서도 동시에 그 정신의 눈길은 아득히 높은 곳, 태양이나 별이 반짝이는 천공에까지 향해지는 것이다. 이와 같이 폭넓은 견해가 가능해야만 한 사람의 성숙한 성인이라고 말할 수 있지 않을까.

유럽 역사, 그리고 유럽에 생긴 철학 역사도 모든 면에서 이와 같은 발전의 단계를 거쳐 왔다.

지금은 거의 없어진 초기의 문헌에 의하면 최초로 아시아에서 옮겨 온 사람들이 자연 그 자체를 숭배하는 소박한 자연관을 유럽에 가져온 것으로 알려져 있다. 이윽고 일부의 뛰어난 학자와 교사들의 손에 의해서 서서히 고도로 정연한 세계관이 갖추어지게 되는데 아직도 그곳에는 여러 가지 미숙함이 보인다.

우선은 아테네의 전성기에 활약한 페리클레스 시대에 앞선 '7현인의 시대'에 기하학이나 형이상학, 윤리학 등의 기본적인 학문이 생겼다.

그리고 천지만물을 특정의 근원적 물질에서 설명하려고 하는 자연철학자들의 한 무리가 나타난다. 만물의 근원을 흐르는 것, 곧 물로 돌리는 철학자도 있고 공기나 불에, 또는 정신으로 돌리는 자연론자도 있었다.

그들은 모두 이와 같은 '만물의 근원'에 신화적인 채색을 한다. 그리고 마지막으로 플라톤이 나타나 이와 같은 '사상의 난립상태'에 마침표를 찍은 것이다.

플라톤은 이제 이와 같은 신화적이고 미숙하게 이치에 맞지 않는 말에 의존할 필요가 전혀 없고 새삼 소리 높이 말할 필요도 없었다. 그는 사물의 본질을 명석하게 파악하는 것이 가능했기 때문이다. 플라톤의 등장으로 '아득한 아시아적 상상력의 시대'가 마지막을 고하고 대신 '빛나는 유럽적 지성의 시대'가 막을 열었다.

'사물의 본질을 명석한 언어로 파악해 확실하게 정의를 내릴 수 있는 사람은 나(플라톤)에게 있어서 신과 다름없는 지성의 소유자이다.'

## 철학 그 깊숙한 곳에 있는 두 개의 근본사실

이와 같이 사물의 본질을 확실하게 정의한다는 것이 철학 본래의 일인 것이다. 철학이란 세계의 구조를 설명하려는 인간정신의 시도에 다름 아니다.

철학 속에 있는 것은 언제나 2개의 근본사실, 곧 (1) 一(동일성)과 (2) 多 (차이성)이다. 우리는 이 '一'과 '多'에 의해서 만물을 통일한다. '표면적으로는 여러 가지 차이는 있어도 그 밑바탕에는 공통된 一의 것이 있다'는 것이다. 이 一인 것을 인정했다고 해서 반드시 多인 것을 부정하는 것이 되지는 않는다. 어떤 것을 말하건 생각하건 이 '一과 多'는 결코 떼어낼 수 없는 중요한 포인트인 것이다.

우리는 본디 다양한 결과(현상)에 공통하는 一인 원인(본질)을 추구하도록 태어나 있다. 우리의 정신은 그 본성에 눈에 보이는 현상 깊숙이 있는 원인의, 또 그 원인으로 한없이 소급해 만물의 궁극의 원인에까지 도달해야만 하는 면이 있는 것이다.

고대 인도의 성전 《베다》에는 다음과 같은 명언이 있다. '태양의 한 가운데에는 빛이 있고, 빛의 한 가운데에는 진리가 있고 진리의 한 가운데에는 불멸의 실재가 있다.'

동서양을 불문하고 모든 철학은 이 궁극의 실재를 추구해 마지않았다. 그리고 일단 이 근원인 통일로 귀착하면 이번에는 거꾸로 자연계를 지배하는 필연의 법칙에 의해서 이 一인 것에서 一이 아닌 것, 다시 말해서 현상의 다양성을 설명하지 않을 수 없었던 것이다.

그러므로 혼연일체가 되고 있는 이 一과 多를 뚜렷하게 구별하고 다시 통합하는 것이 철학의 가장 중요한 과제로 되는 것이다. 실제로 이 양자는 모순대립하는가 하면 순식간에 서로 구분이 안 될 정도로 뒤섞이고 마는 변화무쌍한 존재이고 좀처럼 파악할 수 없는 것이다.

어느 시대, 어느 지역에 있어서도 이와 같이 근원적으로 一인 것에 대해서 깊이 생각을 하는 위대한 각자(覺者)가 있었다. 그들이 깊은 기도와 명상의 상태로 들어감으로써 이 궁극의 존재와 일체가 되면 이 세상의 일체의 존재는 자취도 없이 사라지고 만다.

동양의 종교서, 특히 인도의 성전 《베다》나 《바가바비드 기타》《비슈누 푸라나》는 이와 같은 신비적인 경지를 잘 전해 주고 있다.

이러한 종교서는 한결같이 이 궁극의 하나인 것에 대해서 여러 가지 수단 방법으로 설명을 하고 있다고 해도 지나친 말은 아닐 것이다. 이 하나인 것을 찬양하는 시편은 지순하고 숭고한 리듬으로 가득 차 있다.

결국 '만물은 하나로 돌아간다'는 것이다. 적도 아군도, 밭을 일구는 사람도, 일구어지는 논밭도, 또 그 가래라는 도구도 모두 본디 같은 원소재에서 생기고 있다는 것이다.

원래의 것이 같은 이상, 개개의 구별이나 변화는 그다지 문제가 되지 않는다.

크리슈나신은 어느 성자에게 다음과 같이 말했다고 한다.

'그대는 자기 자신이 나와 다르다고 생각해서는 안 된다. 나라는 존재는 곧 너 자신인 것이고 그리고 신들이나 영웅, 인간들이 살고 있는 이 전 세계 그 자체인 것이다. 아무튼 인간이란 표면적인 차이에만 얽매이는데 그것은 그들이 아직 밝지 않은 어둠 속에 있기 때문이다. '나'와 '나의 것'이란 말도 무지몽매(無知蒙昧)한 어리석음에서 비롯된 언어에 지나지 않는다. 나는 모든 것의 궁극의 목적을 이제부터 그대에게 말하겠다.

그것은 커다란 영인 것이다. 그것은 모든 육체와 물질 안에 깃들고, 형체를 바꿈이 없이 완전무결하고, 대자연의 이르는 곳에 편재하고, 불생불멸이고, 진리의 영력에 의해 성립하고, 모든 것에서 독립해 이 세상의 모든 명목이나 입장과 같은 것을 초월해 과거·현재·미래를 일관해 존재하고 있는 영원한 영인 것이다.

그대는 이 크나큰 영이 본질적으로 하나인 것이고 자기 자신과 다른 모든 사람의 몸 안에 깃들고 있음을 알지 않으면 안 된다. 그렇게 하면 그대는 만물의 통일을 아는 최고의 예지를 손에 넣게 될 것이다.

마치 가벼운 호흡이 피리에 뚫린 몇 개의 구멍을 통과할 때 다양하게 묘한 음색을 내듯이 이 '큰 영'도 그 지상에서의 역할의 차이에 따라서 다양하게 나타나는데 그 큰 근본에 있는 존재는 본디 하나인 것이다. 신이나 그 종들이 걸치고 있는 옷을 벗어 버리면 표면적인 차위 따위는 모두 사라져 만물은 하나로 돌아가는 것이다.'

'이 온 세계가 더없이 높은 신의 나타남이고 이 신은 만물과 같으며 옛 성현들도 이 근원의 존재가 자신들과 별개의 것이 아니고 본디 하나임을 깨닫고 있었던 것이다. 나는 어디에서 오는 것도 아니고 어딘가로 가는 일도 없이 언제나 모든 곳에 존재하고 있다. 그와 같은 시점에 서면 그대는 이제 그대가 아니고 타인도 '이것이 나다'라고 말하는 나일 수 없게 된다. 나도 크리슈나이고 크리슈나는 아니다.'

결국, 이 가르침의 요점은 다음과 같이 정리할 수가 있다.

'모든 것이 이 커다란 영을 지향해 진화 향상해 간다. 이 큰 영이야말로 더없이 높은 신이고, 이 지상에 있는 생물도, 하늘에 반짝이는 별들도, 사실은 하나의 몽환극이고, 현실로 있는 것처럼 보여도 실제로는 한 때뿐인 존재에 지나지 않는다. 모습이 있는 것은 하나의 사로잡힘이고, 천국으로 보이는 것도 본디 한 때의 모습으로 나타나 있는데 지나지 않는 것이다.'

이 더없이 높은 큰 영이 지향하는 궁극의 목적이란 '모든 영의 존재가 지옥에서 빠져나온다는 등 말하는 것은 이른바 천국까지도 초월해 형체가 없는 융통무애(融通無碍)인 빛의 에너지 그 자체가 되려고 한다'는 것이다.

사고의 기능은 만물이 도달하는 궁극의 통일을 추구하는 것인데 거꾸로 행동은 즉시 현실세계의 다양성으로 돌아가려고 한다. 전자는 정신의 작용이고 후자는 육체의 작용이다. 대자연은 다종다양한 표출을 한다.

정신이 만물의 통일을 추구하면 개개의 다양성은 사라지고 마는데 자연은 만물을 낳고, 키우고 늘리는 일을 그치지 않는다. 결국 모든 사물이나 사고의 밑바닥에 있는 것이 이 일(一)과 다(多)에 다름 아니라는 것이다.

다시 말해서 이 2대 원리는 사고와 존재이고, 필연과 자유이고, 정(靜)과 동(動)이고, 권력의 집중과 확산이고, 천재와 수재이고, 지식과 정열이고, 부의 소유와 자유무역이고, 계급제도와 자유로운 문화활동이고, 군주제와 민주제의 차이인 것이다.

이 전자의 경향성에 일관하면 수도원에 머무는 것과 같은 명상적인 생활에 다다를 수 있을 것이고, 후자의 방향성을 강조하면 실제적인 인간이 되어 세상에 절대적인 권력을 행사할 수 있게 될 것이다.

진리의 탐구자라도 그 경향성에 따라서 이 2대 원리의 어느 한쪽에 치우치는 일은 흔히 있는 것이다. 종교적인 신비성을 중요시하는 자는 하나인 것을 추구하고 과학적인 합리성을 중요시하는 자라면 아무래도 많은 것을 추구하는 경향이 있는 것이다. 너무 성급하게 통일하는 것도 세부에 지나치게 얽매이는 것도 모두 극단이고 피해야 할 것이다.

## '모순의 통합'에 의해 본질을 입체적으로 파악한다

이 2대 원리는 인간 개인뿐만 아니라 여러 나라의 역사에도 들어맞는다.

이를테면 아시아의 나라들에서는 하나인 것을 추구해 신분제도(카스트)를 확립하고 명상적인 사고를 좋아하는 경향이 있다. 그곳에서는 사람들의 운명이 태어날 때부터 고정되어 어떤 비참한 현실에 대해서도 불평불만을 말할 여지는 없고 사고방식에 있어서나 행동면에 있어서나 대다수의 사람들은 주어진 운명을 받아들이고 살아가지 않을 수 없다.

거기에 대해서 유럽적인 사고양식은 훨씬 활동적이고 창조적이다. 그곳에서는 고정된 신분제도를 혐오하고 자유로운 문화활동이 존중된다. 유럽에서는 철학도 단순한 사고활동에 머물지 않고 구체적이고 실천적인 목표를 향한 기초수련과 같은 면이 강조된다. 그리고 사람들은 언제나 기술을 갈고 닦아 창의적 연구에 몰두하고, 널리 여러 외국과 교역을 해 개인의 자유를 무엇보다도 중요시할 것이다.

요컨대 동양인이 어려운 현실을 감수하면서 생각을 한없는 피안에 두려고 하는 데 대해서 서양인은 이 유한한 현실세계 그 자체를 더욱 좋게 바꾸어 나가려는 적극적인 경향성이 강하다는 것이다.

유럽문명에서는 자신의 기지 하나로 길을 개척해 정치제도를 확충하고 이치나 분별로 실제적인 적응능력을 높여 현실적인 성과를 내는 것이 무엇보다도 중요시된다.

한편 우리의 플라톤은 이집트와 동양의 여러 나라를 돌아다니며 만물이 하나로 합치는 유일신 사상을 배웠다. 그는 아시아의 통일성과 유럽의 다양성, 무한을 추구하는 아시아적인 사고방식과 엄밀한 정의를 추구하고, 결과를 중요시하고, 기계를 만들고, 오페라로 통하는 유럽정신을 훌륭하게 종합하면서 더욱 힘차고 뛰어난 것을 탄생시킨 것이다.

플라톤이란 빼어난 두뇌를 통해서 유럽과 아시아의 좋은 점이 훌륭하게 종합되었다고 해도 좋을 것이다. 플라톤은 아시아의 종교라는 비옥한 토양에 유럽의 알맹이인 형이상학과 자연철학의 나무를 심은 것이다.

요컨대 동서 문화를 포괄하는 보편적인 혼이 탄생했다는 것이다. 범인이 범인의 영역을 좀처럼 벗어나기 어려운 것처럼 위인도 한 번 위인의 혼으로 태어났다면 쉽게 그 높이에서 전락하는 일은 없다. 위대한 혼의 존재를 우리가 좀처럼 인정하려고 하지 않는 것은 위인들이 우리가 경험할 수 있는 영역을 훨씬 초월한 세계에 살고 있기 때문이 아닐까.

현실적으로 생각하면 이와 같은 대단한 위인이 태어나는 것은 거의 있을 수 없는 확률일지도 모른다. 그러나 이념적으로 생각하면 이와 같은 위인이 등장하는 것을 부정할 근거는 전혀 없는 것이다. 그들은 바로 역사의 필연에 의해서 '태어나야만 했기에 태어났다'고 말할 수 있을 것이다.

플라톤의 탄생에 관해서는 하늘로부터 예고가 있었다거나, 실은 아폴론의 아들이었다거나, 여러 가지의 설이 그럴듯하게 포장이 되고 있었는데 그와 같은 전설은 제쳐두고, 여기에 동서사상을 통합하는 위대한 혼이 태어났다는 것과 같은 사실만은 부정할 수 없을 것이다.

이와 같은 '통합'은 '자연'의 이르는 곳마다 빈번하게 볼 수가 있다. 그것은 동전의 양면과 같을 것이다. 이와 같이 일견 양립이 어렵게 생각되는 두 원리의 통합은 자연의 온갖 사물 가운데서 발견할 수 있는데 그것이 지금 위대한 인격의 형태로 이 지상에 나타난 것이다.

그는 어떤 것을 논할 경우에도 한쪽의 극단으로 치닫는 일을 좋아하지 않고 서로 모순되는 두 측면을 고려해 종합하도록 힘썼다. 그의 논리나 문장을 진행하는 데에는 무리가 없이 잘 균형이 취해져 있어 원만한 품격을 자아내게 하고 있는 것이다.

마치 두 손을 쓰면 물건을 잡기 쉬운 것과 마찬가지로 플라톤은 이 '모순의 통합'에 의해서 사물의 본질을 입체적으로 파악할 수가 있었던 것이다.

### 자유분방한 상상력에 버팀목이 되는 치밀한 실증정신

이와 같은 모순의 통합이야말로 모든 위대한 예술가의 특징이기도 하다. 거기에 대해서 우리는 자칫 한 쪽의 극에서 다른 쪽의 극으로 정해진 것이 없이 흔들리고 있는 것이 아닐까.

모든 사물에는 상대적인 두 측면이 있고 어느 측면에 초점을 맞추느냐에 따라서 같은 것을 전혀 다르게 보는 것이다. 이를테면 같은 해안이라도 바다 쪽에서는 뭍으로 보이는데 뭍에서는 바다로 보일 것이다.

계속 집에 틀어박혀서 지내기만 하는 생활에서도, 연중 여행만 하는 생활에서도 좀처럼 신선한 감흥은 우러나지 않는 것이다. 일상적이지 않은 감동은 이제부터 바로 여행을 떠나려고 할 때, 또는 여행에서 돌아왔을 때야말로 낳게 된다고 말할 수 있을 것이다. 일상생활에 신선한 바람을 불어넣으려면 이와 같이 색다른 것을 결합하는 것이 좋은데 플라톤철학의 비밀을 푸는 열쇠도 또 이와 같은 '색다른 것의 결합' 가운데 있는 것일지도 모른다.

철학은 궁극의 통일을 추구하는데 예술이란 동일한 것에 다양한 각도에서 빛을 대 다양한 형태로 상징적으로 표현하려고 한다.

플라톤은 다시 말해서 '세계를 묘사하는 두 종류의 그림단지를 지니고 있다'고 해도 좋을 것이다. 한쪽의 철학단지에는 미묘한 영기(靈氣)가 끼어 있고 또 다른 한 쪽의 예술단지에는 감각의 그림도구가 가득 채워져 있다. 그리고 그는 언제나 이 2개의 단지를 동시에 사용해 나가는 것이다.

통계학이나 정치사에서처럼 발생한 사실을 단순히 사실로서 즉물적으로 기술하면 무미건조한 리스트에 지나지 않는다. 사건을 물심양면에서 탐구해 그 영적인 의의를 상징적인 언어로 표현해야만 비로소 끊이지 않는 흥미가 솟게 되는 것이 아닐까. 다시 말해서 플라톤은 동전의 양면을 자유자재로 뒤집음으로써 단순한 사물에 숭고한 의의를 발견할 수가 있었던 것이다.

한 예를 들어보자. 자연철학자는 원자와 불, 액체, 영혼 따위에 대해서 그들 독자의 세계관을 펼치는데 그것들은 기계적이고 즉물적인 이론에 지나지 않는다. 누구보다도 수학을 깊이 연구하고, 모든 자연의 법칙과 인과율을 밝힌 플라톤이었으므로 이와 같은 이론이 아직도 2차적, 나열적인 것에 지나지 않고 세계를 설명하는 근본원인에까지 이르지 않고 있음을 간파하고 있었을 것이다.

그래서 그는 자연 연구의 전제로서 다음과 같은 기본이념을 내세운 것이다. '더없이 높은 창조주가 본디 이 대우주를 창조하신 근본동기야말로 명확히 해야 하지 않을까. 창조주는 선의 그 자체였을 것이다. 과연 선의 그 자체의 존재가 질투의 감정 따위를 갖는 것일까. 실제로 이 창조주는 완전히 공평무사한 마음으로 '살아 있는 모든 것은 나처럼 풍요해져라!'라고 진심으로 소망했을 것이다. 성현들이 역설하듯이 이 대우주의 시초에는 이와 같은 압도적인 선의가 있었다고 믿는 자는 진정으로 진리를 체득한 것이다.'

'모든 것은 선을 실현하기 위해서만 존재하고 있는 것이고 그러므로 모든 것이 아름다운 것이다.'

이와 같은 근본원리가 버팀목이 되어 있으므로 플라톤의 철학은 퍼내도 끊이지 않는 매력과 생명력의 원천이 될 수 있었던 것이 아닐까.

플라톤은 다방면에 재능을 발휘했는데 그런 것들 가운데 어느 방면을 취해보아도 이 '모순의 통합'과 같은 특징은 뚜렷하게 나타나 있다.

현실로 살아 있는 인간의 성격 안에 서로 모순된 요소가 공존하고 있는 것은 드문 일이 아닐지도 모르는데 이와 같은 모순의 통합을 막상 뚜렷한 이론으로 표현하려고 하면 순간 말이 막히고 마는 것이 우리 인간의 상례가 아닐까. 그것을 아주 쉽게 해내는 인물이 있다고 한다면 '대단히 넓은 혼의 소유자'라고 해도 틀림은 없을 것이다.

이 플라톤의 넓고 큰 정신을 이해하려고 한다면 단순히 막연하게 재능의 목록을 늘어놓기만 하면 되는 것은 아니다. '천재는 천재를 안다'고 하는데 스스로 독창적인 활동을 해야만 플라톤의 혼이 대단히 위대함을 실감할 수 있는 것이다.

플라톤에 있어서는 풍부한 시적 이미지와 기하학적인 정확성이 혼연일체가 되어 녹아 있다. 마치 하늘을 나는 새가 그 날개를 지탱하는 강인한 골격을 갖추고 있는 것처럼 그도 또 그 자유분방한 상상력을 지탱할만한 치밀한 실증정신을 아울러 지니고 있었던 것이다.

플라톤은 귀족적인 품격과 천성인 기품에 더해서 촌철살인(寸鐵殺人)의 날카로운 풍자정신의 소유자이기도 하고 전체적으로 대단히 건전하고 당당한 그릇의 소유자였다. 바로 '만일 신이 지상에 내려오셨다면 플라톤처럼 말하셨을 것이다'라고, 옛 격언에도 전해지고 있는 그대로이다.

### 자신의 사상을 전하려는 열의

또 이와 같이 넓은 혼의 그릇을 갖추고 있었을 뿐 아니라 그에게는 스스로 사상을 전하려는 대단한 열의도 있었다.

그것이 몇 개의 대화편에도 직접 드러나 있고 또 그 밖의 온 저작에도 그와 같은 남다른 열의가 밑바탕에 흐르고 있다. 그것은 《국가》나 《파이돈》에서 거의 신을 공경하는 정열로까지 승화되어 있다고 해도 좋을 것이다.

소크라테스의 죽음에 임해서는 겁에 질려 꾀병을 가장했다는 비난도 전해지고 있는데 과연 사실이었을까.

그 무렵부터 전해지고 있는 풍설에서는 폭도로 변한 군중 앞에 사내답게 가로막고 서서 자신의 스승을 용감하게 지킨 것으로 알려져 있다. 그리고 이와 같은 폭도들이 플라톤에게 더러운 욕설을 퍼 부운 것이 지금도 아직 전해져 있고 플라톤 자신이 여러 저작 가운데서 중우정치(衆愚政治)[*1]에 대한 분노를 드러내고 있는 것에서도 이것은 의심할 여지가 없는 사실이 아니었을까 생각된다.

그는 정직하고 정의와 명예를 대단히 존중하는 기질이었다. 그런 한편으로 민중의 미신을 함부로 부정하지 않는 대범한 관용도 있었다.

---

*1 이성보다 일시적 충동에 의해 좌우되는 어리석은 대중들의 정치. 고대 그리스 민주정치의 타락을 이름.

더욱이 '시재나 예언, 깊은 통찰력이 인지를 훨씬 초월한 천상적인 예지로부터 부여된다는 것, 또 신들이 단순한 이치를 혐오하고 《거룩한 광기》(영감)를 통해서 그와 같은 여러 가지 기적을 일으킨다'는 것을 굳게 믿고 있었다.

또 플라톤은 날개를 갖춘 3두의 천마에 올라타 어두운 지옥계로 내려갈 때도 있고 살아 있는 육체에서는 보통 발을 들여놓는 것이 허용되지 않는 세계로 자유자재로 오갈 수도 있었던 것이다. 그는 지옥의 고통에 신음하는 혼을 눈앞에 보고 심판관의 선고를 듣거나, 생전의 죄를 청산하기 위해 혼이 가는 곳을 확인하거나, 형벌을 정하는 운명의 여신들을 바라보거나 그녀들이 돌리는 운명의 물레의 묘한 음색에 귀를 기울이거나 하는 것이다.

이와 같이 미지에 대한 과감한 모험을 꾀하면서도 플라톤은 철학자로서의 신중함을 잊은 적이 없었다.

그가 쓰는 문장의 박력은 마치 한꺼번에 떨어지는 별똥별의 엄청남을 생각하게 한다. 그 사고의 확고함은 마치 별들이 그 안정된 궤도를 벗어나지 않고 유연하게 두루 돌아다니는 모습을 보는 것 같다.

플라톤은 끝내 납득이 갈 때까지 자신의 사고를 깊이 파고 든 뒤가 아니면 자기의 주장을 공표하지 않았다. 그 대신 한 번 완성된 사상은 훌륭한 문장이 되어 독자를 놀라움의 소용돌이로 말려들게 하는 것이다.

아무리 큰 부자라도 한 번에 입을 수 있는 옷은 한 벌이면 되고, 혼자서 탈 수 있는 말은 한 필이면 되고, 하룻밤에 하나의 방이면 묵을 수 있다. 그러나 많은 재고가 있으면 그 자리에 가장 적합한 선택을 할 수 있을 것이다. 그와 마찬가지로 플라톤도 거의 무진장의 어휘를 지니고 있고, 어떤 경우에도 결코 언어에 부족함이 없어 그 상황에 가장 적절한 언어를 확실하게 찾아낼 수가 있었다.

실제로 그의 지혜의 무기고에는 온갖 표현의 스토크가 갖추어져 있었다. 서사시, 분석론, 정열론, 직관, 운율, 풍자와 야유, 틀에 박힌 의례문에 이르기까지 '무엇이건 OK'이다.

또 단순한 상황설명을 하고 있어도 한 편의 시가 되고 스스럼없는 농담 속에도 철학의 자료가 숨겨져 있는 것이다.

## 이상과 상식을 양립시키는 종합감각

플라톤은 천둥벼락과도 같은 정열뿐만 아니라 그것을 받아 제어할 만한 사려분별과 자제심도 충분히 갖추고 있었다.

그 무렵부터 철학에 대해서 쓸데없이 시비를 거는 사람이 끊이지 않았는데 그는 전혀 흔들리지 않고 자작 가운데서 굳이 그와 같은 욕설을 귀족이나 시민의 입을 빌려 이야기하게 하는 일조차 있었다. '철학은 적당히 교제를 하는 데에는 괜찮은 학문인데 도를 넘어 깊이 들어가면 몸을 망치고 말 것이다.'

플라톤은 모든 것을 백일하에 꿰뚫어 보는 투철한 안목을 갖추고 있었는데 동시에 반대의견까지도 받아들이는 커다란 도량도 아울러 지니고 있었던 것이다. 그와 같은 대범한 도량은 그의 언어구사에서도 볼 수가 있다. 그는 회의가들의 말에도 흥겨워해 그들에게 재미있는 말을 하게 하거나 의미가 있는 듯한 말을 하게 하거나 하고 있다.

그런데 대화의 마지막에는 맡아 놓고 천지를 뒤흔들 정도로 소크라테스의 명연설을 펼치게 된다. '○○하라'와 같은 긍정형이거나 '○○해서는 안 된다'와 같은 부정형이거나의 차이는 있을망정 실로 당당한 언어의 혼(魂)을 둑을 무너뜨리듯이 세차게 쏟아내는 것이다.

'그러므로 카리크레스여, 나는 이와 같은 생각에 찬동해 이 혼을 얼마나 깨끗하고 건전한 상태로 천계의 심판관 앞에 내놓을 수 있을까, 그것만을 생각하고 있는 것이다. 그것을 위해서는 세상 사람이 얽매이는 명예 따위에는 한눈을 팔지 않고 오직 진리만을 지향해 가능한 한 마음이 맑게 살도록 힘쓰고 있다. 그리고 인생의 최후에 있어서도 그와 같은 맑은 심경으로 죽음을 맞이하고 싶다.

대부분의 세상 사람들은 출세 경쟁으로 지새우고 있는데 나는 이 혼을 갈고닦는 경주에 모든 사람을 초대하고 싶다. 그리고 그대도 꼭 이 경쟁에 참가해 주었으면 하는 것이다. 왜냐하면 세상에 이처럼 가치가 있는 경쟁은 또 없기 때문이다.'

플라톤은 위대한 상식인이었다. 투철한 사고력뿐만 아니라 고도의 철학을 상대의 심경이나 능력에 맞추어 이야기하는 절묘한 균형감각도 풍부했다.

그 때문에 세상 사람들은 자기들의 무심한 꿈이나 착상이 플라톤의 손에 걸리면 자신이 생각하고 있었던 것보다 훨씬 훌륭한 사상이 되어 되살아나는 것에 가끔 놀라게 되는 것이다.

이 '위대한 상식'이 있었으므로 플라톤은 세상사나 인간성 전반에도 잘 통한 정이 깊은 대철학자가 될 수 있었을 것이다. 물론 플라톤은 뛰어난 철학자나 시인에 공통인 이성의 힘을 충분히 갖추고 있었는데 한편으로 그들에게는 없는 커다란 강점도 아울러 지니고 있었다.

그것은 자신의 이상이나 낭만을 세속의 상식과 양립시키는 것이 가능한 종합감각이었다. 이 절묘한 감각이 있었으므로 도시의 가로에서 아득히 먼 아틀란티스대륙에까지 눈에 보이지 않는 가교를 건널 수가 있었던 것이다.

깎아지른 절벽이 아무리 아름다운 사상의 절경을 이루고 있었다고 해도 단번에 정상을 지향하려고 초조해하는 일은 없었다. 플라톤에게는 사상의 계단을 마련해 한 단 한 단 착실하게 올라가는 견실함이 있었던 것이다. 그는 자아도취해서 쓰는 일도, 독자를 무턱대고 시적 흥분으로 내 모는 일도 없었다.

### 자기 자신의 진실된 모습을 파악하는 용기를

또 플라톤은 만물의 밑바탕에 있는 궁극의 실재를 혼 깊숙이 감지하고 있었다. 그리고 그 헤아릴 수도 측정할 수도 없는, 이루 말할 수 없는 더없이 높은 실재에 대해서 몸을 낮추고, 눈을 감아 마음으로부터 우러러 존경하는 마음을 바친 것이다. 모든 존재를 나타내는, 그 궁극의 실재를 그는 '초·본질적인 것'으로 불렀다.

《파르메니데스》에서 플라톤은 이 궁극의 실재가 인지를 훨씬 초월하고 있음을 보여 주었다. 그리고 누구보다도 이 '형용할 수 없는 무한한 것'을 높이 평가하고 이 더없이 높은 존재에 대해서 크게 기도를 바쳤다.

다른 한편 이번에는 일변해서 지상의 유한한 존재에도 눈을 돌린다. 그리고 이른바 온 인류를 대표해 '지상에 있는 모든 존재는 이를 모두 인지로 구명할 수 있다'고 잘라 말한 것이다.

플라톤은 우선 넓은 사랑과 힘의 큰 바다인 아시아, 형체도 없이 의지와 지식까지도 초월한 궁극의 선으로서 하나인 것을 진심으로 존경했다. 그렇게 해서 우선은 깊고 신령스러우며 기묘한 명상상태에 젖어든 뒤, 다음으로 유럽적인 분석적 지성을 눈뜨게 하고 이 지상에 있는 모든 것을 철학자로서 모두 다 밝히려고 한 것이다.

결국 '지상에 있는 모든 것은 근원인 하나인 것에서부터 낳고 있는 것이므로 서로 별개의 것은 아니고 서로 깊게 연관되어 있다'는 것이다. 천지만물을 서로 결합시키고 있는 눈에 보이지 않는 유대가 있는 것이다. 하늘과 땅이 조응하고 정신과 물질이 조응해 부분과 전체가 서로 조응하고 있으므로 인간은 이 우주에 있는 모든 것을 자신과는 별개의 것으로 생각하지 않고 깊게 이해하고 밝혀 나갈 수가 있는 것이다.

천체를 관측하는 과학은 천문학, 수량의 과학은 수학, 성질의 과학은 화학으로 불린다. 그런 다음에 과학 그 자체를 탐구하는 과학이 있어야 할 것이고 그것을 나는 '변증법(대화술)=철학'으로 부르고 싶은 것이다. 이 과학의 과학이야말로 바로 진실과 허위를 구별하는 진리의 잣대에 다름 아니다. 과학의 과학인 변증법, 철학이야말로 제각기 과학이 나아가야 할 방도를 제시해 주는 것이다.

'철학이야말로 모든 학문의 밑바탕에 있는 궁극의 배움인 것이다. 진정으로 현명한 사람이라면 어떤 학문을 배울 때에도 그 학문 고유의 목적만이 아니고 도대체 왜 그와 같은 배움이 필요한지와 같은 보다 보편적인 목적을 추구하는 것이기 때문이다.'

'인간을 인간답게 하는 본질적인 조건이란 부분이 아닌 전체를 파악하는 것, 곧 눈에 보이는 감각적인 현실 깊숙이 이념적인 통일을 발견하는 것이다.'

'한 번도 천상의 진리=이데아의 세계를 본 적이 없는 혼은 인간의 몸 안에 깃들 수가 없다.'

결국 인간에게 있어서 이와 같은 천상적인 예지를 아는 것이야말로 무엇보다도 중요하다는 것이다. 이 대자연을 창조한 예지가 내 몸에 미칠 때 그 환희야말로 어느 정도의 것일까. 그것은 또 대자연의 입김을 통해서 창조주의 뜻 그 자체를 감지하는 더없이 행복한 순간이 아닐까.

대자연은 확실히 대단한 것인데 그것을 창조한 예지는 더욱 훨씬 뛰어나 있음이 틀림없다. 그것은 법을 정하는 위정자가 그 법을 향수하는 민중보다도 훨씬 높은 견식을 지니고 있는 것과 같을 것이다.

그렇다면 사람의 자식들이어, 마음을 열어 이 구원의 예지와 한 몸이 되어 넘치는 환희에 몸을 맡기는 것이 어떨까! 영원한 진리는 천지만물을 다스림과 함께 우리 자신 안에도 살아 숨 쉬고 있기 때문이다.

인간의 비참함은 모두 이 세상의 편견이나 단정에 의해 시계가 가려져 이 근원의 실재가 보이지 않게 된 데서 생기는 것이다. 그러나 지고의 선만이 진실로 실재하고, 지고의 아름다움만이 진실로 실재하는 것이다.

'진정한 덕이란 무엇인가' '진정한 행복이란 무엇인가'와 같은 근원적인 물음에는 궁극의 실재를 탐구하는 최고의 과학에 의해서만 대답할 수가 있다.

왜냐하면 진정한 용기란 진실을 아는 용기에 다름 아니고, 인간이 누릴 수 있는 최고의 행복이란 자기 안의 신령에 인도되어 진정으로 자기라고 말할 수 있는 것, 자기 자신의 진실한 모습을 파악하는 것이기 때문이다.

이 자기 자신의 진실한 목소리에 귀를 기울인다는 것은 단적으로 말해서 정의의 본질이기도 하다. 그뿐만 아니라 '진정한 덕'을 이해하려면 이 내적인 신성으로 되돌아가는 것 이외에 길이 없는 것이다.

그러므로 나 자신을 아는 용기를 내는 것이다. '인지를 초월한 영원한 진실을 알려고 하다니 애당초 무리다'라고 처음부터 포기하고 마는 것이 아니고 아주 곤란한 험한 길임을 알면서도 '힘껏 궁극의 진리를 계속 탐구하자'고 마음에 깊이 결심함으로써 우리는 용기를 가지고 매일 부지런히 노력하여 영원히 진화 향상해 갈 수 있는 것이 아닐까.

이와 같은 신념의 소유자라면 무엇에도 흔들리지 않고 영원한 진리만을 추구해 '진정한 실재와 접하는 혼의 최대의 기쁨'을 느끼고 전심 철학에 몰두하게 될 것이 틀림없다.

### 교양이나 교육의 가치를 존중한다

유럽정신을 한 몸에 맡은 플라톤은 바로 이와 같은 신념이 있었으므로 교양이나 교육의 가치를 대단히 중요시한 것이다. 그는 스파르타의 교육제도를 관찰하고도 후세 사람들이 비판한 것과 같은 냉정한 태도는 취하지 않고 그 교육적인 의의를 누구보다도 높게 평가했다. 그는 교육에 의해서 가져오게 될 모든 성과를 기뻐하고 우아하고 유익한 진정한 기능을 중요시했는데 그 가운데서도 지혜와 천재에 의해서 성취할 수 있는 빛나는 공적은 대단히 높이 평가했다.

《국가》 가운데서 그라우콘은 이렇게 말한다.

'소크라테스여, 진정으로 지혜를 갖춘 사람은 이와 같은 훌륭한 이야기를

듣기 위해서라면 전 인생을 걸어도 아깝다고 생각하지 않습니다.'

플라톤은 뛰어난 재능에 의한 기예를 사랑해 대 정치가인 페리클레스, 별론의 이소크라테스, 그리고 철학자 파르메니데스의 능력을 매우 높이 평가했다. 그는 재능을 그 자체로서 더없이 높이 평가한 것이다. 그뿐만 아니라 그의 뛰어난 의인적(擬人的)인 비유로 뛰어난 재능을 신의 조화로 찬양했다.

플라톤이 다양한 기예, 체조술, 기하학, 음악, 천문학이 가져오는 교육적인 효과에 높은 가치를 둔 것에는 상상 이상의 것이 있다. 천문학에 이르러서는 마음의 병을 치유하는 비법으로서 특히 소중하게 여겼다.

또 그는 《티마이오스》에서 인간 눈의 최고의 기능에 대해서 다음과 같이 말하고 있다.

'우리의 견해에 따르면 신은 이와 같은 목적을 위해 시각을 발명해 인간에게 부여한 것이다. 그것은 천상계에 있다는 완전한 예지의 고리를 확실하게 바라보고 그것을 본보기로 해 자기 안의 예지의 고리를 적절하게 쓰기 위해서이다.

내적인 고리는 정연한 천상의 고리에 비하면 대단히 불선명한 것이다. 그러나 그것은 하늘의 고리의 원환운행(圓環運行)으로 이어져 있는 것이고 우리의 혼은 천상계에 있었을 때 그 정연한 움직임을 확실히 보고 있었으므로 선천적으로 올바르게 추론하는 이성의 힘이 갖추어져 있다.

그리고 이 신성한 원환운동을 본보기로 함으로써 우리의 인생행로가 옆길이나 미로로 벗어나지 않도록 바로잡을 수가 있는 것이다.'

또 《국가》 가운데서 이렇게 말하고 있다.

'이와 같은 철학적 수련을 하나하나 거듭함으로써 세속의 학문이나 상식에 의해서 흐려지고 맹목이 되고만 혼의 눈이 다시 순화되고 활성화되는 것이다. 이 마음눈만이 진리를 볼 수 있는 눈이므로 이것은 설사 몇 천의 육신의 눈과 맞바꾸어도 아깝지 않을 정도로 값어치가 있는 것이다.'

### 젊은이 개개인이 지니고 있는 천성을 길러낸다

플라톤은 교양의 가치를 존중했는데 그 교양의 바탕이 되는 학과의 수련도 빼놓을 수 없는 것으로 생각해 젊은이 개개인이 지니고 있는 천성을 신장하는 것을 가장 중요시했다. 그에게는 귀족 취미와 같은 것이 있어 태생이 좋은 것을 중요시했다. 성격이나 기질이 천부적이라는 설이 계급제도의 바탕이 되고 있는 것이다.

'창조주는 통치자의 소질을 소유한 자에게는 금의 자질을, 군사계급의 소질에는 은을, 농부나 연구에는 철이나 동을 혼합한 것이다.'

이와 같은 신분을 천부적이라고 하는 사고방식이 동양에서는 어느 시대에나 믿어 왔다.

이슬람 성전 《코란》에서는 이 신분제도에 대해서 다음과 같이 설명이 되고 있다. '인간은 저마다 금이나 은과 같은 금속을 지니고 있는 것이다. 비록 이슬람의 가르침을 몰라도 귀한 가치를 지니고 있는 사람이 일단 신앙의 세계로 들어가면 더더욱 그 가치는 존귀해질 것이다.'

플라톤도 또 그 점에서는 지지 않고 있다. '사물이 지닌 질서의 5단계 가운데 최초의 4단계까지는 일반 대중에게 가르칠 수 있는데 마지막의 하나는 그 나름의 천성을 지닌 인물에 대해서가 아니면 전할 수 없을 것이다'. 플라톤은 특히 청년 안에 깃드는 천성의 반짝임을 대단히 중요시했다.

플라톤이 청년의 천성을 존중해 마지않았던 것을 입증하는 최적의 실례는 소크라테스의 가르침을 받고 싶다고 열망하는 청년 테아게스가 소크라테스와 교환한 대화 가운데서 볼 수 있을 것이다.

소크라테스는 '누군가가 나와 교제함으로써 현명해진 것처럼 보였다고 해도 그것은 나의 역량에 따른 것은 아니고 단순히 그 사람이 나와 함께 지내는 사이에 자력으로 현명해진 것에 지나지 않으므로 감사할 것이 없다' 확언했다.

소크라테스는 사실 어떻게 그렇게 되는지 알고 있으면서도 모르는 척 무지를 가장하고 있는 것처럼 보이기도 한다.

'나와 사귀는 일은 많은 사람들에게 골치 아픈 일일 것이고 설사 무리를 해서 사귀었다고 해도 내 안에 깃드는 신령(다이몬)이 그 사람을 거절하고 있는 것이라면 완전히 헛된 일이 될 것이다. 그러므로 나에게는 그런 자들과 함께 지내는 일이 애당초 무리인 것이다. 물론 내 안의 신령이 나와 대화하는 것을 허가해 주는 사람들도 많이 있다. 하지만 그런 사람들도 나에게서 무언가의 이익을 얻을지는 전혀 보증할 수가 없다.

테아게스여, 결국 신이 마음에 들어 하실 지의 여부만이 문제라는 것이다.

만일 신이 마음에 드시면 그대는 나와의 대화에서 많은 이득을 얻게 될 것이다. 그러나 만일 그렇지 않다면 아무런 도움도 되지 않는 것이다.

그러므로 잘 검토해 보는 것이 좋다. 아무리 사귀어 보아도 그것으로 득이 될지조차 모르는 나 같은 사람과 이야기하기보다는 자신의 힘으로 사람들에게 복덕을 나누어 줄 수 있는 인물과 사귀는 것이 훨씬 무난하지 않을까.'

결국 소크라테스가 말하려고 했던 것은 이와 같은 것이 아니었을까.

'나에게는 확실한 체계적인 가르침이 있는 것이 아니고 그때그때 상대에 따라서 느낀 것을 말하고 있을 뿐인 것이다. 그러므로 세상의 지혜로운 교사처럼 나를 따르면 틀림없다는 등, 약속을 할 수는 없다.

그대는 앞으로 자신의 천성이 명하는 대로 살아가면 된다. 그대와 나 사이에 진정한 사랑이 통하고 있다면 우리의 교제는 뜻밖에 아름답고 유익한 것이 될 것이다. 하지만 그곳에 사랑이 없으면 그대는 귀중한 시간을 하수구에 버리는 것과 같은 것이고 나도 견딜 수 없는 기분이 될 뿐이니까. 그런 경우, 그대에게는 내가 어리석은 자로 보일 것이고, 나의 명성도 거짓으로밖에 생각되지 않을 것이다.

서로 간에 사랑이 깃드느냐, 그렇지 않으면 반발이 생기느냐는 인간의 마음으로는 헤아릴 수 없는 비밀의 사항인 것이다. 다시 말해서 나에게 매력이 있다고 한다면 다분히 그것은 자석과 같은 것이다. 나는 교훈을 주는 것에 따르지 않고 자기답게 행동함으로써 사람들을 자연히 감화로 교육하고 있는 것이다.'

### '한없는 것'에 대한 숭배하는 마음

플라톤은 교양의 가치를 칭찬하고 또 천성의 빛남에 대해서 이야기했는데 동시에 '신성한 것'에 대해서도 언급하는 것을 잊지 않았다. 인간이 사고한 것은 무엇이건 현실을 바꾸는 힘을 지니고 그와 같은 사고의 힘이 결집되면 더 큰 목적을 실현해 나갈 수도 있다는 것이다.

플라톤은 사물의 한계를 밝히는 일의 필요성도 통감하고 있었는데 한편으로 또 한계를 초월한 것, 무한한 것을 진심으로 추구하고 진리 그 자체, 선 그 자체에서 낳게 되는 혼의 그릇이나 고귀함을 대단히 존귀한 것으로 여겼다.

그리고 그는 마치 온 인류의 지성을 대표하듯이 이 '한 없는 것'에 전신전령으로 숭배하는 마음을 바쳤다. 그것은 최고의 큰 영에 대해서 인간의 지성이 바치기에 걸맞은 가장 진심이 담긴 숭배의 마음이었다고 말할 수 있을 것이다.

플라톤은 이렇게 말했다.

'우리는 전력을 한데 모아 이 끝없는 세계에 참여하고 그곳에서 우리의 지상세계로 돌아오는 것이다. 그것은 그 모습의 아주 일부를 순간 엿볼 수밖에 없는 세계이고 그 전모는 파악할 수가 없다. 그러나 이와 같은 천상적인 세계가 엄연히 존재한다는 것은 흔들림이 없는 사실이고 이 영적인 진실 앞에 눈을 가리는 것은 혼의 자살행위와 같다고 말할 수 있을 것이다.

모든 것은 발전단계를 지닌 순서를 이루고 우리는 그 순서를 한 단 한 단계속해서 오르지 않으면 안 된다. 지상의 모든 것은 그 자체로서 가치를 지닌 것은 아니고 천상적인 가치를 비추는 상징에 지나지 않는다. 우리가 이 지상에서 영광의 골로 간주하는 것도 천상적인 시점에서는 새로운 출발에 지나지 않는 것이다.'

플라톤의 사상은 언제나 이와 같은 '위를 지향하는' 상승의 프로세스를 지니고 있다.

이를테면 《파이드로스》에서는 '온갖 것 가운데서 아름다움이야말로 가장 사랑해야 하는 것이고 이 아름다움이 깃들면 대우주의 이르는 곳마다 환희가 넘치고, 강한 욕구와 자신이 생기게 된다. 그리고 미는 어느 것 가운데서도 다소는 깃들고 있는 것이다'라는 가르침이 역설되고 있다.

그러나 같은 저서에서 다음과 같이 강조하기도 한다. '아름다움이 마치 혼돈(=추)'보다 뛰어나듯이 아름다움보다 뛰어난 것이 있다'는 것이다. 즉 예지야말로 그런 것이다. 이 예지는 아무리 뛰어난 육안으로도 볼 수는 없는데 만일 마음눈으로 볼 수가 있으면 그 압도적인 존재감이 우리의 혼을 사로잡고 놓지 않을 것이라는 것이다.

플라톤은 또 예술작품을 빛나게 하는 원천으로서도 이 예지를 대단히 높게 평가하고 있다. 그의 말에 의하면 예술가가 그 작품을 창작할 때에 이와 같은 영원히 같은 것, 근원인 예지를 생각하고 그와 같은 모델에 따라서 그 이상과 힘을 자신의 작품가운데서 표현한다면 그 작품은 더없이 아름답고 눈부시게 빛을 발할 것이라는 것이다.

하지만 만일 예술가가 이 세상의 무상함에 사로잡힌다면 그 작품은 대체로 아름다움이라고는 말하기 어렵게 된다는 것이다.

이와 같은 것은 플라톤의 작품 전체에 대해서도 들어맞을 것이다. 대표작 《향연》에도 똑같은 정신이 넘쳐 있고 그 가르침은 전 세계의 설교나 문학작품으로 채택이 되어 오늘날에는 많은 민중에게 친숙해지고 있는 것이다.

《향연》의 가르침에서는 남녀의 사랑이 아직 초보적인 것이고 우리의 혼이 사랑으로 뜨겁게 달아올라 아득한 천상의 아름다움에 대한 혼의 열정을 나타내는 지상적인 상징에 지나지 않는다는 것이다.

이와 같이 신성한 것에 대한 신앙은 언제나 플라톤의 뇌리에서 떠나지 않고 계속 그의 모든 설교의 원천이 되고 있다. 육신을 지닌 인간의 머리에서 진정한 예지는 낳지 못한다. 진정한 예지는 오직 신에게서만 유래하는 것이다.

이와 똑같은 발상에서 플라톤은 덕도 또 결코 가르침을 받는 것이 아니고, 따라서 지상적인 학문을 통해서 배운다기보다는 인간이 신들린 상태가 되었을 때에 영감에 의해서 신으로부터 부여되는 천은(天恩)과 같은 것이라는 것을 언제나 호소하고 있었다.

### 사상계의 두 거인—소크라테스와 플라톤

이렇게 생각해 보면 아무래도 플라톤이 아카데미에서 키퍼슨(key person)*² 으로 앉힌 어느 인물의 일을 생각하지 않을 수 없다. 그 인물이야말로 플라톤이 택한 소크라테스 바로 그 사람이다.

플라톤이 눈부실 정도의 필치로 스승의 전기를 너무나도 정성을 들여 썼으므로 실제의 역사적인 사실 쪽이 희미해지고 말았을 정도이다.

소크라테스와 플라톤이야말로 사상계의 쌍벽이고 이 사제는 '어디까지가 소크라테스이고 어디서부터가 플라톤인지' 뚜렷하게 구분을 할 수 없을 정도로 일심동체인 것이다. 그 작품 가운데서 소크라테스라는, 철학 그 자체의 대명사와도 같은 천재를 훌륭하게 조형할 수 있었던 것이야말로 플라톤의 유례가 드문 종합적 필력을 입증한 것이라고 말할 수 있을 것이다.

소크라테스는 비천한 가문출신임을 부끄럽게 여기지 않고 언제나 솔직하

---

*2 고대에 조정에서 신화·전설 따위를 이야기하는 것을 소임으로 했던 사람들.

게 말을 했다. 이렇다 할 화려한 이력이 있는 것도 아니고 풍채도 이렇다하게 내세울 것이 없어 사람들은 그를 비웃거나 놀리고 싶은 충동에 사로잡힐 때도 있었다.

거기에서 언어의 응수로 번져 소크라테스의 개방적인 성격과 탁월한 조크의 센스가 자주 주위의 반발을 가져와 논쟁으로 이어지곤 했는데 그는 결코 말로 지는 일이 없었다.

그런 그를 재미있게 무대에서 연출한 배우도 있었다. 어느 도자기 직인은 그의 얼굴을 닮은 그림을 새삼 기묘하게 돌단지에 그렸다.

그러나 실제의 소크라테스는 유머의 명수일 뿐만 아니라 언제나 침착 냉정해 어느 상대와 이야기를 하건 그 상대의 속마음을 손에 잡히듯이 꿰뚫어보기 때문에 어떤 상대와 논쟁을 해도 반드시 완벽하게 제압하고 마는 것이다.

특히 논쟁이 되면 깊이 몰두해 엄청난 에너지가 솟구치기 때문에 누구도 상대가 되지 않았던 것이다. 한편 청년들은 그런 소크라테스의 매력에 푹 빠져 기회가 있을 때마다 그들의 연회석에 초대를 해 소크라테스와 대화를 할 기회를 마련하는 것이다.

소크라테스는 음주도 잘 해 아테네 제일의 주호(酒豪)이기도 했다. 취할수록 더 기운이 나 연회석에서 취해 쓰러진 자들을 뒤로 하고 마치 아무 일도 없었다는 듯이 태연하게, 또 취하지 않은 상대를 발견하면 새로운 철학 담론의 꽃을 피우는 것이다.

요컨대 현대적으로 보아도 좀처럼 '무시할 수 없는' 인물이었던 것이다.

그래도 이른바 세련되지 못한 촌티가 나는 시골사람은 아니고 충분히 도시적인 감각을 몸에 익히고 있었다. 자기가 태어난 아테네를 더없이 사랑하고 있었고 성벽을 넘어 초목이 무성한 교외로 나가길 싫어했다.

노인의 이야기 상대도 잘하고 있었고 거드름을 피우는 사람이 무시하려는 하층의 사람들에게도 친절하게 상대를 해 주고 있었다. 요컨대 아테네라는 모국 안에 있는 것이라면 아무리 어렵게 살고 있는 자라도 그에게 있어서는 '중요한 인물'이었던 것이다. 설사 타지에서 아무리 대단한 인물이 나타나도 전혀 개의치 않았다.

허례를 물리치고 내면적인 경건함만을 존중한 퀘이커교도처럼 복장이나 화법에도 전혀 거드름을 피우는 일이 없었다. 만인이 이해하기 쉬운 비근한 언어의 표현을 즐기고, 수탉, 메추라기, 수프냄비, 나무숟가락, 마부 등 누구나 바로 알아차릴 수 있는 직업적인 비유를 자주 쓴 것이다. 자만심이 강한 자와 이야기를 할 때에는 특히 그와 같은 경향이 강했다.

그는 벤자민 프랭클린과 같은 언뜻 보아 남을 깔보는 듯한 탁월한 지혜의 소유자이기도 했다. 그래서 '올림픽까지 도보로 가다니 지나치게 멀어 도저히 무리다'라고 망설이는 사람에게는 '당신도 매일 집안을 왔다 갔다 하지 않느냐. 그것을 몇 번인가 되풀이하면 간단하게 올림픽까지의 거리를 걸어갈 수 있다'고 말해 주는 것이다.

## 인정사정없는 논쟁의 달인

소크라테스는 귀가 큰 데다가 대단히 말을 잘하고 전혀 거드름을 피우지 않는 호인이었다. 소문에 의하면 아테네가 포에티아와 싸웠을 때에 한두 번 소크라테스가 전투지휘를 하고 단호하게 결단을 내려 열세에 있는 군의 사기를 만회한 적도 있었다고 한다. 또 다른 곳에서 들은 바에 의하면 그가 민회(시민에 의한 의결기관) 석상에서 군중심리에 사로잡힌 폭도와 대결해 주장을 관철하려고 했으므로 하마터면 목숨을 잃을 뻔 한 적도 있었다고 한다.

그는 확실히 대단히 가난한 신분이었는데 백전연마(百戰鍊磨)의 전사처럼 강인한 육체를 지니고 있었다. 얼마쯤의 검소한 음식으로 견디면서 살아갈 수도 있고 통상은 빵과 물밖에 입에 대지 않았다. 하지만 친구의 대접을 받았을 때에는 황소고집을 부리지 않고 진수성찬에 입맛을 다시는 마음의 여유도 있었다.

그의 생활에 필요한 경비는 놀랄 정도로 싸게 먹혔다. 그와 같은 생활은 보통사람이 모방을 하려고 해도 할 수 있는 것이 아니다. 본디 속옷 같은 것은 입지도 않고 상의만 해도 연중 같은 것으로 지내고 있었다. 걸을 때에는 언제나 맨발이다.

인품이 천하지 않은 센스가 좋은 젊은이와 터놓고 종일 이야기로 지새는 것이 소크라테스에게 있어서 더없는 기쁨이었으므로 그것을 위해 필요한 용돈을 마련하기 위해 때때로 자택의 공방으로 돌아가 수제의 조각상을 파서 그것을 팔았다는 일화도 전해지고 있다. 물론 작품의 완성도가 어땠는지는 보증할 수 없다.

그런 이야기는 흘려보낸다고 해도 소크라테스가 철학적인 대화를 더 없는 즐거움으로 삼고 있었던 것만은 확실한 것 같다. 또 그가 교활하게도 무지를 가장해 아테네 중의 달변인 변론가나 철학자들을 논쟁으로 끌어들였다는 것도 사실일 것이다.

그렇게 해서 순수한 아테네인뿐만 아니라 소아시아나 그리스 주변의 섬들에서 찾아온 사람들 등, 그 무렵의 세계 각국에서 모인 쟁쟁한 인물들을 모두 이겨 그 오만한 콧대를 납작하게 하고 만 것이다.

그렇다고 해서 아무도 그와의 논쟁을 거부하지는 못했다. 그의 태도가 너무나도 솔직하고 진실을 알려는 생각이 그만큼 강했기 때문이다. 자기가 하는 말이 잘못되어 있으면 순순히 다른 사람의 의견에 귀를 기울이는 것도 태연하게 했고 또 다른 사람의 의견이 이상하다고 생각했을 때에는 순순히 그 잘못을 바로잡도록 설득했다.

요컨대 소크라테스에게 있어서 진실을 알게 되었다는 기쁨이 무엇보다도 중요하고 논쟁의 승부 따위는 아무래도 좋았던 것이다. 그것은 그가 가장 중요한 정의, 또 부정에 관해서 마음속에 잘못된 생각을 품는 것 이상으로 인간을 해롭게 하는 것은 없다고 생각했기 때문이다.

소크라테스는 가차 없는 논쟁의 달인이고 때로는 자기는 아무것도 모른다고 딴청을 부렸는데 그 정도로 탁월한 지성의 높이까지 도달한 자는 달리 아무도 없었다. 어느 때나 흐트러짐이 없고 그 두려워할 만한 논리는 정연하고 언제나 여유만만, 편안한 마음으로 넘쳐 있었다.

어딘지 모르게 아무것도 모르는 허점투성이의 인상을 주기 때문에 처음에는 제법 긴장을 하고 있었던 논객들도 완전히 경계심을 풀고 우월감에 젖어 기분이 좋아졌는데 마지막에 정신을 차리고 보면 보기 좋게 '소크라테스논법'의 함정에 걸려 어수선해져서 스스로 자기가 무엇을 말하고 있는지 알 수 없게 되는 것이다.

소크라테스 자신은 돌파구를 알고 있었는데 그것을 쉽게 가르쳐 주는 일은 없었다. 굳이 퇴로를 막는 것이다. 그리고 그때까지 위압적이었던 논적을 18번인 양도논법(兩刀論法)*3으로 일도양단 '자신이 인간의 혼에 있어서 중요

---

*3 한쪽을 잡아도 다른 쪽을 잡아도 잘 안 되는 모순으로 논쟁의 상대를 몰아넣는 논법.

한 것은 아무것도 모르는 것을 인정하는가, 그렇지 않으면 우스꽝스러운 자기모순을 드러내 사람들의 비웃음을 살 것인가'와 같은 경계에까지 몰아넣는 것이다.

이렇게 해서 소크라테스는 히피아스나 고르기아스와 같은 소문난 궤변가들조차 마치 갓난아기의 손을 비틀듯이 쉽게 농락하고 마는 것이다. 얼마나 강한 논쟁가인가!

이를테면 메논이란 자신감이 넘치는 사람이 덕에 대해서 몇 천 번이나 청중 앞에서 강석(講釋)을 하고 자신은 한 몫을 하는 변론가가 된 것처럼 우쭐대고 있었는데 막상 소크라테스 앞에 나서자 전기충격을 받은 가오리처럼 꼼짝도 못하게 되어 자기가 '도대체 덕이란 무엇인가'에 대해서조차 아무것도 모르는 것을 깨닫게 된 것이다.

### 사제 2대에 걸친 '모순의 통합'

젊은 귀족의 자제들도 소크라테스와 함께 있으면 언제나 기상천외한 발상에 의표를 찔리고 어딘지 모르게 멍청한 것 같으면서도 올곧은 인품에 매료되어 시간이 지나는 것도 잊을 정도였다. 그의 입을 통해서 나오는 잠언이나 조크는 날아 갈수록 화제의 중심이 되고 그 평판은 여러 외국에까지 알려질 정도가 되었다.

그러나 이 유머감각이 넘치는 논쟁의 달인 소크라테스의 진가는 '그가 가는 곳에 적이 없다'는 논리적인 사고력 이상으로 인격적인 고결함에 있었다. 특히 그 신앙심에는 대단한 열의가 담겨져 있고 적어도 익살맞은 외견과는 달리 가슴속 깊이 넘칠 것 같은 종교적 정열이 잠재하고 있었다.

재판관 앞에서 있지도 않은 신을 내세워 민중을 선동한 죄로 심문을 하자 그는 끝까지 혼의 영원불멸과 내세에서의 인과응보를 계속 주장했다. 아무리 위협을 해도 절대로 소신을 굽히지 않았으므로 바른길을 벗어난 중우정치(衆愚政治)에 희생이 되어 사형의 선고를 받고 결국 옥중의 몸이 된 것이다.

그런데 소크라테스가 투옥되자 이상하게도 그 감옥에 서리고 있었던 악취가 깨끗이 사라지고 그 대신에 거룩하고 성스러운 향기가 감돌기 시작한 것이다. 소크라테스의 등장으로 그곳은 이제 더러운 감옥이 아니고 거룩한 철학의 도장으로 돌변하고 만 것이다.

크리톤은 친구의 어려움을 차마 그대로 지나칠 수 없어 뇌물을 옥리에게 건네 그를 국외로 도망시킬 준비를 갖추었다. 그러나 소크라테스는 그와 같은 부정한 수단을 강구하면서까지 염치없게 오래 살 생각은 없었다.

'설사 어떤 불행이 잇따라 닥쳐온다고 해도 정의를 잃는 것보다는 낫다. 정의를 알리는 내면의 소리가 이제는 북이나 징소리처럼 울려 퍼지고 있으므로 모처럼의 그대의 호의가 내 귀에는 전혀 들리지 않는군.'

이 유명한 옥중의 대화와 소크라테스가 마지막으로 조용히 독배를 마신 극적인 대목은 세계 역사상 가장 장엄하고 가슴을 울리는 장면이 되었다.

소크라테스란 바로 살아 있는 '모순의 통합'이었다. 쾌활한 익살꾼과 숭고한 순교자, 또 백전백승의 거리 논쟁가와 그 시대에 견줄 만한 자가 없이 고상하고 우아한 성자가 이 초라한 몸에 훌륭하게 공존하고 있었던 것이다. 이 '모순의 통합'이야말로 마찬가지로 모순을 포함할 수 있는 큰 그릇을 지닌 플라톤의 혼에 직격을 가한 것이다.

거기에서 플라톤이 스스로 사람들에게 전하려고 했던 진리를 전하는 주역으로서 소크라테스라는 철학계 굴지의 대 스타에게 스포트라이트를 댄 것은 당연한 선택이었을 것이다.

이솝처럼 사람들 사이에 뒤섞여서 정열이 넘치는 거리의 설교를 한 소크라테스와 학문의 전당에서 영원한 진리를 말하는 플라톤이 같은 시대, 같은 지역에서 태어나 서로 빼어난 재능으로 부딪고 추켜세우면서 불후(不朽)의 명성을 남기게 한 것은 인류 역사상 유례가 없는 요행이었다고 말할 수 있을 것이다.

소크라테스는 그 삶의 방식, 고결한 인격에서, 플라톤은 그 걸출한 지력에서 '모순의 통합'이라는 사제 2대에 걸친 어려운 사업을 훌륭하게 성취한 것이다.

플라톤은 헷갈림이 없이 질투함이 없이 소크라테스에게 심취함으로써 스승의 예지와 품위를 살릴 수가 있었고 거기에서 틀림없이 커다란 은혜를 입을 수 있었다. 다른 한편 소크라테스도 플라톤의 나무랄 데 없는 능력에 의해 불후의 이름이 될 수 있었던 것이다.

## 깊은 존경심으로 보지 않으면 위대한 것은 보여지지 않는다

마지막으로 플라톤과 그 밖의 철학자가 행한, 본디 인간의 손으로는 감당할 수 없는 대자연을 어떻게든 밝히려는 시도에 관해서 아무래도 말해둘 것이 있다. 그것은 과거 어떤 천재의 역량으로도 '우주는 어떻게 탄생했을까. 인간이 창조된 이유란 무엇인가. 도대체 왜 사물이 존재하는가'와 같은 궁극의 의문에 관해서는 전혀 해명할 수 없었다는 것이다. 이것은 그야말로 영원한 불가사의인 것이다.

플라톤이란 사람을 진실로 알려고 한다면 그를 대자연과 비교하는 것이 아니고 다른 인간과 비교해 보는 것이다. 아무리 세월이 지나도 그가 다다른 높이까지 오른 사람은 한 사람도 없는 것이다.

고대 테베의 카르나크유적이나 중세의 대성당, 에트루리아의 유적 등, 인간 예지의 정수를 모아 만들어진 건조물만 해도 인간의 전 능력을 모으지 않으면 이해할 수 있는 것이 아니다. 위대한 것은 깊은 존경심으로 보지 않으면 보이지 않는 것이다. 존경심을 담아 깊이 배우고 배울수록 플라톤의 의의는 깊어지고 그 가치는 커지게 된다.

가볍게 플라톤의 철학을 '뛰어난 우화집'이라고 말해 보거나 그 문제나 상식, 산술의 지식을 찬양하거나 해도 그런 것은 단순히 뻔 한 속임수에 지나지 않는다. 그의 변증법에 대한 성급한 비판도 또 마찬가지로 유치한 것이다. 역시 그의 진가를 알려면 그 본래의 철학인 변증법을 충분한 시간을 들여서 탐구해 나가는 것이 정도일 것이다.

결국 길고 긴 과정을 한 걸음 한 걸음 나아가는 것을 견디지 못해 초조해지기 때문에 가벼운 비판이나 해석으로 치닫고 마는 것이다. '천리 길도 우선 한 걸음부터'라는 말도 있지 않은가.

자신의 인식력에 따라서 같은 것이 빛으로도 그림자로도 보이는 것이다. 그것을 플라톤은 충분히 꿰뚫어 보고 보통 방법으로는 뜻대로 다룰 수 없는 함축이 풍부한 사상의 다면체를 우리에게 남겨준 것인지도 모른다.

# 위인과의 만남으로 자신의 사고방식도 위대해진다

**청년의 꿈**

어느 시대에나 사람들의 마음을 사로잡고 마는 것이 인류의 위인들이다. 어릴 적에는 영웅으로, 커서는 존경해야 할 친구로서, 이윽고 왕자로서 우리 마음속에 자리 잡아 우리를 비쳐 주는 존재. 그것이야말로 인류사에 찬연하게 빛나는 그 위인들의 눈부신 모습이 아닐까.

이와 같은 위인들의 존재가 있기에 우리의 인생도 빛으로 가득하고 진정으로 풍요롭게 되는 것이다. 위인들의 후광에 의해서 비추어진 세계이므로 고난의 인생행로도 또 음미할 만하고 힘든 세상살이도 살아가기 쉽게 되는 것이다.

그들은 우리가 확실하게 발을 딛고 서서 살아갈 수 있도록 이상의 칸델라에 계속 불을 밝혀 어두운 밤길을 비쳐 주고 있는 것이다.

이 위인들의 뒤를 좇는 것이야말로 바로 청년의 꿈일 것이다.

사회의 일선에서 활약을 하게 되었을 때에도 그들은 성실하게 일하는 사람의 본보기로서 언제나 마음에서 떠날 때가 없다. 우리는 인류의 은인들을 경애해 마지않고 위인들을 이른바 '신앙' 하고 있는 것이다. 신화전설로 묘사된 신들의 모습도 옛 위인들의 인생 최대의 빛나는 순간을 반영하고 있는 것이 아닐까.

유대교, 그리스도교, 불교, 이슬람교와 같은 큰 종교의 가르침도 사람들의 마음속 깊이 우러나오는 욕구가 긴 역사 가운데서 서서히 구체화되고 어느샌가 현재와 같은 조직형태를 취하게 된 것으로 생각한다.

역사를 배우는 자는 마치 도매상으로 가 의류나 깔개 따위를 구매하는 상인의 입장과 비슷한 것인지도 모른다. 그는 스스로 '참신한 직물을 발견했다!'

고 흥분하고 있다. 하지만 도매상에서 발견한 '혁신적인 직물'처럼 보인 것은 사실은 다름이 아닌 이집트 테베의 피라미드 내벽에 있는 소용돌이 문양이나 꽃무늬 문양이 단순한 복사에 지나지 않거나 하는 것이다.

마찬가지로 세계적인 종교라고 해도 결국은 사람의 마음속 깊이 잠재한 정념을 가장 순수한 형태로 구현화한 것일지도 모른다.

거대한 건조물도 근원을 더듬으면 그것을 만들려고 한 사람의 생각에서 비롯된 것이다. 굳이 철학적으로 나타내자면 '내면의 상념(본질)이 응집해 확산해 간 결과 천지만물의 직물이 여러 가지 색으로 아로새겨져 간다'는 것이다.

## 위인의 감화는 인생의 난제를 푸는 열쇠

사랑에 저항하는 사람은 없다. 또 아무도 타인의 존재를 부정할 수는 없다. 앞일을 알 수 없는 인생행로 가운데서 무엇보다도 믿음직한 버팀목이 되는 것은 사람과 사람과의 결합이 아닐까. 서로 상대를 위로하는 마음이야말로 무엇과도 바꿀 수 없는 마음의 재산이 아닐까.

타인의 힘을 빌려야만 하는, 혼자서는 할 수 없는 대사업도 이룰 수 있는 것이다. 좋은 이야기 상대가 있으면 자기 혼자서는 도저히 생각지도 못하는 묘안이 떠오르게 되는 일도 있을 것이다. 또 타자라는 렌즈를 통해서 자기 자신의 마음이 보이게 될 때도 있다.

사람은 누구나 자기 자신과 동떨어진 미점(美點)의 소유자에게 이끌리는 것이다. 그것도 '가장 동떨어진 타자에게 이끌린다'는 면이 있다. 자신과 이질적인 사람일수록 마음에 들게 되는 것이다.

천재나 위인들에게 자연히 많은 사람이 모여드는 것은 무엇에 대해서나 순수하게 한결같이 몰두하는 남다르게 때묻지 않은 정열이 느껴지기 때문일 것이다. 이와 같이 하나의 일에 집중할 수 있느냐의 여부가 위인과 범인을 가르는 경계선인 것이다.

다만, 보통사람이라도 정말로 자신의 천성을 깨달을 수 있으면 그것을 그들과 똑같이 자진해서 발전시켜 나갈 수 있는 것이다. 거꾸로 자신의 개성이 아닌 것은 아무리 노력해도 좀처럼 성과를 얻지 못한다. 그런 점에서는 위인이나 우리나 완전히 동떨어진 존재는 아닌 것이다. 곧 그와 같은 위인의 존재가 있으므로 우리도 또 맹목적인 인생에서 벗어나 자신의 길을 발견할 수가 있는 것이다.

자기 혼자만으로는 자기가 정말로 추구하고 있는 것, 다시 말해 스스로 자신의 천명을 발견하는 것은 쉬운 일이 아니다. 그러나 그곳에 인격과 행동에서 걸출한 위인의 감화가 있으면 어두운 밤을 밝히는 등불에 비치듯이 인생의 난제를 푸는 열쇠도 보이게 될 것이다.

개중에는 어떤 물음에 대해서 그 시대의 아무도 생각지 못한 답을 낸 탓으로 박해를 받아 고립하는 분도 있다. 일찍이 여러 시대에 번영한 종교나 철학도 그 시대에서는 이제까지 들어본 적 없는 난제에 과감하게 도전한 것이었다고 해도 좋을 것이다.

위인 중에는 그 풍부한 천성으로 우리의 마음을 푸근하게 해 주는 것, 세속적인 재능에는 부족하고, 몸을 지키기에는 너무나 무력하고, 세상에 받아들여지지 않고, 사람들의 비웃음의 표적이 된 분들도 있다. 사람들의 눈앞의 욕망을 채워 주는 것과 같은 일을 하지 않는 그들의 삶의 방식 그 자체가 우리들 마음속 깊이 꿈틀거리고 있는 원대한 사명감에 불을 댕기는 것이다. 그리고 언젠가 반드시 그 진가가 인정되는 것이다.

진실로 가치가 있는 것은 진정한 생명력을 지니고 생존해 간다. 새로운 토양을 개척하고 이윽고 많은 사람의 찬동을 얻어 결국에는 넘치거나 모자람 없이 일의 매듭을 짓게 되는 것이다.

본디 천성에 맞는 일에 한눈을 팔지 않고 몰두하면 자유롭고 활달한 창의에 넘쳐 눈부신 성과를 올리고, 그 절대적인 흡인력·감화력에 의해서 수많은 동지를 끌어 모아 하나의 목표를 향해 그들을 한데 묶고 이윽고 가슴이 후련해지는 대사업을 성취할 것이다.

언제나 강물이 흐르고 있으면 자연히 둑이 생기게 된다. 마찬가지로 정당하고 흔들림 없는 사상신조 아래 행동하고 있으면 그 도중에 온갖 고생을 다 겪는다고 해도 때와 함께 자연히 길이 열려 언젠가는 세상 사람들이 인정하게 될 것이다.

**위인들의 활약을 마음의 양식으로 한없이 풍요로운 인생을**

극히 보통의 상식에 비추어 보아도 인류의 위인들로부터 우리는 대체로 두 가지 은혜를 받을 수가 있다.

우선 첫째로 사람들의 마음을 사로잡는 것은 직접적인 현세에서의 이익이다. 곧 무언가 유형무형의 이익을 주는 것, 이를테면 건강, 불로장수, 제6감, 심령에 의한 치료, 신통력, 예언과 같은 것이다.

그러나 그와 같은 것은 신앙심이 부족한 자에 대한 방편과 같은 것이고 우리가 영적으로 성숙해지면 언제까지나 그와 같은 '믿으면 ○○이 주어진다'는 유치한 이익신앙에 만족해하고 있을 수는 없게 되는 것이다. 인간이란 교육에 의해서 스스로 내면의 힘을 개발해 나갈 수 있는, 더욱 자율적인 존재인 것이다.

자기 안에 잠재한 천성을 발견해 힘차게 살아가는 것에 비하면 신이나 타인의 은혜에 매달려 살아가는 삶의 방식은 아직은 타율적이고 인간 본래의 면목을 구현하고 있다고는 말할 수 없다. 일반적으로 남에게서 배우는 것이 아니고 스스로 주체적으로 배운 것에는 뭐라 말할 수 없는 성취감이 뒤따르는 것이고 그렇게 해서 체득한 것은 평생 재산이 될 것이다.

인간 개개인의 진정한 삶의 방식이란 본디 자율적, 내발적인 것이고 자신의 혼 안에서 밖으로 그치지 않고 흘러나오는 것이다. '주어지는 것만'의 삶의 방식은 우주의 이치에 반하고 있다. '도움을 준 사람들에 대해서 그 은혜를 갚아 나가자'라는 감사와 봉사의 마음을 지닌 사람만이 자신의 힘으로 살아갈 수 있는 것이다.

사람은 독립해서 자율적으로 살아가야 한다. '타인의 삶에 함부로 참견을 해서는 안 된다'라는 것은 혼의 내면의 목소리이기도 한 것이다. '타인을 자기 생각대로 하고 싶다'고 생각하는 것은 달을 손으로 잡으려는 것과 같은 교만한 생각이다.

결국 누구나 타인의 삶의 방식에 관해서는 간접적인 영향을 주는 것이 고작이다. 단, 특히 위인은 우리의 본보기로서 대표적인 인물이고 그 위대한 정신력에 의해서 우리를 감화하고 한없이 풍요롭게 해 줄 것이다.

이것이 우리가 인류의 위인들에게서 받는 제2의 은혜이다.

스베덴보리나 야콥 뵈메와 같은 신비주의 사상가는 '자연계의 사물은 다양한 것을 상징하고 있다'고 말했다. 다시 말해 한 사람의 걸출한 인간은 유형무형의 방법으로 인류전체를 대표하고 있는 것이다.

사람은 자기와 같은 성질인 것만을 이해할 수가 있다. 인간이 물질의 본질을 이해할 수 있다는 것은 물질 안에 인간과 동질의 '정신적인 측면'이 있다는 말일 것이다. 물질은 인간의 지성을 통해서 이 유한한 감각세계를 초월해 불멸이고 불변인 영역, 영적인 이데아계로 고조되어 가는 것이다. 천지만물은 이와 같은 숭고한 목적을 향해 영적으로 진화해 가는 과정에 있다고 말할 수 있을 것이다.

다시 말해서 우리 인간이 자연을 알고 이해할 수 있다는 것은 곧, 인간도 또 자연의 일원이라는 것이 아닐까.

인간은 자연을 초월해 나가는 것이면서 자체가 그곳에서 낳게 된 자연의 일부이기도 한 것이다. 그러므로 사람은 자연에 접했을 때 자신의 고향을 발견하고 자신도 모르게 그 안에 몰입해 탐구하지 않을 수 없게 되는 것이다. 바로 개개 인간의 내력 중에는 이와 같은 자연의 여러 가지 특성이 하나하나 짜 넣어져 있는 것이다. 그러므로 자연의 품에 안길 때 우리는 그것을 자기들과는 별개의 것으로 생각하지 않고 자기 내면의 자연=천성을 풍부하게 꽃피우게 할 수 있는 것이 아닐까.

이렇게 해서 우리는 자기 집 난로 앞에서 몸을 녹이면서도 눈을 감으면 대자연과 일체가 되어 이 온 지구의 확산을 온몸으로 감지할 수가 있는 것이다. 이와 같이 육체의 멍에에서 빠져나와 끝없이 퍼지는 공간을 '의사체험(疑似體驗)'할 수 있으므로 이 모순으로 가득 찬 인생에 있어서도 희망을 가지고 전향적으로 살아갈 수가 있는 것이다.

그것은 바로 하늘에라도 오를 것 같은 더없이 행복한 시간인데 어찌하랴. 우리의 유한한 작은 몸에서는 그와 같은 황홀감의 경지가 그다지 오래 지속되지 않는다.

이 대자연의 장대한 아름다움을 다 맛보려면 천의 몸, 만의 머리가 없어서는 안 된다. 그러면 그와 같은 것은 한낱 꿈에 지나지 않은 것일까.

아니다. 우리는 사실, 우리 인류의 대표인 위인의 은혜로 하나의 몸을 가지고 천의 인생을 살 수가 있는 것이다.

그들의 업적에 의해서 우리가 누리고 있는 은혜의 크기는 도대체 어느 정도일까. 콜럼버스가 신항로를 발견한 덕택에 지금은 어느 선박이나 당연한 일처럼 미국에 갈 수가 있다. 호메로스는 그 뒤의 모든 문학작품을 위해 미개의 황야를 개척했다.

이와 같이 우리의 생활은 이르는 곳마다 학술이나 과학의 혜택을 입고 인류의 발전을 위해 헌신적인 노력을 한 선인들의 피와 땀의 결정으로 이루어져 있는 것이다.

기술자, 중매인, 법률가, 의사, 신학자, 그 밖에 무언가의 학문이나 기술에 종사하는 사람들은 우리가 어두운 길로 안심하고 걸어가게 하기 위한 '황금의 길'을 닦아 준 것이다. 이와 같은 온갖 새로운 분야의 개척자는 우리의 인생을 대단히 풍요롭게 해 주었다.

또 이와 같은 문명의 혜택에 의해서 우리의 생활권은 더욱 넓어지고 그때까지 연관이 없었던 여러 인종의 많은 사람들과도 교제를 할 수 있게 되었다. 이전과 똑같은 지구에 살고 있으면서도 과학기술의 진전으로 전혀 새로운 별로 거처를 옮긴 것과 같은 드넓은 신세계가 열리게 된 것이다.

다만 우리는 이와 같은 문화문명의 혜택을 일방적으로 누리기만 하는 입장에 만족해도 좋은 것일까. 그렇게 되면 물건을 넣는 자루, 음식을 받아들이는 밥통과 다를 바가 없다. 우리는 더 적극적으로 첫걸음을 내딛을 필요가 있다. 단순한 방관자가 아니고 위인들의 활약을 자신의 삶의 양식으로 받아들일 때 우리는 훨씬 큰 은혜를 입을 수가 있는 것이다.

위인의 활동은 많은 사람을 감화한다. 그 사람됨, 그 안목을 잘 관찰하고 자신도 또 그들이 안고 있었던 과제에 과감하게 맞붙을 때, 우리 안에도 그들 못지않은 정열의 불꽃이 활활 타오르게 될 것이다.

나폴레옹은 일찍이 말했다. '똑같은 적과 너무 자주 싸우는 것이 아니다. 왜냐하면 이쪽의 전술을 적이 환히 알게 되기 때문이다.' 물론 이것은 나쁜 예인데, 이것을 역수로 취하는 것도 가능할 것이다. 다시 말해 재기가 넘치는 뛰어난 인물과 가까이 접하고 있으면 자연히 이쪽도 감화되어 어느샌가 사물을 똑같이 볼 수 있게 되고 무언가 골치 아픈 일이 일어났을 때에도 그들과 똑같이 한 단계 높은 견지에서 대처할 수 있게 된다는 것이다.

### 위인전을 읽는 공덕

이쪽에 지혜와 사랑과 같은 마음의 준비가 되었을 때 비로소 타인으로부터 유익한 도움을 받을 수가 있는 것이다. 그와 같은 받는 쪽의 노력이 뒤따르지 않은 일방적인 지원은 온갖 해로운 일이 있을망정 아무런 이익도 없다고 말할 수 있을 것이다.

만일 내가 누군가로부터 물질적인 도움을 받은 경우, 그것을 '받기만 하는' 것으로는 마음이 내키지 않아 언젠가는 그것에 서로 어울리는 보답을 하게 될 것이다. 그런 뜻에서 물질의 경우 순수하게 일방적으로 받기만 하는 것은 보통 있을 수 없다.

하지만 정신적, 도덕적인 감화에 관한 한, 이것은 이유없이 순수한 은혜인 것이다. 이 감화력은 인격의 깊이에서 스며 나오는 것이므로 '누구에게 영향을 주자'는 따위의 일을 새삼 꾀하지 않아도 모르는 사이에 주위 사람들의 마음을 푸근하게 해 줄 것이다.

우리는 큰일을 성취하는 영걸들의 가슴이 후련해지는 쾌거를 듣는 것만으로도 가슴속에서는 웅장한 결의가 끓어오르고 '같은 인간으로서 무엇이건 해서 안 될 것이 없다'는 의기가 충천해지는 기분으로 가득 차게 되는 것이다.

《플루타르코스 영웅전》을 펴보면 몸속에 뜨거운 피가 끓는 것을 금할 수 없을 것이다. 더욱이 맹자의 다음의 말은 '바로 사실이다'라고 찬동하지 않을 수 없다. '성현은 몇 세대에 걸쳐 영원한 스승이고, 그들의 고결한 기풍에 접하면 어리석은 자도 현명해지고 겁이 많은 자라도 결연하게 일어선다.'

위인전을 읽는 공덕은 바로 여기에 있다. 그러나 지금은 이 세상에 없는 위인들은 같은 시대에 사는 뛰어난 동포만큼은 우리들 마음에 스며드는 감화력을 주지는 못할 것이다.

어떤 외딴 마을에도 우리의 천성을 눈뜨게 하고 혼을 북돋는 '거리의 위인'이 숨겨져 있는 것이다. 그쪽이 진정한 사랑의 소유자라면 자연히 우리가 살아가야 할 운명을 본인이 생각하는 것 이상으로 생생하게 꿰뚫어 볼 수가 있다. 그렇게 해서 진실한 길이 제시된다면 우리의 혼도 분발해 자신의 성업에 한 눈 팔지 않고 몰두하게 될 것이다.

우리의 마음속에 잠자는 천성을 존중해 끄집어 내주는 것보다 나은 깊은 자비가 달리 있을까. 이렇게 해서 사명이 알려졌을 때 우리는 더 이상 자기 한 개인의 행복에는 거들떠보지도 않고 무언가 숭고한 것을 위해 힘차게 살아가지 않을 수 없게 되는 것이다.

우리는 경기장이나 수영학교에 다니면 그곳에서 활약하는 육상선수들의 단련된 몸을 보고 부러워한다.

마찬가지로 정신계의 경기장에서 기억력, 수학적인 종합적 계산력, 뛰어난 추상적 사고능력, 변화무쌍한 상상력, 대국관, 집중력과 같은 다양한 정신적 능력의 경연을 보았을 때에도 뭐라 말할 수 없는 지적인 기쁨을 느끼고 고상하고도 정신적인 만족감을 얻을 수가 있는 것이다.

이와 같은 온갖 능력을 활기차게 기능하게 하면 마치 육체의 여러 기관에 대응하는 정신의 '보이지 않는 기관'이나 '제6감'의 작용을 생각하지 않을 수 없게 된다.

신체의 운동장에서도 누가 뛰어난 스포츠맨인지는 보는 사람이 보면 일목요연하다. 마찬가지로 우리는 정신의 경기장으로 들어가 적정한 수련을 쌓으면 '누가 진정한 정신계의 스타트들인지'를 확실하게 구분할 수 있게 될 것이다. 이를테면 플라톤이 말했듯이 '육안이나 그 밖의 감각에 따르지 않고 진리와 진정한 실재(이데아)로 나아갈 수 있는 지자를 구분할 수 있게' 된다는 것이다.

이 정신의 경기장에서 펼쳐지는 여러 가지 묘기 가운데서도 상상력이 짜내는 힘은 가장 뛰어난 것이다. 이 상상력이 눈뜨게 되면 사람은 그 지닌 힘을 10배, 100배, 아니 천 배로도 확대할 수 있을 것이다. 정신이 상상력의 날개를 타고 날면 눈부신 신천지가 열리고 언제라도 기개가 장대한 신천지에서 노니는 것도 가능해지는 것이다.

참으로 정신력의 힘은 용수철처럼 신축이 자유롭고 어느 서책에서 문득 눈에 띈 글이나 대화 중에 무심코 들은 한 마디가 우리들에게 상상의 날개를 펼치고 우리의 사고는 순식간에 아득한 천공, 은하의 끝까지 내달아 발밑으로는 깊이를 알 수 없는 천 길의 골짜기를 굽어보게 될 것이다.

이와 같은 정신계의 위대한 파노라마는 결코 단순한 꿈만은 아니다. 우리의 혼은 본디 이와 같이 끝없는 위대한 가능성을 지니고 있는 것이다.

자신의 한계를 돌파해 용감하게 대양으로 나가면 이제 이전의 몽상만 하고 아무것도 할 수 없었던 비참한 자기 따위는 어디에도 없다.

뛰어난 지성의 작용은 무언가 하나의 능력만이 뛰어나게 작용하는 것은 아니고 다양한 능력이 서로 깊게 연관하고 있으므로 뛰어난 정신력의 소유자에게는 천성이 풍부한 상상력의 작용도 틀림없이 인정되는 것이다.

그것은 언뜻 보아 상상력과는 무관한 분야의 사람들, 이를테면 제1급의 수

학자에게서조차 많이 보게 되는 자질인데 이 상상력의 작용이 본격적으로 나타나는 것은 아무래도 사상이나 직관의 세계에 사는 명상적인 사람, 사상가나 문학자들일 것이다. 이와 같은 명상가 유형의 사람들은 사물의 동일성과 다양성의 양쪽을 분간하고 있어 입체적인 것을 볼 수가 있으므로 우리를 높은 견지에서 이끌어 감화할 수가 있는 것이다.

괴테, 셰익스피어, 스베덴보리, 플라톤과 같은 사람들의 눈은 일(一)과 다(多)라는 두 측면을 동시에 인식할 수가 있다. 이와 같이 얼마나 '서로 모순하는 것을 통합하는 관점'을 지닐 수 있느냐가 실은 혼의 그릇 크기를 재는 잣대로 되어 있는 것이다.

### 미망(迷妄)에서 벗어나 마음을 해방하는 진리

인생이란 여러 가지 단계를 지닌 사다리와 같은 것이다. 위인들의 발전단계 순위에도 커다란 격차가 있는 것이다.

인류사를 장식하는 위인 중에는 그 뛰어난 사상에 의해서 또 많은 사람을 포용하는 그릇의 크기에 의해서 끊임없이 모든 사람의 존경을 받는 몇 안 되는 '위인 중의 위인'인 분들도 있고 그들은 문자 그대로 인류의 정점에 서서 자연의 이치를 역설하고 고도의 문화문명을 창조해 왔다. 그들은 사람으로서 따라야 할 가장 자연스럽고 단순한 진리를 역설해 사물의 본연의 모습을 명확히 한다.

인간이란 그 대부분이 이 무상의 세상에서 일상의 '허망한 탁류' 속에 이리저리 놀림을 당하고 실제로는 있지도 않은 '사상의 누각'이나 '환락의 도시'에 현혹되어 아무 하는 일도 없이 인생을 정처없이 떠돌고 있는 것이다. 그러나 이 인생은 사실 더욱 귀중한 것이고 성실하게 노력할 만한 가치가 있는 것이 아닐까.

바쁜 일상에서 해방되어 자신을 뒤돌아 보고 마음이 차분해지면 틀림없이 다음과 같은 목소리가 들려올 것이다. '이제 어지간히 해 두고 슬슬 진실의 세계에 눈을 떠 보자. 이제까지 나는 익살꾼의 모자를 쓰고 너무나도 오랫동안 거짓 세계에서 살아왔으니까.'

인생에는 많은 의문이 숨겨져 있다. 만일 삼라만상이 천상음악의 악보와 같은 것이라면 그 신비의 가락에 귀를 기울여 그곳에 숨겨진 '암호'를 해독해 보는 것이 어떨까.

우리의 이성은 자칫 흐려지기 쉽다. 그러나 어떤 미망의 시대에 있어서나 투철한 이성과 맑은 눈으로 사물의 실상을 꿰뚫어 보고 진실의 풍요로움을 파악할 수 있는 사람은 있을 것이다. 그들이 해명한 진리는 우리의 미망을 타파하기 위해 있다. 새롭게 걸출한 정신이 나타날 때마다 자연의 비밀이 하나하나 해명되는 것이다. 서양문명의 기초가 된 성서만 해도 앞으로 궁극의 위인, 새로운 구세주가 등장하면 그 역할을 마칠 때가 올지도 모른다.

이와 같은 높은 문명을 창조하는 뛰어난 위인들은 우리의 향락적인 삶의 방식, 충동적인 정신의 미망을 타파해 우리에게 진정한 사명과 자신을 부여해 새로운 생명의 불을 댕기는 것이다.

## 이런 세상에서는 더더욱 진정한 마음의 평화와 자유를

나는 평생 언제나 '대가의 법칙'이라는 세금의 납부에 시달려 왔다.

예를 들어 뜰에 나가 사과나무를 돌보고 있으면 그때는 충분히 즐거워 '이 대로 계속 이 일을 계속하는 것도 나쁘지는 않다'고 생각하는데 막상 날이 저물고 보면 그토록 가치가 있는 것으로 생각된 일이 실은 무의미한 헛수고처럼 느껴질 때도 있다.

또는 보스턴이나 뉴욕과 같은 큰 도시로 출장을 가 현안의 요건을 처리하기 위해 온종일 바쁘게 뛰어다녀 보지만 막상 요건이 끝나면 하루를 무의미하게 지내고 말았다는 아쉬운 후회만이 남았던 적도 있었다.

아무리 즐거운 일에도 대가를 지불해야만 할 때가 반드시 온다. 몇 번이나 그와 같은 경험을 거듭하고 있는 사이에 그런 사소한 즐거움 때문에 대가를 지불해야만 하는 따분함에 싫증이 나기 시작했다. 그것은 마치 발자크의 소설에 나오는 '당나귀가죽' 이야기—그 위에 앉으면 몇 번이고 소원이 이루어지는데 그때마다 한 장씩 사라져 가는—것을 상기하게 한다.

예를 들어 자선가 모임 등에 참가한 날에는 따분한 설교에 지루한 나머지 '언제나 끝날까' 하고 자주 시계만 보게 된다.

그 모임에 한 신사가 나타났다고 치자. 그 인물은 세간에 떠도는 소문이나 정당 이야기, 캘리포니아나 쿠바에 관한 시사문제에는 전혀 무관심하다. 그러나 그가 그와 같은 변덕스러운 인간세계의 모든 것을 다스리고 있는 근원인

법에 대해서 이야기하고, 거짓으로 처세에 능란한 자의 정체를 간파하고, 사람을 밀어내고 출세를 해도 전혀 부끄러운 줄 모르는 이기주의자들이 날뛰는 것을 막고, 국가와 시대, 육체와 같은 제약을 초월한 마음의 자유를 역설했다면 어떨까.

나의 마음은 순식간에 홀가분해져 틀림없이 시간이 지나가는 것을 잊게 될 것이다. 그렇게 하면 현세의 멍에에서 벗어나고 걱정까지도 낫게 될 것이다.

한편 눈높이를 현세의 세태로 돌리면 빈부의 격차는 심하고 치열한 경쟁이 일상적으로 펼쳐지고 있다. 우리는 한정된 자원밖에 없는 세상에 살고 있으므로 어떤 사람이 무언가를 많이 가지면 그만큼 다른 사람이 '받는 몫이 적어지는' 것과 같은 '파이쟁탈전'으로 지새게 될 것이다.

이 치열한 경쟁에서 승리하기 위해서는 타인을 해치고라도 성공하려는 '체면을 가리지 않는' 태도가 필요하고 '누군가의 행복은 나의 불행, 타인의 불행을 다행'으로 여기는 이 같은 살벌한 약육강식의 전쟁상태가 지상에 나타나게 된다.

우리 앵글로색슨의 남자는 '무엇이건 제일이 아니면 삶의 가치가 없다'는 식의 교육을 받고 자란다. 자신의 가치를 측정하는 기준이 아무래도 '얼마나 타인을 능가해 남들에게 선망의 대상이 되게 하느냐' 하는 한 가지 점에 압축되고 마는 것이다.

이 같은 자존심과 특권의식으로 병든 세상이므로 진정한 위인은 진정한 마음의 평화와 자유를 역설하고 우리의 메마른 마음에 한 모금의 청량제가 되어 주는 것이다.

### 시대의 막힌 상황을 깨는 새로운 발상

인류에게 물질적인 혜택을 가져다준 위인이건, 정신계의 위인이건, 나는 위인이란 이름이 붙는 분들에 대해서는 진심으로 경애하는 마음을 아끼지 않는다. 나는 사람을 다가가지 못하게 하는 준엄한 영웅도, 모두에게 친숙해지는 소탈한 큰 인물도, 모두 사랑해 마지않는 것이다.

그들이 가져오는 은혜는 그야말로 헤아릴 수가 없다. 플라톤이 없었다면 진리를 보여주는 책이 세상에 존재할 가능성조차 사람들은 생각지 못했을 것이다. 이와 같은 철학의 명저는 그렇게 많이 있을 필요는 없는데 사람들에게 길을 제시하기 위해 아무래도 정평이 있는 한 권쯤은 없어서는 안 되는 것이다.

위대한 것에 감화되고 싶다는 마음에는 끝이 없으므로 우리는 이와 같은 영웅과 친숙해지고 싶다는 마음이 생기게 된다. 위인과 친숙하게 대하고 있으면 우리의 사고방식이나 행동도 또 감화를 받아 위대해지게 될 것이다. 자신의 힘으로 크게 된 영웅호걸은 그렇게 많지는 않은데 누구나 그와 같은 위인의 감화를 곧게 받아들일 소질은 지니고 있다.

그 시대에 뛰어난 위인이 한 사람이라도 있으면 주위의 인간들은 순식간에 감화되어 진보향상의 길로 나아갈 것이다. 그렇게 하고 싶다는 좋은 뜻에서의 전파의 힘은 그처럼 신속한 것이다. 위인은 우리의 자기중심적인 시선을 타인이나 그 일, 곧 세상 속에 돌리도록 이끌어 준다.

그렇지만 어느 시대에 있어서나, 어느 지역에 있어서나 악덕과 어리석은 행위는 널리 퍼져 있다. 사람들은 그 선조보다도 그 시대의 동료를 닮게 되고 마는 것이다. 여러 해 함께 산 가족이나 노부부는 어느샌가 서로 닮아가므로 너무 오랫동안 함께 살면 서로 구별이 잘 안 될 정도이다.

사람들과 보조를 같이 하는 안이한 삶을 살게 되면 사람들이 정체했을 때 내 발걸음도 또 멈추고 말 것이다. 그런 때에 '다른 사람은 몰라도 나는 내 길을 간다'고 한 걸음을 내딛는 것은 대단히 용기가 필요한 것이다.

위인이란 보편적인 이념에 따라서 자연의 목소리를 듣고 시류에 영합하지 않는 자율 자주의 길을 걷고 있으므로 이와 같은 인습적인 예종상태나 동시대의 부패한 통념에서 우리를 힘차게 해방해 줄 것이다. 모두가 같은 길을 걷는데 대해서 그들은 위대한 예외자이다. 이와 같이 남과 다른 자율 자주의 삶의 방식으로 일관해야만 시대의 막힌 상황을 깨는 새로운 발상, 새로운 중심축을 내세울 수 있지 않을까.

단, 영웅의 감화력에도 전혀 끝이 없는 것은 아니다. 천재는 모두 어딘가 근접하기 어려운 분위기를 지니고 있는 것이다. 위인이란 대단히 매력적이고 어느 정도 거리를 두고 보면 자못 근접하기 쉬운 존재인 것처럼 착각을 하고 마는데 실제로는 사람을 근접시키지 않는 측면도 지니고 있다. 그 매력에 이끌려 안이하게 다가가면 뼈아픈 대가를 치르는 것이 고작일 것이다.

그들이 가져다주는 은혜도 처음에는 받는 자의 이해를 초월하고 있는 것이 많은 것이다. 그들은 우선 자기 자신의 탐구심을 채우기 위해 위대한 발견을 하는 것이고 세상 사람들의 환심을 살 생각 따위는 전혀 갖지 않고 있다.

그래서 그 위대한 발견의 진가는 그 시대의 사람들에게는 한동안 이해되지 않을 때가 많은 것이다. 세상의 보통 사람들은 좀처럼 천재가 이룬 일을 체험할 수 없기 때문이다. 그것은 마치 하늘의 신이 이와 같은 천재를 세상에 내보냄에 있어 타인에게는 쉽게 이해할 수 없는 비밀의 재능이나 힘을 부여하고 그 혼에 '그대에게만'이라든가, '1대에 한해서'와 같은 문자를 각인한 것이 아닌가 생각하게 할 정도이다.

그렇지 않아도 사람과 사람의 마음의 교류에는 엇갈림이나 오해가 따르게 마련이다. 하물며 위인과 보통 사람과의 사이에는 눈에 보이지는 않아도 엄연하게 틈이 있는 것이다.

설사 한쪽이 은혜를 베풀려고 하고 다른 한쪽이 그것을 받으려고 해도 양자 사이의 간격은 그렇게 간단히 메워질 수 있는 것이 아니다. 약간 감화를 받은 정도에서 자기도 즉시 위인이나 천재들 틈에 낄 수 있다고 자만한다면 착각도 심하다고 하지 않을 수 없을 것이다.

## 누구나 노력에 따라 큰 인물이 될 수 있다

위인이라는 말도 받아들이는 데 따라서는 위험한 울림을 지니고 있다. 이 위인을 고정한 계급이라든가, 또는 운명과 같은 것으로 생각했을 경우에는 특히 그렇게 말할 수 있을 것이다. 또 설사 천부적으로 위인의 소질과 같은 것이 있다고 해도 과연 그대로 무사히 꽃피울 수 있을는지는 알 수 없다.

사려가 풍부한 청년은 하늘의 배합에는 불공평함이 있는 것이 아닌가 탄식한다. '확실히 영웅은 그릇도 크고 사람됨이 훌륭하다고 생각한다, 하지만 허술한 집에서 사는 가난한 농부를 보기 바란다. 이 나라를 지탱하고 있는 것은 이와 같은 이름도 없는 농부들이 아닐까.'

이와 같은 문제 제기에 대해서는 '누구나 서로 스승이 되고, 제자가 되어 서로 가르치는' 사회를 이상으로 한 교육학자 페스탈로치의 가르침이 하나의 해답이 될지도 모른다. 서로 자신의 특기인 분야를 가르침으로써 전체의 수준이 향상해 가는 것이다. 모든 구성원이 같은 지식만 갖고 있는 것이 아니라면 서로 아무런 진보도 없다. 거기에 대해서 어떤 분야라도 무언가 뛰어난 지식이나 경험을 지닌 사람이 한 사람 있으면 호수에 물길을 내 충분한 물을 끌어

오듯이 다른 모든 사람도 자연스럽게 풍요로운 혜택을 입어 세상 전체가 풍요롭게 되어 가는 것이 아닐까.

확실히 이와 같은 일은 기계적인 이익에 지나지 않을지도 모른다. 그러나 사람은 자신의 사고를 남에게 가르침으로써 비로소 확실하게 자기의 사상을 가질 수 있게 되는 것이다.

다만 주의해야 할 것은 우리에게는 자칫하면 자율 자주의 기개를 지니고 살기보다는 안이하게 타인에게 기대려는 경향이 있다는 것이다.

이를테면 여기에 의자가 하나 있다고 치자. 그곳에 많은 사람이 있다고 가정하고 누구도 그 의자에 앉으려 하지 않고 단지 주위에 서서 모두 심부름만 하고 있다면 그것은 누구나 언젠가는 자기가 앉을 차례가 돌아온다는 것을 모르기 때문이다.

재능을 꽃피우는 것에 관해서도 똑같이 말할 수 있을 것이다. 흔히 범인이란 말이 쓰이는데 실제로 근본부터 범인인 사람은 한 사람도 없다. 모든 사람이 노력 여하에 따라서 상당히 큰 인물이 될 수 있는 것이다.

재능이 이윽고 꽃을 피우는 것은 '어떤 재능의 싹도 물을 계속 주면 반드시 언젠가는 큰 꽃을 피울 수 있다'는 확신이 있기 때문이다. 스포츠 등의 경기에서도 오랜 수련 끝에 결국 본 무대에 등장해 정정당당하게 서로 기술을 겨루고 훌륭하게 승리를 얻은 사람은 빛나는 월계관을 얻어 그 노고의 대가를 받고도 남음이 있는 것이다.

하늘은 모든 생물에게 무한히 발전할 가능성을 차별을 두지 않고 부여했다. 누구나 그 숨겨진 재능을 최고의 수준으로 꽃피울 때까지는 현실에 만족하지 말고 묵묵히 수행의 나날을 거듭해 나갈 필요가 있는 것이다.

이른바 시대를 대표하는 영웅이란 남과 비교해서 '상대적으로 위대하다'는 것이고 보통 사람보다도 빨리 그 재능의 싹을 꽃피우게 한 사람들인 것이다. 다시 말하면 그들은 그 시대에서 가장 필요로 하는 자질을 그 절정기에 누구보다도 훌륭하게 구현한 사람이라고 해도 좋을 것이다.

시대가 바뀌면 또 다른 자질이 요구된다. 일종의 재능의 번득임은 아마추어의 눈에는 띄지 않고 숙련된 감정 안목이어야 비로소 그 진가를 알 수 있는 경우도 있다.

예를 들어 어느 유명한 위인에게 '당신 이상의 위인이 있습니까?'라고 물어

보면 좋을 것이다. 그러면 이름도 없는 사람을 붙잡고 '이 인물이야말로 나를 훨씬 능가한다'고 말할 때도 있는 것이다.

이와 같이 사람의 눈에 띄지 않는다고 해서 그 위대함이 전혀 손상되는 것은 아니다. 도리어 지나치게 뛰어나므로 그 시대의 이해를 초월하고 있는 일도 있을 것이다. 흔히 자연은 뛰어난 위인을 지상에 보낼 때에 보통 사람에게는 헤아릴 수 없는 '비밀'을 갖게 하는 것이다.

## 다양한 개성을 통합하는 궁극의 예지

이상과 같은 고찰에서 다음과 같은 흥미로운 사실이 떠오르게 될 것이다.

인류사를 장식하는 천재들의 전기야말로 우주의 비사(秘史)·연대기의 진정한 주제인 것이다. 이 인류의 비사에는 많은 누락이 있으므로 그 구멍을 메우지 않으면 안 된다. 이 인류 비장의 우주사는 결코 뚜렷한 결론이 기술되어 있는 것은 아니고 생각하기 위한 힌트나 기억의 실마리를 우리에게 주는 단편집과 같은 것이다.

과거의 어떤 저명한 위인의 생애를 들추어 보아도 누구 한 사람 완전무결한 인물은 존재하지 않고 우리 인류가 추구하는 것과 같은 궁극의 완전한 덕성을 갖추고 있는 사람도 없다. 그들은 모두 저마다 자신이 있는 분야에서 새로운 중심축을 내세운데 지나지 않은 것이다.

원컨대 언젠가는 이와 같은 수많은 위인들의 빛나는 미덕을 모두 지닌 '지고의 위인'이 나타나길! 이렇게 위인들의 개별 연구를 진행해 나가면 제각기 지닌 개성은 사라지고 각 위인들의 최고의 달성이 맞닿은 궁극의 높이가 보이게 되지 않을까.

그곳에 나타나게 되는 인류의 이상향은 이제 특정의 사고나 감정에 사로잡히지 않고 좁은 뜻에서의 인간적인 개성의 범위까지도 초월한 가장 보편적인 존재이다.

이 '최고의 보편성'이야말로 인류 최고의 위인이 지닌 힘의 원천인 것이다. 그 위대한 정신적 감화력은 자연히 번져 온갖 것에 침투해 갈 것이다. 이와 같은 새로운 시대정신의 빛은 하나의 광원에서 동심원상으로 퍼져 완전히 신령스럽고 묘한 방법으로 온 세계에 명백하게 나타나는 것이다.

이렇게 해서 모든 위대한 혼들은 서로 융합해 근원으로 재통합되고 어느

혼에 있어서 성과는 다른 위대한 정신에도 공유될 것이다. 이 심령들이 사랑하는 나라, 장대한 영적 세계에 있어서는 어떤 변경에서 획득이 된 지혜나 에너지도 만인의 공유재산이 되는 것이다.

위인들의 인생을 그 시대의 짧은 시각으로 본다면 제각기 별개의 개성이고 때로는 재능이나 입장의 차이로 대립하는 것처럼 비칠지도 모른다. 그러나 유구한 역사라는 장대한 관점에서 바라본다면 그와 같은 개개의 차이나 외견상의 불화대립은 사라지고 모든 개성을 통합하는 보편적인 경지가 나타난다. 그렇게 해서 다양한 개성의 다양성을 통합하고 기능하고 있는 곳, 다시 말해 궁극의 예지가 존재하는 것에 생각이 미치게 되는 것이다.

## 인류사를 채색하는 위인들의 정신적인 유산

인류의 역사는 전체를 굽어보지 않으면 그 진수를 알 수 없다. 다양한 자질을 지닌 위인들이 인류사를 아로새기고 있는데 그들이 낳은 새로운 스타일이나 사상은 그들이 이 세상을 떠난 뒤에도 맥을 이어 후세의 위인들에게 물려주게 된다.

이와 같은 일은 인류의 역사에서 아주 흔한 광경인 것이다. 눈부신 빛으로 세상을 비추는 위인들도 언젠가는 흔적도 없이 사라진다. 그러나 그 죽음의 재 속에서 그들이 남긴 정신적인 유산은 불사조처럼 되살아나 다음 대의 천재들에게 맡겨지고 그렇게 해서 세계를 비추는 신령스런 반짝임은 결코 끊이지 않는 것이다.

우리의 스승인 위인들은 그들이 활약한 시대에 있어서는 진보의 척도나 도표가 되어 우리를 이끌어 준다. 그때 그들은 지혜 천사의 위광을 지니고 하늘 높이 솟을 것이다. 우리는 그 눈부신 모습에 참여하려고 가능한 한 그들에게 접근해 그 능력이나 자질의 실상을 상세하게 검사하고 한번은 한없는 높이로까지 솟아 있었던 그들의 한계를 확인하는 것이다. 그렇게 해서 그들도 또 그 위인의 옥좌를 후세의 천재들에게 물려주게 된다.

이와 같이 변천하는 세상에서 아무리 가까이 다가가 살펴보아도, 또 아무리 그 시대의 풍화와 다른 것과의 비교에서도 불멸의 빛을 변함없이 발하는 완전무결한 인물이 비록 몇 명이라도 존재한다면 참으로 다행한 일이 아닐 수 없다.

그러나 현실로는 육신을 지닌 자의 슬픔에 완벽한 인간 등은 없다. 결국 우리는 역사상의 인간 가운데 완전함을 추구하는 것을 중단하고 그들이 인류에게 하나의 은혜를 베푼 것으로 만족해야 한다.

한 인간에게 연관된 일은 모두 일시적인 것이고 미래에 희망을 맡기는 수밖에 없다. 그것은 자신의 한계를 초월해 보편적인 존재가 되려고 노력하는 인간의 운명 그 자체라고 해도 좋을 것이다.

다가올 미래에 있어서는 또 어떨지 모르지만 과거에 등장한 어떤 위인이라도 그를 '우주의 창조주'인양 떠받든다면 도리어 그 진가를 떨어뜨리고 말 것이다. 그들의 위대함을 그가 이룬 결과로 측정할 때에 비로소 우리도 거기에서 커다란 은혜를 입게 되는 것이다.

그렇게 해야만 우주를 맡고 있는 근원인 광명에 비쳐져 우리 자아의 어두움도 씻겨져 투명 무사한 마음 상태에 이를 수 있게 될 것이다.

인간의 교육과 제도에는 한계가 있음에도 불구하고 '인류사의 두루마리는 과거의 위인으로부터 더욱 커다란 미래의 위인에게로 인계되고 미래에 끝없이 잇따라 짜이게 된다'고 해도 좋은 것이다. 이 대자연은 시시각각 끊임없이 진보하고 그 발전에는 한계가 없다.

지구의 혼란을 막고 세상에 평안을 가져오는 것이 우리 인간의 사명이 아닐까. 모든 측면에서 과학과 예술의 혜택이 고르게 미쳐 천지만물이 모두 평안하고 사랑과 행복의 씨앗이 온 세계에 뿌려져 싹을 틔울 수 있게 되기를!

에머슨의 생애와 작품

# 에머슨의 생애와 작품들

    랠프 월도 에머슨(Ralph Waldo Emerson, 1803~82)은 미국의 사상가이자 시인이며 수필가이다. 에머슨은 파커(Parker, T.) 등과 함께 뉴잉글랜드의 초월주의(超越主義, transcendentalism) 운동을 주도한 대표적 사상가이다. 초월주의는 19세기 중반 무렵 미국에서 일어난 관념론에 바탕을 둔 철학운동으로 칸트, 셸링 및 동양사상의 영향을 받아 범신론·직관주의·신비주의·유니테리언주의 등의 사상을 주장하였다. 에머슨은 특히 자연과의 접촉에서 고독과 희열을 발견하고, 자연의 효용으로서 실리·아름다움·언어·훈련의 네 가지를 제시한다. 그는 정신을 물질보다도 중시하고 직관에 의하여 진리를 인식하며, 자아의 소리와 진리를 깨닫고, 논리적인 모순을 너그럽게 보는 신비주의에 근거한 이상주의였던 것이다.

## 생애

### 젊은 시절

    에머슨은 1803년 5월 25일 미국 보스턴에서 유니테리언 교회 목사였던 윌리엄 에머슨의 넷째 아들로 태어났다. 에머슨은 청교도 시대부터 그의 집안 모든 직계 선조들이 대대로 이어왔던 성직을 이어받았다. 그의 어머니 루스 해스킨스의 가족은 독실한 영국 국교회파였다. 영국 국교회 작가나 사상가들 가운데 에머슨에게 영향을 준 사람들로는 랠프 커드워스·로버트 레이턴·제레미 테일러·새뮤얼 테일러 콜리지 등이 있다.

    1811년 5월 12일 8세 때에 아버지가 세상을 떠나자, 그의 교육은 고모인 메리 무디 에머슨에게 맡겨진다. 1812년 보스턴 공립 라틴어 학교에 입학했고, 그곳에서 그가 쓴 시들이 좋은 반응을 얻어 문학적 재능을 인정받았다. 1817

년 하버드 대학교에 입학하여 일기를 쓰기 시작했는데, 그것은 아마도 미국에서 가장 주목할 만한 '정신의 발전'을 담은 기록일 것이다.

1821년 대학을 졸업한 뒤 하버드 대학원 신학부 연구과정을 준비하는 동안 교단에 섰다. 1826년 유니테리언 교회에서 설교할 수 있는 자격을 얻었지만 병에 걸려 늦어지게 되었고, 1829년에야 비로소 보스턴 제2교회의 목사가 되었다. 그곳에서 그는 설교자로서 명성을 얻기 시작했다.

1829년 엘렌 루이자 터커와 결혼했지만 1831년 그녀가 결핵으로 세상을 떠나자, 슬픔에 젖어 자신의 신앙과 직업을 의심하게 되었다. 그러나 사실 그는 이미 그 이전 몇 해 동안 그리스도교 교리에 의문을 갖기 시작했다. 독일에 있던 그의 형 윌리엄은 기적의 역사적 진실성을 의심하는 새로운 성서비평을 에머슨에게 알려 주었다.

에머슨이 했던 설교들은 처음부터 전통 교리에서 벗어나 있었고, 그대신 개인 차원에서 영혼의 활용을 탐구하는 성격을 띠며, 이상주의를 좇는 성향을 보이면서 자기신뢰와 자기충족이라는 개인에 충실한 교리를 널리 알리고 있었다. 실제로 그는 설교를 통해 그리스도교의 겉모습, 역사와 관련된 출처들을 없애 버렸으며, 우주의 도덕법칙을 역사라는 관점에서 직관하는 것에 그리스도 신앙의 근본을 두고, 미덕을 갖고 성취하는 삶을 시금석으로 삼았다. 유니테리언 교회의 교리는 그 무렵 그에게 그다지 큰 매력을 주지 못했으며, 1832년 결국 목사직에서 물러난다.

## 성숙기 생활

에머슨이 교회를 떠났을 때 그는 기적을 입증하는 역사상 증거로 인정된 것보다도 신을 굳게 믿을 수 있는 보다 분명한 증거를 찾고 있었다. 그는 자기 스스로 얻는 계시, 곧 신을 몸소, 그리고 당장에 경험하기를 원했다. 성직을 떠난 뒤 그는 유럽을 여행한다.

파리에서 앙투안 로랑 드 쥐시외가 자연물의 표본을 진화된 순서대로 배열해 놓은 수집품을 보았고, 그것을 통해 인간과 자연 사이에 영감을 통한 교류가 있다는 그의 신념은 더욱 확실해졌다. 영국에서 그는 새뮤얼 테일러 콜리지·윌리엄 워즈워스·토머스 칼라일 등과 중요한 만남을 가졌다. 1833년 귀국하여 《자연 Nature》을 쓰기 시작했으며, 인기 있고 영향력 있는 강연가로서 명성을 얻게 되었다. 1834년 매사추세츠 주 콩코드에 영구 거주지를 마련한다. 콩코드는 에머슨 외에도 루이자 메이 올콧, 헨리 데이비드 소로 등을 배출한 문학의 중심지이기도 하다. 1835년 그의 작품활동을 빈틈없이 뒷받침해 준 리디안 잭슨과 재혼하여 평온한 가정생활을 누리기 시작했다.

1830년대에 에머슨은 독자성을 지닌 문학가가 되었다. 이 시기에 다른 지식인들도 점점 더 에머슨이 가졌던 개인 차원의 의혹과 문제의식들에 공감하기 시작했다. 1830년대가 지나기 전, 그의 개인 성명서들을 모

에머슨 그는 7대를 성직자로 이어온 목사 집안에서 태어났다.

은 《자연》, 〈미국학자 *The American Scholar*〉 및 〈신학대학에서의 연설 *Address at Divinity College*〉을 통해 나중에 초월주의자들이라고 불리는 한 무리의 사람들이 모이게 되었고, 에머슨은 초월주의자들의 대표자로 널리 인정받게 된다. 1836년 보스턴에서 《자연》이라는 표제를 붙인 95쪽 소책자를 익명으로 출판함으로써 초월주의 창시에 이바지했다. 그는 정신의 관점에서 느낀 의문들에 대한 해답을 발견한 뒤 자신의 핵심 철학을 세웠으며, 그 뒤 그가 쓴 내용들은 거의 모두 《자연》에서 처음 주장했던 사상을 확대하고 증보하며 수정한 것이다. 종교와 관련하여 에머슨이 가졌던 의혹들은 뿌리 깊은 것이어서 역사라는 관점에서 본 기적의 진실성에 대한 신념을 유지하는 유니테리언 교회에 반대하는 것을 훨씬 넘어선다.

또한 그는 뉴턴 물리학의 기계론의 관점에서 본 우주론이나 하버드 대학교에서 배웠던 로크의 감각에 충실한 경험에 의거한 심리학도 의심했다. 합리론 철학가들이 우주를 구성하는 법칙으로 생각하고 있던 기계론에 근거한 인과관계의 연속성에는 자유의지가 개입될 여지가 없다고 생각했다. 이러한 세계는 사념과 직관을 통해서라기보다는 감각을 통해서만 알 수 있고, 그것은 인

간을 물리와 심리학의 관점으로 결정짓는 것이었다. 또 인간을 환경의 희생물, 곧 불필요한 정신력의 소유자이며 실재를 진실로 파악할 수 없는 존재로 만드는 것이기도 했다.

그는 18세기 합리주의의 막다른 골목에서 이상론에 근거한 철학을 펼쳤다. 그는 감각에 충실한 경험과 사실로 이루어진 물질 세계를 초월하는 능력, 우주 속에 존재하는 영혼을 깨닫고 인간 자유의 잠재력을 의식할 수 있는 능력이 인간에게 있음을 주장했다. 인간이 자신의 자아와 영혼의 내면을 들여다볼 때 신을 가장 잘 발견하게 되며, 그러한 계몽된 자기인식으로부터 행동의 자유와 자신의 이상과 양심의 지시에 따라 자신의 세계를 변화시키는 능력이 생기게 된다는 것이었다.

"정신이라는 면에서 인간은 자신 안에 깃들어 있는 자기 몫의 '대령(大靈, Oversoul)'을 개별로 체험함으로써 다시 태어난다. 그 '대령'은 모든 창조물과 생물 안에 스며 있으며, 만일 인간이 그것을 찾으려고 노력한다면 접근할 수 있다."

에머슨은 '오성(understanding)', 곧 감각자료의 일상 속에서의 수집이나 논리에 근거하여 물질세계를 인식하는 것에 의존하는 것과는 전혀 다른 방식으로 어떻게 '이성'에 의지할 수 있는지를 해명했다. 그가 말하는 이성이란 영원한 진실을 직관으로 인식하는 것을 뜻한다. 에머슨의 자기충족과 자기신뢰라는 원칙은 이제까지 제도처럼 되어 버린 교회들이 담당해 왔던 정신이라는 측면에서의 인도를 받기 위해, 인간은 자신의 마음속을 들여다보기만 하면 된다는 그의 생각에서 자연스럽게 발생한 것이다. 그러므로 개인은 자기 자신이 되려는 용기를 지녀야 하며, 자신의 직관에서 비롯된 가르침을 따라 살아가면서 내재된 힘을 믿어야 한다고 했다. 확실히 말해서 이러한 사상들은 결코 독창성을 지닌 것은 아니었다. 에머슨이 자신의 사상에 체계를 부여할 때 그가 전에 연구했던 신플라톤 철학, 콜리지와 다른 유럽 낭만주의자들의 작품, 에마누엘 스베덴보리의 글들, 힌두 철학 및 다른 원전들의 영향을 받았음은 분명하다. 에머슨이 초월주의자들과 비슷한 개념을 말했던 다른 사람들과 구별되는 점은, 그가 자신의 사상을 웅대한 통찰력으로써 선명하게 나타낼 수 있는 세련된 문필가로서의 능력을 지녔다는 것이다. 철학에 근거한 그의 설명에는 독특한 힘과 서로 밀접하게 관련된 통일성이 있으며, 축적된 효과가 당시 독자들의 상상력에 수많은 암시와 자극을 준 것이다.

1837년 8월 31일 〈미국학자〉라는 제목의 강연에서 에머슨은 자신처럼 새롭게 해방된 지성인들의 의무와 자질에 대해 설명했다. 이 강연은 결국 하버드 대학교의 지성인들에게 학식을 자랑하는 태도, 타인 모방, 전통주의, 실생활과 연관되지 않은 학문 등을 경고한 도전장이었다. 1838년 하버드 대학교에서 했던 〈신학대학에서의 연설〉도 생기 없는 그리스도교 전통, 특히 그가 알고 있었던 유니테리언 교회에 던진 또 다른 도전장이었다. 그는 종교제도가 예

에머슨의 초상화(1878)

수의 신성이란 도덕법칙이나 직관에 근거한 도덕정서를 통해 신성과 직접 만나려는 인간의 시도를 좌절시키는 것으로 생각하고 이를 받아들이지 않았다. 이 강연으로 그는 많은 사람들로부터 소외되었고, 연설할 수 있는 기회를 거의 갖지 못하게 되었으며, 몇 년 동안 하버드 대학교로부터 배척받게 되었다. 그러나 그의 젊은 제자들은 1836년 창설된 비공식적인 '초월주의 모임'에 참여하여 그를 격려했다.

에머슨은 1840년 기관지 〈다이얼 The Dial〉을 창간하는 데 이바지했는데, 처음에는 마거릿 풀러가 편집하다가 나중에 그 자신이 직접 편집하면서 초월주의자들이 미국에 제시하려는 새로운 사상들의 출구를 마련해 주었다. 이 기관지는 1844년까지 발행하여 비록 단명했지만, 이 학파의 젊은이들에게 여러 가지 중요한 쟁점들을 제공해 주었다. 에머슨은 그의 강연들을 추려 《에세이집 Essays》(제1권 1841, 제2권 1844)이라는 두 권의 책을 출간했는데, 이 책들로 국제적인 명성을 얻게 되었다.

《에세이집》 제1권에서 그는 도덕에 근거한 개인주의에 대한 그의 사상을 확고히 했고 자기신뢰의 윤리, 자기수양의 의무와 자기표현의 필요성을 역설했

다.《에세이집》제2권에서는 초기의 이상주의를 실생활의 한계에 맞게 수정했다. 그러나 말년의 작품을 보면 사물의 상태를 점점 더 묵인하고, 자기신뢰보다 사회 존경심이 점차 늘어났으며, 천부의 능력이 지닌 모호성과 불완전성을 인식하고 있음을 알 수 있다.

1849년 출간된《영웅이란 무엇인가 *Representative Men*》에는 나폴레옹·괴테·셰익스피어·스베덴보리·플라톤 등의 전기들이 실려 있다.《영국 국민성론 *English Traits*》(1856)에서는 자신의 조상이라고 한 이들의 국민성을 분석했고, 가장 성숙된 작품《처세론 *The Conduct of Life*》(1860)에는 인간의 한계를 완전히 인식하는 것과 함께 고양된 형태의 인도주의가 드러나 있다. 이 작품은 어떤 의미에서 그의 고백이라고 할 수 있다.

에머슨은 철학에 기초를 둔 시에 뛰어났으며, 동양사상의 영향을 보여 주는 〈브라마〉,〈나날들〉등의 시작품이 유명하다. 그의 시들은 1846년《시집 *Poems*》이란 이름으로 처음 출간되었다. 그 뒤 1867년 다른 사람들에 의해 증보 편집되어《오월제 *May-Day*》라는 이름으로 출판되었다. 이 두 권의 시집으로 그는 위대한 미국 시인으로서의 명성을 얻게 되었다.

에머슨의 유명한 시를 인용한다.


성공이란 무엇인가

자주, 그리고 많이 웃는 것.

지성인들에게 존경받고,
아이들로부터 호의를 얻는 것.

정직한 비평가들의 인정을 받고,
친구의 배반을 참아내는 것.

아름다움을 분별할 줄 알며,
다른 사람에게서 최선을 발견하는 것.

아이를 건강하게 기르거나, 한 뙈기 정원을 가꾸거나,
자기가 태어나기 전보다 세상을 조금이라도
더 살기 좋은 곳으로 만들어 놓고 떠나는 것.

자신이 한때 이곳에 살았음으로 해서
단 한사람의 인생이라도 행복해지는 것.

이러한 것이 진정한 성공이다.

1860년대에 미국에서 에머슨의 명성은 확고해졌다. 세월이 흐르자 그도 서서히 사회에 적응하게 되었고, 그의 반항하는 듯한 참신성은 점차 사라지게 되었다. 그는 여전히 강연을 자주 했지만, 1860년 이후의 글들을 보면 그의 필력이 쇠진했음을 알 수 있다. 새로운 세대는 나이든 에머슨만을 알았고, 그의 가르침이 불러일으켰던 신랄함을 되새기지 못한 채 그대로 그의 이론들을 받아들였다.

에머슨은 1882년 4월 27일 매사추세츠 주 콩코드에서 사망한다. 에머슨이 죽은 뒤 그는 곧 해방자로서의 힘을 상실한 콩코드의 현인으로 변모되었고, 젊은 시절 그가 부수려고 했던 바로 그 전통에 속하는 명사의 한 사람이 되어 있었다.

1834년과 미국 남북전쟁(1860~65) 동안의 미국 순회강연을 통해 에머슨의 주장과 웅변은 사람들에게 지속적인 신념을 심어 주었다. 그는 심미와 철학에 기초를 둔 유럽의 조류를 미국에 전했던 문화의 중개자로서 이바지했으며, 미국의 르네상스(1835~65)로 알려진 찬란한 문예부흥기 동안 자국민을 이끌었다. 초월주의의 주된 대변자로서, 또한 유럽 낭만주의의 지류를 미국에 심은 사람으로서 에머슨은 무엇보다도 모든 사람 안에 깃들어 있는 정신적 잠재력을 확실하게 믿을 수 있도록 종교와 철학, 윤리에 기초를 둔 운동에 한 방향을 제시한 것이다.

사상

## 과학은 미래의 종교를 좌우하는 열쇠

1831년, 에머슨의 사랑하는 아내가 결혼한 지 불과 1년 반 만에 앞서 세상을 뜨고 만다. 그러자 에머슨은 이듬해인 1832년에는 자신이 맡고 있는 보스턴 제2교회에서의 의례주의에 치우친 경향이 자신의 내재된 양심이나 공통된 종교감정과 차츰 양립할 수 없게 되어 '진정한 목사가 되기 위해서는 목사직을 사퇴해야만 하는' 막다른 지경에까지 내몰리게 되었다.

상심한 에머슨은 그 해가 저물 때쯤 홀로 유럽여행을 떠난다. 이탈리아에서는 르네상스의 거장 미켈란젤로의 걸작에 크게 감화를 받고 영국에서는 생애 동안 맹우가 되는 칼라일과 극적으로 만나는 등 여러 가지로 귀중한 경험을 쌓았다.

그리고 약 1개월 동안 파리에 머물렀을 때 들렀던 동식물원에서 확실한 영감을 얻은 것이 그의 인생에 전환점이 되었다. 자연과 인간을 맺는 신비로운 '조응' 관계(이 사고방식은 이 책의 《영웅이란 무엇인가》의 여기저기에 소개되어 있다)에 깊은 감명을 받고 1833년 10월, 귀국길의 배 위에서 '자연학자(박물학자)가 되자'고 결심하기에 이른 것이다.

결국 문자 그대로 자연학자는 되지 못했지만, 그가 거기에서 얻은 착상의 씨앗은 소중하게 키워져 3년 뒤의 첫 작품 《자연》(1836)에서 훌륭하게 꽃피워 결실을 보게 되었다. 이 필생의 명예는 에머슨에게 출세작이 되었을 뿐만 아니라, 뒷날 미국의 이상주의에 근거한 정신 혁신운동, 초월주의의 기폭제가 되고, 더 나아가 제자인 소로의 《월든 *Walden*》(1854)과 함께 현대 자연보호 사상의 위대한 기원이 된다.

또 이듬해인 1837년 8월 〈미국의 학자〉라는 강연회는 미국 시대정신의 형성에 중요한 역할을 수행했다.

그 무렵 미국은 독립전쟁에 승리를 거두고, 1815년의 제2차 영미전쟁에도 승리를 거두는 등 정치와 경제의 측면에서 파죽지세로 신장해 가는 발전기에 있었는데, 정신 수준에서는 구대륙의 영향을 받아 '문화나 예술은 바다 건너에서 온다'는 식민지 콤플렉스에서 벗어나지 못하고 있었다.

그와 같은 미국의 다음 대를 짊어질 젊은 지사들(=넓은 뜻의 학자)을 향해 에머슨은 '우리가 의존하던 시대, 다른 나라의 학문을 오랫동안 배워왔던 시대가 바야흐로 끝나려 하고 있다!'고 힘차게 선언하고 그 정신적인 궐기를 촉구한 것이다. 실제로 이 강연은 뒷날 '미국의 정신적인 독립선언'으로 불리게 되고, 후세에 크나큰 영향을 주었다.

더 나아가 1838년 하버드 대학교에서의 〈신학대학에서의 연설〉 가운데에서 역사적인 그리스도 교회가 예수 본디의 보편된 사랑의 사상을 충실하게 전하지 않고 속 좁

에머슨은 19세기 미국에서 가장 영향력 있는 강연가·저술가였으며, 많은 사람들에게 영감을 주고 정신적인 도움을 주었다.

은 죄악감으로 인간을 묶는다는 과감한 종교비판을 펼쳤다. 이것은 종교계 안팎에 커다란 충격을 주었다.

이 시대를 구분짓는 3부작 이래, 열등감이 강한 핏기 없는 해쓱한 신학생에 지나지 않았던 에머슨은, 무엇에도 움직이지 않는 자유분방한 사상가로서 열변을 토하는 미국 정신의 구현자가 되었다.

그 뒤 에머슨은 가장 영향력을 지닌 강연가이자 저술가로서 중요한 강연과 저작을 잇따라 세상에 쏟아낸다. 그 가운데에서도 1841년의 《에세이집》 제1권에 수록된 〈자기신뢰 철학 Self-Reliance〉과 〈보상을 생각해 본다〉 글 두 편은 청소년기부터 품어 온 에머슨 사상 2대 지주의 결실로 특기할 만한 것이다.

〈자기신뢰 철학〉은 내면의 신성을 자각하는 것이 이 세상의 일체의 풍파에 휩쓸리지 않는 절대적인 자기신뢰로 이어지는 것임을 역설한 정신 독립의 왕도론이다. 〈보상을 생각해 본다〉에서는 '커다란 성과를 가져오기 위해서는 그것에 알맞은 대가를 반드시 치러야 한다'는 불교의 '유래의 이법'으로도, 현대적인 자조(自助) 사상으로도 통하는 인생철학의 진수를 역설하고 있다. 이 가

르침은 《영웅이란 무엇인가》의 마지막 장에서도 지은이가 스스로 상세하게 이야기하고 있다.

이렇게 에머슨이 사상가·강연가로서 대성하던 원숙기에 자신 있게 세상에 내놓은 강연·논문집이 바로 《영웅이란 무엇인가》(1849)이다. 이 저작은 본디 연속강연으로 1845년에 고향인 보스턴에서 발표한 내용을 바탕에 둔다. 또 1847년부터 시작되는 제2차 영국여행에서도 이 강연 시리즈를 재현해 크게 호평을 받았다. 그밖에도 그가 죽은 뒤인 1909~14년에 에머슨의 일기를 모아 엮은 《일기》가 전10권으로 출간되었다.

### 〈자기신뢰 철학 *Self-Reliance*〉

이를테면 세상은 '주식회사'와 같은 곳이다. 합의를 이룬 각 구성원은 그곳에 저마다 빵을 갖고 모이며, 주주 한 사람 한 사람에게 더 좋은 조건으로 분배한다. 이때 각자의 자유와 생활방식을 희생하게 된다.

세상에서 가장 필요한 것은 협조성이며, 자기신뢰는 배척을 받는다.

그곳에서는 진실보다 명목이, 창조적인 정신보다 관습이 존중받는다.

그러나 제 몫을 다하는 사람이 되려면, 독립적으로 소신껏 행동해야 한다.

영원불멸의 공적을 세우려는 사람은, 사람들에게 잘 보이려는 마음을 버리고, 자신의 영혼에 진정으로 바람직한 것을 추구해야만 한다.

결국 자기 마음을 갈고닦는 것보다 숭고한 일은 없다.

〈자기신뢰 철학〉에서

### 자기를 신뢰하고 인생을 온전히 살아가기

에머슨의 에세이 〈자기신뢰 철학〉은 1841년에 출판한 그의 《에세이집 *Essays*》 제1권에 실려 있다. 우리가 독립적으로 소신껏 인생을 살아가려면 어떻게 해야 하는지를 가르쳐준다. 130여 년 전에 이 세상을 떠난 에머슨은 아직도 우리에게 가장 위대한 교사이다.

에머슨은 시인이라기보다 에세이스트로서 이름이 알려져 있다. 초월주의 운동의 아버지로 알려진 이 혁명적인 미국 사상가는 가장 유명하고 많이 인용된 에세이 〈자기신뢰 철학〉에서 '나 자신다움이란 무엇일까'라는 기본사상을 깊이 추구했다.

에머슨 기념관　그의 집이자 기념관이다.

　위에 인용한 짧은 문장에서도 '관습에 현혹되지 말고, 독립적으로 소신껏 자기 인생을 살아가라'는 뜨거운 메시지가 전해진다.

　세상은 개인의 자유를 희생하여 사람들과 보조를 맞추길 요구하는 곳이다. 요컨대 '주위에 순응하라, 그러지 않으면 마을에서 따돌림을 당한다'는 것이다. 그에 대해 에머슨은 개개인의 정신 성숙을 칭찬하고 '홀로 서는 정신이야 말로 참된 의미의 숭고함'이란 주장을 내세운다.

　이와 같이 에머슨은 '규칙이나 법률, 사회적 의례가 아닌, 당신 자신의 마음가짐이야말로 소중하다'는 것을 사람들에게 알려주는 성직자인 셈이다.

　〈자기신뢰 철학〉에서 에머슨은 '이 세상 그 어떤 법률보다 자연의 이치와 법칙이야말로 우리에게 소중하다'고 말한다.

　인간에게는 사고의 자유가 주어졌다. 우리가 숭고한 존재가 될지 못 될지는 바로 이 정신의 자유를 어떻게 발휘하는가에 달려 있다. 아무리 외적인 법률의 권위를 내세워서 자신의 악덕과 허영을 얼버무리려 해도 아무 소용 없다.

　인류의 역사에서 되풀이되어 온 여러 악에 대해 잘 생각해 보면, 사실상 그것은 모두 그 시대 사회 법률이라는 '명목' 아래에서 이루어졌다는 생각이 들 것이다.

　소크라테스는 '사상이 불온한 자를 물리치는 것이야말로 정의의 실현'이라는 국법에 따라 사형당했다. 성녀 잔 다르크 또한 인간의 법에 따라 화형당했다. 심지어 헤롯 왕은 스스로 법규를 만들어 나라 안에 있는 남자아이들을 모조리 죽이라고 명했다.

1920년 이전에는 미국 인구의 절반, 다시 말해서 모든 여성에게 투표권이 주어지지 않았다. 그 역시 법률이 그렇게 정해 놓아서였다.

제2차 세계대전 때는 도리에 어긋난 법률 탓에 수백만 명의 사람들이 '죽음의 수용소'로 붙잡혀 가고 전 재산을 몰수당하기도 했다.

## 법률이나 시류에 현혹되지 않기

인간은 법률이 아닌 그 사람의 마음과 행동에 의해서 선해진다. 자기신뢰라는 말의 참뜻을 이해하는 인간이라면 법률이 아닌 내적 양심과 도덕을 따라 행동할 것이다.

더욱 숭고한 존재가 되려는 열망이 있다면 자신의 길을 가며 '이해득실을 따라 주위에 맞춰 살아간다'는 자세를 단호히 버려야만 한다.

에머슨은 법률로 보장되어 있기에 오랜 세월 동안 유지되어온 노예제도에 대해서도 세상이 다 알 만큼 뚜렷하게 비판했다.

'나는 모든 수단을 동원하여 정면으로 맞서며 두려움에 떨지 않고, 인간으로서 당연한 진실을 말하려 한다. 악의와 허영이 인류애의 가면을 쓰고 세상을 버젓이 나다니는 것을 용인하겠다는 말인가?'

에머슨이 이렇게 말하던 시절에는 노예제도가 법적으로 보장되어 사회에 만연하던 시대였다.

〈자기신뢰 철학〉의 메시지는 현대인에게도 적용된다.

우선 그것은 '외부 법률이나 법칙에 현혹되지 말고 나 자신을 관리하는 내적 불빛인 도덕을 중요시하라'고 호소한다. 이것은 또한 자비라고도 할 수 있다. 법률이 죄인을 엄하게 법적으로만 처분한다면 거기엔 눈곱만큼의 자비도 없게 된다.

입법자·배심원·신문 모두 '이 범인에게는 조금의 자비도 없다'고 단죄한다면, 법률 또한 어떻게 자비를 가질 수 있을까. 오히려 무엇이 옳은지를 가슴에 대고 물어 본 뒤 스스로 견해를 다듬어 완성해야 하지 않을까.

만일 자비가 진실로 영적 생활의 본질을 이룬다면, 남에게 자비로움이 결여되어 있다고 힐난할 수가 없다. 그것은 다름 아닌 자신의 '내적 진실'을 배신한 것을 변명하는 것에 지나지 않는다. 자비로움이란 그 어떤 사람에게도 관용을 베푸는 것이기 때문이다.

이것이야말로 자기신뢰이며, '저항하기를 포기하고 순응하는 것'도 아니고 법률을 자신의 형편에 맞게 적용하는 것을 자기 정당화의 도구로 삼는 것도 아니다.

물론 에머슨은 무책임하게 '법률위반'을 권하는 것이 아니다. 오히려 '자신의 도덕 감각에 의지하여 자주적으로 살아가기'를 촉구하는 것이다.

만년의 에머슨

'제 몫을 다하는 사람이 되려면, 독립적으로 소신껏 행동해야 한다.'

이러한 에머슨의 헤아리기 힘든 진리를 실천할 가장 좋은 방법은, 자신의 인생에서 '성과 있는 조용한 시간을 보내려 마음 쓰는 것'이 아닐까 생각한다.

사람들과 다른 삶의 방식을 일부러 소문내고 다닐 필요는 없을 것이다. 오히려, 자기 안의 힘에 기대어 마음의 평안을 지키고 독립자존인 한 사람으로서 하루하루 전진해 나가야 한다.

### 에머슨의 메시지를 실제 활용하기 위한 도움말

에머슨의 에세이를 읽고 난 뒤에 기회가 될 때마다 그의 사상을 실천하도록 노력해 본다.

우리가 단체생활에서 단지 형식적인 '의식'에 참여하라는 말을 듣는다면 우리 마음속에는 굴욕감과 분노가 솟구칠 것이다. 그러나 만약 우리가 아무 힘 없는 평범한 처지에서 무엇을 할 수 있겠는가.

우리는 요란스럽게 항의하기보다 '제 몫을 다하는 사람이 되려면 독립적으로 소신껏 행동하는 사람이 되라'는 에머슨의 말을 떠올려 묵묵히 실천하기를 선택해야 한다.

뚜렷한 주관 없이 시키는 대로만 하는 단체 구성원들이 일제히 행하는 행동은 힐끗 쳐다만 보자. 그런 뒤에는 자기 방으로 돌아가 독립자존의 개인으로서 침해당한 자기신뢰가 회복되길 가만히 기다려 보자. 격분하여 의미 없는 싸움을 하기보다 '성과 있는 조용한 시간을 보내는 것'을 택함이다.

규칙이 우리 삶의 방식을 결정할 수는 없다. 우리가 독립자존이란 삶의 방식을 꾸준히 따르려고 한다면 무엇보다도 먼저 우리 자신에게 거짓말을 하지 않는 참마음으로 따져 물어야 한다.

이 가르침은 인생 전반에 걸맞는다. 자유 시간을 어떻게 사용할지, 무엇을 입을지, 무엇을 먹을지, 자녀를 어떻게 키울지 등의 결단을 내려야 할 여러 순간에 적용된다.

그러니 부디 세상 흐름에 현혹되어 우리가 '마음의 소리'에 귀를 막지 않길 바란다. 자기 자신답게 생활하자. 그리고 스스로 옳다고 여기는 것을 따라 본질에 어울리는 삶을 살아가는 것이 바로 '정신적인 성숙'이 아니겠는가.

다음은 에머슨의 자기신뢰의 메시지를 실생활에서 활용하기 위한 도움말이다.

① 〈자기신뢰 철학〉 에세이를 정독한다

이 고전 명작에 담긴 중요 메시지를 열거하여 곰곰이 생각해 보라.

② 당신의 행동이 본심에서 우러나온 행동인가를 살펴본다

어떤 모습을 하거나 어떤 행동을 할 때에는 '나 자신이 그렇게 하고 싶은지, 아니면 사람들에게 맞추기 위한 것인지'를 늘 가슴에 대고 질문해 본다. 그런 다음, 부디 자기신뢰를 기반으로 선택하길 바란다. 그리하면 무엇보다 큰 후련함을 만끽할 것이다.

③ 자신만의 '독립선언'을 한다

스스로 존엄하게 세상 풍조에 대한 '독립선언'을 하는 것이다. 2500년 전 소크라테스는 '난 아테네 사람이 아닌 세계 시민이다'라고 선언했다. 우리 역시 사회적 꼬리표에 의해 한정된 존재가 아니다.

단순히 남이 한다고 해서 자신도 그렇게 해야 한다고 생각해서는 안 된다. 반대로, 그것이 당신의 윤리관이나 정의에 맞다면 주위 사람들이 뭐라고 말하든, 어떤 행동을 하든지 마음먹은 길로 단호히 나아가야 한다.

**에머슨 가족 묘비석**
가운데가 에머슨, 왼쪽이 두 번째 아내인 리디안 잭슨 에머슨, 오른쪽이 두 사람의 딸인 엘렌 터커 에머슨의 묘비석이다.

결국, '나 자신답게 살자'는 말이다. 나 자신을 존중하고, 당신의 심정과 하루하루의 행동에 조화를 이루는 생활이 무엇보다 중요하다.

## 작품

### 《영웅이란 무엇인가》

《영웅이란 무엇인가 *Representative Men*》는 19세기 미국을 대표하는 사상가 랠프 월도 에머슨의 전성기 대표작이다.

에머슨 사상의 집대성이라 할 수 있는 《영웅이란 무엇인가》(1849)는 사상의 만화경으로써 아주 다채로운 면을 보여준다. 우선은 여기에서 다루어진 나폴레옹·괴테·셰익스피어·스베덴보리·플라톤과 같은 위인의 진짜 모습이 바로 인류를 대표하는 각 분야의 최고봉이란 점에서 누구나 놀라게 될 것이다.

하지만 《영웅이란 무엇인가》는 단순히 위인전의 선집도, 칼라일식의 《영웅숭배론》도 아니다. 위인은 우리를 일상의 권태에서 끌어내 더욱 높은 이상을 알도록 도와주는 은인이다. 위인의 감화력을 설명한 마지막 장에서 강조했듯,

맹목적인 위인숭배는 우리의 사고를 멈추게 하며, 더 나아가 '정신의 죽음'으로 몰아넣을 위험마저 있다.

그러므로 에머슨은 인류가 낳은 위인들의 개성과 진면목을 더할 나위 없이 훌륭한 필치와 깊은 이해, 해박한 지식으로 상세하게 묘사한 뒤, 각 장의 마지막에서 예상 밖의 신랄한 비평으로 각 위인의 어두운 면도 언급한다.

《영웅이란 무엇인가》를 유심히 읽고 고찰하면 알 수 있듯 그 밑바탕에는 한 가지 기본사상이 담겨 있다. 그것은 '걸출한 위인들은 같은 근원에서 뻗어나온 남다른 지혜를 저마다의 개성으로 상징하며, 사람들에게 그 영광의 빛을 나누어 준다'라는 것이다.

그러므로 '영웅들은 어느 일면에서는 영원한 진리를 구현한다는 점에서 최고의 칭송을 받을 만하지만, 또 다른 측면에서는 그럼에도 진리 전체를 아우르지는 못했다'는 한정된 평가를 내리는 것이라고 말할 수 있다.

영원한 진리이자 지고의 존재를 태양 빛에 비유한다면 문명의 각 분야(군사나 정치, 문학, 신비주의, 철학 등)를 대표하는 위인들은 개성이라는 프리즘에 분광(分光)되어 나타난 무지개, 그것의 각 색채라고 말해도 좋겠다(제5장 '압도적인 지혜의 총합 프로듀서―철학자 플라톤'에서 하나와 다수에 관한 기술 참조).

《영웅이란 무엇인가》의 다음 특징은 위와 같은 광원―분광론을 설명함으로써 '현대 가치관의 혼란'이나 종교 대립으로 인한 '민족 분쟁'이나 '문명 충돌'에 시사하는 커다란 해결의 실마리라고 할 수 있다. 특히 종교론에서 에머슨은 전통적인 크리스트교의 배타성이나 편협함을 뛰어넘어 '세계적인 모든 종교의 밑바탕에는 만물을 통합하는 더없이 큰 영적 존재가 있다'는 만교귀일(萬敎歸一) 사상에 이르렀다. 실제로 저자는 《영웅이란 무엇인가》와 그 밖의 저서에서는 관용 정신에 입각해 크리스트교는 말할 것도 없고 불교·힌두교·이슬람교의 성전을 가리지 않고 인용한다. 그러나 그것이 절제 없는 가치상대주의에 빠지지 않는 까닭은 에머슨의 사상 밑바탕에 보편적 근원에 대한 뜨거운 동경과 신앙이 숨쉬고 있어서다.

마지막으로 《영웅이란 무엇인가》의 가장 큰 매력은 인류를 대표하는 위인이란 결코 고정된 존재가 아니며 어디까지나 '조금 더 앞서 걸어간 상대적인 위인'에 지나지 않는다는 견해일 것이다. 모든 사람에게는 높은 성장으로의 길이 언제나 열려 있다.

물론 앞길은 아득히 멀다. 그러나 빛나는 별 같은 인류의 위인들을 우러러 보면서 근원인 광명, 영원한 북극성을 향해 하루하루 끊임없는 정진을 거듭한 다면 우리도 언젠가는 눈부시게 밝은 별(=영웅)들 사이에 낄 수가 있다는 희 망만큼 우리의 영혼을 북돋워 주는 것은 없다.

바라건대 에머슨의 작품들을 통해서 독자 여러분 개개인의 빛나는 생명이 영원한 대하(大河)의 물 한 방울임을 실감하시길!

## 《자연》

에머슨의 대표작 가운데 하나인 《자연 Nature》은 1836년에 출간되었다. 그는 1832년부터 다음 해인 1833년까지 이어진 첫 유럽 여행에서 우주와 인간정신 의 조응(照應)에 관한 영감을 얻고 정신 해방을 주제로 이 작품을 집필했다.

자연이라고 불리는 '비아(非我)', 곧 정신을 둘러싼 외계는 단지 눈에 보이는 모습만이 전부가 아니다. '더 고상하고 영적인 존재'가 먼 저편에 있으며, 정신 은 자연의 한없이 깊은 곳으로 들어가, 그 마지막에는 보편되게 내재하는 신, 곧 '대령(大靈)'과 마주친다. 에머슨은 여기서 그토록 끝없는 넓이와 깊이를 지 닌 자연은 총체적으로 '인간정신의 비유'이며, 정신은 자연과 하나가 되어 스 스로 무한한 것으로 변화한다고 주장한다. 저자는 이 작품을 통하여 인간의 완전성, 개인의 존엄성을 믿으며, 자연을 통한 신과의 교감에 기뻐한다. 이러한 에머슨의 이상주의 사상은 미국 문화의 형성에 커다란 영향을 끼치게 된다.

## 〈미국학자 The American Scholar〉

이 작품은 에머슨이 1837년 8월 하버드 대학교에서 강연한 내용을 모은 것 으로서 '미국의 지적 독립선언'이라고도 일컬어진다. 미국 문학사상 가장 유명 한 논문이다.

이 강연에서 에머슨은 미국학자를 '생각하는 사람'으로 규정함으로써 자기 와 미국인의 이상적인 모습을 제시하며, 학자를 교육하는 것은 자연과 과거의 사상(서적)과 행동이라고 말하고, 학자는 의무적으로 강건한 자기신뢰를 가져 야 한다고 주장한다. 유럽의 문학적 전통에서 벗어난 미국의 독자적 국민문학 창조를 역설한 이 '지적 독립선언'은 당시의 보수파를 향한 도전이며 후세에 커다란 영향을 주었다.

# 랠프 월도 에머슨 연보

1803년      5월 25일, 미국 보스턴에서 유니테리언 교회 목사이자 예술 애
            호가였던 윌리엄 에머슨의 아들로 태어나다.

1811년(8세)  아버지가 죽자 그의 교육은 고모인 메리 무디 에머슨에게 맡겨
            지다.

1812년(9세)  보스턴 공립 라틴어 학교에 입학하고, 그곳에서 그가 쓴 시들
            이 좋은 반응을 얻어 문학적 재능을 인정받다.

1817년(14세) 하버드 대학교에 입학하여 일기를 쓰기 시작하다.

1821년(18세) 하버드 대학교를 졸업한 뒤 하버드 대학원 신학부 연구과정 진
            학을 준비하는 동안 교단에 서다.

1826년(23세) 유니테리언 교회에서 설교할 수 있는 자격을 얻게 되다.

1829년(26세) 보스턴 제2교회의 목사가 되다. 첫 번째 아내인 엘렌 루이자
            터커와 결혼하다.

1831년(28세) 엘렌 루이자 터커가 결핵으로 죽자, 에머슨은 슬픔에 젖어 자
            신의 신앙과 직업에 대해 깊은 회의에 빠지다.

1832년(29세) 목사직에서 물러난 뒤 유럽을 여행하다. 파리에서 앙투안 로랑
            드 쥐시외가 자연물의 표본을 진화된 순서대로 배열해 놓은 수
            집품을 보고, 그것을 통해 인간과 자연 사이에 영적 교류가 있
            다는 신념은 더욱 확고해지다. 영국에서 새뮤얼 테일러 콜리지·
            윌리엄 워즈워스·토머스 칼라일 등과 중요한 만남을 가지다.

1833년(30세) 미국으로 돌아와 《자연 Nature》을 쓰기 시작하며, 인기 있고 영
            향력 있는 강연가로서 명성을 얻게 되다.

1834년(31세) 매사추세츠주 콩코드에 영구적인 거주지를 마련하고 정착하다.
            이 해와 남북전쟁(1861~65) 기간 동안에 꾸준히 미국 순회강연
            을 하며 사상과 신념을 전파하다.

1835년(32세)  리디아 잭슨과 재혼하여 평온한 가정생활을 누리다.

1836년(33세)  보스턴에서 《자연》이라는 표제를 붙인 소책자를 익명으로 출판하다. 에머슨의 이러한 노력으로 같은 해 비공식적인 '초월주의 모임'이 창설되다.

1837년(34세)  8월 31일, 〈미국학자 *The American Scholar*〉라는 제목의 강연에서 자신처럼 새롭게 해방된 지성인들의 의무와 자질에 대해 설명하다.

1838년(35세)  하버드 대학교에서 한 〈신학부 강연〉을 통해 생기 없는 그리스도교 전통에 대항하다. 이 강연으로 몇년 동안 하버드 대학교에서 배척받아 연설할 기회를 갖지 못하게 되다. 1830년대가 지나기 전, 개인 성명서들인 《자연》·〈미국학자〉 및 〈신학부 강연〉 등을 통해 훗날에 초월주의자들이라고 불리는 한 무리의 사람들이 모이게 되고, 초월주의자들의 대표자로 널리 인정받게 되다.

1840년(37세)  기관지 〈다이얼 *The Dial*〉을 창간하는 데 기여하는데, 처음에는 마거릿 풀러가 편집하다가 나중에 그 자신이 편집을 맡으면서 초월주의자들이 미국에 제시하려는 새로운 사상의 출구를 마련해 주게 되다.

1841년(38세)  《에세이집 *Essays*》 제1권을 출간하는데, 이 책에 〈자기신뢰 철학 *Self-Reliance*〉 〈보상을 생각해 본다〉 등 12편의 에세이가 실리다. 이를 통해 도덕적 개인주의에 대한 그의 사상을 확고히 하고, 자기신뢰의 윤리, 자기수양의 의무와 자기표현의 필요성을 역설하다.

1844년(41세)  《에세이집》 제2권을 출간하다. 이 책들로 국제적인 명성을 얻게 되다. 제2권에서 초기의 이상주의를 실생활의 한계에 맞게 조정하다.

1846년(43세)  《시집 *Poems*》 출간하다.

1849년(46세)  《영웅이란 무엇인가 *Representative Men*》 출간하다. 플라톤·스베덴보리·셰익스피어·나폴레옹·괴테의 전기들이 실리다.

1856년(53세)  《영국 국민성론 *English Traits*》 출간, 자신의 조상이라는 영국인의 국민성을 분석하다.

1860년(57세)  《처세론 *The Conduct of Life*》 출간하다.

1867년(64세)  《시집》을 증보하여 《오월제 *May-Day*》라는 이름으로 출간하다.

1882년(79세)  4월 27일, 매사추세츠주 콩코드에서 세상을 떠나다.

옮긴이 정광섭(鄭光燮)

경남거창 출생. 경북대학교 문리대 철학과 서양철학 전공.《청색시대 시인을 위하여》
외 4편으로「자유문학」신인문학상 시부문 수상. 지은책 시집《빛의 우울과 고독》옮긴
책 H.P. 러브크래프트《러브크래프트전집》B.A.W. 러셀《서양의 지혜》등이 있다.

World Book 127
Ralph Waldo Emerson
SELF-RELIANCE, ESSAYS/REPRESENTATIVE MEN
자기신뢰 철학/영웅이란 무엇인가
R.W. 에머슨/정광섭 옮김
1판 1쇄 발행/2010. 5. 1
2판 1쇄 발행/2020. 7. 1
발행인 고정일
발행처 동서문화사
창업 1956. 12. 12. 등록 16-3799
서울 중구 마른내로 144(쌍림동)
☎ 546-0331~6 Fax. 545-0331
www.dongsuhbook.com
잘못 만들어진 책은 바꾸어 드립니다.

*

사업자등록번호 211-87-75330
ISBN 978-89-497-1780-7  04080
ISBN 978-89-497-0382-4  (세트)

# 월드북(세계문학/세계사상) 목록

| 분류 | NO. | 도서명 | 저자/역자 | 쪽수 | 가격 |
|------|-----|--------|-----------|------|------|
| 사상 | 월드북1 | 소크라테스의 변명/국가/향연 | 플라톤/왕학수 옮김 | 824 | 20,000 |
| 사상 | 월드북2 | 니코마코스윤리학/시학/정치학 | 아리스토텔레스/손명현 옮김 | 621 | 18,000 |
| 사상 | 월드북3 | 형이상학 | 아리스토텔레스/이종훈 옮김 | 560 | 15,000 |
| 사상 | 월드북4 | 세네카 삶의 지혜를 위한 편지 | 세네카/김천운 옮김 | 624 | 18,000 |
| 사상 | 월드북5 | 고백록 | 아우구스티누스/김희보·강경애 옮김 | 566 | 14,800 |
| 사상 | 월드북6 | 솔로몬 탈무드 | 이희영 | 812 | 14,000 |
| 사상 | 월드북6-1 6-2 | 바빌론 탈무드/카발라 탈무드 | 〃 | 각810 | 각18,000 |
| 사상 | 월드북7 | 삼국사기 | 김부식/신호열 역해 | 914 | 25,000 |
| 사상 | 월드북8 | 삼국유사 | 일연/권상로 역해 | 528 | 15,000 |
| 사상 | 월드북10 | 인간불평등기원론/사회 계약론 | 루소/최석기 옮김 | 530 | 15,000 |
| 사상 | 월드북11 | 마키아벨리 로마사이야기 | 마키아벨리/고산 옮김 | 674 | 12,000 |
| 사상 | 월드북12 | 몽테뉴 수상록 | 몽테뉴/손우성 옮김 | 1,344 | 28,000 |
| 사상 | 월드북13 | 법의 정신 | 몽테스키외/하재홍 옮김 | 752 | 16,000 |
| 사상 | 월드북14 | 학문의 진보/베이컨 에세이 | 베이컨/이종구 옮김 | 574 | 9,800 |
| 사상 | 월드북16 | 팡세 | 파스칼/안응렬 옮김 | 546 | 14,000 |
| 사상 | 월드북17 | 반야심경/금강경/법화경/유마경 | 홍정식 역해 | 542 | 15,000 |
| 사상 | 월드북18 | 바보예찬/잠언과 성찰/인간성격론 | 에라스무스·라로슈푸코·라브뤼예르/정병희 옮김 | 520 | 9,800 |
| 사상 | 월드북19 20 | 에밀/참회록 | 루소/정병희 홍승오 옮김 | 740/718 | 12,000/16,000 |
| 사상 | 월드북22 | 순수이성비판 | 칸트/정명오 옮김 | 770 | 25,000 |
| 사상 | 월드북23 | 로마제국쇠망사 | 에드워드 기번/강석승 옮김 | 544 | 15,000 |
| 사상 | 월드북25 | 헤로도토스 역사 | 헤로도토스/박현태 옮김 | 810 | 18,000 |
| 사상 | 월드북26 | 역사철학강의 | 헤겔/권기철 옮김 | 570 | 15,000 |
| 사상 | 월드북27-1 | 의지와 표상으로서의 세계 | 쇼펜하우어/권기철 옮김 | 564 | 9,800 |
| 사상 | 월드북28 | 괴테와의 대화 | 에커먼/곽복록 옮김 | 868 | 15,000 |
| 사상 | 월드북29 | 자성록/언행록/성학십도/논사단칠정서 | 이황/고산 역해 | 616 | 18,000 |
| 사상 | 월드북30 | 성학집요/격몽요결 | 이이/고산 역해 | 620 | 18,000 |
| 사상 | 월드북31 | 인생이란 무엇인가 | 똘스또이/채수동 고산 옮김 | 1,180 | 28,000 |
| 사상 | 월드북32 | 자조론 인격론 | 사무엘 스마일즈/장만기 옮김 | 796 | 14,000 |
| 사상 | 월드북33 | 불안의 개념/죽음에 이르는 병 | 키에르케고르/강성위 옮김 | 546 | 15,000 |
| 사상 | 월드북34 | 잠 못 이루는 밤을 위하여/행복론 | 카를 힐티/곽복록 옮김 | 937 | 15,000 |
| 사상 | 월드북35 | 아미엘 일기 | 앙리 프레데릭 아미엘/이희영 옮김 | 1,042 | 18,000 |
| 사상 | 월드북36 | 나의 참회/인생의 길 | 똘스또이/김근식 고산 옮김 | 1,008 | 18,000 |
| 사상 | 월드북37 | 인간적인 너무나 인간적인 | 니체/강두식 옮김 | 1,072 | 19,800 |
| 사상 | 월드북38 | 차라투스트라는 이렇게 말했다 | 니체/곽복록 옮김 | 1,040 | 19,800 |
| 사상 | 월드북41 | 인생 연금술 | 제임스 알렌/박지은 옮김 | 824 | 18,000 |

| 사상 | 월드북42 | 유토피아/자유론/통치론 | 모어·밀·로크/김현욱 옮김 | 506 | 15,000 |
|---|---|---|---|---|---|
| 사상 | 월드북43 | 서양의 지혜/철학이란 무엇인가 | 러셀/정광섭 옮김 | 994 | 19,800 |
| 사상 | 월드북44 | 철학이야기 | 윌 듀랜트/임헌영 옮김 | 528 | 15,000 |
| 사상 | 월드북45 | 소유냐 삶이냐/사랑한다는 것 | 프롬/고영복 이철범 옮김 | 644 | 15,000 |
| 사상 | 월드북47 | 행복론/인간론/말의 예지 | 알랭/방곤 옮김 | 528 | 15,000 |
| 사상 | 월드북48 | 인간의 역사 | 미하일 일린/동완 옮김 | 720 | 12,000 |
| 사상 | 월드북49 | 카네기 인생철학 | D. 카네기/오정환 옮김 | 546 | 9,800 |
| 사상 | 월드북50 | 무사도 | 니토베 이나조·미야모토 무사시/추영현 옮김 | 528 | 12,000 |
| 문학 | 월드북52 | 그리스비극 | 아이스킬로스·소포클레스·에우리피데스/곽복록 조우현 옮김 | 688 | 18,000 |
| 문학 | 월드북55 | 이솝우화전집 | 이솝/고산 옮김 | 760 | 15,000 |
| 문학 | 월드북56 | 데카메론 | 보카치오/한형곤 옮김 | 832 | 19,800 |
| 문학 | 월드북57 | 돈끼호테 | 세르반떼스/김현창 옮김 | 1,288 | 16,000 |
| 문학 | 월드북58 | 신곡 | 단테/허인 옮김 | 980 | 19,800 |
| 사상 | 월드북59 | 상대성이론/나의 인생관 | 아인슈타인/최규남 옮김 | 516 | 15,000 |
| 문학 | 월드북60 | 파우스트/젊은 베르테르의 슬픔 | 괴테/곽복록 옮김 | 900 | 14,000 |
| 문학 | 월드북61 | 그리스 로마 신화 | 토머스 불핀치/손명현 옮김 | 530 | 14,000 |
| 문학 | 월드북66 | 죄와 벌 | 〃 | 654 | 15,000 |
| 사상 | 월드북67 | 대중의 반란/철학이란 무엇인가 | 오르테가/김현창 옮김 | 508 | 9,800 |
| 사상 | 월드북68 | 동방견문록 | 마르코 폴로/채희순 옮김 | 478 | 9,800 |
| 문학 | 월드북69 70 | 전쟁과 평화ⅠⅡ | 똘스또이/맹은빈 옮김 | 834/864 | 각18,000 |
| 사상 | 월드북71 | 철학학교/비극론/철학입문/위대한 철학자들 | 야스퍼스/전양범 옮김 | 608 | 18,000 |
| 사상 | 월드북72 | 리바이어던 | 홉스/최공웅 최진원 옮김 | 712 | 15,000 |
| 문학 | 월드북73 | 사람은 무엇으로 사는가 | 똘스또이/김근식 고산 옮김 | 560 | 14,000 |
| 사상 | 월드북74 | 웃음/창조적 진화/도덕과 종교의 두 원천 | 베르그송/이희영 옮김 | 760 | 20,000 |
| 문학 | 월드북76 | 모비딕 | 멜빌/이가형 옮김 | 744 | 18,000 |
| 사상 | 월드북77 | 갈리아전기/내전기 | 카이사르/박석일 옮김 | 544 | 15,000 |
| 사상 | 월드북78 | 에티카/정치론 | 스피노자/추영현 옮김 | 560 | 18,000 |
| 사상 | 월드북79 | 그리스철학자열전 | 라에르티오스/전양범 옮김 | 752 | 12,000 |
| 문학 | 월드북80 | 보바리 부인/여자의 일생/나나 | 플로베르·모파상·졸라/민희식 이춘복 김인환 옮김 | 1,154 | 16,000 |
| 사상 | 월드북81 | 프로테스탄티즘의 윤리와 자본주의 정신 /직업으로서의 학문/직업으로서의 정치 | 막스베버/김현욱 옮김 | 577 | 14,800 |
| 사상 | 월드북82 | 민주주의와 교육/철학의 개조 | 존 듀이/김성숙 이귀학 옮김 | 624 | 15,000 |
| 문학 | 월드북83 | 레 미제라블Ⅰ | 빅토르 위고/송면 옮김 | 1,104 | 16,000 |
| 문학 | 월드북84 | 레 미제라블Ⅱ | 〃 | 1,032 | 16,000 |
| 사상 | 월드북85 | 인간이란 무엇인가 오성/정념/도덕 | 데이비드 흄/김성숙 옮김 | 808 | 18,000 |
| 문학 | 월드북86 | 대지 | 펄벅/홍사중 옮김 | 1,067 | 18,800 |
| 사상 | 월드북87 | 종의 기원 | 다윈/송철용 옮김 | 664 | 18,800 |

| 사상 | 월드북88 | 존재와 무 | 사르트르/정소성 옮김 | 1,130 | 28,000 |
|------|---------|-----------|---------------------|-------|--------|
| 문학 | 월드북89 | 롤리타/위대한 개츠비 | 나보코프 피츠제럴드/박순녀 옮김 | 524 | 9,800 |
| 문학 | 월드북90 | 마지막 잎새/원유회 | O. 헨리 맨스필드/오정환 옮김 | 572 | 9,800 |
| 문학 | 월드북91 | 아Q정전/아침 꽃을 저녁에 줍다 | 루쉰/이가원 옮김 | 538 | 9,800 |
| 사상 | 월드북92 | 논리철학논고/철학탐구/반철학적 단장 | 비트겐슈타인/김양순 옮김 | 730 | 18,000 |
| 문학 | 월드북94 | 채털리부인의 연인 | D. H. 로렌스/유영 옮김 | 550 | 9,800 |
| 문학 | 월드북95 | 백년의 고독/호밀밭의 파수꾼 | 마르케스·샐린저/이가형 옮김 | 624 | 12,000 |
| 문학 | 월드북96 97 | 고요한 돈강ⅠⅡ | 숄로호프/맹은빈 옮김 | 916/1,056 | 각15,000 |
| 사상 | 월드북98 | 경제학·철학초고/자본론/공산당선언/철학의 빈곤 | 마르크스/김문운 옮김 | 768 | 18,000 |
| 사상 | 월드북99 | 간디자서전 | 간디/박석일 옮김 | 622 | 15,000 |
| 사상 | 월드북100 | 존재와 시간 | 하이데거/전양범 옮김 | 686 | 22,000 |
| 사상 | 월드북101 | 영웅숭배론/의상철학 | 토마스 칼라일/박지은 옮김 | 500 | 14,000 |
| 사상 | 월드북102 | 월든/침묵의 봄/센스 오브 원더 | 소로·카슨/오정환 옮김 | 681 | 15,000 |
| 문학 | 월드북103 | 성/심판/변신 | 카프카/김정진·박종서 옮김 | 624 | 12,000 |
| 사상 | 월드북104 | 전쟁론 | 클라우제비츠/허문순 옮김 | 992 | 19,800 |
| 문학 | 월드북105 | 폭풍의 언덕 | E. 브론테/박순녀 옮김 | 550 | 9,800 |
| 문학 | 월드북106 | 제인 에어 | C. 브론테/박순녀 옮김 | 646 | 12,000 |
| 문학 | 월드북107 | 악령 | 도스또옙프스끼/채수동 옮김 | 869 | 15,000 |
| 문학 | 월드북108 | 제2의 성 | 시몬느 드 보부아르/이희영 옮김 | 1,072 | 24,800 |
| 문학 | 월드북109 | 처녀시절/여자 한창때 | 보부아르/이혜윤 옮김 | 1,055 | 16,000 |
| 문학 | 월드북110 | 백치 | 도스또옙스끼/채수동 옮김 | 788 | 18,000 |
| 문학 | 월드북112 | 적과 흑 | 스탕달/서정철 옮김 | 672 | 12,000 |
| 문학 | 월드북113 | 양철북 | 귄터 그라스/최은희 옮김 | 644 | 12,000 |
| 사상 | 월드북114 | 비극의 탄생/즐거운 지식 | 니체/곽복록 옮김 | 584 | 15,000 |
| 사상 | 월드북115 | 아우렐리우스 명상록/키케로 인생론 | 아우렐리우스·키케로/김성숙 옮김 | 543 | 15,000 |
| 사상 | 월드북116 | 선의 연구/퇴계 경철학 | 니시다 기타로·다카하시 스스무/최박광 옮김 | 644 | 15,000 |
| 사상 | 월드북117 | 제자백가 | 김영수 역해 | 604 | 15,000 |
| 문학 | 월드북118 | 1984년/동물농장/복수는 괴로워라 | 조지 오웰/박지은 옮김 | 436 | 9,800 |
| 문학 | 월드북119 | 티보네 사람들Ⅰ | 로제 마르탱 뒤 가르/민희식 옮김 | 928 | 18,000 |
| 문학 | 월드북120 | 티보네 사람들Ⅱ | 〃 | 1,152 | 18,000 |
| 사상 | 월드북122 | 그리스도인의 자유/루터 생명의 말 | 마틴 루터/추인해 옮김 | 864 | 15,000 |
| 사상 | 월드북123 | 국화와 칼/사쿠라 마음 | 베네딕트·라프카디오 헌/추영현 옮김 | 410 | 9,800 |
| 문학 | 월드북124 | 예언자/눈물과 미소 | 칼릴 지브란/김유경 옮김 | 440 | 9,800 |
| 문학 | 월드북125 | 댈러웨이 부인/등대로 | 버지니아 울프/박지은 옮김 | 504 | 9,800 |
| 사상 | 월드북126 | 열하일기 | 박지원/고산 옮김 | 1,038 | 25,000 |
| 사상 | 월드북127 | 자기신뢰 철학/영웅이란 무엇인가 | 에머슨/정광섭 옮김 | 458 | 15,000 |
| 문학 | 월드북128 129 | 바람과 함께 사라지다ⅠⅡ | 미첼/장왕록 옮김 | 644/688 | 12,000 |

| 사상 | 월드북130 | 고독한 군중 | 데이비드 리스먼/류근일 옮김 | 422 | 13,000 |
|------|---------|-----------|------------------------|-----|--------|
| 문학 | 월드북131 | 파르마 수도원 | 스탕달/이혜윤 옮김 | 558 | 9,800 |
| 문학 | 월드북132 | 오만과 편견 | 제인 오스틴/김유경 옮김 | 422 | 9,800 |
| 문학 | 월드북133 | 아라비안나이트 I | 리처드 버턴/고산고정일 | 1,120 | 18,800 |
| 문학 | 월드북134 | 아라비안나이트 II | 〃 | 1,056 | 16,000 |
| 문학 | 월드북135 | 아라비안나이트 III | 〃 | 1,024 | 16,000 |
| 문학 | 월드북136 | 아라비안나이트 IV | 〃 | 1,112 | 16,000 |
| 문학 | 월드북137 | 아라비안나이트 V | 〃 | 1,024 | 16,000 |
| 문학 | 월드북138 | 데이비드 코퍼필드 | 찰스 디킨스/신상웅 옮김 | 1,136 | 18,800 |
| 문학 | 월드북139 | 음향과 분노/8月의 빛 | 윌리엄 포크너/오정환 옮김 | 816 | 15,000 |
| 문학 | 월드북140 | 잃어버린 시간을 찾아서 I | 마르셀 프루스트/민희식 옮김 | 1,048 | 18,000 |
| 문학 | 월드북141 | 잃어버린 시간을 찾아서 II | 〃 | 1,152 | 18,000 |
| 문학 | 월드북142 | 잃어버린 시간을 찾아서 III | 〃 | 1,168 | 18,000 |
| 사상 | 월드북143 | 법화경 | 홍정식 역해 | 728 | 18,000 |
| 사상 | 월드북144 | 중세의 가을 | 요한 하위징아/이희승맑시아 옮김 | 582 | 12,000 |
| 사상 | 월드북145 146 | 율리시스 I II | 제임스 조이스/김성숙 옮김 | 712/640 | 각15,000 |
| 문학 | 월드북147 | 데미안/지와 사랑/싯다르타 | 헤르만 헤세/송영택 옮김 | 546 | 12,000 |
| 문학 | 월드북148 149 | 장 크리스토프 I II | 로맹 롤랑/손석린 옮김 | 890/864 | 각18,000 |
| 문학 | 월드북150 | 인간의 굴레 | 서머싯 몸/조용만 옮김 | 822 | 18,000 |
| 사상 | 월드북151 | 그리스인 조르바 | 니코스 카잔차키스/박석일 옮김 | 425 | 9,800 |
| 사상 | 월드북152 | 여론이란 무엇인가/환상의 대중 | 월터 리프먼/오정환 옮김 | 488 | 15,000 |
| 문학 | 월드북153 | 허클베리 핀의 모험/인간이란 무엇인가 | 마크 트웨인/양병탁 조성출 옮김 | 704 | 12,000 |
| 문학 | 월드북154 | 이방인/페스트/시지프 신화 | 알베르 카뮈/이혜윤 옮김 | 522 | 15,000 |
| 문학 | 월드북155 | 좁은 문/전원교향악/지상의 양식 | 앙드레 지드/이휘영 이춘복 옮김 | 459 | 9,800 |
| 문학 | 월드북156 157 | 몬테크리스토 백작 I II | 알렉상드르 뒤마/이희승맑시아 옮김 | 785/832 | 각16,000 |
| 문학 | 월드북158 | 죽음의 집의 기록/가난한 사람들/백야 | 도스토옙스키/채수동 옮김 | 602 | 12,000 |
| 문학 | 월드북159 | 북회귀선/남회귀선 | 헨리 밀러/오정환 옮김 | 690 | 12,000 |
| 사상 | 월드북160 | 인간지성론 | 존 로크/추영현 옮김 | 1,016 | 18,000 |
| 사상 | 월드북161 | 중력과 은총/철학강의/신을 기다리며 | 시몬 베유/이희영 옮김 | 666 | 20,000 |
| 사상 | 월드북162 | 정신현상학 | G. W. F. 헤겔/김양순 옮김 | 572 | 15,000 |
| 사상 | 월드북163 | 인구론 | 맬서스/이서행 옮김 | 570 | 18,000 |
| 문학 | 월드북164 | 허영의 시장 | W.M.새커리/최흥규 옮김 | 925 | 18,000 |
| 사상 | 월드북165 | 목민심서 | 정약용 지음/최박광 역해 | 986 | 18,000 |
| 문학 | 월드북166 | 분노의 포도/생쥐와 인간 | 스타인벡/노희엽 옮김 | 712 | 18,000 |
| 문학 | 월드북167 | 젊은 예술가의 초상/더블린 사람들 | 제임스 조이스/김성숙 옮김 | 656 | 18,000 |
| 문학 | 월드북168 | 테스 | 하디/박순녀 옮김 | 478 | 12,000 |
| 문학 | 월드북169 | 부활 | 톨스토이/이동현 옮김 | 562 | 14,000 |

| 문학 | 월드북170 | 악덕의 번영 | 마르키 드 사드/김문운 옮김 | 602 | 25,000 |
|------|----------|------------|---------------------------|-----|--------|
| 문학 | 월드북171 | 죽은 혼/외투/코/광인일기 | 고골/김학수 옮김 | 509 | 14,000 |
| 사상 | 월드북172 | 이탈리아 르네상스 이야기 | 부르크하르트/지봉도 옮김 | 565 | 18,000 |
| 문학 | 월드북173 | 노인과 바다/무기여 잘 있거라 | 헤밍웨이/양병탁 옮김 | 685 | 14,000 |
| 문학 | 월드북174 | 구토/말 | 사르트르/이희영 옮김 | 500 | 15,000 |
| 사상 | 월드북175 | 미학이란 무엇인가 | 하르트만/ 옮김 | 590 | 18,000 |
| 사상 | 월드북176 | 과학과 방법/생명이란 무엇인가?/사람몸의 지혜 | 푸앵카레·슈뢰딩거·캐넌/조진남 옮김 | 538 | 16,000 |
| 사상 | 월드북177 | 춘추전국열전 | 김영수 역해 | 592 | 18,000 |
| 문학 | 월드북178 | 톰 존스의 모험 | 헨리 필딩/최홍규 옮김 | 912 | 25,000 |
| 문학 | 월드북179 | 난중일기 | 이순신/고산고정일 역해 | 552 | 15,000 |
| 문학 | 월드북180 | 프랭클린 자서전 | 벤저민 프랭클린/주영일 옮김 | 502 | 12,000 |
| 문학 | 월드북181 | 즉흥시인 | 한스 크리스티안 안데르센/박지은 옮김 | 515 | 15,000 |
| 문학 | 월드북182 | 고리오 영감/절대의 탐구 | 발자크/조홍식 옮김 | 562 | 12,000 |
| 문학 | 월드북183 | 도리언 그레이 초상/살로메/즐거운 인생 | 오스카 와일드/한명남 옮김 | 466 | 12,000 |
| 문학 | 월드북184 | 달과 6펜스/과자와 맥주 | 서머싯 몸/이철범 옮김 | 450 | 12,000 |
| 문학 | 월드북185 | 마음은 외로운 사냥꾼/슬픈카페의 노래 | 카슨 맥컬러스/강혜숙 옮김 | 442 | 12,000 |
| 문학 | 월드북186 | 걸리버 여행기/통 이야기 | 조나단 스위프트/유영 옮김 | 492 | 12,000 |
| 사상 | 월드북187 | 조선상고사/한국통사 | 신채호/박은식/윤재영 역해 | 576 | 18,000 |
| 문학 | 월드북188 | 인간의 조건/왕의 길 | 앙드레 말로/윤옥일 옮김 | 494 | 12,000 |
| 사상 | 월드북189 | 예술의 역사 | 반 룬/이철범 옮김 | 774 | 18,000 |
| 문학 | 월드북190 | 퀴리부인 | 에브 퀴리/안응렬 옮김 | 442 | 12,000 |
| 문학 | 월드북191 | 귀여운 여인/약혼녀/골짜기 | 체호프/동완 옮김 | 450 | 12,000 |
| 문학 | 월드북192 | 갈매기/세 자매/바냐 아저씨/벚꽃 동산 | 체호프/동완 옮김 | 450 | 15,000 |
| 문학 | 월드북193 | 로빈슨 크루소 | 다니엘 디포/유영 옮김 | 600 | 15,000 |
| 문학 | 월드북194 | 위대한 유산 | 찰스 디킨스/한명남 옮김 | 560 | 15,000 |
| 사상 | 월드북195 | 우파니샤드 | 김세현 역해 | 570 | 15,000 |
| 사상 | 월드북196 | 천로역정/예수의 생애 | 버니언/르낭/강경애 옮김 | 560 | 14,000 |
| 문학 | 월드북197 | 악의 꽃/파리의 우울 | 보들레르/박철화 옮김 | 482 | 15,000 |
| 문학 | 월드북198 | 노트르담 드 파리 | 빅토르 위고/송면 옮김 | 614 | 15,000 |
| 문학 | 월드북199 | 위험한 관계 | 피에르 쇼데를로 드 라클로/윤옥일 옮김 | 428 | 12,000 |
| 문학 | 월드북200 | 주홍글자/큰바위 얼굴 | N.호손/김병철 옮김 | 524 | 12,000 |
| 사상 | 월드북201 | 소돔의 120일 | 마르키 드 사드/김문운 옮김 | 440 | 20,000 |
| 문학 | 월드북202 | 사냥꾼의 수기/첫사랑/산문시 | 이반 투르게네프/김학수 | 590 | 15,000 |
| 문학 | 월드북203 | 인형의 집/유령/민중의 적/들오리 | 헨리크 입센/소두영 옮김 | 480 | 12,000 |
| 사상 | 월드북204 | 인간과 상징 | 카를 융 외/김양순 옮김 | 634 | 25,000 |
| 문학 | 월드북205 | 철가면 | 부아고베/김문운 옮김 | 755 | 18,000 |
| 문학 | 월드북206 | 실낙원 | 밀턴/이창배 옮김 | 648 | 19,800 |

| | | | | | |
|---|---|---|---|---|---|
| 문학 | 월드북207 | 데이지 밀러/나사의 회전 | 헨리 제임스/강서진 옮김 | 556 | 14,000 |
| 문학 | 월드북208 | 말테의 수기/두이노의 비가 | 릴케/백정승 옮김 | 480 | 14,000 |
| 문학 | 월드북209 | 캉디드/철학 콩트 | 볼테르/고원 옮김 | 470 | 12,000 |
| 문학 | 월드북211 | 카르멘/콜롱바 | 메리메/박철화 옮김 | 475 | 12,000 |
| 문학 | 월드북212 | 오네긴/대위의 딸/스페이드 여왕 | 알렉산드르 푸시킨/이동현 옮김 | 412 | 14,000 |
| 문학 | 월드북213 | 춘희/마농 레스코 | 뒤마 피스/아베 프레보/민희식 옮김 | 448 | 14,000 |
| 문학 | 월드북214 | 야성의 부르짖음/하얀 엄니 | 런던/박상은 옮김 | 434 | 12,000 |
| 문학 | 월드북215 | 지킬박사와 하이드/데이비드 모험 | 로버트 루이스 스티븐슨/강혜숙 옮김 | 526 | 14,000 |
| 문학 | 월드북216 | 홍당무/박물지/르나르 일기 | 쥘 르나르/이가림 윤옥일 옮김 | 432 | 12,000 |
| 문학 | 월드북217 | 멋진 신세계/연애대위법 | 올더스 헉슬리/이경직 옮김 | 804 | 18,000 |
| 문학 | 월드북218 | 인간의 대지/야간비행/어린왕자/남방우편기 | 생텍쥐페리/안응렬 옮김 | 448 | 12,000 |
| 문학 | 월드북219 | 학대받은 사람들 | 도스토옙스키/채수동 옮김 | 436 | 12,000 |
| 문학 | 월드북220 | 켄터베리 이야기 | 초서/김진만 옮김 | 640 | 18,000 |
| 문학 | 월드북221 | 육체의 악마/도루젤 백작 무도회/클레브 공작 부인 | 레몽 라디게/라파예트/윤옥일 옮김 | 402 | 12,000 |
| 문학 | 월드북222 | 고도를 기다리며/몰로이/첫사랑 | 사무엘 베게트/김문해 옮김 | 500 | 14,000 |
| 문학 | 월드북223 | 어린시절/세상속으로/나의 대학 | 막심 고리키/최홍근 옮김 | 800 | 18,000 |
| 문학 | 월드북224 | 어머니/밑바닥/첼카쉬 | 막심 고리키/최홍근 옮김 | 824 | 18,000 |
| 문학 | 월드북225 | 사랑의 요정/양치기 처녀/마의 늪 | 조르주 상드/김문해 옮김 | 602 | 15,000 |
| 문학 | 월드북226 | 친화력/헤르만과 도로테아 | 괴테/곽복록 옮김 | 433 | 14,000 |
| 문학 | 월드북227 | 황폐한 집 | 찰스 디킨스/정태륭 옮김 | 1,012 | 22,000 |
| 문학 | 월드북228 | 하워즈 엔드 | 에드워드 포스터/우진주 옮김 | 422 | 12,000 |
| 문학 | 월드북229 | 빌헬름 마이스터 수업시대/편력시대 | 괴테/곽복록 옮김 | 1,128 | 20,000 |
| 문학 | 월드북230 | 두 도시 이야기 | 찰스 디킨스/정태륭 옮김 | 444 | 14,000 |
| 문학 | 월드북231 | 서푼짜리 오페라/살아남은 자의 슬픔 | 베르톨트 브레히트/백정승 옮김 | 468 | 14,000 |
| 문학 | 월드북232 | 작은 아씨들 | 루이자 메이 올컷/우진주 옮김 | 1,140 | 22,000 |
| 문학 | 월드북233 | 오블로모프 | 곤차로프/노현우 옮김 | 754 | 18,000 |
| 문학 | 월드북234 | 거장과 마르가리타/개의 심장 | 미하일 불가코프/노현우 옮김 | 626 | 14,000 |
| 문학 | 월드북235 | 성 프란치스코 | 니코스 카잔차키스/박석일 옮김 | 476 | 12,000 |
| 사상 | 월드북236 | 나의 투쟁 | 아돌프 히틀러/황성모 옮김 | 1,152 | 20,000 |
| 문학 | 월드북239 | 플라테로와 나 | 후안 라몬 히메네스/김현창 옮김 | 402 | 12,000 |
| 문학 | 월드북240 | 마리 앙투아네트/모르는 여인의 편지 | 슈테판 츠바이크/양원석 옮김 | 540 | 14,000 |
| 사상 | 월드북241 | 성호사설 | 이익/고산고정일 옮김 | 1,070 | 20,000 |
| 사상 | 월드북242 | 오륜행실도 | 단원 김홍도 그림/고산고정일 옮김 | 568 | 18,000 |
| 문학 | 월드북243~245 | 플루타르코스 영웅전ⅠⅡⅢ | 플루타르코스/박현태 옮김 | 각672 | 각15,000 |
| 문학 | 월드북246 247 | 안데르센동화전집ⅠⅡ | 안데르센/곽복록 옮김 | 각800 | 각18,000 |
| 문학 | 월드북248 249 | 그림동화전집ⅠⅡ | 그림형제/금은숲 옮김 | 각672 | 각16,000 |
| 사상 | 월드북250 251 | 신국론ⅠⅡ | 아우구스티누스/추인해 추적현 옮김 | 688/736 | 각19,800 |

| 문학 | 월드북252 253 | 일리아스/오디세이아 | 호메로스/이상훈 옮김 | 560/506 | 각14,800 |
|---|---|---|---|---|---|
| 사상 | 월드북254 255 | 역사의 연구ⅠⅡ | 토인비/홍사중 옮김 | 650/520 | 각18,000 |
| 문학 | 월드북256 | 이탈리아 기행 | 요한 볼프강 폰 괴테/곽복록 옮김 | 794 | 19,800 |
| 문학 | 월드북257 | 닥터지바고 | 보리스 파스테르나크/이동현 옮김 | 680 | 18,000 |
| 사상 | 월드북258 | 세네카 인생철학이야기 | 세네카/김현창 옮김 | 576 | 18,000 |
| 사상 | 월드북259 260 | 국부론ⅠⅡ | 애덤 스미스/유인호 옮김 | 568/584 | 각15,000 |
| 사상 | 월드북261 | 방법서설/성찰/철학의 원리/세계론/정념론 | 데카르트/소두영 옮김 | 784 | 20,000 |
| 사상 | 월드북262 | 시와 진실 | 괴테/최은희 옮김 | 860 | 20,000 |
| 사상 | 월드북263 | 즐거운 서양철학사 | S.P. 렘프레히트/김문수 옮김 | 696 | 20,000 |
| 사상 | 월드북264 265 | 정신분석입문/꿈의 해석 | 프로이트/김양순 옮김 | 584/600 | 각15,000 |
| 사상 | 월드북266 | 군주론/전술론 | 마키아벨리/황문수 옮김 | 460 | 15,000 |
| 사상 | 월드북267 268 | 황금가지ⅠⅡ | 제임스 조지 프레이저/신상웅 옮김 | 544/528 | 각15,000 |
| 사상 | 월드북269 | 실존주의란 무엇인가 | 사르트르/이희영 옮김 | 588 | 15,000 |
| 문학 | 월드북270 271 | 안나 까레니나ⅠⅡ | 똘스또이/맹은빈 옮김 | 544/528 | 각15,000 |
| 문학 | 월드북272 273 | 카라마조프 형제들ⅠⅡ | 도스토예프스키/채수동 옮김 | 504/688 | 각14,000 |
| 문학 | 월드북274 275 | 마의 산ⅠⅡ | 토마스 만/곽복록 옮김 | 440/504 | 각14,000 |
| 사상 | 월드북276 277 | 인간의 기원ⅠⅡ | 찰스 다윈/추한호 옮김 | 464/496 | 각29,000 |
| 사상 | 월드북278 | 역사란 무엇인가/이상과 현실 | E.H. 카/이상두 옮김 | 454 | 18,000 |
| 사상 | 월드북279 | 독일 국민에게 고함/인간의 사명/권리를 위한 투쟁 | 피히테/폰 예링/권기철 옮김 | 424 | 15,000 |
| 문학 | 월드북280 | 고흐 영혼의 편지 | 빈센트 반 고흐/김유경 옮겨엮음 | 1,022 | 25,000 |
| 사상 | 월드북281 | 프랑스혁명 성찰 | 에드먼드 버크/이태동 옮김 | 478 | 15,000 |
| 문학 | 월드북282 | 존 왕/에드워드 3세/리처드 2세/헨리 4세 제1부 외 | 윌리엄 셰익스피어/신상웅 옮김 | 702 | 18,000 |
| 문학 | 월드북283 | 헨리 6세 제1부/헨리 6세 제2부/헨리 6세 제3부 외 | 윌리엄 셰익스피어/신상웅 옮김 | 528 | 18,000 |
| 문학 | 월드북284 | 햄릿/오셀로/리어왕/맥베스/율리우스 카이사르 | 윌리엄 셰익스피어/신상웅 옮김 | 566 | 18,000 |
| 문학 | 월드북285 | 로미오와 줄리엣/티투스 안드로니쿠스 외 | 윌리엄 셰익스피어/신상웅 옮김 | 564 | 18,000 |
| 문학 | 월드북286 | 말괄량이 길들이기/뜻대로 하세요/십이야 외 | 윌리엄 셰익스피어/신상웅 옮김 | 568 | 18,000 |
| 문학 | 월드북287 | 실수 연발/사랑의 헛수고/윈저의 즐거운 아낙네들 외 | 윌리엄 셰익스피어/신상웅 옮김 | 512 | 18,000 |
| 문학 | 월드북288 | 페리클레스/심벨린/겨울 이야기/폭풍우/두 귀족 친척 | 윌리엄 셰익스피어/신상웅 옮김 | 540 | 18,000 |
| 문학 | 월드북289 | 말은 말로 되는 되로/트로일로스와 크레시다 외 | 윌리엄 셰익스피어/신상웅 옮김 | 592 | 18,000 |
| 사상 | 월드북290 | 내훈/정인보 소전 | 소혜왕후/정양완 옮겨풀어씀 | 528 | 15,000 |
| 사상 | 월드북291 | 악(惡)에 대하여/인생과 사랑/희망의 혁명/불복종과 자유 | 에리히 프롬/고영복 옮김 | 680 | 18,000 |
| 문학 | 월드북292 | 겐지이야기Ⅰ | 무라사키 시키부/추영현 | 584 | 16,000 |
| 문학 | 월드북293 | 겐지이야기Ⅱ | 무라사키 시키부/추영현 | 554 | 16,000 |
| 문학 | 월드북294 | 겐지이야기Ⅲ | 무라사키 시키부/추영현 | 624 | 16,000 |

**월드북시리즈 목록은 계속 추가됩니다.**